中华五千年

竹林 赵晨 编著

故事中国史

上古—秦汉

上

中华书局

图书在版编目(CIP)数据

中华五千年:故事中国史/竹林,赵晨编著. —北京:中华书局,2018.10(2020.6重印)
ISBN 978 – 7 – 101 – 13342 – 4

Ⅰ.中…　Ⅱ.①竹…②赵…　Ⅲ.中国历史 – 通俗读物
Ⅳ.K209

中国版本图书馆 CIP 数据核字(2018)第 153674 号

书　　名	中华五千年:故事中国史(全三册)
编 著 者	竹　林　赵　晨
责任编辑	黄飞立
出版发行	中华书局
	(北京市丰台区太平桥西里 38 号　100073)
	http://www.zhbc.com.cn
	E – mail:zhbc@ zhbc.com.cn
印　　刷	北京瑞古冠中印刷厂
版　　次	2018 年 10 月北京第 1 版
	2020 年 6 月北京第 2 次印刷
规　　格	开本/880×1230 毫米　1/32
	印张 30　插页 6　字数 760 千字
印　　数	8001 – 12000 册
国际书号	ISBN 978 – 7 – 101 – 13342 – 4
定　　价	88.00 元

出 版 说 明

中华民族有着悠久而灿烂辉煌的历史文化。让每一个中国人对民族的文明发展史有具体的了解和认知，并以此来激励和增强我们的民族自信和向心力，使我们的国家更加繁荣富强，使中华文明之花在世界上开放得更加鲜艳，使我们的民族为人类文明的发展作出更加伟大的贡献，是我们出版工作者应该努力践行的出版方向。

"中华五千年"是个经典话题，以此角度来讲述中国历史，强调的是书本身的通俗性、故事性和趣味性。本套故事中国史《中华五千年》，在此通俗性的基础上，强调客观性、知识性、系统性和精要性，以求读者在读完本书后能对中华民族的发展史有个整体的把握，对中华优秀传统文化所蕴含的思想观念、人文精神、道德规范等产生认同感，进一步增强我们的民族自信心。

本书适合一切对中华文明史有阅读兴趣的大众读者，尤其推荐给中小学生课堂内外阅读与青少年家庭教育阅读。我们的初心是为读者打造一套了解中华文明、了解中华传统文化的优质图书，以期广大读者朋友在阅读过程中逐步增强对中华民族伟大历史文化的热爱之情和作为中国人的自豪之感。

中华书局编辑室

2018 年 6 月

前　　言

　　人类的历史，如果从学会用火及制作工具开始，大约已经有数十万年的历程了。但文明肇始的标志，一般认为是从人类定居下来开始农业耕作算起的。因此，未来学家托夫勒提出了著名的"人类历史上三次浪潮"之说。他将从事农业作为人类的第一次浪潮（其余两次则是大家熟悉的十七世纪西方的工业革命和二十世纪下半叶开始至今的信息革命），因为农业使人类突破大自然的控制而能够独立生存。根据近年来浙江龙游荷花山古人类遗址的考古挖掘，我们的祖先大约在一万年以前就已经开始了水稻种植等农业生产。

　　大约又经过了五千年左右的部落变迁后，我们的华夏祖先逐渐形成了相对稳定的社会生活结构，中华大地上开始出现大的部落集群和城市（由多个部落组成的国家形态的雏形）。我国第一部纪传体史书《史记》里关于五帝的记载，也是从此时开始记载神农氏炎帝和轩辕氏黄帝等中原原始部落群体的社会活动的。于是，许多历史学家将此认定为中华民族文明的正式开始。也由此就有了我们通常所说的中华文明是"上下五千年"。

　　但如上所述，如果从农业肇始发端，中华文明史应该可追溯到一万年上下。另外，当今还有一些历史学家则认为，作为一个民族的文明史，应该是指一个民族有正式文字记载可供查考的历史。而我们中华民族的历史可供查考的确切纪年，则是从公元前841年周王朝"共和行政"元年开始的。这距今不到三千年。这也就是我国历史学界对中华文明史有从"三千年"到"五千年"的不同观点争论的由来。

现在在本书里，我们姑且仍沿用"上下五千年"的说法。

其实，对于年代方面的追溯并不是最重要的。重要的是需要对自己民族文明发展史的具体了解和认知，并以此来激励和增强我们的民族自信和向心力，使中华文明之花开放得更加鲜艳，使我们的国家更加繁荣富强，以为人类文明作出更加伟大的贡献。

基于此目的，我们编写了这套历史知识读物。本书的读者对象是具有小学和初中以上历史文化的普通读者（包括中小学生），因此，秉用了一般群众喜闻乐见的故事形式，向他们介绍我们中华民族的五千年的文明发展史，用他们容易理解的浅近、通俗的现代语言，讲解发生在历史上的一次次重大事件和一个个有趣鲜活的人物故事。这些历史事件和人物故事，不但能丰富人们的文化知识视野，也能增强人们的思想修养和道德情操。与此同时，你还会发现，我们当今生活里运用的成语故事，许多是从这些历史事件和人物故事中产生出来的。

当今出版的许多历史读物，有的篇幅浩繁、文字艰深，普通读者难以有兴趣和时间去阅读和理解；而另一些通俗读物，则又常常只强调了故事性，忽略了历史知识的系统性和连贯性；只讲了一个个独立的人物或事件故事而忽略了历史的重大沿革和变迁，以致对各时代各朝的历史内容介绍失去了平衡感和逻辑性。鉴于此，为了让广大的普通读者对我们中华民族的整体历史有一个初步的、完整的了解和认识，我们对五千年中华民族纷繁复杂的历史进行了提炼与概括，选择其中重大和必须的内容，将它们前后贯串起来进行较为系统、均衡的介绍，使读者对我国的历史文明进程有一个大致完整的概念。

本书在介绍中国历史的过程中,除追求通俗性、故事性、趣味性、知识性以外,对历史事件和人物尽可能进行客观的叙述和介绍。当然,我们的目的,只是让读者在读了这套书后,对我国五千年的文明发展史产生兴趣并加以重视,并感受到一定的知识和思想熏陶,至于对一些具体的历史事件和人物的不同观点和评价,则有待读者自己去继续深入研究和分析思考了。

总之,客观性、系统性、故事性、通俗性、趣味性并重,是我们编写这套针对普通读者的历史知识读物的初衷,同时也是本书区别于其他同类图书的特色。

作　者

2018 年 6 月 12 日

目　录

上篇　上古·春秋·战国

1. 原始部落的发展 ……………………………………… 2

2. 黄帝战蚩尤 …………………………………………… 4

3. 尧选接班人 …………………………………………… 6

4. 禹治洪水 ……………………………………………… 8

5. 一言铸九鼎 …………………………………………… 10

6. 后羿作乱 ……………………………………………… 12

7. 夏桀宠妹喜 …………………………………………… 14

8. 网开三面 ……………………………………………… 16

9. 伊尹辅政 ……………………………………………… 18

10. 盘庚迁都 ……………………………………………… 20

11. 奴隶傅说 ……………………………………………… 22

12. 姬昌兴周 ……………………………………………… 24

13. 纣王暴虐 ……………………………………………… 26

14. 武王伐纣 ……………………………………………… 28

15. 周公吐哺 ……………………………………………… 30

16. 共和执政 ……………………………………… 32

17. 烽火戏诸侯 ……………………………… 34

18. 掘地迎母 ……………………………………… 36

19. 大义灭亲 ……………………………………… 38

20. 鲍叔牙荐贤 ……………………………… 40

21. 曹刿论战 ……………………………………… 42

22. 齐桓公用贤 ……………………………… 44

23. 老马识途 ……………………………………… 46

24. 庆父作乱 ……………………………………… 48

25. 卫懿公养鹤 ……………………………… 50

26. 虞君贪财 ……………………………………… 52

27. 养牛拜相 ……………………………………… 54

28. 骊姬的阴谋 ……………………………… 56

29. 流亡公子重耳 …………………………… 58

30. 迁国君宋襄公 …………………………… 60

31. 城濮之战 ……………………………………… 62

32. 烛之武退秦军 …………………………… 64

33. 牛贩子救国 ………………………………… 66

34. 崤山伏击战 ………………………………… 68

35. 一鸣惊人 ……………………………………… 70

36. 优孟劝楚王 ………………………………… 72

37. 残暴的晋灵公 …………………………… 74

38. 赵氏孤儿 ……………………………………… 76

39. 晏子不辱使命 …………………………… 78

40. 伍子胥过昭关 …………………………… 80

41. 孙武练兵 ……………………………… 82

42. 勾践卧薪尝胆 …………………………… 84

43. 孔子办学 ………………………………… 86

44. 老子写《道德经》 ……………………… 88

45. 墨子破云梯 ……………………………… 90

46. 水淹晋阳城 ……………………………… 92

47. 西门豹除巫 ……………………………… 94

48. 讳疾忌医 ………………………………… 96

49. 笑星淳于髡 ……………………………… 98

50. 邹忌劝齐王 …………………………… 100

51. 齐威王惩贪官 ………………………… 102

52. 孙膑报仇 ……………………………… 104

53. 商鞅变法 ……………………………… 106

54. 孟轲讲"仁" ………………………… 108

55. 庄周梦蝶 ……………………………… 110

56. 苏秦"合纵" ………………………… 112

57. 张仪"连横" ………………………… 114

58. 燕昭王求贤 …………………………… 116

59. 屈原投江 ……………………………… 118

60. 胡服骑射 ……………………………… 120

61. 孟尝君买"义" ……………………… 122

62. 火牛阵 ………………………………… 124

63. 李冰修都江堰 ………………………… 126

64. 完璧归赵 ……………………………… 128

65. 将相和 ………………………………… 130

66. 远交近攻 ·································· 132

67. 纸上谈兵 ·································· 134

68. 毛遂自荐 ·································· 136

69. 窃符救赵 ·································· 138

70. 楚相春申君 ······························ 140

71. 吕不韦著书 ······························ 142

72. 小甘罗出使 ······························ 144

73. 韩非遭妒 ·································· 146

74. 风萧萧兮易水寒 ·························· 148

75. 秦王统一中国 ···························· 150

下篇　秦·两汉

1. 车同轨书同文 ···························· 154

2. 徐福下蓬莱 ······························ 156

3. 行刺博浪沙 ······························ 158

4. 修筑长城 ·································· 160

5. 焚书坑儒 ·································· 162

6. 豪华的骊山墓 ···························· 164

7. 沙丘密谋 ·································· 166

8. 二世的暴政 ······························ 168

9. 揭竿起义 ·································· 170

10. 项氏起兵 ································· 172

11. 刘邦斩蛇 ································· 174

12. 张良礼让 ································· 176

13. 赵高害李斯 ……………………………… 178

14. 楚怀王立约 ……………………………… 180

15. 巨鹿大战 ………………………………… 182

16. 指鹿为马 ………………………………… 184

17. 刘邦入咸阳 ……………………………… 186

18. 鸿门宴 …………………………………… 188

19. 韩信拜将 ………………………………… 190

20. 暗度陈仓 ………………………………… 192

21. 楚河汉界 ………………………………… 194

22. 垓下之战 ………………………………… 196

23. 成也萧何，败也萧何 …………………… 198

24. 高祖还乡 ………………………………… 200

25. 白登之辱 ………………………………… 202

26. 白马誓言 ………………………………… 204

27. 萧规曹随 ………………………………… 206

28. 周勃夺印 ………………………………… 208

29. 贾谊上书 ………………………………… 210

30. 张廷尉执法 ……………………………… 212

31. 缇萦救父 ………………………………… 214

32. 细柳营 …………………………………… 216

33. 七国之乱 ………………………………… 218

34. 景帝削诸侯 ……………………………… 220

35. 文景之治 ………………………………… 222

36. 卓文君与司马相如 ……………………… 224

37. 穷书生朱买臣 …………………………… 226

38. 独尊儒学 ·································· 228

39. 马邑之战 ·································· 230

40. 飞将军李广 ·································· 232

41. 倒行逆施主父偃 ·································· 234

42. 大将军卫青 ·································· 236

43. 冠军侯霍去病 ·································· 238

44. 张骞通丝路 ·································· 240

45. 武帝开三边 ·································· 242

46. 苏武牧羊 ·································· 244

47. 司马迁写《史记》 ·································· 246

48. 幽默东方朔 ·································· 248

49. 巫蛊杀太子 ·································· 250

50. 轮台罪己诏 ·································· 252

51. 桑弘羊理财 ·································· 254

52. 霍光辅政 ·································· 256

53. 昭君出塞 ·································· 258

54. 王莽建新朝 ·································· 260

55. 绿林和赤眉 ·································· 262

56. 昆阳大战 ·································· 264

57. 光武帝刘秀 ·································· 266

58. 宋弘拒婚 ·································· 268

59. "强项令"董宣 ·································· 270

60. 马援老当益壮 ·································· 272

61. 王充著《论衡》 ·································· 274

62. 汉明帝求佛 ·································· 276

63. 王景治水 ···································· 278

64. 班固作《汉书》 ···························· 280

65. 班超从军 ···································· 282

66. 刻碑燕然 ···································· 284

67. 许慎著《说文解字》 ······················ 286

68. 蔡伦造纸 ···································· 288

69. 科学家张衡 ································ 290

70. 跋扈将军梁冀 ······························ 292

71. 宦官害党人 ································ 294

72. 陈蕃下榻 ···································· 296

73. 范滂别母 ···································· 298

74. 名医张仲景 ································ 300

75. 黄巾起义 ···································· 302

上篇

上古·春秋·战国

1 原始部落的发展

在很久很久以前，宇宙一片黑暗、混沌，一个叫"盘古"的巨人，用大斧子劈开黑暗的宇宙，然后脚踏大地手托蓝天，使天地成为今天的样子。之后一个叫"女娲"的女神来到这里，由于没有人，她感到很孤独。于是她按照自己的样子，用泥巴捏出许多小人，吹一口气，这些小人就活了。然后这些小人又男女互相婚配，继续繁衍下来。这就是我们中华民族一直流传的关于人类祖先来历的传说。但是经考古学家和人类学家考证，人类实际上由森林古猿进化而来。这个进化过程经过了数千万年的漫长过程。

我们的祖先自学会了使用火和工具以后，经历了一个漫长的原始社会阶段，当食物的来源丰富了，生活也相对安定了，他们就逐渐从家族内部的通婚制演变成了族外通婚制，于是由于血缘关系而组成的原始群落扩大起来，同一血缘关系的群落发展成为了氏族。为了争夺食物和居住的地方，氏族之间经常发生矛盾和战争，胜利的氏族并吞失败的氏族，这样，氏族扩大成了部落。

大约在距今五六千年前，在我国的东部沿海地带，就生活着两个古老的部落：一个叫太昊①，又称伏羲②氏，他们以渔猎业为主。传说伏羲学蜘蛛织网的样子发明了渔网。因此这个部落便以鳄鱼、大蛇等猎物的形状为图腾，这就是"龙"的形

① 昊（hào）
② 羲（xī）
③ 黍（shǔ）

2

象的来历。另一个部落则善于用火,且以鸟的形象为图腾,从而产生了关于从火中重生的"凤凰"的形象和有关传说。

当时在中华大地上有无数的原始部族。大约在比伏羲氏稍后,在黄河流域又产生了炎帝和黄帝两个较强盛的部落。炎帝的部落开始生活在黄河边的姜水流域。炎帝首先从采集植物的种子食用的过程中,发现可以将它们播种下去再收获,最终他选出了稻、麦、菽、黍、稷①五种植物加以播种,这就是我国古代说的"五谷"。因此,炎帝又称为"神农氏"。能够定居下来从事农业耕作,一般认为这是人类文明的开始。与此同时,传说炎帝还亲自去品尝各种各样的野草,仔细辨别它们的甜、酸、苦、咸、辛五味,以分辨出哪些可以吃,哪些可以治病,哪些有毒、无毒。因此,他还是我国中医药的祖师呢。由于那时已懂得了用牛来耕田播种,因此,炎帝的部落是以牛为图腾的。

黄帝的部落生活在姬水流域的轩辕地方,因此又称轩辕②氏。这个部落仍以狩猎为生,但黄帝是位十分聪明又有德行的部落首领,在他的领导下,部落日渐兴盛强大起来。他们以熊为图腾,因此,黄帝又称"有熊氏"。

知识平台

图　腾

原始氏族社会的人弄不清自己是从哪里来的,认为一定有一个神最初创造了他们。于是就选择了他们认为对自己生活最重要的一种动物来加以崇拜,并认为这就是自己的祖先。他们将这种动物的形象当作自己部族的标志,这就是"图腾"。

① 稷(jì)
② 轩(xuān)
　辕(yuán)

3

2　黄帝战蚩尤

　　炎帝的部落为了发展农耕生产的需要，渐渐向水源丰富、土地肥沃的黄河流域东部迁移。他们来到了涿鹿（今河北省北部）一带定居下来。不久，黄帝也率领他的部落来到这里。于是，这两个部落便发生了矛盾，并且终于在涿鹿东南的阪泉地方打了起来。双方共打了三仗，最后黄帝打败了炎帝。炎帝便率自己的部落向南边和东边迁移。

　　炎帝部落中有一个九黎族，他们随炎帝战败后来到了东方，大约就是现在的河南东部到安徽中部直至东海边。在这块地方，他们不光发展农业，也学会了炼铜技术，因此传说中他们的战士个个铜头铁额，实际上就是学会了使用金属制的武器。九黎族强大起来后，他们的首领蚩尤决定与炎帝一起去夺回被黄帝占去的中原土地。但炎帝觉得在南方有进行农耕的良好条件，不愿再去跟黄帝作战了。于是蚩尤便率领自己的九九八十一个氏族向黄帝发起了进攻。

　　黄帝的部落在涿鹿与蚩尤的部落展开了大决战。黄帝出动他驯练好的虎豹熊罴等猛兽去袭击蚩尤的军队；蚩尤军队则个个铜头铁额，作战勇猛无比。两军打得难解难分时，蚩尤又请来雾师掀起了一场弥天大雾，使黄帝

① 阪（bǎn）
② 蚩（chī）
③ 罴（pí）

4

的军队迷失了方向;黄帝则又让战士推出了指南车,指明了方向,重新指挥军队向蚩尤军发动猛攻。最终,黄帝打败了蚩尤,并将他杀死了。

从此以后,黄帝的部落便在中原站住了脚跟。他还把炎帝的部落请回来,帮助自己发展农业,共同开发中原。与此同时,黄帝开始在中原将被他征服的各部落统一起来,建立了稳定的社会组织,还制定了律法、文字、音律,制造了牛车、独木舟等交通工具,以及弓箭、陶器、臼杵等作战和生活用具。

由于炎帝和黄帝这两个部落共同发展了中原的文明,因此,后人就将我们中华民族称作"炎黄子孙"。

人物聚焦

黄帝时的发明家

传说中黄帝时期产生了一系列重大的发明,比如:黄帝的妃子嫘祖发明了养蚕缫丝;仓颉发明了文字;封宁发明了制造陶器;雍父发明了舂谷的臼和杵;共鼓、货狄制造了船和桨;挥和牟夷两人发明了弓和箭;羲和发明了历法;等等。

① 嫘(léi)

3 尧选接班人

黄帝以后,中华大地上的原始部落社会大致又经历了以下几代:黄帝将帝位传给了他的儿子昌意的儿子高阳,称为帝颛顼。颛顼死后,黄帝的另一个儿子玄嚣的孙子高辛继位,称帝喾。帝喾死后,传位给儿子挚。帝挚死后,他的弟弟放勋继位,就是帝尧。尧能团结其他部落,任用有德有才的人,对部落百姓施行仁政,发展农业生产,因此他的威望很高。尧当了七十年的部落联盟的首领,他年纪大了,决定选拔一个接班人。

尧召集了各个部落的首领请他们推荐。

有个名叫放齐的部落首领说:"您的儿子丹朱可以当接班人。"

尧听了,摇着头说:"丹朱顽劣不堪,他不行!"

可放齐为了讨好尧,仍旧坚持说:"丹朱虽然顽皮,但是可以教育好的。再说,如果您选了别人做接班人,丹朱会很痛苦的。"

尧听了放齐的话,正色道:"我把权力交给贤能的人,只有丹朱一个人痛苦;如果我将权力交给丹朱,只丹朱一人高兴,而天下百姓都会痛苦。这件事你不必再说。"

于是尧让大家继续推荐。有四个部落首领互相商量了一会儿,他们向尧推荐舜。

① 颛(zhuān)
   顼(xū)
② 嚣(xiāo)
③ 喾(kù)

尧决定对舜进行一番考察。他把自己的两个女儿嫁给了舜，还派自己的九个儿子去舜那里与他共同生活。

舜是一个盲人的儿子，他的瞎眼父亲和后母勾结后母生的弟弟象，变着法子谋害舜。舜上仓房顶修理，他们放火烧他；下井挖土，他们用土填埋他，但舜都逃了出来。舜仍旧迁就和关心他们，从不与他们计较。舜种过地，捕过鱼，做过陶器，他干什么都认认真真，大公无私，而且具有谦让、仁爱的美德，能团结、关心别人。凡是他工作的地方，由于百姓都去投奔他，那地方一年便成了村落，两年变为城邑，三年都快成都市了。

于是尧决定选舜做接班人。他先让舜代行自己的职权。舜代行尧的职权二十年后，尧将权力正式移交给了他。

知识平台

禅　让

这是原始社会的一种交权方式。它用集体推举和考察的方法选定接班人。这种方式就被称作"禅让"。尧和舜之间的权力移交是禅让；舜和禹之间的权力移交也是禅让。

① 禅（shàn）
让（ràng）

7

4　禹治洪水

　　尧的时候,中原一带就常常发洪水。无边无际的大水围绕着大山、淹没了丘陵。百姓们没有了生计,只好到处迁移逃避,苦不堪言。尧帝为了解除百姓的痛苦,召开部落首领会议,要大家推荐治理洪水的人才。各部落首领经过一番协商,一致推荐了鲧。

　　尧对鲧不太满意,认为他刚愎自用,自以为是,常常违抗命令,因此,这么重大的任务交给他去完成,没有把握。可是大家再也推荐不出别的人才了,因此,尧只好决定让鲧去试试。

　　鲧果然十分自以为是。他只是一味地让人们筑高堤坝、阻挡洪水;水流到哪里,堤坝就筑到哪里。就这样动员了各部落的大量人力,整整筑了九年堤坝,洪水仍然没有被挡住。这时候舜代行了尧的职务。他在巡视中发现鲧治水不力,下令撤掉了鲧的职务,并将他放逐到了羽山。鲧最终死在了那里。

　　舜继位以后,他立刻请来了四方的部落首领,听取他们对治理洪水的意见,并且让他们再推荐治理洪水的合适人选。众人推荐了禹。禹是鲧的儿子,他有些顾虑,想将这个职务让给后稷、契和皋陶。但舜对他说:"禹,你很合适,不要谦让了。这项工作很艰巨,你可要恪尽职守啊!"

①鲧(gǔn)
②愎(bì)
③皋(gāo)
　陶(yáo)

舜让伯益、后稷做禹的助手，立即开始治水工作。禹不辞辛劳、殚精竭虑，他随身带着测量的准绳等工具，亲自登高山立标志，跑九州测地势；不管刮风下雨，风雪严寒，他一直奔走在治水工地上；他待人诚实可亲、关心别人，极大地调动了民工的积极性；他以身作则，曾三过家门而不入，带领众人凿通了九座大山，开辟了九州的道路，疏浚了九条大河，整治了九个大泽，经过十三年的努力，终于治好了洪水，给中原百姓带来了安定、幸福的生活。

经过治水的考验，舜决定把权力交给禹。舜死后，禹便在阳翟（今属河南禹州市）正式继位。

知识平台

湘妃竹

舜决定将权力禅让给禹以后，自己便带着妻子娥皇、女英出外巡游去了。当他们来到湘水边的九嶷山时，舜病故在那里。娥皇和女英痛哭失声。传说她们的泪珠落在当地的竹子上，在那上面留下了斑斑点点的泪痕。后人便将这种竹子称为"斑竹"或"湘妃竹"。

① 翟(dí)

5 一言铸九鼎

　　禹当上了中原部落的大首领以后,仍旧像当年治水时一样兢兢业业①、谦虚谨慎地工作。他还让自己的助手伯益教百姓种稻,让后稷教百姓种庄稼,让皋陶掌管刑法,契掌管民事。于是中原地区的生产力大大提高了,人们的物质生活也丰富了。粮食除了供日常生活外,还有剩余。有个叫仪狄②的人,便发明了用多余的粮食酿酒。人们除了生活必需外,对富余的产品就有了占有的欲望。有人占得多,有人占得少,便产生了贫富不均。由此,又产生了人与人之间的矛盾冲突。偷盗、抢劫等犯罪现象也产生了。于是禹只好颁布了比较严厉的治罪条文,并设置了监狱。这就是历史上所说的"禹刑"。

　　生产力发展了,禹在都城阳翟也建起了宫室,开始有一个部落大首领的气派了。为了提高自己在全国各部落中的威望,禹下令在南方的涂山(今安徽怀远)召开了一次各部落首领会议,称为"涂山大会"。会议上明确规定各部落必须向他上贡田赋;同时,禹还命令他们上交铜器,铸成九个大鼎,将它们运到阳翟宫中,作为他禹王拥有九州统治权的象征。这就是成语"一言九鼎"的来历。

　　几年以后,禹王又在茅山(今浙江绍兴)召开大会,让各部落首领前来表示效忠。有个叫防风氏的部族首领到

① 兢(jīng)
② 狄(dí)

10

会迟了,被禹王当场处死以示惩罚。从此,禹王的威信更高了。

禹王年纪大了。他很想将权力移交给自己的儿子启。但按照惯例,他不能不召开部落首领会议让大家推荐。首领们推举了伯益。禹于是表面上同意让伯益做继承人,而暗中却将实权全都交给启管理。禹死后,启就毫不客气地接管了权力。伯益不服,起兵反抗,被启带兵镇压下去了。启掌权后,在阳翟大建宫殿,发布命令,任命官吏,接受百官和各方部落首领的朝贺,已完全是一个大权独揽的国王的派头了。

这既是历史上夏王朝的开始,也是几十万年的原始社会的结束和奴隶制社会的开始。

内容链接

会 稽

在茅山大会上,四方部落向禹王送来的贡品不计其数。禹王让人一一统计清点,很是高兴。他见这项工作也很繁重,便下令将茅山命名为"会稽",就是"统计"的意思,以作纪念。

① 会(kuài)
稽(jī)

6 后羿作乱

　　夏启当了国王以后，又发动了一场战争，将同伯益一样不服他掌权的有扈氏部落的反抗镇压了下去，并且把这个部落的人全都罚为奴隶。然后，他又仿照自己的父亲禹那样，先后召开了两次部落大会，以炫耀自己的实力和威信。

　　启死后，他的儿子太康继位。太康没见过父辈创业和征战的艰难，只会学他们在宫廷内作威作福、恣意享乐。玩腻了，他便又带着大队随从出外巡游打猎。为了欣赏大自然的风光，太康又下令将首都从阳翟迁到了洛水边上的斟寻（在今河南）。这里依山傍水，风景优美，太康便常常半个月、一个月地进山打猎游玩，根本无心管理国事。

　　这时黄河下游的东夷人中有个叫有穷氏的部落强盛了起来。他们的首领叫后羿，是一个射箭能手，因此，他训练出来的部族战士都能射善战，十分勇敢。后羿看准了太康昏庸无能，待他离开都城进山打猎时，派军队突然攻下了斟寻。太康回不了都城，只能在洛水南岸流浪到死。

　　太康的兄弟仲康在洛水南岸组织了一个流亡政府，但不久也死了；仲康的儿子相逃到了帝丘（今河南濮阳西南）。

① 扈（hù）
② 羿（yì）

12

后羿以为大功告成,也沉湎于喝酒享乐和打猎,结果被他的部下寒浞谋杀,夺去了王位。寒浞登位后,又经过十几年的治理,基本上控制了夏朝的权力,便带兵攻下了帝丘,杀死了相。相已经怀孕的妻子逃到了娘家有仍氏部落,并生下了儿子少康。

少康先在外祖父家放牧牲口,后来为了躲避寒浞派人追杀,逃到有虞氏的部落。他在这里与有虞氏的女儿结了婚,并且将有虞氏给他的封地纶治理得十分出色。最后,少康终于在原夏朝的老将靡的帮助下,组织起一支军队,并联合有虞氏的力量,将寒浞彻底打败,又恢复了夏后氏的夏朝。

这就是历史上说的"少康中兴"。

内容链接

羿 与 后 羿

传说尧帝时天上有十个太阳同时照耀,弄得禾苗焦枯,百姓苦不堪言。天帝派箭神羿下凡用神弓射下了九个太阳,只让一日照耀,天下才温暖适宜。后来,东方有穷氏部落的首领也是位神箭手,为了称赞他的箭法,人们便叫他"后羿",意思是"羿的后代"。

① 浞(zhuó)
② 纶(guān)

7　夏桀宠妹喜

夏朝自少康以后，又经历了杼、不降、孔甲等十个王，到了第十一个王履癸（名桀）时，社会进入了动荡时期，原因是夏桀是个大暴君。他生得腰圆膀粗，力大如牛，智商也不低，但一门心思只顾自己寻欢作乐，根本不顾国家的安危和百姓的死活。

为了逞强逞威，他常亲自带兵东征西讨，去抢劫邻近部落里的珍宝、美女。在一次东征有施国（在今山东滕州）时，有施国王献了一位美女妹喜给桀王。见妹喜长得十分娇媚美丽，夏桀心花怒放，立刻班师回朝，在首都斟寻为妹喜建了一座宫殿，整日整夜在宫内取乐，还将这宫殿称为"长夜宫"。

为了进一步讨妹喜的欢心，解除她的思乡之念，桀王又在王宫东边推倒民房，下令按有施国的样子建了一片房屋；然后又大兴土木，造了一座规模巨大的寝宫，让妹喜可以站在寝宫上遥望自己的"故乡"。这还不算，夏桀还命在寝宫下面的庭院中挖了个大池子，里面盛上酒；在庭院的树上挂上肉食；叫成千名宫女在里面跳舞唱歌，累了可以随意饮酒吃肉。这就叫作"酒池肉林"。而夏桀和妹喜就坐在寝宫里观赏。

一天，夏桀和妹喜正在寝宫里作乐，突然天摇地动，

① 桀（jié）
② 妹（mò）
　喜（xǐ）

14

都城附近发生了大地震,百姓死伤无数。大臣关龙逄乘机劝桀王说:"这是上天发出的严重警告。大王应该立刻改变荒淫无道的生活,关心百姓的疾苦,否则国家就将有大难降临了。"

夏桀一听大怒,说:"我和我的宫殿不是好好的,死几个百姓算什么?"于是说关龙逄蛊惑人心,下令将他斩首。

杀了大臣关龙逄,夏桀仍然我行我素。他又向国内加紧征收赋税和抽调青壮年从军,继续向北、向西征讨,终于又在西方的岷国掳掠到许多美玉和两位绝色美女琬和琰,并在寝宫旁又为她们盖了一座华丽的宫殿,名叫瑶台。

老臣终古实在看不过去,又去劝谏,结果被桀王下令逐出朝廷。终古无奈,听说附近的商国正在崛起,便乔装打扮,连夜投奔商国而去。

知识平台

陨 石 雨

据我国古籍《竹书纪年》记载,夏桀十五年的一天夜里,天空中突然亮如白昼,许多石块从天而降,"星陨如雨"。关龙逄乘机劝谏桀王,但遭拒绝。这是世界上最早的(公元前 16 世纪)关于陨石雨的天文记载。

① 逄(páng)
② 岷(mín)
③ 琬(wǎn)
④ 琰(yǎn)
⑤ 寝(qǐn)

8 网开三面

正在夏桀将夏王朝搞得分崩离析、人民怨声载道时，夏王朝东部的一个附属部落国商正在悄悄兴起。商部落原是尧舜时契的后代，传到商汤时，已经十分繁荣强盛了。商汤是个心地淳厚、善良的国君。有一次，他路过一片树林，见到一个猎人正在树林的四周张好了网，准备捕捉树林里的鸟儿。商汤见了，走过去对猎人说："你这样做太过分了。不能把树林里的鸟儿赶尽杀绝。"说着，他动手撤去了南、西、北三面的网，然后对着树林子拜了三拜，说："林中的鸟儿呀，你们愿意朝南飞就朝南飞，朝西飞就朝西飞，朝北飞就朝北飞；你们去飞向自由吧，可千万别朝东钻到猎人的网里。"

商汤让猎人"网开三面"的故事，很快就在各部族国传开了。这些国君们都纷纷表示，愿意同商国结盟友好，听从他的指挥。因为他们认为，一个对鸟儿都这么仁慈的国君，肯定对自己的部族和百姓也是仁慈爱护的。

商国边上有个葛国，它的国君十分昏庸贪暴。国内生产荒芜，百姓饥寒交迫。可葛国的国君不但不关心百姓生活，还一连几个月不祭祀①天地鬼神了。商汤得到消息后，就派人给葛国国君送去祭祀用的牛羊。可这个昏君却把这些祭祀用的牛羊宰杀吃掉了。商汤派人去责

① 祭（jì）
祀（sì）

16

问,葛君回答说是因为国内缺粮,不得已才这么做的。于是商汤又派了一批商国的青壮年越过边界到葛国去帮他们耕种。这些人纯属义务帮助,连他们吃的饭都是由家里的老人孩子送过去的。可是葛君居然又派兵在边界上将这些老人孩子送的饭食也抢了去。商汤忍无可忍,才出动军队把葛国灭掉了。

商汤就这样争取了人心,增强了国力。不久,他又用对待葛国的办法,吞并了附近的豕韦、顾国和昆吾。这时,夏桀才如梦初醒,但商汤的大军已经开到夏都城下了。商汤对出征的将士们说:"夏桀罪孽深重,我们是奉天命去讨伐他。"夏桀仓促应战,首都斟寻很快陷落。桀王带兵逃到鸣条(今河南封丘),与商汤的军队展开了一场血战。夏军的士气低落,终于战败,夏桀做了商汤的俘虏。延续了四百多年的夏朝,就此灭亡了。

故事中的成语

网开一面、革命

现在大家普遍使用的成语"网开一面",意思是放对手一条生路、给对手一个机会。它就是从商汤"网开三面"的故事中引申过来的。

历史上将商汤消灭夏桀称为"商汤革命",意思是商汤顺应天命进行了朝代变革。现今的"革命"一词就是从这里来的。

① 豕(shǐ)
　韦(wéi)
② 孽(niè)

9　伊尹辅政

商汤灭掉了夏桀，在各诸侯国的一片朝贺声中，终于正式登上王位，建立了我国历史上第二个奴隶制王朝——商朝。

商朝仍定都在原商国的亳城①（在今河南商丘），仲虺②和伊尹当了左右二相，协助商汤处理朝政。

伊尹原先只是有莘国③（今山东曹县北）的一个奴隶。因为出生在伊水（今河南洛阳附近）边，后来被卖到有莘国当奴隶，所以叫伊尹。他在有莘国为国君当厨师，在招待宾客时了解了许多天下大事。一次，商国的大臣仲虺出使有莘国，发现了他的才能，就回去向商汤推荐了他。商汤就在替儿子娶有莘国公主时点名将伊尹作为陪嫁奴隶要了过来。

伊尹来到商国后，商汤立刻召见了他。伊尹对当时商国面临的形势，分析得十分透彻。商汤果断地提拔他做了右相，成了自己的得力助手。当年商汤灭掉葛国后，夏桀曾召商汤进夏都，将他关了起来。商国的大臣们都紧张万分，只有伊尹冷静地派人给夏王送去许多珍宝、美女，很快将商汤赎④了回来。商汤灭夏时，也用了伊尹的计策：先暂停对夏朝的进贡，待桀王发怒，命令他的属国九夷、昆吾出兵讨伐时，商国又恢复进贡。于是夏王又命令

① 亳(bó)
② 虺(huǐ)
③ 莘(shēn)
④ 赎(shú)

18

两国撤兵。第二年商国又停贡赋,夏王再命两国出兵时,九夷按兵不动了。于是商国集中兵力先打败了昆吾,然后出动大军直攻夏朝。

商汤去世后,伊尹受商汤的临终托付,先后辅佐了外丙、仲壬及太甲三任商王。尤其是商汤的孙子太甲登位时年纪很轻,又由于从小在宫中长大,耽于享乐,不听劝告,伊尹就下令将他关在商朝的祖庙(桐宫)里整整三年,让他面壁思过,直至他认识到自己的错误以后才让他重登王位。而伊尹也一直兢兢业业地辅佐了太甲三十年。太甲死后,伊尹又扶太甲的儿子沃丁为王。

伊尹一生忠心不二地辅佐了五任商王。他活到一百多岁才去世,是我国历史上有名的贤相。

知识平台

伊 尹 墓

伊尹为商王朝立下了不朽功劳。他死后,商王沃丁下令以天子礼葬他于亳城郊外。现今河南虞城县西南有祠堂和墓,相传就是伊尹墓。

① 壬(rén)
② 虞(yú)

10 盘庚迁都

伊尹在商王沃丁时去世。沃丁以后,商朝又经历了十三个王,这时盘庚继位。盘庚是从他哥哥阳甲那里继承王位的。因为按照当时的规定,王位是先从兄弟之间依次继承,到最后一个兄弟以后,才轮到儿子。

沃丁以后的这些商王,没有了像伊尹这样贤明的大臣的有力辅佐,大都像太甲那样,纵情于美女歌舞、饮酒享乐。那时光供商王饮酒的青铜酒器,就有觥^①、瓠^②、盉^③、卣^④、斝^⑤等许多种,上面都刻着花纹,十分精美。商王和奴隶主贵族们还大建宫殿和祭祀用的庙堂,杀死大批牲畜和奴隶奠基或陪葬;他们还用砍头、挖眼、割鼻、剁脚等酷刑镇压奴隶反抗。再加上那时的黄河和其他河流经常泛滥,民不聊生,商朝的政权已很不稳固,四方的诸侯国也渐渐地不来朝贡、不听指挥了。

而统治者越腐败,就越要互相争权夺利。兄弟之间为了争夺王位,钩心斗角。登上王位后,为了摆脱对方的控制,便开始不停地迁都。仲丁将首都从亳迁到隞^⑥(今河南荥阳),河亶甲迁都到相(今河南内黄),祖乙迁到邢(今河北邢台),南庚迁奄(今山东曲阜)。

盘庚是个有头脑的商王。他决定拨乱反正,重振商王朝。他要做的第一件事,便是将国都移到一个地势险

① 觥(gōng)
② 瓠(gū)
③ 盉(hé)
④ 卣(yǒu)
⑤ 斝(jiǎ)
⑥ 隞(áo)
⑦ 亶(dǎn)

20

要、交通便利，又能控制和号令天下的地方。他派得力的大臣到处勘查，终于选定了北蒙（今河南安阳小屯村）。但他的迁都命令遭到了辅政大臣古贤等一大批奴隶主贵族的反对。盘庚果断地采取措施，将反对者镇压了下去，并动员了大量的奴隶和工匠，在北蒙建起了一个规模宏大的新都。新都不光有宫室、宗庙，还有大量的制陶、冶金、骨器制作和生产其他生活用品的手工业作坊，商业活动也十分繁荣。因此北蒙又称"大邑商"。

盘庚迁都，使商朝复兴。四方的诸侯又重新来朝见商王。此后商朝又经历了十二王二百七十三年，再没有迁都。后人将这北蒙称为"殷都"，又将定都于北蒙以后的商朝称为"殷朝"。

内 容 链 接

殷 和 殷 墟

因为北蒙的郊区有一块商王的田猎区叫"殷"，因此后人也将北蒙称为"殷"，将商朝称为殷朝。

商代被周灭亡后，北蒙成了废墟，因此又称"殷墟"。

近代，人们在这里发掘出了大量的甲骨文和青铜器，还有大批殉葬的奴隶遗骸。从甲骨文中可以考证出当时的社会情况。我国有文字可考的历史，也由此开始。

① 殷（yīn）
② 殉（xùn）
③ 骸（hái）

11 奴隶傅说

盘庚在位二十八年。他死后,他的兄弟小辛和小乙分别继位,但这两王不但平庸无能,而且喜欢逢迎拍马的小人,排斥正直的大臣,在两人在位四十余年间,又将国家弄成一个岌岌可危的烂摊子了。但接着继位的武丁倒是一个有所作为的国君。他决心要使已经十分衰落的商王朝重新振兴起来。要振兴国家,首先要有治国的人才。可是,武丁看到,在自己周围的那些大臣官员们,要么是小心谨慎,整天只想保持和维护自己的位子和利益,要么是一些只会奉承的势利小人,根本不可能担当治国的重任。到哪里去寻觅这种人才呢? 武丁想呀想,想得茶不思饭不吃,最后竟病倒在床,一连几天都不省人事。这可吓坏了左右的大臣们。他们心中各怀鬼胎,正吵吵嚷嚷着要给武丁准备后事,武丁却突然醒来了。

武丁一醒过来,就对大臣们宣布说:"在这昏迷的几天里,我做了一个梦。在梦中,天神告诉我,有一个现在是奴隶身份的人,是一个能够帮助我治理好国家的能人。让他当奴隶,这是天神为了锻炼和考验他的意志和能力。现在,条件成熟了,要我立刻把他请来。"可是,全国的奴隶那么多,到哪儿去找这个人呢? 大臣们都难住了。

武丁见大家不吱声,便又说道:"天神还告诉了我这

22

个人的模样。我叫人将他的模样画出来，你们根据画像去找，一定要给我找到！"

武丁便让画师画了像，交给几个大臣分头到全国去找。不久，一组大臣在一个叫傅岩的地方，终于找到了一个奴隶，他的长相与画像上的几乎一模一样，于是就将他带到王宫来见武丁。武丁一见这个奴隶，兴奋地说："就是他！"当即便任命他为左相，并宣布由他主持处理国家的一切事务。因为这个奴隶是从傅岩地方找到的，因此就给他起名叫傅说。

傅说当了左相，就提倡节俭，奖励生产，真的协助武丁使商朝复兴了起来，并且先后出兵击退了羌、夷、鬼方等部族的入侵，巩固了商朝的边防。

知识平台

"托　梦"

武丁用"托梦"的方法，假传"天神"的旨意，才使当时看起来不能办到的事情——让一个奴隶身份的人出来治理国家——办成了。这是因为，在当时人们特别迷信鬼神，把鬼神的意志当作至高无上的命令。

其实，武丁早在年轻的时候出游全国时，就认识和了解了傅说。这位国君真是用心良苦。

① 傅(fù)
　说(yuè)
② 羌(qiāng)

23

姬昌兴周

武丁以后，商朝又经历了五个王。这几个王一代不如一代，到了武乙时，更是暴虐无道，使整个王朝日益衰败下去。正在这时，西部的附属国周国却日渐强大起来。

周国的祖先在尧、舜时代生活在渭水流域，属于一个名叫有邰氏①的部落。这个部落在上千年的发展过程中几经迁徙，经过后稷、公刘、古公亶父②等多个能干的部族首领的领导，到古公亶父时来到了岐山③脚下（在今陕西）定居，建立起了周国。古公亶父死后，他的小儿子季历继位，很快发奋图强，使周国强盛起来，并且按照商王武乙的命令，连续两次出兵打败了商朝北面的义渠和鬼戎两个强悍的游牧部落。

商王武乙死后，文丁继位。季历为了试探商朝的反应，出兵灭掉了殷都西边的程国，并在程地建立了新都。周国的行动引起了文丁的警惕，他假装封季历为"西伯"，请他上殷都领赏；待季历来到殷都时，将他捉住杀了。

季历死后，他的儿子季昌（季和姬同音，后人统一将周称为姬姓，因此又叫姬昌）继位。他励精图治，一心要使周国更加强盛起来，以推翻商王朝，为父亲报仇。要富国强兵，首先要有杰出的治国人才。于是姬昌处处留心物色。一次，姬昌与儿子姬发及大夫散宜生等一行外出

① 邰（tái）
② 亶（dǎn）
③ 岐（qí）

打猎，他们的车队在渭水边的磻溪上遇到了一个奇怪的钓鱼老人。这位老人正专心致志地望着水面在钓鱼，但用的是直而无钩的鱼钩且没有鱼饵。姬昌将老人请到自己的车内，与他一谈，发现他军事、政治样样精通，而且对当前商朝、周国的形势也分析得十分精辟，于是连忙谦虚地请他坐在自己的座位上，带他一起回到了王宫。

回去后，姬昌立即拜这位老人为军师，并且对大夫散宜生说："我的祖父（即古公亶父）曾对我说过，将来会有一个能人来帮助我兴盛周国的。这位老先生就是我太公盼望的能人啊！"

这位老人姓姜名尚，字子牙；由于上面的原因，以后也有人叫他"太公望"或"姜太公"。以后，姜太公的确帮助周国灭掉了商朝。

知识平台

后 母 戊 鼎*

相传文丁的父亲商王武乙狂妄好猎，不信天神，还用箭去射象征天神的盛血皮囊，王后戊劝谏，被他关入后宫。后来武乙在打猎时被雷劈死。他的儿子文丁继位后铸了一个大方鼎祭奠母亲，因此此鼎叫"后母戊鼎"。该鼎为目前我国已出土的最大的青铜器，重832.84公斤。

＊原称司母戊鼎，学术界多已改称后母戊鼎，又称后母戊方鼎、后母戊大方鼎。

① 磻(pán)
② 戊(wù)

13　纣王暴虐

商王文丁在诱杀季历后，不久便死了。他的儿子帝乙继位。帝乙比较有作为，他努力整顿朝纲，并且设法稳住了商朝的西部和北部边境，然后又出兵讨伐东夷。为了对付力量强大的东夷，他还在殷都附近的朝歌（今河南淇县）建立了陪都。帝乙死后，他的儿子辛继位，就是历史上有名的暴君商纣王。

纣王人倒是长得很魁梧，也很勇武聪明，再加上他的父亲帝乙为他打好了一些基础，他本可以过段太平日子的。只可惜他将聪明用到了歪道上，一心变着花样享乐。他将陪都朝歌变成了自己的游乐场，在那里建了高达千尺的鹿台供他玩乐；在朝歌边上的钜桥建大粮仓供他挥霍。他还下令在全国选拔大批美女。为了讨好一个他喜欢的美女妲己，纣王还学夏桀的办法在宫中修了"酒池"、"肉林"，与大批宫女们在里面鬼混。

老臣商容实在看不过去，前去劝谏，纣王竟下令逮捕他。商容一气之下，头撞殿柱而死。为了吓阻臣子们不要再来啰唆劝谏，纣王发明了一种刑具——用一个巨大的空心铜柱，在里面点火烤红，将人绑在铜柱上烙烫，称为"炮烙"。偏有个大臣梅伯仍去劝谏，纣王竟真的将他绑到那铜柱上烙死了。

① 朝（zhāo）
　　歌（gē）
② 魁（kuí）

为了镇住四方诸侯,纣王又将自己认为对朝廷威胁较大的九侯、鄂侯和西伯昌(即姬昌)这三个大诸侯国的国君骗到朝歌,找借口先杀了九侯和鄂侯,将他们的肉做成肉酱和肉脯。纣王还要杀姬昌,亏了他的叔叔比干和哥哥微子启竭力说情,才改为将姬昌关到羑里(今河南汤阴北)狱中看管。

姬昌被关进牢中以后,他的儿子伯邑考急忙赶到朝歌向纣王求情,不料凶残的纣王将他也做成了肉酱,并且派人送到羑里让姬昌吃下去,以试探他的态度。姬昌装作麻木不仁的样子,吞下了儿子的肉酱,才躲过一劫。后来,周国的大夫散宜生给纣王送来了大批的珍宝和美女,才将姬昌赎了回去。

内容链接

姬昌著《周易》

羑里是位于商都北蒙和朝歌之间的一座商朝大监狱。为了迷惑纣王,姬昌在牢中整天或弹琴解闷,或专心研究演习八卦。几年下来,他在狱中写成了一本专门研究算卦的书,这就是有名的《周易》。

① 羑(yǒu)

14　武王伐纣

　　姬昌从虎口逃生后，回到周国，着手进行了一系列的改革。针对商纣王喜欢喝酒、打猎、滥施刑罚的做法，他在周国禁止喝酒、打猎，不许糟蹋①庄稼，鼓励百姓多养牛羊、多打粮食。姬昌的开明政策使周围的许多部族国都来归附他。但东边的崇国国君崇侯虎却勾结纣王，助纣为虐。于是姬昌请军师姜子牙带兵灭了崇国。崇国是商朝西边的门户。姜子牙建议姬昌干脆将周都从岐山脚下迁了过来，并将它改名为丰京（今陕西沣水）。就在这时，姬昌得病死了。他的儿子姬发继位，就是周武王。周武王将父亲姬昌追称为周文王。

　　周武王拜姜子牙为老师，在他的兄弟周公旦、召公奭②的辅佐下继续训练军队、巩固后方、增强实力，又经过了九年的努力，终于联合起周边八百多个小诸侯国的兵力，自己亲自率领，开到黄河南岸的孟津渡口，准备进击商朝。各诸侯国的军队士气很高，纷纷要求渡河前进，但姬发却下令撤了回去。因为此次出兵他只是想作一次演练和试探。

　　再说商纣王仍然在朝歌花天酒地，倒行逆施，根本没把周国的动向放在心上。为了弄清孕妇肚内的孩子是男是女，他竟然下令将孕妇剖腹验看。他的叔父比干劝阻，

① 糟（zāo）
　蹋（tà）
② 召（shào）
　公（gōng）
　奭（shì）

28

他就让人将比干的心挖了出来。他嫌大臣箕子[1]啰唆，将他赶出朝廷，箕子只好在街头弹琴装疯。他的哥哥微子启眼看商朝必亡，便逃出了朝歌。

周武王与姜子牙见灭商的时机已到，便重新号令八百诸侯，以姜子牙为元帅，亲率五万周国精兵，一举渡过黄河开到离朝歌不远的牧野（今河南卫辉市）。这时纣王才临时拼凑了号称七十万的大军，亲自率领，气势汹汹地前往迎战。但纣王的军中，大都是奴隶，他们早就痛恨纣王的残暴无道，与周军一接触，就大部分倒戈了。纣王的军队土崩瓦解。周军很快攻下了朝歌。纣王逃到鹿台上点火自焚而死。

至此，商朝灭亡，周朝建立了。

人物聚焦

伯夷和叔齐

伯夷和叔齐是孤竹国（今河北卢龙）王的两个儿子，因自命清高，都不愿继承王位而投奔周国。听说周武王带兵伐纣，两人在军前阻拦。阻拦不成，便躲到首阳山上，声称"从此不食周粟"，最后饿死在山里。

① 箕(jī)

15　周公吐哺

周武王建立周朝以后，将国都从丰京搬到了镐京^①（今陕西西安市西），并且将自己的姬姓亲属和灭商战争中的功臣，都分封到各地，建立了许多诸侯国。不久，他便病死了。他的儿子继位，即周成王。但周成王这时才十三岁，不能处理国事。因此，根据周武王临终时的嘱咐，由武王的兄弟、成王的叔叔周公旦代行执政。

周公全心全意地帮助成王管理好国家。朝廷内的大小事务，大多要由他来决定。因此他常常忙得连吃饭、洗头的工夫都没有。一次，他正在吃饭，就有大臣来谈紧急公务，周公只好把含在嘴里还来不及咽下去的饭菜吐了出来。还有一次，他正在洗头，手下却来报告有重要事情需马上去朝廷处理；于是周公连头发都来不及拧干扎好，便双手握着湿漉漉的头发上了车子。

周公这么卖力地工作，他的三个兄弟管叔、蔡叔和霍叔却对他妒忌起来。他们一面在大臣中造谣，说周公大权独揽，实际上是想将年轻的成王废了，自己取而代之；一面又与纣王的儿子武庚密谋，让武庚发动商朝的旧贵族复辟叛乱。谣言传得沸沸扬扬，连朝内的主要大臣姜子牙、召公奭等也怀疑起来。年幼的成王也十分害怕。周公为了消除谣言，稳定政局，一面与两位大臣推心置腹

① 镐（hào）

30

地谈了自己的心里话,作了交待,并将权力交出来自己离开了首都,以静观变化,一面安慰成王,让他放心。

周公走后,叛乱势力果然蠢蠢欲动,东方的淮夷、徐戎等部落也打过来了。两位大臣让成王召回了周公。周公立刻派姜子牙带兵迎战东边国境上的军队,自己则亲自率军平定了武庚在国内的叛乱。不久,姜子牙也得胜班师。

周公平定叛乱以后,查出了谣言和混乱的制造者。他将蔡叔充了军,将跟随蔡叔和管叔一起造谣的霍叔革去了职务;管叔则畏罪自杀了。

周公协助成王巩固了国家政权,建立了治理好国家的许多规章制度,等到周成王二十岁的时候,他就将权力全部交给了他。

故事中的成语

周公吐哺的意思

"周公吐哺"这个成语,就是从本故事中来的。它的意思就是勤勤恳恳、任劳任怨、一心一意地为国工作。周公不但辅佐了周成王,还为周朝制定了"周礼"和刑律,使周朝的奴隶制贵族社会巩固了下来。

16 共和执政

　　周成王在周公和召公的辅佐下使周朝统一并强盛起来。成王死后康王继位,这种强盛已经到了顶点,待到昭王、穆王以后便开始走下坡路了,而到了夷王、厉王时,则已经弄得朝纲败坏、百孔千疮了。统治者只顾剥削和压迫奴隶和普通百姓,再加上连年的战争,人民已处在极度的贫困和水深火热之中。别说当时被称为"野人"的外地的农民和奴隶日子难捱,就是被叫作"国人"的住在国都里的平民,也都怨声载道。偏这时周厉王还嫌收进国库的赋税不够他挥霍,听信宠臣荣夷公的建议,在全国推行起"专利"来。

　　什么叫"专利"? 就是厉王认为,普天之下莫非王土。百姓无论上田种地,或者下河捕鱼、上山打猎,甚至砍柴、采药,都要向他交税。就连国都城中百姓的各种手工业生产,也都要上税。百姓们被弄得没法活,议论纷纷,发泄不满情绪,厉王就让一个名叫卫巫的人组织了一批特务打手,到民间去暗访,查出有不满言论的,统统抓起来施以酷刑——或割鼻砍足,或杀头刺字。这样一来,百姓们表面上真的不敢说话了,连过去热闹的街市上,也变得冷冷清清、鸦雀无声了。

　　厉王十分得意。大臣召公虎却看出了危机,去劝厉王停止特务活动,让百姓说话。厉王根本不予理睬。

卫巫的特务们更加肆无忌惮,他们又趁机敲诈勒索百姓。都城里的国人们忍无可忍了,他们终于纷纷揭竿而起,操起身边的土制武器,发动暴动,围住了王宫。厉王吓得落荒而逃,一口气奔过黄河躲到了彘地(今山西霍县东北)。

大臣召公虎将来不及逃走的太子静藏到了自己的家中,并交出自己的儿子谎称是太子让国人将他处死了,暴动才算平息。朝内没有了周王,召公虎就请卫国诸侯共伯和来镐京代行执政,自己和周公(周公旦的后代)辅政。这就是历史上所称的"共和执政"时期。

中国历史纪年的开始

中国历史正式的确切纪年,就是从"共和执政"元年开始的。这一年是公元前841年。共和执政至公元前828年结束。执政者将权力又交还给了厉王的儿子姬静,这就是周宣王。

① 彘(zhì)

17 烽火戏诸侯

  周宣王在位三十九年,他虽也想振兴周王朝,但经过国人暴动后,国家已元气大伤,很难复原了。而他的继承者周幽王,则又是个只顾吃喝玩乐的昏君。周幽王只顾收罗全国的美女,整天不理朝政,只听两个专会拍马屁的大臣尹球与虢①石父的话,把国家弄得一塌糊涂。大臣褒珦②请求幽王救济地震灾民、关心国家安危,幽王反而将他关进了监牢。褒珦的儿子没有办法,只得投其所好,向幽王进献了一个名叫褒姒③的美女,赎出了自己的父亲。

  由于褒姒长得出奇的漂亮,一下子就受到了幽王的专宠。幽王整天与褒姒形影不离。尤其是在褒姒生了一个儿子以后,幽王干脆废了原来的申王后和太子宜臼④,立褒姒为王后,立褒姒生的儿子伯服为太子。

  可是,新王后有一个毛病,就是她从来不肯笑一下。幽王为了让褒姒笑,想尽了办法:他让乐工敲钟击鼓,或弹丝竹,或演歌舞,褒姒脸上全无喜色;幽王听说褒姒喜欢听撕扯绸缎的声音,就让力气大的宫女撕碎了一百尺绸缎,褒姒的脸上仍无笑意。于是,幽王下了悬赏令:"凡有人能使王后一笑者,赏千金!"

  马屁精虢石父就向幽王献计道:"在咱们镐京附近的骊⑤山上有许多防备西戎入侵的烽火台,大王如果下令在

① 虢(guó)
② 珦(xiàng)
③ 姒(sì)
④ 臼(jiù)
⑤ 骊(lí)

烽火台上点起烟火,各地诸侯就会立刻带兵前来救应。王后娘娘如果看到诸侯兵马傻乎乎受骗的样子,一定会发笑的。"

周幽王听后,立刻传令在骊山的烽火台上燃放烟火。他自己则与褒姒在山上饮酒观看。一时间,骊山上狼烟冲天,鼓声动地。各路诸侯立刻带兵前来勤王。骊山上人叫马嘶,一片乱哄哄的样子。可幽王却派侍卫向诸侯们宣布,没有任何敌情,他只是点烽火玩玩。诸侯们听了,只好偃旗息鼓,带着兵马灰溜溜地回去了。

褒姒在骊山城楼上见到诸侯们被愚弄以后的一片沮丧的样子,终于忍不住笑了起来。周幽王高兴地说:"这全是虢石父的功劳,快赏他一千两金子!"

内容链接

周幽王的结局

周幽王的作为激怒了申国的国君申侯。申侯便向周朝西边的西戎借兵进攻镐京。周幽王慌忙下令骊山上的烽火台点燃烽火求救。可再也没有诸侯带兵前来相救了。西戎兵马攻进镐京,杀了幽王,掳走了褒姒。

18 掘地迎母

周幽王死后，中国的国君申侯联合了秦、卫、郑、晋等国诸侯赶走了西戎军队，立幽王的大儿子宜臼为周王。这就是周平王。周平王见京都镐京已被西戎兵马劫掠得不成样子了，便将都城向东迁到了洛邑，就是现在的洛阳。从此，中国历史上便开始了东周时期。在这个时期，周王朝的实力不断衰弱下去，而名义上仍在它统治下的各诸侯国之间，却不停地互相征战，历史上称作春秋战国。

平王迁都洛邑后，由于郑国的都城荥阳与洛邑很近，郑武公就经常待在周都，控制了平王的朝政。不料此刻，在他的两个儿子之间为争太子地位发生了矛盾。武公的妻子武姜喜欢小儿子段，而郑武公却坚持将王位传给大儿子寤生。

郑武公死后，寤生继位，就是郑庄公。郑庄公很有心计，明知道弟弟段在他的封地京城（在今河南荥阳东）屯粮招兵，与自己的母亲勾结准备夺权，表面上却装作不闻不问。过了些日子，又装作要上洛邑帮周王办事，去向母亲告了别。武姜立刻写密信通知小儿子段从京城带兵进攻荥阳。不料郑庄公根本没走，而且调兵遣将，设埋伏击败了弟弟的军队；一面还让大将公子吕带兵乘虚拿下了

① 荥（xíng）
② 寤（wù）

36

京城。段走投无路，只好自杀。庄公便将母亲软禁到了颍地，并且发誓：不到黄泉，决不再与母亲相见！

颍地的一个专门管理土地疆界的小官叫颍考叔，一天给庄公送去一只猫头鹰，说这种鸟长大后要啄食母亲，是不孝鸟。他还将庄公请他吃的一只羊腿藏到衣袖内，说是要带回去孝敬母亲。庄公被颍考叔说动了心，就向他请教，怎样既不违背自己的誓言，又能重见母亲？颍考叔就让庄公命士兵们掘了一个地道，待掘到泉水后，在旁边建个地下室，然后将母亲请到那地下室里相见。

郑庄公照此法办理，终于重见了母亲，恢复了母子关系。这就是历史上"掘地认母"、"黄泉相见"的典故的来历。

东周、春秋战国

公元前 770 年，周平王将都城由镐京向东迁到了洛邑。从此以后的周朝，历史上称为"东周"，而此前的周朝就称"西周"。由于东周时期周王朝的权力不断衰弱，各诸侯国之间不停地互相征战，因此这段时期又称"春秋战国"。

① 颍（yǐng）

19　大义灭亲

　　郑庄公为了平定国内事变,已经好久没去周朝的洛邑上班了。待他回到朝中,发现周平王已经让虢国的虢公忌父接替了他的位置。郑庄公很生气,故意撂①挑子说从此不管周朝的事了。周平王很害怕,只好将自己的太子狐送到郑国去当人质,以恳求郑庄公留下。

　　周平王为什么这么低三下四呢? 这是因为此刻的周王朝已没有多少实力,与一个诸侯国的地位差不多了。公元前 720 年,周平王死,在郑国做人质的太子狐继位。不料由于哀伤过度,他接着也死了。他的儿子林继位,就是周桓王。

　　周桓王对郑庄公控制周朝权力十分不满,正要设法赶走他,忽报卫国出了事变:卫桓公的同父异母兄弟州吁与上大夫石厚密谋,杀死了哥哥卫桓公,夺取了政权。州吁为了站稳脚跟、巩固政权,让石厚去劝他的父亲石碏②出来做官。因为石碏是先朝老臣,在朝中德高望重,只要他一出来做官,朝中的其他文武大臣甚至全国的老百姓就都会信服了。石厚就带着州吁给的丰厚的礼物去求自己的父亲。石碏听罢,沉思了好久,才对儿子说:"这件事只要得到周王的承认,国内的人就没有话说了。"儿子又问:"那么怎样才能得到周王的承认呢?"

① 撂(liào)
② 碏(què)

"陈侯与周王关系好，请他去帮助说吧。"石碏回答说。

石厚马上将父亲的主意报告了州吁。州吁大喜，立刻备了礼物，往陈国而去。

石碏待儿子走后，割破手指给陈国大夫子鍼①写了一封密信，连夜派人送了去，并让子鍼将他的意思转达给陈桓公。原来，石碏是个忠义的老臣，他痛恨儿子勾结州吁阴谋篡权，因此设计要让自己的好友、陈大夫子鍼除掉这两个乱臣贼子。

果然，当州吁和石厚得意忘形地以上宾的身份去拜见陈桓公的时候，陈大夫子鍼突然一声令下，埋伏在朝堂内的士兵蜂拥而上，将他们两个绑了个结实。

石碏得到儿子和州吁被捉住的消息后，毫不犹豫地派人去陈国将两人斩了首，同时立卫桓公的儿子晋当国君。这就是卫宣公。

故事中的成语

大 义 灭 亲

卫国的大夫石碏设计将参与叛乱的自己的儿子石厚杀掉，平息了卫国的叛乱。这件事在春秋战国影响很大。人们十分敬佩石碏。左丘明在他写的《左传》一书中，称赞他这种做法是"为大义而灭亲"。"大义灭亲"的成语就是这样来的。

① 鍼（zhēn）

20 鲍叔牙荐贤

　　卫国政权发生内斗，齐国也不太平。齐国国君齐襄公被国内的两个将军连称和管至父杀死，他们立襄公的堂兄弟公孙无知当了国君。襄公的两个弟弟公子纠和公子小白分别由他们的老师管仲和鲍叔牙陪着逃出了齐国。公子纠逃到了自己的外婆家鲁国，公子小白则逃到了莒国。

　　可是不久，公孙无知又被朝内的一批大臣杀掉了。得到这个消息，公子纠和公子小白就各自带领自己的随从往齐国赶。很显然，这时候谁先回到齐国，谁就可能当上国君。莒国比鲁国离齐国近，管仲怕被小白抢先，便向鲁庄公借了三十名轻骑兵由自己带着急赶。这支队伍日夜兼程，终于在即墨地方赶上了小白的队伍。管仲立刻张弓搭箭，望准公子小白一箭射去。只见前面公子小白大叫一声，倒了下去。管仲以为小白死了，就放心地返回，与公子纠的队伍一起慢慢地往齐国去。哪知管仲那一箭只射中了小白的衣带钩，根本没有伤到他。机灵的小白就这样用装死的办法摆脱了追兵，抢先赶回齐国当上了国君，并且将公子纠和管仲的队伍打了回去。

　　小白当上了国君，就是有名的齐桓公。齐桓公想发动一场对鲁国的战争，杀死管仲，报这一箭之仇。可是他

① 莒(jǔ)

40

的老师鲍叔牙却对他说:"管仲射主公,是各为其主。这正说明他忠实可靠。如果您能赦免他的罪过而重用他,他将为你射中整个天下!"

齐桓公是个有胸襟的国君,听了鲍叔牙的话,决定不杀管仲。接着,桓公就要封鲍叔牙为相国,让他主持国政。可鲍叔牙却坚决推辞。他告诉齐桓公,只有重用管仲,才能成就大事业。齐桓公终于听从了鲍叔牙的劝告,选定了黄道吉日,亲自到都城郊外的驿馆中迎接管仲,让管仲与自己同坐在一辆车里返回京城,让他当了相国。

齐桓公不计私仇、重用人才的名声从此传扬了出去。而他也在管仲的协助下,成了诸侯中的霸主。

人物聚焦

鲍叔牙和管仲

鲍叔牙和管仲从小就是好朋友。管仲与老母相依为命,家境贫苦。管仲跟鲍叔牙做生意,鲍叔牙将大半的盈利分给管仲;一块出去打仗,鲍叔牙自己冲在前面,让管仲跟在后边。别人嘲笑管仲,可鲍叔牙却说管仲不是贪财怕死,是要供养母亲。所以管仲说:"生我者父母,知我者鲍叔牙啊!"

21 曹刿论战

　　齐桓公重用了管仲，鲁庄公心里就不平衡了。他这才发觉放走管仲是个大错误。于是他调兵遣将，想对齐国动武。齐桓公得到消息，干脆抢先行动，于公元前684年亲自率领齐国大军，以鲍叔牙为大将，杀到了鲁国的长勺（今山东莱芜东北）。

　　鲁庄公根据大夫施伯的推荐，请来了一个隐居在乡间的军事家曹刿，请他带兵抵御齐军。出师前，鲁庄公问曹刿："先生准备用什么方法打败齐军？"

　　曹刿说："打仗要看战场的具体情况随机应变，不能靠在家里预测。"

　　鲁庄公没法，只好随曹刿率军到长勺与齐军对阵。鲁军刚排好阵势，鲍叔牙已击鼓命齐军气势汹汹地冲杀过来了。鲁庄公也要下令击鼓反击，曹刿却摇手制止了他，并命令全军坚守阵地，不得出击。齐军见冲不开鲁军的阵地，只好自动退了回去。鲍叔牙站在战车上，见鲁军不敢出击，就又命令击鼓冲锋。但鲁军阵地仍纹丝不动。齐军又潮水般退了回来。鲍叔牙见此情景，以为鲁军一定被齐军的气势吓破了胆，于是第三次下令击鼓，发动冲击，心想这次一定要突破鲁军阵地，使它全线崩溃。

　　不料由于两次大规模的出击都未遭鲁军反击，齐军

① 刿（guì）

42

第三次进攻就显得松垮、疲沓了。当齐军冲到鲁军阵地前时，曹刿突然一挥手，下令鼓手击鼓反击。憋足了气的鲁军在激越的进攻鼓点下，突然向萎靡不振的齐军冲杀上去。齐军被杀得晕头转向，不知所措，纷纷向后溃退。

鲁庄公见状，马上下令全军追击。但曹刿又制止了他。曹刿跳下战车，仔细地察看齐军原先布阵的地方，以及他们逃跑时的车辙印，又登上战车眺望了一会正在逃跑的敌军，见他们的队伍已乱，才下令追击。曹刿与鲁庄公率鲁军追击齐军三十余里，俘获了许多齐军和大量的辎重兵器，才收兵回去。

故事中的成语

一 鼓 作 气

鲁庄公问曹刿待敌军三鼓后才出击的道理。曹刿说："作战时击第一鼓士气最旺盛；第二鼓士气就衰落了；到了第三鼓就衰竭了。我用我军第一鼓的旺盛士气去打击敌人已衰竭的士气，怎么会不胜呢？"鲁庄公听了，十分佩服，就封他为大夫。而成语"一鼓作气"，从此也产生了。

① 辎（zī）

22 齐桓公用贤

长勺之战，管仲曾坚决地劝阻过齐桓公。但齐桓公求胜心切，不肯听从，终于造成了惨败。不过从此，他便更加相信管仲了。他尊管仲为"仲父"，决心全心全意地听从他的治国建议。

一天，齐桓公对管仲说："仲父，为了使齐国强大，我还有什么地方需要注意？"

管仲说："主公喜欢打猎与女色，需加以节制，但这还在其次；最重要的是一定不要听小人的中伤与诽谤，坚决地任用贤才，知人善任，才能成就霸业。"

"好。"齐桓公坚定地说。从此凡有大臣向他请示国家大事，桓公统统让他们去与管仲商议。管仲提出的一套改革计划就很快在齐国推行起来。

齐桓公身边有一个贴身太监，名叫竖貂，他善于观言察色，投桓公所好，深得桓公宠信。还有一个名叫雍巫的厨师，特别会拍马屁耍弄权术。他先做了几样好吃的菜去讨好桓公喜欢的卫妃，然后让卫妃带他去见桓公。这个马屁精居然将自己三岁的儿子杀了蒸熟后献给桓公吃。取得桓公的信任后，他又去联合竖貂，两人一同到桓公面前挑拨说："我们从来只听说国君下命令，臣子去执行；没见像现在这样，国家大事都由管仲决定。您自己身为国君,也总是说听仲父的,听仲父的。这样,人家不是要说我们齐国没有真正的国君了吗?"

两人说罢,眼睛死死地盯住齐桓公脸上的变化,以为桓公听了这样的话,一定会受不住的。哪料,齐桓公却哈哈大笑起来:"告诉你们,我和仲父就好比一个人的身体、大腿和臂膀;有大腿、臂膀,一个人才有完整的身体;有仲父我才能成为国君。你们这两个势利小人懂得什么? 还不快给我滚!"

从此以后没人再敢在桓公面前搬弄是非,离间他与管仲的关系了。管仲因此得以集中精力治理齐国。三年以后,齐国便成了当时诸侯国中的一等强国了。

内容链接

九 合 诸 侯

齐国强大后,齐桓公与宋、陈、邾^①、蔡四国的国君在齐国的北杏(今山东东阿县北)举行会议,宣布五国结为联盟。会议推举齐桓公为盟主。以后,齐桓公又召集越来越多的诸侯国与他结盟。这样的结盟会议,共进行了很多次,历史上就称为齐桓公"九合诸侯"。齐桓公,也成了春秋五霸中的第一位霸主。

---

① 邾(zhū)

23　老马识途

　　齐桓公终于在管仲的帮助下,当上了中原诸侯的盟主。这时,齐国西部的燕国遭到了山戎人的入侵。燕庄公向齐国求援。公元前 663 年,齐桓公亲率大军开赴燕国,赶跑了山戎军队。为了彻底消除燕国的后患,同时也巩固齐国的北部边境,齐桓公在管仲的建议下率齐、燕两国的联军追击山戎首领密卢的军队。联军追至黄台山口,经过一场激战,终于消灭了密卢的军队。密卢逃到了更北边的孤竹国。齐桓公又率军继续追向孤竹国。

　　孤竹国有一片大沙漠叫旱海。茫茫的沙海里没有水、没有生命,风刮起来飞沙走石,使人辨不出东南西北。孤竹国国君答里呵就与密卢合谋,决定用诈降计将齐军引入旱海渴死、困死。

　　再说齐桓公率齐、燕联军攻入孤竹国都城,答里呵率军队逃走了。这时忽有孤竹国大将黄花带了密卢的人头前来投降。齐桓公让山戎军队里的降兵辨认,确认了密卢的人头以后,就相信了黄花,并让黄花带路去追击答里呵。经过一天的行军,到了傍晚,齐军便被黄花带进了旱海。这时黄花自己乘着夜色甩掉齐军溜走了。齐桓公和管仲带着军队在旱海里迷了路。军队在大沙漠里走了大半夜,夜间寒气逼人,人马又饥又渴又冷,无法继续前进了。刚停下来，忽然沙漠里又起风了，沙粒打得人睁不开眼；好不容易熬到天快亮时，又起雾了，仍然辨不清东南西北。

齐桓公召集紧急军事会议商量脱险的办法。有人提出待天亮后寻找来时的马蹄印，顺着蹄印退出去。可是天亮后一看，沙地上所有的马蹄印早就全被大风刮平了。这时管仲说，动物认路的本领大，马可能会认识来时的道路。没有别的办法，齐桓公就下令解开几匹老马的缰绳，让它们自由地走，而大军则紧跟着这几匹老马前进。这样走了几个时辰，齐军终于走出了旱海，摆脱了困境。

故事中的成语

老 马 识 途

一个人平时积累的智慧和常识，在关键时刻常常会有大用处。管仲知道"鸟飞千里能归巢，狗行百里不迷路"的常识，于是他联想到"动物的认路本领一定比人大"，因此便提出了让老马带路的主意。而"老马识途"的成语也由此而来。

① 缰（jiāng）

24 庆父作乱

　　齐桓公率军队走出旱海，重返孤竹国都城，才发现答里呵和黄花又重占了这里。齐军终于将他们全部消灭了。

　　平定了山戎和孤竹，齐桓公与管仲率军回国，鲁庄公等在齐、鲁边境慰劳齐军。齐桓公非常高兴，将这次缴获①的一半送给了鲁庄公。不料鲁庄公回到国都不久，便病死了。鲁国开始了一场内乱。

　　鲁庄公有个同父异母兄弟叫庆父，因为庄公的原配妻子哀姜没有子女，就与哀姜勾结想夺取王位。但庄公临终时将王位传给了庶出的长子公子般。刚办完庄公的丧事不久，公子般便被庆父派刺客荦②刺杀了。庄公的亲兄弟公子季友一看形势不对，逃到陈国避难去了。庆父与哀姜密谋，立庄公另一个庶出的儿子公子启继位，就是鲁闵公。

　　鲁闵公才八岁，庆父与哀姜以为小孩子不懂事好控制。岂料小闵公在见齐桓公时拉住桓公的衣角，悄悄向他诉说了庆父作乱的情况，并请求桓公帮助。那么，小闵公为什么要求助齐桓公呢？这是因为哀姜是齐襄公的女儿，齐、鲁两国原是亲家。

　　齐桓公与管仲商议后，决定帮助鲁闵公。他出面从

① 缴（jiǎo）
② 荦（luò）

48

陈国接回了季友,让他回鲁国当了相国,以协助闵公控制朝政;还派大夫仲孙湫去鲁国监察。正在这时,庆父又指使大夫卜齮收买刺客秋亚刺杀了闵公。季友只好带了庄公的另一个儿子公子申逃到邾国避难。

庆父不光在王室争权中手段残忍,而且对百姓也残暴贪婪,无恶不作。鲁国的百姓愤怒了,他们聚集起来,先去围攻卜齮的家,杀了他满门;又去攻击庆父的家。庆父猝不及防,仓皇出逃到莒国。

鲁国人将季友接回国,并立公子申为国君,他就是鲁僖公。齐桓公也派兵到鲁国,帮助稳定局面。莒国因害怕齐国,将庆父赶了出来。庆父无处可投,只好在鲁国边境汶水地方的一棵树上吊死了。

故事中的成语

庆父不死,鲁难未已

由于庆父的行为给鲁国造成了动乱,齐国的大夫仲孙湫曾对齐桓公说:"庆父不死,鲁难未已。"意思是如果不除掉庆父,鲁国后患无穷。由此,"庆父不死,鲁难未已"这句话便成了成语,意为:不除掉某个恶人,局面就不会太平。

① 齮(yǐ)
② 湫(qiū)

25 卫懿公养鹤

　　齐桓公刚刚将鲁国安定下来，卫国又派使者前来求救了。卫国发生了什么情况呢？

　　原来，卫国的国君卫懿公是个好逸恶劳、不理国政的糊涂虫。但他有一样特别的喜好：爱鹤！他认为鹤羽毛洁白、头红颈长、能鸣善舞，是一种吉祥长寿的动物，因此他在宫廷、花园里处处养鹤。那些想捞好处的官员，就千方百计地捕鹤来献给懿公。懿公对他所养的鹤，像官员一样分品级给俸禄。他出门时，在车上也载着一只大鹤，称为"鹤将军"。连那些给他养鹤的人，也得到了很高的官位和俸禄，可是对老百姓的疾苦，卫懿公却不闻不问。

　　正巧，这时卫国北部边境的北狄打进来了。当北狄入侵的边报送来时，卫懿公正乘车载鹤在外头游玩呢。懿公闻报，才下令征集军队。可是百姓们没有人愿意应征入伍。他们说："让国君的鹤帮他去打仗吧。"懿公只好召集官员们商量对策。大夫石祁子、宁庄子建议将宫中养的鹤全部放掉，并向百姓认错悔过。懿公无奈，只得照办了。这样才稍稍征集到了一部分军队，由大夫渠孔、子伯为将，懿公亲自率领，开赴前线抗击北狄军队。

　　可是，卫军士兵仍旧心存怨愤。他们在夜间宿营时唱着歌儿发泄：

① 懿（yì）

50

老百姓耕田流汗水呀，鹤儿们吃粮真逍遥。

兵士们出征拼性命呀，鹤儿们坐车逛风景。

狄人的来势多凶猛啊，如今鹤儿你在哪里？！

懿公听到歌声，羞愧难当。这样的军队根本敌不过凶猛的北狄兵。卫军一触即溃，纷纷逃散。卫懿公被围困在军中，最后全军覆没，自己也被北狄人杀死了。待齐桓公派齐国援军赶来时，卫国的都城已被北狄人洗劫一空，连城墙都被拆毁夷平了。

好鹤亡国

齐桓公派出的援军赶到卫国后，北狄人撤回去了。齐桓公发动宋、鲁、邾等国共同为卫国在漕邑筑了新城作为首都，并将卫懿公的儿子公子燬送到漕邑继承了卫国的君位，卫国才没有亡国。因此后人便将玩物丧志、贻误大事的行为称为"好鹤亡国"。

26 虞君贪财

　　齐桓公称霸诸侯的时候,西边的晋国也渐渐强大起来了。晋献公为了扩大自己的领土,就想吞并晋国的两个小邻国虞国和虢国。虞、虢两国虽然是小国,但它们一向紧密相连、互相支援、互为依靠,因此一直能夹在秦、晋两个大国之间而相安无事。晋献公为了离间它们,一面送美女给虢国的国君,让他丧失戒备,一面将晋国的国宝送给虞国国君,要求向虞国借道伐虢。虞国的大夫宫之奇和百里奚竭力劝阻虞君。

　　宫之奇对虞君说:"大王千万不能借道给晋国。如果我们破坏了和虢国的联盟,借道给晋国让它灭亡了虢国,那么,晋国对我国就不会像现在这么客气了。"

　　可是虞君说:"晋国比虢国强大得多。现在人家送来了千里马和他们的国宝璧玉和我们交好,是我们求之不得的。难道你要我得罪大国去讨好一个小国吗?"

　　宫之奇又说:"晋国是个大国,但大国扩张的野心更大。他现在与我国交好是有目的的,就是为了要灭掉虢国。可是虢国一被灭掉,我国就孤立无援、十分危险了。我国和虢国就好像是嘴唇和牙齿,如果嘴唇没有了,牙齿就全都暴露在外面,一定会感到寒冷不堪的。"

　　可是贪财的虞君哪里听得进宫之奇的话,他挥挥手

① 虞(yú)
② 奚(xī)

52

不耐烦地说:"算了算了! 我收下了人家这么多的好东西,难道还能不守信用反悔吗? 我的主意已定,你们不要再多说了!"

百里奚听罢,长长地叹了一口气,拉着宫之奇的衣袖退了出来,对他说:"跟这样的糊涂国君说话,就好像夜间将珍珠丢在道路上,数不清的。"

宫之奇见虞君这样昏聩,知道虞国一定要被晋国灭掉了,就立刻带着家眷逃离了虞国。果然不出所料,晋国在向虞国借道灭掉了虢国以后,又回师将虞国也灭掉了。

百里奚还未来得及逃走,就跟倒霉的虞君一起,当了晋国的俘虏。

故事中的成语

唇 亡 齿 寒

虞国的国君不听宫之奇和百里奚的劝告,破坏了与虢国的"嘴唇与牙齿之间的相依相存的关系",使得唇亡而齿寒,招致了虞国的灭亡。这就是成语"唇亡齿寒"的来历。

27　养牛拜相

　　晋国灭了虞国,将虞国大夫百里奚俘虏了去。晋献公想请百里奚做官,百里奚拒绝了,于是,就将他作为陪嫁的奴隶,在女儿嫁给秦穆公时随从去秦国。在去秦国的路上,百里奚趁机逃跑了。

　　百里奚从小家贫,三十多岁才结婚生了个儿子。为了前途,他又不得不决定出门周游列国。临行时,妻子杀了家中唯一的一只母鸡,又将门闩①劈了当柴禾,炖了鸡为丈夫饯行。分别时,妻子含泪对他说:"你将来富贵了,可别忘了我们娘儿俩呀!"百里奚从此在外流浪,在朋友蹇②叔的村上放过牛,给周王室当过牛倌③,以后又在蹇叔的推荐下在虞国当过大夫,现在又变成了陪嫁奴。

　　秦穆公要振兴秦国,因此想广为搜罗人才。大夫公孙枝就告诉他百里奚是个人才。于是秦穆公派人出去打听,最终了解到百里奚已逃到了楚国,正在给楚王喂马。秦穆公决定用重金去赎百里奚。可是公孙枝劝道:"用重金等于告诉楚王百里奚的价值,这样楚王就不会放人了。我们只需用一个普通奴仆的代价去赎就可以了。"于是秦穆公就派人用五张羊皮到楚国去赎回了他。因此人们又称他为"五羖④大夫"。

　　百里奚来到秦国时已经整整七十岁了。穆公见了,

① 闩(shuān)
② 蹇(jiǎn)
③ 倌(guān)
④ 羖(gǔ)

叹了口气说:"唉,可惜老了!"

百里奚回答说:"如果叫我去追飞鸟、逐猛兽,年纪是大了些;可让我运筹帷幄①,出谋划策,还不算老。当年姜尚八十岁,周文王还拜他为相,帮周朝打下了天下呢!"

秦穆公听得来了精神,立即与百里奚探讨起使秦国富强之道。百里奚从秦国的地理位置到治民强兵的方略,足足同秦穆公谈了三天三夜。百里奚的每句话都打动了穆公的心。秦穆公立刻封他为丞相,将秦国的政事全都交给他处理。

从此,秦国在百里奚的治理下,蒸蒸日上起来。

内容链接

百里奚认妻

百里奚离家四十年。他的妻子带着儿子到处逃荒要饭,最终也到了秦国。听说丈夫在秦国当了大官,怕他不肯与穷母子相认,妻子扮作一个卖唱妇,在相府门口唱道:"百里奚,五羊皮,记得当年别离时,劈了门闩炖母鸡,今日富贵了,是否还记贫寒妻?"

百里奚听见了,感动得老泪纵横,赶紧出来与他们母子相认。

① 帷(wéi)
  幄(wò)

28 骊姬的阴谋

　　秦国在百里奚的治理下强大起来时,晋国却起了宫廷内乱。晋献公前后共有七个老婆,生了好几个儿子。献公先立正夫人齐姜生的儿子申生为太子。到了晚年,他的宠妃骊姬给他生了个儿子叫奚齐。骊姬年轻漂亮,又善于玩弄权术。为了让自己的儿子当太子,她用重金贿赂了献公身边的两个宠臣梁五和东关五,与他们一起设计除掉申生。

　　他们先撺掇①献公让太子申生去治理曲沃,让另外两个妃子生的重耳和夷吾分别去蒲地和屈地,只让奚齐和骊姬的妹妹少姬生的儿子卓子留在献公身边,讨献公的欢心。

　　过了一段时间,狄人入侵,骊姬他们又让献公派申生去迎敌,想借刀杀人。不料申生打了胜仗,骊姬只好另出一计——让献公下令召申生回来相见,说是要给他庆功。申生回到都城,骊姬在后宫设宴招待他,席间对申生十分亲热,可到了晚上,她却向献公告状说申生企图调戏她。献公知道申生老实,不肯相信。骊姬就对献公说:"明天我约太子来后花园玩,你自己藏在楼上看吧。"

　　第二天,太子真的应骊姬之邀来到后花园一同赏花。花园中百花盛开,蜂忙蝶乱。骊姬故意在自己的头发里

① 撺(cuān)
　掇(duō)

56

涂了许多蜜糖。花园中的蜜蜂便纷纷飞到她的头上。骊姬就喊申生给她赶蜜蜂。老实的申生真的挥起自己的长袖在骊姬的头边驱赶起来。骊姬便乘机往申生的怀里靠……献公不明就里，在楼上见了，不由得大怒，将申生叫来痛骂了一顿，把他赶回了曲沃。

又过了些日子，申生在曲沃祭祀自己已故的母亲齐姜。按惯例，他派人将祭祀的酒肉送到宫中给父亲吃。骊姬又暗中派人在送来的酒肉中放了毒，然后假惺惺地在献公要吃这些酒肉时上前阻拦，让人测试，结果果真发现酒肉里有剧毒。献公大怒，派东关五和梁五带兵赴曲沃捉拿申生。申生闻讯，知道又是骊姬的阴谋，辩解也无用，便上吊自杀了。

晋国从此陷入了一场动荡与内乱之中。

人物聚焦

骊姬的下场

申生被害死后，献公的另外两个儿子重耳和夷吾闻讯出逃。于是奚齐被立为太子。不久，献公病死，出丧时，大臣里克等策划刺杀了奚齐。梁五与东关五企图挽回局面，让卓子继位，结果又被朝内一批大臣攻进朝堂，将梁五、东关五、卓子统统杀了。骊姬投水自尽。

29 流亡公子重耳

　　晋献公在晚年却被宠妃骊姬迷惑，引起了宫廷内乱。骊姬为了立自己生的儿子奚齐当太子，害死了原来的太子申生。晋献公的另外两个儿子重耳和夷吾，也不得不出逃。

　　重耳逃往翟国住了十二年，忽然又得到国内派人前来追杀的消息，不得不重新逃亡。当重耳和他的几个随从逃出翟城，在大路上会合时，发现管钱的头须携款逃走了。于是重耳一行只能忍饥挨饿地一路流亡。一天中午，当他们走到五鹿地方时，又饥又渴，见田里几个农民正在吃午饭，就想上去讨口饭吃。不料那几个农民却扔给他们几个土块，嘲弄了他们一番。这时，随行的介子推不知从哪里弄来了一小锅肉汤，献给重耳吃。待重耳吃完一问，才知道是介子推自己割下大腿上的一块肉煮的汤。重耳感动得热泪涟涟。

　　重耳一行就这样半饥半饱地一路流浪。他们到过齐、曹、宋、郑等国。他们在齐、宋受到了礼遇，也在曹、郑受到了蔑视与白眼。最终，他们到了楚国，楚成王用接待国君的礼节接待了他们。重耳便在楚国安顿了下来。一天，楚成王设宴与文武大臣一起招待重耳一行。楚成王问重耳："如果你将来回到晋国，当了国君，你会怎样报

① 重(chóng)
　耳(ěr)

58

答我?"

重耳回答说:"若托您的福我回去当了国君,愿与贵国世世代代友好。万一不得已与您对阵,我一定退避三舍。"在座的楚国大臣听了很愤怒,但楚成王认为,这是重耳谦让、友好的表示。

几年以后,秦穆公因为对当时晋国的国君晋怀公不满,决定出兵帮助重耳回国。公元前 636 年,重耳在秦军的护送下渡过黄河。过河时,重耳让随从将过去流亡时的破衣烂帐子等统统扔掉。随从狐偃听了,一声不响,只表示要与重耳从此告辞。重耳的内心受了重重的一击,他忽然醒悟过来,觉得富贵了的确不该忘记过去的艰难日子。于是他向狐偃、介子推等随从真诚地认错道歉,并亲手将丢弃的东西一件件拾了起来。

重耳回国当了国君,就是晋文公。

知识平台

寒 食 节

晋文公在封赏有功之臣时,介子推却带着老母躲到绵山里去了。为了逼他出来,文公叫人放火烧山,介子推母子不幸被烧死。晋文公十分悲痛,下令今后每年的这天不许生火。这天是清明节的前一天,从此它就变成了民间的"寒食节"。

① 舍(shè)

30 迂国君宋襄公

当年晋文公重耳一行流浪到宋国时，宋襄公重伤在身，但还是下令手下十分友好和隆重地接待了他们，这使晋文公非常感动。那么，宋襄公身上的伤，是怎么回事呢？

原来，那时宋国还有一定的实力。公元前643年，煊赫一时的霸主齐桓公死时，齐国发生争权内乱，是宋襄公出兵帮助齐孝公登位的。做过这件事后，宋襄公觉得自己也可以像齐桓公那样当当诸侯的盟主了。于是他接连召集了两次诸侯国的会盟。第一次只来了几个小国，而且弄得不欢而散；于是宋襄公总结教训，认为应该学齐桓公的方法用"仁义"来感动和团结诸侯，使他们都听从自己的号令。于是在第二次会盟时，他不听大臣的劝告，坚持不带任何武装前往，结果被楚成王在会上用武力挟持，不但盟主当不成，还被羞辱了一番。

宋襄公不服气，第二年（公元前638年）与楚军在泓水（今河南柘城县西北）对阵。楚军主帅成得臣给宋襄公送去了战书，宋军大将公孙固认为宋军实力远不及楚军，建议襄公撤军。宋襄公说："我军实力不够，但仁义有余，周武王不是也靠仁义打败了纣王的吗？"于是他下令绣了一面有"仁义"两字的大旗，插在自己的战车上，然后批回战书,决定与楚军决战。

　　楚军在泓水南岸,宋军在北岸。楚军开始渡河了,宋军大将公孙固建议襄公乘机发兵出击。襄公说乘人之危偷袭,这不仁义。楚军过了泓水,正在乱哄哄地列队布阵,公孙固又请求出击。襄公仍不同意,说趁人家立足未稳就攻击,这是要破坏我"仁义之师"的名声的。楚军终于摆好了阵势,击鼓全线攻击了,宋军根本不是人家的对手,被楚军杀得七零八落,大败而逃。宋襄公自己右腿被箭射断、身上中了多枪,被公孙固等将军死命救回宋国。

　　晋文公一行来到宋国时看到的宋襄公,就是这样受伤的。而这位迂国君,不久便也死掉了。

侈谈仁义

　　宋襄公不分敌我,将"仁义"的作用无限制夸大,将它用到不该用的地方,结果吃了大亏,最后连自己的性命也丢掉了。从此,后人将这位迂腐不切实际的国君的做法叫作"侈谈仁义"。而这句话,也就成了警示后人的成语。

31　城濮之战

　　晋文公重耳是个开明的国君。他登位后立刻改革政治、举贤任能，救济灾荒、发展生产，开拓道路、鼓励通商，采取了一系列富国强兵的政策，很快使晋国强盛起来了。他也成了春秋五霸之一。

　　过了几年，宋国派使者向晋国求救，原因是楚国派大将成得臣带兵包围了宋国。晋文公非常为难：宋国当年曾在自己流浪时真心帮助过，现在有难，应该去帮助。可楚国当年待自己更好，怎能去与他兵戎相见呢？

　　新提拔的年轻将军先轸①坚决主张出兵救宋，认为这是提高晋国威信的极好机会。可是，为救宋而得罪楚国，晋文公仍然很犹豫。

　　大臣狐偃②提出了个办法："曹国在当年流亡时曾对国君无理，我们干脆出兵攻曹。曹国必然会向楚国求援。如果楚国移兵救曹，宋国的围自然解了。如果不救，则我们灭掉曹国，也解了恨。"

　　晋文公同意了狐偃的计策，任命先轸为元帅，亲率五万大军攻曹，很快拿下了曹国都城，俘虏了曹国国君。楚军果然解了宋围，移兵前来救曹。楚军统帅成得臣大骂晋文公忘恩负义，而且发誓一定要教训他。

　　楚、晋两国军队在曹国相遇。晋文公说："当初我曾

① 轸（zhěn）
② 偃（yǎn）

62

答应楚王,如果两国兵戎相见,我会退避三舍。我不能失信。"于是他下令晋军先撤退三十里(一舍)。晋军一撤,楚军立刻追了上来。晋文公下令再撤。楚军再追。直到晋军撤退了九十里(三舍),晋文公才下令晋军在城濮地方摆开了阵势。成得臣率楚军向晋军挑战。两军共约十万人马就在城濮的有莘山下展开了一场激战。

晋军一再退让,以逸待劳,士气旺盛;楚军长途奔袭,十分疲劳,而且经过多次追击晋军,显得浮躁而轻敌,再加上成得臣指挥失当,楚军终于大败。成得臣率领楚军残余在突围后又中了晋军的埋伏。正在走投无路时,晋文公下令晋军网开一面,放楚军回去,以报答当年楚君的款待之恩。

人物聚焦

成 得 臣

楚军统帅成得臣,字子玉,是楚国很有名的将军。他的儿子成大心也武艺高强。但成得臣十分骄傲,且自以为是。晋军退避三舍后,楚成王曾下令要他收兵,但他违背命令坚持要与晋军决战,最终身败名裂。回国后他因无法向楚王交待,自杀身亡。

① 濮(pú)

63

32　烛之武退秦军

　　晋文公成了中原诸侯的盟主，但郑国却仍在晋、楚两国之间徘徊不定。为此，晋文公联合了秦穆公，于公元前630年出兵伐郑。秦、晋两国的军队从东西两面将郑国的都城围得水泄不通。郑文公连忙召群臣商议。

　　大夫叔詹说："秦、晋合兵，势不可挡，唯一的办法，就是派一个能言善辩的人去劝秦穆公退兵。秦军退了，再设法对付晋军。"

　　那么，派谁去呢？叔詹推荐了佚之狐，可佚之狐说自己的辩才远不及烛之武。郑文公便召来烛之武，一看，竟是个头发全白、弯腰驼背的老人，心里不由凉了半截，但事情紧迫，只好仍派他去试试。

　　烛之武让士兵从东门上用绳子将自己吊下城去。这里是秦军的军营。他就在营门外大哭起来。守营的士兵连忙将他捉去见秦穆公。穆公问他为什么哭？烛之武说："我一哭郑国快要灭亡了，二哭君上您受了骗吃了亏还不得知。"

　　秦穆公说："我如何吃亏受骗了？"

　　烛之武说："郑国在晋国的东边，秦国在晋国的西边。灭了郑国，晋国的领土扩大了，实力增强了，秦国与晋国比，力量相对削弱了。再说晋国人一向不守信用，秦国以前曾全力帮过晋惠公,但人家却在龙门山与您打了一仗。如果晋国灭了郑国后再朝西进攻秦国,您不是吃亏受骗了吗?"

秦穆公突然醒悟过来,觉得烛之武的话是对的,于是便与烛之武歃血为誓:烛之武保证郑国臣服秦国,秦穆公下令撤军。临走时,穆公又派杞子、逢孙、杨孙三将军带两千士兵帮助郑国守城。

晋文公见秦军突然撤走,虽然生气也无可奈何,便让郑国答应了目前正在晋国当人质的郑国公子兰将来继承王位的条件后,也撤兵回去了。

内容链接

晋国的变故

晋文公重耳回国以前,晋国经历了许多变故。先是晋国的大臣们杀了骊姬一伙,将出逃的公子夷吾接回当了国君,即是晋惠公。晋惠公骄横残暴又不守信义,为怕哥哥重耳与他争权,大肆屠杀国内支持重耳的大臣,并与曾支持他回国登位的秦穆公在龙门山大战,结果战败被俘。在秦穆公的夫人、晋惠公的姐姐的劝说下,惠公将自己的儿子圉送去秦国作人质,秦穆公将他放回。惠公死后,圉逃回晋国继位,就是晋怀公。秦穆公不满晋怀公不告而别的行为,就协助重耳回国赶走晋怀公,夺取君位。

① 歃(shà)
② 圉(yǔ)

33 牛贩子救国

公元前 628 年冬天,晋文公病死了,晋襄公继位。秦穆公决定乘晋国正在服丧的时机,派一支远征军偷偷越过晋国去伐郑国,因为郑国当年派烛之武劝退秦军、答应臣服秦国后,又投靠了晋国。秦军的主将是孟明视,副将西乞术、白乙丙,共率兵车三百乘、精兵三千余人,一路偃旗息鼓,过了晋界,第二年春天来到了周王朝控制的地界。

这时,郑国有个贩牛的商人名叫弦高,他正赶着牛群要到洛邑城里去卖,半路上遇到了一个熟人蹇他从秦国来。蹇他告诉他秦军要去奔袭郑国,人马就要过来了。弦高听了,心想,国家兴亡,匹夫有责,但要赶回郑国去报告,已经来不及了。急中生智,他马上去买了一套服装,租了一辆马车,迎头向秦军赶了上去。赶到滑国地面,终于遇上了。他以郑国使者的名义去见孟明视,对他说:"敝国国君知道将军要远道去我国,派小臣先来劳军。敝国夹在大国中间,为了自卫,不得不严加设防,但不是针对将军的,请将军务必谅解。"

弦高的一席话,说得孟明视呆若木鸡。看来郑国早已做好了准备,这次前去征讨就没有把握了。于是他灵机一动,对弦高说:"贵国误会了。这次我带兵出来,是为了讨伐滑国,哪里是要去你们郑国呢!"

弦高听了,说了些感谢的话,将自己的二十多头牛献给了孟明视,就赶回郑国去了。他立刻去向郑穆公报告了秦军的动向;郑穆公起初还有些不信,就派人暗地里去观察先前留下来的三个秦将的动静。探子回报说:"三个秦将正在整顿盔甲、兵器,准备动手了。"郑穆公吓出了一身冷汗,连忙下令将三名秦将驱逐了出去。

孟明视一行,见伐郑不成,便顺手牵羊,灭掉了滑国,让士兵们掳掠一番,然后带了许多滑国的金银财宝和美女、车辆,踏上了回秦国的归途。

熊 掌 难 熟

这时楚国也发生了大事。楚成王的大儿子商臣怕他改立太子,一天夜里突然与他的老师(太傅)潘崇率武士冲进成王卧室,逼他自杀。成王想拖延时间待援,就说:"我叫厨子在煮熊掌,等我吃了再死吧!"潘崇说:"熊掌难熟,等不及了!"就逼令成王上吊自杀了。商臣继位,就是楚穆王。

34 崤山伏击战

　　孟明视的这次出征,秦国的丞相百里奚和大臣蹇叔是反对的,认为大军远征且要越过大国晋国的国境,是十分危险的;且秦、晋两国之间的崤山,是大军的必经之道,山路崎岖险峻,如果晋军在那里设埋伏阻拦,秦军就回不来了。但秦穆公坚持要出兵,认为晋文公刚死,晋国无暇顾及,正是个好机会。

　　孟明视是百里奚的儿子。西乞术和白乙丙是蹇叔的儿子。临行时,蹇叔密封了一个短简交给白乙丙,要他务必按短简中的话去做。大军行到半路,孟明视让白乙丙打开短简,只见上面写着:"崤山险地,务必谨慎,否则我只能去那里收你们的尸骨!"孟明视连呼:"晦气,晦气!"就将纸条扔掉了。

　　秦军回国时一路行进,来到了崤山。白乙丙不由得又想到了父亲的那张纸条,提醒孟明视注意。孟明视不以为然,说:"翻过此山便是秦国了。你担心,就让我来打头阵,你和西乞术带兵随后跟进吧。"

　　崤山道路狭窄,一面是峭壁悬崖,一面是深涧,人要下了马将车推行。秦军人马正熙熙攘攘前进的时候,忽然两边山上战鼓响起,炮石、檑木从山崖上雨点般砸下,晋军在元帅先轸的率领下,将山路前后的出口全堵死了。

① 崤(xiáo)

孟明视正急得六神无主,晋军又用硫黄、硝烟等火器攻击秦军。秦军被烧得焦头烂额,没烧死的只得朝两头出口逃去,全都乖乖地当了晋军的俘虏。孟明视等三个主将也全被活捉。

　　刚继位的晋襄公获得了崤山大捷,想杀了三个秦将祭祀太庙。晋襄公的后母怀嬴是秦穆公的女儿,出面劝说襄公看在秦穆公过去也放回过晋惠公的份上,放了三个秦将。晋襄公觉得杀了三个被俘的败将已没有什么意义,以后同秦国交往,或者会发生征战,也难保不发生意外,给自己留条后路也好,于是便同意了怀嬴的建议。

内 容 链 接

孟 明 视 回 国

　　孟明视三人被释放后,连囚服都来不及换,昼夜往回赶。他们来到黄河边上,刚上了一条小船,晋襄公因为后悔紧接着派出的追兵就追来了。原来,蹇叔和百里奚料定他们此次远征必败,特地派人驾了这条小船前来接应。从此,孟明视再也不敢将打仗当作儿戏、不听别人的劝告了。

35　一鸣惊人

楚国自城濮之战失败后,便衰落下去了。到了楚成王的孙子楚庄王时,就更不行了。庄王继位的头三年,却只顾在宫中饮酒行乐,根本不问政事。他特地在朝门口悬挂了一道命令:"有敢来劝谏者,立刻处死!"

一天,庄王正拥着妃子在喝酒听音乐,大夫申无畏突然闯了进来。庄王问:"申大夫是来听乐还是喝酒?"

申无畏说:"微臣特来请大王猜个谜语。"

庄王听说让猜谜语,倒有些兴趣:"快说给寡人听听。"

"有一只身披彩色羽毛的大鸟,停在高山上三年,不飞也不叫,不知这是什么鸟?"申无畏说。

庄王知道他在影射自己,便忍不住说:"这不是凡鸟。它不飞则已,一飞冲天;不鸣则已,一鸣惊人!"

申无畏听懂了,向庄王拜了三拜,满意地退了出去。

可是过了一段时间,庄王依然喝酒作乐如故。大夫苏从进宫去见庄王,跪下抱头痛哭。庄王问他哭什么。苏从说:"我哭楚国要亡了,我要死了!"庄王说:"你既然知道违反了我的命令要杀头,为什么还要愚蠢地前来送死?"

苏从说:"我虽愚蠢,但只自己遭祸;大王这样,却毁了一个国家。因此大王比我更愚蠢!"说罢又道,"请大王借我一把剑,让我自杀吧。"

庄王终于被感动了。他猛地从座位上站起来,亲手将苏从扶起,深情地说:"大夫不要这样。我知道你是忠臣。过去只是时机未到。从现在起,我一切都听你的!"

庄王立刻升殿议事:他果断地削弱了令尹斗越椒的权力,任用了许多忧国忧民的忠臣,巩固了国内;并且奖励生产、扩充军力,很快使楚国强盛起来了。接着他又几次出师中原。公元前606年,楚庄王率军北上,打败了陆浑的戎族,路过周王的领土时,庄王乘机问周朝大夫王孙满:"周王的九鼎究竟有多大?"吓得周定王赶紧派王孙满带了礼物去慰劳楚军。

知识平台

楚 王 问 鼎

楚庄王向周朝大夫王孙满询问周鼎的大小,实际上是想了解周王的实力,企图取而代之。王孙满当时回答得很巧妙机智:"国家的强弱兴亡,靠的是德政,与鼎的大小无关,你就不要问了。"庄王只好作罢。从此"问鼎"两字便成了企图夺取政权的代名词。

36 优孟劝楚王

楚庄王又广招人才,请芳敖(孙叔敖)当令尹,实行改革,终于使楚庄王成了"春秋五霸"中继齐桓公、晋文公、宋襄公、秦穆公之后的最后一位霸主*。

孙叔敖是个清官,他一生廉洁奉公。他有个朋友叫优孟,是个民间艺人,身长八尺,富有辩才,对孙叔敖的为人十分敬重。孙叔敖得了重病快去世时,将儿子叫到床前,对他说:"我一生清廉,没有给你留下任何财产。我死了以后,你一定会遭受贫困之苦。如果实在没有办法了,你就去找优孟,只要对他说:'我是孙叔敖的儿子。'"说完,他就合上了眼。

过了几年,孙叔敖的儿子果然穷得只能靠砍柴贩卖过日子了。一天在背柴的路上,他遇见了优孟,只好说:"先生,我是孙叔敖的儿子。"优孟说:"好吧,请在家里等我。"

过了几天,优孟缝制了一套与孙叔敖生前穿的一样衣服,到孙叔敖的儿子家中,与他一起切磋模仿当年孙叔敖的举止神态,不久,他就学得没有人能分辨出他是孙叔敖还是优孟了。于是,他就去见楚王。楚庄王以为是孙叔敖复活了!在场的大臣也都惊得目瞪口呆。楚庄王当场表示也要封他为令尹。可优孟说:"我要回去与妻子商

① 芳(wěi)
② 磋(cuō)

量一下，三天以后再答复大王。"

三天以后，优孟去宫中告诉楚王说："我妻子讲千万不要去做官。你没看孙叔敖当了令尹，害得他儿子只好去背柴为生。你要去当像孙叔敖那样的清官，还不如自杀！"优孟说着，动情地唱起了一支自己编的哀怨的歌。

> 居住在山野啊，耕田好辛苦，肚里常饥饿。
> 在朝当贪官啊，只要没廉耻，死后全家富。
> 贪污是犯罪啊，事败全家诛，贪官不能做。
> 在朝当清官啊，奉公又守法，到死受穷苦。
> 君看孙叔敖啊，妻、子养不活，清官不能做！

楚庄王被感动了，他立刻召见孙叔敖的儿子，向他表示了歉意，并将寝丘之地封给了他，作为他全家的生活来源。

知识平台

贱 人 贵 马

楚庄王的一匹宝马死了，庄王要用埋葬大夫的规格为它举行葬礼。优孟知道了，对庄王说："这规格太低了，应该采用国君的葬礼，还要遍请各国使者前来观礼，这样人家才知道我们的国君把人看得连马都不如！"

庄王脸红了，问："那怎么办才好？"

优孟说："将它葬在人的肚子里。"

37 残暴的晋灵公

晋国在文公、襄公时非常强盛，但襄公年幼的儿子灵公继位时，发生了一场内乱。大臣赵盾平息了内乱，扶助灵公长大，不料这灵公是个既残暴又荒唐的国君。他听信专会拍马屁的奸臣屠岸贾①的话，在都城建了一座大花园，名叫桃园。两人居然在桃园的绛霄楼上，经常玩弹人的把戏斗酒。他们用弹弓弹园外过路的人，弹着眼睛、耳朵的算赢。路人常被弹瞎了眼睛，打落了门牙，打掉了耳朵，而灵公却觉得有趣。

灵公还养了一条猛犬，叫灵獒②。上朝时如果有官员得罪了他，就放犬去咬。厨师煮的熊掌不太熟，灵公竟命令杀了他，将他装在放食品的竹笼里。相国赵盾实在看不过去了，去谏劝，灵公却与屠岸贾密谋雇了个名叫钼麑③的杀手去刺杀赵盾。钼麑夜间潜入相府准备行刺时，却见赵盾正在为国家和百姓焚香祈祷。钼麑不忍心杀死这样的好人，便自己一头撞在相府的大槐树上自杀了。

一计未成，灵公与屠岸贾又生一计。他们秘密扎了一个稻草人，将它穿上赵盾的官服，在里面装了猪心、肺让灵獒去抓开来吃。这样训练了些日子。一天，他们在赵盾上朝时突然放出灵獒。那灵獒就朝赵盾直扑上去。将军提弥明眼快，冲上去抓住了那犬，一把将它摔死在阶

① 屠（tú）
　岸（àn）
　贾（gǔ）
② 獒（áo）
③ 钼（chú）
　麑（ní）

74

下。灵公大怒，又命令埋伏在殿内的士兵追杀赵盾。提弥明奋力迎战，保护赵盾出宫，自己却壮烈牺牲。

赵盾出宫后，危急中忽然有一人上来背了他就走，飞快地将他背到了家里。原来这人名叫灵辄，五年前快饿死时，赵盾曾救过他性命。赵盾的儿子赵朔连忙驾车载着父亲逃出了晋都绛城，赵盾才免于一死。

赵盾走后，晋国的许多正直的大臣都不敢再去上朝了。屠岸贾等一批奸佞小人完全控制了灵公和朝政。晋国的百姓怨声载道，国家一片混乱，眼看着面临亡国的危险，赵盾的侄子赵穿便带领了三百名甲士，直上桃园将灵公杀了，接回赵盾，让晋襄公的兄弟、灵公的叔叔黑臀当国君。他就是晋成公。

庄 王 绝 缨

楚庄王设晚宴招待群臣。忽然一阵大风吹灭了蜡烛。有位大臣乘机拉住楚王爱妃许姬的衣袖企图调戏她。许姬一把揪下了他的帽缨去向庄王告状。庄王却乘黑宣布让所有的大臣都摘下帽缨。于是待蜡烛点亮后就无法查到那位无礼的大臣了。

事后，庄王告诫许姬："不要因一次小节伤害一位大臣。"

① 辄(zhé)

38 赵氏孤儿

晋成公三年(公元前 604 年),赵盾病死。到了公元前 597 年,刚继位三年的晋景公与楚国在邲地①(今河南郑州东)发生了一场大战,被楚庄王打得大败。晋军几乎全军覆没。好在楚庄王手下留情,才让晋景公逃了回去。这时晋国的梁山地方发生了山崩,奸臣屠岸贾便乘机向景公胡说这都是因为赵盾杀了灵公,上天给的报应。糊涂的景公竟下令将赵盾一门——赵盾的儿子赵朔、侄子赵同、赵括、赵旃②全都满门抄斩。只有赵朔的妻子,因为是晋成公的女儿、景公的妹妹,才留了下来。

这时赵朔的妻子已经怀孕,接着便生了个儿子。屠岸贾怕这个"赵氏孤儿"将来长大了会为赵家报仇,就要害死他。赵盾的两个心腹门客公孙杵③臼和程婴,将孩子装在一只药箱里,程婴装扮成一个民间医生的样子,背着药箱混出宫门。奉屠岸贾之命守卫宫门的将军韩厥拦住了程婴,并搜出了孩子。但韩厥不忍心赵氏忠良绝后,又悄悄将程婴和孩子放了出去。

屠岸贾得讯赵氏孤儿出了宫,下令在晋都绛城全城挨家挨户搜查,还扬言要将搜出来的未满周岁的婴儿全部杀光。为了让屠岸贾死心,程婴便将自己刚刚出生的儿子交给公孙杵臼,然后去向屠岸贾告密说赵氏孤儿在

① 邲(bì)
② 旃(zhān)
③ 杵(chǔ)

76

公孙杵臼那里。屠岸贾信以为真,果然派兵去公孙家杀死了他和家里的孩子。

程婴从此带着赵氏孤儿躲到深山里,抚养和教育他慢慢长大。以后,景公病死,悼公接位,他重用韩厥当了中军元帅。韩厥便乘机向悼公申诉了赵家的冤案,让悼公杀了奸臣屠岸贾,替赵氏一门翻了案。程婴也从山里回来,将刚成年的赵氏孤儿赵武交给了悼公。

悼公重用了赵武。公元前 557 年,悼公死,平公继位,赵武当了上卿,掌握了晋国的实权。他终于和楚国讲和,举行了一次有名的楚晋"弭兵大会",并且集中精力发展国内经济,终于使晋国又有了一次复兴的机会。

内 容 链 接

弭 兵 大 会

公元前 546 年,晋国上卿赵武率领晋的属国鲁、卫、郑三国代表,与楚国令尹屈建率领的楚的属国陈、蔡、许三国代表,在东道主宋国都城歃血为盟,商定双方承认楚、晋为共同盟主,而且互相息兵停战。历史上便称这次会盟为"楚晋弭兵大会"。

39 晏子不辱使命

　　楚、晋弭兵大会后不久，楚康王死了；他的儿子郏敖^①继位，当了楚王；四年后，郏敖的叔父公子围杀了郏敖自立为王，就是楚灵王。

　　楚灵王是个喜欢奢侈、贪图虚荣的国君。一天，听说齐国派上大夫晏婴出使楚国。晏婴是个矮个子，楚灵王就想羞辱他一番。他下令关闭了郢^②（今湖北江陵西北）都的所有城门，只在东城门边让人凿了个小洞。待晏婴来到时，他叫守城士兵让晏婴从小洞里进城。晏婴见了，对士兵说："这是狗洞，不是城门。狗国，接待客人钻狗洞；人国，接待客人走城门。"楚灵王听了守门士兵的报告，只好命令打开城门，请晏婴入城。

　　晏婴驱车来到楚王的王宫前。楚国的一些大臣又想羞辱他。见他穿着破旧，就说："晏大夫堂堂国使，驾破车穿旧衣，未免太寒碜了吧！"

　　晏婴说："当官的节俭而让人民丰衣足食，有什么不好？"说着，他便上殿去拜见楚王。

　　楚灵王故作惊讶地说："啊呀，齐国没有人了吗？怎么派个小人来出使？"

　　晏婴忍住笑回答道："出使小国派小人，这是我国的规矩。"楚灵王被噎住了，连忙一挥手，让几个武士绑了个

① 郏（jiá）
② 郢（yǐng）

78

人上来。他故意问："绑的什么人？"

"齐国人。"

"犯的什么罪？"

"偷窃罪。"

楚王就问晏婴："你们齐国人怎么喜欢偷东西？"

晏婴说："我听说南方的橘树，长在淮南结又大又甜的橘子，移栽到淮北就只结又酸又小的枳子。为什么呢？是因为水土不同。现在这个人在齐国不偷，而到楚国来就偷东西，大概是楚国的水土使他变坏了吧？"

楚灵王被晏婴说得哑口无言，脸一直红到了脖子根。他在心中暗暗佩服晏婴的才能，再也不敢小瞧他了。灵王用接待大国使臣的礼节隆重地接待了晏婴。

晏婴回到齐国，由于他不辱使命，为国家争得了尊严，齐景公封他为上相。

内容链接

楚王好细腰

楚灵王在郢都建了个规模宏大的章华宫，里面养了许多细腰的宫女。因为楚王喜欢细腰，朝中专爱拍马屁的大臣也用宽皮带束起了腰；宫女们为细腰而减肥节食，有的甚至饿死；连民间也一时以细腰为美。从此"楚王好细腰"便成了俗语，被当作一种嗜好的代名词。

40 伍子胥过昭关

　　齐景公在晏婴的帮助下使齐国强盛起来的时候,楚国却日益走下坡路了。公元前529年,楚国发生内乱,经过一波争战,楚灵王的兄弟公子弃疾夺得了王位,他就是楚平王。

　　荒淫无耻的楚平王见太子建从秦国娶过来的媳妇漂亮,竟将她据为己有;又怕儿子不满,就想废掉他太子的地位。此时,平王的宠臣费无极趁机构陷太子建与其老师伍奢合谋造反。平王信以为真,杀掉了伍奢。平王还在全国悬赏捉拿伍奢的儿子伍子胥。

　　伍子胥与太子建以及太子建的儿子公子胜逃亡到了郑国。但太子建因为参与郑国的内乱,被郑定公杀死。伍子胥只好带了公子胜逃出郑国,准备去投奔吴国。当他们逃到昭关的时候,又渴又饿,已经筋疲力尽。伍子胥正在走投无路时,一位拄着拐杖的老医生东皋公将他俩带到了自己的茅屋里。老人要他们待在茅屋里别出去,自己则连夜去寻朋友设法让他们过昭关。

　　伍子胥在茅屋里留也不是,走也不知上哪里去;他不知老人是真的出去帮他想办法过关,还是去报官出卖他?待老人天亮前回来一看,不足一夜的时间,伍子胥的头发、眉毛竟然全部愁白了! 好在东皋公此刻带来了一个与伍子胥长相很像的朋友皇甫讷,让他与伍子胥换了衣服,就一同奔昭关而去。

昭关的守关士兵正在拿着伍子胥的画像一个一个核对出关的人。当他们查核到皇甫讷时,突然叫了起来:"他就是伍子胥!"他们立即蜂拥着将假伍子胥押到昭关守将蒍越那里领赏去了。而伍子胥,则乘着混乱,带着公子胜与出关的人群一起混了出去。

当昭关守将蒍越审问皇甫讷时,他大叫我不是伍子胥,我是与东皋公一同出关去游玩的。蒍越认识东皋公,曾请他看过病,因此他将老人叫了来。东皋公证明这是他的朋友皇甫讷。蒍越就只好放了他。

伍子胥与公子胜出了昭关,来到长江边,一位打鱼的老渔民将他们渡过了江。过了江,就到了吴国的地方了。

人物聚焦

伍 子 胥

伍子胥在吴国当了相国。后来他说服吴王兴兵伐楚,最终打下了楚国的郢都。这时楚平王已死。他将楚平王的坟墓挖开,用鞭子抽打他的尸体以为父亲报仇。

① 蒍(wěi)

41 孙武练兵

　　伍子胥到了吴国，帮助吴王诸樊之子姬光夺得了王位，就是吴王阖闾；他又协助阖闾发展生产，建造姑苏城，冶炼兵器。为了帮助吴王训练军队，伍子胥又向他推荐了隐居在罗浮山里研究兵法的军事家孙武。吴王召见孙武，要他讲解兵法。孙武说，光讲没有用，还是让他直接训练一支军队给吴王看。可是，一下子到哪里去调集许多士兵呢？孙武对吴王说："大王从后宫挑选一些宫女也是可以训练的。"

　　吴王不信，说："宫女怎么能当士兵演习作战？"

　　孙武说："请大王只管坐在台上观看，若训练不出能作战的军队，我甘当欺君之罪。"

　　吴王就从后宫召了三百名宫女，交给孙武当场操练。

　　孙武将宫女们分成两队，让她们穿盔戴甲、手持武器，耐心地教她们步法、队形，以及听鼓点进退等要令。开始宫女们感觉很新鲜，练了一会儿便嘻嘻哈哈不认真了。她们听到鼓声命令后，有的你推我拥，有的用手捂嘴嗤嗤地笑，有的干脆坐在地上不动弹。

　　孙武下令两个队长约束部下，否则要向队长问罪。可是宫女们仍然嬉笑推搡，不成队伍。孙武再次重申命令和纪律，并且亲自揎起袖子击鼓号令。宫女们见孙武发急的样子，更是笑得直不起腰来。连那两个队长也一起跟着笑。

孙武大怒，圆睁双眼下令执法官将两个队长斩首示众。

两名队长是吴王的宠姬。吴王见她们被执法官绑了起来，连忙传令让孙武赦免她们。可孙武说将军在指挥军队时有时可以不听国君的命令，仍然叫执法官斩了两个队长。

这样一来，孙武再击鼓操练，宫女们就队列整齐、服从指挥，再也不敢违抗命令了。这支队伍也俨然是一支训练有素的军队了。

杀了两个宠妃，吴王很不高兴。但在伍子胥的一再开导劝说下，吴王终于任命孙武为将军，让他带兵伐楚，果然取得了巨大的胜利。

人物聚焦

孙　武

孙武是春秋时期著名的兵法家。著有《孙子兵法》一书，在我国乃至世界军事史上占有重要的地位。孙武伐楚胜利归来，吴王阖闾准备给他记功，孙武却不见了。原来，刚从楚国率军返回吴国，孙武就对伍子胥说："功成就必须引退，否则会有危险。我们一起走吧。"伍子胥没听，他就独自飘然而去了。

42　勾践卧薪尝胆

公元前 496 年，吴王阖闾乘越王允常去世、勾践继位的机会，出兵攻越，结果战败身死。阖闾的儿子夫差当了吴王。

夫差一心一意要替父亲报仇。两年后夫差与伍子胥率吴国大军从太湖的水路进攻越国。吴越两军在太湖中会战。夫差亲自上战船击鼓督战。结果越军战败，越王勾践逃往会稽山，吴军接着包围了会稽山。越国危在旦夕。越王派大夫文种先去贿赂了吴国的大臣伯嚭，然后带了许多美女和珍宝去向吴王求和。

吴王开始时不答应。伯嚭劝道："越王已经表示愿意来吴国赎罪做您的臣仆，只要求不灭掉他的国家。这样实际上我们已经得到越国了，倒还可为大王留下个好名声。"

吴王夫差点头同意了。伍子胥坚决反对，但吴王不听他的。于是越王勾践便带着妻子和大臣范蠡来到吴国。勾践夫妇给夫差铡草喂马，夫差出门时还给他套马驾车。勾践始终显得恭恭敬敬、毫无怨言，一片忠心臣服的样子。尤其是当夫差生病时，勾践居然用手指蘸了夫差的粪便去为他辨别病情，这更令夫差感动。夫差终于丧失警惕放回了勾践。

① 阖(hé)
　 闾(lú)
② 嚭(pǐ)
③ 蠡(lí)
④ 蘸(zhàn)

84

勾践回到越国后，一面兢兢业业地治理国家、发展生产，自己亲到田间拉犁耕种，他的夫人也动手自己织布，一面秘密发展军队，壮大实力，准备复仇。为了不忘记自己在吴国受的耻辱，他夜间睡在柴堆上，吃饭时先尝一尝苦胆的味道。这就是历史上所说的勾践卧薪尝胆的故事。

　　伍子胥得到越国正在扩军的消息，劝吴王赶快出兵以消除后患。夫差却毫不在意，反而率十万大军远征齐国。伍子胥企图拦住吴王，苦苦劝谏；夫差恼怒地赐给伍子胥一把名叫"属镂"的宝剑，命令他自杀了。

　　越王勾践得到伍子胥被杀的消息，终于出动复仇大军，紧紧包围了吴国的都城姑苏城。吴军敌不过越军，夫差派使者请求也像当年自己对待越王的条件一样去越国服役，但越王拒绝了。吴王夫差只好拔剑自刎。越国终于灭掉了吴国。

人物聚焦

范蠡与文种

　　越王勾践灭掉了吴国，越国强大起来了。而帮助越王复国强兵的两位主要功臣范蠡与文种却得到了不同的命运结局。范蠡看出勾践只可共患难，不能同欢乐，便找个借口离开他，到民间隐居起来了。文种则留在勾践身边，最后却被他残忍地杀害了。

43 孔子办学

正当吴楚、吴越激烈争斗的时候，中原诸侯国内部也在发生剧烈变化。例如鲁国和晋国，国君的权力逐渐被下面的大夫们所剥夺，从而又形成了大夫们的割据与争夺的局面。

鲁国的鲁定公的权力，此刻已被大夫季孙氏、孟孙氏、叔孙氏三家瓜分。公元前 501 年，季孙斯的家臣阳虎发动叛乱，季孙斯逃到孟孙无忌的封地，孟孙无忌的老师孔丘出主意，让孟孙家的士兵伪装成建筑工人设埋伏将阳虎消灭了。从此，孔丘在鲁国出了名，鲁定公曾让他当相礼，出席齐、鲁两国的夹谷(今山东莱芜)会盟，为鲁国立了功。

孔丘字仲尼，孔子是后人对他的尊称，公元前 551 年出生于鲁国。三岁时，他父亲就死了，靠母亲将他抚养成人，小时候虽然生活贫困，但好学不倦，青年时期便有了很深的学问。他想出去做官施展才能，但在鲁国刚露头角便被官场排挤了出来。于是，他便投身教育事业，办起了私学。

孔子教育学生，注意培养他们的道德修养和实际知识技能。他提出了"仁"和"礼"的学说。"仁"的意思就是说做人要有道德观念，要爱人；"礼"就是要人重视内心修养，并用它来约束自己。与此同时，他还要求学生学习礼仪、音乐、射箭、驾车、书写和计算等"六艺"。

孔子还传授给学生许多行之有效的学习方法。比如他教育学生"知之为知之,不知为不知"(知道的就说知道,不知道的就说不知道);"温故而知新"(复习已经学到的东西,可以触类旁通,得到新的启发)。

孔子还主张给各种人以平等的受教育的机会,因此,他提出了"有教无类"的观点。他的学生中,贵族,平民,富商出身的,砍柴种地的,什么人都有。他对他们都一视同仁。

孔子将自己的毕生精力都贡献给了教育事业,成为我国历史上最早的伟大的教育家。他教的学生号称有三千人,其中有名气、有成绩的,就有七十二人。

除了教授学生以外,孔子还整理了许多我国古代的文化典籍,如《诗》、《礼》、《书》、《乐》、《易》等,他还用编年体的形式,根据当时鲁国史官的记载,整理编纂成了《春秋》一书。他平常教学时的言行,由他的弟子们记录下来,编成了《论语》一书。

内 容 链 接

夹 谷 会 盟

公元前 500 年,鲁定公任命孔子为相礼(礼宾官),赴夹谷与齐景公会盟。会上,齐国大夫黎弥故意指挥一批侏儒组成的乐队,在台上唱侮辱鲁国的歌曲。孔子大义凛然地喝令鲁国的侍卫官斩了乐队的领队,并且保护鲁定公安全退出了会场,维护了鲁国的尊严。鲁定公回国后,升孔子为大司寇。

44 老子写《道德经》

　　孔子是我国古代文化中儒家学派的创始人,而老子,则是道家的创始人。他姓李,名耳,是楚国人。传说他的母亲在一棵李树下生下了他,所以他才姓李。

　　老子从小就喜欢思考问题,探讨事物的来龙去脉。他学识渊博,做了周朝宫廷内专门管理藏书的史官,相当于现代的图书馆资料员。据说孔子还去拜会过老子,向他请教。孔子问道:"我经常在想:谷子种下去会长出苗来,鸡蛋会孵出小鸡,这说明世间万物都在变化,可我们怎样才能适应这种变化呢。"

　　老子微笑着向孔子张开了自己的嘴,问他:"你看看我嘴里还有什么吗?"

　　孔子说:"牙齿没有了,舌头还在。"

　　"你懂了吗?"老子问。

　　"您的意思是硬的易掉,软的可留。"孔子说,"您这么有学问,为什么不出去做一番大事业?"

　　老子说:"我和你道不相同。你主张有为,我主张无为。你走向朝廷,我走向山林。"

　　过了些日子,老子终于弃官出走了。他准备出函谷关到山里去隐居。函谷关的关令(守关官员)尹喜早就知道老子的名气,就拦住了他,不让他出关,并且将他请到城楼上热情招待，要拜他为师。老子以年老为由婉言谢绝了。尹喜没办法，只好半认真半开玩笑地说："那么，您一定要将您的学问写下来留在这里，否则我就下令关闭城门，不让您出去。"

老子答应了，于是就写下了五千个字的一篇文章。因为这篇文章上篇讲"道"，下篇谈"德"，所以后人便称它为《道德经》。

老子将文章交给尹喜后，便让他打开城门，骑着一头青牛出关而去了，从此不知去向，但《道德经》倒流传了下来。

儒家和道家

孔子的思想，主要是提倡"仁爱"和"礼教"，后人将这种学说称为"儒家"。老子的学说主张"清净无为"，认为世上的一切自有客观的规律，是人力所不能勉强的。他认为，这规律就是"道"。道生于无，无生有，有生万物。这种观点具有朴素的唯物辩证法思想。后人就将他的这种理论称为"道家"。

45 墨子破云梯

　　大约在孔子死后几年，宋国出了一个名叫墨翟①的人。他反对孔子的儒家学说，主张"兼爱"、"非攻"。就是说，他提倡不管对贵族还是对老百姓，都应该有仁爱之心；国与国之间应该和平相处，不应该无休止地进行战争；应该让劳动者"饥者得食、寒者得衣、劳者得息"。他让自己的学生穿粗衣、草鞋，吃粗粮，养成吃苦耐劳的习惯。显然，他的学说是代表下层平民和百姓的利益的。

　　他做过宋国的大夫，也在鲁国住了很长时间。有一次，墨子听说楚惠王请去了鲁国的能工巧匠鲁班，让他制造了一种名叫云梯的攻城器具，准备攻打宋国。墨子就走了十天十夜的路从宋国赶到楚国，对楚王说："有人自己有华丽的车子，却要去偷邻居的破车；自己有锦绣绸衣，却要去偷别人的破衣；自己有大鱼大肉，却要去偷人家的秕糠②；您说这是个什么人？"

　　楚惠王大笑道："这一定是个患了偷窃病的疯子！"

　　墨子便说："楚国方圆五千里，宋国只有五百里；楚国地大物博，十分富足，宋国土地贫瘠、人民穷困。但大王却还想去夺取宋国，这不和那个患了偷窃病的人一样了吗？"

　　楚王被墨子说得羞红了脸，但仍硬着头皮说："我已

① 墨(mò)
　翟(dí)
② 秕(bǐ)
　糠(kāng)

90

经让鲁班造好云梯了,我一定要去进攻宋国的!"

墨子见楚王执迷不悟,就说:"其实云梯没有什么了不起的,我就有办法对付它! 不信,大王可以叫鲁班和我比试一下。"

楚王就让鲁班与墨子当场比试攻防战术:墨子解下腰带作城墙,鲁班用筷子做云梯。鲁班用了九种攻城方法,墨子都守住了。鲁班只好认输。楚王见鲁班的确无法战胜墨子,只好放弃了进攻宋国的打算。

墨翟为宋国立了大功,可是他的思想是不能为上层统治阶级接受的。当他从楚国回去路过宋国时遇上了大雨,宋国的城门官竟然不肯让他进去躲一下雨。但墨翟回到鲁国后继续宣传和实践自己的理论。他的弟子在他死后将他的言行写成了《墨子》一书。

内 容 链 接

墨子说鲁班

墨子赶到楚国时,先去见鲁班,对他说:"我给你一千金,你去替我杀个人。"鲁班说:"我怎么能替你去随便杀人? 人是要讲'仁义'的。"墨子说:"宋国人无罪,你却造了云梯要让楚国人去杀宋国人。让你杀一人你不肯,你却要去杀许许多多的人。这算'仁义'吗?!"鲁班被说得无言以对,只好承认墨子是对的。

46 水淹晋阳城

像鲁国一样，晋国的实权也渐渐落到了卿大夫们的手中。到了公元前490年晋定公时，晋国形成了四家实力相当的卿大夫割据的局面。他们是赵、魏、韩、智四家。

几年后，晋出公继位。出公不满自己的傀儡①地位，想向齐、鲁两国借兵消灭四卿，结果事情败露，自己反而被智伯联合另外三家赶走了。智伯另立了一个傀儡敬公。

智伯控制了敬公，野心更加大了，想独占晋国。他的谋士绨疵献了个逐一削弱吞并三家的计策——假传敬公的命令让三家各献出一百里土地作军饷；谁不愿意就消灭谁。智伯认为是好计，就让自己的兄弟智开去通知三家割地。韩康子和魏桓子没有抵制，他们都幻想让别人先和智伯斗，自己坐收渔利，因此乖乖地割了地。赵襄子不服，说土地是祖先传下来的，怎能随便割让?!

智伯大怒，就命韩、魏两家与他共同出兵讨伐赵襄子。赵襄子按谋士张孟谈的建议撤至晋阳（今山西太原）城据守。晋阳城池坚固、粮草充足，只是缺乏武器。张孟谈又让赵襄子将宫殿的铜柱锯了铸刀剑、箭头，将宫墙内的苇秆拆出来做箭杆。这样，晋阳城牢牢地固守了一年。

智伯见久攻不下，使出了一条毒计：在离晋阳上游十里的晋水上筑坝拦水，然后突然放下，用大水淹掉晋阳

① 傀（kuǐ）
偏（lěi）

城。放水之前,他让围城的己方军队在阵地外都筑好了堤坝。这计果然厉害,晋阳城危在旦夕。张孟谈一面让赵襄子紧急建造水上作战的船筏,一面自己用绳子吊下城去,秘密会见韩康子和魏桓子,与他们约好共同消灭智伯,然后三家瓜分智伯的土地。

晚上,韩、魏两家的军队悄悄出动,突然掘开了智伯阵地的堤坝,大水将智伯军冲得七零八落。智伯乘小舟逃跑,被等在外面的赵襄子的军队活捉并杀掉了。

三 家 分 晋

韩、赵、魏三家联合起来灭掉了智伯,瓜分了他的土地。公元前403年,他们报请周威烈王,要求承认他们是三个独立的诸侯国。从此晋国便分成了韩、赵、魏三国,这就是历史上所说的“三家分晋”。

47 西门豹除巫

　　三家分晋后独立出来的韩、赵、魏三国，魏国的发展最快。原因是魏文侯最有抱负。他能礼贤下士，任用了不少人才，在国内实行了一系列的改革，使魏国很快富强了起来。

　　为了巩固边防，魏文侯派西门豹到邺城去当太守。邺城在魏国的北部边境，与韩、赵两国交界，一条漳河由西向东流经邺城。这里应该是块富庶的地方，但西门豹到邺城一看，只见田野荒芜、村落萧条。这究竟是怎么回事呢？

　　西门豹到乡间去访问百姓，终于了解到：由于这几年漳河泛滥，这里的豪绅和官吏勾结巫婆，编造了河伯要娶亲的故事，说只要每年给河伯送去一个漂亮的媳妇，漳河就不泛滥了。而他们便乘机敲诈勒索百姓的钱财，中饱私囊。

　　西门豹摸清情况以后，便带着卫兵亲自去参加了河伯娶亲的仪式。仪式在漳河边的大祭台上举行。当地的官员和豪绅坐在祭台两旁，西门豹穿着太守官服坐在中间。仪式开始了。在鞭炮和音乐声中，只见巫婆和她的一些女弟子将一个穿红戴绿、泪痕满面的年轻姑娘强拉进一条芦苇船里……只等巫婆一声令下，芦苇船被推进水中,那船随水漂一会儿就沉没到水底,仪式也就结束。

正在此刻,西门豹对巫婆命令道:"把新娘带上来,我要看看漂亮不漂亮,不要亵渎了河伯。"

那姑娘被带了上来。西门豹一看,对巫婆说:"这姑娘不行,你去对河伯说,过几天选个更漂亮的给他送去。"说完,一挥手,让几个卫兵将巫婆扔进了漳河里。

隔了一小会儿,西门豹又说:"这老巫不中用,再派两个年轻的去。"说罢又一挥手,两个巫婆的女弟子又被卫兵扔进了河里。

又过了一会儿,西门豹回头对边上的官员和豪绅说:"这些女人不中用,烦请你们哪位去一趟吧。"这些贪赃枉法的家伙吓得赶紧跪下求饶,乖乖地承认河伯娶亲是一场向百姓捞钱的大骗局。从此,邺城的百姓就再也不信巫婆的鬼话了。

人物聚焦

西 门 豹

西门豹不但在邺城整治了联手害人的地方豪绅和巫婆,破除了迷信,还带领百姓疏通河道,治好了泛滥的漳河,并且还修了引水渠将漳河水引到旱地灌溉。为了不忘西门豹的功劳,当地百姓将开凿的这条引水渠叫"西门渠"。

48 讳疾忌医

魏文侯任用西门豹、乐羊等一批人才,使魏国成了诸侯中的强国。在魏国东面的齐国,却发生了动乱。公元前391年,相国田和学晋国的样子,赶走了齐康公,自己当了国君,历史上称为"田氏代齐"。代齐不久,田和便死了,其子田剡继位,几年后他被兄弟田午夺去君位。田午也称齐桓公。为了和齐桓公小白区别,历史上将他称为桓公午。

桓公午是个听不得不同意见的主观武断的国君。一天,郑国的名医扁鹊来到齐国。出于礼节,扁鹊去拜见桓公午。他看了一下桓公午的脸色,对他说:"国君,您有病。不过,这病刚侵入您的肌肤,吃点药就会好的。"桓公午听了,只不以为然地笑了笑:"我没有病。"

过了五天,扁鹊又去见桓公午,对他说:"国君,您的病已到了血脉里,不可不治啊。"桓公午只对他瞟了一眼,鼻子里哼了一声。扁鹊只好悻悻地退了出去。

又过了五天,扁鹊再去见桓公午,对他说:"您的病已经到肠胃里了,您再不治就来不及了!"桓公午还是不回答他。只是待扁鹊走后,他对左右的人道:"真是太过分了! 一个医生急功近利,竟然把一个没病的人说成有病。"

再过了五天，扁鹊又去见桓公午。但是这回，他一句话也没有说，只抬眼看了一下桓公午的脸色，便退了出去。桓公午觉得奇怪，就派人去问扁鹊。扁鹊说："国君的病已经到了骨髓里了，我没法医治了！"说罢，他整理好了行囊，匆匆地离开了齐国的首都临淄。

又过了五天，桓公午果然生病了。他这才想起了扁鹊，赶快派人去寻找他。可是，这时扁鹊早已不知去向了。

桓公午十分后悔，可是已经来不及了。他就这样病倒了，而且日重一日。公元前 357 年，桓公午终于病死了。

桓公午不承认自己有病，不听医生的劝告，有病不治，终于丢了自己的性命。因此后人将他的这种态度称为"讳疾忌医"。这句话以后便成了成语。

人物聚焦

扁　鹊

扁鹊本名秦越人，战国时期郑国人。传说黄帝时有位神医叫扁鹊。因为秦越人的医术高明，因此当时人们也叫他扁鹊。传说有一次扁鹊见有人抬着棺材出丧，他让人打开棺盖，给躺在里面的人扎了几针，那人便复活了。因此人们说他有起死回生的本领。

49 笑星淳于髡

桓公午病死后，他的长子田齐继位，就是齐威王。齐威王刚当上国君的头几年，整天沉湎于酒色之中，根本不关心国家的事，以致邻国乘机侵占齐国的边境城镇，朝内的大臣们没人敢去劝谏。

齐都临淄城里有个其貌不扬、为人滑稽、能说会辩的人，名叫淳于髡。一天，他去见齐威王，对他说："我在大王庭院里发现了一只鸟，三年来它虽然不飞不叫，但我算出它将一飞冲天，一鸣惊人！"

齐威王被他说得心动，就真的突然亲自率军出征，使侵占了齐国土地的诸侯国大吃一惊，纷纷退还了占地。

不久，楚国大举出兵进攻齐国。齐威王派淳于髡带黄金（铜）一百斤去赵国讨救兵。淳于髡哈哈大笑，对威王说："我今天来时见路边有人拿了一只猪蹄祭土地神，要祈求今年五谷丰登、粮满仓，您说好笑不好笑。"齐威王听懂了，忙给他黄金千镒、白璧十双，四匹马拉的车一百辆出使赵国，终于使赵国出兵十万，将楚军吓了回去。

退了楚军，威王在后宫请淳于髡喝酒。威王问淳于髡喝多少酒才会醉。淳于髡说："我在国君面前喝一斗就会醉。若在家里招待父母的贵客，喝两斗便醉。如果民间乡里欢叙，大家肆无忌惮，开怀畅饮，则可喝一石。但

① 髡（kūn）
② 镒（yì）

98

此时可能乐极生悲。"齐威王又听懂了，从此停止了通宵夜宴。

过了些日子，齐威王又派淳于髡出使楚国。不料路上威王让他献给楚王的一只大天鹅飞走了。但淳于髡仍不慌不忙地去见楚王说："我们齐王让小臣献给大王一只大天鹅，我因不忍它干渴，让它出来喝水，被它飞走了。我想过上吊自杀，也想过逃走，但觉得这样做了会因我而破坏了两国的友情，而且还让大王背上因一只鸟的小事而使使者自杀的黑锅，因此就如实相告，请大王责罚。"

楚王听了，说："好，你是个讲信用的贤士！"就给了他许多礼物，让他回去了。

知识平台

司马迁评淳于髡

司马迁在他的名著《史记》里评论说："淳于髡仰天大笑，从而使齐威王横行天下。这不是很了不起吗？"

50 邹忌劝齐王

　　齐威王虽然在淳于髡用幽默方法的激励下处理了一些国事,但执政的头九年基本上还是以吃喝玩乐为主。齐威王尤其酷爱音乐,简直到了如醉如痴的地步。

　　一天,一个叫邹忌的人腋下夹着一张琴来见齐威王。威王见是位琴师,就高兴地请他坐下来弹一曲。邹忌却只是以手抚琴,久不肯弹。威王问他,他说:"乐师关键是要精通乐理,弹奏只是雕虫小技。"威王说:"那就请给我讲讲乐理吧。"

　　邹忌说:"琴是伏羲氏发明的。取名为琴,意思是'禁',禁止奸邪,使人心归正。琴上圆下方,象征天地;五弦象征五行,大弦为君,小弦为臣;声音的高低清浊,象征政治的清廉与腐败;奏出悦耳的音乐象征国君治国有道,与百姓和谐一致……"

　　齐威王说:"你的道理不错,快弹一曲给我听吧!"

　　邹忌说:"我只讲了一会儿,您就急了,可齐国这张大琴,百姓已等了九年,您还没好好弹呀!"

　　齐威王终于明白过来了,说:"先生请留下来帮我弹这张琴吧!"于是便拜邹忌为相国。邹忌也就协助威王减轻百姓的赋税徭役,发展生产,训练军队,任用有才干的将军守卫边防,齐国终于强盛起来了。

齐威王见国家面貌大变，有些得意忘形起来。一天，邹忌对他说："大王，有件事我想不通。城北徐公是个出名的美男子，我自知不如他；可我的妻子、小妾、丫鬟和朋友都硬说我比徐公美，这是为什么？"

齐威王笑道："那是她们或者有私心，或者有求于你和怕你，才说假话蒙骗你呀！"

邹忌便道："在大王身边有求于您的有私心的人和怕您的人更多，您受的蒙骗不是会更深吗？"

齐威王听了，忙说："相国说得对极了！"于是齐威王下了一道命令，让全国上下都来给国君提意见，提了好意见被采用的给重奖。此后，齐国更加蒸蒸日上了。

人物聚焦

淳于髡与邹忌

淳于髡听说邹忌当了相国，便去问他："圆车轴装在方轴槽里，怎么转？为什么用胶粘的断弓时间长了要裂开？河水汇入大海，为何却能成一体？狐狸皮袍破了，能用狗皮补吗？"邹忌知道他是在考自己的治国能力，便回答说："谢谢您的指教。我会应时势、顺民情、远小人，谦虚谨慎从事的。"淳于髡听了，满意地叩了个头就走了。

51 齐威王惩贪官

　　齐威王真心向全国百姓收集意见的做法,使他了解了不少地方官贪污腐败、压榨百姓的情况。他决定抓几个典型整顿一下。

　　一天,齐威王在朝堂上问众大臣,齐国一百二十个城邑,哪个城邑的地方官最好,哪个最差?许多大臣推荐说阿城大夫最好,即墨大夫最差。齐威王就下令召这两个大夫上临淄述职,一面又悄悄地让邹忌到这两个地方去私访。

　　阿城大夫到了临淄后,到处去向大臣们拜访送礼。即墨大夫则是一副死脑筋,老老实实地待在驿馆里等待召见。不久,邹忌私访回来了,向威王作了详细的汇报。

　　第二天,齐威王下令升朝议事。大臣们陆续来到大殿上,只见这天的气氛特别严肃,殿正中还摆着一口热气腾腾的大锅,几个武士在锅下添柴烧火,几个武士手执武器站在旁边。阿城和即墨两大夫也被叫来了。齐威王先问即墨大夫:"许多大臣都说你不称职,你有什么说法?"

　　即墨大夫老实巴交地回答说:"回大王,我是想把即墨治理好的,但能力差,总是力不从心……"众大臣见他仍结结巴巴说不清楚,有的心中暗笑,有的替他捏把汗。

　　齐威王又问阿城大夫:"大臣们都说你好,你好在哪里？"

　　阿城大夫得意地回答："是托大王的福，大臣们的帮助……"话未说完，只见威王愤怒地一拍御案，大声说："大臣们是帮助了你，你也贿赂了他们！我已派人去巡察过，你阿城土地荒芜，百姓面黄肌瘦；而即墨庄稼茂盛，百姓安居乐业。因此，我今天要表彰老老实实做官的即墨大夫，另赐他一万户的赋税作俸禄。"说完，他又朝阿城大夫喊："将这个欺上瞒下的贪官扔到锅里去煮了！"

　　煮了阿城大夫，威王又命令查处了受贿的大臣。从此齐国朝廷内外的官员大都不敢再贪赃枉法了。

内 容 链 接

田 忌 赛 马

　　齐威王养的马当然是齐国最好的。一天他与大将军田忌赛马，田忌却赢了。田忌比赛的办法是：先用自己最次等的马与齐王最好的比；然后用自己最好的马同齐王的二等马比；最后用自己的二等马去赢齐王的三等马。结果是三赛二胜。这个办法是军事家孙膑教给田忌的。

52 孙膑报仇

　　齐威王为了富国强兵，到处招纳人才。一次，他的使臣出使魏国，将流落在魏国装疯的军事家孙膑藏在车里带回了齐国。

　　孙膑原是齐国人，是军事家孙武的后代。他先同魏国人庞涓一起在深山里向老师鬼谷子学习兵法。学成后，庞涓先回了魏国，而鬼谷子又将他保存的孙武的十三篇兵法传给了孙膑。

　　庞涓在魏惠王那里当了魏军元帅兼军师，他率魏军分别打败了宋、卫、齐三国的军队。惠王十分器重他，怕鬼谷子的另一徒弟被别国抢走，让庞涓将师兄孙膑也请到了魏国。但庞涓心术不正，他知道孙膑的才能在自己之上，便设计陷害师兄。他伪造了孙膑的哥哥孙平从齐国的来信，骗孙膑写了回信，然后又将回信截住，拿到魏王那里去诬告孙膑企图叛逃回齐国。魏惠王信以为真，下令砍掉了孙膑的膝盖骨。

　　庞涓装作仍然关心师兄，又骗他将师父传他的孙武的十三篇兵法写出来。孙膑正在艰难地默写这些兵法时，庞涓的一个仆人偷偷告诉孙膑，这些全是庞涓的阴谋。于是孙膑烧掉了默写好的竹简，装疯在魏都街头流浪，直至被齐使救走。

来到齐国后,齐威王让他当了齐国的军师。公元前354年,庞涓率魏军进攻赵国,围住了赵都邯郸。齐威王派大将田忌带兵救赵。孙膑坐在篷车里暗中指挥。孙膑用了围魏救赵之计,率齐军直攻魏国,将匆匆从赵国撤回的魏军打得大败。十二年后,庞涓又率魏军进攻韩国。孙膑仍然是"围魏救韩",与田忌一起率齐军打进魏国腹地。庞涓大怒,迅速回军,准备与齐军决战。孙膑用"减灶法"让齐军边撤边大量减少做饭的土灶。庞涓尾追时以为齐军大量逃散,就大意轻敌了。追至马陵(今山东莘县)地方时,终于中了孙膑设下的埋伏,全军覆没,庞涓也被乱箭射死。

　　马陵一战,齐国国力大增,成为战国七雄之一,魏国却从此削弱了。而孙膑,也终于替自己报了仇。

人物聚焦

孙　膑

　　孙膑为齐国立了大功。齐威王要给他大片封地,但孙膑坚决不受。他将写好的一部兵书献给了齐王,自己又到深山里隐居去了。

① 邯(hán)
　郸(dān)

53 商鞅变法

正当中原东部的齐国在齐威王的统治下强大起来的时候,西方的秦国在秦孝公的统治下也决心进行改革。秦孝公发布了一道招贤令,许多有本领的人就去投奔秦国。

卫国的公孙鞅也去了。因为他是卫国人,秦国人就叫他卫鞅。卫鞅向秦孝公提出了一整套用"霸道"来实行变法改革的设想,正符合孝公的想法。于是孝公便任命他为掌握全国行政大权的左庶长,由他起草新法,实行改革。

卫鞅的改革触犯了秦国贵族的利益,以甘龙、杜挚为首的秦朝贵族元老出来反对。为了支持卫鞅,孝公革去了这两人的职务;太子驷①企图对抗新法,孝公下令处罚了太子的老师公子虔,割掉了他的鼻子。这样,左庶长卫鞅终于公布了他制订的"新法"。

为了使广大百姓也知道他推行新法的决心,卫鞅在京城南门竖了一根木头,在木头上贴了一张告示:"谁能将此木扛到北门,赏金十两。"许多人围着观看,但他们不相信有这么便宜的事!不久,卫鞅又下令将赏金增加到五十两。最后,一个傻乎乎的青年人扛走了这根木头。而他竟然真的得到了五十两赏金!

① 驷(sì)

"左庶长说话算数，令出必行！"此事以后，秦国的百姓便都相信卫鞅推行新法的决心了。

卫鞅的新法废除了贵族的许多特权，奖励农民开荒种地，奖励作战的有功人员，在全国建立了户口制度，统一了度、量、衡，并将秦国的都城从雍城迁到了咸阳（今陕西咸阳市），使秦国很快强大起来，成了战国时期的七雄之一，也为以后秦始皇统一中国打下了基础。秦孝公为了表彰卫鞅的功劳，将秦国商於（今陕西商洛市商州区）一带十五座城池赐给他作为封地。从此，人们又将卫鞅称作商鞅。

秦孝公死后，秦惠文公继位。他就是当年反对新法的那个太子驷。再加上许多失去特权的贵族拼命讲商鞅的坏话，秦惠文公就以谋反的罪名逮捕了商鞅，对他施行了残酷的"车裂"刑法，将他五马分尸。

内 容 链 接

商 鞅 在 卫 国

商鞅从小在卫国长大，他勤奋好学，而且特别喜欢刑法、律令一类学问。他曾在魏惠王的相国公叔痤手下当小官。公叔痤病危时对魏王说："我的手下公孙鞅是个了不起的人才，我死后可让他当相国，否则就杀了他。"

魏惠王根本没在意。公孙鞅就赶紧逃到了秦国，终于干成了一番事业。

① 痤（cuó）

54 孟轲讲"仁"

魏惠王眼看秦国在实行公孙鞅的变法后强大起来，才后悔放走了公孙鞅，但他终于看到了人才的作用，于是也宣布出重金招聘贤才。这时有个叫孟轲的人前来应聘。

魏惠王亲自出城迎接孟轲，但当他问孟轲要怎样才能给魏国带来大利益时，孟轲却说："我是孔子门下的弟子，只知道'仁义'，不懂得'利'。"魏王只好客客气气地打发了他。

孟轲出生于邹地（今山东邹城市东南）的一户十分贫苦的家庭里，小时候与寡居的母亲相依为命。母亲将毕生的精力都放在了教育儿子身上。孟轲长大后，跟孔子的孙子孔伋学习儒道。他终于在继承孔子学说的基础上，提出了自己的"仁义""爱民"观点：一面批判贵族统治者对人民的残酷剥削，指出当时的"苛政猛于虎"，一面提出了"民为贵，社稷次之，君为轻"的口号，呼吁统治者行"王道"、施"仁政"来治理国家，让老百姓过安定富足的生活。

孟轲的口号赢得了当时的百姓和下层贵族的欢迎，他的名声渐渐大了起来，人们尊称他为"孟子"。他借此游历了许多国家，希望当时的国君们采用他的观点；但是他所到的魏、宋、滕等国的国君都不愿采纳他的主张。后来，他到了齐国。齐宣王对他说："你是政治家，请你给我讲讲以前齐桓公、晋文公称霸的事好吗？"

孟子说："我是孔子的门徒，不谈'霸道'，只讲'王道'。"

齐宣王就说："那么，我可以实行王道吗？"

孟子说："我听说有一次您看见一头将要被杀了去祭祀的牛索索发抖，您就下令放了这头牛，用羊去代替？"

齐宣王说是有这回事。

孟子说："这就说明您对禽兽有'仁爱'之心。如果您把这仁爱之心用到老百姓身上，减少战争和赋税，发展生产，使百姓安居乐业，国家就会富强起来。这就是实行'王道'了，用它就能统一天下。"

齐宣王听了，虽然觉得孟子的话有道理，但他等不及，他想的是要立刻富国强兵，于是也婉言谢绝了孟子的主张。

孟子见自己的主张无法实施，就和万章等弟子一起教学和写书去了。《孟子》一书就是这样写成的。

知识平台

孟 母 三 迁

孟子的母亲从小对儿子严格要求。传说有一次因为儿子顽皮不好好读书，母亲愤然将辛辛苦苦织好的布一刀剪断，以示对儿子的警戒。为了避免不良环境的影响，她曾带着儿子三次搬家迁居。

55　庄周梦蝶

战国时期的思想文化十分活跃繁荣,历史上称为百家争鸣时代。几乎与孟子同时,宋国出了个庄子。庄子名周,宋国蒙地(今河南商丘东北)人,从小家贫。有一次家里断了炊,母亲不得已叫年少的庄周去当地的监河侯家借几升粮食救急。可这个为富不仁的监河侯却欺他年纪小,戏弄他说:"好的,等秋收以后你来取粮食吧。"小庄周回敬他说:"我刚才来的时候,看见一条小鱼在路边的小水坑里快干死了。它求过路人留一瓢水来救救它的命。可过路人说:'好的,等我去北海引水来救你吧。'小鱼说:'谢了,那时你到干鱼摊上去找我吧!'"

庄周饱尝了社会的不公,看透了统治者的腐败和虚伪,他不愿沽名钓誉出去做官,也看不起那些到处游说追求功名富贵的读书人,只在家里与妻子一起过清贫的生活。妻子在家织草鞋,他自己则一边研究学问,一边给学生讲学。他认为世上的贵与贱、官与民、是与非甚至生与死,都是无差别的。他主张一切事物都要顺其自然,而这个"自然",便是世上万物发展变化的规律,也就是"道"。

庄子擅长用寓言故事来比喻和说明自己的哲学观点。比如他为了说明生与死的关系,就讲:昨晚我做了一个梦,梦中变成了一只蝴蝶;早晨醒来,又成了我自己。

不知是我庄周做梦变成了蝴蝶呢,还是蝴蝶做梦变成了庄周?因此他在自己的妻子死后没有哭,而是敲着瓦盆唱了一首歌颂她一生的歌。

庄周将自己的哲学理论写成了《庄子》一书。

内容链接

庄子钓鱼

有一次庄子在河边钓鱼。楚威王亲自来到河边请庄子去做官。庄子问楚王:"听说楚国的庙堂里有一只神龟的骨架。请问大王,那神龟是愿意在水里自由地生活,还是被大王做标本供着?"

楚王想了想,说:"大概是前者吧。"

庄子说:"那我也想自由地活着呀!大王请回吧!"

56 苏秦"合纵"

　　秦惠文王车裂了商鞅，任用公孙衍为相国。公孙衍利用商鞅变法的成果，向西吞并了巴蜀（今四川省、重庆市一带），并让秦惠文王正式称王。秦惠文王见称霸的时机已到，便派出使者要中原各诸侯国都向秦国割地，对他的称王表示祝贺。

　　一个强大的秦国的威胁终于摆在了中原诸侯国的面前。这时，有个叫苏秦的人便向各国提出了"合纵"的建议。

　　苏秦是战国时洛阳人，他年轻时也是鬼谷子的学生。当时孙膑、庞涓在鬼谷子那里学兵法，他和张仪学政治。学完回家，苏秦要家里凑钱让他出去游说当官。他的父母、妻子、嫂子都坚决反对，认为这是不务正业。苏秦不听，去秦国游说，结果果然潦倒而归。他的妻子和嫂子见了，连饭都不肯给他吃。

　　苏秦没有气馁，他决心苦读。晚上读累了，眼皮打架，他就用绳子将自己的头发拴在房梁上，阻止自己打瞌睡；实在困得不行，他拿起妻子纳鞋底的锥子刺自己的大腿，使自己惊醒。这就是后人说的"头悬梁、锥刺股"的故事。

　　一年以后，苏秦又向兄弟借了盘缠去中原各国游说，建议他们联合起来抵抗秦国。因为当时除西边的秦国以外的六个国家(楚、齐、燕、韩、赵、魏)在地理位置上是从南到北纵向排列的,因此这个建议就叫作"合纵"。为了自身的生存,六国终于采纳了苏秦的合纵建议。他们推举他为"纵约长",让他挂六国的相印协调抗秦。这时,苏秦乘着豪华的马车、带着许多仆人,气势煊赫地回到洛阳,他的亲属、妻、嫂都到路口恭恭敬敬地迎接。苏秦不由得长叹道:"真是世态炎凉、人情冷暖啊! 现在我才知道当官的好处了。"

后来,秦国为了灭掉六国,用张仪的计策开始逐一拉拢这些国家,企图拆散他们的合纵,这就是所谓"连横"。首先上钩的是魏、燕,他们单独与秦国讲和了;以后,齐国又趁燕文公去世的机会进攻燕国。苏秦为了维护"合纵",就一直在这些国家之间不倦地奔走,当他从燕国赶到齐国时,在那里被刺杀了。

内容链接

苏 秦 之 死

苏秦是在出使齐国时被一些不满他的齐国大臣派刺客将他刺死的。苏秦在临死前对齐宣王说:"我死后请大王割下我的头号令于市,就说我是奸细,刺客可以来领赏。这样大王就可以为我报仇了。"

齐宣王照苏秦的计策做,果然抓到了刺客,找到了幕后的指使者,为苏秦报了仇。

57　张仪"连横"

　　张仪与苏秦是同学。他是魏国人。因此离开鬼谷子老师以后,他先去投奔魏惠王。可魏惠王不用他。他只好到楚国去,在楚国的令尹昭阳手下做了一名食客。一天,昭阳家里的宝玉"和氏璧"失窃了。昭阳怀疑是穷困潦倒的食客张仪偷的,就将他打了个半死。张仪回到家里,妻子见他被打得遍体鳞伤的样子,心疼地劝他不要再出去游说了。可张仪却问妻子:"你看看我口中的舌头还在不在?"他告诉妻子,只要舌头还在,便要坚持下去,直到自己的政治主张实现为止。

　　张仪养好伤,去投奔已经在赵国当了"纵约长"的同学苏秦。苏秦刚取得赵王的信任,怕秦国马上发兵攻赵,便施了一计:用傲慢无礼的态度接见张仪说:"我不是不能帮你,而是你不值得我帮!"说罢将他赶出了赵国。

　　张仪气极,决心去投奔秦国,与苏秦对着干,但没有盘缠。苏秦便派自己的门客偷偷资助他,陪他到秦国见到了秦惠文王。张仪向秦王提出了秦国与中原诸侯国个别横向联合、各个击破的"连横"策略。秦王封他为相国,让他全力推行。

　　苏秦的门客与张仪告别时,终于说出了苏秦的本意。张仪很感激,于是决定不去进攻赵国而是先拿楚国开刀,为当初在楚国所遭受的屈辱报仇。

张仪就到楚国对楚怀王说："只要大王放弃与齐国等中原国家结盟，秦国愿意与楚国结成儿女亲家，世世代代友好。"同时还答应秦、楚结盟后，秦国将过去占领的楚国商於地方的六百里土地全部归还。楚王利令智昏，不顾屈原等大臣的反对，答应了张仪的条件。结果，土地没得到，却又得罪了齐国等中原各国，楚怀王两头不讨好，楚国也在秦国和中原诸国的夹攻下渐渐衰落下去。

不久，苏秦死了。张仪便又去拉拢齐、赵、燕等国投靠秦国，终于将苏秦的合纵联盟拆散了。

和氏璧的来历

楚国人卞和在楚山中得到一块玉璞(外面包着石头的玉)，将它献给楚厉王。厉王误听玉匠的话，说这是块石头，就下令砍掉了卞和的左脚。楚武王继位后，卞和又献，玉匠仍说是石头，卞和又被砍了右脚。楚文王即位，卞和抱璞在楚山下痛哭。文王下令将璞凿开，果然得到宝玉。因此此璧玉称为"和氏璧"。后来，楚怀王将璧赐给了令尹昭阳。

① 卞(biàn)

燕昭王求贤

　　苏秦离开燕国去齐国后,燕国发生了内乱,搞得国库空虚、人民贫困。燕昭王继位后,一心想改变国家的面貌。他与百姓一样穿粗衣、吃粗粮,亲自参加耕种,祭奠为国捐躯的将士;与此同时,他还到深山里去拜见隐士郭隗,恭敬地向他请教治国的方法。

　　郭隗就对燕昭王说:"人才是兴国的根本。有作为的国君,把人才当老师和朋友,并委他们以重任;亡国的昏君,把人才当奴仆。"

　　昭王说:"我知道贤才的作用了。请教我招贤的方法吧。"

　　郭隗说:"贤才随时随地都有。如果国君甘当学生,那么会招到比国君高明百倍的贤人。如果国君遇事能经常与贤人商量,则会招到比国君高明十倍的人才。如果能与人平等相待,则会有同国君差不多的人才来投奔。如果国君武断专横、居高临下,则只有拍马屁的庸人会来。"

　　昭王听罢,诚恳地问郭隗:"那么,第一步该怎么办?"

　　郭隗给昭王讲了个故事:"从前有个国王让人去觅千里马,那人却给他买来了一匹死去的千里马。国王不解,那人说,如果大家知道大王连死马都要,有好马的人自然

① 隗(wěi)

会送来了。不久,国王果然得到了千里马。现在,就让我先当这匹死马吧。"

于是,燕昭王便在国都特地为郭隗建了宫室,恭敬地拜他为师,虚心地向他请教。同时,昭王又在易水边上修筑了一座高台,将国库内仅有的黄金放到台上,挂榜求贤。这高台就被称为"黄金台"。

就这样,当时魏国的名将乐毅、赵国的名将剧辛、外交家苏代、学者邹衍都投奔了燕昭王,燕国很快强大起来了。

人物聚焦

燕 昭 王

燕易王死后,燕国发生争权内乱。燕易王的孙子职逃到了韩国。此时,齐国乘乱派兵十万进攻燕国,燕国接近灭亡。赵国的赵武灵王派兵将公子职从韩国送回燕国,并帮他收复了失地。公元前311年,职继位,就是燕昭王。

① 乐(yuè)
  毅(yì)
② 衍(yǎn)

59 屈原投江

从秦惠文王到秦昭王时期,楚国不断受到日益强大起来的秦国的威胁。楚国的大夫屈原坚决主张与齐国等中原诸侯国联合起来,共同抵抗秦国的侵略。可是楚怀王却听信宠臣靳尚和宠妃郑袖的话,破坏了与齐国等中原各国的"合纵"联盟,与秦国"连横"。结果,楚怀王一而再、再而三地上了秦国的当。可是昏庸的怀王仍不觉悟,竟然答应秦国的邀请,准备前去与秦昭王会盟。

屈原等正直的大臣竭力劝阻,怀王就是不听。结果,楚王终于被秦国扣留,并且最终客死在秦国。

怀王死后,楚顷襄王继位。屈原又和一些大臣联名上书,要求顷襄王任用贤才、疏远奸佞,训练军队、加强国防,以抗秦雪耻。可是靳尚、子兰等奸臣上顷襄王那里告状,污蔑屈原对顷襄王不满。顷襄王听信谗言,将屈原革职流放到了他的老家夔①地(今湖北秭归)。忠心耿耿地为国为民、满怀着一腔爱国热情的屈原,却落得如此结果。他悲愤地写下了长诗《离骚》、《九歌》、《天问》、《九章》等感人肺腑的作品。

在流放中,屈原一面从湖北向湖南的湘江、沅江一带了解民间的疾苦,一面仍关心着国家的安危。有一天,湘江边的一位老渔民见屈原面容憔悴,关心地问:"三闾大

① 夔(kuí)

夫,您怎么成了这个样子?"

屈原回答说:"举世皆浊我独清,众人皆醉我独醒。"

老渔民说:"既然这样,您也随波逐流好了,何必与自己过不去呢?"

屈原长叹一声,又吟着诗向前走去。公元前 278 年,屈原最担心的事终于发生了:秦军攻下了楚国的郢都。屈原悲愤已极,他写下了长诗《哀郢》,抱着一块大石头,跳到汨罗江中自尽了。

当地百姓为了纪念这位伟大的爱国诗人,以后每年都在他投江的这一天往江里投粽子、划龙船来祭祀他。这一天是农历五月初五。这就是我国民间端午节的来历。

知识平台

粽 子

传说当年汨罗江边的百姓听说三闾大夫为国捐躯,纷纷驾着小船前来救捞。没捞到屈原,大家就把米扔到水里去祭奠他。为了怕水里的蛟龙抢食,老乡们又用苇叶将米包起,用彩线捆扎住。这就是后来的粽子。

① 汨(mì)

60　胡服骑射

　　赵武灵王派兵帮助燕昭王赶走了齐军,恢复了燕国,为了防止齐国报复,也千方百计地设法加强赵国的军事实力。赵武灵王发现,与北方的胡人作战时,胡人穿的窄袖紧身的衣服比咱们中原人穿的宽袍大袖服装灵活多了。无论骑马、射箭、舞刀,中原人肥大的服装都显得拖泥带水,行动笨拙,常被胡人灵活的骑兵攻击得顾此失彼。

　　经过了仔细的调查研究和思考以后,赵武灵王决定对全国的服装进行改革,让大家学习和改穿"胡服"。公元前 307 年,赵王自己带头,让朝中的大臣肥义和楼缓一同穿着胡服上朝。这下,朝堂上炸开了锅:许多大臣竭力反对,说这是不伦不类,忘记了老祖宗,有失礼仪;连赵王的叔叔公子成也反对。赵王就耐心地到叔叔家进行解释,说明改穿胡服是学习胡人的长处,抵御入侵、保卫国家的需要。赵王的诚恳态度感动了叔叔,德高望重的公子成也穿起了胡服。于是穿胡服便在赵国推行开来了。

　　接着,赵王又亲自带领军队的将军、士兵进行骑马射箭训练。大家终于发现穿上胡服后纵马射箭时方便灵活多了。赵国就这样掀起了"胡服骑射"的练兵热潮。赵王很快便训练出了一支作战力很强的骑兵。

公元前 305 年，赵武灵王率这支骑兵进攻位于齐国与赵国之间的中山国，大获全胜；接着，他又率骑兵西征，先后收服了林胡、楼烦等一批胡人部落。赵国的疆土扩大了，在中原各国中的威信也大大提高了。

赵武灵王后来在处理国内问题时犯了个极大的错误。他在将自己的王位交给小儿子何以后，又想传给大儿子章，结果酿成了一场争权斗争，连自己也在这场斗争中被围困在沙丘（今河北广宗西北）活活地饿死了。

内 容 链 接

赵武灵王出使

公元前 298 年，为了探测西边日渐强大起来的秦国的实力，赵武灵王将王位让给了小儿子何，他自己则打扮成赵国的使臣亲自出使秦国。一路上他仔细察看了秦国的地形关隘，了解了秦国的民情，并且以赵使的身份不卑不亢地见了秦昭王。待秦王发觉后派人去追赶时，赵武灵王已出了秦国边境的最后一道关口函谷关了。

① 隘（ài）

61 孟尝君买"义"

孟尝君是齐国人,名叫田文,孟尝君是他的封号。齐闵王让他当了相国。他在家里养了许多门客,号称有三千人。一天,有个穿着破衣烂衫的名叫冯煖的汉子来投孟尝君。孟尝君将他收为一般门客。哪知吃过晚饭后,冯煖却用手弹着剑柄,唱道:"长剑啊,咱们回去吧!这里吃饭没有鱼。"

孟尝君知道了,下令将冯煖升为二等门客,让他吃饭有鱼有肉。可过了几天,冯煖又唱道:"长剑啊,咱们回去吧。这里出门没有车。"孟尝君将他提升为一等门客,让他出门坐车。

冯煖坐上了车子,可他还在唱道:"长剑啊,还是回去吧。咱没法子养家。"孟尝君就派人给冯煖的老母亲送去了粮食和衣服。从此,冯煖就再也不唱了。

不久以后,孟尝君要派人到自己的封地薛地去收租。因为薛地这两年遭灾,因此没有人愿意去担当这吃力不讨好的差使。冯煖就主动请求前往。临走时,孟尝君随随便便地对他说了一句:"收完租,你看这里缺什么,就给我买点什么回来吧。"

到了薛城,冯煖将佃户们召集起来,对他们说:"你们能交租的就交,交不起的三天后将租券带来验看。"到了

① 煖(xuān)

122

第四天,冯煖大摆宴席,先请穷佃户们吃了一顿,然后向大家说:"孟尝君知道这里遭了灾,派我来慰问大家。欠的租,就一律不要了!"说完,就将佃户们的租券收上来统统烧掉了。穷佃户们赶紧跪下给冯煖磕头,对孟尝君感激涕零。

回到临淄,孟尝君问冯煖收回了多少租,买了什么东西回来?冯煖说:"租没收回多少,却给您买回了'义'!"

孟尝君知道了事情的经过,有点不以为然。可是过了不久,齐闵王罢掉了孟尝君的职务。门客们也大都离去了。孟尝君不得已,只好回自己的封地薛地去。孟尝君坐的车子还未到薛城,只见薛地的百姓们已经扶老携幼在路上迎接了。孟尝君感动地对冯煖说:"先生为我买的'义',我现在见到了。"

故事中的成语

鸡 鸣 狗 盗

孟尝君将小偷、流氓也收为门客,平等对待。一次,他被秦昭王扣留了,就靠门客中的小偷去偷出了秦王宝库中的一件白狐皮大衣,献给了秦王的爱姬,请她疏通放行;出关时又靠门客学鸡叫,骗开了关门,才得以逃脱。此后,人们便把能偷鸡摸狗的人称作"鸡鸣狗盗之徒"。而"鸡鸣狗盗"也就成了成语。

62 火牛阵

　　秦昭王为了削弱齐国,故意与楚国一起造谣说孟尝君要单独与楚国联络,夺取齐国的权力。昏庸多疑的齐闵王听信了谣言,就收掉了孟尝君的相印。

　　这时,燕国却在燕昭王的治理下日益富足强盛起来。燕昭王见齐闵王罢了孟尝君的相,又十分奢侈骄横,弄得齐国上下人心离散,认为向齐国进攻的机会已经成熟。公元前285年,他派大将乐毅为统帅,联合赵、魏、韩、楚四国的军队,向齐国发动了全面进攻。燕国联军一举攻下了齐国七十多座城池,并杀死了齐闵王。整个齐国就只剩下即墨和莒城(今山东莒县)两地了。接着,乐毅便率燕军包围了即墨。即墨大夫战死。城中的百姓便推举田单为将军率领大家守城。

　　田单是齐国田氏王族的远房子孙。他一面亲自带领百姓修筑城墙,甚至把自己的家属都编入守城部队之中,让大家固守城池,不与燕军作战;一面派人去燕国散布乐毅故意拖延不攻城,是想在齐国收买人心,自己当齐王。这时燕昭王死了,燕惠王听了这些谣言,果然撤换了乐毅,改派将军骑劫去指挥燕军攻城。

　　骑劫到任后一边加紧攻城,一面残酷地割掉齐军俘虏的鼻子,还让士兵挖掉即墨人的坟墓。即墨的军民恨得咬牙切齿，决心与燕军决一死战。田单于是集中了城里的一千多头牛，在它们身上披上彩色绸布，角上扎上尖刀，尾巴上缚着浸了油的麻绳，悄悄组织了一个火牛队，准备出击；表面上却让老弱病残守城，还故意让城里的少数富人逃到骑劫那里去请求保护，说城内已弹尽粮绝，以此麻痹敌人。一个夜里，田单突然命令点着了牛尾上的火绳，放出了火牛，又亲率五千精兵随火牛后面杀入毫无防备的燕军大营。结果燕军被杀了个措手不及，还以为是天兵天将降临了，吓得没命地溃逃，连骑劫也在乱军中被杀死了。

田单乘胜将燕军赶出了齐国，并接回了齐闵王的儿子，立他为齐王，使临近灭亡的齐国又得以复国。

人物聚焦

聪明的田单

乐毅率燕军攻下齐国首都临淄（今山东临淄北）时，田单是临淄一个管理市场的小官。他在率领手下和族人乘车逃离时，巧妙地锯掉了车轴两头的突出部分，并包上了铁皮，因此得以在混乱、拥挤中逃脱；而许多官员和百姓因为在混乱中车轴互相触撞挂住而成了燕军的俘虏，或者车毁人亡。

63 李冰修都江堰

　　秦昭王忙于在诸侯国中建立霸权的同时，为了继续增强国力，也很重视发展农业。这时，蜀地刚刚并入秦国的版图不久。那里在四边高山的包围下，有一片巨大的平原，是发展农业的好地方。于是，秦昭王派李冰去做蜀郡太守。

　　李冰来到蜀郡，发现这里土地肥沃，但由于旱涝灾害严重，因此人口稀少，百姓的日子很不好过。他经过仔细调查研究，终于找到了问题的症结——岷江。岷江从西部的岷山上流下，在高山峡谷间夹带着大量泥沙奔腾而下，流到了山下灌县一带的平原，流速突然减缓；又由于前面正好被一座玉垒山阻隔，江水里的泥沙在此存积下来，抬高了河床，每到涨水时，就引起江水泛滥；而玉垒山的东边，又由于江水被阻住，常年闹干旱。

　　李冰下决心治理岷江。经过精心设计，他和自己的儿子二郎一起，带领当地百姓在灌县西北的岷江上展开了一项规模巨大的水利工程。这项工程当时称"都安堰"（有安定百姓生活的意思；后来又称"都江堰"）。它具体又分几个互相配套的项目：一、灌县西北的岷江两岸修筑保护河岸、阻住江水泛滥的"百丈堤"。二、在玉垒山西边的岷江上构筑两道分水堰，称为"内金刚堤"和"外金刚堤"，将上游冲来的湍急江水分成两股，即内江与外江；让外江水继续沿岷江河道流下，而内江水穿越玉垒山东流。由于这道分水堰形状像鱼嘴，因此就叫"江鱼嘴"。三、凿开玉垒山，将内江水引向东边干旱的平原；这引水的山洞称为"宝瓶口"。四、修建大量的灌溉渠将从宝瓶口东流的内江水引向蜀地的大平原灌溉农田。五、在分水堰的尾部修建"飞沙堰"。这是一道平衡内江水位的泄洪坝，目的是当内江水位过高时可将江水分泄到外江，防止内江泛滥，同时又可以借机将沉积在宝瓶口的泥沙冲刷掉。

经过十多年的艰苦努力，都江堰工程终于完工。这是我国古代水利史上最宏伟的农田水利工程。它的完成，使蜀地从此成了"天府之国"。

关 于 都 江 堰

李冰修筑的都江堰工程中，内江的干渠大约有一千一百多公里，灌溉面积达二百万亩；外江上也开辟了许多大小河道。总计当时开凿的人工分流河道有五百二十多条。两千多年来，这项伟大工程仍然在发挥着防洪、泄洪和灌溉的作用。

64 完璧归赵

　　楚国令尹昭阳的宝玉"和氏璧"失踪以后，隔了几十年，落到了赵惠文王手中。听说这宝玉夜间能发光，而且可以冬暖夏凉，避尘辟邪，百步之内，蚊蝇都不敢飞近，秦昭王就派使者到赵国，提出用秦国的十五座城池与赵国交换这块宝玉。赵王不敢不换，可是如果将璧送了去，秦王又赖账不给那十五座城，那怎么办呢？赵王决定找一个精明能干的人去见机行事。可是一时间找不到合适的人选。赵王的太监总管缪贤①便向赵王推荐了自己的门客蔺相如②。

　　蔺相如带着和氏璧出使秦国。他捧着和氏璧将它交给秦王。秦王接过宝玉，高兴地交给左右的大臣和嫔妃们传看，却迟迟不谈交城的事。蔺相如就对秦王说："宝璧上有块疵点，让我指给大王看。"秦王就将璧交还给了蔺相如。

　　蔺相如拿到璧，倒退几步，靠到一根柱子上，愤怒地对秦王说："大王答应用十五座城交换宝璧，现在却毫无交城的意思。如果大王硬要逼抢，我宁愿将自己的头颅和宝璧一同撞碎在这柱子上！"

　　秦王怕蔺相如真的毁了宝璧，连忙赔着笑请人将地图拿来，指给他看割让的十五座城的位置。于是蔺相如

① 缪(miào)
② 蔺(lìn)

128

又说:"赵王将璧交我带来时,曾隆重地斋戒五日,大王要此璧,也应斋戒五日,用接待国宾的礼仪接待我,我才可将它献上。"

秦王没法,只好答应了蔺相如的要求。蔺相如一回到驿馆,就让自己的随从带着璧连夜化装逃回赵国去了。五天以后,蔺相如就向秦王摊了牌,指出如秦王真的要换宝璧,可以先交城池,赵国不敢不给;如果不交城池,则自己甘愿死在秦国。秦王见杀了蔺相如也得不到宝璧,就干脆放蔺相如回国去了。

内 容 链 接

渑 池 会

"完璧归赵"后的第二年,蔺相如陪赵王赴渑池(今河南渑池西)与秦王相会。会上,秦王乘着酒兴让赵王弹瑟,并让秦国的史官记下了此事。接着,蔺相如也上前要秦王击缶(一种陶制乐器)。秦王不肯,蔺相如按剑怒目而视。秦王害怕吃眼前亏,只好敲了两下。蔺相如也让赵国的史官记了下来,维护了赵国与赵王的尊严。

① 渑(miǎn)
② 缶(fǒu)

65　将相和

蔺相如为赵王保住了国宝和氏璧,又在渑池会上挫败了秦王的傲气。赵惠文王任命他为相国,地位在大将军廉颇之上。廉颇心中不服,对手下人说:"我出生入死,为国家立下了大功;他蔺相如出身低贱,靠一张嘴皮子的功夫却爬到我的上面去了。我咽不下这口气,一定要当众羞辱他一下!"

蔺相如知道了廉颇的意图,出门时经常绕道躲着他,有时甚至托病不去上朝,以避免与廉颇冲突。蔺相如的手下人以为是他胆小怕事,不少人提出要离开他。蔺相如就问他们:"你们认为廉将军与秦王谁厉害?"

手下的人说:"当然是秦王厉害了。"

蔺相如就说:"秦王尚且不怕,难道我真的怕廉将军么?我回避他,是为国家的利益着想。现在秦国之所以不敢进攻赵国,就是因为有我和廉将军两人在。要是我们两人不和,这不是让秦国有机可乘了么?我不能将个人恩怨放在国家利益之上啊!"

廉颇从蔺相如的手下人那里听到了这番话,惭愧得无地自容。他袒露了自己的臂膀,背着荆条,亲自到蔺相如的家里去谢罪。他跪下对蔺相如说:"我真是太鄙陋浅薄了,竟然不知道您对我宽容到这种程度啊!"

蔺相如赶紧上去把廉颇扶起来，将他请到椅子上坐下，深情地说："大将军千万别这样！只要大将军能理解我的心意，这就是国家和百姓的福分了。我个人的得失又算得了什么呢！"

从此，大将军廉颇和相国蔺相如两人成了生死相依的好朋友。这就是历史上所谓的"将相和"。

故事中的成语

负 荆 请 罪

廉颇知错认错、背着荆条去向蔺相如谢罪的这个故事，从此流传了下来。以后，它就成了一个有名的成语——负荆请罪，表示一个人认识到了自己的错误，并且愿意向对方真诚地道歉的意思。

66 远交近攻

赵国日渐强大起来以后，南边的魏国十分不安。公元前 272 年，魏安僖王就派中大夫须贾到东边的齐国去说服齐襄王共同对付赵国。可齐襄王对当年魏国参加燕国的联军进攻齐国、逼死齐闵王的事记忆犹新，因此他反而将须贾抢白责怪了一顿。好在与须贾随行的门客范雎出面晓之以利害，说服了齐襄王。须贾一行回魏国时，齐襄王因为佩服范雎的能力，送了他不少礼物。须贾出于妒忌，回国后向丞相魏齐诬告范雎私通齐国。生性残暴的魏齐下令拷打范雎，让武士足足打了他三个时辰，将范雎打得昏死过去后，又命令将他丢到厕所里去。

范雎醒来后用家中所有的黄金作许诺，让看守将他偷偷背回了家里，养好了伤以后又在朋友郑安平的资助下逃到了秦国。

范雎在秦国改名张禄，去见秦昭王。他帮助昭王从丞相魏冉及太后手中夺回了旁落的大权，并且阻止了魏冉准备让大将白起带兵攻齐的计划。他告诉秦王，应该先与离开秦国较远的齐、楚等国交好，进攻近边的魏、韩、赵，然后再慢慢地像蚕吃桑叶一样去吞掉齐、楚、燕，一统天下。这种策略叫"远交近攻"。

① 雎(jū)

秦昭王见范雎的话全说到了他的心坎里，立刻拜他

132

为丞相。范雎当了丞相后,就先让秦王发兵攻打魏国。魏王听说秦国的丞相张禄是魏国人,就派须贾去秦国向丞相求情。范雎见须贾来了,就把自己打扮成仆人去见他。须贾见是范雎,吓了一跳,但见他衣着单薄,就送了他一件绸衣御寒。范雎谎称自己认识张丞相,便带了须贾去丞相府。范雎进相府后先进去换上了丞相的服装,再见须贾,把须贾吓个半死。范雎见须贾良知还未全部泯灭,初见自己时还能送件绸衣,因此没有杀他,只让下人去喂了他一嘴马料,然后让他回去要求魏王送魏齐的人头来求和。

魏齐得到消息后,逃到了赵国。秦王为了替范雎报仇,亲率二十万大军攻赵。魏齐无奈,只好刎颈自杀。

内容链接

范 雎 赴 秦

范雎伤愈后,秦国使者王稽将他藏在自己的车子里带出了魏国。可是到了秦国后,秦国丞相魏冉却在半路上拦截检查,怀疑王稽带进了外国的说客。王稽应付过去后,范雎仍然离车暂避,果然不久魏冉重又返回检查。由于范雎的机智,他终于到咸阳见到了秦王。

67　纸上谈兵

秦昭王推行范雎远交近攻的策略，派兵进攻韩国，很快攻占了韩国的南阳、野王（今河南沁阳），隔断了韩国的上党地区与首都新郑（今河南郑州南）的通路。韩国见上党守不住，就干脆将它送给了赵国。

公元前261年，秦军进攻上党。赵国派大将廉颇率二十万赵军与秦军在长平（今山西高平县）对峙。廉颇命令赵军筑垒据守。秦军久攻不下。秦王用丞相范雎的反间计，派人到赵国去散布说廉颇老了，胆小不敢与秦军交战；如果赵国派马服君赵奢的儿子赵括领兵，秦军一定倒霉。

赵奢是赵国的大将，他的地位与廉颇、蔺相如同等。他曾率赵军在阏与①（在今山西和顺）城下大破秦军，因此，赵惠文王封他为马服君。赵奢有个儿子叫赵括，从小跟父亲学习兵法，熟读兵书，平时目空一切，自以为可以指挥千军万马。赵奢临终前，曾给妻子留下遗言，说儿子只会空谈兵法，没有实战经验，因此将来一定要阻止赵王让他领兵出战。

再说赵孝成王听了秦国人散布的流言，果然中计，他立刻任命赵括为大将军，要他去接替廉颇。蔺相如对赵王说："赵括只会死读兵书，不会随机应变，让他去领兵，

① 阏（yù）

134

好像用胶粘住了弦去弹瑟一样,是根本不行的。"但赵王不听。赵括的母亲就去见赵王,拿出赵奢的遗嘱希望赵王改变成命。但赵王还是固执地说:"打仗的事是国家大事,你们妇女不要管。"

公元前 260 年,赵王另拨二十万大军让赵括率领,到长平前线接替了廉颇。他统率四十万赵军,一改廉颇坚守不攻的策略,下令军队立刻与秦军决战。结果赵军中了秦军的埋伏,被截断了粮道和退路,接着又被分割包围了起来。赵括率军坚持了四十多天后终于弹尽粮绝,四十多万赵军全部覆没,除了战死的,其余都做了秦军的俘虏。赵括也被秦军乱箭射死。

此后,人们便把只会死搬硬套书本上的知识,在纸面上空谈,而不能在实践中应用的作法,称为"纸上谈兵"。

内容链接

白 起 坑 卒

长平一战,四十万赵军除战死的,其余全部做了秦军的俘虏。秦将白起怕将俘虏放还后仍然成为赵国的军队,押回秦国当奴隶又没有这么多给养,于是下了一道狠毒的命令,趁俘虏们在夜间熟睡时派秦军冲进营地统统砍杀掉。被砍下的赵军士兵头颅埋成巨大的土堆,称为"头颅山"。这是中国战争史上最血腥的大屠杀之一。

68　毛遂自荐

　　长平之战，秦军大获全胜之后，第二年秦昭王又派大将王龁带兵十万包围了赵国的首都邯郸。赵孝成王派平原君去楚国向楚考烈王求援。

　　平原君是赵王的弟弟，名叫赵胜，因他的封地在平原（今山东平原），所以称平原君。他平时喜欢收养门客，家里养的门客足有三千人。出发前，平原君想在自己的门客中选二十个随从，可是他选了半天只选中了十九个。正在发愁，他的一个名叫毛遂的最末等的门客表示自己可以去。平原君不相信他的能力，对他说："锥子放在口袋里，它自己会戳出尖儿来，可你来这儿三年了，我没看见你有什么特长啊！"

　　"那是你没有把我放进口袋里。"毛遂自信地说。

　　平原君也觉得他的话有一定道理，就勉强让他凑满了数。平原君一行来到楚国。平原君在朝堂上跟楚考烈王从清早一直谈到正午，谈判仍然没有结果。毛遂便手扶宝剑走上堂去。楚王见了，呵斥他道："我正在同你的主人说话，你一个下人上来干什么？"

　　毛遂手按宝剑再上前一步，圆睁双眼对楚王说："大王你仗着楚国的力量呵斥我，可是在眼前的十步之内你没有优势！楚国虽然国土广大，有士兵百万，却受尽了秦

① 龁(hé)

136

国的欺侮,连你们上代的国君都被害死了。这种事我都替你们感到羞耻! 合纵抗秦的事,首先是为了楚国,难道还不能决定吗?"

楚王被说得直冒冷汗,只得说:"决定了,决定了。"

毛遂便立刻回身招呼楚王的侍从送鸡血上来,让楚王与平原君歃血为盟。楚王便派春申君带领楚军出发救赵去了。

平原君回到赵国,对门客们说:"这次谈判成功,全靠毛遂。他的功劳,胜过百万雄师! 今后我再也不敢随便小看别人了。"

内 容 链 接

李谈退秦军

平原君从楚国回到邯郸,这时楚国和魏国的援军尚在途中,而守城的赵军快支持不住了。危急之中,有个国都招待所长官的儿子叫李谈,他让平原君将家中的所有财物全部拿出来作军饷,将妻妾侍女等家属全部编入守城队伍,与军民共同守城,以激励士气。平原君终于争取到了时间,最终击退了秦军。

69　窃符救赵

秦军围住邯郸后，赵王派平原君向楚国求援的同时，也让平原君给魏国的信陵君写了一封信，请他说服魏王派救兵。因为平原君的妻子是信陵君的姐姐。

信陵君名叫无忌，是魏安僖王的同父异母兄弟，因为他的封地在信陵（今河南宁陵），因此叫信陵君。信陵君也有门客三千人，由于他平时讲仁义，又能平等对待他们，因此这些门客大都愿意为他卖命。但信陵君去请求魏王出兵，魏王却因为害怕秦国的报复，迟迟不能下决心。他只是命令大将晋鄙率领十万魏军屯驻在邺城（今河北漳县），按兵不动。

赵国形势危急。平原君一再给信陵君写信求援；信陵君也一再请求魏王，但仍无结果。信陵君只好决定率自己的一千多名门客赶到赵国去同秦军拼命。

信陵君离开魏都大梁时，去向朋友、隐士侯嬴告别。侯嬴就给他出了个主意，让他去求魏王的爱妃如姬帮忙。信陵君曾帮助如姬报了杀父之仇。因此，如姬便将魏王调兵的兵符偷了出来，交给了他。临走时，侯嬴又让自己的朋友、勇士朱亥去协助信陵君。

信陵君赶到晋鄙军中，出示兵符要他交出兵权。晋鄙怀疑，想派人去请示魏王，朱亥突然从衣袖里抽出一柄大铁锤,当头一锤杀死了晋鄙。于是信陵君接管了兵权,宣布让军中的老弱及家中有两人在军队中当兵的一人回家,然后率领整编后的魏军精锐直扑秦军。秦军终于被打败撤退,赵国从亡国的边缘被挽救了过来。

赵王为了感谢信陵君,亲自打扫台阶迎接他,并准备将赵国的五座城池封给他。信陵君门客中有人对他说:"天下的事情,有的可以忘记,有的不能忘记。公子有恩于人,请你忘了它;别人有恩于你,你不要忘记!"信陵君听了,连忙婉拒了赵王的封地,而且派人回魏国去向魏王请罪。魏王也原谅了他窃符救赵的行为。

人物聚焦

侯　嬴

侯嬴是魏都大梁夷门的守门人,又老又穷,但信陵君知道他是位隐居在市井中的贤人,便亲自驾车将他接到家里设宴款待,奉他为上宾。因此,后来在信陵君为难时,侯嬴给他献了"窃符救赵"的计策。信陵君拿到兵符出发后,侯嬴便自杀了。

70　楚相春申君

　　平原君带着毛遂出使楚国,曾使楚考烈王同意派春申君带兵八万去救赵。

　　春申君是楚国人,名叫黄歇。楚顷襄王时,他游学中原,长了许多见识。当时,秦昭王让白起率秦军会同韩、魏两国的军队大举进攻楚国。楚顷襄王便派黄歇为使者出使秦国,设法阻止秦军的进攻。

　　黄歇见了秦王,就对他说:"两虎相争,最劣等的猎犬也会乘机上去咬一口。当今秦、楚两国最强大,秦军越过韩、魏两国来打楚国,你不怕他们突然断了你的后路吗?再说我们双方的力量抵消了,东边的齐国乘机称霸,对秦国也大大不利呀!"

　　秦昭王觉得有理,命令白起撤回了军队,与楚国结盟。楚顷襄王便任命黄歇为太傅,陪太子完到秦国去做人质。

　　公元前263年,楚顷襄王病重,黄歇便设计让太子完打扮成楚使的车夫逃回了楚国,自己去向秦王请罪。秦王见杀了他也无用,便放他回去了。太子完回到楚国,楚顷襄王正好病死。完继承了王位,便是楚考烈王。考烈王任命黄歇为相国,封他为春申君,赐给他淮北十二个县作封地。从此,春申君便学孟尝君、信陵君、平原君的做法,招徕宾客,一时间也养了门客三千多人。

在春申君的治理下,楚国的国力又强大起来。公元前255年,他率兵北伐,灭掉了鲁国。不久,吕不韦在秦国当了相国,发兵灭掉了东周。诸侯国间的形势又紧张起来。淮北成了楚国北方的战略要地。春申君便主动放弃了淮北的封地,楚王改而将江东的吴地划为他的封地。

春申君当相国的第二十二年,他联合各诸侯国作为合纵盟军的首领,率联军进驻函谷关与秦军作战。结果由于诸侯国军不齐心,被秦军击败。楚考烈王怪罪他,春申君便回到了自己的封地退隐了。

又过了三年,楚考烈王病故。春申君赴京城奔丧时被朝臣李园埋伏的亡命徒刺杀身亡。

内 容 链 接

吴　墟

楚考烈王将春申君的封地改换到江东的吴地后,春申君便在原来吴国的都城吴墟(就是原来的姑苏,即今苏州。因该城在吴、越战争中被毁,所以称吴墟)重新筑城,作为自己封地的都邑。而上海地区,也在春申君的封地之内。所以,上海也称为"申城"。

71 吕不韦著书

秦昭王出兵围困邯郸的时候，他的孙子异人正在邯郸城里，处境十分危险。

异人是在秦王和赵王渑池会后，被作为人质送到赵国的。他是昭王的太子安国君的小儿子。安国君共有二十多个儿子，异人是安国君的姬妾中地位最低的夏姬所生，而夏姬又早早地死了，因此当人质的苦差使才落到了他的头上。由于秦、赵两国数次发生战争，赵王和赵国人都拿异人出气，因此他流落在邯郸街头，十分潦倒。

一天，韩国阳翟（今河南禹州）的富商吕不韦在邯郸遇见了异人。了解了他的身世后，吕不韦决定要做一桩政治大买卖。他一面将自己已经怀了孕的爱妾赵姬送给异人作妻子，一面又偷偷去秦国用大量珍宝买通了安国君的正夫人华阳夫人的姐姐，说异人在赵国日夜思念华阳夫人，一直把她当作自己的生母。华阳夫人没有生过儿子，因此她的姐姐就说服她将异人认做自己的儿子。华阳夫人是楚国人，所以就将这位过继儿子改名叫“子楚”。

公元前 259 年，子楚的妻子赵姬生下了一个男孩。因为是正月里出生的，取名为政。过了两年，在秦军围困邯郸的混乱中，吕不韦又用钱收买了守城官员，让子楚及其妻儿逃回了秦国。

公元前251年，秦昭王死了，安国君继位，子楚被立为太子。几天后，安国君死了，子楚继位，就是秦庄襄王。庄襄王为了感激吕不韦的帮助，封他为丞相、文信侯。三年后，庄襄王又死了，他的儿子政继位，就是历史上有名的秦始皇。但秦王政继位时才十三岁，因此让吕不韦担任相国，处理秦国的国家大事，并且尊他为"仲父"。

吕不韦的"大买卖"终于做成了。为了继续提高自己的威信，他也养了门客三千人，并且组织他们中的文人依照孔子编《春秋》的办法，编写成了一部二十多万字的《吕氏春秋》。为了吹嘘这部内容包罗万象的书，吕不韦还下令将千两黄金悬在咸阳城门上，宣称谁能合理地改动书中的一字，就把金子赏给他。

故事中的成语

奇货可居

吕不韦在赵国遇到异人以后，回家问父亲："农民种地，一年可得十倍收成；贩卖珍宝可获利百倍；扶一个人当国君，您说能获利多少？"父亲听懂了儿子的政治野心，说："啊，那是奇货可居，可获利千倍万倍，不可估量啊！"于是就将全部家财都交给儿子去做这场政治大买卖了。成语"奇货可居"就是从这里来的。

72　小甘罗出使

　　在吕不韦执掌大权的时候,秦国还出了个少年天才。他的名字叫甘罗。

　　吕不韦为了在诸侯国中树立自己的威信,决定联合燕国共同伐赵。由于燕国刚被赵国打败,燕王喜报仇心切,也愿意和秦国一同去进攻赵国。于是燕王将太子丹送到秦国做人质,并且请求秦国派一名大臣去当相国。吕不韦决定派将军张唐去做燕相。

　　到燕国去要经过赵国,张唐怕被赵国抓住杀掉,因此不肯就任。吕不韦亲自劝说,张唐也没有答应,这使吕不韦大为恼火。这时,吕不韦手下十二岁的小门客甘罗就说:"这点小事丞相不必烦恼,让我去说服张将军就是了!"吕不韦挥挥手:"去去去!我都说不动他,你个小孩子怎么行?"但小甘罗坚持要让他去试试,吕不韦只好同意了。

　　小甘罗见了张唐,第一句话就是:"将军大祸临头了,我来给你凭吊!"

　　张唐一愣,问:"怎么回事?"

　　甘罗就说:"当年白起不服从相国范雎的命令,丢了性命;如今你的地位比不过白起,而吕丞相的权力却比范丞相大得多,你违抗他的命令,还能活吗?"

一席话吓得张唐乖乖地答应去燕国赴任。为了张唐赴燕时能平安经过赵国，小甘罗又主动请求先出使赵国。他开门见山地对赵王说："我们秦国决定与燕国联合进攻赵国，你们很危险啊！"

赵王十分害怕，连忙请甘罗帮忙出主意。

甘罗说："不如赵国割几座城与秦国和好，我回去劝秦王与燕国绝交。赵国再去夺取几个燕国的城池作补偿，这样大家不吃亏。"

赵王立刻当场将河间地方的五座城池的地图交给了甘罗，并且还送他黄金一百镒、白璧两双作为谢礼，恭恭敬敬地送他回国。

甘罗不费一兵一卒，就为秦国赢得了五座城池。吕不韦和秦王都夸他是个不辱使命的小使者，并封了他一个"上卿"的官。他成了我国历史上年龄最小的大官。

内容链接

吕不韦的结局

秦王政成年后，发现了吕不韦与他的母亲、太后赵姬的关系，同时还因为吕不韦安插在太后身边的太监嫪毐发动叛乱，因此，就杀死了嫪毐，将吕不韦免职迁往他的封地洛阳。一年多以后，秦王又削掉他的封地，命令他迁到蜀地去。吕不韦不得不服毒自杀。

① 嫪（lào）
毐（ǎi）

73　韩非遭妒

公元前 238 年,秦王政平定了宦官嫪毐的叛乱,乘机剥夺了丞相吕不韦的权力,终于使自己掌握了秦国的政权。这时候,韩国派了一个名叫郑国的水利专家到秦国去说服秦王开凿郑国渠,以沟通泾水和洛水。这项浩大的工程快完工时,秦王才得知这是韩国企图削弱秦国的计谋。一怒之下,秦王下令驱逐所有在秦国的六国人士。有个名叫李斯的原吕不韦的门客便向秦王上书,申述人才对国家发展的重要意义,要秦王收回逐客令。秦王政经过冷静思考,听取了李斯的建议,并提拔他为廷尉,采用了他的一系列策略。

李斯原是荀子的学生,楚国人;他与荀子的另一名得意门生、韩国人韩非是同窗。李斯学成去秦国时,韩非回到了韩国。他向韩王提出了一整套用"法治"来强国的主张。这种主张就是认为过去儒家的"王道"、"仁政"思想已经不适应眼前诸侯征战兼并、以强凌弱的严酷现实,统治者只有实施中央集权、用强有力的政策法令去统一指挥和调动国内的力量,以发展生产和加强军队,才能抵御侵略并随后称霸。

韩非满以为自己的主张定会引起韩王的重视,哪想到韩王连听都不愿听。韩非只好回家将自己的主张写成

《说难》、《孤愤》、《五蠹》等许多著名的文章。

韩非的文章传到秦国却被秦王政看中了！他的主张正好与秦王统一天下的理想一拍即合。于是秦王发兵韩国，逼得韩王将韩非派到秦国去求情。秦王就将他留了下来，并用上宾之礼接待他，同他密切交谈，向他请教。

这件事引起了韩非的同学李斯的妒忌。李斯到秦王那里挑拨说："大王一定还记得韩国派郑国来修渠的事情吧？韩非是否会像郑国一样，也是韩国派来的奸细呢？大王不得不防啊！"

多疑的秦王政就下令将韩非关进了监牢，不久又命令将他毒死了。

① 蠹（dù）

秦王政在秦国掌权后，任用李斯、尉缭为谋臣，出动大军灭掉了离秦国最近的韩国，攻下了赵国的都城邯郸。这时在秦国作人质的燕太子丹已经看出秦国下一个目标便是灭掉燕国了。他心急如焚，终于找机会乔装打扮逃回了燕国。

太子丹在秦受尽了侮辱，回国后既想报仇，又想保住燕国，因此就用重金聘请了卫国著名的剑客荆轲，给他建造了豪华的公馆，让他过上最舒适的生活。太子丹还天天上门去向荆轲请安问候，恭恭敬敬地像上宾一样对待他。荆轲知道他的用意，就让他去准备好一份燕国最富饶的地方——督亢的地图，并在地图内藏好一把抹上了毒药的匕首；另外，荆轲还要求太子丹去取来躲在燕国避难的秦国将军樊於期的人头。他要将这些作为见面礼，在献给秦王时乘机刺杀他。

公元前 227 年，太子丹一行全都穿着白衣、戴着白帽，依依不舍地将荆轲送到燕国的边境易水岸边。诀别时，荆轲的好朋友高渐离为荆轲敲着筑（一种乐器）送行；荆轲和着筑声唱起了凄凉悲壮的歌："风萧萧兮易水寒，壮士一去兮不复还！"

① 樊（fán）
　於（wū）
　期（qī）

秦王在咸阳的王宫中接见荆轲。荆轲先献上了樊於期的人头，然后再双手捧上督亢的地图，慢慢打开，突然地图内露出了一把匕首，荆轲用右手一把抓起，同时左手揪住了秦王的衣袖。他想以此要挟秦王，让他停止东侵，所以没有马上刺杀他。但秦王立刻扯断衣袖逃开。荆轲便手持匕首追击，与秦王围着宫殿的大铜柱转着圈儿。秦王身上的佩剑太长，一时拔不出来；秦王的御医夏无且一边将手中的药箱投向荆轲，一边喊："大王，把剑鞘向后推！"秦王猛醒，连忙将剑鞘向后一推，乘机拔出了长剑，砍断了荆轲的左腿。荆轲无法追击了，只好将匕首扔向秦王，但被大铜柱挡住，只听"当"的一声，插进了铜柱中。秦王赶上去连砍数剑，荆轲身上八处受伤，但他仍倚着铜柱哈哈大笑，边笑边骂秦王："你这暴君的天下，一定不会长久！"

秦王和殿下的卫士乘机冲上去，杀死了荆轲。

人物聚焦

高 渐 离

高渐离是荆轲的好朋友。荆轲被秦王杀死后，高渐离混到秦王宫中为秦王击筑，但被人揭发。由于秦王特别喜欢听他击筑，便让人刺瞎了他的双眼让他继续击筑。高渐离将石头藏在筑内，在击筑时砸秦王，但因眼瞎没有击中，反被秦王杀死。

75 秦王统一中国

秦国推行远交近攻的策略,各诸侯国各自为政,互不支援;甚至互相攻打,还企图联合秦国,从别国身上捞取好处。

公元前 230 年,秦将内史腾,攻破韩都阳翟,俘虏韩王安,韩国灭亡。此时赵国发生旱灾,形势危急,秦军趁机大举攻赵。公元前 228 年,破赵都邯郸,公子嘉逃亡代地,自立为代王。

公元前 226 年,秦军攻下燕都蓟城(今北京西南),燕王喜和太子丹逃到辽东;几年后,秦军又追到辽东,迫使燕王杀了太子丹,燕王自己也成了俘虏。接着,秦军又在回师的路上攻下了公子嘉据守的代地(今河北蔚县),燕、赵两国彻底灭亡。

公元前 225 年,秦王派王贲率兵攻魏。魏国向齐国求援,齐王建无动于衷。魏国孤军作战,根本不是秦军对手,不久都城大梁(今河南开封市西北)被攻破,魏国也灭亡了。

公元前 224 年,秦王政命大将王翦率六十万秦军进攻楚国。王翦是个久经沙场的老将,很有谋略。他率军进至天中山(今河南商水县),就命令士兵连夜挖掘战壕固守,不许出战。他自己也整天与士兵们饮酒作乐,玩投石游戏,就是抓到了楚国人,也都客客气气地放回去。

楚国派大将项燕带四十万大军前来迎战。但项燕一再挑战,秦军始终不肯出战。项燕以为王翦年纪已老,胆怯不敢与他决战了,于是渐渐地放松了警惕。

两军相持了一年多,楚军的戒备完全松弛了下来,哪知王翦暗中挑选了两万勇士,忽然对楚军发起了突袭。楚军猝不及防,全线崩溃。项燕无法阻止,只得带残兵逃过长江。秦军攻下了楚都寿春(今安徽寿县),俘虏了楚王负刍。第二年,王翦又造战船渡过长江,追击项燕,项燕兵败自杀。楚国也灭亡了。

公元前221年,王贲率秦军挥师东进,攻击齐国。齐王建当年不肯救援魏、韩,如今已是孤家寡人,仓促抵抗,毫无用处。不久齐都临淄被攻破,齐王建束手被擒。六国中最后一个诸侯国也灭亡了。

至此,春秋战国诸侯混战的局面宣告结束。秦王政终于完成了统一中国的大业。

知识平台

春秋战国的时间

从公元前770年周平王东迁、东周开始,到公元前221年齐国被秦国灭亡、天下统一,历史上的春秋战国共经历了五百四十九年。

下篇

秦·两汉

1 车同轨书同文

公元前 221 年,秦王嬴政终于以武力消灭了中原六国,统一了中国。这时的秦王政踌躇满志,他以为称王已不足以表达自己的功绩与威仪,因此与丞相王绾、廷尉李斯等商议,决定从自己起改称"皇帝"。这样,以后的子孙接替皇位,就称二世、三世……一直传下去,直到千世万代。

接着,这位始皇帝又让属下的官员们讨论治理国家的方法。丞相王绾主张仿周朝天子的办法分封诸侯,廷尉李斯则坚决反对,认为正是周朝的分封造成了诸侯混战的局面。现在应该实行中央集权下的郡、县制度。始皇同意了李斯的建议,任命他为丞相,在全国推行郡、县制,将国家分成了三十六郡,郡下设县,县下设乡,乡下设亭,以此层层向上负责,完成国家的行政统治,县以上的官员由朝廷统一任免。

与此同时,秦皇又下令拆除国内各地的关隘,收缴武器,将收集来的兵器在咸阳铸成十二个巨大的铜人。将全国的道路贯通,车辆的两轮间距统一为六尺,而且对全国文字的写法也作了统一的规定。这就是历史上所谓的"车同轨,书同文"。

上面的做法便利了交通,使政令的下达和文化思想

① 踌(chóu)
　躇(chú)
② 绾(wǎn)

154

的交流沟通变得顺畅起来。但原来六国各不相同的货币和容器尺寸大小的不同又阻碍了经济和商业的发展。因此,秦皇又与大臣们商议,颁布法令统一全国的货币式样和度量衡:规定黄金为上币,以镒为单位,二十两为一镒;铜钱为下币,铸成圆形,中间为小方孔,重半两。长度和容器尺寸以原商鞅为秦国制定的丈、尺、寸,升、斗、斛为单位,并公布了标准量器。

秦皇的这些做法,对当时社会的稳定和经济发展,起到了促进作用。

知识平台

"皇帝"名称的由来

秦王政认为自己事业和历史功劳比古代的圣贤"三皇五帝"还要大,因此决定叫"皇帝",自称为"朕",他下的命令叫"诏"。从此这些称呼便在我国的封建社会中一直沿用了下来。

① 斛(hú)

2 徐福下蓬莱

秦始皇制定了国内体制以后，便想到自己享乐的事情了。他把从六国掳来的珠宝、美女迁进咸阳宫中，又在咸阳南边营造大批宫殿。但不久，他对这一切又玩腻了，下诏要出外巡游。公元前219年，他以到泰山封禅①的名义向东出巡，在东岳泰山完成了封禅仪式，在山顶上树立了一块为自己歌功颂德的石碑后，就顺便到山东沿海游玩。一日，秦皇的车驾来到了海边的琅邪②地方。这里山水相连，可以远远眺望大海的景色。秦皇初次见到如此浩淼的大海，十分惊叹。为了更好地欣赏海上奇景，他命令立刻在琅邪筑起一座高台。当地官员只好动员上万民夫日夜赶造，在皮鞭的催促下，几十天内便筑成了。

秦皇带着文武百官站在台上眺望大海，只见大海上波涛汹涌，经阳光一照，又闪出点点金光，大海显得壮丽神奇。忽而又波停浪息，浩瀚的海面上隐隐出现了一批亭台楼阁，绿树鲜花丛生，而且还似有人在进出活动……这海市蜃③楼的景象使秦皇看呆了，问左右这是什么奇迹？边上有个儒生便给他吹了关于东海里有蓬莱、方丈、瀛洲三座仙山的民间传说，还讲那仙山上住着神仙，神仙们炼制的仙丹可以让人吃了长生不老……

长生不老？这可是他做梦也在想的好事！这时有个

① 封（fēng）
禅（shàn）
② 琅（láng）
邪（yá）
③ 蜃（shèn）

156

名叫徐福的方士乘机投其所好，说只要给他配备一批珍宝礼物和三千名童男童女，他就可以驾船去那仙山上替皇帝求来仙丹。秦皇听了大喜，立刻命令到民间去征集大批年幼漂亮的男孩女孩，让徐福率领乘船出发。秦皇望眼欲穿地等着，可几天后徐福却谎称在海上遇到了风暴，虽接近了仙山却又被吹回来了。

秦皇怅然若失，但仍不肯放弃，命令徐福继续寻机会去仙山访觅不死药，自己只得悻悻地回去了。

知识平台

封　禅

古代皇帝在山顶上筑一平台，在上面举行祭天仪式，叫作"封"。然后再到山脚下筑一祭台，举行祭地仪式，就叫"禅"。

3　行刺博浪沙

且说秦始皇回咸阳后仍对长生不老药不死心,第二年(公元前 218 年)又带着浩浩荡荡的队伍东巡去了。但是这次出巡却不顺利,他的车驾出发没几天,刚来到博浪沙(今河南省原阳县东南),就遭到了一次事先安排好了的伏击,使这位不可一世的始皇帝差点丢了性命。

原来,秦皇统一中国后,虽然收缴了全国的武器,拆除了各国的关隘工事,实行了十分严酷的治安统治制度;为了防止六国贵族卷土重来,他还下令将全国的十二万家富人全迁到咸阳边上居住,以便监视他们的行踪。但是这一切做法仍不可能消除掉各国王亲贵族们对灭亡自己国家的秦皇的仇恨心理。原韩国有个姬姓的贵族子弟变卖了自己的所有家产,一心想找机会刺杀秦皇,为韩国人报仇雪恨。

这位韩国公子带着变卖了的财产出外云游,他有心结识了一位大力士。这位大力士力大如牛,可以轻易地舞动一柄一百二十斤重的大铁锤。韩国公子得到秦皇第二次东巡的消息后,就带着那大力士悄悄地埋伏在秦皇出巡的必经之路——阳武县的一处名叫博浪沙的山坡密林中,专等秦皇的车驾经过。

博浪沙下面的官道上,两边栽着高大茂密的青松。

皇帝和随从官员的车队在仪仗、武士队伍的簇拥下，正耀武扬威地前进，忽然，"呼"地一下，山坡上突然飞出一柄大铁锤，"嘭"的一声巨响，猛然间将走在最前面的一辆空车击得粉碎。只可惜秦皇坐在第二辆车内，这一辆是副车。

秦皇大惊失色，立刻下令搜寻捉拿刺客。而前来行刺的两人却早已趁乱逃脱了。只不过那位韩国的姬姓公子，从此改名叫张良，逃到下邳（今江苏睢宁西北）隐蔽起来了。

人物聚焦

张良的出身

张良本姓姬。他的祖父、父亲共做过韩国五朝宰相，极为富贵。韩国被秦灭亡时，他家里还有奴仆三百人。但当时张良的兄弟死了，他只简单地埋葬了一下，便变卖了家中所有财产，离家出走，寻找为韩国报仇的机会去了。

① 邳（pī）

159

4 修筑长城

　　秦始皇第二次东游，想寻找不死药，却遇到了刺客，但他仍不肯罢休，至公元前215年，他第三次东巡，来到了渤海边的碣石①（今河北昌黎北）。这时有位叫卢生的投机书生，又来诳②骗他，声称自己求仙学道多年，可以去替皇上到海中求仙。这位曾叱咤风云、平灭六国的皇帝竟然又糊涂起来，立刻命令卢生驾船出海。卢生在海上兜了一圈，虽然没带回不死药，却不知从哪里弄来一本破书，说是到仙山上觅来的仙书，将它献给了皇上。秦皇拿来一看，书中的文字支离破碎，根本不知道里面说了些什么，但有四个字却使他大吃一惊："亡秦者胡"。

　　这还了得！自己的皇位是要传至万世的，岂能被人"亡"了！可是这"胡"又是谁呢？秦皇左思右想，突然明白了！他立即命令东巡的队伍北上，他要亲自去视察正由大将蒙恬镇守的北方边境。因为那里正面对着胡人匈奴的威胁！

　　自战国以来，北部的燕、赵等地确实一直遭到匈奴的入侵。秦统一中国后，秦皇派蒙恬率三十万大军大败匈奴，收获了黄河河套地区的大片土地，并在那里设置了九原郡加以管辖。为了防止这些胡人以后继续前来骚扰，也害怕应了那书中所说的话，将来动摇他的江山，这次北

① 碣（jié）
② 诳（kuáng）

巡,秦皇对蒙恬下了一道命令,让他立刻组织人力,修筑起一道阻挡匈奴人入侵的长城。这道长城西起临洮(今甘肃岷县),东到辽东(今辽宁辽阳西北),长约万里。其中虽有原来燕、赵、秦等国为了防备匈奴而筑的几段旧长城,但必须新筑许多长城才能将它们连贯起来;而且那些旧长城也要修补增高。长城所经之处,要穿过很多高山峡谷,其艰难程度空前。但秦皇的命令谁也不敢违抗。蒙恬督促着数十万民夫,历经千难万险,不分寒暑昼夜,病死、冻死、饿死、累死者不计其数,硬是完成了这项世界上独一无二的伟大工程。

内 容 链 接

孟姜女哭长城

民间传说孟姜女的丈夫万杞良被抓去修筑长城数年不归。孟姜女吃尽千辛万苦千里寻夫,来到长城边得到的却是丈夫的死讯。孟姜女跪在长城上痛哭,将新筑好的一段长城哭倒了。从这则故事中可以见到修筑长城给百姓带来的苦难。

5　焚书坑儒

秦始皇在北方修筑长城挡住了匈奴，又向南方发兵五十万，征服了现今从江、浙、福建、两广、海南直到越南北部一带，古时候将这片广大的地方称为百越。然后又在这里设立了三个郡，又在今福建一带设立闽中郡。

没完没了的大规模征战、劳役使百姓们苦不堪言，但秦皇自己却以为功劳显赫、威震天下了。公元前213年的一天，秦皇在咸阳宫里为此设宴庆贺。文武百官当然一个个在灯红酒绿中举杯向皇帝陛下大唱颂歌。尤其是一个名叫周青臣的大臣吹捧得更加肉麻。旁边有个叫淳于越的博士（相当于皇帝的顾问一类的文官）忍不住，站起来说周青臣只会拍马屁不是忠臣，他要秦皇效法古人取消郡县、恢复分封制。

秦皇听了心中不悦，但仍假意要丞相李斯发表意见。李斯见淳于越反对他提出的郡县制，就怒气冲冲地反驳说："现在天下一统，法令划一，百姓安分，却有一些儒生还想用已经过时了的古代的规矩来妄议现在，发泄心中不满。望陛下加以制止。"于是秦皇便让李斯起草，向全国颁布了一道"焚书令"：凡除秦国的历史书及医学、算卦、种树、法令等书籍以外，其他的古代书籍一律烧掉；《诗》、《书》及关于百家言论的书除了皇家藏书外，也要收缴烧掉。今后如再有谈论《诗》、《书》的杀头；敢拿古代的事来批评现在的，满门抄斩。

焚书令使咸阳的儒生个个惶惶不安。当时在长安的两个方士卢生和侯生见情势不妙，立刻溜之大吉。秦皇知道后十分恼火，认为这些方士、儒生都不是好东西，下令御史追查。御史抓了一批，一拷问，越扯越多，结果秦皇下令将承认有诽谤朝廷罪名的四百六十个儒生全部活埋，其余的流放边疆。这就是历史上有名的"焚书坑儒"事件。

人物聚焦

好心的扶苏

秦皇下令将四百六十名儒生押赴咸阳郊外的山谷中活埋。太子扶苏于心不忍，前去谏阻。秦皇大怒，将扶苏赶出咸阳，命他到北方去协助蒙恬修筑长城。

6　豪华的骊山墓

秦皇求不到长生不老药,又坑杀了这么多的儒生,忽然想到了自己死后的事情来。于是他决定立刻做两件事情:一是在咸阳附近的渭水南边修建规模空前的宫殿阿房宫,以供自己生前抓紧享乐;二是在骊山动工兴建死后长眠的陵墓。

秦皇为了建造这座陵墓,动员了近百万民夫,让他们从咸阳西北二百多里的甘泉山运来石料,开凿墓穴,成年累月像牛马一样在皮鞭的驱使下劳作。为了让自己死后仍然保持威严与权力,他下令将陵墓比照他在咸阳宫上朝时的样子修筑。据记载,墓宫周围长五里多,高五十多丈,下面的地基挖到含水层后用烧熔的铜液灌浇,以防渗水;四周用石头砌成,像一座巨大的城墙。顶上用宝石珍珠镶嵌出日月星辰,地下用水银筑成江河湖海。地宫中还设置了宫殿朝堂,里面不光有皇帝的宝座,还有百官的座位。殿内的用具甚至鸟、雀等玩物均用金银制成;用鱼膏油燃灯制烛可以使墓殿内灯火长年不灭……

上面说的是骊山墓的地宫。地宫周围安装了"机弩矢"机关,可以射杀盗墓者。地宫外还有内城和外城两道护城。内城为方形,东南西北设有四道城门。城外排列着许多兵马俑方阵,方阵中的武士、将军、车马都用陶制

① 阿(ē)
　 房(páng)
② 镶(xiāng)
　 嵌(qiàn)

164

品烧制成真人大小模样，军列整齐，威武雄壮。墓的外面，再用土石覆盖成山林形状，然后在上面种植树木花草……

秦皇穷奢极欲，妄图在死后也要将天地宇宙间的一切权力独揽，然而他岂能料到，坟墓尚未修好，他的秦家皇朝已经危机四伏了。

内 容 链 接

阿 房 宫

阿房宫是一座巨大的宫殿群落，从渭水南边直达咸阳，仅主殿便可容纳万人，十五平方公里内有宫殿二百七十余座，互相连接，宫内置有珍宝无数。它与万里长城、秦始皇陵、秦直道一起，称为"秦皇四大工程"。阿房宫一直修建至秦二始灭亡时，尚未最后完成。

7 沙丘密谋

秦始皇一会儿发兵南征北讨，一会儿征调大批的民夫修长城、造陵墓、筑阿房宫，弄得全国百姓苦不堪言，怨声载道。于是民间便传出了一些怪异之事：先是东郡（今河南濮阳西南）有人来报天上落下了块奇石，石头上刻着"始皇帝死而地分"几个字；接着华阴（今陕西华阴）又有"今年祖龙死"的谣言，弄得始皇帝十分害怕，于是他又听信方士的胡诌，决定出外巡游避灾。

公元前 210 年，秦始皇带着小儿子胡亥、宦官赵高及丞相李斯等赴东南巡游。皇帝的队伍过长江到了浙江会稽，第二年再北上又到了山东琅邪。原来秦皇对求仙觅药之事仍不死心，又派徐福出海。不料这个大骗子这回满载珍宝，一去不回。而渴望不死的皇帝却病倒在平原津（今山东平原西南）了。勉强到了沙丘（今河北广宗北），眼看即将咽气，秦皇才让赵高、李斯记下遗诏，命太子扶苏速回咸阳守丧继位，说完便死了。这年他刚满五十岁，在位三十七年。

秦始皇死后，为怕京城得到消息有变乱，李斯与赵高、胡亥密议秘不发丧，将秦皇的遗体装在一种通风的"辒辌车"里往回赶，表面上每天仍往御车里送饭送奏章。在私下里，赵高先与胡亥串通，然后去威胁李斯，告诉他如果扶苏继位，将会用蒙恬做丞相，你李斯的日子就难过了。因此要他一起篡改遗诏，立胡亥为皇帝。开始李斯大吃一惊，心中犹豫，但他转而一想，自己紧跟始皇，推行郡县制，发焚书令，导致坑儒惨案，扶苏确实是对此不满的，于是便下了决心，与赵高、胡亥一起策划了一份伪诏，派人送到蒙恬军中，指责蒙恬不忠，扶苏不孝，命两人自尽。

秦皇的车队，仍马不停蹄奔向咸阳。一路上天气炎热，秦皇的尸体发臭，他们就买了许多鲍鱼装在车上，让随从人员分辨不清，以此掩盖真相。到了咸阳，赵高、李斯才宣布秦皇死讯，并宣读立胡亥为继承人的伪诏。就这样胡亥登上了皇帝的宝座。这就是秦二世。

内 容 链 接

扶 苏 与 蒙 恬

扶苏与蒙恬两人接到伪诏，蒙恬不信，提出要派自己的使者重新见皇帝核实。但扶苏是个懦弱的孝子，当即便挥剑自杀了。蒙恬将兵权交给副将王离，自入牢中等待。二世登基后，以新皇帝的名义重新命他自杀。

8　二世的暴政

　　秦二世在赵高的策划下，杀害了扶苏和蒙恬，夺得了皇位，但心中很不踏实。纸是包不住火的，他们在沙丘的密谋渐渐地露出了风声。"胡亥是先皇最小的儿子，凭什么由他来继承皇位？"秦始皇有二十多个儿子和许多女儿，这些公子、公主们不由得纷纷议论开了。而许多大臣见胡亥在众皇子中不光年纪最小，而且又是最无德无能的，因此也在心中暗暗不服。这些情况传进二世的耳朵里，他心中着了慌，忙找赵高商量。

　　赵高是个心狠手辣、胆大妄为的家伙，他对二世做了一个杀头的手势，说："陛下已登大位，只有一不做二不休，将那些心怀不满的兄妹旧臣，统统除去，才无后患！"昏聩的二世不加考虑，就叫赵高去全权处理。于是赵高便先逮捕了平时比较出头露面的十二个公子，诬陷他们企图谋逆。众公子喊冤，他就用酷刑，最后全都屈打成招，并且无端攀出了一批皇亲国戚和官吏。二世乘机下诏，将他们统统在咸阳市上公开处斩。

　　接着，赵高又将十名公主，押至杜陵（今西安市东南），由二世亲自参与秘密审问，最后处死。

　　公子将闾等三个兄弟，一向老实本分，从不多言，但也在劫难逃。三人被关在狱中，逼令自杀。最后剩一个公子高尚未被逮捕,他自料留在咸阳难免厄运,想逃走又怕连累全家老小,左思右想,干脆给二世上书请死,要求去骊山墓为始皇陪葬,想看二世如何答复。二世接书后竟批照准,下令赐钱十万作丧葬费用,但家属总算保留了下来。

至此,始皇帝的三四十个子女被二世统统杀光。

内 容 链 接

秦二世的其他暴行

秦二世实行严刑峻法,使冤狱遍于全国。刑法中有枭首、割鼻、断趾、刺面、鞭笞①等五花八门;死刑里还有坑杀(活埋)、定杀(沉水)、腰斩、剖腹、车裂(五马分尸)等酷刑。秦二世还将未生育的宫妃全都为始皇殉了葬;将在墓中安装"机弩矢"的工匠全部活埋在墓中。

① 笞(chī)

9 揭竿起义

　　秦二世的暴政使全国的百姓怨声载道,民不聊生。公元前 209 年,也就是秦二世正式执政的头一年七月,阳城(今河南登封东南)官吏奉命征调九百民夫去守卫渔阳(今北京密云西)。从民夫中选出的两名屯长一个叫陈胜,一个叫吴广。陈胜威猛高大,吴广足智多谋。当年陈胜当长工在田间干活时,就曾对一起干活的伙伴感叹道:"唉,将来富贵了,可不要忘了今日的穷哥儿们啊!"同伴们听了,笑他道:"咱们这些扛活的泥腿子,哪来的富贵呀?"陈胜长叹一声道:"小麻雀哪知道天鹅的志向呢!"

　　九百人队伍来到大泽乡(今安徽宿州东南),遇上连日大雨,道路泥泞无法通行,眼看已来不及按时赶到渔阳了。按当时秦二世的法律,误了期的役夫全都要被处死的。陈胜便与吴广商量:"赶去是死,逃跑被抓住也是死,还不如干脆造反,或许还能死里逃生!"吴广很赞成,便想了个鼓动大伙起来造反的办法。

　　他在一条鱼肚里偷偷塞进了一条白绸子,绸子上写着"陈胜王"三个字。民夫们剖开鱼肚见到了绸子上的字,都感到惊奇万分。到了晚上,陈胜又到附近的野地里学狐狸叫,并且怪腔怪调地喊"大楚兴","陈胜王"! 就这样,民夫们都以为是上天授意,就一致拥护陈胜、吴广杀了看守大伙的两名军官，于是一同起义。

　　陈胜见众人的心齐了，就鼓励大伙说："我们大丈夫，死也要死得有名堂。王侯将相也不是天生的！"于是九百人拿起锄头、木棍当武器，用竹竿挑起一面大旗，上面写着个大大的"楚"字，便一拥而上，攻占了大泽乡，打下了陈县（今河南淮阳）。

　　起义得到了全国人民的热烈响应，队伍迅速扩大。陈胜自己也称了王，国号"张楚"。

内 容 链 接

陈 胜 的 失 败

　　陈胜的起义军一度曾攻到秦朝的都城咸阳附近，但由于他胜利后产生了骄傲情绪，连当年一同在田间干活的穷朋友都不认了，弄得众叛亲离，再加上秦军的全力攻击，最后以失败告终，自己也被叛徒杀害。

10 项氏起兵

　　项梁和项羽叔侄两人原籍是在下相(今江苏宿迁西南)地方。项梁的父亲就是当年楚国的名将项燕。项羽是个孤儿,从小就跟叔叔项梁长大。为了替在抗秦战争中战死的父亲报仇,项梁就一直让项羽习武,并耐心地向他传授《孙子兵法》。后来因为与仇家争执时杀了人,方带着侄子逃到吴中(今江苏苏州地区)避难。

　　陈胜、吴广起义后,项氏叔侄便在吴中也拉起了一支队伍。他们先设计杀了会稽郡守殷通,联合会稽守备钟离昧和季布,举起了反抗暴秦的大旗。吴中地区的青年农民和一些富家子弟纷纷前来响应、投奔。不到几天功夫,便集合了八千多人,号称"八千子弟兵"。

　　这时,陈胜的部将召平前来请项梁带起义军渡过乌江到广陵(今江苏扬州)会合。在乌江边的苇塘里,项羽意外地得到了一匹日行千里的乌骓①马;过江后,他又一举攻克广陵,杀了广陵总镇、赵高的侄子赵奎,从赵奎手中救出了当地有名的美女虞姬,并与她成了亲。与此同时,陈婴和英布率领的两支义军数万人前来投奔,也加入了项氏的队伍。

　　接着,项梁指挥队伍下彭城(今江苏徐州)、占薛城(今山东滕州),势如破竹,兵马迅速扩展到一二十万,声

① 骓(zhuī)

172

势大振。由于此刻最早起义的陈胜、吴广均已失败身亡，因此将士们纷纷提出要推举项梁为王。项梁正在犹豫的当儿，忽报有一位六十多岁的老人求见。项梁接见了他。老人向他指出，要成就大业，推翻暴秦，当前最重要的是统一人心，提高号召力，因此建议他一定要拥立原楚国王室的后代为王。项梁接受了老人的建议，请他去山村中寻觅，终于将正在放羊的楚怀王的十三岁孙子熊心找了出来。而这位老人，就是后来项羽称他为亚父的范增。

人物聚焦

项 羽

项羽从小不肯读书，他身长八尺，力能举大鼎，声称要学"万人敌"。秦始皇最后一次南巡时，项羽在会稽郡见到他那显赫的样子，便指着他说："那小子神气什么，将来看我取代他！"

刘邦斩蛇

却说范增找到楚王室的后代熊心，正带着他回薛城的路上，又遇见了一队前去投奔项梁的人马——他们就是刘邦和张良的队伍。

刘邦字季，泗水郡沛县丰乡（今江苏沛县西）人。父亲和哥哥都是老实的种田人，可他却游手好闲，喜欢在地方上瞎混。他与本县县衙里的一些小官吏如萧何、曹参、夏侯婴，还有卖狗肉的樊哙、吹鼓手周勃，都是好朋友。因为有这些关系，他被推荐当了泗水亭长。

秦二世刚登位的那一年，他奉命押送一批刑徒到骊山继续修造秦始皇陵。走了几天，刑徒们不停地有人逃走。他知道在秦朝的暴政下，这些人到了目的地，不是干活累死，也会被打死，修完了墓也可能被活埋，因此他对逃走的人没有认真追捕。但这样，逃的人越来越多；队伍到了丰乡西边的一片大沼泽边时，他干脆宣布让大家各自逃命去。刑徒们大多逃跑了，但剩下二三十人不愿走，他们表示愿意跟随刘邦一同去寻条活路。

刘邦带着这些人从大泽中的小路连夜逃走，走着走着，忽然发现前面有条大白蛇躺在那里挡住了去路。大家正想绕道走，刘邦却一步上前，挥剑将蛇砍作了两截。这件事便被拥戴他的同伙编出了一段故事：说刘邦是赤

① 泗(sì)
② 哙(kuài)

帝,那白蛇是白帝;赤帝斩了白帝,刘邦要当真命天子了!

再说刘邦带了这批人穿过大泽,逃进了芒砀山[1],并在山中偷偷地聚起了数百人的队伍。而这时陈胜、吴广起义的消息传到了沛县,沛县县令找萧何、曹参等人商量着要请刘邦带队伍出山一同起义。当樊哙去芒砀山请出了刘邦的队伍时,县令又反悔了,结果大伙杀了县令,占领了县城,并推举刘邦为县令,称"沛公",正式扯旗起义。

这时,张良带着一支几百人的队伍前来投奔。于是,刘邦便与张良决定率领所拥有的数千人马去薛城加入项梁的队伍。

内 容 链 接

刘 邦 招 亲

一次,沛县县令的家里来了位姓吕的贵客,地方乡绅前去道贺。道贺者都送上一份厚礼,然后入席。刘邦空手而去,却对管账的萧何说:"我送一万钱!"然后大大方方地坐上上席。吕公看在眼里,觉得他气度不凡,便将女儿吕雉[2]嫁给了他。

① 砀(dàng)
② 雉(zhì)

12 张良礼让

　　张良就是前面讲到的那位雇用大力士用铁锤袭击秦始皇的韩国公子。他一直在下邳隐居读书,等待时机。一天清晨,他正站在一座桥上眺望田野的景致,桥上忽然走来一位白发苍苍的老人。好像不经意间,老人身子一个趔趄,脚一抬,一只鞋子掉到了桥下的水里。老人抬眼看看张良,不客气地说道:"喂,年轻人,把鞋子给我捞上来!"

　　张良有点生气,心想这老头儿有点怪,你我素不相识,凭什么命令我替你捞鞋? 但又转念一想,他是位老人,年轻人帮助老人是应该的。于是张良就一声不响地下去将鞋子捞了上来。不料那老人得寸进尺,又往桥面上一坐,脚一伸,说:"给我穿上!"张良愣了一下,还是蹲下去帮他穿上了。老人这才站起身来,捋捋白胡子,微笑着对张良点点头,说:"五天后天亮时,你到这里等我。"说完便头也不回地走了。

　　张良怀着满肚疑问,第五天早上来到桥上,却见那老人已经先在桥上了。老人不高兴地对张良说:"年轻人与老人约会,应该早到。过五天再来吧。"

　　又过了五天,张良鸡叫头遍便起床,但赶到那里,老人又先在桥上了。老人又训斥了他一顿,要他再过五天

176

早点来。

　　再过了五天，张良当晚没睡，天一黑便出发，在桥上守候了一宿，终于等来了老人。老人这才满意地说："你这娃子可教！"说着从怀里掏出一本书，交给张良，嘱咐道："好好钻研这本书里的学问，你可成就一番事业。"

　　张良接过书，一看，是一部《太公兵法》，回头刚要拜谢老人，却发现老人已不见了。从此张良天天研读兵法，结交豪杰，等到各地纷纷起义反秦，他也拉起一支队伍，到了刘邦那里。以后，他成了刘邦打天下的第一谋士。

人物聚焦

张 良 的 晚 年

　　汉高祖为了巩固自己的政权，晚年大杀功臣。只有张良悟透了"狡兔死，走狗烹"的道理，晚年坚决退出政治旋涡，去练习"辟谷"、"导引"等气功，才得以善终。死后谥号"文成侯"。他的儿子张不疑继承了爵位。

13 赵高害李斯

项梁、刘邦的义军声势越来越大。他们挥师攻破城阳(今山东鄄城东南),又在雍丘击溃了秦将李由率领的二十万秦军,并杀死了李由。这李由,就是秦朝丞相李斯的大儿子。

李由的战死使李斯失去了在军队中的支撑。赵高见干掉李斯、独揽大权的时机已到,便实施了一条恶毒的计谋。他先封锁了天下大乱、李由战死的讯息,对秦二世说:"天主要显得尊贵,就要深居简出。"只图享乐的昏君二世信以为真,就不再上朝理政,不见大臣,将朝中事务全托赵高去处理。接着,赵高又对李斯说:"现在主上只顾享乐,不理朝政,外面的形势又那么危急,你作为丞相,应该去劝谏一下呀。"

李斯说:"我是想进见主上,但主上一直深居宫中,不知何时进去合适?"

赵高便故意等二世与宫妃们在饮酒作乐时通知李斯进去。这样两次三番,二世既扫兴又恼怒。赵高便乘机说:"李斯自持沙丘密谋有功,早就不把主上放在眼里了。最近又听说他的大儿子李由,手握重兵却又不肯真心剿灭一些反贼,反而与他们勾勾搭搭⋯⋯"

二世信以为真,立刻要赵高派人去密查。到这时李斯才发现了赵高的阴谋，马上联合了右丞相冯去疾和将军冯劫一同上书弹劾赵高。可昏庸的二世却只信赵高的话，与赵高商量后将三人都关进了监狱。赵高买通狱吏，对三人严刑拷打。两冯痛心万分，先后自杀了。李斯自恃功高，多次抗辩，但赵高派人扮成二世的使者一再毒打，李斯实在熬不住，只好屈招了谋反的罪名。到了最后二世真的亲自派人核实时，李斯误以为仍是赵高的心腹，怕再吃苦，也未翻供。于是二世下令将李斯在咸阳市上腰斩，并诛灭三族。

人物聚焦

李 斯 立 志

　　李斯是楚国上蔡（今河南上蔡西南）人。年轻时他看见厕所里的老鼠既想偷吃里面的东西，又十分害怕有人进来；而国家大仓库里的老鼠，却笃笃①定定地吃着满囤②的粮食。他终于领悟到：人的命运决定于所处的环境。于是他便去投奔荀子，学习帝王之道。

① 笃（dǔ）
② 囤（dùn）

14　楚怀王立约

赵高除掉了李斯，自己做了丞相，让他的兄弟赵成做了郎中令。他当然知道此刻形势的危急，因此马上调大将王离率三十万大军前去支援章邯镇压项梁、项羽和刘邦的起义军。

再说项梁此刻倒被前段的胜利冲昏了头脑，认为眼前与自己对峙的秦将章邯不是对手。于是乘这几天连日阴雨，他便与部下在定陶城外的军营中饮酒休整。而此刻项羽、刘邦也正率军在围困外黄的秦军。只有项梁军中的将军宋义看出了眼前的危机，去提醒项梁早作防备。但项梁认为雨天道路泥泞，敌军想进攻也做不到，因此挥手让宋义退去。狡猾的宋义乘机向项梁讨了个出使齐国的差使溜走了。

结果，不出宋义所料，章邯果然统帅王离带来的秦军主力，夜间突袭项梁军营地。义军主力损失惨重，项梁也在乱军中被杀死。

项羽、刘邦得报大惊。项羽见叔父被杀，悲痛万分，就要去与章邯拼命；在刘邦、范增的劝说下才只得带兵撤回彭城。这时楚怀王也刚将都城从盱眙迁到彭城。怀王便与众将商议重新部署兵马。

怀王与刚从齐国出使回来的宋义，以及陈婴等一些

① 盱(xū)
　盱眙(yí)

180

老将商议后,认为要灭秦,不能光靠武力,还要取得人心。项羽暴躁、刘邦稳重,因此决定派刘邦为将率军向西攻秦。第二天开朝议事,怀王向众将宣布此事。项羽一听,急得跳了起来,说自己一定要与刘邦同去,为叔父报仇!正在这时,赵国的使臣前来求救,说章邯、王离的四十万大军已围困了巨鹿(今河北平乡县)。楚怀王便与陈婴商量了一下,宣布兵分两路攻秦:一路由刘邦从南路率兵西进;另一路以宋义为上将军,项羽为次将军,率军北上援救巨鹿,然后再西进。两路人马谁先攻入咸阳,谁就是关中王。

项羽见能赴巨鹿与章邯作战,立刻同意。刘邦也表示赞成。于是怀王请大家当场作证立约。

人物聚焦

宋 义

宋义是个十分狡猾的人。他原是陈胜的部下,后来又出卖同伙,投靠项梁。他在出使齐国的路上,迎面碰到了要去见项梁的齐使高陵君,就让高陵君慢行,等待看项梁败亡。结果果然如此。

15　巨鹿大战

　　宋义与项羽率二十万大军北上去救巨鹿。大军未到安阳（今河南安阳），宋义便下令军队停止前进。宋义以休整的名义，让军队屯扎在漳河南岸，按兵不动四十天，任赵国的使者一再催促，仍无动于衷。项羽忍不住了，向宋义请战。宋义却嘲笑项羽不懂用兵之道，说要等秦兵与赵兵决出胜负、两败俱伤后再说。项羽气得扭头就走，还未走远，就听宋义在向部下传令道："对那些作战勇猛如虎但不听号令者，杀！"这话显然是针对项羽的。项羽气得咬牙切齿，恨不得回去立刻一刀劈了宋义。

　　恰巧这时宋义想笼络齐国的田荣，派儿子到齐国去当相国，正为他大摆宴席送行。而此刻正是数九寒天，军中缺少粮食，将士们又冷又饿。于是项羽在巡营时对大家说："我军缺粮，赵军待援，只有过河打败秦军才有生路，而大将军却让我们坐以待毙。"将士们听了，群情激愤，纷纷表示支持项羽。项羽便乘势进帐，指责宋义。宋义刚要发作，项羽便掣出宝剑一挥，砍下了宋义的人头。

　　杀了宋义，项羽提着他的人头向大家宣称："宋义按兵不动，企图勾结齐国谋反，我奉楚王之命已将他斩首。"将士们早已对宋义不满，大家便一致表示听项羽号令。楚怀王得到消息，也只好正式任命项羽为大将军。

项羽掌握军权后，马上率军渡过漳水，然后命令凿沉所有渡江的船只，让士兵们把做饭的锅统统砸烂了，每人只带三天的干粮，就率领他们冲向敌军，与秦军决战。楚军知道自己已没有退路，个个拼死向前，如猛虎下山般地冲向秦军。经过激烈的拼杀，终于击溃了比自己多一倍的秦军，活捉了秦将王离。这就是"破釜沉舟"典故的由来。

内容链接

项羽的威风

两军决战时，有十几路各国诸侯的援军在巨鹿附近观战。他们见项羽一马当先，冲入敌阵如入无人之境；楚军个个以一当十；战场上杀声震天动地。战争刚一结束，诸侯的将军们全都吓得跪倒在项羽的帐前，连头都不敢抬。

16 指鹿为马

章邯战败后怕秦二世和赵高追究，只得同副将司马欣和董翳带着二十万秦军向项羽投降。于是项羽乘胜率军西进。

赵高得报刘邦与项羽两支起义军向咸阳进发，他不但不紧张，反而觉得取而代之的时机成熟了。为了试探一下大臣们的态度，这天他特地牵了一头鹿上朝。二世见了觉得奇怪，问："丞相带一头鹿来干什么？"

赵高却说："陛下看错了，这不是鹿，是一匹马！"

二世听了哈哈大笑："开玩笑，难道朕连马和鹿也分不清了？"

赵高严肃地问左右的大臣："你们说说看，这是鹿还是马？"

马上就有几个拍马屁的附和说："是马，是马！"大多数的大臣则憋住气不作声。

赵高见朝中已没人敢公开反对自己了，便让自己的兄弟赵成和女婿阎乐带了一队人马直冲皇宫。宫内的守卫见是丞相赵高的人，不敢拦阻。到了内宫，见二世正与宫妃们在帐中饮酒作乐，赵成命手下往里放箭。二世吓得趴到床下苦苦求饶："请丞相即位称帝吧，我愿意让位，只求当个郡王。"

阎乐拿剑指着他说:"你别做梦了!"

二世又哀求说:"那就让我做个百姓吧。"

阎乐仍不许。二世只好拔剑自杀死了。这年他刚满二十三岁。

阎乐从内宫搜出皇帝的玉玺,将它交给了赵高。赵高身挂玉玺召集群臣上殿,准备听大家山呼万岁,然后继位。但大臣们却全都默不出声。愣了好一会儿,赵高只得改变主意,决定立扶苏的儿子子婴为新皇帝。子婴继位后,初称皇帝,后改称秦王。

内容链接

项羽坑杀降卒

章邯率二十万秦军投降了项羽。项羽率军西进至新安(今河南新安),怕秦国的降兵在自己的家门口不听指挥,下令楚军在晚上将睡梦中的秦军全部残暴地杀死。项羽从此失去了人心。

17 刘邦入咸阳

　　赵高决定立扶苏的儿子子婴为新皇帝，自己在背后操纵。子婴看穿了赵高的阴谋，故意拖延去庙堂参加继位仪式的时间，待赵高赶到子婴家去催促时，被子婴埋伏的人杀死了。子婴这才登位，并赶紧发兵五万去守咸阳的门户峣关①(今陕西商县西北)。

　　再说刘邦西进时虽只有几万人马，但他在谋士张良、郦食其②等的参谋辅佐下，采取进攻与招抚相结合的政策，过陈留(今河南开封东南)，围开封，取南阳，军力越战越强；再加上项羽在巨鹿牵制了秦军的主力，使刘邦的军队终于攻破了峣关，公元前206年直抵咸阳近郊的灞上③(今陕西西安市东)。刚刚做了四十六天皇帝的子婴见大势已去，只好带了玉玺、兵符和节杖，跪在路上向刘邦投降。就这样，秦始皇建立起来的不可一世的秦皇朝，只统治了十五年便结束了。

　　刘邦率军进入咸阳，将士们纷纷到皇宫和库房里去抢夺金银财宝。刘邦来到豪华的秦皇宫，只见富丽堂皇的宫内摆满了奇珍异宝，许许多多的绝色美女更使他意乱神迷，他舒服地往龙床上一躺，就再也不想起来了。此刻只有谋士萧何独自来到丞相府，去查点国家的户籍和法律文书档案，将它们封存起来备用。

① 峣(yáo)
② 郦(lí)
　食(yì)
　其(jī)
③ 灞(bà)

186

见刘邦这副样子,跟随在身边的将军樊哙就大声说:"沛公,你是想取天下,还是只想当个大富翁? 这些奢侈的享受就是秦国灭亡的根源啊!"刘邦还是有点恋恋不舍:"让我再歇一会儿吧。"

　　这时张良走了过来,对刘邦说:"古人道,忠言逆耳。樊哙的话是对的,请沛公速回军营!"

　　张良的话不能不听。刘邦立刻起身,下令封闭库房,回军灞上。第二天,又召集咸阳的父老百姓宣布约法三章,规定除杀人要偿命,伤人、偷盗要处罚外,其余秦朝的律令一概废除。

　　深受秦朝暴政之苦的咸阳百姓听到刘邦的约法三章,高兴得牵羊担酒去慰劳起义军。刘邦从此在关中深得人心。

人物聚焦

郦食其见刘邦

　　六十多岁的老书生郦食其想见刘邦,他知道刘邦一向轻视读书人,便自称"高阳酒徒"。经通报后进去,见刘邦正在让人给他洗脚,连头也不抬,便大声斥责道:"你如此傲慢,还想打胜仗?"刘邦只得起身赔礼。郦食其便向他献计拿下了陈留(今河南开封东南)。

① 哙(kuài)

18 鸿门宴

　　刘邦占领咸阳后,派兵三万守住了函谷关,企图挡住项羽进关。刘邦的兵刚在关上布防,项羽的大军就过来了。见此阵势,项羽大怒,率军冲破函谷关,直抵鸿门(今陕西临潼),准备向刘邦兴师问罪。这时项羽有大军四十万,而刘邦只有十万。刘邦的处境十分危险。

　　项羽还有一个叔父叫项伯,他与张良是朋友,因此连夜赶到灞上去找张良,劝他赶快逃走。但张良硬把项伯拉去见了刘邦,并且央求项伯从中调解。项伯终于答应了。

　　第二天一早,刘邦带着张良、樊哙等一些随从到项羽营中去赔罪。刘邦恭恭敬敬地向项羽行了礼,并且解释道:"我与将军同心协力攻打秦国,只是碰巧我先进了关;我已封好皇宫府库,专等大王前来接收;派人守函谷关,也只为了防备盗贼。请将军千万不要误解。"

　　项羽见刘邦态度谦卑诚恳,心就软了,说:"都是你的部下曹无伤来报告的,否则我不会这样。"说罢就命手下摆酒与刘邦共饮。

　　项羽的谋士范增早就看出刘邦的用心,事先就竭力建议项羽除掉他,这会儿见项羽改变了态度,便嘱咐项羽的堂兄弟项庄去酒席上舞剑,借机刺杀刘邦。项庄舞着剑越来越向刘邦靠近,项伯见了,也拔剑离席,与项庄对舞,实际上是用自己的身体挡住刘邦。

张良见情势危急,借故到营帐门口通知樊哙。樊哙手执宝剑、盾牌,怒目圆睁地冲进帐内,项羽见了,也拔剑问:"这是谁? 要干什么?"

张良赶紧回答:"是沛公的车夫,前来讨赏!"

项羽这才松了口气,道:"好一个壮士,赏他一大碗酒,一只大猪肘。"

樊哙边吃边说:"虽然怀王曾立约在先,谁先入咸阳谁当关中王,但沛公仍不入皇宫,驻军灞上,专等将军来处理。而将军却还要杀有功之人……"

项羽听了,只得让他坐下。刘邦乘机借口上厕所,带着樊哙抄小道回到了灞上。

人物聚焦

范　增

项羽的谋士范增很有远见。刘邦溜走后,让张良回到席上向项羽告辞,并由张良代他将白璧一双送给项羽。项羽接受了。张良又将玉斗一双代刘邦送范增。范增当场将它摔碎,并道:"将来夺取项王天下的,必定是刘邦!"

19 韩信拜将

项羽进入咸阳后，杀掉了秦王子婴和一批秦国贵族，然后又将宏大的阿房宫一把火烧掉了。烧掉阿房宫后，他又学周朝的样子重新分封诸侯，将一起参加反秦的六国旧贵族全都封了王。他自己则号称西楚霸王，意思是有权称霸号令诸侯。分封完毕，他回到了楚地彭城，并将楚怀王改称为"义帝"，只让他当了个有名无实的傀儡。

刘邦被项羽封为汉王，封地在偏远的巴蜀及汉中，首府就在南郑。刘邦的将士思念家乡，纷纷开小差逃跑。一日，刘邦得报他刚封的丞相萧何也逃走了，着急万分，好在过了两天，萧何自己回来了。刘邦就生气地责问他为什么逃跑？萧何说："我是去追韩信的，哪是逃跑！"

刘邦大为不解："韩信只是一名管粮草的小军官，值得你大张旗鼓地去追吗？"

萧何却说："据我观察，韩信是一位善于用兵的人才，有雄才大略。大王如只想待在这里就罢，如想今后东进称霸，就非重用此人不可！"

原来，韩信参加义军后，先投奔项羽，未被重用，又投奔刘邦，萧何曾数次向刘邦推荐过，刘邦一直也未重视。这天，刘邦见萧何如此说，便决定提升他为将军。但萧何说："让他当将军，恐怕他仍会离开；大王必须正式拜他为统率大军的大将军。”

于是刘邦就下令立刻筑台拜将。举行拜将仪式的这一天，许多将军都在心中暗暗盘算，以为大将军的印信可能会落到自己的手里，岂料刘邦却将它授给了这个刚刚逃跑过的小军官，将士们全都惊呆了。

然而韩信执掌大将军印后，果然为刘邦分析形势，出谋划策，使刘邦争夺天下的事业节节胜利。

故事中的成语

一 饭 千 金

韩信年轻时穷得没饭吃，一位替人洗衣服的老婆婆常常接济他。后来发达了，他回家用千金报答了老婆婆。这就是成语“一饭千金”的来历。

20 暗度陈仓

早在项羽封刘邦为汉王的时候,他就按范增的建议将秦朝降将章邯封为关中王,挡住了汉王向东的出路。刘邦率军赴自己的封地时,项羽还派季布带三千军队尾随监视。为了消除项羽的戒心,张良献计让刘邦向西前往封地时将架在山崖间的三百多里栈道全部烧毁了。

公元前206年,韩信替汉王整顿好军队,准备东进。为了迷惑敌人,韩信采用了一条计策:他让刘邦公开派遣樊哙、周勃、夏侯婴等几个将军带领一些人马大张旗鼓地去修复已被烧毁的栈道。但是三百六十多里长的栈道要重新修建,不到一万人的队伍短期内是无论如何也修不好的。可是刘邦不管,只是一味地下命令催促工程的进度。樊哙等三个将军本来是他的心腹,也口出怨言;士兵们更是叫苦连天,吃不住苦的纷纷逃走。

汉王要修栈道东出的事终于吵吵嚷嚷搞得尽人皆知了。镇守关中的章邯一面派重兵守住了栈道的出口,一面暗中嘲笑刘邦无能——当初如想回来,又何必烧掉。现在你这点人,三年也修不起来这条栈道!

然而章邯做梦也没有料到,韩信早已找到了一条绕过栈道的秘密小路。他让刘邦暗中召回了樊哙等三位将军,亲自率领汉军直抵陈仓(今陕西宝鸡东)。这就是历史上有名的所谓"明修栈道，暗度陈仓"的计谋。汉军犹如天降，杀了章邯一个措手不及。再加上关中百姓对刘邦入关时的约法三章早有好感，纷纷支持汉军。不到三个月，章邯兵败自杀。关中三秦之地全归汉王。刘邦的军队扩展到几十万人。于是，在关中略作休整后，刘邦便与韩信一起率领着浩浩荡荡地东进，趁项羽正带兵与齐国的田荣作战的机会，向楚霸王项羽的老巢彭城进发。

故事中的成语

胯 下 之 辱

韩信年轻时很落魄。一天在淮阴大街上，有个泼皮当众侮辱他："你一个身长八尺的男子汉，有种就拿把剑来刺杀我；没胆量，就从我的胯下钻过去吧！"韩信向对方看了一眼，一声不响地钻了过去。当了楚王后，韩信反而起用了这个泼皮，说："正是他当时激励了我！"

21 楚河汉界

　　汉王刘邦率军向彭城进发的路上，听到了项羽将义帝楚怀王驱逐杀害的消息，终于找到了进攻彭城的借口。他以为义帝报仇的名义，一面让全军将士戴孝穿白衣，一面号召各路诸侯组成联军，终于攻占了彭城。

　　项羽得到消息，气得暴跳如雷，撇下齐国这头的战事，立刻领兵赶回，在彭城附近将刘邦及诸侯的数十万大军打得大败，并且俘虏了刘邦的父亲刘太公以及妻子吕氏。刘邦收拾残兵，并急调韩信前来，在荥阳、成皋（今河南荥阳汜水）一带稳住了战线。这时，萧何也从关中送来了粮草和援兵，汉王的军队又可以与项羽相持了。

　　这时张良献计让刘邦一面派人去联络彭越、英布两支力量牵制项羽，一面让韩信率主力进攻魏、燕、赵、代等地，从侧翼包围楚王。

　　这时，项羽的谋士范增让楚王乘虚包围了荥阳；刘邦却用谋士陈平的离间计让项羽怀疑范增，最终将他气死了。于是项羽又失掉了一个主心骨。

　　公元前203年，项羽与刘邦的军队在广武（今河南荥阳西北）对峙。项羽的粮道被彭越拦截，一气之下，他将刘邦的父亲、妻子绑到阵上说是要把他们放到锅里煮来威胁刘邦。可刘邦却说："我与你曾是兄弟，我的亲人就是你的亲人,你要杀了他们,就分给我一杯肉羹吧!"项羽气得命令弓箭手射箭,将刘邦射成重伤。但这时楚军的军粮快要断绝了,项羽只得同意了刘邦的建议双方停战讲和,并订了协议,规定以鸿沟为界,沟东归楚,沟西归汉,双方立刻撤兵。项羽还按协议放回了刘邦的父亲与妻子。

鸿沟在今河南荥阳市东南面,是当时沟通淮水与黄河的一条运河。这条停战线以后便成了人们常说的"楚河汉界"。

知识平台

陈平的反间计

项王派使者来到汉营,陈平设宴殷勤招待,并故意神秘地问:"你们是亚父范先生派来的吧?请指教。"使者说他们是项王派来的。陈平一听,调头就走,还让人撤下了酒席。楚使回去报告了项羽。项羽就怀疑范增私通汉王。

22 垓下之战

鸿沟协议签订后,项羽领兵东撤回彭城去了。刘邦却在张良、陈平的谋划下,让军队略作休整,便尾随楚王追击而去。

项羽恨刘邦不守信用,派使臣去说服韩信离开刘邦独立,大家三分天下。刘邦闻讯,立刻让张良送去印信,封韩信为齐王,同时也封彭越为梁王,英布为淮南王。这样便稳住了自己的阵线。于是韩信、彭越、英布三路人马与汉王一起合围楚王。公元前202年,汉军在韩信的统领下设计了十面埋伏,将项羽的楚军围困在垓下(今安徽灵璧东南)。

且说楚汉两军相遇时,楚军约有十万,汉军三十万。项羽为了冲出韩信的包围圈,连日苦战,但杀出一层,还有一层,始终未能突围,将士却只剩三万多了。夜间,项羽在军帐中饮闷酒,却听到四面包围着楚军的汉营中到处传来楚国的歌声。项羽大吃一惊,他想,难道我楚国的土地都被刘邦占领了?要不汉营中哪来这么多楚国人?他觉得大势已去,对着身边的爱妾虞姬唱起了十分悲凉伤感的歌。虞姬也悲痛欲绝,呜呜咽咽地哭着和了一首,然后拔剑自杀了。

① 垓(gāi)

项羽仰天长叹,悲愤之极。他立刻挑选了八百子弟兵,骑上心爱的乌骓马,在夜色中冲出营帐,杀向重围。

楚霸王率领子弟兵一路冲杀,突破重重围困,终于渡过了淮河,不料却在一片沼泽地前迷了路。他向一个农民问路,农民故意向相反方向一指,项羽的人马陷入了沼泽中。等他们挣脱出来赶到乌江浦(今安徽和县东北)渡口时,追兵已到。这时乌江亭长划来了一条小船要渡项羽过江。项羽觉得自己已无面目回去见江东父老了,就将自己的乌骓马送给了亭长,冲向追兵,亲手杀死了不少汉军兵将,然后挥剑自刎了。

知识平台

项王与虞姬唱的歌

项王的歌:

力拔山兮气盖世,时不利兮骓不逝。

骓不逝兮可奈何? 虞兮虞兮奈若何!

虞姬的歌:

汉兵已略地,四面楚歌声。

大王意气尽,贱妾何聊生!

23 成也萧何，败也萧何

项羽一死，楚汉战争便结束了。公元前202年，汉王刘邦顺理成章地做了皇帝，建都洛阳，不久迁都长安。这就是历史上西汉的开始。刘邦就是汉高帝，庙号汉太祖，因为司马迁《史记》中称其为汉高祖，所以后世多以汉高祖称他。

汉高祖登位后不久，在洛阳南宫设宴庆贺，招待那些协助他打败项羽的有功之臣。宴会上，汉高祖问："我为什么能得天下，项羽为什么会失天下？"

大臣中有人说："陛下赏罚分明，而项羽妒贤嫉能，所以如此。"

汉高祖笑着说："你只知其一，不知其二。天下得失全在用人。运筹策划，我不如张良；治理国家，保证供给，我不如萧何；领兵打仗，我不如韩信。我能重用他们，所以能得天下。"大家都佩服汉高祖的说法。

但胜利以后，汉高祖也不得不效法前朝，分封一些有功的将军。比如封韩信为楚王，彭越为梁王，英布为淮南王，还分封了燕、赵、长沙、闽、越等王。这些王割据一方，汉高祖很不放心。

这时正好有人检举韩信隐藏了项羽的将军钟离昧，汉高祖就乘机剥夺了他的楚王称号，将他降为淮阴侯。

从此，韩信一直闷闷不乐。公元前197年，阳夏侯陈豨造反，有人揭发韩信在暗中支持陈豨。刘邦下令韩信和彭越讨伐陈豨，两人果然都托病不去。于是汉高祖只好亲自领兵去平叛。

汉高祖走后，韩信手下有人向吕后告发说韩信准备在京城发动政变，杀太子，与陈豨呼应。吕后求丞相萧何出主意。萧何便设计将韩信诱骗入宫。正是萧何以前向汉王推荐了韩信，韩信将他引为知己，因此，他毫不怀疑地只身进宫，却被吕后埋伏的人拿下杀了，并且灭了他三族。

萧何让韩信成就了大事业，最后又毁了他。因此历史上有"成也萧何，败也萧何"的说法。

人物聚焦

周 昌 直 言

一次周昌有要事进宫，见高祖正与戚夫人调情，调头就走。高祖见了追出来，周昌只好跪下拜见。高祖却乘机骑到周昌脖子上，问他为什么见了朕要逃走？周昌就说："因为陛下好……好像那昏君桀纣……"

高祖没有计较，周昌这才向他报告了陈豨可能造反的情报。

① 豨(xī)

24 高祖还乡

　　韩信被杀后不久，又有人告发彭越企图谋反。这时高祖刚刚平定陈豨回来，正对彭越不肯出兵讨伐陈豨窝着火，因此立刻下令逮捕了彭越。但审讯下来却缺乏证据，便只好将他削去职位，流放到蜀地的青衣（今四川芦山）。押送的路上，彭越遇到了正从长安去洛阳的吕后，向吕后求情。吕后便又将他带回洛阳，然后责备高祖不该放虎归山，让高祖找理由杀了他，也灭了他三族。

　　眼见昔日的功臣一个个兔死狗烹，淮南王英布干脆公开造反了。高祖只好又亲自带兵前去平定。高祖责问英布："你为什么要造反？"英布回答得干脆："我也想当皇帝！"说罢命弓箭手放箭。高祖胸口中箭，但仍继续指挥作战，终于打败了英布。后来英布被长沙王诱杀身亡。

　　讨平了英布，高祖心头总算松了口气，因为开国时封的八个异姓王，七个已经被他杀死了，只剩一个长沙王没有多大力量，已不足为虑。因此在率军回京都的路上经过自己的家乡沛县时，就想回去看看，一则是衣锦还乡，炫耀一下自己当皇帝的威风，二则也与乡亲们叙叙旧，轻松一下，顺便还可体察一下民情。沛县的官吏设盛宴招待刘邦。刘邦与父老乡亲们接连痛饮了几天，想到创业的艰难，但今后守业更不易，便动情地在席间唱起了一首自己作的歌：

> 大风起兮云飞扬，
> 威加海内兮归故乡。
> 安得猛士兮守四方？

一心想着要保持自己得来不易的江山，回到京城后，他就决定除京城附近外，将全国的土地统统封给自己的兄弟、儿子、侄子，分别将他们封为燕、代、齐、赵、梁、吴、楚、淮南、淮阳等九个诸侯王。但这恰恰也为他自己死后汉朝的动乱种下了祸根。

内容链接

高 祖 选 贤

高祖回乡时，有一农民告本县一店主霸占了他的二十只白鹅。县令判村民捣乱诬告。书生李良不服，请求高祖让他重审。李良让衙役将二十只鹅赶回公堂听审。见鹅拉下的屎是绿色的，就判原告胜诉，并当堂说明道理：城里的鹅喂粮食，屎是黄的；农民的鹅吃青草，屎是绿的。

高祖立刻下令由李良当沛县县令。

25　白登之辱

　　刘邦登上帝位后，为巩固自己的统治，采取了一系列措施：他一面逐步消灭异姓王，大封刘姓子弟；一面又按张良、娄敬的意见迁都长安；并让萧何在长安修建长乐宫，任命叔孙通为太常，让他制订皇帝上朝时的各种礼仪制度，并教百官遵守。

　　正在这时，北方的匈奴又越过长城南侵了。冒顿单于包围了马邑（今山西朔县），守卫马邑的韩王信投降了匈奴。冒顿单于继续南进，率军直抵太原。公元前200年十月，汉高祖亲领三十二万大军前往阻击。两军在太原附近的晋阳相遇，汉军将韩王信及匈奴左、右贤王的兵马杀得大败而逃。高祖便命汉军乘胜追击。

　　这时正是冬季，北方天气严寒，汉军缺少防寒的衣物，有的甚至冻坏了手指、脚趾，无法行军打仗。随军的郎中娄敬劝高祖不要继续北进，以防匈奴诱敌深入。高祖不但不听，还以扰乱军心罪将他关了起来。

　　汉军长驱直入，一直攻到了平城（今山西大同市东北）。突然，冒顿单于率领的匈奴大军从四面八方围了上来。高祖猝不及防，领兵且战且退，最后被牢牢围困在平城东面的白登山中。汉军缺衣少食，在天寒地冻的山上被整整围困了七天七夜无计可施。最后，还是陈平建议

① 冒（mò）
　 顿（dú）
　 单（chán）
　 于（yú）

高祖秘密派使者带了许多金银珠宝去央求冒顿单于的妻子,单于才肯退兵放高祖回去。

高祖平安脱险后,放出了娄敬,并封他为关内侯。从此高祖非常信任娄敬,以后又采用了他的建议,在宫中挑选了一个美貌的宫女充作公主,嫁给匈奴单于,与匈奴实行"和亲"政策,总算也使北方边境太平了一段时间。

人物聚焦

娄　　敬

娄敬本来只是陇西地方守卫边境的一个普通士兵。一天,他去向高祖提建议道:洛阳四通八达,不易守卫;应迁都关中,才能进可以攻,退可以守。刘邦觉得有理,就决定在秦都咸阳附近重建新城,定名长安,将首都迁过去。为了表彰娄敬的功劳,高祖赐他姓刘。因此娄敬又叫刘敬。

26 白马誓言

　　在高祖起兵东征西战过程中,他的原配妻子吕氏一直跟随着他,可以说也立下了不少功劳。但这吕氏其实比刘邦还心狠手辣。设计杀韩信、彭越,灭他们三族的,实际上都是她。她自恃有功,有时候连高祖也会怕她三分,因此,在当了皇后以后,就很容不得高祖再宠其他嫔妃。偏偏高祖后来却特别喜欢一个年轻美貌又能歌善舞的名叫戚夫人的妃子。这就形成了后宫中一个不可调和的大矛盾。

　　高祖宠爱戚夫人,将与她生的小儿子如意封为赵王,并且嫌吕氏生的大儿子刘盈性格软弱,就想废了他太子的地位,立聪明伶俐的如意为太子。他将这个想法提出来与大臣们商量,结果遭到一致反对。高祖十分无奈,又禁不住戚夫人整天对着他哭哭啼啼,心中十分郁闷,连上朝的心情也没有了。

　　不久,高祖终于一病不起,他自知将不久于人世了,便拒绝太医的治疗,将大臣们召进内宫,让人宰杀了一匹白马,叫大家当着他的面歃血盟誓:"今后凡不是姓刘的,不许封王;没有功劳的,不得封侯。谁敢违反这个约定的,天下人可以一同起来造他的反!"

　　盟誓完毕,高祖又将吕氏叫到跟前,交代后事:待萧相国死后,可让曹参接替;曹参以后,王陵可接相国的位子,但他不能独当一面,需要陈平辅佐。周勃这个人忠厚可靠,可任用他为太尉,以后汉朝的安危,都要依靠他。

公元前195年,汉高祖刘邦去世。太子刘盈继位,就是汉惠帝。吕氏便成了吕太后。

惠帝生性懦弱,吕太后乘机独揽了朝中大权,她首先报复戚夫人,命人将她的手和脚砍去,挖掉双眼,将她扔到猪圈里去,称为"人彘"(猪的意思)。好心的惠帝为了保护戚夫人的儿子赵王如意,将他接到皇宫里与自己一同居住,但吕后还是乘惠帝偶然外出的机会将如意毒死了。

人物聚焦

商 山 四 皓

商山四皓是隐居在商山(今陕西商县东南)里的四位年皆八十余的高士,他们是:东园公、夏黄公、绮里季和甪里先生。为了阻止高祖更换太子刘盈,吕氏求张良出计请这四位隐士出山辅佐太子。刘邦见了说,我都请不动这四人,现在他们肯为太子效力,我还有什么话好说?

① 彘(zhì)
② 甪(lù)

27 萧规曹随

公元前 193 年,也就是汉惠帝继位的第三年,相国萧何病死。按照高祖临终遗嘱,惠帝任命曹参为相国。

曹参本来是刘邦手下的一名将军,在刘邦的长子刘肥的封地齐国当相国。他在协助刘肥时,就听了当地一位隐士盖公的劝告,采用了黄帝和老子无为而治的方法治理齐国。因为当时刚经过长期战乱,百姓需要安定的生活,所以这种指导思想有利于发展生产,改善人民的生活,因此也使当时的齐国出现了繁荣和稳定的局面。

接替萧何当了汉朝的相国后,曹参仍继续这种策略——命令下属各部门一切按照过去萧相国制定的法规律令行事,他自己落得消闲自在,经常在家中闭门喝酒,自得其乐。他手下的官吏见相国爱酒,便在相国府后院公然喝酒歌舞,曹参也不干预,有时甚至自己也加入其中,与大家一起娱乐。此时如有人前来报告工作,他也只顾劝酒,不让人说下去。

这事不但引起大臣们的不满,连软弱的惠帝也忍不住了,让曹参的儿子曹窋①去问他父亲,这是怎么回事?曹参知道了,第二天去见惠帝。他开口便问道:"陛下与高祖皇帝相比,谁高明?"

① 窋(zhú)

惠帝说:"朕怎么敢与高祖皇帝相比呢?"

曹参又问:"那么,陛下拿我与萧相国相比,谁的水平高?"

惠帝笑道:"那恐怕你不及萧相国。"

曹参道:"陛下的判断正确。既然这样,当年高祖皇帝和萧相国已为我们平定了天下,制定了政策法规,我们就只要照着去做就是了,难道还要煞费苦心去另搞一套吗?"

惠帝听了,觉得有理,就点点头再也没话可说了。历史上,就把曹参这种继承前人的规矩无为而治的做法,称为"萧规曹随"。

内 容 链 接

皇帝被吓傻

残暴的吕后不但毒死了赵王如意,将戚夫人变作"人彘",还要叫惠帝去猪圈里参观"人彘"的惨样。惠帝看后,被吓得得了一种呆病,整天又哭又笑,卧床不起。待清醒后,他对小太监说:"你去替我告诉太后,这不是人做的事。我作为太后的儿子,今后也不能治理天下了,随太后去怎么办吧!"

28 周勃夺印

惠帝不满母亲吕太后的残暴，于是放任吕太后处理朝政，自己只管喝酒作乐，纵情声色，做了七年皇帝，便在二十四岁那年病死了。继位的少帝年幼，朝政大权全部掌握在吕太后手中。

为了确立吕氏家属在朝中的地位，吕太后想封一批吕姓王。但右丞相王陵说根据高祖遗嘱，不是刘姓的不能封王。吕太后听了，气得面颊通红。陈平和周勃见太后神色不对，连忙见风使舵，表示支持封吕姓王。这才使她转怒为喜。这事可把王陵气坏了，事后他愤怒地责问陈平、周勃；两人对他说："今天的表现，我们的确不如你；但将来安定国家，你就等着看我们的吧。"

于是吕太后陆续把她的兄弟、侄子、侄孙吕泽、吕台、吕产、吕禄、吕嘉、吕通、吕种、吕平、吕他等一大批人封了王或侯，或追封为王侯，让吕家宗亲控制了朝中的军政大权。公元前180年，吕太后病重，临终前，她任命吕产为相国，统领南军；吕禄为上将军，统领北军，并且嘱咐他们在自己死后要带兵严守宫中，不要去送葬。

刘邦的孙子、朱虚侯刘章的妻子是吕禄的女儿。他从妻子口中得知了吕太后的安排，便立刻派使者去找他的哥哥、齐王刘襄，请他发兵进攻长安。吕产得到齐王领兵西进的消息,就派灌婴带兵迎战。但灌婴是高祖的老将,不愿为吕氏卖命,他按陈平的计策,将军队带至荥阳后便按兵不动,并在暗中与齐王及其他刘姓诸侯联络,准备伺机讨伐吕氏。

消息传到长安城内,吕氏开始着慌。陈平、周勃乘机派吕禄的朋友郦寄去劝说吕禄交出北军回自己的封国避祸。吕禄慌乱中信了郦寄的话,交出了军印。周勃拿了军印来到北军,向将士们宣布:"愿意跟吕氏的,露出右臂;支持刘氏的,露出左臂。"结果大家都脱开上衣,露出了左臂。就这样,周勃控制了北军。接着,陈平、周勃又派刘章率领人马冲入未央宫杀了吕产。吕氏势力被铲除了。

陈平、周勃又与大臣们商议,废了少帝,立高祖的儿子代王刘恒为皇帝。这就是汉文帝。

人物聚焦

少 帝

惠帝的张皇后自己没有生过儿子,吕太后就在后宫中找了一个婴儿刘恭,杀掉了他的母亲,将他送到张皇后那里,立为太子。惠帝死后,刘恭继位。刘恭知道自己生母已被害,于是口出怨言。吕后怕刘恭会作乱,就将他废黜杀害,另立一个孩子刘弘为帝。吕后死后,吕氏家族被灭族,大臣们迎立汉高祖的儿子、代王刘恒为帝。史称刘恭为西汉前少帝,刘弘为西汉后少帝。

29 贾谊上书

汉文帝刘恒的母亲薄氏当年虽然也是刘邦的妃子，但并不得宠；为了躲避吕氏的迫害，薄氏一直带着儿子在封地过日子。这样反倒因祸得福，让儿子意外地获得了皇位。

这对母子长期被排挤在权力之外，使他们多少了解一些百姓的疾苦。因此，文帝掌权后便采取了一些开明的政策。比如大赦天下，废除酷刑，减轻赋税等等。他还下令取消"妖言诽谤罪"，鼓励百姓上书给官府和皇帝提意见；命令地方官吏救济鳏①、寡、孤、独及八十岁以上老人，释放官奴、官婢，等等。

文帝的宽松政策不但促进了经济的发展，也引来了一批有知识有抱负的人才，其中年轻的洛阳才子贾谊便是最突出的一位。

贾谊从小就饱读《诗》、《书》等古代典籍，十八岁时就能通古论今，名声传遍河南郡了。河南郡守吴公便将他推荐给了文帝。

文帝先任命贾谊为博士。当时朝廷里常常会对一些政策和律令进行讨论，往往一些大臣及老先生们都争论不清的问题，经贾谊逐条加以解释论证，便都有根有据，条理清晰了。文帝因此将他提升为太中大夫。

① 鳏（guān）

乘此机会,贾谊又向文帝建议修订历法,确定皇帝衣服的颜色(黄色),制定官职分工以及礼仪和音乐等等。更为重要的是他在向文帝上书的《治安策》中,提出了抑制和削弱诸侯王势力的办法,即"籍田礼",让已经受封的王、侯们回到自己的封地去。他还写了《过秦论》一文,指出秦亡的根本原因就是失去民心,因此"安民"是治国的根本。文帝很欣赏,想推行贾谊的主张,不料这触犯了朝中权贵的利益,遭到了丞相周勃、太尉灌婴等人的一致反对。文帝无奈,只好让贾谊去做长沙王的老师;以后又改做文帝的小儿子梁怀王的老师。后来,梁怀王在一次骑马的意外事故中死了,贾谊也悲伤哭泣而死。他死时才三十三岁。

知识平台

贾谊的作品

　　贾谊还是个著名的文学家,他的《过秦论》、《吊屈原赋》、《鹏鸟赋》都是中国文学史上的名篇。

① 鹏(fú)

30 张廷尉执法

汉文帝的廷尉(最高司法官)张释之,是个办案公正、处处依法办事的执法官。有许多关于他严格执法的故事,为后人传诵。

有一次,他随文帝的车驾出行,路经中渭桥时,突然桥下有一个人窜出来,把皇帝的辕马惊得停住了脚步。皇帝的卫队以为有刺客,立刻追捕,将那人捉住了。文帝很生气,命张释之将此人带回去严审。可张释之见此人只是一个老实巴交的农民,一审问,才知道他是见皇帝的车队来了,来不及躲避,藏到了桥下;藏了半天,以为车队已过,才跑了出来,哪知正好遇上,所以吓得奔逃。弄清了情况,张释之就只判他交了些罚金就将他释放了。

文帝知道后发怒道:"如果给朕驾车的马性子烈,受惊后狂奔,朕就十分危险。你怎么这样偏袒轻饶他!"

张释之回答道:"法律是讲事实的。依照事实此案只能这样判。如果因为惊了皇上而重判他,那么对皇上和百姓就要有两种法律,这是不能取信于百姓的。"

文帝只好点头同意。

不久,文帝又得报有人偷了高祖庙堂里的玉杯。张释之将盗贼判了死刑结案。文帝认为盗贼无法无天,竟敢偷盗皇家祖庙里的东西,应该判他灭族之罪。张释之听了，一边脱下帽子谢罪，一边说："犯这种罪判他一人杀头，在法律上已经到顶了。如果判了他灭族之罪，那么，万一有人挖掘了高祖的陵墓，又判什么呢?"

汉文帝听了无言以对，只好依了张释之的判决。

人物聚焦

张　释　之

张释之，字季，南阳堵阳县(今河南方城东)人，经中郎将袁盎推荐入朝，先当文帝的侍从，以后提拔为公车令、廷尉。在当公车令时，曾弹劾太子刘启和梁王进宫门不下车，犯了不敬之罪。文帝溺爱太子，不予理睬。张释之告到薄太后那里，薄太后召文帝责问，文帝只好认错谢罪。

31 缇萦救父

　　一次，汉文帝正在宫中与百官议事，忽然有太监前来报告说："宫外跪着一个女子，一直不肯离去，坚持要将一封书信直接送给陛下看。"文帝就命将她的书信取来。文帝一看，原来是一个名叫淳于缇萦①的少女，为自己的父亲喊冤请求宽免。信中的大意是：我父亲淳于意，原是太仓县令，因给人治病，被人诬告判了肉刑。判了肉刑要砍掉脚或割掉鼻子。人的肢体毁坏了不能重新长出来。我为父亲、也为天下受肉刑的人伤心。这样做也无法使犯了错的人改过自新。我愿意自己被没入官府做奴婢，替父亲赎罪。请皇上开恩批准。

　　文帝被这个少女的孝心和恳切的言辞感动了；仔细一想，她提的问题，的确也值得思考，过分严厉的刑律是不合情理的。于是他对大臣们说："一人犯法不应让全家连坐；伤残人体的肉刑应该废除，用其他合适的刑法代替。"接着便要丞相张苍去具体主持修改律法。

　　文帝为了弄清淳于意的案子，一面派官吏调查，一面还亲自召见淳于意了解案情。最后终于弄清楚，淳于意在任齐国太仓县令时，为官清廉，医术也很高明。他曾拜当时的名医公孙光和公孙庆阳为师，青出于蓝而胜于蓝，为当地百姓治好了许多难治的疾病，深受百姓的爱戴。

① 缇(tí)

只是一次他为一个大商人的妻子看病,病人已病入膏肓,不能医治了;淳于意也告知了病家,但那商人坚持要他试试看,才开了药方的。结果病人死了,那商人却仗着自己的财产,勾结官府判了他医伤人命的刑。

于是文帝让廷尉重审此案,终于使淳于意无罪释放。文帝还从此事中得到启发,下令全国整顿司法,要求判案要慎重,量刑要适当,疑案要从宽。

这种做法促进了社会的稳定,同时少女缇萦救父的勇敢行为也在当时京城和齐国的百姓中广为传诵。

人物聚焦

淳 于 意

淳于意是临淄(今山东临淄)人,当时的名医。司马迁在《史记》中将他与名医扁鹊放在一起作传,称为《扁鹊、仓公列传》。因为淳于意当过太仓县令,所以称"仓公"。淳于意有五个女儿,缇萦最小,但还是少女的她却能徒步随押解父亲的衙役赴京告状。

32 细柳营

公元前158年，匈奴的军臣单于又派兵侵犯汉朝的北方边境。汉文帝一面出动三路兵马前去迎战，一面调兵遣将，加强京城周围的防务：派将军周亚夫领兵驻扎细柳（今陕西咸阳市西南），将军徐厉驻兵棘门（今陕西咸阳东北），将军刘礼驻兵灞上（今陕西西安东）。

一日，文帝亲自去慰问戒备京城的这三支军队。去灞上和棘门时，那里的将军早就命令士兵大开营门，轰轰烈烈地迎接皇帝车队的到来。可是，当皇帝的车队来到细柳的军营门前时，却只见营门紧闭、戒备森严。文帝的先遣队来到营前，吆喝道："皇上来此巡视，快快开门迎接！"可守门的士兵却说："我们没有接到将军的命令，随你什么人都不能进去。"

过了一会儿，皇帝的座车到了。文帝亲自来到营门口。守门的士兵仍不肯开门，说："军营内只有将军的命令！"文帝只好先派一个使者，拿了指挥军队的正式凭据——符节，进去见周亚夫，通知他皇帝前来劳军的事。周亚夫这才传令打开营门，放文帝一行进去。车队进门时，守门士兵还特地大声地关照："将军有令，军营内不许纵马奔跑。"文帝听了，连忙叫车夫勒住马缰，让自己的座车缓缓进入大营。

皇帝的队伍来到营帐前,只见周亚夫身披铠甲,腰佩宝剑,率领手下的将军和士兵列队迎接,并从容地对皇帝说:"军人甲胄（打仗时保护头部的帽子）在身,不能行跪拜礼,只能以军礼迎接,请陛下勿怪!"

文帝见了,十分感动,连忙让手下传达他的话道:"诸位将军,士兵们,你们辛苦了。我诚恳地向你们表示慰问!"

文帝回宫后,十分感慨地对大臣们说:"细柳营的军队,才是真正的军队。周亚夫这样的将军,才是真正的将军啊!"

从此,"细柳营"就成了军纪严明、战斗力强的军队的代名词。

人物聚焦

周 亚 夫

周亚夫是汉高祖刘邦的大将周勃的儿子。他治军严格,带领的军队战斗力强。汉文帝视察他的军营后,升他为专门负责京城和皇宫警卫的中尉。文帝临终前,嘱咐太子刘启:"将来国家如有动乱,可以将兵权交给周亚夫。"

① 胄（zhòu）

217

33　七国之乱

公元前 157 年，汉文帝病故。他的儿子刘启继承皇位，这就是汉景帝。景帝继承了文帝让百姓休养生息的方针，使国内的生产有所发展，但文帝时由贾谊提出过的限制诸侯权力的政策，因一些老臣的反对而没有得到执行。这时，一位负责治理京城事务的左内史晁错又向景帝提出了"削藩"的建议，得到了景帝的支持。

刘邦建立汉朝以后，分封了二十多个诸侯国。这些国中之国仗着他们都是高祖的子孙、宗亲，各自割据一方，有自己独立的政府机构和军队；诸侯王们俨然是一个个土皇帝，他们可以在自己的封国内随心所欲。尤其是势力最大的吴王刘濞^①，他的封国有五十多座很繁荣的城市，自己采铜制兵器、煮盐纳税，甚至还铸钱币；他根本不把景帝放在眼里。晁错看出这个局面十分危险，早晚要酿成叛乱，就开始帮助景帝执行他的削藩计划。

晁错先让景帝找个理由削掉了楚王、赵王、胶西王的一些土地，正准备对吴王动手时，吴王已抢先起兵造反了。吴王一反，楚、赵、胶西、胶东、菑^②川、济南等六个诸侯国也跟着造反，这就是历史上的"七国之乱"。

景帝被诸侯造反的声势吓坏了。他一面派周亚夫领兵平叛，一面又找朝中的一些大臣商讨对策。大臣袁盎^③

① 濞(bì)
② 菑(zī)
③ 盎(àng)

就秘密晋见景帝,向他建议杀了晁错,赦免叛乱的诸侯,以平息事态。景帝为了自己安危,竟说:"如果可以罢兵,我不会吝惜晁错一人的生命。"于是便下令一名中尉带人去晁错家假意请他入宫议事,在半路却将他绑起来杀了,同时还杀了他全家。

可是,吴王濞等七个叛乱诸侯却不买景帝的账,叛乱夺权是他们蓄谋已久的事,杀晁错又有什么用呢? 好在周亚夫会用兵,他听从了自己父亲的老部下邓都尉的计策,在正面战场筑垒据守,不与敌军决战,而派精兵断绝了吴军的运粮水路,使吴、楚叛军不战自乱,不到三个月,终于平息了七国的叛乱。

人物聚焦

晁错和他的父亲

晁错帮景帝削藩时,他父亲从老家赶到长安,责问他为什么要去得罪皇族? 晁错说是为了国家和皇帝的安全。父亲气愤地说:"国家、皇帝安全了,我们晁家就危险了!"见说不动儿子,老人回家后便服毒自杀了。而过了不久,晁错果然被冤杀,死时才四十六岁。

34 景帝削诸侯

"七国之乱"平定以后，参加叛乱的七个王不是被杀，便是自杀了。但汉朝原来封的二十多个刘姓王中，还有十几个。尤其是梁王刘武，与景帝都是窦太后生的，两人是亲兄弟。他在平定七国叛乱中还立过功，而且窦太后也特别喜欢刘武，一心想着要让他在景帝以后接皇帝位。仗着太后的娇宠和皇帝的纵容，梁王简直肆无忌惮。他在自己的封国大修宫殿，其规模和豪华程度都可以与长安的皇宫相比；他进出的车马仪仗，也和皇帝的一模一样；他还网罗人才，仿照朝廷的建制任命大批官吏；搜刮珍宝，制造武器；简直是又一个汉朝皇帝的派头。

对刘武的这一切，景帝虽有警惕，但碍着母亲窦太后的面子，又不好采取行动。正好这时梁王又做了一件大为出格的事：因为袁盎等一批大臣曾经公开表示过不同意窦太后将来由梁王继承皇位的想法，梁王竟然派出十几名刺客，将袁盎和几个大臣一一刺杀。事发以后，景帝终于抓住机会下令彻底调查这桩重大的谋杀案。

梁王这才开始惊慌。他一面将一批参与密谋和刺杀的人统统杀光，以消灭一切人证；一面又去求窦太后出面干预。窦太后于是便在景帝面前又哭又闹。景帝只好草草结案，不再追究梁王。但景帝也以此案为由头，下了一

系列命令,规定从此以后各诸侯国的行政、司法权,统统
归中央政府;各级官吏,也由朝廷任免;军队也由朝廷直
接控制。这样,各诸侯国虽然仍旧存在,但实际权力已大
大削弱了。诸侯王已经不再是一个小国的国王,而只是
一个拥有一方土地、可以依此供给衣食的地主了。

内 容 链 接

周 亚 夫 之 死

周亚夫率军平定七国之乱时,与吴王两军对
峙,未及时去支援梁王,因此梁王怀恨在心,让窦太
后在景帝面前毁谤他。景帝便撤了周亚夫丞相的
职务。一天,景帝请周亚夫吃饭,故意不给筷子,周
亚夫一怒之下起身走了。景帝以谋反罪将他关进
监狱中。周亚夫绝食而死。

35　文景之治

　　西汉王朝建立初期，由于国内统一问题还没有完全解决，汉高祖刘邦不得不亲自领兵东征西战；刘邦死后，又有吕后专权，国内仍未完全太平安定。直到文帝、景帝时期，政局才相对稳定，再加上这两代皇帝采取了一系列开明的政策和创造宽松的政治环境，使国家的面貌为之焕然一新。

　　文、景两帝的开明政治，主要得益于当时像贾谊、晁错这样的有识之士总结了秦王朝失败的教训，提出了一整套与秦的暴政反其道而行之的政策方针。这种做法，那时就称为"拨乱反正"，"为富安天下"。比如文帝时，就废除了犯罪的连坐法，给服刑的罪犯规定了刑期，并且取消了黥（在面部刺字）、劓（割鼻）、刖（砍足）三种肉刑。将田租减少一半，定为只交收获的三十分之一。与南越王和解，与匈奴和亲，以减少战争。文帝还下令官府实行节俭，自己带头薄葬等。景帝继续文帝的政策，还将男子服徭役的年龄由十七岁提高到二十岁；并下令奖励农业，允许农民自由迁徙。这些休养生息的政策使国家和百姓同时富裕起来。当时京城的库房因此全都装满：粮食多得堆不下，只好堆到露天；银库里存满了钱用不完，致使串钱的绳子年久朽断。

经济的繁荣又促使文化、教育的发展。朝廷公开收集秦始皇时未被烧尽的古代文化典籍，并组织人进行整理、研究与抄写复制。民间也掀起了研究收集儒家经典的热潮。就连景帝的儿子献王刘德都大量结交研究儒家著作的学者，重金收购古籍。淮南王刘安也搜求到了大量古代诸子百家的著作。

除整理古代文化典籍，还注意到了教育与传播。朝廷设立了"博士"，除专门进行研究外，还到各地去讲学传授；地方上如蜀郡，还设了"学官"办学校，专门招收青年子弟前来学习，有时还将他们送到长安去跟"博士"深造。

因此，历史上将汉朝这段社会安定、经济繁荣的时期称为"文景之治"。

内 容 链 接

晁错学《尚书》

汉文帝下诏搜求古代典籍，独缺《尚书》。后来打听到济南的伏生通晓《尚书》，就派晁错去学习。但伏生已年老口齿不清，靠他的女儿羲娥翻译，晁错才记下二十九篇。以后又在孔子住处挖掘整理出二十九篇，共得五十八篇，流传后世。但其中文字的错漏，已无法考查了。

36 卓文君与司马相如

景帝时,蜀郡学官办的学校培养出了许多有学问的青年人才。有一个名叫司马相如的,便是其中的佼佼者。相如学成后,蜀郡太守文翁推荐他去了京都长安,因此他结识了当时著名的文学家枚乘等人,并一起投到梁王刘武的府中,很受器重。相如写了一篇《子虚赋》,由此在文人圈中有了名气。但不久梁王死了,相如便回到了老家成都。

在成都的家中,父母已死,相如孤身一人,穷愁潦倒,只好到临邛^①(今四川邛崃)投奔朋友——县令王吉。该县靠冶铁致富的大商人卓王孙听说县令来了贵客,设宴招待。席间,司马相如为大家弹琴助兴,没想到优雅的琴声打动了卓王孙寡居在家的年轻女儿卓文君的心。文君经过激烈的思想斗争,终于打破了封建礼俗观念的束缚,夜间私奔相如。两人情投意合,但卓王孙却不能接受,宣布断绝父女关系,不承认两人的结合。文君就在临邛街上开了个小酒店,当垆^②卖酒,自食其力,弄得卓王孙面子上下不了台,在县令王吉的劝说下,只得承认这门亲事。

公元前 141 年,景帝去世,儿子刘彻继位,就是汉武帝。一日,武帝读到了《子虚赋》,佩服作者的文采,下令召司马相如去长安。为了试试他的才能,汉武帝让相如

① 邛(qióng)
② 垆(lú)

与当时在京城的著名文人枚皋、终军等一起去同游刚建成不久的皇家猎场上林苑,命他们每人各写一篇文章记述陪同皇帝打猎的经过。于是,司马相如写成了一篇有名的《上林赋》,铺叙天子游猎的气派,也婉转地提出了应该为民着想,不要过分奢华的建议。汉武帝大为赞赏,封他为郎官。

以后,武帝又拜他为中郎将,作为汉朝皇帝的特使,前往安抚西南夷(西南的少数民族)。当他率领的朝廷车队浩浩荡荡经过蜀郡时,卓王孙才感叹自己女儿的眼光。

故事中的成语

夜 郎 自 大

司马相如奉汉武帝之命出使西南时,其中有一个名叫"夜郎"(在今贵州中部)的小国。这小国的国王很闭塞,问汉使唐蒙:"汉朝与我国谁大?"唐蒙就告诉他汉朝强盛富饶的程度,吓得夜郎国王赶紧表示臣服。"夜郎自大"的成语也由此而来。

37 穷书生朱买臣

与司马相如同时代,还有一个靠苦读儒家经典书籍,最后被武帝看中而飞黄腾达的书生。他的名字叫朱买臣。

朱买臣出身于吴地,从小家境贫穷,没有任何产业。他一直坚持读书,到了四十岁,仍未得到一官半职,穷得连饭都吃不上了,只好与妻子一起上山砍些柴来卖掉换米,维持生计,但他仍旧每天读书不辍①。妻子劝他放弃读书做官的念头,另觅生计,但他就是不听。最终,妻子只好离他而去,另嫁他人。

一次,他砍柴下山时遇大雨,在一片坟地里躲雨,正巧被陪同后夫上坟的前妻看见,妻子于心不忍,将祭品送给他充饥。又过了几年,朱买臣终于经人推荐,受到了武帝的赏识,先被任命为中大夫,后来又让他当会稽郡(郡治在今江苏苏州)太守。

汉武帝曾听别人讲到过朱买臣以前苦读受穷的经历,因此在朱买臣赴任时,武帝召见他并对他说:"一个人富贵了不回家乡,就好像穿了锦缎绣衣在夜里走路,有谁看得见?我准你这次上任时顺便回趟家乡。"

于是朱买臣故意在官服外面套上以前落拓时的破衣烂衫,来到家乡的一家酒店里。当地的一些官吏和富商

① 辍(chuò)

正在里面喝酒，见他前去，以为他想去讨吃的，就要轰他走。推拉中看见了他里面穿的官袍和印绶，全都惊得目瞪口呆。

朱买臣穿着官服，带着上任的车队出发赴会稽时，家乡的地方官和百姓纷纷前来送行、看热闹。朱买臣忽然在人群中发现了自己的前妻。他将她叫住，询问她的近况。前妻说丈夫被征在郡里筑路，自己生活无着。朱买臣就下令将她的丈夫从工地召回，让他们两人一同到会稽去，并且还在衙门里为他们安排了住处，让他们好安安稳稳地过日子。

朱买臣苦读的这段故事，从此一直在民间传诵。

内 容 链 接

朱买臣的前妻

前妻既感激买臣对他的恩情，又为自己以前的背弃行为愧悔万分，思前想后，觉得无脸面对，后来竟上吊自杀了。

① 绶（shòu）

38 独尊儒学

年轻的汉武帝执政时,国家已有了很好的繁荣强盛的基础。这使他更有魄力从理论上来总结前朝的从政经验,改革当前的政治。

汉高祖刘邦是看不起儒生(知识分子)的。有一次有个儒生去拜见他,他居然摘下那儒生头上戴的帽子往里面撒尿。他任命的官员都是战争中的功臣。文帝、景帝时又崇尚无为而治,连武帝继位初期在背后掌握实权的窦太后,也只相信黄老哲学,直到公元前135年,压在头上阻碍自己充分行使权力的窦太后死了,武帝便决定大刀阔斧地进行政治改革。

首先他下令在全国选拔有学识的知识分子(贤良文学之士)进入朝廷高层,将齐地儒生公孙弘先后提拔为太常、御史大夫,直至丞相,让他主持在朝廷设博士、办太学,并推广蜀郡办学校的经验,在全国兴办学校,招考博士,选拔人才。博士及博士弟子、太学生可免除徭役赋税,但每年必须通过考试,合格的可以当官,不合格的淘汰。

公元前134年,在选拔"贤良"的考试时,当时儒家的大学问家董仲舒在回答武帝的问题时提出了著名的"天人三策"。董仲舒建议皇帝彻底改变秦朝以来的重刑法轻教化的统治方法,用儒家的礼仪、道德来统一思想,治理国家。主张对百姓施"仁政",提倡"仁者爱人"的原则。与此同时,董仲舒还将以孔子为代表的儒家思想推到了至高无上的神化的地位,认为这是天地人之间的最高理论,即所谓"天人感应"。为此,董仲舒向武帝提出了"独尊儒术,罢黜百家"的建议。

这个建议有利于加强皇帝的权威和国家、民族的统一和稳定,汉武帝完全接受,并下令付诸实施。从此以后,两千多年来,儒家思想就成了中国封建统治阶级的主导思想,并且对我国的民族文化起到了极其深远的影响。

知识平台

天 人 感 应

董仲舒认为,皇帝的权力是上天授予他的。但上天也会用各种天灾人祸来监督和惩戒统治者的错误行为。而儒家思想的核心理论(即"道")也最符合上天的意旨,因此,只要天不变,道也不会改变。

① 黜(chù)

39 马邑之战

汉武帝亲自处理政事、实行政治改革的同时,又决定改变以往对匈奴屈辱的和亲政策,用武力彻底解决北方匈奴的侵扰。

公元前 135 年,匈奴单于派使者来汉朝要求和亲。大臣王恢在朝议时说:"过去我朝一直对匈奴退让,送去漂亮女子与许多财物,但他们从来不守信用,仍旧经常派兵侵犯边境,劫杀边民和掠夺财物。现在我们的国力强大了,应该狠狠教训他一下!"武帝心中很赞成王恢的意见,但以御史大夫韩安国为首的一大批老臣都表示反对,因此最后仍决定同意和亲。

两年以后,雁门郡马邑(今山西朔州市朔城区)地方有个叫聂壹的商人在长安向王恢献计说:"匈奴人老是侵犯边境,总不是个办法。现在乘和亲成功的机会,让我去把匈奴单于骗进关内,打它个伏击战,必定能成功。"

王恢将聂壹的计策报告给了武帝。武帝也认为是个好计,便立刻任命韩安国、王恢、公孙贺、李广、李息等为将军,率兵三十万开赴马邑附近的山谷中埋伏。

聂壹便按计去匈奴见军臣单于,告诉他自己愿意做内应,杀了马邑县令将县城献给他,让他带兵前去接收。聂壹以前做生意去匈奴时见过单于,互相有交往,因此单于相信了他的话。

聂壹回到马邑，与县令策划斩了几名死刑犯人的头，挂到了城头上。单于派出去探听虚实的使者见到人头，赶紧回去报告。于是军臣单于亲自率领十万匈奴骑兵出发了。当他来到距马邑只有一百多里的武州（今山西左云）附近时，见沿途放牧着许多牛羊，却没有牧人。单于犹豫起来，派兵去抓了一个汉军边防哨所里的亭尉，一审问，那亭尉供出了前面有大批伏兵的秘密。军臣单于吓了一身冷汗，立刻率匈奴大军退了回去。

马邑伏击战没有成功。但汉朝与匈奴的和亲政策结束了；从此双方展开了为时数十年的大规模战争。

内容链接

王恢之死

按马邑伏击战的部署，王恢奉命带三万人抄匈奴军后路。但当单于识破计谋带兵撤回时，王恢因担心自己人数太少，没有袭击撤回的匈奴军队。为此，武帝以贻误军机罪将王恢关入大牢。王恢最终死于狱中。

40　飞将军李广

　　汉朝与匈奴的征战中，出现过不少英勇善战的将军。其中资格最老、最使匈奴人闻风丧胆的是将军李广。

　　李广是陇西成纪（今甘肃省秦安县）人，出身于将门之家，年轻时就英勇善战，尤其是箭法十分高超。他当过文帝的贴身侍卫，景帝时又随周亚夫一起平定过吴、楚等七国诸侯的叛乱。景帝很赏识他，任命他为上郡（今陕西北部）太守，防备匈奴的入侵。

　　一次，李广军中的监军太监擅自率领几十名骑兵出去打猎，遇到了匈奴军中著名的射雕手（神箭手）的袭击。李广闻讯，迅速率百余名骑兵前去救援，全歼了这些射雕手。正准备返回时，突然又遇到了几千匈奴骑兵。李广迅速判断了眼前的形势，立刻命令自己的骑兵卸下马鞍，躺在地上休息。匈奴人见他们镇定如若，疑有汉军伏兵，便派出一个骑白马的将军前来打探虚实。李广见了，突然率领几名骑兵飞马上前，一箭便亲自射死了这名匈奴将军。匈奴骑兵再也不敢上前，相持到晚上，他们只好偷偷地撤走了。李广这才带了自己的人马返回营地。

　　公元前129年，武帝派李广、卫青等四名将军率军迎击匈奴。李广一路遇到了匈奴的主力，在雁门关外与匈奴军激战，最后终因寡不敌众，受伤被俘。匈奴骑兵将他装在网里，用两匹马吊着得胜回营。走到半途，李广瞧准机会忍住伤痛飞身跃起，跳到身旁一名匈奴骑兵的马背上，一伸手推下那骑兵，勒转马头往回飞奔。匈奴骑兵在后面紧追，李广返身挽弓搭箭，将追上来的敌人全都射死了。匈奴人不敢再追，眼睁睁地看着李广逃进了雁门关。从此，匈奴人更加佩服李广，称他为"飞将军"。

但李广平生与匈奴交战七十多次，战功赫赫，却始终未得武帝的重用与封赏，而且晚年还被迫在军中自杀身亡。所以古人有"李广难封"的俗语。

人物聚焦

李 广 射 石

李广是秦朝名将李信的后代。一次在蓝田（今陕西蓝田）的南山中打猎，傍晚回家时，李广远远看见前面林中伏着一头猛虎。他立刻射了一箭，待近前一看，射中的竟是一块形状像猛虎的石头，但箭头已深入石内数寸，再也拔不出来了。

41 倒行逆施主父偃

在武帝决心与匈奴作战的初期,李广、公孙敖、韩安国、卫青等一批将军在与敌人的战斗中都互有胜负。这时有个齐国临淄(今山东淄博东北)人主父偃乘机给武帝上书,提出了对付匈奴和巩固国内的九条建议。主父偃来京城长安已经很久,盘缠已经用光,快混不下去了,这次走了车骑将军卫青的门路,经卫青推荐,终于使武帝重视起来。

主父偃对付匈奴的建议是让武帝在黄河河套建立大量要塞,并向那里移民,以防御和打击匈奴。这条建议实行后,不仅耗费了大量人力财力,更遭到许多大臣的反对,但武帝却毫不动摇。这件事虽然劳民伤财,但对以后打败匈奴,确实是起到了积极的作用。

主父偃的第二个建议是向武帝提出"推恩法"。就是让皇帝准许和鼓励各诸侯王将自己的封地再转封给他们的子孙。这样分封下去,封地越划越小,诸侯王的势力便越来越弱,以后便再也无力威胁中央政权了。武帝觉得这个办法也不错,便立即发布了一道"推恩令",贯彻下去。

主父偃的建议被武帝一再采纳,当然他在武帝面前的发言权也越来越大。一个原本落拓者突然飞黄腾达,使他变得骄横和不可一世起来。他因自己以前曾去燕国投靠过燕王，而燕王没用他，于是公报私仇，在武帝面前弹劾燕王，将他赐死。朝中的一些大臣见他能操纵一个诸侯王的生死，既怕他又巴结他，纷纷给他送礼行贿，他统统照收不误。他有个朋友看不过去，劝他不要太过分。他回答说："我活到现在四十多岁，从小父母看不起我，兄弟嫉恨我，亲戚朋友疏远我，我吃尽了苦头……古人说，'天黑了路还远，就倒过来走吧'，我就是这样了！"

　　不久，武帝派他到齐国去做国相，他又仗势逼死了齐王。赵王彭祖以前像燕王一样没用主父偃，怕他也会报复，就乘机揭发他受贿的事。于是武帝对他两罪并罚，判了他死刑。

故事中的成语

倒 行 逆 施

　　主父偃回答朋友规劝的那句话的原话是："古人有言：'日暮途远，故倒行逆施'，我亦颇作此想！"文中的"古人"，大概指的是楚国人伍子胥。因为据史料来看，"日暮途远，故倒行逆施"这句话，最早是由伍子胥说出来的。

42　大将军卫青

　　在抗击匈奴的战争中，卫青是最受汉武帝器重的将军。他出生低微，是平阳侯家奴婢的私生子，因此小时候受尽了屈辱。青年时，他曾作为平阳公主的卫士，为公主管马。后来，因为他同母异父的姐姐卫子夫入宫后受到武帝的宠爱，使他也能跟随入宫，并被提拔为车骑将军。

　　公元前124年，武帝命车骑将军卫青统率十万精兵分三路进攻匈奴。卫青自己亲率三万骑兵从高阙（今内蒙古杭锦后旗）出塞，急行军六七百里，直捣匈奴右贤王的大本营。右贤王根本没有想到汉军会如此神速地到来。他正在帐内饮酒作乐，突然间战鼓齐鸣，万马奔腾，卫青的骑兵已经从四面八方围了上去。右贤王来不及组织抵抗，他的大本营已经被冲杀得七零八落。他自己只来得及带了一名爱妾和几百名侍卫骑兵仓皇逃走。匈奴军几乎全军覆没。卫青一下子抓住了十多个匈奴的小王和副王，俘获匈奴兵将一万五千多人，牛羊百万头。

　　汉武帝得到捷报，兴奋得来不及等卫青班师回朝，便命令刻了"大将军"的印信，派专使星夜兼程送到卫青军中，封赏卫青，并让他从此统帅所有领兵抗击匈奴的将军。当卫青以钦命大将军的名义凯旋班师，回到京城长安时，武帝亲自主持欢迎仪式，加封卫青良邑八千三百户,并宣布封卫青的三个未成年的儿子为侯。

卫青对武帝说,打败匈奴是全体将士的功劳,应当封赏和慰劳将士们;而自己的孩子很小,并没有建立任何功劳,因此不应受封。汉武帝听了更加敬重卫青,连忙按卫青的意见改封了卫青部下的七名将军为侯。

以后,卫青又好几次奉武帝的命令带兵出击匈奴,打了许多胜仗。最后一次,同自己的外甥霍去病一起,驰骋塞外数千里,终于将匈奴的主力赶出了漠南。

内容链接

卫青因祸得福

卫青的姐姐卫子夫受到武帝的宠爱,使陈皇后十分妒忌。一天,陈皇后暗中派出一批打手,将卫青抓去准备秘密杀害。卫青的几个好友公孙敖等率领人将他救了出来。这件事被武帝得知后,陈皇后被打入冷宫,而卫青因祸得福,被任命为建章宫侍卫长,从此受到武帝的重用。

43　冠军侯霍去病

卫青被汉武帝封为大将军的第二年,又率领李广等六名将军、十多万骑兵出击匈奴。卫青的外甥、年刚十八岁的霍去病也要求随军出征。卫青带领汉军深入匈奴领地一百多里,初战告捷,俘获敌军一万多人。这时武帝颁布了杀敌封赏的"武功爵",规定士兵每杀敌一人可晋爵一级;杀敌多的可累计封官,或将功名转给家属。这样将士们杀敌的劲头更加足了,纷纷要求继续深入出击匈奴。卫青就让四位将军分四路出击,自己在营地守候。霍去病只是个校尉,他向卫青要了八百名骑兵单独出发。

到了晚上,有两路军队回来了,但将军苏建和赵信带的两路及霍去病没有回来。第二天,苏建回来报告他们两路中了匈奴埋伏,赵信降敌,自己只带一千多人突围回来,但仍无霍去病的消息。卫青急得坐立不安。

正在这时,霍去病手提敌人的一个首级回来了。原来他深入匈奴,突袭了一个匈奴营帐,竟斩了一个匈奴单于祖父辈的人物,还俘虏了单于的一个叔叔和相国,杀敌两千多。汉武帝得报大喜,立刻封霍去病为冠军侯。

公元前121年,武帝封霍去病为骠骑将军,让他率一万骑兵突袭匈奴。他越过焉支山(今甘肃山丹县东南),深入敌境一千多里,在皋兰山(今甘肃临夏)下与匈奴军鏖战,杀了匈奴两个王,俘虏了浑邪王的太子和相国、都尉,歼敌一万八千余,连休屠王祭天用的金人也成了战利品;不久,又孤军深入祁连山,俘获匈奴王五十名及王母、王后、王子、相国等几十人,杀敌三万。

公元前119年,武帝再派卫青、霍去病各率五万精兵合击匈奴。两军分别深入沙漠一二千里,终于将匈奴全部赶到了大漠以北。从此,做到了大漠以南不再有匈奴的政权,从根本上解除了匈奴在汉朝北方的威胁。

匈奴未灭,何以家为

为了表彰霍去病的战功,武帝下令要为他建一座豪华的府第。霍去病却推辞说:"匈奴还未彻底消灭,我要家干什么呢!"霍去病的原话就是:"匈奴未灭,何以家为!"这句话从此成了舍小家、为国家的爱国者常用的成语。

① 鏖(áo)

239

44 张骞通丝路

汉武帝当皇帝的第四年，就是公元前 138 年，因为听从匈奴投降过来的人说，匈奴西边有个月氏国，被匈奴打败，他们的国王被杀，头颅骨被匈奴单于做成了饮器，因此月氏①人恨透了匈奴。武帝听后，就决定派使者去联合月氏，与汉朝东西夹击匈奴。

武帝在朝臣中征求使者，却无人敢去，于是只得下诏招聘。宫中有个青年郎官张骞②报了名。武帝便让他挑选了一百多名身强力壮又能吃苦耐劳的勇士，命一个叫堂邑父的匈奴族人当副手，带着皇帝给的节杖、文书出发了。

张骞一行刚出陇西，进入匈奴境内，便被匈奴人抓住了。他们在匈奴被整整关押了十年多，在第十一年时，张骞与堂邑父两人乘看管的匈奴人不备逃了出去，继续西行。吃尽千辛万苦，两人来到大宛（在今中亚细亚）。大宛国王派向导将他们送到康居（在今哈萨克斯坦），最后又从康居到达了月氏。

但月氏人已在大夏（今阿富汗北部）建立了新的大月氏国。这里水土肥沃，离匈奴又远，他们已不想再回去与匈奴交战了。张骞便又从南路取道返回。途中又被匈奴扣留了一年多，最后乘匈奴内乱的机会终于逃回汉朝。

① 氏（zhī）
② 骞（qiān）

240

经历十三年的坎坷挫折仍不辱使命回国,且带回了许多西域各国的讯息,汉武帝十分高兴,封张骞为太中大夫。以后,由于张骞又在打击匈奴的战争中立功,封他为博望侯。

公元前119年,武帝派张骞第二次出使西域。这时由于卫青、霍去病已率军将匈奴赶往大漠以北,所以使团顺利到达乌孙(今新疆境内)、大宛、康居、大月氏、大夏以及安息(今伊朗)、乌弋(今阿富汗)等许多国家,打通了汉朝与西域各国的交通与贸易之路。从此,这条古代中国与西方通商的要道被称为"丝绸之路"。

知识平台

丝绸之路上交换什么商品

丝绸之路顾名思义,运输出去的是中国的丝绸等纺织品,还有陶瓷器皿、铜铁制品及冶炼技术等。输入的则有葡萄、苜蓿、胡桃、芝麻等农产品,以及乌孙、大宛的汗血马等。

汉武帝对得到西域宝马特别高兴,还亲自作了《天马歌》加以歌颂。

为了巩固丝绸之路，汉武帝又在公元前 108 年和前
104 年两次出兵，迫使楼兰（今新疆若羌）、姑师（今新疆吐
鲁番）、大宛等仍在匈奴与汉朝之间摇摆的国家彻底臣服
汉朝，并在漫长的交通线上修建驿站，驻兵屯田。

张骞出使西域时，曾在大夏见到过蜀地出产的布匹
和邛竹杖，当地的商人说是从天竺（今印度）贩来的。于
是他判断从我国的西南（云南和四川）可进入印度。据
此，公元前 122 年，武帝又派使者企图打通"西南丝绸之
路"。但汉使到了滇地（今云南）却被昆明国挡住了去路。
为此，武帝决心征服西南夷（西南的羌族等少数民族）。
公元前 111 年，武帝派李息为将军领兵十万打败羌族，在
西南设立了牂牁①等五郡。

另外，在东南沿海，今广东、广西一带的南越已在汉
朝初年就归附了。公元前 135 年，闽越（今福建）进攻南
越，武帝派将军王恢前去平定，并任命闽越贵族余善为东
越王。公元前 111 年，余善反汉，武帝派将军韩说领兵讨
平，并将东越人迁居到江淮地区。与此同时，南越的丞相
吕嘉杀了南越王赵兴母子及汉使终军，起兵造反，企图自
立为王。武帝派路博德、杨仆率十万大军征讨，消灭了吕
嘉的叛军，取消了南越国。从此，汉朝在东南沿海设立了

① 牂（zāng）
　牁（kē）

南海、苍梧等九个郡。这里的土地也正式归入汉朝版图。

汉朝东北部的朝鲜半岛，战国时是燕国的属地。到了汉朝初年，那里分散建立了许多小的王国，也有一些逃亡去的齐国、燕国人。公元前128年，朝鲜北部的秽貊君主南闾归附汉朝，武帝在那里设立了苍海郡。接着，武帝又派使臣涉何到朝鲜，劝说朝鲜王卫右渠归顺汉朝。卫右渠不服，竟杀了汉使，并派兵越过浿水（今朝鲜清川江），袭击汉朝边境。武帝大怒，派杨仆、荀彘分水陆两路进攻朝鲜，终于杀了卫右渠，在朝鲜设立了四个郡。

除打败西北的匈奴外，武帝又向西南、东南、东北开拓了大片疆土。历史上就称这为"武帝开三边"。

武帝的年号

汉武帝迷信，喜欢将自己在位时的年号用所谓"天降的祥瑞"来命名。比如某年天上出现彗星，便改叫"元光"；有人在长安郊外捕到了一头一只角的奇兽，就改叫"元狩"。

① 秽（huì）
貊（mò）

46　苏武牧羊

　　汉武帝开三边，拓疆土，将匈奴赶到了大漠以北，满以为可以高枕无忧了。岂料逃往漠北的匈奴经过几年的休养生息，又开始蠢蠢欲动，与汉朝搞摩擦了。正当武帝下决心要再发兵征讨时，匈奴的新单于且鞮①侯继位。他释放了扣押的汉使，向武帝求和。

　　武帝本也不想再起战端，就于公元前100年派中郎将苏武出使匈奴，送回以前汉朝扣留的匈奴使节，并带去礼物表示接受匈奴的善意。

　　苏武率领汉朝使团来到匈奴，正当完成了使命准备返回时，发生了一件意想不到的事：使团中的副使张胜，背着苏武与以前被扣留在匈奴的汉人虞常密谋，想杀死已投降留在匈奴的汉使卫律，然后劫持单于的母亲逃回汉朝。但事情不幸败露，单于便下令杀了虞常，扣留了使团，并让卫律逼迫苏武投降。为了保持汉使的气节，苏武拔剑自刎。待副使张胜及常惠上前阻止时，苏武已身受重伤。

　　单于为苏武的气节所感动，下令治好了苏武的伤。由于苏武宁死不屈，单于将他关入深深的地牢中，不给他吃喝。苏武靠啃皮带、喝雪水顽强活了下来。后来，单于又将他押到荒无人烟的北海（在今贝加尔湖地区）放羊，

　　① 鞮（dī）

声言待公羊生了小羊才放他回去。苏武孤身在羊群中熬过了整整十九个年头,他始终抱着那根早已脱了毛的使臣的旌节,不肯向单于低头。

公元前 87 年,武帝病死,昭帝继位。不久,匈奴单于也死了,新单于即位后又派使者向汉朝求和。昭帝派使者去匈奴要求放回苏武。单于谎说苏武已死。这时留在匈奴的苏武的副使常惠买通了匈奴人,去见汉使,并向他献了一计。第二天,汉使就去对单于说:"我汉朝皇帝在上林苑打猎时,射到一只大雁,雁足上有苏武给皇帝的信,说他仍在北海牧羊,你怎么可以骗我呢?"

单于无奈,只好放回了苏武,而"鸿雁传书"的说法,也从此留传了下来。

内 容 链 接

李 陵 劝 苏 武

公元前 99 年,汉将李陵兵败,不得已投降匈奴。他与苏武原是好朋友,听说苏武在北海受苦,便设法去北海看望苏武并给他送去一些牛羊。李陵劝他人生苦短,不要再坚持了。苏武面对昔日好友,热泪涟涟,但仍不肯改变初衷。

② 旌(jīng)

47　司马迁写《史记》

　　苏武出使被扣，汉武帝极为震怒，当即派贰师将军李广利出击匈奴。第二年，又派骑都尉李陵率五千精兵出师。李陵是飞将军李广的孙子，作战十分勇敢。汉武帝曾夸他有祖父的遗风。这次他率军长驱直入，到达东浚稽山，驻兵龙勒水上，未遇抵抗，正准备回师，突然被且鞮侯单于及右贤王率领的七八万匈奴骑兵包围。李陵与副将韩延年指挥士兵拼死抵抗，刀剑用完了，截取车轴当武器，与敌人血战，但终因寡不敌众，韩延年战死，李陵受伤，不得已投降了匈奴。

　　汉武帝对李陵投降匈奴的事非常恼怒，下令将李陵的妻子、儿女统统抓了起来。太史令司马迁在武帝面前为李陵辩护，说李陵以不到五千人的队伍与数万敌军交战，杀死的敌兵比自己的人数还多，应该可以向天下人交待了。他在弹尽援绝的情况下不得已而降敌，也许将来还会找机会报答皇上的。

　　武帝不光听不进去，反以为司马迁徇私硬要为变节者辩解，一怒之下，下令将他逮捕入狱，并判了他宫刑。司马迁不愿忍受这样屈辱的刑罚，想自杀，但为了自己手头正在撰写的一部历史巨著，他终于忍辱活了下来。

　　司马迁的父亲司马谈也是太史令，他们的祖上几代都是史官。司马谈积累了大量的历史资料,想写一部史书,但因年老多病,生前未能如愿,他就将此遗愿交给了儿子司马迁去完成。

司马迁从此发奋图强,继续广为收集资料,并且亲自去一些历史名胜之地游历考察。他到过大禹治水去过的会稽,屈原投江的汨罗,孔子的故乡曲阜,汉高祖的出生地沛丰邑(在今江苏丰县),还随皇帝到过巴、蜀、云南等地,核对史实,了解风土人情,最终终于完成了闻名中外的伟大史书《史记》。

知识平台

《史 记》

《史记》记载了从传说中的黄帝开始直到汉武帝太始二年(公元前95年)为止的历史,分十二"本纪",三十"世家",七十"列传",十"表",八"书",共一百三十篇,五十二万六千多字。它不但是一部伟大的历史巨著,也是一部出色的文学著作。因此,鲁迅称它为"史家之绝唱,无韵之《离骚》"。

48 幽默东方朔

　　司马迁因在武帝面前为李陵辩护而倒了霉,但有一个叫东方朔的齐地人,却能够以他的幽默而常给武帝提意见,不但他自己安全无恙,还受到不可一世的武帝的表扬呢。

　　武帝登位不久,一改文、景两帝节俭的习惯,下令大规模扩建上林苑,使这个皇家猎场周围达二百多里。朝中许多大臣都发出一片叫好声,只有东方朔为此事写了一篇赋,说虎狼狐兔的生活天地扩大了,老百姓的田园屋舍被破坏了。动物们高兴了,老人孩子们哭泣了……东方朔的意见虽未被采纳,但武帝的心还是被打动了。他以这篇赋的文采很好为理由,赐东方朔黄金一百斤,官拜太中大夫兼给事中。

　　皇帝的权力至高无上,有时候就会露出一种霸权意识来。对此,东方朔也会用一种充满诙谐而智慧的比喻来向皇帝指出,让他心悦诚服地接受。比如有一次武帝为了一件小事却要发大军去征讨一个小国。东方朔就对他说:"干将、莫邪是两把天下闻名的利剑,但如果用它来补鞋子,却不如一把锥子。骐骥^①、骅骝^②是闻名天下的良马,如果让它们来宫中捉老鼠,就不如一只跛腿的猫。"武帝听了哈哈大笑,终于改变了主意。

① 骐(qí)
　骥(jì)
② 骅(huá)
　骝(liú)

248

一次,武帝下令要将祭祀后的肉赐给百官,但主持的官员却迟迟不来。东方朔便自己上去拔剑割了一块就走。这是一种大不敬行为。第二天上朝时武帝要他检讨。他就说:"东方朔啊,你自己割肉,多么爽快! 割得不多,多么廉洁! 拿回家给妻子吃,多么仁义!"武帝听了,忍不住笑出声来,只好再赐给他一石酒、一百斤肉,叫他回家交给妻子去。

东方朔经常在参加御宴时将席上的肉塞在胸口带走;甚至酒醉后在大殿上撒尿,被称为"狂人"。但他却说:"古人隐居在深山中,我却避世在朝廷里。"

内容链接

马 的 寿 命

汉武帝像秦始皇一样迷信神仙。一次,有个方士对武帝吹嘘说,人的人中长,寿命就长。为此,武帝问东方朔。东方朔说:"对,马应该活一千岁。因为它的人中最长。"弄得汉武帝哭笑不得。

49 巫蛊杀太子

晚年的汉武帝相信神巫,迷信方士,同时又由于年老多病,常常喜怒无常。每当自己得病,总是怀疑有人在用"巫蛊"害他。

"巫蛊"本是古代民间为了发泄对人的怨愤,用木头削一个象征对方的小木人,在小木人身上扎上铁针,以诅咒这人倒霉的迷信手段。公元前91年,有人举报丞相公孙贺的儿子公孙敬声与阳石公主及诸邑公主串通,在通往甘泉宫(在今陕西咸阳淳阳县北)的道路上埋木偶诅咒皇帝。武帝一怒之下竟下令将丞相全家及两个公主全都杀了。

诸邑公主是太子刘据的亲姐姐。刘据的性格与武帝正好相反,他为人宽厚温和,对武帝对外不断发动战争,对内信用酷吏、实行严刑苛法不满意,并且正式向武帝提出过劝谏。太子的政治倾向使武帝的一个宠臣——直指使者(专门负责替皇帝监督宫中及大臣的官)江充恐慌起来。江充利用武帝的宠信坑害过许多大臣,导致丞相及两公主被害的事件也是他一手制造的。他乘武帝这次又在甘泉宫生病的机会,指使胡巫檀柯去对武帝说这是宫中出现的妖气造成的。武帝立刻命令江充在宫中严密搜查。江充有恃无恐,故意在太子及皇后宫中掘地三尺,最

① 蛊(gǔ)
② 檀(tán)
柯(kē)

250

后宣布在太子宫中发现了六枚"巫蛊"木偶。

太子刘据与少傅石德商量。石德说："皇上患病，住在深宫，太子无法自辩；而且丞相父子一案已有前车之鉴，咱们不能重蹈秦朝扶苏的覆辙。"于是刘据决定起兵自卫。

由于此时武帝在甘泉宫养病，不在长安，太子便假传皇帝命令，调动宫中卫士将江充、胡巫抓起来杀掉了。武帝闻报大怒，调动长安附近的正规军前去镇压。太子和支持他的长安民众守城抵抗。双方在长安城中激战五昼夜，最后太子的队伍敌不过皇帝的正规军而失败，数万人被杀，太子和皇后卫子夫也自杀身亡。

内容链接

望思台

事后，武帝调查得知，"巫蛊"事件是江充一手制造的。太子起兵是被江充所迫，他的本意并不想造反。武帝追悔莫及，只得命人在太子出逃后自杀的地方——湖县（今河南灵宝西）筑了一座"思子宫"，又在宫中建了"归来望思之台"，以表示对这位冤死的儿子的思念。

50 轮台罪己诏

　　武帝枉杀了太子，真是后悔不已！他开始意识到自己的迷信行为的恶果。第二年，李广利等出战匈奴受挫，投降了匈奴，武帝为此怒杀了将军李广利、赵破奴及公孙敖的全家。又过了一年，公元前89年，搜粟都尉桑弘羊向武帝建议派军队到轮台（今新疆轮台）建造堡垒和屯田。

　　经过了一系列的挫折，武帝开始反思自己过去好大喜功、穷奢极欲、劳民伤财的种种做法，于是借是否去轮台屯兵这个由头，对大臣们宣布说："我继位以来，许多作为非常狂悖，使天下人愁苦，我十分后悔。从今以后，凡伤害百姓、耗费民力的事统统停止！"关于轮台的事，他又说："过去打姑师，沿途死了数千人；何况，轮台还在姑师以西一千多里呢！我一直为因此而死亡的将士和他们的家属悲伤！如今，最要紧的是废除残酷的刑法，减轻税赋，让百姓们过太平的日子。"

　　武帝突然改变态度使一些有眼光的大臣既感到意外，又十分欣慰。负责管理少数民族事务的大鸿胪①田千秋乘机向武帝提议全部遣散骗人的方士，并提出了一系列奖励耕作、让百姓休养生息、发展农业的措施。武帝全都接受了下来，并任命田千秋为丞相，封他为"富民侯"；

① 胪（lú）

252

又调任桑弘羊为御史大夫；封农业专家赵过为搜粟都尉，负责发展农业。赵过在百姓中推行一种新的耕作技术"代田法"，使当时的粮食生产大为增加。因连年战争和武帝的奢靡浪费而接近枯竭的国库又开始充盈起来。

因为轮台之事促使武帝下诏承认自己以前的一系列失误，并公开表示悔过，因此史书上将这道史上第一份内容丰富、保存完整的罪己诏称为"轮台罪己诏"。

人物聚焦

汉武帝和秦始皇

汉武帝与秦始皇都实行严酷的刑法，生活奢侈，对外不断发动战争，而且好大喜功又相信迷信。但秦始皇到死也听不得不同意见，使秦朝很快灭亡；而汉武帝却因为深受儒家思想影响而能接受忠告，反思自己，从而能在晚年改正自己的失误而使国家重新恢复活力。

51 桑弘羊理财

汉武帝在位五十多年，以他的"文治武功"，在中国历史上建起了一个地域广阔、空前强盛的封建帝国，这和他有强大的经济后盾分不开的。而为朝廷和国库充盈出谋划策、献计出力的人，主要就是武帝的大司农（管理国家财政的最高官员）桑弘羊。

桑弘羊是洛阳人，家中在文、景两帝时代已经靠经商发达起来，十分富裕。但他自己，十三岁时便被选进了皇宫，当了一名侍中，一直跟随在武帝的身边。当时，为了与匈奴打仗，国库弄得相当紧张，武帝不断要求地方增加税收。桑弘羊看到这种情况，就去对武帝说："目前老百姓承受的赋税、徭役已经十分沉重了，许多地方已经出现了农民逃亡、人口减少、土地抛荒的局面；如再增加他们的负担，国内会产生动乱的。"

武帝听了很不高兴，道："那怎么办？难道让前方的将士饿肚子？"

桑弘羊说："百姓穷，可商人和贵族很富呢！"

"向他们要钱？"武帝问，"怎么要法？"

桑弘羊就向他提出了将盐、铁、酒和铸钱等重大获利行业收归国家经营的建议，并且指出这样做不光可为国家获得大量财政收入，而且还能阻止因地方势力过分强大而危及朝政的稳定。

汉武帝一听，茅塞顿开，高兴得立刻任命桑弘羊为搜粟都尉，下诏令实行盐、铁、酒类的专营专卖。公元前119年，这项专卖政策在全国全面推开，严格执行，并任命东郭咸阳、孔仅专门负责管理盐、铁。

桑弘羊的建议果然取得了极大的成效，接近枯竭的朝廷财政又充裕起来了。接着，桑弘羊又向武帝提出了一系列管理和改革国家财政的措施，例如由政府出面统一货币的铸造规格，平抑物价，让军队和流民屯田开荒等等。

桑弘羊为汉朝的政治稳定和经济繁荣作出了很大的贡献，武帝不断地提升他的职务，从搜粟都尉到大农丞、大司农，直到任命他当了御史大夫。

内 容 链 接

"入粟赎罪"

桑弘羊见武帝规定的刑法十分严苛，就向他提出了一个"入粟赎罪"的建议。这就是官员犯了罪，可用粮食（总称"粟"）或金钱来赎。武帝为了增加收入，便同意了。这样，既缓解了严刑，又使朝廷增加了收入。

52 霍光辅政

公元前87年,汉武帝病重。临终前,他留下遗诏,立年仅八岁的小儿子刘弗陵为太子,命大将军霍光为首的五位大臣辅政。不久,武帝去世。太子继位,就是汉昭帝。

昭帝年幼,代为执政的霍光继续执行武帝的富民政策,国内还算安定,但朝廷内的权力斗争,却接连不断。首先是昭帝的哥哥、燕王刘旦不服,认为应由他继位才合理,所以在自己封地内准备人马和舆论,妄想夺权,结果被霍光得知,燕王受到严厉谴责。

接着,霍光的儿女亲家、左将军上官桀又闹了起来。原因是上官桀想把自己年仅六岁的孙女送入宫中给昭帝做皇后。他满以为自己的孙女也是霍光的外甥女,霍光不会不同意。不料霍光不肯徇私,坚决加以阻止。于是上官桀和儿子上官安设法拉拢了昭帝的姐姐盖长公主,联合起来与霍光作对。

第一步,由盖长公主出面硬是绕过霍光立了上官安的女儿为皇后;接着,他们又联络了御史大夫桑弘羊,以燕王刘旦的名义写信给昭帝,检举霍光私自提拔一名校尉,并在最近检阅御林军时排场超越朝廷的规矩,是企图谋反。这年(公元前80年)昭帝才十五岁,但他一眼便看出这封信是伪造的。第二天上朝时,他将信交给霍光看。霍光吓得赶紧脱帽叩头谢罪。昭帝却笑道:"大将军不必惊慌,我知道这封信是假的。"说着,他又对满朝文武道,"你们想想,大将军阅兵的事刚结束,燕王离长安这么远,哪里能这么快就写信来呢?"随即又下令调查这封信的来历。吓得上官桀一伙只好草草收兵。

紧接着,这伙人又密谋由盖长公主出面宴请霍光,趁机刺杀他,举行政变,废掉昭帝。结果事情败露,霍光与昭帝调动御林军捕杀了上官桀父子及御史大夫桑弘羊;盖长公主、燕王刘旦被迫自杀。

内容链接

武帝托孤

武帝临终前,请画师画了一幅《周公负成王朝诸侯图》,图上画的是周公背着幼小的周成王接受诸侯的朝见。他将此图交给了霍光。霍光明白了武帝的嘱托,以后果然像周公一样忠心地辅佐昭帝,直到他去世。

53　昭君出塞

　　汉昭帝很聪明机警，可惜只活到二十一岁便死了。他没生儿子，霍光和大臣们商议后，匆匆立了武帝的一个孙子、昌邑王刘贺当皇帝。不料这个刘贺是个地道的二流子，只顾骄奢淫逸、吃喝玩乐，根本不像个皇帝的样子。霍光和大臣们实在看不下去，就决定将他废了，另立武帝的曾孙刘询为皇帝，就是汉宣帝。

　　汉宣帝继续前朝的开明政策，使汉朝的国力上升到一个新的高度。历史上称之为"昭宣中兴"。与此相反，匈奴在这时候发生了内部分裂，国内产生了五个单于互相攻打。最后有个名叫呼韩邪的单于打败了其他对手，刚将匈奴统一起来，不料他的哥哥郅支又自立为单于，而且将他打败了。呼韩邪到长安去朝见汉宣帝，寻求汉朝的支持。宣帝隆重地接待了他，并且支援他粮食，让他在漠南居住。

　　公元前49年，宣帝去世，元帝继任。但元帝宠信宦官弘恭、石显，将政局搅乱了。匈奴郅支单于乘机杀死汉朝使臣谷吉，进攻西域各国。驻扎在西域屯田的汉将甘延寿和陈汤未经请示元帝就联合西域十五国，突然出兵彻底消灭了郅支单于。

　　公元前33年，呼韩邪单于再次亲自到长安朝拜汉朝

① 郅(zhì)

258

天子,并请求和亲。元帝按惯例下令在宫女中选一女子充当公主去匈奴。几乎所有的宫女都不愿去,只有宫女王嫱①表示愿意。王嫱字昭君,南郡秭归(今湖北兴山)人,虽然天生丽质,但入宫多年却从未有机会见元帝一面。原来由于从各地选来的宫女太多,皇帝要召见她们都是由画师画了像从画中选的。但画师毛延寿很贪,他把不肯给他送钱贿赂的宫女都故意画得很丑。

王昭君心高气傲,不肯巴结毛延寿,但她终于抓住了这个为国家也为自己的机遇。当昭君临行前去拜别元帝时,元帝被她的美丽和风度惊呆了。以前为什么没有发现这样的美人? 元帝一追查,弄明白是毛延寿搞的鬼,一怒之下将他砍掉了脑袋。

人物聚焦

王 昭 君

王昭君嫁到匈奴以后,呼韩邪单于封她为"宁胡阏氏②",意思就是可以安定匈奴的皇后。昭君也真的为匈奴和汉朝两个民族友好作出了巨大的努力。从此以后直到西汉结束,匈奴与汉朝一直和平相处,再也没有发生过战争。

① 嫱(qiáng)
② 阏(yān)氏(zhī)

54 王莽建新朝

　　汉元帝死后，继位的汉成帝宠爱一个名叫赵飞燕的歌姬，生活荒淫奢侈，朝政大权却落到了他的母亲王政君一门的手里了。王政君将她的七个兄弟都封了侯，并且让她的长兄王凤做了大司马、大将军，执掌大权。

　　王凤有个侄子王莽，从小死了父亲，与寡母一起住在太后王政君的宫中。他认真读书，生活俭朴又懂礼仪，深得太后及王凤的喜欢。王凤死后，过了一段时间，王太后终于让王莽当了大司马。

　　王莽掌握了朝中大权以后，继续装出一副谦恭廉洁的模样：他主动拿出家里的百万钱财和三十顷土地救济灾民，推辞太后给他的封赏，并在宫中提倡节俭。这些做法，迷惑了许多大臣，也笼络了人心。接着他又以募集人才的名义搜罗了许多为他出谋划策的心腹，让他们在朝廷内外大造舆论，宣扬他的功绩，并上书王太后，封他为"安汉公"。

　　成帝死后，哀帝只做了六年皇帝，王莽便立了九岁的刘衎^①做皇帝，就是平帝。从此开始，王莽便开始了他一系列篡权夺位的行动。他先将自己的女儿给年仅十二岁的平帝做皇后，以便控制他。然后，找借口将平帝娘家的人全都杀了，以免将来与他王家争权。他的大儿子王宇对

① 衎(kàn)

父亲的这种做法不满，想了个法子劝他，王莽竟也残忍地逼令儿子自杀了。年轻的平帝感到了威胁和害怕，稍微在言语中透露了一些，王莽干脆指使人用一杯毒酒将他毒死了。

毒死了平帝，王莽又扶植了一个年仅两岁的婴儿做皇帝。他是宣帝的玄孙，名婴，号孺子，因此称为孺子婴。孺子婴当然是傀儡，王莽就堂而皇之地当上了"摄皇帝"、"假皇帝"，就是代理皇帝。而且将年号也改成了"居摄"。"居摄"了两年，终于熬不住，于公元8年正式称帝，改国号为"新"。

西汉王朝至此便正式结束了。

赵飞燕

赵飞燕原是阳阿公主家的一名歌姬。一次汉成帝在公主家观赏她的歌舞，被她小巧的体态和轻盈的舞姿迷住，将她收入宫中，从此得宠，并立为皇后。一次，飞燕在为成帝跳舞时遇大风，乐师冯无方急忙上去抓住她的脚，而飞燕仍狂舞不止。因此传说她会在人掌上跳舞。

55 绿林和赤眉

　　王莽建立了新朝,并下令在全国行"新法"。他的新法以一切恢复古代的体制为标准。比如他下诏按古代的井田制实行土地改革,命令占有过多土地的人让出土地分给亲属和邻居;改革币制,平抑物价。这些本来应是好事,但在一大批贪官污吏的阳奉阴违下,全变成了盘剥百姓的手段。结果农民没得到土地,官铸的大钱分量不足,使货币实际贬值,加上连年灾荒,民不聊生。偏王莽还要向匈奴等周边少数民族示威,找岔子发动战争。百姓们被逼得没有生路,便纷纷举行起义。

　　公元 17 年,湖南、湖北一带闹饥荒,新市(今湖北京山)人王匡和王凤率领饥民上绿林山(在今湖北当阳)暴动,称为绿林军。他们开官仓、打土豪,劫富济贫。附近农民纷纷响应,很快聚集起上万人。王莽派大批官兵镇压,都被打败。这时,绿林军中发生了瘟疫,将士死亡很多,于是他们放弃了绿林山基地,分成了三路重新集结,在湖北三地组成了"下江兵"、"新市兵"和"平林兵"。

　　不久,汉朝皇室的后裔刘玄也加入了平林兵,南阳蔡阳(今湖北枣阳西南)的豪绅刘縯①、刘秀兄弟也率众起义,加入到下江兵中。公元 23 年,他们将三支绿林军又统一起来,队伍扩展到近十万人。大家经过一番争议,推举刘

① 岔(chà)
② 縯(yǎn)

262

玄在宛城(今河南南阳)称帝,并定年号为"更始"。从此绿林军改称"汉军"。

与此同时,东边的山东有个叫樊崇的也率领农民发动了起义。他的队伍以泰山为根据地,在青州和徐州一带活动。公元22年,王莽派太师王匡率十万大军前去征讨。为了在同政府军作战时好互相区别,起义军将士都将自己的眉毛画成了红色。因此他们又称"赤眉军"。赤眉军纪律严明,不侵扰百姓,深得群众支持。他们同样一举击败了王匡腐败不堪的军队。赤眉军也发展到十万多人。

绿林、赤眉的义军越来越壮大,全国各地贫苦百姓闻讯,也纷纷发动起义响应。王莽的政权已到了众叛亲离的程度,日子也屈指可数了。

苍　头

汉朝大户人家的仆从,一般头上都裹着一块苍色(深青色)的头巾,因此,那时的仆从就称为"苍头"。

56　昆阳大战

　　王莽见天下大乱，形势危急，一面宣布废除一切不利于民的法令，一面加紧组织和调动大批军队，准备孤注一掷，扑灭义军。

　　公元23年，王莽派大司徒王寻、大司空王邑率领四十二万大军，号称百万，气势汹汹地向绿林军（这时已称为"汉军"）刚刚占领的昆阳（今河南叶县）扑来。这支队伍中，还有一个名叫巨毋霸的巨人，他驱赶着一群由凶猛的野兽如大象、狮子、老虎、豹子、犀牛等组成的动物大军，据说在作战时放出来，再勇敢的士兵也只好拼命逃窜。

　　王寻、王邑的大军将昆阳城围得水泄不通，城外战鼓连天、旌旗蔽日，而且还用云车不停地攻城。而守城的汉军只有八九千人。将军王凤、王常、李轶等人都十分紧张，主张设法突围；只有刘秀十分镇定，一面布置他们坚守，一面与李轶两人带十三名骑兵乘夜杀出重围，到附近的郾城（今河南郾城）和定陵（今河南郾城西北）调集了一千多救兵，立刻杀回昆阳。

　　王莽军统帅王邑见他才千余骑兵，不以为意，只派了几千人拦截，结果被一马当先的刘秀杀得人仰马翻。刘秀在城下向守城士兵高喊："大司徒刘縯的援军已经来了!"使城内将士士气大振。刘秀乘势再从城内选出三千精兵,由他率领直扑王邑的中军。此刻王邑不辨真假,就命令全军各自坚守阵地,不得擅自出击。岂料这正好给了刘秀一个机会,让他可以全力拼死攻击王邑的大本营。刘秀的士兵个个精神百倍,以一当百,没等王邑醒过神来,已经将他据守中军的一万人马杀散了,王寻被乱军杀死,王邑狼狈逃窜。

城内的守军见了,乘机冲出城来助战。王莽军失去了指挥,乱了阵脚,相互践踏,溃不成军。就连那巨毋霸的野兽兵也没起作用。因为正当他放出这些猛兽时,天上雷鸣电闪,大雨倾盆;再加上战场上杀声动地,连畜生也被吓跑了。巨毋霸被逃跑的野兽挤到河里淹死了。

不久,更始帝刘玄又派兵攻下了长安。王莽被杀,他经营了十五年的新朝也灭亡了。

内容链接

王 莽 哭 庙

汉军快攻进长安时,走投无路的王莽竟带着群臣到长安南郊九庙向天大哭,企图用哭声来感动上苍,让老天替他阻止义军进城。据说他还对哭得响、哭得时间长的臣子一一加官晋爵呢。

57 光武帝刘秀

更始帝刘玄虽在宛城称帝,但在昆阳大战中领兵击败王莽军主力的,却是刘縯、刘秀兄弟。为此,刘縯心中很不服气。绿林军中的一些将领,本来认为刘氏兄弟是豪门贵族出身,与他们不是一条心,因此就与刘玄合谋杀掉了刘縯。

刘秀得到消息后,假装毫不在意,不但不给哥哥戴孝,还特地赶到宛城去向刘玄表白,说哥哥是罪有应得。刘玄不好再过分,就封他为破虏将军,但不给他军队,只给他一支符节(在竹竿上挂一牦牛尾或穗子,是皇帝授予外出官员某种权力的象征),让他到黄河以北地区去安抚、收编那里的郡县。

一次,他和几个随从来到饶阳(今河北饶阳),才发现这里是刚刚在邯郸自立为王的王朗的地盘。这王朗还到处贴着告示在悬赏捉拿刘秀呢。刘秀一行又累又饿,就谎称自己是邯郸的使者,让当地驿馆官吏备饭招待。馆吏见他们吃饭的狼狈相,起了怀疑,命人关了大门,突然高喊:"邯郸将军到!"刘秀一愣,随即就镇定地说:"快请来相见!"馆吏这才解除了戒备。

刘秀在所到之处废除王莽的苛政,收拢人心,重新建立自己的势力和军队,还吞并了一批起义军,队伍很快扩展到十几万人。公元25年，他终于在鄗城（今河北柏乡北）自立为皇帝，仍以"汉"为国号，就是汉光武帝。同年，光武帝刘秀定都洛阳。

这时，更始帝刘玄已先后将都城从宛城、洛阳迁往长安。进了长安的刘玄只顾在豪华的皇宫内尽情享乐，使原先支持他的绿林军将领们对他十分不满，内部便发生了分裂。趁此机会，樊崇领导的赤眉军攻进了长安。刘玄被杀。

第二年，攻进长安的赤眉军因为受到关中地主豪绅的封锁，几十万军队没有粮草，只好退出长安向东撤回。不料东撤的路上遭到了光武帝早已设下的伏兵，赤眉军被分割打散，最终失败了。

就这样，刘秀建立的王朝终于统一了中原。由于刘秀建立的汉朝以洛阳为首都，在长安之东，史称东汉，又称后汉。

刘盆子交印

刘盆子本是赤眉军中一个十五岁的放牛娃。因为他姓刘，赤眉军硬把他立为皇帝。赤眉军攻进长安后，一些将士在城中烧杀抢劫。刘盆子就向将军们跪下，要将皇帝大印交出。将军们慌忙向盆子叩头谢罪，保证约束士兵。从此，赤眉军果然纪律严明起来。

① 鄗（hào）

58 宋弘拒婚

　　光武帝刘秀当了皇帝以后，经过一番征伐，统一了国家。他还算是一个比较开明的君主，稳固了政权以后，便在国内恢复和发展生产，同时宣布释放奴婢，减轻赋税，精兵简政，终于使后汉王朝的经济实力赶上和超过了前汉时期。

　　国内太平了，光武帝开始关心起自己家中的事来。刘秀的父亲叫刘钦，在刘秀九岁时就死了。刘秀共有兄弟姐妹六人。大哥刘縯被更始帝刘玄所杀，二哥刘仲和二妹也在这场战乱中死掉了。现在能与他共享富贵的，只有一个姐姐和一个妹妹了。

　　他的姐姐名叫刘黄，被刘秀封为湖阳公主。刘黄嫁过人，但丈夫在刘秀刚刚称帝的头年便生病死了。现在被封为公主，府第豪华，车马、仆从成群，声势虽然显赫，却仍然孤身独守空房。于是刘秀就想替姐姐找一个丈夫。可是，如此高的门庭谁敢贸然来攀龙附凤？刘秀想替姐姐物色一个，又怕姐姐不一定满意。考虑了半天，他终于想出了一个办法。他把姐姐找来，装作随便闲聊的样子问："姐姐认为，当朝哪个大臣最好？"

　　湖阳公主知道兄弟的意思，想了想，便说："我看大司空宋弘人品、才貌都是大臣中最好的。"

刘秀就让姐姐躲在屏风后,自己召见宋弘,对他说:"我听说人尊贵了要交新朋友,富裕了要换个妻子。不知你怎么想?"

宋弘是个聪明人,当然明白皇帝的意思,他马上严肃地回答:"我也听人说,'贫贱之交不可忘,糟糠之妻不下堂'。这可是古代圣贤的一贯教导啊!"

刘秀听了,只好无可奈何地回头低声对屏风里说:"事情办不成了!"湖阳公主只好快快不乐地离去。

虽说刘秀并未强迫宋弘与自己的姐姐成亲,但他还是找个借口,将宋弘罢了官。

故事中的成语

糟 糠 之 妻

"糟糠之妻"的成语,就是从上面的故事中宋弘说的这句话中来的。从此,人们可以把自己的妻子称为"糟糠"。但这两个字,原本没有贬义,只是表示"与自己一同吃糠咽菜、同甘共苦过来的妻子是不能抛弃"的意思。

59 "强项令"董宣

　　湖阳公主虽然不能如愿以偿地与宋弘结婚，但她仗着皇帝是她的亲弟弟，在洛阳城内非常霸道。

　　湖阳公主有个十分宠信的奴仆，一天在洛阳市上强买一位老人的珠宝，老人与他论理，他竟拔出佩刀将老人一刀刺死。这件事被洛阳县令董宣知道了，他就带着衙役守在公主府外的要道上。过了几天，那个恶仆果然耀武扬威地替湖阳公主驾着马车出门了。董宣便上前拦住了车队。

　　湖阳公主从车中探出身子斥责道："你是什么人？如此大胆！"

　　董宣道："小臣是洛阳令，公主的车夫杀了人，特来捉拿。"

　　湖阳公主还要发作，董宣竟上前将那恶仆一把拽下，挥刀砍下了他的脑袋。湖阳公主大怒，直接奔皇宫去找皇帝哭诉告状。

　　光武帝听了，怒气冲冲地将董宣召来，训斥道："你得罪了公主，该当何罪？"

　　董宣坦然道："老臣秉公执法，无罪！"

　　"你还嘴硬！"光武帝为了替姐姐消气，命左右的小太监，"给我打！"

董宣道："不必打了。请允许我说句话，我自己去死！"光武帝生气地一挥手："快说！"

董宣就道："陛下是个一心想让国家中兴的皇帝，却自己不讲法制，纵容公主的手下随便杀人，请问以后怎么治理天下？"说罢，自己便一头撞向殿柱，血流满面。

光武帝的头脑一下子清醒过来了，但为了让姐姐下台阶，命令他向公主叩个头了事。哪想到董宣就是不肯。光武帝让两个小太监硬按他的头，他仍挺着脖子，死命用双手撑地，不肯下跪。

湖阳公主对皇帝说："你年轻时在家里也藏过杀人逃亡的人，官吏都不敢来捉拿；现在当了皇帝，倒不如一个小小的洛阳令厉害？"

光武帝笑道："正是因为我当了皇帝，才不能像当平民百姓时那样随便了！"说罢就对董宣笑道："回去吧，你还真是个'强项令'呢！"

第二天，光武帝又宣诏嘉奖董宣，赏钱三十万。董宣将这些钱全部散给了部下。

知识平台

强 项 令

董宣宁死坚持执法的故事，为后人广为传诵。从此以后，人们便将不肯向强权屈服的刚强、正直的人叫作"强项令"。

60 马援老当益壮

　　光武帝在基本统一国家、建立起较稳固的中央政权以后，还有一位很有名的将军，为他立下了许多战功。这位将军就是马援。

　　马援的祖先是赵国人，他是赵国名将赵奢的后代。赵奢曾被封为"马服君"，而他的儿子赵括因"纸上谈兵"的事而名声不好，所以后代改姓了马。马援十二岁时父亲就死了，因为家里穷，他想放弃读书。他的哥哥说："你有大才，但可能成熟得晚些，不要灰心。"这就是成语"大器晚成"的来历。

　　成年后，马援在当扶风郡督邮（太守下面的官吏）时奉命押送一名罪犯，因可怜罪犯，将他放走了，自己便逃到北地郡搞起了一个牧场，很快发家致富，家里养了不少宾客。一天，马援对宾客们说："大丈夫穷当益坚，老当益壮"。不久，他果真将自己的财富散给了亲戚朋友，然后从军去了。

　　他不但在光武帝刘秀战胜蜀中公孙述和陇西王隗嚣①的战争中立了功，还替刘秀带兵征战两年，平定了交趾国（今越南北部）的叛乱。光武帝刘秀为此封他为伏波将军、新息侯。这时他的朋友孟冀前去向他祝贺，他却说："如今匈奴、乌桓尚未征服，男子汉应该在战场上马革裹

① 隗（wěi）

272

尸还!"于是他又请求出战匈奴、乌桓,将前来骚扰的这两个部落的军队打了回去。

公元48年,已经六十二岁的马援又向光武帝请战去武陵(今湖南常德)征五溪蛮。这是一支十分勇悍的少数民族,汉朝的武威将军刘尚刚刚在那里全军覆没。光武帝顾虑他年纪太大,马援却披甲纵马,操演给皇帝看。光武帝便让他带四万兵马出征。不料南方天气炎热,将士水土不服,作战失利,马援也病倒了。

光武帝的女婿梁松本来与马援有仇,便诬陷马援指挥不当,还乘机搜刮财物。当光武帝派梁松去前线责备查处时,马援已病死在战场上了。最后,在给马援入葬时才发现,所谓他搜刮的财物,只是一些他准备带回治风湿病的"薏米"而已!

故事中的成语

"老当益壮"、"马革裹尸"

"穷当益坚,老当益壮"、"马革裹尸"这两个成语都是从上面的故事中来的。前个成语的意思是"政治上越不得志就越要有坚定的意志;人年纪越大就越要有雄心壮志"。第二个成语的意思是"大丈夫应该为国尽忠,战死疆场,让别人用马革裹着尸体送回来埋葬"。

61 王充著《论衡》

　　光武帝是一位比较开明的中兴皇帝,但他有一个致命的弱点,便是相信迷信的所谓"符谶"。这也难怪,因为他自己便是以一个名叫强华的人胡编的一份"赤伏符"为依据,登基做了皇帝的。他甚至因为那"赤伏符"中还有一句"王梁主卫作玄武"模棱两可的话,就将一个名叫王梁的人,一下子提拔作了大司空。因为他认为,"玄武"是北方的水神,大司空是朝中主管建筑和水利的。

　　皇帝迷信,许多儒家学者又用迂腐的观点推波助澜。但这时也出现了一批头脑清醒的学者,他们通过对学问的钻研和自己长期的观察思考,用朴素唯物主义的观点,对此进行批驳和论辩,并且写下了十分有价值的理论著作。其中最有代表性的,便是桓谭和王充。

　　桓谭写了《新论》一书,想竭力劝阻光武帝信谶纬,但光武帝不但不肯阅读,还将他罢了官。桓谭抑郁而死。

　　王充是会稽上虞(今浙江上虞)人,从小家里很穷,但他六岁起就拼命苦读,买不起书,就上书摊去阅读,读完一本好书,就回家将记下的内容默写在竹简上。用这个办法,他也阅读和积累了大量的资料,并且练就了过目不忘的本领。他还很有辩才,常常将那些自以为有很深的儒家学问的人宣扬的鬼、神迷信之说批驳得体无完肤。

① 谶(chèn)

该郡太守相信"天道"、"鬼神"。他听说王充有学问，便去问他。王充说："'天道'讲的是自然规律，因此天是物体，没有嘴巴眼睛，哪来的'神'？人有了躯体和五脏六腑，才有精神；人死躯体烂掉了，精神也随之消失了，哪来的'鬼'？"

王充以后又靠替人抄书、教书赚的钱去京城的太学深造，在那里钻研了大量古代典籍，并写出了著名的宣扬无神论的哲学巨著《论衡》三十卷，约二十多万字。

知识平台

谶　纬

当时一些钻牛角尖的儒生、道士和方士，根据儒家经典中的片言只语，将它们牵强附会地与当前的一些人和事联系起来，编成了一种类似预言的书。因为是从古代经典中抽出的内容，与"经书"相对，所以称为"纬书"，又叫"谶纬"。汉朝最著名的一本"纬书"叫《河图》，所以"谶纬"又叫"图谶"或"符谶"。

汉明帝求佛

公元 57 年，光武帝刘秀去世。他的儿子刘庄继位，就是汉明帝。汉明帝基本上能继承他父亲的开明政治，也与光武帝同样迷信。一天晚上，他做了个梦，梦见有个金人头上冒着一圈白光在绕大殿的柱子飞翔，自己想上去问他是谁，那金人却向西飞走了。第二天醒来，明帝在朝堂上问大臣们他这个梦代表什么意思。

有个叫傅毅的博士说："我听说西方有个天竺（今印度）国，那里盛行佛教，供佛像，念佛经。武帝时霍去病夺到的匈奴休屠王的金人，就是天竺佛像，可惜现在不知去向了。想必陛下梦见的金人，就是那佛的幻影吧？"

明帝听了觉得好奇，便派当时两个很有学问的郎中蔡愔、秦景，到天竺去求取佛经。两人沿着丝绸之路经西域前往天竺，行程万里，一路上吃尽了苦头，终于在那里学习和接触了佛教的一些知识，并结交了天竺的两名高僧摄摩腾和竺法兰，动员他俩带了佛祖释迦牟尼的像以及佛经四十二章，用一匹白马驮着，翻山越岭，回到了洛阳。

明帝接见了两位天竺高僧，也翻阅了带回的佛经，但他哪里看得懂。为了尊重异国的宗教，他下令在洛阳城西雍门外建了一座寺庙，让两位天竺高僧住在里面传经

① 竺(zhú)
② 愔(yīn)

讲学;庙里造了石室供藏佛经。那匹白马也养在寺内。因此,这寺也称"白马寺"。

白马寺虽建了起来,但前来拜佛、学经的人并不多,只有楚王刘英派了人去寺内向僧人抄了一点佛经,请了一幅佛像,还学了一些拜佛的礼法规矩,在自己的封地内拜起佛来。但他一边拜佛一面又学光武帝,搞起了所谓的"图谶",铸造了一个金龟和玉鹤,还乘机大量结交方士。这就触犯了皇帝的忌讳。明帝在有人举报楚王企图谋反的情况下剥夺了他的封地,刘英自杀,还牵连了一大批人。

虽然汉明帝对佛教并未重视,但这是佛教首次正式传入中国,在中国宗教文化史上是有重要地位的。

内 容 链 接

刘 秀 薄 葬

古代皇帝大都从登基起便为自己修造坟墓,死时陪葬品极其丰富。但刘秀临终前留下遗诏,要求薄葬,规定丧事从简,各地方官吏不得来京奔丧,陵墓占地不得超过二三顷。这是古代帝王中少有的开明之举。

63 王景治水

　　汉明帝时,还做过一件有利于民的大事,这就是修建了治理汴河的巨大水利工程。汴河是连接黄河和淮河之间的一条重要水道,沿途灌溉着大片的农田。但是由于古代的黄河泥沙丰富,秦汉时的频繁战争又使官家顾不上修堤及疏通河道,因此经常决堤泛滥。西汉平帝时,黄河又一次决堤,冲毁了黄河与汴河连接处的闸门,从此黄河水便无节制地流入汴河,形成了汴河、黄河一起泛滥的局面。

　　鉴于这种情况,光武帝时有人就提出了治理汴河的请求,但由于工程巨大未能动工。公元 69 年,汉明帝召当时有名的治水专家王景前去商议。

　　王景是乐浪郡(今朝鲜平壤)人,从小喜欢读《易经》和天文、数学以及有关技艺方面的书。他的父亲为东汉王朝立过功,因此他被选到司空伏恭的府中当吏员。他是由伏恭推荐给明帝的。

　　明帝问他治理汴河是否必要? 这么大的工程是否可能? 百姓会不会怨恨? 王景回答说:"汴河流经十几县,又经过京城,它关系到无数百姓的生存和洛阳的安危,当然应该治理。至于工程耗费民力较多,但只要为百姓着想,他们真正受了益,就是暂时有些怨言,以后也会感激

① 汴(biàn)

朝廷的。"于是明帝便让谒者（主管建筑工程的官）王吴与王景一起负责这项工程。

公元69年，明帝下令沿汴河各地动员几十万民工开始治河。王景认真地测量规划，大胆地将汴河改道，让它经河南、山东直接流入渤海。沿途有的筑堤、疏浚淤塞的河道，有的开凿新河，并且每十里立一道水门，以分出支流灌溉农田。还在荥阳与黄河的接口处重新修建了闸门，控制住了黄河入汴河的河水。

经过一年的艰苦奋战，这项巨大的水利工程终告完成。为害了两岸人民六十年的汴河终于被驯服，大大促进了农业和运输的发展，百姓感激，明帝也高兴，他亲自上荥阳观看了水闸，并封王景为侍御史、河堤谒者（监管河堤的官）。

内容链接

明 章 之 治

汉明帝继承了父亲光武帝的政策和作风，努力发展经济，兴修水利，避免边境战争，提倡节俭，使他在位的十八年间，天下太平，连年丰收，人口增长，百姓富裕。例如，每斛粟只卖三十钱。因此历史上将他和其子汉章帝两代称为"明章之治"时期。

① 谒（yè）

64　班固作《汉书》

汉明帝除了注意兴修水利、发展生产外,还很重视对文化的控制。公元62年,有人向明帝告发班固私自修改汉朝的历史。明帝就下令将班固逮捕,并查抄了他的手稿。

班固是扶风安陵(今陕西咸阳东北)人。他的父亲班彪便是位很有名的历史学家。班彪计划续写司马迁的《史记》,但尚未写完便去世了。他的大儿子班固继承父志,继续收集资料和写作,岂料在埋头苦干了八年后遭到了牢狱之灾。

班固的弟弟班超不顾个人安危,赶赴京城洛阳向明帝上书为哥哥辩护。明帝为此亲自调看了班固的原稿,发现班固写的前汉历史非常符合刘姓皇家的利益和儒家正统思想,而且文字也十分优美,于是他下令赦班固无罪,并任命他为兰台令史,让他名正言顺地专心编修国史。

从此,班固得以集中精力,并利用皇家宫中的藏书资料,进行充分的整理研究,经过二十多年的努力,写就了从汉高祖刘邦到王莽被杀共二百三十年的历史。这部记载西汉王朝完整历史的书就是有名的《汉书》。

《汉书》是继《史记》之后我国又一部伟大的历史著

作。只是《史记》是一部从上古写到汉武帝时的许多朝代连续的历史，称为"通史"；而《汉书》则只写西汉及王莽的新朝的历史，称为"断代史"。从此开始，以后的各个朝代，都开始有了自己的断代史。这些史书合起来，便集成了史学界所称的"二十五史"。《汉书》在内容上还比《史记》增加了《百官公卿表》和讲述皇朝的各类专题内容的"志"，例如《刑法志》、《地理志》、《艺文志》等，对后代研究前朝历史极有价值。

班固撰写《汉书》出了名，被当时的大将军窦宪调去当了参谋，还随窦宪参加了汉朝当时规模最大的一次讨伐匈奴的战争，成了他的亲信。但他因此也在窦宪被杀案中受到牵连，被冤死狱中。

人物聚焦

班　昭

班固死后，汉和帝亲自阅读《汉书》原稿，发现尚未最后完成，就下诏调班固的妹妹班昭前来整理和续写。班昭从四十岁起孜孜努力了多年，校订完成了全书，并续写了《八表》和《天文志》，才使这部著作趋于完善。

65 班超从军

　　班固被明帝任命为兰台令史后，将全家迁到了洛阳。他的兄弟班超就在当时政府的抄书机构中靠抄书挣钱补贴家用。不久，班固被提拔为校书郎，明帝就让班超接任了兰台令史。但班超对这文官的工作兴趣不大，他一心想能像当年的张骞那样，去西域为重新打通丝绸之路而建功立业。

　　因为自西汉末年至东汉初年，汉朝暂时无力顾及西域，致使那里的大部分地区又被匈奴控制了。公元73年，机会终于来了。明帝决定派奉车都尉窦固①出击匈奴。窦固将班超征入他军中任假司马。班超奉命分兵进攻伊吾（今新疆哈密），大胜匈奴兵。于是窦固就派他和从事郭恂②带领三十六名随从去西域分化匈奴的后方。

　　班超一行首先来到鄯善国。鄯善国王起先热情接待，但几天后突然态度变冷淡了。班超一打听，原来是三天前匈奴派来了一个由一百多名士兵护送的使团。眼前的形势非常危险。如果鄯善王倒向匈奴，汉朝使团就可能被杀或变成匈奴的俘虏。班超当机立断，决定瞒着使团的文官郭恂采取行动。班超带领使团的三十六名勇士于当晚用火攻的方法突袭匈奴使团的帐篷，将使团人员全部歼灭。第二天班超召见鄯善王，鄯善王吓得立刻表

① 窦（dòu）
② 恂（xún）
③ 鄯（shàn）
　善（shàn）

282

示臣服汉朝。

明帝得报,任命班超为正式使节,带原班人马继续西行。班超一行来到于阗国。于阗王广德早已投靠匈奴,对汉使很冷淡。他居然听信巫师的话,还向班超要使团中的一匹千里马作祭品。班超假装答应,让那巫师自己来牵。待巫师真的来牵马时,班超一刀将他杀了,割下了他的头去见于阗王。于阗王害怕了,下令杀了驻扎在于阗的匈奴使者,表示从此服从汉使指挥。

班超和他的使团从此长驻西域二十七年,运用他的智勇谋略,利用愿意臣服汉朝国家的军队讨伐忠于匈奴的国家,终于使西域五十多个国家重新归汉。中国与西域各国的丝绸之路在被阻六十多年后又重新打通了。

人物聚焦

班超和甘英

班超重定西域后,汉和帝于公元95年封他为定远侯。公元97年,班超派部下甘英率马队从西域再往西南,越过葱岭,穿过大月氏,来到安息和条支(今伊拉克)。这是汉使到达的最远的地方。公元102年,班超七十一岁时奉召回到洛阳。此时他已经是一位白发苍苍的老人了。

① 阗(tián)

公元 75 年,汉明帝去世。他的儿子刘炟①即位,就是汉章帝。章帝的皇后是窦氏,她的哥哥窦宪因此飞黄腾达,先当了侍中,以后又提升为虎贲②中郎将。窦宪在朝中横行霸道,仗势欺人。章帝死后,继位的和帝才十岁,窦太后更加宠信窦宪。齐殇王的儿子刘畅到洛阳来吊唁③章帝,窦宪竟然派刺客杀了他,此事在朝内引起了轩然大波。

窦太后为了遮掩,就派他离京去讨伐匈奴。

汉武帝时,卫青、霍去病击败匈奴,使匈奴分成了南北两部。南匈奴一直与汉朝友好。这时北匈奴发生饥荒,南匈奴单于请汉朝出兵讨灭北匈奴。窦太后乘机同意了南匈奴的请求。

公元 89 年,窦太后命窦宪和耿秉为正副统帅率军与南匈奴单于的军队联合,分三路进击大漠以北的匈奴;三支大军在涿邪山(在今蒙古国)会师,并与北匈奴单于在稽落山(在今蒙古国)展开大会战。决战最终取得了胜利,共消灭敌军一万多人,俘获北匈奴军队二十余万,骆驼、马、牛、羊百万头以上。北匈奴部落从此在漠北消失,不知去向。有的史学研究者认为,他们是沿着丝绸之路向西迁移,几百年后出现在欧洲。总之,不管窦宪是怎样

① 炟(dá)
② 贲(bēn)
③ 唁(yàn)

284

的人,他这次领兵彻底击败了匈奴,终于解除了中国历史上好几百年来一直存在的北部边境的隐患。

窦宪取胜以后,命随军的参谋班固起草了一篇铭文,记述了这次战争的情形,刻在一块石碑上,并且将这石碑树在了距长城三千里的燕然山(今蒙古国杭爱山)上,作为纪念。从此,"勒碑燕然"便成了保卫我们国家的代名词。

平定北匈奴后,窦宪的势力更加扩大,他和自己的党羽把持朝政,排除异己,欺凌百姓,巧取豪夺,无恶不作。直到和帝长大以后,才找机会将窦家一门一举清除。

内 容 链 接

和 帝 杀 窦 宪

窦宪在章帝、和帝两朝横行不法。到和帝刘肇十四岁时,已对这位舅舅大为不满。窦宪就召集党羽策划杀掉刘肇。刘肇秘密联络太监郑众及哥哥、清河王刘庆抢先动手,出动禁卫军突然包围了窦宪和他们的党羽,将他们一网打尽。

① 肇(zhào)

67 许慎著《说文解字》

自从汉武帝采用大学者董仲舒的建议，实行"罢黜百家，独尊儒术"的方针以后，儒家的学说和著作便在社会上确立了主流的地位。到了东汉，各代皇帝则更是全面将儒家思想应用到朝廷的政治、法律和思想、经济各个方面。于是，对当时已经被公认的儒家经典如《诗》、《书》、《礼》、《乐》、《易》、《春秋》等的研究和解释便五花八门、歧异纷呈。由于这些儒家著作都是在经历了秦始皇"焚书"劫难后保存下来的，因此各种版本或残缺不全，或内容、文字上出入差别很大，使许多学者研究时大伤脑筋。更有一些人钻牛角尖、走歪门邪道，断章取义地摘录其中费解的句子搞起迷信的"谶纬预言"来，让光武帝等几代东汉皇帝都沉溺其中。

汉章帝认识到了这个问题，于公元 79 年在洛阳德阳殿的白虎观亲自主持召开了研究统一解释"五经"内容的会议，会上贾逵、桓郁、班固等学者都发表了自己的意见，最后由班固将这次会议统一的意见整理出来，出版了《白虎通义》一书。章帝下令将该书抄示天下。

《白虎通义》虽然给"五经"的内容有了一个官方的解释，但毕竟只是一家之言，别人仍然可以不信而提出另一种解释。当时的学者贾逵、马融等提出希望能跳出以往只对经书作句子的释义和辨析,改而从文字学的角度对古代的文字直接进行准确的解说,然后再以此为基础去解释"经书"的内容,这样就既客观又符合实际了。他们决定将这项工作交给自己的学生许慎去完成。

实际上,这等于是要编一本大型的古代文字的字典。这个工程是十分艰巨的。许慎接受这个任务后,干脆辞去了朝廷祭酒的官,回家广为收集资料,请教学者,仔细研究文字的形、音、义之间的关系,经过十多年的辛苦努力,在贾逵、马融,还包括汉安帝的支持下,终于于121年完成了《说文解字》这部前无古人的解释汉字结构和意义的专著,对我国文化的发展作出了巨大贡献。

《说文解字》

《说文解字》全书共收字九千三百五十三个,按五百四十个部首排列。书中对每个字的本义作出考证和解释,指出字体的演变过程,首次为造字模式"六书"即象形、指事、会意、形声、转注、假借下定义,并运用于实践,承前启后地发展了汉字的分析理论。

68 蔡伦造纸

蔡伦是湖南桂阳人，小时候因为家里很穷，不得已进京做了小太监。在明帝时，他只是一名宫中任人使唤的小奴才，到章帝时才当上了小黄门（太监中的小头目）。他聪明好学，老太监们都很喜欢他，因此很快在宫中学会了识字读书。渐渐地，他饱读经书，而且很有见地。汉和帝赏识他，升他为中常侍。以后，实际上掌权的邓太后也很器重他。公元 97 年，他接受了监制宫中的刀剑和其他器物的工作。他认真负责，心灵手巧，将器物制作得非常精巧耐用。

在制造宫中器物的过程中，蔡伦一直在思考着一个问题：这就是当时在简牍上写字，书写和阅读都十分麻烦。"简"是竹片，"牍"是木片，将字写在上面，用绳子串起来成册、合捆起来成书；一种书往往要几个人抬。当然那时也已有用绢帛代替竹木简牍写字的，但绢帛的价格很贵，一般人是用不起的。因此蔡伦一直想制造一种既轻便又廉价的用于书写的东西来。

105 年，蔡伦回老家探亲看望父母。他在家乡看见了当地的百姓将破旧衣服、渔网等在石臼中捣烂、用水漂洗后摊平在竹筛中，再倒扣在石板上晒干，他们将这种薄薄的纤维片称为"纸"，用来代替简牍写字。但这种东西很

① 牍（dú）

288

脆而且粗糙，一折就断，容易破碎。不过，这种民间的造纸方法已经符合了他原先的两个预想——轻便与价廉，因此蔡伦十分兴奋，利用假期在家中动手研制与改进。他先改进工艺，将浆捣得更烂，将晾晒的石板磨得更平，但纸的质量改进不大；后来他从一位烧石灰的老工人那里得知，石灰会腐坏衣服，于是就在捣浆时加入了生石灰，结果效果真的很好，一种既薄又白而且不脆的崭新的"纸"终于生产出来了。

蔡伦回洛阳后将这种纸献给了和帝，和帝对他大加赞赏。和帝死后，掌权的邓太后为了表彰他的功绩，封他为龙亭侯。从此这种纸便被叫作"蔡侯纸"。这项伟大的发明也从中国传向了全世界。

人物聚焦

蔡伦的悲剧

蔡伦发明造纸技术，对推动汉朝文化的发展起到了巨大的作用。汉和帝及后来执政的邓太后都十分器重他。但因蔡伦在章帝时曾参与过废原太子刘庆的事，因此在章帝的孙子、刘庆的儿子安帝继位后，安帝就在121年翻旧账逼他服毒自杀了。

69　科学家张衡

东汉时期，除了蔡伦发明造纸术以外，还有一位著名的文学家和科学家张衡也对人类文明做出了巨大的贡献。

张衡是南阳西鄂（今河南南阳北）人，从小就喜欢文学和自然科学，而且谦虚谨慎，道德高尚。当时的东汉王朝，经济已发展到鼎盛时期，王公贵族奢侈腐化。他就写了十分著名的两首赋——《西京赋》和《东京赋》，严厉批评了西京长安和东京洛阳的奢靡风气，并指出了这种风气的危险性。这两首赋在文学史上便被称为"两京赋"。

汉安帝得知张衡的才能与抱负，将他召入京城当了太史令。太史令在以前是负责记录和编写历史的，但此时已以掌管朝廷的天文、历法为主。这项工作非常符合张衡的爱好，他从此夜以继日地投入到了对天文的观察和研究中去。最后他终于提出了自己的天象学说——浑天说。他认为地球是圆的，像一只鸡蛋黄；天像蛋白一样包围着蛋黄；太阳、月亮、星星绕地球转动。于是他造了一架"浑天仪"来形象地标明太阳、星星、月亮与地球的运行规律，还标出了黄道（太阳运行轨道）、赤道（星星运行轨道）和白道（月亮运行轨道）。他的这种先进的天体理论比欧洲人提出的"地心说"早了一千多年。

当时十分盛行关于"谶纬"的迷信，还将地震等自然灾害与它联系起来，认为这是上天对人的预示和警告。张衡为了破除这种反科学的迷信，就精心制造了一架可以测报地震的仪器"地动仪"，以向人们表明地震是自然现象，与天无关。

他的地动仪在东、南、西、北、东南、东北、西南、西北八个方位上有八条龙；每条龙嘴里含一颗珠；当地震发生时，这个方位的龙嘴里的珠子会自动落到下面张着嘴的蛤蟆口中。

公元133年的一天，地动仪西北的龙珠落下了，张衡向汉顺帝报告西北方发生了地震。顺帝和官员们都不信。不料，第二天便有陇西使者报告，他们那里发生了大地震。从此，从皇帝到百姓，都佩服和称赞张衡的学问和本领。

人 物 聚 焦

张衡的座右铭

张衡常对人说："学习不是为了博取名利和富贵。""有的人以能坐高贵的马车、穿华丽的衣服为荣，我却觉得应以道德修养约束自己，博学多艺、勇于攻克难题为美德。""人生的意义在于勤奋和主动地钻研学问。"

70 跋扈将军梁冀

　　汉顺帝十分宠幸梁皇后，于是他便把朝政大权交给了梁皇后的哥哥梁冀，拜他为大将军。梁冀是个非常贪婪而且残暴的人。他从小不务正业，跟着纨绔子弟们斗鸡走狗、赛马玩鹰。斗鸡时要是输了，他一定要设法将对方的鸡弄到自己手里才罢休。掌握朝中的大权以后，他更加霸道。他父亲梁商的好朋友吕放，只因在他父亲面前说了他几句坏话，就被他派刺客刺杀了。

　　144 年，顺帝病死，继位的冲帝只有两岁，而且过了四个月又死了，梁冀就不顾太尉李固等大臣的反对，强行立八岁的刘缵①为帝，就是汉质帝。梁冀以为八岁的小皇帝不懂事，于是朝中一切事务都任由他处理。不料这小皇帝倒很聪明，看出了问题的实质，一天他在朝堂上当面说梁冀："你真是个跋扈将军！"

　　梁冀气得脸色都变了，第二天就命令小太监在煮饼里放了毒。质帝吃了以后感到肚子痛、口干，忙召来太尉李固，说："快给我点水喝，喝些水可能还有救！"一旁的梁冀厉声说："不能喝水，喝了水要吐的！"就这样，刚满九岁的质帝被毒死了。

　　接着，梁冀又自作主张立十五岁的刘志为皇帝，就是汉桓帝，并且将自己的另一个妹妹嫁给刘志，立她做了皇

① 缵（zuǎn）

后,使梁冀姐妹又变成了婆媳。从此梁冀在朝内更加大权独揽、为所欲为。他找借口将反对他专权的大臣李固关进监狱害死,又在洛阳附近掠夺民田、大建庄园和府第。梁冀喜欢玩兔子,他建起了规模巨大的兔苑。有一次一个西域商人误伤了兔苑里的一只兔子,他为此杀了十三人。扶风郡的大财主孙奋有家财一亿七千多万,梁冀就捏造一个叛逆罪杀了孙奋,将全部财产据为己有。

159年,梁皇后病死,梁冀见桓帝喜欢邓贵人,便派人刺杀了邓贵人的母亲。桓帝忍无可忍,终于出动御林军一举消灭了梁冀一伙外戚集团。

内容链接

桓帝灭梁冀

由于朝中的大臣几乎都被梁冀控制,汉桓帝只好召太监唐衡、单超在厕所内密商,发动宫中中下层官员及一千御林军突然包围了梁冀府第,逼他交出大将军印后自杀。朝中的大官几乎全部被罢免。从梁冀家抄没的财产折钱三十亿,可抵全国半年赋税。

71 宦官害党人

桓帝消灭了梁冀一伙的外戚势力以后，对帮助他的宦官唐衡、单超①、左悺②、徐璜③、具瑗④都封了侯。从此，这"五侯"为首的宦官便在朝内飞扬跋扈起来了，连他们的亲属都一个个有恃无恐，为所欲为。

徐璜的兄弟徐宣强抢民女逼婚，被抢的姑娘不从，徐璜竟让家人将她绑在木柱上用箭射死。另一太监张让的兄弟张朔，靠哥哥的关系当了野王（今河南沁阳）县令，不光贪污勒索，甚至将孕妇剖腹取乐。这件事被河南府尹李膺知道了，他非常气愤，立刻下令捉拿张朔。张朔便逃到了张让家中藏了起来。李膺亲自率领手下上张让家中搜查，终于将藏在一根掏空的楠木柱子中的张朔抓出来正法了。

李膺一向做官廉洁、执法严明。他当青州刺史时，刚一到任，下属的七十个县令都吓得弃官逃走了，只剩下他的朋友陈蕃继续当郡太守。他还为保卫国家的北部边境立过许多战功。再加上他敢于与穷凶极恶的宦官碰硬，使他在一些正直的官员和太学生中威信极高。当时洛阳有三万多名太学生，他们将李膺奉为"天下楷模"。

165年，有个叫张成的算卦先生，因为从他的宦官朋友那里打听到皇帝马上要大赦天下，便唆使儿子杀了人。

① 单（shàn）
② 悺（guàn）
③ 璜（huáng）
④ 瑗（yuàn）

过了几天虽然真的下了大赦令，但这事被已当了司隶校尉的李膺知道了，一怒之下还是将他儿子处决了。张成去向宦官侯览、张让哭诉，这两个宦官就叫张成让他自己的弟子牢修出面去向桓帝告发，说李膺勾结太学生，结为朋党诽谤朝廷。宦官们又在桓帝面前添油加醋，还给桓帝开了一个"党人"的黑名单。昏庸的桓帝便下令逮捕"党人"。

李膺和太仆杜密以及太学生领袖陈寔[1]等二百多人被逮捕下狱，受尽了折磨。后来，由于一些正直的官员竭力为"党人"辩护，桓帝的岳父窦武也要求释放"党人"，桓帝才将他们全部放了出来，但又宣布这些人从此不得任用做官，称为"禁锢[2]"，也叫"党锢"。

外　戚

外戚是指皇帝的母亲的亲属，也包括皇后的亲属在内。由于东汉从和帝起的九个皇帝都短命，最短的仅两岁、只当了四个月的皇帝，因此实权大多握在太后和她一方的亲属手里，这就形成了所谓的"外戚"专权的局面。

① 寔（shí）
② 锢（gù）

陈蕃下榻

167年，昏庸的汉桓帝死了。桓帝没有儿子，皇后窦氏便与他的父亲窦武商量，立河间王刘开的儿子刘宏为皇帝，就是汉灵帝。灵帝只有十二岁，由窦太后临朝听政，封窦武为大将军，陈蕃为太傅兼尚书。

陈蕃也是个清高廉洁的官员。当年李膺当青州刺史时吓跑了许多贪官污吏，而留下来不跑的那个太守就是他。他与李膺是志同道合的朋友。一次，西南的零陵郡和桂阳郡山区发生农民起义，公卿大臣都主张派大军镇压，只有尚书陈蕃反对，他指出只需让百姓检举那里的贪官污吏加以惩办，问题就可以解决。他的这番话触犯了朝内宦官的利益，被降为豫章（今江西南昌）太守。但因此，他的名声和威望更大了。

南昌有个名士徐稚，名孺子，从不肯见官府的人。因佩服陈蕃，常去太守府聊天。陈蕃特地为他备了一张竹榻，平时吊起来不用，只有当徐稚来时才放下来让他休息。唐代王勃的《滕王阁序》中的名句"徐孺下陈蕃之榻"的典故，就是从这里产生的。现代将贵宾住宿称为"下榻"，出处也在这里。

"党锢"事件发生后，陈蕃竭力同桓帝争辩，促使桓帝放了李膺等"党人"。他还多次弹劾宦官，最后使自己也被免了官。

灵帝继位后，陈蕃得到了窦太后与窦武的信任，他便及时提醒窦武，要抓紧时机消灭宦官势力，否则天下不会安宁。他诚恳地说："我已快八十了，只图与你同心合力办完这件大事！"

窦武终于下了决心，去找窦太后商议，窦太后却犹豫不决。结果消息走漏出去，宦官抢先下手，以灵帝的名义调动禁军发动政变，将窦武、陈蕃杀害，并软禁了窦太后。

宦官重新掌权后，于第二年下令重新逮捕"党人"。他们将李膺、杜密、朱寓等当时反对宦官的名士和太学生共数千人或者处死，或者监禁、流放和"禁锢"。这种恐怖高压自169年起接连持续了十几年，直到黄巾起义时才结束。

这就是历史上所说的"第二次党锢"。

内 容 链 接

太 学 生 请 愿

太学生是东汉时朝廷培养的贵族知识分子，因为他们年轻又有丰富的知识，因此大多支持开明政治。汉桓帝、灵帝时，洛阳的太学生几千人曾数次到皇宫前请愿，反对外戚和宦官专权，支持朱穆、李膺等正直官吏。这是中国历史上最早的学生运动。

73 范滂别母

桓帝、灵帝时宦官得势,发动了两次穷凶极恶的"党锢"事件,用高压手段残酷镇压反对他们的开明官吏和太学生,即所谓"党人"。但是这些"党人"大部分都表现出了很高的气节和坚持真理的自我牺牲精神,没有被压服。

不光是李膺、杜密等名士在朝廷搜捕他们时不愿逃避,从容赴死;还有一些正直人士,如度辽将军皇甫规,以不是"党人"为耻,见自己不在搜捕的黑名单上,就主动去自首,情愿与"党人"一起坐牢。

议郎巴肃曾与陈蕃、窦武一同策划过诛杀宦官的事。朝廷的搜捕令下来以后,巴肃自己乘车前往县府自首。县令解下自己的官印表示要与他一起逃跑。巴肃谢绝,从容就义。

还有一个叫范滂的清官,第一次"党锢"时已被削职还乡;第二次"党锢"中又进入了朝廷追捕的名单。汝南郡的督邮吴导奉命到范滂的家乡征羌(今河南郾城)捉拿他。吴导是个有良心的官吏,来到征羌的驿馆里捧着诏书痛哭。范滂得知后,主动去县府投案。县令郭揖叫他快快逃走,不要前来送死。范滂却说:"我自己做的事自己承担,不能连累你。再说,我的死也许能使这场迫害了结呢。"

郭揖只好将他的母亲和儿子叫来，让他们诀别。母亲对儿子说："你能够与李膺、杜密这样的好人死在一起，我也没遗憾了！"范滂对母亲说："您的养育之恩，就让弟弟来报答吧。"然后又对儿子说，"我叫你做坏事吧，这不应该；叫你做好事吧，倒会落得像我这样的下场。天啊，我真不知道怎样教育你了！"

在场的人听得都掉下了眼泪。范滂被处死时，才三十三岁。

内容链接

孔融救张俭

有一个与宦官斗争而"知名天下"的党人叫张俭的，去投奔鲁郡（今山东）的朋友孔褒。孔褒不在家，他十六岁的兄弟孔融收留了张俭。孔家的人因此全都被捕。审讯时，孔氏兄弟和母亲三人都争着由自己负责任。最终，官府只好将孔褒一人定了罪。但孔融替兄顶罪的义举却传开了。

① 褒（bāo）

74　名医张仲景

　　宦官们掌握了朝政大权，他们便肆无忌惮地放纵自己的亲信贪污腐败，残害百姓。而皇帝也大建宫殿苑林，声色犬马以供自己享受。董太后和灵帝还想出了个卖官赚钱的办法，按官阶一石一万，例如一个二千石的太守，就卖钱两千万。当然花钱买了官就要拼命向老百姓榨取。于是各地贪官污吏横行，民不聊生。再加上连年的水旱灾害，穷人就只好离乡背井，逃荒要饭。而自然灾害和大量的流民又引起瘟疫。仅汉灵帝在位时，全国就发生了五次大瘟疫。严重的地方，整个村庄的人全部死光，许多州郡人口大减。

　　看到这种状况，长沙太守张机（字仲景）对如此黑暗腐败的朝廷失去了信心。他决定遵循"不为良相便为良医"的古训，辞官回家乡行医，为苦难深重的百姓做点力所能及的好事。

　　张机的家乡在河南南阳郡。这年冬天他回到家中，发现村上的人口已经比原先大为减少，原因是前两年这里流行伤寒疫病。而剩下的乡亲，也都处在饥寒交迫之中，许多人冻烂了手指、脚趾和耳朵。张机就让家人去买来了羊肉、辣椒及一些中药材，将它们熬煮后捣烂，用面皮包成耳朵状，称为"药耳"，让乡亲们吃。人们吃了"药耳"，浑身发热，血液流畅，冻疮也便治愈了。据说这"药耳"，后来就在民间发展成了饺子。

就这样，张机在替百姓治病行医的同时，一面收集整理民间的单方、验方等有效的药方，一面认真钻研和学习古人的医学名著如《黄帝内经》、《难经》、《胎胪药录》等，再结合自己的从医经验，经过十几年的努力，终于写成了一部在我国医学史上占有重要地位的医学专著《伤寒杂病论》。

这部著作既有病理分析和诊断方法，也有治疗疾病的药方。全书共收药方二百多副。它还首次归纳了中医的寒热、虚实、表里、阴阳之间的辨证论治的原则，提出了汗、吐、下、温、清、和等治疗方法，在总结汉以前的医疗经验的基础上，对祖国医学的发展作出了重大贡献。

知识平台

铜　臭

汉灵帝的廷尉崔烈花五百万钱买了个司徒的官当。他的儿子对他说："父亲，人家在议论，说您这个官有铜臭味。"

因为当时的钱是铜铸的，锈蚀腐朽后会有一般金属的腥味，称为铜臭。从此，"铜臭"就成了人们对金钱的蔑称。

75 黄巾起义

　　官府残暴的压榨,再加上天灾和瘟疫,终于使失去了生机的百姓起来造反了,就连周边地区的少数民族也纷纷竖起了反抗的大旗。

　　当时国内正酝酿和发展着两支贫苦农民的反抗队伍。一支是汉中以张鲁为首的五斗米道,另一支便是以张角为首的太平道。

　　张角是巨鹿郡(今河北南部)人,他与兄弟张宝、张梁创立了一种名叫"太平道"的宗教组织,在百姓中宣传:天下万物,都是上天的财富,应该拿来供养众人,不应该让富人饱死,穷人饿死,并提出反对官府横行霸道,要让穷人过富足太平的日子。这个口号当然会得到穷苦百姓的拥护。他们一面布道一面给穷人治病,不到十年功夫,很快将太平道发展成了一个遍及全国八个州二十八个郡的严密组织。183年,太平道徒已形成了三十六方(方是太平道内的组织,每方有道徒约一万人)计三十多万人的力量。

　　这一年,张角在洛阳北边的一个村庄里召开了太平道首领会议,会上提出了起义口号:"苍天已死,黄天当立。岁在甲子,天下大吉。"意思是刘氏的汉朝应该灭亡了。在明年(甲子年)就要发动起义建立农民自己的政权。而且他们将起义的具体日期定了下来。

184年，起义正在紧张准备的时候，张角的弟子唐周叛变，向朝廷告了密。灵帝立即下令逮捕了太平道首领马元义与中常侍封谞、徐奉等人，并在洛阳搜捕杀害了共一千多个道徒。张角当机立断，下令立即起义。道徒们头戴黄巾，手持简陋的武器，烧官衙，杀官吏，开官仓，济贫民，于是一场声势浩大的起义在全国同时展开了。

汉灵帝吓慌了手脚，在一些大臣的建议下，一面下令全部赦免本来忠于朝廷的"党人"，让他们回来领兵镇压起义；一面下令各地官府安置逃荒在外的流民，分化起义队伍；与此同时命令各州郡联合兵力全力镇压。起义军由于分散各地，缺乏统一指挥，在坚持了一年左右以后，它的主力被镇压下去了。但东汉王朝的丧钟，也就此敲响。

知识平台

"狗　　官"

人们常将向上巴结谄媚、对下似狼如虎的坏官吏骂作"狗官"。可为什么不骂他"狼官"、"虎官"，而称为"狗官"呢？这是因为汉灵帝荒淫无耻，让太监将训练好的狗戴上官帽、穿上官袍，在殿上向皇上摇尾叩头，供他取乐。"狗官"的名称由此而来。

目　录

上篇　三国·两晋·南北朝

1. 驴皇帝和十常侍 ·················· 2

2. 宦官政变 ·················· 4

3. 曹操起兵 ·················· 6

4. 孙坚藏玉玺 ·················· 8

5. 董卓之死 ·················· 10

6. 鞭打督邮 ·················· 12

7. 白门楼 ·················· 14

8. 煮酒论英雄 ·················· 16

9. 官渡之战 ·················· 18

10. 碣石赋诗 ·················· 20

11. 祢衡击鼓 ·················· 22

12. 神医华佗 ·················· 24

13. 孙权报仇 ·················· 26

14. 马越檀溪 ·················· 28

15. 三请诸葛亮 ·················· 30

16. 血战长坂坡 ················ 32

17. 周瑜点兵 ················ 34

18. 赤壁大战 ················ 36

19. 刘备招亲 ················ 38

20. 借荆州 ················ 40

21. 蔡文姬归汉 ················ 42

22. 许褚护主 ················ 44

23. 庞统献计 ················ 46

24. 张飞收严颜 ················ 48

25. 单刀赴会 ················ 50

26. 割席绝交 ················ 52

27. 曹操捉刀 ················ 54

28. 得陇望蜀 ················ 56

29. 建安七子 ················ 58

30. 定军山 ················ 60

31. 水淹七军 ················ 62

32. 走麦城 ················ 64

33. 曹丕称帝 ················ 66

34. 七步成诗 ················ 68

35. 火烧连营 ················ 70

36. 刘备托孤 ················ 72

37. 七擒孟获 ················ 74

38. 挥泪斩马谡 ················ 76

39. 木门道 ················ 78

40. 五丈原之战 ················ 80

41. 卫温下夷洲 ………………………… 82

42. 司马懿篡权 ………………………… 84

43. 司马昭之心 ………………………… 86

44. 竹林七贤 …………………………… 88

45. 邓艾灭蜀 …………………………… 90

46. 扶不起的阿斗 ……………………… 92

47. 楼船破东吴 ………………………… 94

48. 石崇斗富 …………………………… 96

49. 傻子皇帝 …………………………… 98

50. 八王之乱 …………………………… 100

51. 李特收容流民 ……………………… 102

52. 刘渊称汉帝 ………………………… 104

53. 闻鸡起舞 …………………………… 106

54. 王马共天下 ………………………… 108

55. 祖逖北伐 …………………………… 110

56. 石勒读《汉书》 …………………… 112

57. 陶侃搬砖 …………………………… 114

58. 书圣王羲之 ………………………… 116

59. 桓温北伐 …………………………… 118

60. 王猛扪虱 …………………………… 120

61. 东山再起 …………………………… 122

62. 草木皆兵 …………………………… 124

63. 世外桃源 …………………………… 126

64. 刘裕摆阵 …………………………… 128

65. 唱筹量沙 …………………………… 130

66. 实话实说 …………………………………… 132

67. 孝文帝迁都 ………………………………… 134

68. 科学家祖冲之 ……………………………… 136

69. 范缜斥鬼神 ………………………………… 138

70. 郦道元写《水经注》 ……………………… 140

71. 贾思勰编农书 ……………………………… 142

72.《文心雕龙》和《昭明文选》……………… 144

73. 梁武帝出家 ………………………………… 146

74. 侯景乱梁 …………………………………… 148

75. 陈后主误国 ………………………………… 150

下篇 隋·唐·五代

1. 杨坚夺权 …………………………………… 154

2. 冼夫人深明大义 …………………………… 156

3. 赵绰公正执法 ……………………………… 158

4. 隋炀帝修大运河 …………………………… 160

5. 李春建赵州桥 ……………………………… 162

6. 杨玄感起兵 ………………………………… 164

7. 李密和瓦岗军 ……………………………… 166

8. 唐国公造反 ………………………………… 168

9. 李世民出征 ………………………………… 170

10. 玄武门事变 ………………………………… 172

11. 贞观之治 …………………………………… 174

12. 大将军李靖 ………………………………… 176

13. 文成公主和亲 ······ 178

14. 玄奘取经 ······ 180

15. 唐太宗教子 ······ 182

16. 药王孙思邈 ······ 184

17. 女皇帝武则天 ······ 186

18. 骆宾王写《讨武曌檄》 ······ 188

19. 李贤苦吟《黄台瓜辞》 ······ 190

20. 王勃写《滕王阁序》 ······ 192

21. 告密者的下场 ······ 194

22. 贤相狄仁杰 ······ 196

23. 无字碑 ······ 198

24. 韦后干政 ······ 200

25. 李隆基肃宫 ······ 202

26. 救时宰相姚崇 ······ 204

27. 耿直不阿的宋璟 ······ 206

28. 唐玄宗的戏班子 ······ 208

29. 旗亭比诗 ······ 210

30. 刘知几和他的《史通》 ······ 212

31. 李林甫口蜜腹剑 ······ 214

32. 杨贵妃得宠 ······ 216

33. 诗仙李白 ······ 218

34. 诗圣杜甫 ······ 220

35. "草圣"张旭 ······ 222

36. "画圣"吴道子 ······ 224

37. "茶圣"陆羽 ······ 226

38. 张遂制定新历法 ………………………… 228

39. 鉴真和尚东渡 …………………………… 230

40. 安禄山造反 ……………………………… 232

41. 颜杲卿骂贼 ……………………………… 234

42. 杨国忠误国 ……………………………… 236

43. 马嵬驿兵变 ……………………………… 238

44. 张巡守孤城 ……………………………… 240

45. 雷海青摔琵琶 …………………………… 242

46. 安禄山之死 ……………………………… 244

47. 李泌出山 ………………………………… 246

48. 肃宗借兵 ………………………………… 248

49. 李光弼平叛 ……………………………… 250

50. 郭子仪单骑退敌 ………………………… 252

51. 唐代宗的财神爷 ………………………… 254

52. 段秀实以笏击贼 ………………………… 256

53. 颜真卿坚贞不屈 ………………………… 258

54. 浑瑊和李晟 ……………………………… 260

55. 扰民的"宫市" …………………………… 262

56. 永贞革新 ………………………………… 264

57. 柳宗元遭贬 ……………………………… 266

58. 刘禹锡写"桃花诗" ……………………… 268

59. 白居易写诗 ……………………………… 270

60. 真宰相裴度 ……………………………… 272

61. 李愬雪夜取蔡州 ………………………… 274

62. 韩愈写《祭鳄鱼文》 …………………… 276

63. 宦官立皇帝 ··· 278

64. 朋党之争 ··· 280

65. 黄巢起义 ··· 282

66. 朱温灭唐 ··· 284

67. 吴越王钱镠 ··· 286

68. 王建哭唐 ··· 288

69. 潞州之战 ··· 290

70. 开明的唐明宗 ··· 292

71. 阿保机兴契丹 ··· 294

72. 萧太后断臂 ··· 296

73. 李从珂哭退官军 ··· 298

74. "儿皇帝"石敬瑭 ··· 300

75. 周世宗出征 ··· 302

上篇

三国·两晋·南北朝

1 驴皇帝和十常侍

汉灵帝是个荒淫无耻又反复无常的皇帝,生就了一副"驴"脾气。他当了皇帝不久,便在宦官的怂恿下杀死了一手扶持他登上皇位的大将军窦武和窦太后,甚至还无端地杀害了自己的宋皇后和岳父宋酆①。他特别宠信宦官。当时,受到灵帝重用和信任的宦官共有张让、赵忠、蹇②硕、段珪③等十人,被人们称为"十常侍"。

这位驴脾气的皇帝还真的喜欢驴。他常常在宦官头目张让、赵忠的陪同下,亲自驾着驴车,在京城洛阳的街道上横冲直撞。那驴车上还和皇帝一起坐着几条狗。这些狗头上还带着当时文官戴的官帽,那时叫做"进贤冠"。闹得实在不像话,就有大臣向灵帝进谏,要求弹劾张让和赵忠。可这位驴皇帝不但不觉得荒唐和有失身份,反而厚颜无耻地宣称:"张常侍就是我爸,赵常侍就是我妈。谁敢再说他们的坏话,朕决不轻饶!"

就在黄巾起义的第二年,洛阳皇宫的南宫失火,将灵台殿、乐成殿等建筑烧成了灰烬。灵帝就在张让、赵忠的建议下,以修复宫殿的名义,下令向全国增收田赋税每亩十钱,并在西园再修一座名叫"万金堂"的库房,以存放乘机搜刮来的钱财。

不仅如此,灵帝还让十常侍中的蹇硕担任新建立的

① 酆(fēng)
② 蹇(jiǎn)
③ 珪(guī)

2

西园新军(皇帝的禁卫军)的上军校尉。宦官的权力越来越大,这样就直接威胁到了以大将军何进为首的外戚势力。何进是灵帝的皇后何氏的兄弟。189年,刚三十四岁的灵帝突然病死,以蹇硕为首的"十常侍"密谋想杀死何进,夺取朝中大权;不料消息走漏,反被何进先下手,带兵杀了蹇硕,夺取了新军的指挥权,并立何皇后的儿子刘辩为帝,就是汉少帝。

何进得手后,联合太傅袁隗及袁隗的侄子袁绍和袁术,准备消灭所有的宦官势力。但他的决定却遭到了自己的姐姐、何太后的反对。她认为,皇宫里总归应该有宦官的。已经杀了蹇硕,就不应该再殃及其他人了。蹇硕以外的其他中常侍得以逃过了一劫。

知识平台

常　侍

"常侍"是皇帝的宫廷内官,又称"中常侍",专管向各级政府执行部门传达皇帝的命令,权力很大。

① 隗(wěi)

2 宦官政变

何太后反对消灭全部宦官。袁绍就给何进出主意，让他暗中指使京城外的官吏以声讨宦官的名义假造反，以对太后施加压力。他先让武猛都尉丁原率骑兵在洛阳北面的孟津放火烧官吏的宿舍，火光一直照进京城。但太后仍不为所动。接着，何进又暗中调并州(辖今山西、内蒙、河北部分地区)牧董卓带兵进洛阳。

董卓是个野心家。他是陇西(今甘肃)人。他手下的士兵中有汉人，也有羌人和胡人，很有实力，但军纪极差。新军的典军校尉曹操得知要调董卓兵进京，立刻去劝何进，说："大将军兵权在握，要惩办宦官，只需当机立断，派几名管刑法的官员将他们逮捕起来就是了。兴师动众调外郡兵马入京，会造成天下大乱的。"但何进没有听进去，仍旧我行我素。

何进的行动终于惊动了宦官。张让、赵忠抢先动手。他们假传何太后的旨意，宣召何进入宫议事。何进刚进长乐宫，就被张让、赵忠、段珪等宦官集团事先布置好的伏兵杀死了，还封锁了宫门。

尚书卢植和司隶校尉袁绍得到消息，连忙派军队包围了皇宫，并下令让袁术带兵攻进宫去。宦官集团见无法与正规军队抵抗，忙挟持了何太后、少帝及汉灵帝庶出的小儿子、刚九岁的陈留王刘协从北门逃出皇宫,结果,半路上被卢植带兵截住。"十常侍"中的张让、段珪等都被杀死。而在皇宫内,袁绍、袁术也将宦官赵忠及其同党统统杀戮,总共大约杀了两千多人。

再说卢植救下了少帝和陈留王等,正连夜摸黑返回洛阳,却正好遇上了董卓赶来的军队。于是便一齐进了京城。

本来,董卓带来的军队只有三千人,是不足以与袁绍在京城的力量抗衡的。但他施了个诡计,将三千士兵换了装晚间悄悄出城,第二天又着装雄赳赳地开进城;这样来回几天,好像他带进了千军万马,终于震慑住了袁绍和京城的官吏,任由他夺取了朝中大权,并且废了少帝,将九岁的陈留王立为皇帝(即汉献帝),自己宣布当了相国。

内容链接

袁绍出逃

董卓进京夺了大权,袁绍后悔莫及。他与卢植一起想阻止董卓废少帝立献帝,差点被董卓杀掉。袁绍、袁术只好逃出洛阳。袁绍逃往冀州,袁术逃往南阳。卢植也被罢了官。

3 曹操起兵

　　董卓掌握朝中大权后，荒淫、残暴、贪婪的本性暴露无遗。一天，他带了兵出洛阳东门来到阳城（今河南登封东），正遇上那里的百姓赶庙会。他居然下令军队包围了人群，让士兵们抢光了庙会上的财物，将妇女收为奴婢，将男子全部杀死，将人头挂满了战车，耀武扬威地回了洛阳城里。他还纵容自己的部下到处抢劫财物，掳掠妇女，甚至掘坟挖墓，搜寻地下的财宝，连汉灵帝的陵墓都掘盗了。

　　董卓的倒行逆施使京城里的有识之士和官员纷纷逃走。典军校尉曹操就是其中之一。

　　曹操字孟德，沛国谯县（今安徽亳州）人。他家原姓夏侯，因为父亲曹嵩做了宦官曹腾的养子，才改姓曹。可曹操从小好学，有大志，他曾支持袁绍反对宦官。二十岁时他当了负责洛阳北部治安的北部尉，就在衙门口挂了二十多根彩色大棒，命令部下不管是谁，犯了禁令就可以用彩棒惩戒。当时禁军头目蹇硕的叔叔仗势欺人，是洛阳有名的恶霸，他夜间持刀犯禁，硬是被曹操下令部下用彩棒将他活活打死。

　　曹操逃往陈留（今河南陈留），在他父亲和当地财主卫兹的资助下，招兵买马，很快集合了约五千人马。人数虽然不多,但这支队伍很有战斗力。其中他的堂兄弟曹仁、曹洪,本家族兄弟夏侯惇、夏侯渊都是勇敢而且可靠的将军。

与曹操招募义兵的同时,关东(指函谷关以东)地区各州郡的官吏,也纷纷以声讨董卓的名义树起割据的山头、拉起兵马。这些兵马有袁绍、袁术、鲍信、韩馥①、张邈②等共十一路。因为袁绍原来在朝廷中当过大官,而且是世代官僚出身,被大家推为联军的盟主。190年,这支联军在酸枣(今河南延津北)会师。曹操也率自己的兵马去了。

哪知袁绍等军阀只是虚张声势,十几万大军在酸枣一直按兵不动。曹操急得只好率自己的五千兵马孤军出击,结果寡不敌众,在汴水被董卓部将徐荣的军队击败。

内 容 链 接

曹操杀吕伯奢

曹操逃离京城路过成皋(今河南荥阳西)时,夜间躲在父亲的朋友吕伯奢家避难。睡梦中,听到隔壁有磨刀声,曹操以为吕家要出卖他,便提刀出去将他家一门老少全杀了。事后才发现人家是要杀猪招待他的。见杀错了人,曹操却对随从说:"宁可我负天下人,不可让天下人负我!"

① 馥(fù)
② 邈(miǎo)

4 孙坚藏玉玺

董卓见关东的联军要出师讨伐他，便听从谋士李儒的建议，决定放弃洛阳，迁都长安。临走前，还干脆用一杯毒酒毒死了被废的少帝，杀掉了袁绍的叔父袁隗及族兄袁基和他们的家属。

迁都使故都洛阳经历了一场大浩劫。东汉王朝经营了一百六十多年的宫殿宗庙，以及朝中的典籍珍藏，全都毁于一旦。而且董卓还向洛阳周围二百里内的居民下了强制搬迁令，将他们的房屋全部烧光。

面对董卓的如此暴行，以袁绍为首的联军各方为了保存自己的实力，仍旧无动于衷。当时只有两支较小的力量奋起与董卓开战：一支是曹操，另一支就是当时正投在袁术部下的孙坚。

孙坚是吴郡富春(今浙江富阳)人，字文台，从小勇敢有智谋。因为在进攻宛城(今河南南阳)的黄巾军时立了功，被任命为长沙太守。在声讨董卓的声浪中，他先后杀了荆州刺史和南阳太守，投奔了袁术，参加了酸枣会师。

酸枣的联军散伙后的第二年春天，孙坚与他的部下祖茂、程普、黄盖、韩当率领一万余人向洛阳进军。途中，在阳人聚(今河南平顶山)与胡轸、吕布率领的董卓军接战。孙坚作战时不戴头盔，头上只裹一条大红头巾。他总是身先士卒，冲在最前面，十分骁勇。不过这次，他遇到了胡轸手下更加勇悍的将军华雄。孙坚虽战他不过，败下阵来，却在逃跑过程中设伏兵将华雄杀死了。

由于吕布的骑兵不肯听从主帅胡轸的指挥，孙坚乘胜追击，董卓军只得退守洛阳。于是董卓亲自出马，率领吕布、李傕、郭汜等大将与孙坚决战。但孙坚军锐气正盛，竟将多于自己数倍的董卓的西凉军杀败了。董卓只得带兵退进函谷关，逃到新都长安去了。

孙坚率军占领了洛阳，让军队清理了已成一片废墟的洛阳城。在军队上交的许多物品中，有一枚从一口废井中掏到的汉朝皇帝的传国玉玺。孙坚见了，喜不自禁，赶紧将它偷偷收藏了起来。

人物聚焦

傻小子孙坚

孙坚进军洛阳前夕，董卓派自己的心腹将军李傕秘密求见孙坚，提出让他与董卓结亲联姻，并许以大官，请求罢战。孙坚大骂董卓，将李傕赶出了门。董卓知道后气得骂道："孙坚这傻小子，还真难对付！"

① 傕（jué）
② 汜（sì）

5 董卓之死

　　董卓被孙坚打败后，退入关中，一面让自己的女婿牛辅以及本家董越等守住关口，一面又在长安作威作福。他自称"太师"，还要小皇帝献帝称他"仲父"。为了万无一失地寻欢作乐，他还在离长安东边二百五十里的地方修建了一座巨大的堡垒，取名郿坞，也叫万岁坞，里面有宫殿庭园，还储存了足可食用三十年的粮食及大量黄金白银和珍宝。他准备万一其他地方全都失守，也可在郿坞里长期坚守享乐。

　　他还常以十分野蛮残忍的手段吓唬威慑群臣。一次他宴请百官，竟突然让吕布将大臣张温拖下去，砍下头颅，再装在食盘里端到宴席上。接着，又让武士拖来几百个降兵，将他们割舌挖眼，砍下手足，用水煮了，让官员们当下酒菜。有的官员吓得将手中的筷子掉到了地上，他就下令将他拖出去砍头。

　　董卓的暴行使一些大臣忍无可忍。司徒王允、张温的儿子张伯慎和大臣李肃等秘密商议了一个除掉他的计策。

　　董卓的干儿子吕布字奉先，是个有勇无谋、心胸狭隘的人。他原是武猛都尉丁原的部将。董卓进洛阳后用重金收买了他，让他杀了丁原，转而投靠自己。吕布成了董

① 郿(méi)

10

卓的贴身侍卫后,经常出没于董卓的家里,日子久了,暗恋上了董卓的一个贴身丫环。此事被董卓听到了,就半开玩笑半认真地对吕布说:"你小子小心点,我总有一天要办了你!"吕布知道董卓的残忍性格,心中害怕起来。

这事被王允察觉,便用小恩小惠拉拢吕布,请他喝酒聊天。吕布渐渐地将王允当作知己,说出了心中的担忧。王允就鼓动他参加他们除掉董卓的计划。

192年的一天,董卓从郿坞回长安。吕布带着他的卫队紧随保护。来到宫门口,见王允、李肃等大臣在那里迎接,董卓就下了车。正在这时,李肃突然拔出身边的藏剑刺向董卓。但董卓穿着护身铁甲,并未受伤,赶紧喊:"奉先何在?"吕布就应声高叫:"奉诏讨贼!"说着一戟就刺穿了他的喉咙。

董卓死后,百姓在他的肚脐上点灯,亮了几天几夜。

内 容 链 接

王 允 被 杀

王允设计除掉了董卓,掌握了朝中实权,但他却不能容人。他先逼死了朝中的大臣蔡邕(蔡文姬的父亲),又拒绝董卓的将军郭汜和李傕投降。结果郭、李两人孤注一掷,率西凉军打进长安,杀死了王允,赶走了吕布,控制了朝政。

① 邕(yōng)

6 鞭打督邮

　　正当东汉王朝由于董卓之乱闹得不得安宁之时,酸枣会盟时以袁绍为首的关东各派势力也在互相争夺兼并,打得不亦乐乎。这其中主要的有:袁绍打公孙瓒,孙坚打刘表,曹操打陶谦,吕布打曹操……这其中,又出了以刘备为首的一支力量。

　　刘备字玄德,涿郡(今河北涿州)人,是汉景帝的儿子中山靖王刘胜的后代。可到他这一辈,家道已经破落,只靠母亲织草席、卖麻鞋度日。但他从小喜欢结交义士,而且拜过当时的名臣卢植为老师,还与右北平太守公孙瓒是同学。他还有两个好朋友:一个叫关羽,字云长,河东(今山西运城)解人,因杀了一个强抢民女的恶霸,逃在涿郡避难。另一个叫张飞,字翼德,是涿郡本地杀猪的屠夫。黄巾起义爆发后,三人在涿郡的一处桃园里结拜为兄弟,发誓一生一世同心协力,起事共创霸业。

　　正好此时,刘备结交了中山国的两个大商人苏双与张世平。两人出钱为刘备招兵买马,于是刘备便有了一支几千人的队伍。这支队伍在镇压涿郡黄巾军的战斗中立了功,于是本郡的校尉邹靖便保荐刘备当了中山国的安熹县尉。刚上任不久,郡里专管监察下属各县官吏的督邮来到安熹。这家伙是个贪官,见刘备不向他送礼,便

① 瓒(zàn)

12

拿着架子不见，还威胁要查办他。

刘备的志向根本不在乎在这里当一个小小的县尉，而且还要受督邮这样的小贪官的气，一怒之下，便带着张飞、关羽，冲进那督邮下榻的驿馆，将这个贪官拖出来绑到拴马桩上，用马鞭子狠狠地抽了他一顿，直到他苦苦哀求才罢手。打罢，刘备将县尉的印绶挂在督邮的脖子上，然后三兄弟一道扬长而去。经过一番转折，投奔了刘备的老同学公孙瓒，当了他的别部司马。刘备和关、张两人还代表公孙瓒前去参加了袁绍的酸枣会盟，接着便被公孙瓒派往青州刺史田楷手下当了平原（今山东平原）相。在去平原时，刘备又特地向公孙瓒请求带了将军赵云一同赴任。

人物聚焦

赵　云

赵云字子龙，常山郡真定（今河北正定）人。他武艺高强，为人正派。常山郡本是冀州袁绍的势力范围。但他想投靠一个能施仁政、为百姓着想的人创事业，因此投奔了公孙瓒。但不久又发觉自己投错了人。与刘备一接触后，他觉得志同道合，很快就结成了朋友。

7 白门楼

刘备带了关羽、张飞、赵云到平原上任不久,就接到公孙瓒和田楷的命令,让他带兵去徐州府的郯城,帮助徐州牧陶谦抵御曹操的进攻。

曹操为什么要进攻郯城呢? 原来,他在单独出击董卓失败后,又回去招了些兵马,被袁绍派为东郡太守。这时,青州的黄巾军攻打兖州。曹操在谋士荀彧和陈宫的参谋下,乘机进驻兖州,打败了黄巾军,还收编了三十多万黄巾军中的青壮年士兵。于是,曹操的势力大振。他派人去将在琅琊(今山东临沂北)避难的父亲接来同住。不料父亲曹嵩在半路被徐州牧陶谦的部将张闿所杀。为了替父报仇,曹操便出动大军进攻陶谦,直逼郯城,并且下令军队对郯城周围的五座县城实行屠城,杀光了那里的几十万男女老少。

残酷的屠城使原来支持曹操的陈宫和张邈大为不满,他们招来了正摇摆于袁绍、袁术之间的吕布,端了曹操的老窝,占去了兖州。而进攻郯城的曹军,也被刘备的兵挡了回去。就这样,在三年多的时间内,曹操、吕布、刘备三方互相攻打,战作一团。先是吕布与刘备联合,攻打曹操;以后,吕布又打刘备,刘备又投靠了曹操。

公元 198 年,吕布发兵进攻刘备的据点沛城(今江苏

① 郯(tán)
② 兖(yǎn)
③ 彧(yù)
④ 闿(kǎi)

14

沛县),在激战中关羽和张飞的队伍被冲散,刘备仓促逃脱,连自己的两个夫人也被俘虏了去。刘备向曹操求救。曹操便亲自带兵屯驻彭城(今江苏徐州),并将吕布的军队包围在当时徐州的首府下邳①(今江苏睢宁西北)。吕布向袁术求救,袁术却按兵不动。曹操采用谋士郭嘉、荀攸的建议,引沂水、泗水灌城。大水将下邳城泡了一个多月。吕布的部将侯成、宋宪等开城投降。曹军乘势攻城,将吕布围困在下邳南门的白门楼上。吕布见大势已去,只好下楼投降。

刘备对曹操说:"吕布叛变丁原,杀死董卓,是个反复无常的小人,不能留下。"曹操就下令将他杀了,但把他的大将张辽留下来,收为自己的将军。

人物聚焦

吕 布

吕布打仗虽然勇猛,但是个势利小人。他先后投靠过丁原、董卓、袁绍、袁术、张扬、刘备,又与这些人反目成仇。为了摆脱下邳之围,他竟将自己的女儿绑在马背上硬要送给袁术,以求救兵。

① 邳(pī)

8 煮酒论英雄

　　再说吕布偷袭了曹操的兖州的第二年即 195 年，曹操便夺回了兖州，并且在许城（今河南许昌）建立了自己的根据地。正在这年，长安的李傕与郭汜发生了火并，十五岁的汉献帝，在国舅董承、国丈伏完和一些忠于皇室的大臣保护下，逃回了洛阳。但洛阳已是一片废墟，既无宫殿又无粮食。曹操见这是一个好机会，就派兵将献帝一行接到了自己的许城。从此，许城便成了东汉王朝的临时首都，称为许都。

　　皇帝在自己的控制之下，曹操便可以用天子的名义发号施令了。但是，要让这种局面稳定下来，还必须有充足的军粮。当时，由于长年战乱，各派的军队都普遍闹粮荒，而许都的皇室官员也急需粮食。在这关键时刻，曹操手下有个名叫枣祗的官员提出了"屯田"的主张。曹操立刻任命枣祗为屯田都尉，把流亡的农民招集起来开荒种粮，给他们提供耕牛、种子等，收获的粮食与官方对分，还让军队在平时也开荒种地。一两年工夫下来，曹操的统治区内便兵精粮足了。

　　屯田使曹操大大增强了军事实力，还巩固了自己的后方基地。198 年，与刘备一起灭了吕布以后，曹操便让献帝封刘备为左将军，献帝还称他为皇叔。曹操知道刘

① 祗（zhǐ）

16

备是个不简单的人物，因此将他留在许都，表面上对他非常尊重，出去同车，吃饭同桌。刘备见曹操这样礼遇，心中害怕起来，就装出一副毫无志向的样子，天天在自己住处的后园种菜施肥，消磨时光，而暗地里却参与了董承的密谋，准备伺机消灭曹操。

原来献帝此时已十七岁，看出了曹操的野心，他亲手写了一道讨灭曹操的诏书，缝在一条衣带中，送给了董承。董承见了"衣带诏"，就秘密联络刘备和其他几个大臣准备行动。不久的一天，曹操请刘备喝酒，席间，曹操对刘备说："当今天下，只有我和你两人可称英雄！"刘备一听，吓得连手中的筷子都掉到了地下。这时正好外面下雨打雷，刘备就说："唉，这雷声，可把我吓坏了！"这样才算掩饰了过去。

知识平台

"建安"年号的来历

董承等官员保护献帝东逃，从195年七月到十二月，才逃到黄河边，郭、李的追兵已到，杀死了随逃的大臣士孙瑞，抢走了财物、宫女。董承用被子挡箭，才让献帝乘小船渡过了黄河，第二年七月来到了洛阳。献帝希望从此在洛阳建个安定的窝，因此定国号为"建安"。

9　官渡之战

刘备知道曹操不能容他，得悉袁绍派自己的儿子去接袁术后要经过徐州，便向曹操请求去打袁术。因为刘备对徐州熟悉，曹操未多考虑便同意了。刘备带着关羽、张飞赴徐州击败了袁术，并乘机占领了徐州的首府下邳，不回去了。

此刻曹操刚好发现了董承联合刘备实施"衣带诏"的事情，于是将董承和他的女儿董贵人，还有参与这件事的其他三人及其家属，全部杀害，并于公元 200 年亲自率兵进攻徐州。刘备敌他不过，只得逃往冀州投奔袁绍。张飞失散，关羽为保护刘备的两位夫人（甘夫人和糜夫人）免受伤害，只得投降了曹操。曹操待他如兄弟一般，还将俘获的吕布的赤兔马送给了关羽。关羽十分感激。

不久，袁绍率十余万大军从冀州开赴黄河北岸的黎阳（今河南浚县东北），进攻曹操。他派大将颜良渡过黄河，包围了南岸的白马（今河南滑县东）。这时曹操只有几万军队。曹操的谋士荀彧使用了声东击西策略：他让曹操佯装率军西进，似要在延津渡过黄河，引得袁绍的主力西移；然后曹军突然回师东进，将陷于孤军的颜良杀了个措手不及。关羽为了报恩，一马当先斩下了颜良的头颅。

颜良被杀后,袁绍又派大将文丑从延津渡过黄河进攻。曹操故意将自己骑兵的武器盔甲丢了一地,待文丑的骑兵下马争抢时,又打了个漂亮的伏击战,将文丑杀死了。

连失两将的袁绍气急败坏,不顾一切地率大军全部渡过黄河追击曹军。曹操的军队在官渡(今河南中牟东北)筑营据守。双方相持了一个多月,曹操的军粮快用完了。曹操正考虑是否要退兵时,袁绍的谋士许攸夜间前来投奔。原来,许攸向袁绍建议绕过官渡去偷袭曹操的许都,袁绍不但不听,反将他臭骂了一顿。一气之下,他就连夜投到了曹操这边。

许攸向曹操提供了一条重要情报——袁绍的一万多车军粮屯在延津东南的乌巢,并建议火烧乌巢。曹操依计而行,亲自带兵偷袭了乌巢,一把火烧尽了袁绍的军粮。袁军不战自败,袁绍只带了八百骑兵逃过了黄河。

内容链接

古 城 会

关羽斩了颜良,又听说刘备离开了袁绍南来,便趁曹操与袁绍在官渡相持之机,带了刘备的两位夫人逃出曹营,在古城巧遇失散的张飞和赵云。于是三兄弟和赵云又一次相聚在一起。

10　碣石赋诗

　　官渡之战后，袁绍的势力从此一蹶①不振。202 年，袁绍病死。他的长子袁谭与他后妻生的儿子袁尚之间因争权而发生内讧，打了起来。204 年，曹操趁机率兵渡过黄河，攻下了袁氏的老巢邺城，杀死了袁谭。袁尚和袁绍的另一个儿子袁熙逃到乌桓（我国北方的少数民族，在今辽宁西部）。为了完成统一北方的事业，曹操下令开凿了通向渤海的泉州渠和通向辽东的平虏渠，为远征乌桓运送军粮。207 年五月，曹操终于率军出发了。

　　进军中，曹操经人推荐请到了一位熟悉北方道路的隐士田畴。田畴让曹操将大军从通往辽东的沿海大道上撤回，然后沿着一条已被废弃的古道穿越卢龙（今河北喜峰口）直达乌桓。

　　乌桓的首领蹋顿得悉曹军已撤回，就放松了警惕，不料七月间曹操的大军突然出现在乌桓的白狼山，一举击败了乌桓军队，杀死了蹋顿。不久，袁氏兄弟也被辽东太守公孙康杀死。

　　同年九月，曹操率远征军凯旋。这次，大军从沿海大道从容向南，抵达渤海之滨的碣石山（今河北昌黎北）时，曹操感慨万千。他想到古代的秦皇、汉武都曾来此山登临，自己也经三十多年的努力，扫平了北国，可岁月不饶

① 蹶（jué）

20

人,已年过半百,想到自己的大志尚未全部实现,不由得思绪万千,于是便挥毫写下了几首诗。其中《步出夏门行》之一的《观沧海》和之四的《龟虽寿》,最为脍炙人口。

《观沧海》中的"东临碣石,以观沧海。水何澹澹,山岛竦峙……秋风萧瑟,洪波涌起。日月之行,若出其中……"从优美的写景中抒发了他的阔大胸怀。而《龟虽寿》中的"神龟虽寿,犹有竟时。腾蛇乘雾,终为土灰……老骥伏枥,志在千里。烈士暮年,壮心不已……"则更加突出了曹操建功立业的雄心壮志。

知识平台

望 梅 止 渴

曹操在率军征讨原董卓的部下张绣时,行军途中,因夏日天气炎热,将士们口渴难忍。他就忽然大声对大家说:"前面有一片梅树林,青青的梅子可以解渴。"大伙一听,不觉牙酸流涎,口也不渴了,又打起了向前行军的精神。"望梅止渴"的成语,就是从这里来的。

11 祢衡击鼓

曹操是个具有双重人格的人物。一方面,他有雄才大略,为了完成事业,能容纳和尊重人才,但有时候,又会表现出残暴和狭隘的一面。比如在他父亲被杀后对徐州郡的数次屠城,就是如此。而在北征乌桓回到许都后,被胜利冲昏了头,他就变得容不得人了。

孔融是当时非常有名的知识分子,孔子的第二十代孙。曹操网罗人才时,将他接到了许都,当了负责宫廷事务的少府,对他很尊重。一次,孔融向曹操推荐了他的朋友祢衡,说他"德才兼备,疾恶如仇"。曹操就让他带祢衡来相见。

祢衡见了曹操,不下跪,只作了个揖;与曹操谈话时,根本不把他手下众多的文官武将放在眼里,说他们只是一些会吃饭、会拍马屁的奴才。还说,当今世上,他只佩服两人:"大儿孔文举(即孔融),小儿杨德祖(即杨修)。"

曹操对祢衡的狂妄很生气,就故意让他留在帐下当个击鼓的小吏。第二天,曹操在大堂宴请百官,令祢衡击鼓。祢衡脱掉上衣,光着膀子操起鼓槌,嗵嗵嗵地猛击起来,鼓音如嘲如讽,如泣如诉,震撼人心。击罢,他扔掉鼓槌,扬长而去,来到街上,干脆破口大骂,将曹操以往做的损害百姓的事,以及他的虚伪和野心,骂了个痛快淋漓。

① 祢(mí)
② 嗵(tōng)

22

曹操沉不住气了,就想了个法子,让祢衡替他当使者去见刘表;刘表又让他去见另一军阀黄祖,终于假手黄祖杀死了他。

由此,曹操也对孔融怀恨在心。曹操在打下袁绍的首府邺城时,让儿子曹丕娶了袁绍的儿媳妇甄氏为妻。孔融就对曹操说:"当年周武王伐纣,将苏妲己赐给了周公,如今明公将甄氏赐给世子,真是可喜可贺啊!"曹操回去一查历史,根本没有这样的典故,知道是孔融在戏弄他,更加怒不可遏。接着,曹操要发兵征刘表,孔融又以连年征战、百姓苦不堪言为理由竭力反对。孙权的使者来许都,孔融当着使者的面嘲笑曹操。于是,曹操终于撕下了尊重人才的面具,下令逮捕了孔融,杀了他全家。

故事中的成语

覆巢之下,岂有完卵

孔融有两个儿子,年龄还小,当父亲被捕时,他们正在下棋。家人得讯,催他们快逃。两个孩子说道:"覆巢之下,岂有完卵!"意思是:"鸟巢被人打翻了,鸟蛋怎么能不摔破呐!"于是他们与父母亲一起被杀害了。

① 甄(zhēn)

12 神医华佗

208 年，也就是在杀死孔融全家后不久，曹操又残忍地杀害了当时十分有名的医学家华佗。

华佗，名旉①，字元化，沛地谯县（今安徽亳州）人。在当时军阀混战、人民生活痛苦不堪的社会情形下，他不愿当官，潜心钻研医术，有着高尚的医德和高超的医术，因此百姓们称他为"神医"。

他内、外、妇科都十分精通。一次在路上遇见一个食道堵塞不能下咽的重危病人，他只让病人将路边一个卖饼摊上的一罐醋腌①蒜泥喝了下去，那人吐出了许多蛇状的黑物，病便立刻好了。又有一次，有两个人同样头痛发烧，去求华佗看病。华佗诊脉后却对一人用泻药，一人用发汗药。病人不理解。华佗就对他们说："你们两人症状看似一样，但病因不同。一人是体内腑脏有实热，因此要泻热；另一人是外感风寒发热，因此只要解表出汗。"两人服药后，果然都痊愈了。

还有一次，一个病人腹痛十几天，送来时须发眉毛都脱落了，人已奄奄一息。华佗诊断他是腹内的脾脏已腐烂，于是立刻让他服下自制的麻醉药麻沸①散，然后给他剖腹割去脾脏，清洗腹腔，再缝合敷上膏药，一百天后病人便完全康复了。

① 旉（fū）
② 腌（yān）
③ 沸（fèi）

24

一位李将军的夫人生产后腹痛出血不止。华佗诊断她腹内还有胎儿。李家人不信，但华佗仍坚持让病人服药，再让一个接生婆从夫人体内取出了一个死胎。原来夫人怀的是双胞胎。

曹操得了一种头痛病，经常发作。华佗用针灸一下子给他治好了。不料曹操从此要华佗留下，不让他出去行医了。华佗谎称要回家给老母治病，逃回家后就再也不肯回去。曹操大怒，派人将他抓了回来，并要处死他。谋士荀彧劝曹操说："华佗医术实在高明，留下他治病救人吧。"可曹操仍下令将他杀害了。

华佗临刑前想将自己一生的医学研究成果《青囊经》一书交给牢卒保存。那牢卒不敢拿，华佗只好一把火将它烧掉了。《青囊经》中记载的医术从此失传。

内容链接

华佗的弟子

华佗有两个弟子，一个叫吴普，一个叫樊阿。

华佗向吴普传授了养身之道，告诉他人需要适当劳动，以使血脉畅通。为此，还向他传授了一套仿照虎、鹿、熊、猿、鸟的行为动作而创作的健身方法"五禽戏"。

樊阿则传承到了华佗的针灸技术。

13 孙权报仇

　　前面说到孙坚凭勇气单独带兵攻下洛阳,得到了汉皇室的传国玉玺。接着,他又接受袁术的派遣率军去进攻荆州刺史刘表。192 年,他由于恃勇轻敌,在襄阳附近的岘山[1]中了刘表的部将黄祖的埋伏,被乱箭射死。

　　孙坚死后,他年仅十七岁的儿子孙策只好将传国玉玺交给袁术,并继续投靠他。孙策和他父亲一样十分勇敢、机敏,但袁术不肯重用这个青年人。孙策便利用袁术和扬州刺史刘繇[2]屡战不胜的时机,提出由他带兵去打刘繇。袁术同意了,但只给了他一千名士兵。

　　孙策带了父亲留下的大将程普、黄盖等一路向南,沿途招收军马,来到历阳(今安徽和县)和他舅舅、丹阳太守吴景会合时,已发展到六七千人马。接着,他的好友周瑜也带兵前来会合。

　　孙策的军队军纪严明,作战勇敢;为了瓦解刘繇的军队,还下令对来降的将士实行优待,并可免除家属的赋税徭役。这样一来,刘繇的军队很快瓦解。经过几次决战,攻下了江南重镇秣陵(今南京),争取了刘繇手下的青年将领太史慈归降。不久孙策就扫平了扬州刺史刘繇、吴郡太守许贡和会稽太守王朗的势力,基本统一了江东。

　　正当孙策雄心勃勃地扩展势力的时候,他突然被吴

① 岘(xiàn)
② 繇(yóu)

郡太守许贡的部下发暗箭射中了头部,伤重而亡。临终前,孙策将权力移交给了自己的兄弟孙权。此时孙策二十六岁,孙权才十八岁。

孙权在周瑜和大将张昭的辅佐下,又招贤纳士,将鲁肃、诸葛瑾、陆绩等人才都聘请来为自己出谋划策。鲁肃等谋士向他提出了立足江东,向西剿灭黄祖,夺取刘表的荆州的策略。

于是,在 203 年、207 年和 208 年,孙权便三次出兵,以为父亲孙坚报仇的名义,讨伐黄祖,终于在第三次西征时攻下了江夏(今湖北云梦),杀死了黄祖,并得到了勇将甘宁。

人物聚焦

周瑜与二乔

　　周瑜是庐江舒县(今安徽庐江西南)人,从小精通音乐和军事,有抱负。他年轻英俊,被称为周郎。皖城乔公有两个长得非常漂亮的女儿,称大乔和小乔。大乔嫁了孙策,周瑜娶了小乔。因此,周瑜与孙策是联襟。

14 马越檀溪

孙权攻陷了江夏，杀了黄祖，荆州的刘表急了，派人到新野（今河南新野）去请刘备来商量对策。那么，刘备是怎么来到新野的呢？

原来刘备与关羽、张飞、赵云在古城会齐以后，为了逃避曹操的追击，就于201年投奔了荆州刺史刘表。刘表很尊重刘备，就拨了一些兵力，让他屯驻在新野，但经常请刘备到荆州去喝酒，商量事情。

刘表有两个儿子。大儿子刘琦是前妻陈氏生的，小儿子刘琮①是后妻蔡氏生的。将军蔡瑁是蔡氏的兄弟，他与刘表的外甥、将军张允一起提出要立刘琮为世子，将来继承刘表在荆州的权力。刘表就征求刘备的意见。刘备认为废长立幼自古以来会闹出内乱，劝他削夺蔡氏的兵权。消息走漏了出去，蔡氏和蔡瑁对刘备怀恨在心，就想寻找机会刺杀他。

机会终于来了。这年荆州秋粮丰收。刘表让两个儿子在襄阳设宴与官员们一道庆贺。刘备也接到了邀请。他让赵云带了三百名卫士随行。蔡瑁、张允等十分热情地将刘备迎进了馆舍。第二天宴席开始，刘备被请在主宾席上，但赵云和他的士兵却被安排到另一处地方入席。这样，赵云便与刘备被隔离开了。

① 琮（cóng）

28

此刻,蔡瑁、张允已派兵将宴会厅团团围住。只等他们一声令下,便可冲进来刺杀刘备。正在危急时刻,刘表的谋士伊籍装作向刘备敬酒,在他耳边轻声说:"上厕所去!"刘备会意,跟他进了厕所。伊籍马上对刘备说:"蔡瑁要杀你。南、北、东三面都有人埋伏,快从西门逃走!"

刘备立刻从西门溜出,跨上自己的那匹名叫"的卢"的战马,飞奔而去。

因为离西门不远,便是一道宽阔的檀溪,人马无法越过,所以蔡瑁未派人在西门把守。刘备很快奔到檀溪边,蔡瑁已带着士兵大喊着追来了。刘备无奈,大喊:"的卢!的卢!"只见那"的卢"后退几步,突然纵身一跃,飞一样地越过了檀溪。追到溪边的蔡瑁,只得望溪兴叹。

知识平台

的　卢

刘备骑的"的卢"马,从脑门到嘴边有一道白毛。民间传说这种马是不吉利的"凶马",有人劝刘备别骑。刘备却说:"人的吉凶并不是由马决定的。"越过檀溪后,"的卢"便成了良马的代名词。南宋辛弃疾词《破阵子》中的名句"马作的卢飞快",用的就是这个典故。

15　三请诸葛亮

　　刘备在新野这段时间,曹操正全力在北方用兵。刘备一再劝刘表乘机进攻许都,可刘表一直犹豫不决。就这样,刘备在新野一待就是五六年。一天,他去上厕所,忽然发现自己由于不再骑马征战,大腿上的肌肉都松弛了,不由得悲伤地落下了眼泪。但刘备毕竟是个有大志的人,他暗下决心,一定要寻找一个有远见卓识的人来辅佐自己成就事业,不能再虚度光阴、坐失良机了。

　　刘备终于打听到,荆州地区有个德高望重的名士叫庞德公,他有四个得意门生:诸葛亮、庞统、徐庶和司马徽。一天,刘备访到了司马徽,便诚恳地聘请他出来帮助自己打天下。司马徽却说:"我算什么!你真要夺取天下,只要在卧龙、凤雏两人中得到一人便可以了。"可卧龙、凤雏是谁?司马徽却只是笑而不答。

　　过了些日子,徐庶经司马徽介绍来投奔刘备,当了军师。正好这时曹操派夏侯惇、于禁领兵来攻新野。徐庶让关羽、张飞、赵云设埋伏击败了曹军。刘备更加看重徐庶。徐庶却对他说:"我与卧龙相比,只是乌鸦比凤凰而已!"

　　刘备就急不可耐地问徐庶:"卧龙是谁,现在哪里?"

　　徐庶说:"卧龙就是诸葛亮,现正隐居在襄阳城西二

① 雏(chú)

30

十里的隆中山里。"

刘备立刻带了关、张两人奔赴隆中去请诸葛亮。可是三人来到隆中的一个名叫卧龙岗的地方,却只见竹篱茅舍和一个守门的小书童。书童说主人外出访友去了。过了几天,天下大雪,刘备冒雪再度前去拜访,不料又扑了空。关羽、张飞不耐烦了,但刘备仍坚持第三天虔诚往访。诸葛亮终于在茅屋里接见了他。诸葛亮向刘备分析了当时的天下形势,建议他先取荆州和益州(今四川、重庆、贵州、甘肃一带)作根据地,联合东吴的孙权,对抗曹操,以后再夺取天下。

刘备听了,茅塞顿开,立刻将诸葛亮请回新野,当了他的军师。

人物聚焦

诸 葛 亮

诸葛亮,字孔明,别号卧龙先生,琅琊郡阳都县(今山东沂水南)人。父亲早死,少年时随叔父诸葛玄投奔刘表到荆州。叔父死后隐居隆中,耕田读书。成为刘备的主要谋士后,帮助刘备建立了蜀汉政权。

① 塞(sè)
② 琅(láng)
琊(yá)

16 血战长坂坡

　　就在刘备将诸葛亮请下山不久，荆州的刘表病危。刘表与刘备商量，派大儿子刘琦去守江夏（此时孙权已撤军回去）以防东吴；请刘备移驻樊城，北御曹操。刘备刚移师樊城，刘表便死了。刘表的后妻蔡氏在将军蔡瑁和张允的支持下，让自己的儿子刘琮夺取了荆州的大权。

　　江夏的刘琦刚想联络刘备去夺回荆州，曹操亲自统兵向荆州杀来了。诸葛亮建议刘备立即夺取荆州以抵抗曹军。但刘备不忍在刘表刚死之时便与刘氏兵戎相见，于是只好决定退守江陵。

　　刘备、诸葛亮从樊城率军南撤。具体安排是：关羽赴江夏请刘琦派战船到江边接应渡江；赵云保护甘、糜二夫人及刘备的幼子阿斗，张飞断后。撤退的队伍中由于夹杂着家属、辎重和跟着逃跑的百姓，因此拖拖拉拉速度很慢。正在这时，又传来了刘琮献出荆州投降了曹操的消息。队伍只好绕过荆州首府襄阳城前进。

　　再说曹操得知刘备率军南逃，立刻组织了一支五千人马的轻骑兵快速追赶。追到长坂坡时，双方便遭遇了。逃跑中的杂乱队伍哪里挡得住曹军的铁骑，很快被冲乱了。长坂坡是一片开阔地，坡下有一座当阳桥，桥后是一片树林。张飞带着少数士兵扼守在桥头，让己方的队伍

① 糜(mí)
② 辎(zī)

32

纷纷从桥上通过。刘备、诸葛亮、徐庶过桥南去了。赵云保护的甘、糜二夫人及阿斗却失散在乱军中。为了寻找他们，赵云反身杀入敌阵，先救出了受伤的简雍和被俘的糜竺两位将军，将他们送过当阳桥；接着他又第二次杀回去，终于在逃跑的百姓中找到了甘夫人。将甘夫人送过桥后，赵云单枪匹马第三次冲杀进去，将敌军杀得人仰马翻，终于在一座土墙下找到了抱着阿斗的糜夫人。糜夫人已身受重伤。她将阿斗交给赵云后，便跳下身旁的枯井自尽了。赵云将阿斗绑在胸口的护心镜里面，再一次杀开血路，冲过了当阳桥。

内 容 链 接

张飞威震当阳桥

赵云过当阳桥后，张飞让他的士兵在桥后树林中用战马拖着树枝，弄得烟尘滚滚，似有大量伏兵的样子，自己单人独骑，持矛挺立桥头，见曹军来到，大吼一声："燕人张翼德在此！"

曹操的将领曹仁、张辽见了，以为张飞身后真有伏兵，只好领兵退去。

17 周瑜点兵

　　刘备一行逃离长坂坡撤至长江北岸的沔阳渡口(今湖北汉阳西),关羽带刘琦率一万水军前来接应。队伍便上船顺江而下来到夏口(今汉口)。他们在夏口遇到了孙权派来的使者鲁肃。鲁肃是来商量如何面对曹军事宜的。为了完成诸葛亮在隆中对策中提出的意图,刘备便派诸葛亮随鲁肃赴柴桑(今江西九江西南)去见孙权。

　　见到孙权,诸葛亮先用激将法对他说:"曹操大军压境,孙将军是战是降,请早作决断。"

　　孙权问:"那刘豫州(刘备)呢?"

　　诸葛亮说:"刘豫州堂堂皇室后代,盖世英才,怎么会卑躬屈膝投降曹操呢。"

　　孙权听了,生气地说:"那我当然也不能听人摆布!"

　　于是,诸葛亮便向孙权明确提出了两家联合抗曹,凭借长江天险形成三方鼎立局面的设想。孙权听罢,就召大臣们商议。

　　正在这时,曹操送来了战书,号称有水陆大军百万,要与东吴决战。张昭等东吴官员被吓住了,主张投降。只有谋士鲁肃反对,他建议孙权召回在洞庭湖训练水军的周瑜再议。

① 沔(miǎn)

　　周瑜回柴桑后,先找诸葛亮喝酒叙谈,了解情况。诸葛亮告诉他，从他们刚与曹军接战的情况判断，敌军长途奔袭已经疲乏，而且实际人数只有二十多万，其中还包括荆州的降兵七八万在内。而这些军队大部分是被迫投降，心怀二意的。

周瑜心中有了底，立刻去见孙权，提出了坚决联合刘备抵抗曹操的主张。他向孙权讲了诸葛亮对曹军的分析，同时指出了曹军有三大弱点：一是在关西有马超、韩遂的后患；二是北方士兵不习惯水战，不服南方水土；三是战线长，粮草供应不上。因此表示有把握打败敌军。

孙权一向信任周瑜。听了周瑜的话，信心大增。他任命周瑜为大都督，让他点三万精兵溯长江西上，与刘备、刘琦的军队在樊口(今武昌西北)会师，然后直抵长江南岸的赤壁(今湖北嘉鱼东北)，与江北岸的曹军对峙。

内 容 链 接

江　东

由西向东流向大海的长江，在过武汉流经芜湖、九江、南京一段大体上是偏南北方向，因此人们将这段的长江南岸的广大地区又称江东。孙权的统治区，也被泛指为江东，也叫东吴。

18 赤壁大战

208 年初冬,曹操的大军屯驻在赤壁对过、长江北岸的乌林(今湖北洪湖东北)。他让荆州的降将蔡瑁、张允负责操练水军。由于北方将士不适应水上颠簸,在操练中不是发生疫病,便是呕吐眩晕。曹操便想了个主意,命令将许多战船用铁索连在一起,再在上面铺上木板,就成了一个巨大无比的水上平台,既平稳又安全。北方士兵晕船现象也消除了。

曹操很是得意。谋士贾诩却向曹操提出:如遇江面上刮东南风,连环船有被火攻的危险。曹操却不以为然:"冬季哪来的东南风?"

水军的训练已走上正轨,从许都运出的粮草也已源源到达乌林,曹操正在高兴,又传来了一个喜讯:孙权的老将、周瑜水军的先锋黄盖差人秘密送来一封降书,约定在冬至日夜间率船队前来投降。曹操见黄盖的降书写得言辞恳切,心想自己的大军十数倍于对方,识时务者前来投降是正常的,因此毫不犯疑。高兴之下,他在连环船的主帅船楼上摆酒庆贺起来。这时正值农历十一月的月圆之夜,月色明媚,水面上泛着点点银光,曹操借着酒意,诗兴大发,即席吟了一首《短歌行》:"对酒当歌,人生几何。譬如朝露,去日苦多……山不厌高,水不厌深。周公吐

① 诩(xǔ)

36

哺,天下归心。"

正当曹操沉浸在拿下东吴,使"天下归心"的美梦中时,黄盖的船队向他驶来了。但黄盖可不是来投降的。他早就和周瑜、诸葛亮商量好了火攻曹营水寨里的连环船的计策。黄盖的战船内装满了硫磺和浸透了油料的干柴。这时忽然东南风起,黄盖的船队很快顺风扑向曹营。曹营将士见插着黄盖大旗的东吴战船,还以为是来投降的,毫无防备。黄盖一声令下,船上突然发火。火随风势,很快烧着了连环战船。曹军大乱,纷纷避火逃窜。周瑜见了火光,立刻率水军冲了过来。刘备也带士兵配合周瑜从陆路杀来。曹军被烧得狼狈不堪,损失大半。

曹操只得带着部分将士,逃离火海,分兵退守江陵和襄阳,自己回到了谯郡。

知识平台

借 东 风

黄盖为什么约定冬至日赴曹营假投降?民间传说是诸葛亮在这一天作法,借到了东风。其实,是诸葛亮根据自己的天文气象观测,预测到这天夜间会有东南风发生。因此与周瑜、黄盖一起确定了火烧曹营的时间。

19　刘备招亲

　　赤壁大战胜利后,周瑜率军直指江陵,与江陵的曹军守将曹仁、曹洪展开了争夺战。双方相持了近一年,江陵城内粮食将尽,曹仁才弃城北撤至襄阳。周瑜虽然占领了江陵,但自己也中箭受了伤。

　　刘备在诸葛亮的策划下,乘机攻取了长江以南的荆州属地长沙、武陵(今湖南常德)、桂阳(今湖南郴州)、零陵四个郡,在征战中还得到了黄忠、魏延两位将军。刘备将大本营设在了油江口(今湖北公安北)。

　　这时,刘备的甘夫人病死了。鲁肃提议将孙权的妹妹嫁给刘备,以巩固孙刘联盟。孙权同意了他的建议。诸葛亮便派赵云保驾,陪刘备去东吴迎亲。临行前,诸葛亮叮嘱刘备:"一定要尽早回来。"

　　209 年,刘备来到孙权的驻地京口(今江苏镇江)。孙权为他与自己的妹妹举行了隆重的婚礼。婚礼后,孙权一再热情地挽留,不让刘备回去。为什么呢? 原来是周瑜从江陵送来密信,让孙权拖住刘备。他要让刘备在尽情的享乐中消磨掉意志,并与关羽、张飞、诸葛亮等人隔断联系,以消除刘备势力的崛起。

　　刘备想到诸葛亮的话,又在赵云不断的催促下,终于说服了孙夫人,在一个月后的一天,给孙权留下了一封信,偷偷地乘船逃离了京口,沿江西上。孙权见信后,立刻带了鲁肃、张昭乘大船急追。由于孙权坐的官船帆高船工多,又遇顺风,不久便追上了。

刘备的船上,赵云挽弓搭箭,准备决战;连孙夫人也手持兵器,准备与哥哥力争。但刘备见孙权的船头上站着鲁肃,便放下了心,让自己的船停了下来。他带了赵云,与孙夫人一起上了大船。在鲁肃的调停下,孙权只说是赶来送行的,没有跟刘备翻脸。刘备也一面向孙权致歉,一面解释说:"在下接到孔明先生急信,说是曹操又要派兵南侵了。情急之下,未及告辞,还请原谅!"

孙权便吩咐在大船上摆酒,为妹妹和妹夫饯行。宴罢,便让刘备一行回到了油江口。

人物聚焦

孙 夫 人

孙权的妹妹嫁给刘备,因此称孙夫人。她从小喜欢舞刀弄剑,爱好武艺。传说与刘备拜堂时仍是一身戎装,还让侍女们全副武装守在洞房内,吓得新郎刘备差点不敢进去。

20 借荆州

　　周瑜见未能扣留住刘备，便又向孙权提出抢在刘备动手之前，由东吴先派兵去夺取刘璋的益州和张鲁的汉中之地，以钳制刘备。孙权同意了周瑜的计策，就任命自己的堂弟孙瑜为奋威将军，随周瑜一同西征巴蜀（即益州）。

　　周瑜刚要调集兵马、船只、粮草，准备西征，忽然病倒了。他怕自己的计划落空，命孙瑜从夏口调兵出发西征，同时让孙权写信给刘备说："张鲁是曹操的耳目，刘璋懦弱无能。如果这两人的地盘被曹操占领，我和你的处境就危险了。因此我决定西征，请你不要阻拦孙瑜的军队。"

　　西取巴蜀和汉中，本是诸葛亮在隆中时就向刘备提出的战略，怎能让步！于是他就让刘备复信给孙权，大意是：目前我们主要的敌人仍是曹操。带兵万里远征会造成后方空虚，给敌以可乘之机。再说刘璋是我的本家远房兄弟，如他有什么地方得罪了您，请看在我的面子上加以原谅。

　　孙权将刘备的信转给了周瑜。周瑜看后怕孙权改变决心，命令孙瑜立即出兵。孙瑜率领的东吴军船队刚出夏口，迎面就遇到了刘备率领的水师的阻拦。刘备站在帅船上对孙瑜大声说："如果将军一定要越过我的水师去进攻益州，那我就只好披发到深山里隐居去了，免得被人说我不义！"孙瑜不便与这位新姑爷开战，再一打听，陆路上关羽已屯兵江陵，张飞扼住秭归，诸葛亮守着油江口，也根本通不过，于是只好退回夏口。正在这时，周瑜病死了。

周瑜死后，孙权让鲁肃接替了他的职务。鲁肃是主张与刘备结盟、反对西征的。孙权终于同意了鲁肃的意见，撤回了西征的军队。接着鲁肃又向孙权提出了一个建议：既然荆州所属的江南之地，以及江北的江陵等实际上已经都在刘备的控制之下，还不如放个空头人情，宣布将南郡（江陵附近的属地）正式"借"给刘备，以让刘备正面抵御襄阳及其以北的曹操的军队。

孙权经过考虑，同意了鲁肃的建议。

内 容 链 接

油 江 口

在与江陵隔江相对的长江南岸、古代油水流入长江的入口处，当时是个不起眼的小镇，赤壁之战后被刘备占领。按诸葛亮的谋划，在此建筑了新城，取名公安，由诸葛亮亲自镇守，并将孙夫人等刘备家属也安置在此。此后它便成了刘备的大本营。它也就是现在湖北省的公安县。

① 秭（zǐ）

21

蔡文姬归汉

　　赤壁之战后，曹操对自己进行了反思。经过一番考虑后，他做了两件事。第一件是在舆论上，为了驳斥说他要篡位当皇帝的传言，争取民心，他自己退居到邺城，不留在皇帝的所在地许都，并且发表了一道冗长的文告，回顾了以往所做的许多事情，并且辩白说，他从来忠心耿耿于皇上，没有想到过要做皇帝，还宣布让出三县两万户的封地。为了进一步证明自己没有这份野心，他还在邺城大兴土木，造了一座宏伟的"铜雀台"和一批楼阁，表示晚年要在这里尽情享受，再也不出去东征西讨了。

　　曹操做的第二件事是发榜招贤。赤壁之败使他认识到了人才在战争和行政中的重要地位。自己一个人的能力终究不能敌过诸葛亮、周瑜、鲁肃等人的智慧。于是他在 210 年接连下了三道"求贤令"，宣布废除以往用人中的重视所谓"德行"和"门第"的观念，实行"唯才是举"，就是只要有某方面的才能，不管是什么出身，也不管以往犯过什么错误，都可以任用。

　　曹操的"求贤令"除了为巩固他的统治网罗到了不少有能力的政治、军事人才外，还有力地促进了文化的发展与繁荣。其中最为突出的便是他得知大学者蔡邕的女儿蔡文姬流落在匈奴，便派专人用重金将她赎了回来。

① 邕（yōng）

蔡文姬从小随父亲饱读诗书，在文学、史学和音乐方面都极具才华。父亲被王允杀死后，她在洛阳被匈奴兵掳去，最后当了匈奴右贤王的妻子，还为他生了两个孩子。蔡文姬见曹操派使者前来赎她回去，自然高兴，然而，她嫁入匈奴已经十二年，让她离开两个年幼的孩子独自回到中原，也实在难以割舍。但使者明确告诉她，曹公请她回去是为了整理古代典籍，续写《汉书》，完成她父亲的遗愿。为了祖国的文化事业，她不能不回去。在这种矛盾心情下，她写下了著名的诗歌《胡笳十八拍》。

蔡文姬归汉后，曹操数次接见了她。她也不负厚望，认真地参加了史书的编写，还凭自己的记忆，默写出了许多在战乱中失散的古代珍贵的典籍篇章。

知识平台

蔡邕的"焦尾琴"

蔡文姬的父亲蔡邕，是汉末的大文学家与史学家，同时也是著名的音乐家。他几次逃避当官到民间隐居。一次在吴地见一砍柴人烧一段桐木，从火烧木材的噼啪声中听出是段好材料，就讨来制成了一架琴。因为琴木的尾部已烧焦，因此称作"焦尾琴"。从此"焦尾琴"成了名琴的代名词。

22 许褚护主

从 209 至 210 年，就是赤壁大战后的两年之内，曹操的确没有兴师打过大仗，表面上致力于招贤纳才、发展文化，而另一面，则是巩固战略要地，继续屯田，加强实力。到了 211 年，他终于按捺不住，出兵向关西进攻了。

关西是马超和韩遂割据的势力范围。他们名义上已经接受了曹操的招安。在赤壁之战前夕，曹操已将马超的父亲马腾请到许都，封了掌管宫门警卫的卫尉之职。所以他此次出兵的名义是借道关西进军汉中。如果马超、韩遂阻挡，就乘机消灭他们。

这年七月，曹操的大军抵达潼关。马超和韩遂果然联合起来，还率领关西其他八路人马共约十万人前来阻击。曹操先派徐晃、朱灵两将率四千精兵悄悄渡过黄河，建立巩固的据点，然后让大军准备从容渡到黄河西岸，然后绕到渭水以北，截断敌军后路。马超看出了曹操的意图，要派军队阻止曹军渡河，但韩遂主张待曹军渡河时去截击。不料曹操下令提前渡河，待对方发现时大军已经渡完，只剩曹操和他的几百卫队了。

马超率军迅速赶到渡口。曹操的卫士许褚赶紧拉着曹操登上最后一条渡船。没等剩下的士兵全部上船，许褚就下令开船。马超让士兵们放箭，曹操船上的卫士几乎全都中箭被射死了。许褚左手举起一只马鞍替曹操挡住箭雨，右手握木篙撑船，用两腿夹舵，奋力向前驶去。此时，渭南县令丁斐将一批牛羊马匹赶往岸边，关西军见了，停止了射箭纷纷上去抢夺。曹操才得以安全到达西岸。

曹军渡过黄河后，又偷渡渭水，终于截住了关西军的后路。接着，曹操又采用谋士贾诩的计谋，点名要在战阵上与韩遂对话。因为以前曹操曾与韩遂一起共过事，还认识韩遂的父亲，于是曹操便与他谈了一些家常事务和问候的话。但是，马超却对韩遂起了疑心，以为他与曹操有心勾结。就这样，双方便猜疑和不信任起来。

曹操乘机向马超进攻，韩遂观望。马超的军队被击溃。接着韩遂的军队也战败。曹操终于平定了关西。

人物聚焦

许 褚

许褚，字仲康，与曹操是同乡。他力大如牛，投奔曹操前是个庄稼汉。一次，他所在的村庄遭到强盗围攻，粮尽箭绝。庄主与强盗谈判，用几头耕牛换些粮食。强盗要把牛牵走时，许褚上去拽住两条牛尾巴，硬是将牛拖了回去。强盗见了，吓得撤围逃走了。

① 舵（duò）

23　庞统献计

　　听说曹操征西获得大胜,益州牧刘璋派使臣张松到邺城去拜见曹操,想投靠他。不料曹操刚打败马超、韩遂,傲气正盛,对张松十分冷淡。一赌气,张松去荆州见了刘备。刘备和诸葛亮正惦记着益州,见了张松,立刻殷勤接待。张松大为感动,回去后,便与好友法正商量,决心迎刘备入川,代替刘璋。因为他们认为,刘璋太懦弱,成不了大事。

　　主意既定,两人便竭力在刘璋面前说刘备的好话,说他是汉朝的宗室,又十分宽厚仗义,可以请他来对付北面盘踞汉中的张鲁的威胁,同时也可抵御曹操。刘璋被说动了,便派法正去荆州请刘备。

　　法正来到荆州,干脆向刘备挑明,希望他去取而代之。刘备假意推辞说:"季玉(刘璋的字)与我本家同宗,取之不义啊!"

　　"主公不要犹豫。这是上天的赐予,不取不利!"副军师庞统忍不住进来插话。原来诸葛亮出山后,周瑜赶紧将号称"凤雏"的庞统也请出来当了南郡太守。周瑜死后,南郡借给了刘备,诸葛亮就以同窗的名义将他请了去。

　　庞统接着又对刘备说:"荆州地方几经战火,已经荒芜,且东有孙权,北有曹操的威胁;只有益州物富民众,才可作三足鼎立的根据地。如果您于心不忍,那就待取了益州后善待刘璋和百姓就是了。"

刘备这才下决心留诸葛亮、关羽、张飞、赵云守荆州,自己与庞统带将军黄忠、魏延、刘封、关平入川。人马抵达涪城(今四川合川),刘璋前来迎接。法正、张松与庞统联络好要刘备乘机捉住刘璋。刘备不肯,与刘璋协商移兵葭萌关(今四川广元西南),以北拒张鲁。

刘璋给刘备在葭萌关的驻军补充了粮草兵员,使刘备军队的实力增强了。这时传来了孙权接走了刘备的妻子,要向他讨回荆州的消息。庞统怕功亏一篑,献计让刘备在回兵荆州的路上乘其不备杀了刘璋的主将杨怀、高沛,夺取了白水关,然后又掉头直指成都。双方的军队终于在成都北面的雒城展开了一场激战。庞统亲自指挥攻城,不幸中箭身亡,年仅三十六岁。

人 物 聚 焦

张 松 与 法 正

在刘备对刘璋开始动手的最后时刻,张松给刘备的信被刘璋发现,因此被杀。法正逃过一劫,在刘备占领成都后被封为蜀郡太守。

① 涪(fú)
② 雒(luò)

24 张飞收严颜

刘备攻雒城不下，庞统战死。刘璋又派出一万兵马去攻葭萌关[1]，企图截断刘备往巴东的退路。刘备只好派关平飞马前往荆州，请诸葛亮派援军。

诸葛亮派张飞作前队，自己与赵云带兵随后出发。张飞在江州（今重庆）遇到了刘璋的巴郡太守、老将严颜的阻挡。严颜知道张飞是个莽撞的将军，就决定与他对阵，瞅机会用计胜他。不料两军第一次接触，张飞竟然就诈败，将严颜引入了埋伏圈，把他捉住了。

张飞升帐，命令将五花大绑的严颜带上来。严颜昂头挺胸，毫不畏惧，还大声斥责刘备不义，恩将仇报。张飞假装大怒，下令拖出斩首！严颜竟说："砍头就砍头，你发什么火?!"张飞终于被严颜的大义凛然所感动，立刻冲上去亲手解开了绑缚他的绳索，倒身向他下拜。老将军被莽张飞的真诚所感动，终于投降了。

严颜是刘璋手下最德高望重的将军。他的投降使诸葛亮、赵云、张飞的军队一路顺风，又收降了不少益州人马，很快抵达雒城。雒城已被围了一年多，有了荆州的大批援军，城很快被攻破。守城的将军、刘璋的儿子刘循弃城逃回成都。

刘璋坚守的成都已成了一座孤城。他派使者紧急奔

① 葭(jiā)
　萌(méng)

48

赴汉中,向一向是自己老对手的张鲁求救。张鲁的母亲和兄弟曾被刘璋处死,双方结下了深仇。张鲁虽然知道眼前的益州如被攻破,自己便会唇亡齿寒,但心中仍不太愿意派援兵。这时正好刚被曹操打败的马超投在了张鲁门下,他听说成都危急,主动请战。张鲁便顺水推舟给了马超几千人马,让他去救刘璋。

马超在赶赴成都的路上,遇到了刘备派出的说客李恢。李恢向马超分析了形势,说刘璋无能,张鲁靠不住,只有刘皇叔才是识才的英雄,硬是说服马超投靠了刘备。

刘璋还在成都城头翘首等待马超的援军,不料马超与刘备合兵进攻成都。刘璋只得开城向刘备投降。

内容链接

王累倒悬

刘璋的大臣王累,坚决反对迎刘备入川。在刘璋赴涪城迎接刘备时,自己用绳子倒挂在城楼上劝阻刘璋。刘璋不听,王累就自己砍断绳子,坠地而死。

25 单刀赴会

　　刘备占领了成都以后，就自封为益州牧，并且任命法正为蜀郡太守，团结原益州的官员，实行诸葛亮的法治方针，很快使益州成了刘备巩固的后方基地。

　　但刘备的举动使孙权非常不满。他派大将吕蒙领精兵两万去进攻长沙、桂阳、零陵等被刘备占领的荆州三郡。长沙、桂阳郡很快拿下了，吕蒙正在集中兵力进攻零陵时，刘备闻讯，亲率五万大军赶回公安（即油江口），并火速派关羽率军三万前去救援零陵。孙权得到战报，派鲁肃领兵一万在益阳（今湖南益阳西）阻止关羽的军队，还命令吕蒙的军队开赴益阳增援鲁肃。

　　就在一场大战一触即发的关键时刻，战局却发生了戏剧性的变化。原来鲁肃是一向主张东吴联合刘备抵抗曹操的，因此虽然在益阳与关羽相持，但仍想避免战争，用谈判来要回荆州。于是，他派出代表去请关羽进行一次阵前会谈。关羽答应了。

　　双方约定，在离自己军队一百步的中间地带，每方只带一名随从相会，这就是所谓"单刀赴会"。谈判一开始，鲁肃便说："荆州几郡，是我们借给你们的，为什么不还呢？"

　　关羽说："赤壁之战，我们也出了力的，为什么不能得一块土地?"

鲁肃道:"刘豫州(刘备)当年在当阳桥被曹军打败了,无处安身,我们才借了块地方给他。他怎能不守信用呢?"

这时给关羽扛着大刀的周仓在边上大声插话说:"土地不会永远归谁,谁有德行,谁就可拥有!"

鲁肃生气了,大声地呵斥他。关羽就给周仓使个眼色,道:"我们在谈大事,你不要插嘴,给我出去!"

周仓一走,关羽也借机告辞。被周仓一搅,谈判虽没成功,但也没有最后决裂。关羽刚要派使者向刘备报告,刘备却已接到诸葛亮从成都送来的讯息,说曹操已出兵汉中;孙权也要对付合肥方面的张辽的曹军,因此双方决定讲和,将荆州一分为二。

内 容 链 接

两 分 荆 州

215 年,东吴的代表诸葛谨到公安与刘备和谈,达成协议:湘水以东的江夏、长沙、桂阳三郡归孙权;湘水以西的武陵、零陵、南郡归刘备。东吴的孙权与刘备又一次结成了反曹联盟。

26 割席绝交

　　曹操在进军汉中前夕,许都发生了几件大事。首先是他的第一谋士荀彧与他产生了分歧。当时,长史董昭建议曹操称"国公",加"九锡礼"。荀彧批评董昭说:"曹公是为国家操劳,不是为个人的尊贵荣耀。你不应该这样阿谀逢迎。"这话被曹操知道了,大为不快,竟在荀彧生病时派人给他送去了一个空食盒。聪明的荀彧知道了曹操的用意,不由得长叹一声,服毒自尽了。

　　荀彧当时还兼着朝廷的尚书令。他死后,曹操便让华歆接替了尚书令一职。华歆字子鱼,曾与北海(今山东昌乐一带)人管宁是同学。有一次,两人在菜园里锄草,管宁锄到了一块金子,他看也不看,用锄头将它拨到了一边;华歆见了,上去捡了起来,看了半天,又怕管宁笑话,才又扔掉了。又有一次,两人正同坐在一张席子上读书,忽然听到外面有车马声。管宁继续认真读书,华歆却奔出去看热闹。管宁觉得与华歆这样的人不能共同读书交往,便将与他共坐的那条席子割成了两半,表示和他绝交了。

　　管宁虽然有满腹学问,但他始终隐居山林不愿出来做官。华歆则先投奔东吴,当了豫章太守,以后,见曹操的势力大,又想应曹操之邀北赴许都去当官。他对孙权

① 歆(xīn)

52

说:"我去了那里,会为将军尽力的。"于是孙权便答应放他走。临走时,他还假惺惺地全部退还了东吴的官员朋友送给他的许多礼物,为自己赢得了好名声。

到了许都,他又博得了曹操的信任和重用。刚一当上尚书令,他便露出了凶残的面目:原来献帝的伏皇后见曹操残忍地杀害了董承及董贵妃,曾给父亲伏完写过一封信,希望他设法除掉曹操。不料此信在伏完死后好几年,居然被伏家的仆人献给了曹操。于是华歆便秉承曹操的旨意亲自带卫队将躲在后宫夹墙里的伏皇后搜出来,将她连同两个儿子一起毒死,并将伏家一百多人全部杀害。伏皇后被华歆拖走时,向献帝喊"救命!"献帝哭着说:"我的命也保不住呀!"

九 锡 礼

是封建社会中最高等级的大臣礼仪。就是在车马、衣服、音乐、府第门户、上朝、祭祀器具、警卫随从以及仪仗等九个方面都具有仅次于皇帝的最高规格待遇。

27 曹操捉刀

　　曹操指使华歆杀了伏皇后一门，就让献帝立他的二女儿曹节为皇后。同时，他又先后将自己的大女儿和小女儿全都送进宫中当了贵人。紧接着，曹操便在一批大臣的齐声劝进下，像西汉末年的王莽一样，假仁假义地再三推辞了一番，便正式接受了以献帝的名义封他的"魏王"称号。从此他进出皇宫可以不下车，可以身佩宝剑，甚至可以与献帝平起平坐了。

　　当了魏王，有了大权，究竟选哪个儿子做自己将来的继承人呢？曹操很费了些心思。原来，曹操的四个儿子中，曹丕是老大，很有文才，曾著有有名的文艺评论著作《典论·论文》，也有政治头脑；但老三曹植更加聪明机警，他的《铜雀台赋》一挥而就，而且文采飞扬，曹操特别宠爱。

　　曹操想立曹植为嗣子（继承人），他征求谋士贾诩和尚书崔琰的意见。贾诩要他接受袁绍、刘表儿子间争权的教训；崔琰也坚持立长子的传统。不仅如此，崔琰还看不惯曾由他推荐来许都当官的杨训顺着曹操的意思拼命拍曹操的马屁。他写信警告杨训说："你当心点，时运和机遇是会变化的！"曹操知道了，心里不舒服，但改立嗣子的想法也只好作罢。

这时，南匈奴单于呼厨泉派使臣到许都拜谒曹操，祝贺他当了魏王。曹操见尚书崔琰的长相英俊，仪表威严，就叫崔琰假扮自己，而他本人则执刀立在旁边装成警卫。匈奴使臣回去，呼厨泉单于问他魏王长得什么样子？那使臣早就看出了曹操的把戏，便笑着回答："那个坐在椅子上的'魏王'的确仪态不凡，但旁边的捉刀人才是真正的英雄！"

单于听了使臣的话，知道曹操是个不简单的人物，便亲自到许都。曹操封他做了个侯，并让单于的右贤王去管理匈奴，还将匈奴分成了五个部分，让单于的亲属子弟去当部长，派汉人去作监察司马。从此，匈奴民族便与汉人开始融合在一起了。这不能不说是曹操的一大功劳。

故事中的典故

捉 刀

本节故事中讲的曹操让尚书崔琰装扮成自己接待匈奴使者，而他本人执刀侍立在旁边。这件事从此便变成了一个典故——"捉刀"。后人常用来指替别人代笔书写文章。

28 得陇望蜀

215 年,也就是曹操当了魏王,将自己的女儿封为皇后的几个月以后,他就领兵发动了西征汉中张鲁的战争。张鲁派兄弟张卫扼守进入汉中的天险阳平关(今陕西勉县西)。曹军久攻不下。谋士郭湛出主意让曹操假装军粮用尽、领军撤退。张卫不知是计,率兵追击,结果中了曹军埋伏被杀。曹操率军长驱直入,张鲁投降。

占领了汉中,谋士刘晔和主簿司马懿建议乘刘备立足未稳,从汉中南进,立刻进攻蜀郡。曹操考虑了一下,叹口气说道:"人呀,就是不知足。既得陇(今甘肃),还望蜀么?"得陇望蜀的成语,就是从这里来的。于是他下令班师回邺城。

然而曹操却并不是真的得陇而不望蜀。他班师的原因是为了要赶去对付东吴的孙权。

就在刘备入川取益州的时候,孙权将东吴的首府从京口迁到了建业(今江苏南京),并在那里用巨石修造城墙,称为石头城;还在长江下游建造濡须坞(在今安徽无为东北),就是专门停靠战船的水上堡垒。这两项工程是专门为了抗击曹操的。工程完成后孙权就立即领兵在水上与曹军打了几仗。北方军队不习惯水上作战,曹操便让军队退守合肥。

① 濡(rú)

215年，孙权与刘备两分荆州后，孙权又率十万东吴军队过江进攻合肥。这时守卫合肥的曹军将领张辽、李典、乐进手下只有七千人，而曹操的主力正在汉中作战，还来不及赶到。但曹操给合肥方面的护军薛悌写了一封信。信中只简单地说："如孙权兵到，由张、李出战，乐进守城，薛护军不参战。"

三位将军都觉奇怪，一共只有七千士兵，不用来全体守城，还要分兵出城作战？但曹公的命令，谁也不敢违。于是张辽、李典只精选八百勇士，突然冲入吴营，居然将猝不及防的吴军冲得晕头转向，差一点将孙权活捉。孙权狼狈逃过逍遥津（今安徽合肥东）。混乱中，吴军只好全线撤退。

不久，曹操亲率四十万大军赶到居巢（今安徽巢湖市东北）。孙权见敌不过曹军，就和曹操议和了。

知识平台

建　业

212年，孙权将东吴的都城迁往秣陵，并在这里建造石头城。城完工后，改名叫建业。它就是现在的南京市。所以，后人又称南京为石头城。

217年初，曹操率大军赶到安徽居巢，准备与孙权大打一仗之时，随曹操出征的侍中、他所信任的文官王粲①忽然病死在了军中。

王粲字仲宣，是汉献帝建安时期的文学家和诗人。由于曹操本人重视文学、音乐，自己也爱写诗，连他的儿子曹丕、曹植，孙子曹叡②都是有名的诗人。因此，当时在北方涌现出一大批著名的文人，最主要的便是以王粲为首的包括陈琳、阮瑀③、徐干、应瑒④、刘桢⑤、孔融在内的七人，文学史上称他们为"建安七子"。

王粲从小聪明好学，记忆力特强，对文章能过目不忘。十几岁时当时的大学士蔡邕就认为他是奇才，说将来自己肯定不如他，而且宣称以后要将自己的藏书全都送给他。不久郭汜、李催在长安作乱，王粲逃难到荆州。他亲身经历了离乱之苦，写下了有名的《七哀诗》，为军阀混战中受尽苦难的百姓唱出了心中的悲歌："出门无所见，白骨蔽平原。路有饥妇人，抱子弃草间……"在荆州被曹操占领后，他又写了著名的《登楼赋》，表达了自己的治国理想和抱负。

王粲在荆州还与已经年老的医学家张仲景成了朋友。据说张仲景曾警告他体内潜伏危险病症，必须马上

① 粲(càn)
② 叡(ruì)
③ 瑀(yǔ)
④ 瑒(yáng)
⑤ 桢(zhēn)

58

医治,否则四十岁后会眉毛脱落而死。但王粲当时年轻气盛,没有理会,结果果然在他四十岁那年眉毛全部掉了,到了第二年,终于病死在南征孙权的途中。

孔融以他的散文著名于当世。他的散文感情色彩强烈,简洁明快,敢于直抒自己的观点;但也正是他敢在文中直接批评和嘲讽曹操,因而招来了杀身之祸。他是七子中唯一一个曹操的反对者。

陈琳、阮瑀以替袁绍、曹操等权贵人物书写文书、讨伐檄文等出名,陈琳和阮瑀的诗《饮马长城窟行》和《驾出北郭门行》生动地写出了战争给百姓带来的苦难:"饮马长城窟,水寒伤马骨……君不见长城下,死人骸骨相撑拄!"还有其他几人,他们的诗文在当时都很有名气。只是说来凑巧,除孔融、阮瑀早死几年外,其他五位文人竟全在218年的一场瘟疫中死去了。

《孔雀东南飞》

建安时期的文学非常繁荣,除了曹家父子、蔡邕、蔡琰(文姬)父女及建安七子外,民间文学也很丰富。最有名的,便是长篇民歌《孔雀东南飞》。该诗写了一对被封建礼教迫害的年轻夫妻至死不渝的爱情故事。

30 定军山

正当孙权与曹操在长江下游的濡须口对峙时，成都方面的刘备看准了时机，在法正的建议下决定北取汉中。他亲率十万大军，以法正为参谋开赴汉中的要冲阳平关。守卫阳平关的曹军将领夏侯渊和张郃，按曹操的指示，坚守关隘，伺机出击，与刘备的大军相持了近一年。见阳平关久攻不下，诸葛亮又派老将黄忠率两万援兵前去助战。

刘备将军队撤往阳平关南边的定军山下扎营，并且让黄忠的军队埋伏在山上接应。夏侯渊见诸葛亮只派了个头发已经花白的老将黄忠前来支援，以为蜀军已派不出大将了，便轻率地率军离开阳平关前来攻击。法正让蜀军坚守不出战，待曹军猛攻了一天至傍晚十分疲惫之时，黄忠在山上的伏兵突然居高临下杀出。曹军大败。黄忠似下山猛虎，挥起大刀接连砍死了曹军大将夏侯渊和前来接应夏侯渊的益州刺史赵颙②。

定军山大捷，刘备率军进逼到汉水边。曹操连忙亲率大军前来抵敌。两军便隔着汉水相持起来。黄忠仗着刚打过胜仗的勇气，坚持在夜间领兵涉过汉水去偷袭曹军的粮道，并且要负责接应的赵云不到时间不要出兵。结果，黄忠一过汉水便被曹操安排的伏兵围住。杀了一夜他才带领少数人马逃到汉水南岸，却又被曹军徐晃、张

① 郃（hé）
② 颙（yóng）

郃的追兵围住了。正在危急之际，赵云按时杀到，把黄忠和他的人马救了回去。

赵云回到自己的营寨，立刻让有限的士兵偃旗息鼓埋伏在营内，自己只身一人挺枪站立在大开的营门口。就在这时，徐晃、张郃的大批追兵赶到了。曹军刚要冲营，赵云一挥银枪，营内箭似飞蝗一般射出来。天色已近傍晚，徐晃、张郃摸不准营内有多少伏兵，只得领兵退去。

刘备得知赵云智退曹军的消息，夸他道："子龙真是一身是胆啊！"

不久，许都发生事变，忠于汉皇室的大臣金祎^①、耿纪、韦晃和吉本等人率领家丁攻击忠于曹操的丞相长使王必，企图夺取御林军权。王必靠在许都屯田的中郎将严匡镇压了内乱。曹操只好撤兵回去处理善后。而刘备占领了汉中，于219年在汉中正式称王。

内容链接

鸡 肋

曹操接到许都内乱的消息，这时他正在吃鸡，一位值班将军前来问今晚口令。曹操就随口说"鸡肋"。值班将军传达口令时，大家都莫名其妙，只有谋士杨修说："鸡肋食之无味，弃之可惜。这说明丞相要撤军回去了。"于是大家纷纷整理行装，无心再战。曹操只好下决心撤出汉中。

① 祎(yī)

61

31 水淹七军

　　刘备汉中称王以后，立刘禅（阿斗）为太子，封法正为尚书令，关羽为前将军，张飞、马超、黄忠、赵云等也都封了同等的将军。称王分封完毕，刘备命魏延留守汉中，自己统率大军回了成都。

　　再说关羽在荆州接到封赏令，得知黄忠与他并列为将军，心中不服，拒绝接受。专程前来宣读任命令的司马费诗对关羽说："当年萧何、曹参与汉高祖一同起义，但他们对高祖拜那个逃兵韩信为大将军，毫无抱怨；将军您与汉王是兄弟，更应当为事业而体谅他的苦衷啊！"

　　关羽一听，立刻感悟，马上接受了印绶封号，并主动提出要率军进攻北边樊城的曹魏军队。这符合诸葛亮的战略计划，因此得到了刘备的批准。

　　关羽分别派糜芳和傅士仁留守江陵和公安，自己便率大军攻抵樊城。樊城守将曹仁向曹操求援。曹操立即派大将于禁和庞德率领七队人马赶赴樊城北边，与已经包围了樊城的关羽军队对峙。关羽的军队被夹在了中间，一时攻不下樊城，正在着急，忽然天下大雨。秋风秋雨连续了几天，附近汉江的水位猛涨。关羽马上意识到了战机：他让军队悄悄赶制了大量木筏、船只，同时派人暗中堵住了汉江水流。这天夜里，天又降暴雨，关羽让士

① 樊(fán)

62

兵掘开江堤,大水顷刻间便淹没了魏军阵地,并封住了樊城。

关羽率领士兵乘船、筏向逃到高阜处及河堤上的魏军发动进攻。于禁与少数士兵逃在一段孤立的河堤上,在关羽的水军围攻下,只好举手投降。庞德抢了条蜀军的小船,想逃向樊城,结果被大船撞翻,掉到水中被擒。由于他坚决不肯投降,被关羽斩首。

于禁、庞德的魏军几乎全军覆没。关羽乘胜进攻被大水围困的樊城。城墙多处坍塌,眼看要守不住了,曹仁想领兵撤退,他的参军满宠竭力劝阻。于是曹仁下令死守。

关羽见一时攻城不下,便分兵攻取了襄阳,又向北攻到了郏下(今河南郏县)。许都以南许多地方都投降了关羽。一时间,关羽威名大震。

知识平台

五　都

东汉末年在曹魏控制区有五个重要地方,被称为"五都",它们分别是:许都(曹丕称帝后改名许昌)、邺城(又称邺都,先是袁绍的冀州首府,后为曹操父子的权力中心)、谯县(曹操的家乡,后改名谯郡)、长安、洛阳。

32　走麦城

魏军在汉中和长江防线两处吃了败仗,曹操心中着慌,想把都城迁到黄河以北。这时军司马司马懿劝他说:"关羽打败于禁,靠的是天时,不是实力。他得志了,孙权肯定内心不平衡。我们不妨派人去联合孙权,让他进攻关羽的后路,樊城的危险就可解除。"

曹操接受了司马懿的建议,立刻派人去东吴游说,同时又派徐晃领兵去支援樊城。

再说此刻吴军的统帅鲁肃已病死,将军吕蒙接替了他的职位。吕蒙一反鲁肃联刘抗曹的方针,坚决主张用武力从关羽手中夺取荆州。这时他屯兵陆口(今湖北嘉鱼西南),正与孙权密谋着,刚巧曹操的使臣到了。于是孙权决定联曹攻刘。

吕蒙让孙权假装将他召回建业养病,派初出茅庐的小将陆逊到陆口去指挥吴军。陆逊又装作十分谦恭地写信给关羽,竭力恭维了关羽的英雄谋略及水淹七军的功劳,还表示愿意与关羽友好相处。关羽原本对吕蒙是警惕的,但陆逊这样的无名小辈,就根本不放在眼里了。见他对自己的态度十分谦卑诚恳,就放下了心,下令将沿长江防线的军队全都调到了樊城前线。

吕蒙得到消息,便将吴军的战船装扮成商船,将精兵埋伏在舱内，让船上面的士兵穿上商人穿的白衣，一批批摇橹渡过江去。江北岸关羽的岗楼水哨以为是商船，就让他们靠了岸。晚上，船内的吴兵轻而易举地占领了沿江的岗楼哨所。接着，吕蒙率大军过了江，很快包围了公安和江陵。两处的守将傅士仁和糜芳不但孤立无援，还因运送军粮迟缓，受到关羽的斥责，因此他们干脆开城投降了。吕蒙严令吴军善待关羽及其部下的所有家属。

关羽得报，赶紧撤下对樊城的包围，回军南返。吕蒙、陆逊已领兵前来迎战。由于关羽军队的家属大都在江陵、公安，而且眼前前有吴军堵截，后有魏军追赶，关羽的大军很快瓦解逃散，最后只剩下几百人随关羽、关平、周仓退到麦城（今湖北当阳东南）。吕蒙的大军很快包围了麦城。关羽与关平突围后跌入吴军预先设下的陷阱被俘，周仓在麦城自杀。

内容链接

关羽刮骨疗毒

关羽在指挥进攻樊城时左臂中了城上的一支毒箭，毒入骨头，肿痛厉害。当时的名医华佗为他开刀刮骨去毒。关羽忍住剧痛，与将士举杯饮酒，谈笑自如。

33 曹丕称帝

关羽被俘后,宁死不肯投降,被吕蒙斩首。陆逊乘胜领兵将关羽在荆州的地盘全部占领。从此,魏、蜀、吴三国鼎立的局面也正式形成了。

孙权杀了关羽,夺了荆州,忽然又害怕起来。他想到关羽是刘备的结义兄弟,刘备一定不肯罢休。如他倾尽全力前来报复,双方就会有一场前途未卜的大战了。于是他采纳了老臣张昭的建议,派人将关羽的人头送到洛阳献给了曹操,同时还送去了一封表示愿意向曹操称臣、建议曹操称帝的信。

曹操得到了关羽的首级,爱惜他是位了不起的人才和英雄,让匠人给他雕了个木头身子,续上人头,在洛阳以隆重的诸侯礼节厚葬了他,并且自己亲率文武官员送葬。至于孙权送来人头的用意和要他当皇帝的建议,曹操也一眼便识破了。他对文武百官说:"孙权这小子真可恨,他这是要把我往炉火上烤呢!"

但是夏侯惇和其他一些官员却乘机劝他,说汉朝气数已尽,大王已戎马征战三十多年,取得了大部分国土,应该代汉称帝了。曹操便笑着说:"那我就当个周文王吧。"周文王在位时只是个诸侯王,他的儿子武王伐纣后才正式坐江山。大臣们便明白了他的用意。

就在关羽被杀后的第二年（220年），曹操在洛阳病死。他的二儿子曹丕将曹操的灵柩①迎往邺城安葬，并在邺城举行仪式，宣布继承父亲魏王及丞相的职位。

曹丕可不像曹操那样羞羞答答，他当了魏王以后，在支持他的谋士贾诩、华歆、陈群等人的策划下，在他父亲去世的当年，就迫不及待地逼汉献帝让位，自己正式做了皇帝。他就是魏文帝。

魏文帝尊曹操为武皇帝，将汉献帝废为山阳公，并正式定都洛阳。三国时期的魏国纪年正式开始。这一年，即220年，被定为魏文帝黄初元年。

人物聚焦

吕　蒙

吕蒙，字子明，汝南人，是继周瑜、鲁肃之后的东吴大将，他帮孙权打败了关羽，收回了荆州后，孙权拜吕蒙为南郡太守、孱陵侯，赐钱一亿，黄金五百斤。可惜吕蒙来不及到任和接受赏赐，便得重病一命呜呼了。死时只有四十二岁。

① 柩（jiù）

34　七步成诗

　　曹操共生有儿子二十六个。与原配丁夫人生的儿子曹昂，在征讨军阀张绣时为救曹操而战死了。还有一个与环夫人生的小儿子曹冲，虽从小十分聪明，也深得曹操喜爱，可惜他只活到十三岁便死了。只有卞夫人生的四个儿子曹丕、曹彰、曹植、曹熊在曹操的面前分量最重。不过，曹熊在办完曹操丧事后便也病死了。于是三兄弟便成了权力斗争的中心。

　　曹丕是老大，很有政治手腕，也有曹操手下一批主要官员如贾诩、华歆、陈群、陆逊的支持，但文才不如老三曹植。曹植聪明机警，文采风流，很得曹操赏识。曹操有意要立他做继承人，却遭到上述大臣的反对。无奈，曹操临终前，只好找借口杀了支持曹植的大臣杨修，将权力交给了曹丕。

　　老三曹植心有不甘。曹操在洛阳临终前，只有他一个儿子陪在身边。当时曹操急召老二曹彰赴洛阳，曹彰是个英勇善战的武将，手中有兵权。待他赶到时，曹操已死，但他是支持曹植继位的，并且曾向曹操在洛阳的亲信贾逵讨要魏王的印信。贾逵拒绝了曹彰，并与贾诩等大臣策划让曹丕抢先在邺城继承了魏王的王位。在邺城为曹操办完丧事后，曹彰愤然离去，曹植也怏怏地回到了自己的封地临淄（曹操封他为临淄侯）。

曹丕称帝后,对曹彰、曹植一直怀有警惕。曹彰最后被曹丕指使人将毒药抹在枣子上毒死。223 年,曹丕又找了个"酗酒无礼"的借口,杀了曹植的两个亲信丁仪和丁廙①,派人将曹植押解到许昌,对他说:"你不是夸耀自己的文才么,你就以'兄弟'为题意在七步之内写出一首诗来,但诗中不准出现'兄弟'二字。写得好,可免你不死;否则,就别怪我不讲兄弟情谊!"

曹植在殿前慢慢踱步,边踱边念道:

> 煮豆燃豆萁,漉豉①以为汁。
>
> 萁在釜下燃,豆在釜中泣。
>
> 本是同根生,相煎何太急!

没踱完七步,诗已念完。在殿后的母亲卞太后听得泪流满面,她忍不住冲出来哭着对曹丕说:"兄弟之间为什么要这样狠心啊!"曹丕便只好当场免了曹植的死罪,将他改封为安乡侯。

人物聚焦

曹 冲 称 象

曹操的小儿子曹冲,小时候特别聪明。他五六岁时,有人送给曹操一头大象。大家都在议论没有这么大的秤能称出大象的重量。小曹冲却说:只要将大象牵到一条大船上,在大船浸水的船帮上刻上记号,然后牵走大象,搬上石块,等船沉到船帮的记号处时,再分别称石块的重量便知道了。

① 漉(lù)
　豉(chǐ)
② 廙(yì)

35　火烧连营

　　曹丕篡汉当了皇帝的第二年，221年刘备也在成都称帝，国号仍是汉，历史上称为蜀汉。

　　刘备一心要为自己的结拜兄弟关羽报仇。他不听诸葛亮、赵云等人的一再劝阻，在宣布当了皇帝后的三个月，就亲率七万大军，东征孙权。

　　刘备的大军刚出发，就接到了张飞因喝醉了酒鞭打部下，被部下范强、张达趁醉割下脑袋，送到东吴报功的消息。刘备虽然又悲痛了一番，但仍继续率军前进，并接连攻下了巫县、秭归，抵达猇亭①（今湖北宜都西）。

　　孙权见蜀军势大，派使者去见刘备，想与他讲和，但遭到断然拒绝。于是他一面派使者向北边的曹丕投降称臣，一面任命年轻的将领陆逊为都督，带兵五万，向西开到猇亭东南扎下营寨，与蜀军对阵。

　　刘备指挥蜀军，从秭归到猇亭的七百里山路上，连续扎下了几十座大营。它们互相联络，可攻可守。与此同时，他还派大将黄权守住江北，防备魏军；让将军马良去联络四川西南部的胡王摩沙柯派军队前来助战。

　　陆逊将自己的军队扎营后，却迟迟不出战。就是当他的先锋、孙权的侄子、大将孙桓在夷陵（今湖北宜昌）被蜀军团团围住时，也不派兵前去救援。蜀军的先锋吴班

① 猇（xiāo）

带兵前来挑战,陆逊也不许出战。吴军的将领们以为陆逊年轻胆怯,对他十分不满。

两军相持了半年多。到了第二年夏天,陆逊终于找准了蜀军的弱点:蜀军供应线长,士气已疲惫低落,连水军也撤到岸上树林里避暑了,而且营寨都是木质结构的。于是他让吴军分成几十支小队,从东向西在七百里的蜀军连营战线上,突然同时发起火攻。蜀军被烧得焦头烂额,全线崩溃。刘备在马鞍山被吴军包围,靠燃烧士兵的皮盔甲阻挡追兵,并在赵云的接应下,才率领一两万士兵逃到了白帝城(今重庆奉节)。黄权率江北蜀军投降了魏军。马良及摩沙柯也被吴军截住战死。

知识平台

关 羽 的 墓

关羽死后,有三处墓葬:一是孙权将关羽的身子葬在了荆州。二是曹操把关羽的人头木身葬在洛阳南郊。三是刘备在成都城外万里桥为关羽建了"衣冠冢"。

36 刘备托孤

陆逊火烧连营、大败蜀军后,并没有向白帝城继续追击,而是急速撤回大军,防备魏军的进攻。不出陆逊所料,曹丕果然派曹真、夏侯尚、张郃率三路大军南下攻来了。陆逊撤回的军队刚好与魏军相遇,将他们挡了回去。

陆逊还建议孙权,派使者去白帝城向刘备致歉讲和。战争期间,刘备的妻子孙夫人误以为刘备已战死,跳江自尽了。刘备对东吴虽仍心有不甘,但因实力损失过大,因此以替夫人吊丧为契机,双方终于讲和了。但他待在白帝城没走,将它改名永安。

刘备在猇亭之败后的第二年,在永安卧病不起。他派人将丞相诸葛亮和尚书令李严叫来托付后事。当时在永安的除诸葛亮和李严外,还有赵云、马谡①,以及刘备的两个小儿子鲁王刘永和梁王刘理等。

刘备首先将国事对诸葛亮作了全面交待,并深情地对他说:"我真后悔不听你的劝告,打了大败仗。你的才能远高于曹丕。恢复我汉室的事业全都靠你了。将来刘禅(阿斗)能扶助就扶助他;如不行,你就抛开他自己当政吧!"

诸葛亮连忙哭着对刘备说:"臣一定尽力辅佐太子,至死不渝!"

① 谡(sù)

72

说完对儿子的嘱托，刘备又对诸葛亮交待说："马谡这个人，经常言过其实，不能派大用场。这事一定要请丞相注意。"

诸葛亮下去后，刘备又召来赵云，握着他的手对他说："子龙，你我是患难之交。感激的话我就不说了。你是我孩子的救命恩人，还望你继续照顾他们！"

赵云含泪跪下说："陛下放心，臣一定不辜负重托！"

接着，刘备又向李严口授给太子刘禅的遗诏，要他务必听从丞相的教诲，要像对待父亲一样对待丞相；还谆谆嘱咐刘禅要加强道德修养，好事再小也要努力去做；坏事再小也不可以做。要努力自勉，决不能贪图安逸，懈①怠事业！授完遗诏，又将两个儿子刘永、刘理叫到跟前，用同样的话嘱咐了一遍。

说完这一切，刘备终于合上了眼睛，终年六十三岁。

内容链接

武　昌

221 年底，孙权为了抵御刘备西征，一面派陆逊为都督率军迎战，一面将都城从建业（今江苏南京）迁到江夏郡的鄂城（今湖北鄂城），并将鄂城改名为武昌，自己亲自在武昌支援陆逊抗击蜀军。

① 懈（xiè）

37 七擒孟获

223 年，刘备病死，太子刘禅继位，史称"后主"。由于后主年轻，由诸葛亮辅政。

诸葛亮冷静地分析了当时蜀国的形势，认为魏、蜀、吴三国之中，蜀国处于弱势，必须先联合东吴、巩固后方，然后才能与最强的魏国抗争。于是他一面在国内进行治理整顿和发展生产，一面派遣了一位非常有才干的大臣邓芝到东吴争取孙权。在邓芝推心置腹的劝说下，孙权终于中止了在魏、蜀之间的摇摆态度，重新正式与蜀结盟。为此，曹丕两次带兵亲征东吴，但都无功而返。

紧接着，诸葛亮便采取了巩固蜀国大后方的军事行动。原来，蜀国被东吴打败后，益州郡（指益州的南部云南、贵州一带）的军阀雍闿乘机杀死了蜀汉在那里任命的地方官员，又煽动当地的少数民族头人，发动了叛乱。225 年三月，诸葛亮率军分三路南进平叛。擒贼先擒王，诸葛亮先带兵消灭了雍闿的叛军，杀死了雍闿和死心塌地跟随他的少数民族头人高定。然后经过艰苦的翻山越岭，五月率蜀军到达了泸水（今金沙江）一带。

当地的少数民族首领叫孟获。他英勇善战，性格刚强，在部族中很有威信。诸葛亮决定用怀柔的方法化敌为友，争取孟获。

诸葛亮指挥蜀军,先在泸水北岸与孟获打了第一仗。一个漂亮的伏击便将孟获和他的许多士兵俘虏了。但诸葛亮用好酒好菜招待了俘虏,客客气气地将他们全都放了回去,还亲手为孟获解开了捆缚他的绳子。孟获心中不服,退回泸水南岸,表示要与蜀军再战。

　　诸葛亮指挥蜀军绕过汹涌的泸水,从背后突袭,又将孟获和他的许多士兵俘获了。但诸葛亮仍旧用酒肉招待,全部发还兵器,将他们放回。孟获虽然感激,但还要再战。就这样,诸葛亮与孟获战了七次,俘获了他七次,又放了他七次。孟获和他的战士的心终于被打动了。他们心甘情愿地归服了蜀汉。而诸葛亮则仍任命孟获为当地的首领,自己率军全部撤了回去。

　　从此,蜀汉的后方太平、巩固了,而诸葛亮以亲和为上的民族政策,也一直为当地人民所颂扬。

内 容 链 接

"馒头"的由来

　　诸葛亮率军渡泸水北归时,孟获决定在泸水上设祭为蜀军送行。按当地习俗,要用四十九颗人头和黑牛、白羊作祭品。为了避免杀人,诸葛亮用面粉做了四十九个人头代替。这就是"馒头"的由来。

38 挥泪斩马谡

　　诸葛亮征服孟获后不久，226 年，魏文帝曹丕病死。他的儿子曹叡继位，就是魏明帝。第二年初，诸葛亮给蜀汉后主刘禅上《出师表》，然后领兵十万进抵汉中地区的阳平关，准备向魏国发起进攻。

　　魏明帝得到讯息，立刻派大将军曹真率五万人马赴斜谷(今陕西眉县西南)阻击，同时又让张郃再领兵五万前去支援。他自己则亲自赶赴长安坐镇。不料诸葛亮只让赵云、邓芝带领部分人马在斜谷方向佯攻，而自己则率蜀军主力从西边出击祁山①(今甘肃西和西北)，迅速占领了祁山以西的天水、安定、南安三个郡，还收降了魏军著名的年轻将领姜维。

　　诸葛亮准备乘胜进兵关中，并派马谡为前锋，率领二万五千人马赴街亭(今甘肃庄浪东南)扼守。街亭是蜀军通往汉中的咽喉之地，诸葛亮一再叮嘱马谡，要他在大路口扎营，千万不能麻痹大意。

　　马谡来到街亭后，却自以为是，下令将大军屯驻在街亭边的南山上。他的副将王平劝他按丞相的嘱咐在大道口扎营，马谡却强调兵书上说"居高临下，势如破竹"。王平又向他指出，万一敌军包围南山，截断水源怎么办？马谡竟说："'置之死地而后生'，这也是兵书里的名言！"王

① 祁(qí)

76

平无奈,只好向他要了一千兵马,另外屯驻在山西边的大路口,并将马谡的营寨绘成图,派人给诸葛亮送去。

再说曹叡见诸葛亮进兵祁山,马上调张郃的五万人马向西进攻街亭。魏军迅速包围了南山,并且断绝了水道。马谡率蜀军向山下冲锋,全被魏军密集的箭雨挡了回去。山上的蜀军无水喝,连饭也煮不成,一下子军心大乱,纷纷逃下山去投降。马谡傻了眼,只得放弃街亭,领兵突围。好在有王平在西山的一千人马为他留了条退路,马谡才未成为魏军的俘虏。

诸葛亮接到王平派人送去的马谡扎营图,大惊失色,赶紧领兵迅速退回汉中,才避免了全军覆没的命运。

回到汉中,诸葛亮只好挥泪斩了马谡,以正军法;将王平升为讨寇将军,代替了马谡的职务。

内 容 链 接

诸 葛 亮 自 责

斩了马谡,诸葛亮痛哭失声。他说:我不是哭马谡,是哭我自己不会用人。于是自请降官三级,还发表公开文告,责备自己。

39 木门道

228 年春,诸葛亮第一次伐魏因马谡失守街亭而退回汉中。这年底,他又带兵北伐,包围了陈仓(今陕西宝鸡东),但因军粮供应不上,只好撤回。到了第二年春天,他第三次领兵北上,攻下了武都、阳平二郡(今甘肃)。作战虽然取得了胜利,但由于长年劳累,再加上赵云病故,伤心与疲劳使诸葛亮的身体越来越差了。

230 年,魏国派大司马曹真率军进攻汉中,结果由于天降大雨,蜀道难行,魏军不战自退。第二年曹真病死。魏军改由司马懿①统帅。

这一年二月,诸葛亮领兵再度北伐,与司马懿交锋。他派王平进攻祁山,自己亲率主力在上邽②(今甘肃天水)迎战司马懿。上邽之战,蜀军几乎全歼了守城的魏军四千余人。司马懿领军东撤,再不肯与追上来的诸葛亮军队交战。他的主意是:蜀军的运输线路太长,等他们的军粮不济时,让他们不战自退。但他的部下却接受不了,纷纷要求与蜀军决战,连监军贾诩也坚持要战。最后,司马懿也觉得蜀军的军粮消耗得差不多了,就下决心开战。

其实,蜀军这次的军粮供应是充足的。原因是诸葛亮发明了一种专门在山道上的运粮工具——木牛。这是一种类似现今四川人推的名叫"鸡公车"的木制独轮车。

① 懿(yì)
② 邽(guī)

用这种机械运粮,当然比人力挑运要快捷得多。诸葛亮指挥蜀军将领魏延、吴班、高翔分三路分割包围了魏军。经过一场恶战,魏军几乎全军覆没,只剩下司马懿及少数将军突围逃出。

诸葛亮正要乘胜追击,忽然接到留守汉中的大臣李严要求立即撤兵的急信。诸葛亮只好班师回军。司马懿得到诸葛亮突然撤兵的消息,仍以为蜀军是由于粮尽而不得不退兵。他派大将张郃领一万轻骑兵追击。张郃追到木门道,被诸葛亮事先安排的魏延伏兵用乱箭射死在这条狭窄险峻的山道上。

但诸葛亮撤回汉中,却发现自己上了李严的当。原来李严只是因为夏季雨水多,运粮不便,怕自己受责而建议撤军。他的轻率之举完全破坏了一次北伐成功的机遇。诸葛亮将他削为平民,贬到梓潼(今四川梓潼)。

知识平台

连 臂 弓

蜀军这次与司马懿决战时,使用了一种新式武器——连臂弓。它一次能连发十箭,很是厉害。张郃的魏军在木门道中了埋伏,也是吃了连臂弓的亏。张郃也是被这种弓发射的箭射死的。

① 梓(zǐ)
潼(tóng)

40 五丈原之战

　　诸葛亮第四次北伐回到成都后,努力发展蜀国的生产,又发明了一种名叫"流马"的水上运粮工具。这是一种狭长的快船,用以在渭水上运送军粮。三年后,即234年,诸葛亮又亲率十万蜀军,第五次北上,出斜谷,抵达渭水边的五丈原(今陕西眉县西南),与司马懿两军对垒。

　　司马懿接受了上次失败的教训,这次只是牢牢地坚守自己的营寨不出战。任诸葛亮派将士在前线百般辱骂挑战,他就是不予理会。传说诸葛亮甚至派使者给司马懿送去了许多女人用的胭脂、花粉等物品羞辱挖苦他,司马懿也只是哈哈一笑,还请来使喝酒聊天。酒熟耳热之余,他乘机从来使嘴里套听到了许多诸葛亮的生活起居情况——他日夜操劳,睡得少,吃得少,非常疲劳……于是司马懿便更加坚定了死守以拖垮诸葛亮的策略。

　　诸葛亮这次出征是作了充分准备的,不但军粮储备充足,而且还让军队在渭水南岸开荒屯田,因此双方相持了三四个月,他也不慌。可惜的是天不由人,诸葛亮突然被疾病击倒了。弥留之际,他对后事一一作了安排:他先写下了给后主的"遗表",交给后主派来的特使、尚书仆射李福。遗表要求后主继续保持他所制定的各种政策法规以及他选拔的官员。他还告诉李福,自己的职务可由蒋琬、费祎接替。最后,他又对在身边的丞相长史(相当于秘书长)杨仪、丞相司马(相当于参谋长)费祎及将军姜维仔细交代了他死后的撤军部署。234年,这位蜀军统帅、蜀汉丞相终于永远地闭上了眼睛,实践了他"鞠躬尽瘁,死而后已"的诺言,享年54岁。

杨仪、费祎和姜维按照诸葛亮生前的安排,开始秘密撤军。他们决定让大将军魏延断后。但魏延认为由他指挥也能战胜魏军,因此不同意撤退。尤其是他与杨仪,本来就有隔阂,于是便没有遵守命令。蜀军只好由姜维断后。

司马懿接到蜀军突然撤走的消息,怀疑是诸葛亮死了,便立刻与儿子司马师、司马昭领兵追击。追了一程,忽听前面一声炮响,姜维率一支蜀军杀了过来,只见军旗上清楚地写着"汉丞相武乡侯诸葛亮"几个大字。司马懿和魏军见了,以为又中了诸葛亮的计,慌忙调头逃跑。就这样,蜀军扶着诸葛亮的灵柩,平安地撤了回去。

人物聚焦

魏　　延

杨仪和费祎以魏延不服从军令、造反的罪名杀了他,并灭了他"三族"。但魏延实际上并未投靠魏军,还曾送报告给后主,说杨仪、费祎造反。究竟是非曲直如何,是历史上的一桩悬案。

41 卫温下夷洲

229 年，就在诸葛亮第三次出兵北伐的时候，东吴的孙权也宣布当皇帝了。由于已经与蜀汉联盟，孙权就在这一年将首都从武昌迁回了建业。这时北方蜀、魏两国正打得不可开交，孙权就想乘此机会将自己的势力向东部和南部的海上发展。

孙权的这种想法可不是心血来潮。除了搞政治和军事斗争外，他一直喜欢阅读古籍，熟悉了许多古代的历史和文学典籍资料。他从《尚书·禹贡》中读到过在东南的海上有一个名叫"夷洲"的地方。以后，还有不少的书籍和资料中讲到秦始皇、汉武帝关于派船队到海上去寻觅长生不死药的事情。尤其是关于秦始皇数次派徐福等方士出海的故事，讲得更加具体生动。其中讲到徐福也曾到过夷洲，那里四季常青，树木茂盛，百花竞放，是块十分美丽富饶的地方。因此孙权经过考虑，决定让将军卫温率领一支船队出海去寻找夷洲。

孙权称帝的第二年，230 年，卫温终于率领一支万人船队出发了。船队共有海船三十多艘，从章安（今浙江临海东南）向南航行到侯官（今福建福州）后，又一直向东航行了几天，他们终于登上了一大片陆地。它就是夷洲（今台湾）。

卫温和他的士兵们上岸后,开始由于无法与当地的部族人(高山族)沟通,双方打了一仗;但很快,纯朴的部族人发现来岛上的人并没有杀戮和掠夺他们的恶意,于是便开始互赠礼物、互相信任和交往起来。部族人还处在原始社会时期,他们集体采集和狩猎,公平分配食物,人人都是战士。他们用自己采集和种植的水果谷物、蔬菜等与卫温的吴军交换;吴军也将刀剑、瓷器和其他日用品换给他们。这说明早在一千七百多年前,大陆和台湾人民已经有了较深入的交往和融合。

半年多以后,卫温的船队返回时,还有几千名当地部族人随船来到了大陆。由于这次航海的成功,以后孙权还派船队到达了林邑(今越南)、扶南(今柬埔寨),与当地居民建立了友好关系。232年,孙权又从海上派使者到辽东,想与辽东太守公孙渊联络共同反魏。

内容链接

张 昭 堵 门

东吴老臣张昭认为公孙渊靠不住,坚决反对派使者去辽东。孙权不听。张昭从此不上朝,并用土将自己的大门堵了起来。后来公孙渊果然杀了吴使。孙权后悔了,亲自上门看望张昭。张昭仍不肯开门。最后孙权让张昭的儿子将老父装在车上推出大门,自己向老人正式道歉。张昭才罢休。

42　司马懿篡权

辽东太守公孙渊是个反复无常的人。他先想联合孙权，后来怕魏国前来讨伐，又杀了吴国的使者。237年，公孙渊自称燕王。第二年，魏明帝派司马懿率大军讨伐公孙渊，攻陷襄平(今辽宁辽阳)。司马懿杀死了公孙渊全家及他的文武官员，还残酷地屠杀了平民上万人。

司马懿正在班师的路上，魏明帝曹叡病危。曹叡急召司马懿回洛阳。曹叡没有儿子，经过一番犹豫后，曹叡决定传位给养子曹芳(曹彰之孙)，并委托曹真的儿子曹爽和司马懿两人辅政。不久，曹叡死，曹芳继位，称魏少帝。

魏少帝年幼，执掌朝政大权的两个辅政大臣便明争暗斗起来。曹爽仗着自己是曹氏家族，周围又有一批很有学问的年轻人为他出主意，便先下手以少帝的名义提拔司马懿为太傅，就是做皇帝的老师。他认为这样司马懿就失去兵权被架空了。

司马懿明知曹爽一伙的计谋，却装作年老糊涂，毫无怨言。曹爽自以为得计，他一方面安插自己的亲信，掌握朝中大权，另一方面与这些年轻的亲信空谈玄学，炫耀自己的学问。除此以外，他就饮酒作乐，过起了荒淫无耻的生活。不久，吴军分三路北上攻魏，曹爽身为大将军却不敢出征,只好去求太傅司马懿领兵应战。司马懿重新统兵,击退了吴军,威望更高了。

　　曹爽为了提高自己的威信,于244年决定亲自领兵攻蜀。结果吃了大败仗,很没面子。他怕司马懿乘机行动,就派自己的亲信李胜去探看情况。李胜来到司马府上,只见司马懿奄奄一息般地躺在床上,侍女喂他喝的汤大都流了出来;李胜告诉他要去荆州任职,他却听成了去并州,完全是一副行将就木的样子。李胜回去一报告,曹爽就彻底放心了。

　　249年,正当曹爽陪着少帝及文武百官去皇陵祭祀时,司马懿突然发动了政变,与儿子司马师、司马昭一起带兵占领了洛阳,并且杀死了曹爽及其一伙亲信,将曹魏的大权全部篡夺到了司马氏手中。

知识平台

玄　学

　　曹爽的亲信何晏、丁谧、邓飏、李胜等都是官僚家庭出身的富家子弟,做了朝廷的大官却不懂政治、不会打仗,只会聚在一起饮酒聊天,当时称为"清谈",而且何晏还以此创立了一种学说,名叫"玄学",宣扬世间万物都是从无到有,从有到无。

① 飏(yáng)

43　司马昭之心

251 年，司马懿病死。他的大儿子司马师接替了大将军的职位。司马师继承父志，继续残杀曹氏集团的人员。大臣中的张缉、夏侯玄、李丰等人密谋除掉他，结果事情败露，这几名大臣全部被杀。司马师连张缉的女儿、皇后张氏也不放过，硬是逼着少帝交出张皇后，将她毒死。少帝口出怨言，司马师干脆废掉了他，立曹叡的堂弟、十四岁的曹髦当了皇帝。

司马氏兄弟擅自杀害大臣、废立皇帝的跋扈行为，激起了镇东将军毌丘俭①和扬州刺史文钦的不满。他们起兵讨伐。司马师虽然出兵讨平了他们，自己却病死在回军的路上。司马昭接替了大将军的职务。

司马昭手握大权以后，又一次领兵讨平了最后一个忠于曹家的将军诸葛诞的反叛，终于牢牢地掌握了朝中的军政大权。小皇帝曹髦完完全全地成了一个傀儡。

刚满二十岁的年轻皇帝曹髦无法忍受司马昭凌驾于他的头上颐指气使，他写了一首《潜龙诗》，把自己比作被困在井里的龙，受着泥鳅③和黄鳝④的欺侮。他还对身边的大臣说："司马昭的歹心，连陌路人都会知道。"原话就是"司马昭之心，路人皆知"。这句话，后来便变成了成语。

莽撞的曹髦不顾身边几名大臣的劝阻，硬是亲自带

① 毌（guàn）
② 髦（máo）
③ 鳅（qiū）
④ 鳝（shàn）

领少数禁卫军和一些贴身宦官,闹嚷嚷地杀出宫来。不料,他身边有两名大臣立即去通报了司马昭。司马昭派心腹贾充带兵赶来。贾充的士兵见皇帝亲自手执宝剑冲来,倒不敢与他厮杀,吓得纷纷躲避。贾充手下有个叫成济的,请示他该怎么办?贾充恶狠狠地说:"司马将军平时养你们,就是为了今日!给我杀!"于是成济挺起长矛,一下子刺中了曹髦的胸膛,将他刺死了。其余的人见皇帝被杀,一哄而散。

司马昭见真的杀了皇帝,怕背上弑君的罪名,假惺惺地杀了成济和他的一家。公元260年六月,司马昭立曹操的孙子、燕王曹宇的儿子曹奂当了皇帝。

内 容 链 接

吴国皇位的变化

司马氏在魏国逐步篡①权的时候,东吴的孙权于252年病死,将军诸葛恪和大臣孙峻辅佐孙亮当了皇帝。不久,孙峻用阴谋杀死了诸葛恪。孙峻死后,他的堂弟孙綝掌权,他废了孙亮,立孙休为皇帝。孙休又杀了孙綝。孙休死后,大臣们立孙权的孙子孙皓当了皇帝。

① 篡(cuàn)

44 竹林七贤

出于对司马氏篡权的野心不满,当时有七个文人经常聚集在嵇康的住处山阳(今河南焦作东南)清谈《老子》和《庄子》的哲学思想,发泄心中的不满。因为山阳一带盛产竹子,到处有茂密的竹林,所以这七人被称作"竹林七贤"。

这七人就是嵇康、阮籍、阮咸、山涛、向秀、刘伶、王戎。

七人中以嵇康和阮籍最为典型。他俩常常穿着破衣烂衫,身上长满了虱子,满脸胡茬、披头散发地在竹林、田野间或吟诗作画,或喊叫哭泣,或喝得酩酊大醉后敞露着胸怀在田间小路上闲逛,称为散步……他们这样放浪形骸的目的,一面是为了发泄心中的郁闷,另一方面也是为了逃避被司马氏召去做官。

为了逃避,嵇康这位当时的名士、大学问家居然在家里开了个铁匠铺,玩起了打铁,而另一位研究《庄子》的学问家向秀则给他做助手。当时极有权势的大臣钟会去看他,他只顾打铁,连看也不看钟会一眼。阮籍则更是经常故意酒醉,醉后对看不惯的人就用眼白相向,称为"白眼";对志同道合的人,才用黑眼珠看,称为"青眼"。他还常常故意无故大哭,随便骂人;司马昭想为儿子司马炎娶

① 嵇(jī)
② 酩(mǐng)
　酊(dǐng)

88

他的女儿,他竟连续醉了六十天,不给司马昭开口的机会。

竹林七贤后来发生了分化。山涛和王戎投靠司马昭做了大官。为此,嵇康写了一篇在我国散文史上有重要地位的《与山巨源绝交书》,用解嘲的口气斥责了山涛,讽刺了司马集团的卑劣与虚伪。为此,嵇康终于在262年被司马昭找了个诋毁孝道的借口将他杀害了。司马昭杀害嵇康,当时曾激起了洛阳数千名太学生联名上书请愿。嵇康被押往刑场时,从容自若,临刑前还让家人取来了他平时常弹的那把琴,弹了一首古曲《广陵散》。弹毕,他叹道:"这曲子是一位高人传授给我的。他再三叮嘱我不要传给别人。看来它要从此失传了。"这就是"广陵绝响"典故的出处。

人物聚焦

嵇康与阮籍

嵇康字叔夜,谯郡铚①(今安徽宿州)人。他是魏、晋间的大诗人,以四言诗著称,同时又是位思想家、画家、书法家和散文家。他被害前在狱中写的一首《幽愤诗》非常出名。

阮籍字嗣宗,陈留尉氏(今河南尉氏)人,当时的名诗人,善写五言诗,其中以八十二首《咏怀诗》影响较大。

① 铚(zhì)

45 邓艾灭蜀

　　司马昭杀了曹髦，换了曹奂当傀儡以后，手中的权力已经完全稳固了。于是他决定发兵灭掉蜀国。263年，司马昭派司隶校尉钟会为镇西将军，率领十几万大军伐蜀。钟会将魏军分成三路：将军邓艾和诸葛绪各率三万人马，前后夹击蜀军主将姜维的军队；钟会自己率十万主力直接攻向汉中。

　　姜维的处境十分困难。原因是蜀国自诸葛亮死后，按他的遗嘱由蒋琬、费祎各掌了十年权。他们基本上执行了诸葛亮的既定政策，使国家相对比较稳定。轮到姜维掌权时，后主刘禅宠信身边的宦官黄皓，时常不肯听从姜维的意见，将国内的事情搞得很糟。再加上姜维经常带兵出汉中与魏军作战，黄皓就控制了朝政，甚至企图让后主撤掉姜维的职务，换上他自己的亲信。姜维既要对付魏军，又要对付朝中的黄皓，常常被弄得焦头烂额。

　　伐蜀的魏军出动后，黄皓还企图阻止刘禅派援军开赴汉中。为此，姜维只好率军退守剑阁（今四川剑阁西）要道，防止魏军入川。

　　钟会的大军被姜维牢牢阻挡在剑阁险关，无法前进，他甚至想撤退了。将军邓艾却出其不意，率领他的三万魏军从蜀山的险峻小道上绕了过去。这条小道名叫阴平道,是一条数百年前汉武帝征服西南夷时开辟的小山路,早已荒芜在乱石荆棘丛①中了。邓艾硬是披荆斩棘,身先士卒,最后遇到了悬崖绝壁,他自己头一个身裹毡毯①滚下山去。士兵们见了,也都拼死滑滚下山,终于绕到了蜀军的后方,犹如神兵天降般地攻进四川,克江油、下涪城、占绵竹,直抵成都。毫无思想准备的后主刘禅只好乖乖反绑了自己的双手,向邓艾投降。

邓艾灭了蜀国,有点飘飘然起来,在成都自作主张处理事情,甚至还不听司马昭的命令准备伐吴。姜维瞧准机遇率军投降了钟会,然后推动钟会向司马昭告邓艾谋反。司马昭就让钟会逮捕了邓艾,派人押去洛阳。

接着,姜维又联合钟会宣布讨伐司马昭,并扣押了在成都的其他魏军将领。混乱的魏军发生兵变,姜维、钟会都被乱军杀死。连邓艾也死在了押赴洛阳的路上。

内 容 链 接

剑 阁

剑阁又叫剑门山,有大剑山、小剑山,山山相连,山峰如剑直插云天,山间有飞阁通道相连,因此称剑阁。其间山路崎岖难行,因此有"一夫当关,万夫莫开"的说法。

① 毡(zhān)
毯(tǎn)

46 扶不起的阿斗

　　司马昭出兵灭掉蜀国后，他让魏元帝曹奂封自己为晋王。这时，他实际上已经在行使皇帝的权力了。只是他自己并不想马上捅破这一层窗户纸，而是要学习曹操的做法，像周文王那样，替自己的儿子准备好一切，让儿子继位后才正式篡权称帝、改朝换代。

　　为此，司马昭下令将投降了的蜀国后主刘禅和他的家属以及随他投降的大批官员统统迁到洛阳，并且分给他们府第安置，让他们过上很舒坦优裕的生活。司马昭这样做是有目的的，那就是蜀国统治地的不少将领仍在领兵抵抗，他想以此为榜样，促使抵抗者归顺。

　　一天，司马昭设宴招待刘禅和蜀国投降过来的官员。宴会上，还特地让一群歌女表演了蜀地的歌舞。蜀国的官员们触景生情，不由得悲从中来，有的感到羞愧，有的露出悲伤的神色。只有刘禅，乐乎乎地咧嘴笑着，看得出神。

　　司马昭见了，对身旁的亲信贾充说："这样没心没肺的家伙，就是诸葛亮活着，也保不住他的江山呀！"

　　贾充说："就是因为他是这样一个废物，我们才有机会灭掉了蜀国。"

　　过了两天，司马昭问刘禅："你住在这里，还想念你的蜀国吗？"

刘禅不假思索地说:"这儿挺快乐的,我不想。"

跟随刘禅的官员郤正看不过去,事后教刘禅说:"以后晋王再问你这话,你应该边哭边说,我祖先的坟墓在蜀地,我天天都在想。"

不久,司马昭真的又问刘禅想不想蜀地。刘禅就像背书似地一口气将郤正教他的话背了出来,但他心中不悲,哭不出来,就索性闭起了眼睛。司马昭见了他这副傻样,便顺口说:"这些话不像是你说得出来的呀。"刘禅马上回答:"是的,是郤正教我说的。"

司马昭听了哭笑不得。但他对刘禅也彻底放心了。于是便让元帝封他为安乐公,对随来的蜀国官员也封了官。而蜀国各地的抵抗,也因此熄灭了。

故事中的成语

乐 不 思 蜀

司马昭问刘禅想不想自己的蜀国,刘禅回答的原话是:"此间乐,不思蜀。""乐不思蜀"的成语,因此而来。而这位小名叫阿斗的刘禅,从此被人们称作"扶不起的阿斗"。

① 郤(xì)

47 楼船破东吴

265年，司马昭死了。他的儿子司马炎继承了他晋王的爵位。就像曹丕逼汉献帝让位一样，过了几个月，司马炎便让魏元帝曹奂捧出皇帝的印绶玉玺，乖乖地将皇位让给了他。他就大张旗鼓地在洛阳南门外集合了上万名官僚大臣，祭祀上天，宣布登位，建国号为晋。历史上称为西晋。他自己被称为晋武帝。曹奂则被封为陈留王。魏国灭亡。

就在司马炎称帝的前一年，东吴的孙皓登上了皇位。孙皓十分昏庸残暴。他登基才三个月，就杀死了全力扶他登上宝座的丞相濮阳兴和左将军张布。他动不动就下令锯犯人的头，挖掉人的眼睛，剥下人的脸皮。他规定所有大臣官员的未婚女子都要送进宫去由他挑选，落选的才能嫁人。他在位十六年就将一个比较强盛的吴国弄得衰败下去了。

279年，晋武帝见灭吴的时机已经成熟，就出兵二十万分六路人马出师伐吴。其中王浑、司马伷①、王戎、胡奋、杜预五路人马从陆路分别进击长江北岸的牛渚（今安徽采石矶）、涂中（今安徽东部滁河流域）、武昌、夏口（今湖北汉口）、江陵。第六路人马是王濬②的水军，他在益州造了大批高大的战船，这些战船上有层楼，称为"楼船"，每

① 伷（zhòu）
② 濬（jùn）

94

艘楼船可容纳两千余名士兵。

得到晋军准备大规模攻吴的消息，孙皓自恃有长江天险，依然满不在乎。在大臣吾彦的提议与坚持下，吴军才在秭归附近的巫峡两岸山崖间用铁索横贯江面，截断了上游的船只。280年，王濬的战船顺江东下，来到巫峡。他早就有了对付铁索的办法——用装满了油脂的木筏冲到铁索下，点火烧断铁索。于是，王濬楼船上的八万水军浩浩荡荡顺江东下，三月份便抵达建业。这时孙皓才派兵仓促应战。在长江上的一万水师和渡江到北岸迎战晋军的三万人马，很快被晋军扫荡干净。

孙皓在建业城头只见江面上全是晋军的旗帜与战鼓声，吓得像刘禅一样，反绑了自己的双手开城投降。

至此，吴国灭亡。三国分立的局面结束了。

故事中的成语

势 如 破 竹

当王濬的楼船冲破铁索封锁，到达江陵时，从陆路进攻江陵的晋将杜预也已攻下了江陵。这时一些将领怕江淮雨季来临，主张暂停进军。杜预说："我军应乘胜进击，定能势如破竹。"意思是，像劈竹子一样，劈开了几节，就能一劈到底。从此，"势如破竹"便成了成语。

48 石崇斗富

司马炎建立西晋、灭掉吴国、统一天下以后,人民从长期的战乱中解脱出来,原来各州郡的士兵大量还乡,促进了生产力的发展。国家的财富也充足起来。于是,晋武帝和他的官僚们便过起了骄奢淫逸的生活。仅武帝后宫的宫女,就有一万人以上。

朝中的高官大臣,纷纷炫耀自己的财富。上层的贵族社会中,居然出现了一股"斗富"的风气。当时在晋都洛阳,人们公认有三个大富豪。他们便是王恺、羊琇①和石崇。王恺是武帝的舅舅,后将军。羊琇也是武帝的亲戚,掌管禁卫军。石崇的官职是散骑常侍,就是皇帝的顾问。

石崇的官虽然没另外两个大,但他搜刮钱财的本事最大。他在当荆州刺史时,除了勒索百姓外,还让部下扮作强盗直接抢劫商船,甚至连向京城运送贡品的官船也敢抢。他由此暴富,进洛阳当京官后,生活上处处摆谱显阔。王恺仗着自己是国舅,心中不服,就与石崇较劲比富。他让仆人用蜜糖水涮锅,石崇就让厨工将蜡烛当柴烧。王恺用一种名叫赤石脂的陶土涂墙,石崇就在涂料中再加进花椒粉。王恺在家门前的大路两旁树四十里紫丝屏障,石崇则树五十里锦缎屏障……总之,石崇比王恺更加奢侈豪华。

① 琇(xiù)

王恺急了，去找外甥晋武帝帮忙。武帝便让宦官从皇宫的库房里找出一枝二尺来长的珊瑚，这是国外的贡品，让王恺拿去与石崇比试。

王恺特地在家中设宴请百官及石崇去他府上鉴赏这枝红宝石似的珊瑚。不料石崇却顺手抄起一支铁如意，"啪啪"就将它击碎了。王恺急得直跳脚，在场的官员们也吓坏了。可石崇却不慌不忙地命自己的仆人回家去取来了许多珊瑚，它们每一枝都比刚才打碎的更加高大鲜艳。文武百官看得眼花缭乱，全都张着嘴合不拢了。王恺也只好乖乖地认输。石崇由此成了京城公认的首富。

比富的风气一开，官员们便更加疯狂地贪赃枉法，拼命捞钱，晋武帝自己也干脆卖起官来。晋朝的政治日益腐败。一些有头脑有良心的官员如御史中正傅咸、司隶校尉刘毅竭力向皇帝进言劝谏，但武帝依然我行我素，不以为然。

内容链接

石崇的结局

晋惠帝时，石崇被免官，隐居金谷园。当时的权臣、辅国将军孙秀要抢夺石崇的美姬绿珠。石崇不从，被孙秀以谋反的罪名斩首。绿珠跳楼自杀身亡。

49　傻子皇帝

　　晋武帝司马炎赶上了国家统一、经济发展的好时光，当上了一个可以穷奢极欲的皇帝。可是，他也有一个心病，那就是他的太子司马衷几乎是一个傻子，长到二十来岁了，还只知道在宫中与宫女们鬼混，脑袋空空的，什么也学不进，什么也不懂。一次，许多侍从和宦官陪着他到一处名叫华林园的皇家花园去游玩。他听见花园的池塘里一群蛤蟆在呱呱乱叫，就问身边的侍从："这是些官蛤蟆还是私蛤蟆？"

　　众人听得捂着肚子笑。一个小宦官就回答他说："在皇宫池塘里叫的，是官蛤蟆；在百姓的私田里叫的，是私蛤蟆。"

　　傻子听了，吩咐说："给咱的官蛤蟆多赏些吃的！"

　　还有一次他听几个宫女说家乡闹灾荒，饿死了不少人。司马衷便插嘴说："他们为什么不喝肉粥？"

　　这样的傻子怎能当皇帝呢？一些大臣为国家的前途考虑想劝司马炎立他的兄弟司马攸为继承人。司马炎舍不得皇位旁落。犹豫再三，想再试试傻儿子的能耐，就派人给他送去一件案卷，要他批复。司马衷的妻子贾氏是个聪明人，她知道这事至关重要，忙请太子的老师引经据典写了长篇答卷。贾氏身边的一个小宦官提醒说："皇上了解太子,写得太好了会引起怀疑,还不如写点简单的实话。"贾氏立刻命这个小宦官代写了一份,让皇帝的傻儿子抄好,交给了武帝。武帝一看,觉得批卷虽没多少文采,倒还条理清楚实在,于是令自己的亲兄弟司马攸回到封国,坚持立司马衷为太子。

290 年,司马炎临终前,留下遗诏命杨皇后的父亲杨骏和他自己的叔父、汝南王司马亮辅政,将皇位传给了司马衷。

由于司马亮当时不在洛阳,杨骏便与女儿杨皇后篡改了遗诏,排斥了司马亮,他自己独揽了朝政大权。

傻子司马衷登上了皇位,就是晋惠帝。

内容链接

周处除三害

傻皇帝当政,晋朝腐败混乱。吴兴阳羡(今江苏宜兴)人周处从小死了父亲,无人管束,横行乡里。一次,他听几位老人在议论本地有"三害":"老虎、巨蛟和周处"。周处听了,心中深受震动。他从此改邪归正,上山杀了老虎,下水斩了巨蛟,以后又当了官,最后上战场为国杀敌捐躯。

50 八王之乱

傻子皇帝司马衷的皇后贾南风是个十分阴险狠毒的女人。她见杨骏与杨太后掌握了朝政，便秘密串联了楚王司马玮和身在京城的东安公司马繇①，在一个夜间突然用兵包围了杨府，杀了杨骏和他的家属、同党数千人，将杨太后关在金墉城（今河南洛阳东北，是专门关被废的帝王及其家属的地方），活活饿死。

楚王和东安公从此掌握了军权，但缺少处理政务的大臣。贾南风不得不将汝南王司马亮召回洛阳，与元老大臣卫瓘②一同辅政。但两位辅政大臣掌权后，并不把她这个皇后放在眼里。于是，她又用傻皇帝的名义给楚王下了一道密诏，要他率禁军突然逮捕了司马亮和卫瓘，不由分说便将他们杀死了。

真是螳螂捕蝉，黄雀在后。楚王连杀两个大臣，正在得意忘形之际，贾后突然以"假传圣旨、擅杀大臣"的罪名也将他捉住杀了。

贾南风的这一手还真是厉害。从此她在朝中全部换上了自己的亲信，竟也独断专行了七八年之久。不过她还有一块心病，那就是自己没有儿子，傻皇帝的太子司马遹④不是她生的。于是，她又生出了一条毒计：让人将太子灌醉后诱使他写了几句莫名其妙的要傻父亲皇帝"自我

① 繇（yáo）
② 瓘（guàn）
③ 螳（táng）
　螂（láng）
④ 遹（yù）

100

了结"(自杀)的话。抓住这件事,她宣布废了太子。

赵王司马伦本来巴结贾后,掌握了禁军的控制权。这时他见贾后废太子的毒计在朝中引起了很大的不满,便也来了个"螳螂捕蝉"计:他先故意散布有人要支持太子复位的消息,促使贾后情急之下派人毒死了太子。于是,他立刻率禁军逮捕并处死了贾后。接着,他又软禁了傻皇帝,自己做起了皇帝。

赵王司马伦当了皇帝,司马氏的其他各王心中不服,大家纷纷起兵争夺皇位:先是齐王司马冏①、成都王司马颖、河间王司马颙联兵杀了赵王司马伦;接着成都王、河间王又联合长沙王司马乂②杀了齐王;然后东海王司马越又杀了长沙王。这就是历史上所说的"八王之乱"。

狗尾续貂

赵王司马伦称帝时,大肆封官。当时京官的帽子上都用貂尾做装饰。由于封的官太多,貂尾不够,只好用狗尾巴代替。"狗尾续貂"这个成语就是这么来的。

① 冏(jiǒng)
② 乂(yì)

51 李特收容流民

八王之乱前后共持续了十六年，死伤士兵数十万，百姓遭殃的更不计其数。直到306年，东海王司马越毒死晋惠帝，另立晋武帝的儿子司马炽①为晋怀帝，才告一段落。

由于长期战乱和连年的自然灾害，再加上官府的奢侈腐败，拼命盘剥百姓，许多地方的农民无法在自己的土地上生活下去了，只好拖家带口地外出流浪。这就形成了所谓的"流民"。

在一支从略阳一带往汉中、蜀地流浪的流民队伍中，巴氐②族人李特、李骧③、李庠④、李流兄弟四人也加入了进去，一起逃荒。到了绵竹(今四川绵竹)地方，李特建立了一个大营，收容大量的流民。由于李特兄弟们有勇有谋，又能关心和接济、帮助穷苦的流民，深受大伙的拥戴，享有很高的威望。

成都的益州刺史赵廞⑤见李特兄弟有号召力，先想拉拢他们，让他们在流民中组织起了一支万人的军队。不久，赵廞又害怕他们的势力扩大，找借口杀了四兄弟中最有才干的李庠。李特、李流等便带领自己的流民兵攻进成都，杀了赵廞。

朝廷派梁州刺史罗尚到成都任益州刺史，并下令遣

① 炽(chì)
② 氐(dī)
③ 骧(xiāng)
④ 庠(xiáng)
⑤ 廞(qīn)

102

返流民。罗尚表面上稳住李特，准许李特提出的宽限半年遣返的请求，暗中却调集三万兵马偷袭李特设在绵竹（今四川德阳西北）的流民大营。李特早有防备，埋伏在营内的流民战士同仇敌忾，将官军杀得片甲不留，几乎全军覆没。

　　流民们已经没有退路。他们推举李特为镇北大将军，干脆举旗起义。李特的义军很快攻下了广汉郡，并包围了成都。眼看可以攻下成都时，李特因胜利而产生了骄傲轻敌情绪，他轻信了成都周围的地方土豪势力，接受了他们的投降。结果，他们暗中勾结罗尚，里应外合，袭击义军。李特在作战中身亡。

　　李特的兄弟李流、李骧和李特的儿子李荡、李雄重新整顿义军，与官军作战。303年，义军攻下成都。第二年，李雄称成都王。306年，李雄称帝，定国号为"大成"。338年，李雄的侄儿李寿继位后将国号改汉，历史上称为"成汉"。

知识平台

孔 方 兄

　　晋惠帝时，朝政腐败到了极点，朝中官员个个嗜钱如命。当时有个名叫鲁褒的人写了一篇《钱神论》讽刺说："钱字孔方（铜钱中间有个方孔），（人们与它）相亲如兄，危可使安，死可使活……"从此，人们将钱称为"孔方兄"。

52　刘渊称汉帝

304 年，就在李雄在成都称王时，北方的匈奴贵族刘渊也在左国城(今山西离石东北)自封为王。

刘渊是匈奴冒顿单于的后裔。汉高祖刘邦曾与冒顿约为兄弟，他的后代因此也被汉朝皇帝赐给刘姓。晋惠帝时，刘渊的父亲刘豹是匈奴五个部落中的"左部帅"。当时匈奴部落为了表示臣服晋朝，就将刘渊派到洛阳做了人质。

刘渊从小好学聪颖，读书很多，是个文武兼备的人才。他在洛阳受尽了歧视，后来辗转到了成都王司马颖手下当了一名部将。他的父亲刘豹死后，他几次想回匈奴，成都王都不同意，直到成都王的老巢邺城①被幽州刺史王濬联合鲜卑、乌桓两个部族人的军队围困、危在旦夕时，刘渊才被准许回去搬匈奴兵前来救援。

刘渊回到匈奴，被匈奴五个部落的首领推选为大单于，并很快集合起了五六万匈奴人马。刘渊准备发兵攻打鲜卑，他的叔父刘宣劝他不要攻打身边的兄弟民族，要恢复祖业。刘渊听了哈哈大笑，说："可以不伐鲜卑，但我要像汉高祖、魏武帝那样拿下中原！"

刘渊是个有头脑的人。他知道目前乘八王混战之机要南下中原，如摧枯拉朽，但要收服中原民心，就不那么

① 邺(yè)

容易。于是,他决定以恢复汉朝的名义进攻西晋。因为汉朝历代与匈奴单于和亲,他和许多匈奴贵族就是汉朝的外甥。现在中原的百姓对晋朝统治者的腐败已深恶痛绝。考虑成熟后,刘渊便于 304 年,自称汉王,并很快攻下了上党、太原、河东、平原等郡。308 年,刘渊在左国城称帝,定国号为汉。接着,便派自己的儿子刘聪和大将石勒率军进攻洛阳。由于洛阳军民拼死抵抗,一时未能攻下,而刘渊自己却得病死了。

刘渊死后,他的儿子刘聪继位,又派大将刘曜、石勒进攻洛阳。311 年,洛阳城被攻下,晋怀帝被俘,不久被杀。逃往长安的晋朝大臣们立怀帝的侄子司马邺当了皇帝,就是晋愍帝。316 年,匈奴军队攻陷长安,晋愍帝被杀。西晋王朝灭亡。

内 容 链 接

刘 聪 杀 兄

310 年,刘渊病死,长子刘和继位。刘和怕其他四个皇子刘聪、刘义、刘裕、刘隆手中有军权,将来威胁到自己的皇位,便在刘渊死后的第三天便突然派亲信带兵去杀他们。在事变中刘裕、刘隆被杀,刘聪却早有准备,反而起兵杀了刘和,夺取了皇位。

① 愍(mǐn)

53 闻鸡起舞

正当西晋的贵族统治者热衷于内斗,在刘渊的匈奴军队进攻下节节败退的时候,也有一些晋朝将领在发奋努力,为挽救国家的命运而坚持抵抗。刘琨和祖逖就是这样。

刘琨和祖逖青年时期就是好朋友。两人都喜欢读书,胸怀大志,一心想为国家干一番事业。不久,他俩当上了司州(今洛阳东北)主簿。两人仍在一起同吃同住,一同读书探讨,谈论天下大事,常常谈到深夜也不觉得困倦。

一天夜里,两人才睡了不久,忽然听到窗外传来了公鸡的啼鸣。祖逖醒来,立刻将还在熟睡的刘琨叫醒:"你听听,这是什么声音?"

刘琨睁开惺忪的眼睛说:"这是鸡鸣的声音呀!"

祖逖说:"对,这是催我们奋发的声音!"说着,便拉刘琨起床,取了剑,来到院子里。天还没有亮,只有一钩弯月挂在树梢。两人就在月光下练起剑来。就这样,他们终于成了晋朝有名的将领。

305 年,刘琨被西晋政府任命为并州(治所包括今陕西北部及河套地区)刺史。当他北上赶去并州首府晋阳(今山西太原西南)时,一路上只见满目疮痍、白骨遍野、

① 逖(tì)

人烟稀少，偌大的并州已被匈奴军队掳掠得一片萧煞。他只好从上党招募了一千多名士兵，和当地逃剩下来的百姓一起修复残破的房屋、城墙，修路开荒，重建家园。与此同时，他又组织军民联防，一次次打退匈奴军队的侵扰。由于刘琨的努力，流亡在外的百姓纷纷返回家园，并州土地上又出现了鸡鸣犬吠和百姓炊烟的景象。在刘琨的感召下，刘渊的匈奴军队中，竟先后有一万余人倒戈投奔过来。

308 年，刘渊派大军进攻晋阳。刘琨只以老弱残兵守城，将精兵撤到城外，打了个漂亮的伏击战，以少胜多，大败敌军。为了对付强敌，刘琨又和鲜卑拓跋部首领猗庐结盟，顶住了刘渊的汉军的进攻。但是大厦将倾，独木难支，当刘聪的汉军先后攻陷了洛阳、长安以后，刘琨只好将人马从并州撤退到了幽州（今河北北部）。

故事中的成语

闻 鸡 起 舞

祖逖和刘琨为挽救国家危亡，发奋图强，年轻时听到鸡叫便起来舞剑的故事，从此便成了一个激励人们胸怀大志、勤奋努力的成语"闻鸡起舞"。

54 王马共天下

　　在长安陷落、晋愍帝被俘前，晋愍帝写了一份密诏，让弘农太守宋哲连夜逃出长安，将密诏送到建康（今江苏南京），交给在建康的琅琊王司马睿。密诏是要司马睿接帝位，以延续晋室香火。

　　司马睿喜出望外。318年，他宣读遗诏，粉墨登场，宣布定都建康，国号仍为晋，年号为大兴，他就是晋元帝。为了与已经在316年灭亡的晋朝相区别，历史上就将司马睿建立的这个晋朝称为"东晋"。

　　在司马睿穿上龙袍、坐上龙椅接受文武百官朝贺时，这位新皇帝竟招手要刚被封为丞相、骠骑大将军的王导与他共座龙椅。大臣们一下子全都呆住了。王导也赶紧推辞。

　　晋元帝为什么对王导如此厚待呢？原来，元帝司马睿是司马懿的曾孙，他是从父亲司马觐手中继承琅琊王的职位的。由于长期的八王之乱，司马家属已经互相残杀得七零八落，司马睿到任时，江南的豪门士族对他很冷淡。在这十分困难的时刻，当时任他参军的王导出面帮他树立了威信——在江南人庆祝三月三节日时，王导动员了在当地有很高威信的他的堂兄、扬州刺史王敦，与自己一起恭恭敬敬地跟在司马睿的轿子后面出行。从此，

① 睿（ruì）
② 觐（jìn）

江南的达官贵人便再也不敢小瞧琅琊王了。

司马睿当了皇帝后，王导又帮助他任用人才，发展经济。王导建议颁布法令，将从北方逃来的百姓安置到江西等人口稀少的地方开荒，让军队屯田。在王导的辅佐下，东晋王朝在江南暂时站住了脚跟，不久，建康便成了一个江南的政治、经济和军事重镇。

为了抑制由石崇、王恺等西晋贵族掀起的腐朽、奢靡之风，当东晋的高官们在清明节坐着豪华车子带了美酒出外踏青时，王导身穿粗布衣服、步行出游。他举起一杯百姓喝的浊酒向大臣们祝酒，使讲究排场的公卿大臣羞愧得无地自容。官场的风气因此开始有了改变。

晋元帝见王导处处为他着想，给他出了这么多好主意，就更加离不开他了。朝中的大小事情，都要与他商量。因此，当时人们说晋元帝时是"王与马，共天下"。

知识平台

洛 阳 纸 贵

西晋有个著名的文学家名叫左思，人长得丑，小时候脑子很笨，读书、写字、学琴都不如人。但他坚持刻苦努力，终于在成年后写出了《三都赋》，一举成名。当时洛阳的有钱人争着传抄《三都赋》，使店铺里的纸张价格大涨。"洛阳纸贵"的成语由此而来。

55 祖逖北伐

王导在清明节布衣祝酒，使一些东晋大臣的良心受到了深深的震撼：江北的百姓仍在战火中受苦，我们真不该乐不思蜀啊！于是许多官员向元帝请战，要求北伐。

请求北伐最坚决的是祖逖。匈奴占领中原的时候，祖逖也带着家眷与百姓们一起南撤。在逃难的路上，他关心同路的乡亲，谁家有人病了，或者断炊了，他都尽力拿出自己携带的药品、粮食去帮助他们。他还主动出面维持秩序，组织群众，让大伙互相帮助，同甘共苦。他的行为赢得了难民们的敬重和信任，大伙推举他为领头人。他也真的将这一支逃难的队伍平安带到了京口（今江苏镇江），并安顿了下来。

祖逖一直不忘与刘琨一同闻鸡起舞时立下的志向，他在难民和京口的百姓中组织了一批有志恢复中原的青壮年，拉起了一支队伍，并且从京口赶到建康，正式向元帝提出请求北伐。

元帝担心自己的力量还不够稳固，不敢贸然北伐，但也没理由反对，因此只敷衍①地拨给祖逖一千人可吃一年的口粮和三千匹布帛，没给一兵一卒和一件武器，封了他一个空头的豫州刺史和"奋威将军"的职务。但祖逖没有计较，他总算得到了东晋皇帝同意北伐的诏令。

① 敷(fū)
衍(yǎn)

祖逖的北伐队伍从京口横渡长江北上时,附近的百姓纷纷前来送行。祖逖站在船头,含着热泪向父老乡亲们拱手告别。船行到江心,北伐的战士们激动地唱起了荆轲出发刺秦王前唱的《易水歌》。祖逖也拿船桨拍打着船舷,和大家一起唱。唱罢,他高声说:"兄弟们,我祖逖此去如不能恢复中原,就决不再过大江!"出征的战士们个个群情激昂,振臂高呼:"决不过江!"这就是历史典故"中流击楫"的来历。

　　祖逖的队伍在北伐中不断壮大,同时,也在中原百姓的支持下很快恢复了黄河以南的许多土地。319 年,他的北伐军接连击败了后赵主石勒的大军和许多死心塌地投降匈奴的地方坞堡势力。石勒不得不与祖逖谈判议和。

　　正当祖逖在北方英勇作战、节节胜利的时候,晋元帝却害怕他的实力扩充太大难以控制,突然派人夺去了他的兵权,使北伐大业毁于一旦,祖逖也忧愤而死。

故事中的成语

中 流 击 楫

　　楫,就是船桨。祖逖和他的北伐队伍横渡长江时在江心用船桨拍打船舷唱歌时的悲壮情景,以后便成了成语"中流击楫",意思是在出征时庄严发誓。

① 楫(jí)

56 石勒读《汉书》

司马睿在南方当皇帝的这一年,北方汉国的皇帝刘聪死了,他的侄子刘曜继位。刘曜不愿再打"汉"的旗号,将国号改成了赵。这就是历史上称的前赵。前赵的大将军石勒在灭晋的战争中实力越来越大,终于拥兵独立,于319年在襄国(今河北邢台西南)称帝。他的国号也是赵,历史上称为"后赵"。又经过几年的征战,石勒终于在328年消灭了刘曜的前赵,成了北方十六国割据势力中实力最强的一国。

石勒虽然当了皇帝,但他却不识字。他是羯①族人,出身很苦,曾被卖作奴隶,受尽了苦难。他甚至连自己的姓名也没有,只知道别人称他为㔥②。从奴隶队伍中解脱出来后,他又当过小贩和佣工,仍然没法生活,便串联了十八个穷苦奴隶杀富济贫,称为"十八骑"。不久,与一个名叫汲桑的朋友一同起兵,辗转投到了汉国的刘渊部下,并且起名为石勒。

石勒自己不识字,却特别重视文化。他在当将军领兵打仗时专门建立了一个"君子营",搜罗许多知识分子为他出谋划策。他在长期的战争中之所以能取得胜利,除了他作战勇敢果断外,可以说主要靠了张宾等"君子营"中的不少汉族文人的帮助。当了皇帝后,石勒更是重

① 羯(jié)
② 㔥(bèi)

视发展文化,让自己的部下认真学习儒家经典,读汉书,兴办学校,坚持从读书人中选拔官吏。

他还向各地的将军下了一道命令,凡是在战争中抓到了读书人,不论犯了什么罪,一律不许杀死,都要送到都城由他自己亲自处理。

他也非常喜欢读书。由于不认识字,他就每天用一定的时间让人给他念书。一次,一个大臣给他念《汉书》,听罢,石勒问:"你看,我可以和汉朝的什么人比?"那个大臣说:"陛下比汉高祖更高明。"

石勒忙说:"不行。我只能做刘邦的臣下,但如果与光武帝同时,倒不知道鹿死谁手呢?至于曹操和司马懿,他们是靠诡计得天下,我不学他们!"

由于石勒有自知之明,又肯学习,重视教育与文化,因此后赵的初期很兴旺了一段时期。

内容链接

石勒赔衣

石勒当了皇帝后,一次接见读书人樊坦,见他穿着破烂,问他原因,樊坦脱口说,是在路上遭了羯贼抢劫。说罢他才意识到犯了大忌,吓得魂飞魄散。石勒却笑眯眯地说:"我也是羯人,我来赔你的衣服吧。"说完真的让宫人拿出新衣服赔给了樊坦。

57　陶侃搬砖

与晋元帝"王马共天下"的丞相王导，与他的堂兄王敦一起，掌握了东晋帝国的军政大权。王敦军权在手，渐渐地拥兵自重。322年，他发动叛乱，率军攻陷建康，元帝被气死。元帝的儿子司马绍继位，就是晋明帝。

明帝是个智勇双全的皇帝。他继位的第二年便亲自调兵打败了王敦。但一年后，他又病死了，儿子司马衍继位，就是晋成帝。又过了两年，327年，历阳（今安徽和县）内史苏峻和豫州刺史祖约又起兵造反。由于成帝年幼，朝中当权辅政的大臣王导和庾亮只得请荆州刺史陶侃出兵帮助平叛。

陶侃是东晋少有的一位平民出身的将军。他从军带兵四十余年，能体恤士兵、爱护百姓，又军纪严明，因此他的军队很有战斗力。但与此同时，他也不断遭到朝中权臣的妒忌与排挤。

他原是王敦的部下，在协助王敦打败了围攻荆州的军队后，当了荆州刺史，结果反而遭王敦妒忌，差一点被王敦害死，最后被贬为广州刺史。但陶侃并不气馁，到广州赴任后，他坚持读书练武，还每天将一百块砖头从府内搬到府外，再搬回去。部下问他为什么这样做，他回答说："我虽人在南方，但应该时刻不忘收复中原，为国效

114

力。这么做是为了不让自己在安逸中丧失斗志啊！"大伙听了，都很感奋。

王敦的叛乱被平息后，陶侃被恢复了荆州刺史的职务，并当了征西大将军，都督六州军事，手握重兵。但他仍旧不像其他地方官吏那样作威作福、讲排场，而是办事兢兢①业业，生活俭朴，待人谦虚谨慎，还严令部下，绝对不许酗酒赌博，违者一律严惩。

苏峻叛乱后，庾亮也怕陶侃变心，曾写信给另一将军温峤，要他的军队防备荆州，"千万不要越雷池（今湖北黄梅长江北岸一带的湖泊）一步"。但当苏峻攻陷建康时，陶侃仍不计较朝廷对他的不信任，毅然出兵打败了苏峻、祖约的叛军。而"不越雷池一步"的典故，也因此流传了下来。

故事中的成语

"我不杀伯仁，伯仁因我而死。"

王敦叛乱后，王导到宫门口跪着请罪，见朋友、大臣周颛②（字伯仁）走过，忙请他向元帝求情。周颛连头也没回。后来王敦杀进京城，处决周颛时，王导也一声不吭。过后，王导得知当初元帝不杀他正是周颛为他说了情，懊悔地流着泪说："我不杀伯仁，伯仁却因我而死呀！"

① 兢（jīng）
② 颛（yǐ）

58 书圣王羲之

王导的兄弟王旷，有个儿子叫王羲之（字逸少），从小酷爱书法。他从七岁起就认真学习当时的书法名家卫夫人、钟繇①的楷体，在叔父王导、王廙②、父亲王旷的指导下潜心钻研书法，每天勤奋练笔，自家屋前池塘里的水都因洗笔而染黑了。

王羲之的书法越来越出名。当时的许多王公贵族都想要他的字。但他不愿将书法艺术作为摇钱树，惜墨如金。传说有一次会稽（今浙江绍兴）城外的一座道观里养了许多漂亮的白鹅，爱鹅成癖的王羲之得知后，硬要道长将鹅卖给他，那道长就提出要他为观里抄一卷《道德经》去换。王羲之毫不犹豫地为道长抄了《道德经》。事后才知，这是那道长设计的以鹅换字的计谋。

又有一次，王羲之到一个门生家去作客，信手在他家的茶几上提笔写下了诸葛亮的《梁甫吟》，然后就一起划船游玩去了。不料门生的父亲不懂它的价值，竟将它们用水洗擦了去，有的地方因笔力深厚擦不掉，他竟用刀去刮，足足刮了三分深。从此，"入木三分"便成了一条成语，专门指对事物分析研究得非常透彻。

王羲之一心想报效国家，但机会难得。351年，他终于被任命为右军将军、会稽内史，到会稽上任后，一次在

① 繇（yáo）
② 廙（yì）

116

街上见一老婆婆卖扇子,听老婆婆诉说了赋税劳役弄得她家里贫困不堪时,他不光慷慨地为老婆婆的扇子全都题上了字,让她卖了个好价钱;回到衙门后,又马上向朝廷写了奏折,请求减轻当地百姓的税赋。

353年春天,王羲之与谢安、孙绰等一批当时有名的文友到会稽西南的兰渚山春游。他们到山麓的兰亭聚会,在一条名叫兰溪的小溪边玩"曲水流觞①"的吟诗游戏:就是将一杯酒浮于溪水中,酒杯流到谁跟前,谁就饮酒作诗。聚会结束后,大伙将所作的诗编成了一册《兰亭集》,并让王羲之作序。王羲之为此写了一篇名传千古的《兰亭集序》。

《兰亭集序》共28行324字,被后人称为"天下第一行书",至今仍被视作行书的最高楷模。王羲之也因此被称为"书圣"。

故事中的成语

东床佳婿

王羲之二十岁那年,朝廷里的太尉郗鉴派人到王家为女儿郗浚②选婿。王氏家属的少年们都打扮一新,只有王羲之仍袒胸露腹躺在床上吃东西,满不在乎。郗鉴知道后却说:"那个躺在东床上吃东西的,就是佳婿!""袒腹东床"或"东床佳婿"的典故由此而来。

① 觞(shāng)
② 浚(jùn)

59 桓温北伐

　　陶侃平定了苏峻、祖约的叛乱后，东晋政权终于太平了一段时期。346 年，荆州刺史桓温又带兵西征蜀地，第二年攻下成都，灭了成汉政权。

　　与此同时，中国的北方却正陷入一片混乱之中。先是后赵的大将冉闵夺取了石氏的政权，建立了冉魏。接着，燕王、鲜卑贵族慕容儁又出兵灭了冉魏，352 年慕容儁的儿子慕容俊登基，当了前燕皇帝。前一年，氐族贵族苻健又盘踞关中，建立前秦。北方的混战局面一方面给广大人民带来了无穷的灾难，大量百姓纷纷南逃，但同时也给东晋政权带来了出兵北伐统一中国的大好机遇。

　　这时，东晋的一些有识之士也纷纷主张北伐。桓温也准备领兵北进。可是晋穆帝却怕桓温势力坐大不好控制，先派不懂军事的外戚褚裒领兵北伐，结果吃了败仗，使闻讯渡过黄河南逃的二十多万百姓几乎全都死在途中。接着又派扬州刺史殷浩北伐，仍然一败涂地，白白浪费了三年的时光。

　　354 年，东晋朝廷不得不同意桓温领兵北伐。这年二月，桓温率步兵、骑兵四万余人从江陵分三路出发，进攻关中的前秦政权。虽然苻健领兵激烈抵抗，但桓温的军队仍胜利攻至灞上（今陕西白鹿原北），逼近长安，苻健只

① 儁（huǎng）
② 裒（póu）

118

剩下六千多老弱残兵守城。关中的百姓闻讯晋军回来了，纷纷前来慰问支援。可是桓温为了要挟朝廷，却屯兵灞上，没有乘胜进攻长安。结果，苻健让士兵将长安附近的麦子提前割光，使晋军缺粮，最终不得不退兵回去。

两年后，桓温又一次领兵北伐。这一次他收复了洛阳，修复了晋朝皇帝的陵墓，想动员东晋朝廷将都城迁回洛阳，但遭到了许多大臣的反对，没有成功。365年，前燕派兵攻占了洛阳。四年后，桓温又一次北伐，一直打到前燕的都城邺城附近的枋头（今河南浚县），由于被燕军切断了粮道不得不退兵。

桓温的三次北伐虽未成功，但也为东晋王朝偏安南方创造了条件。桓温死后，谢安担任了东晋的丞相，又使朝廷出现了新的气象。

内 容 链 接

桓温的皇帝梦

桓温掌握了东晋的军政大权，当了大司马，宣布全国清查户口，实行新法，并废掉了晋废帝司马奕，立司马昱为晋简文帝，自当丞相。两年后简文帝病死，桓温带兵入建康，想夺帝位，遭大臣谢安、王坦之等人的反对。不久，桓温病死。

① 昱（yù）

60　王猛扪虱

桓温第一次北伐顺利地打到了灞上，关中的百姓纷纷出来迎接，但当地的贵族却没有一个前来拜见。桓温正在心中纳闷，忽然有一个身穿破衣烂衫的汉族书生到军营求见。

这个书生叫王猛，字景略，祖籍北海剧县（今山东寿光），后来迁到魏郡（今河北临漳）。他从小家贫，靠卖畚箕生活读书，长大后知识渊博，谋略过人，一直隐居在华阴山里。这次出山，很想协助桓温统一中原，解除中原百姓长期遭受的战乱之苦。他入情入理地向桓温分析了当时南北两方的形势。桓温见他的见解十分精辟，心中佩服，就向他提出了自己心中的疑团："为什么这里的豪杰不肯出来见我？"

王猛边伸手在自己的衣襟里抓着虱子，边从容答道："将军不远千里深入敌境，现在长安近在咫尺却不渡灞水。他们不了解您的动向，因此不来见您。"

桓温边上的人见王猛一副落拓不羁的样子忍不住要笑出声来，而桓温却被王猛点中要害，无法正面回答。桓温认识到王猛是个难得的人才，于是就诚恳地劝王猛随他南返。王猛见桓温没有为国为民的胸怀，将自己的权势放在第一位，便婉言谢绝了。

不久，前秦的苻健病死，儿子苻生继位。357年，前秦丞相苻雄的儿子苻坚杀了苻生夺取了皇位。苻坚是个既开明又有大志的国君。他将王猛从华阴山请出，成了自己的心腹谋臣。

苻坚十分信任王猛。当时年仅三十六岁的王猛一年内五次升官，从京兆尹、吏部尚书一直到辅国将军、中书令。王猛协助苻坚抑制豪强势力，实行法治；又在前秦兴办学校，禁止奢侈，奖励耕种，使国家很快安定富足起来。

太后的兄弟强德强抢民女、欺压百姓，王猛将他逮捕法办，待苻坚派人来说情时，抢先把他处决了。王猛还一连惩处了二十多个豪强恶霸、皇亲国戚。前秦的氐族老臣樊世不服，在朝堂上当众辱骂并要殴打王猛，苻坚处死了樊世。从此前秦政权政令统一、国家强盛。苻坚感慨地说："我这才知道依法治国的力量了！"

内 容 链 接

王 猛 灭 燕

370年，王猛率前秦大军攻下邺城，灭了前燕，统一了黄河流域。375年，王猛病重，临终前谆谆嘱咐苻坚：要谨防鲜卑和羌人贵族，他们虽然投降了过来，但随时会伺机作乱；千万不要去进攻东晋。但苻坚没有听从，以致酿成了淝水之战的惨败。

① 氐（dī）

61 东山再起

北方的前秦在王猛的治理下强大了起来。王猛死后，前秦主苻坚不顾王猛临终的嘱咐，下决心调集大军征讨东晋。前秦的许多大臣竭力劝阻。将军石越说："晋国有长江天险，易守难攻，且他们的百姓也会拼死抵抗。现在进攻恐不是时机。"

苻坚听了很生气，说："长江天险算什么！我有百万大军，只要把我军战士的马鞭子投到长江里，也可以将大江堵住。""投鞭断流"的成语便这样产生了。

苻坚的兄弟苻融和太子苻宏还想劝阻，刚投降过来的前燕贵族慕容垂却恭维道："自古以来，强国并吞弱国，天经地义；陛下完成一统大业，正是时机，万万不可错失！"慕容垂这么说，心中想的是让前秦和东晋交战，两败俱伤，他可以乘机复辟前燕。但一意孤行的苻坚却听进去了。383 年，他终于亲率大军八十七万，号称百万，大举南侵进攻东晋。

在建康的东晋朝廷得到消息，晋孝武帝和大臣们都等着丞相谢安拿主意。

谢安本是东晋名士，年轻时隐居在会稽东山，经常与王羲之等一批文人吟诗作文，游山玩水，朝廷多次请他出山去做官，都被他拒绝了。当时的吏部官员甚至想以不听朝廷命令的名义将他抓起来。但晋简文帝不同意,说当他担忧国家命运的时候,他自然会出山的。果然,当桓温当了征西大将军准备西进和北伐时,他接受桓温的邀请出来当了司马。

谢安入朝从政后,制止了桓温篡夺帝位的野心,并且能团结桓温的兄弟桓冲等一批大臣、将军,使东晋皇朝内部趋于团结,并且推行了一套宽厚仁爱和较为廉洁的政治措施,争取了普通百姓的拥护。

苻坚的大军出动后,晋孝武帝任命谢安为丞相兼司徒、大将军,兼领扬州、豫州等六州军事,负责抗击前秦军队的入侵。

故事中的成语

东 山 再 起

谢安在东晋危亡的关键时刻,走出自己隐居的东山,重新出来为国家效力,并领兵抗击前秦军队的入侵。这件事为后人所传诵,并逐渐演变成了成语"东山再起"。

62 草木皆兵

面对几乎十倍于自己的强敌，东晋的军队总指挥谢安镇定自若。他不避嫌疑，任命了两个自己家属中的年轻将领：侄儿谢玄为前锋都督，兄弟谢石为征讨大都督，由他们两人带兵八万北上迎敌。

获得任命后，谢玄去谢安府上请教。谢安只说："你放心，我自有安排。"回去后，谢玄还是不放心，又让好朋友张玄去向谢安问计。谢安仍若无其事地只管与张玄下棋，闭口不谈军事。下完棋，谢安还带张玄一同上山游玩，观赏风景。

消息传出去后，首都建康军民的不安情绪消失了。临出发前夜，谢安才对谢石、谢玄等出征将领作了详细、具体的布置。第二天，晋军分水陆两路出发。

晋军的五千水军由将军胡彬率领，在赶赴寿阳（今安徽寿县）途中被前秦先锋苻融的军队包围在硖石（今安徽寿县西北），并被切断了退路洛涧（今安徽淮南东）。苻坚见初次接触晋军便失利，就派了一名叫朱序的晋军降将去谢石营中劝降。不料朱序仍然心向着晋朝，他悄悄地向谢石报告了秦军的情况，并要他们在秦军立足未稳之前迅速寻机出战。

谢石、谢玄接受了朱序的建议，派名将刘牢之的五千北府兵突袭洛涧的秦军。北府兵是谢玄在广陵让刘牢之训练出来的一支勇悍的精兵。北府兵一举攻下洛涧，给了秦军一个下马威。晋军乘胜抵达淝水，与苻坚的秦军隔岸对峙。苻坚站在北岸的寿阳城头向南岸望去，只见晋军阵地严密整齐，尤其是后面的八公山上，风吹草动，好像埋伏着千军万马，他再也不敢小瞧晋军了。"草木皆兵"的成语也由此而来。

　　这时谢石、谢玄向苻坚送去了战书，要求秦军稍为后撤一些，让晋军渡过河去决战。苻坚想将计就计乘晋军渡河时突袭，就同意了，下令秦军后撤。不料秦军一撤，竟再也收不住；朱序趁机宣扬秦军已战败，结果大军自相践踏，争相逃命。晋军趁势渡过淝水追杀，秦军大败。大将苻融被杀，苻坚受伤，逃回洛阳时八十余万军队只剩下了十余万。

故事中的成语

风 声 鹤 唳

　　前秦军败逃时，听到后面的风声、空中的鹤鸣声，都以为是晋军追来了，吓得没命地奔跑。"风声鹤唳"的成语由此而得。

① 唳(lì)

63　世外桃源

　　淝水大战的胜利使东晋政权获得了喘息的机会。但谢安死后,东晋的大权落到了晋孝武帝的兄弟司马道子手里,变得腐败不堪。南方因此发生了以孙恩为首的农民大起义。荆州刺史、桓温的儿子桓玄乘机起兵攻进建康,杀了司马道子,废了晋安帝,自称皇帝。北府兵的将领刘裕又领兵灭掉了桓玄,恢复了晋安帝的皇位。

　　刘裕自以为立了大功,在府中大摆庆功宴。席间,他的参军陶潜不由得长叹一声,即席吟诗道:"我为志向得不到实现而感到耻辱,还不如回到家里种田去吧!"

　　陶潜,字渊明,浔阳柴桑(今江西九江西南)人,是东晋名将陶侃的曾孙,到他这一代家中已穷困潦倒。但陶潜从小喜欢读书写诗,热爱家乡的田园风光。他家门前种有五棵大柳树,他就写了一篇《五柳先生传》,人们因此也称他为"五柳先生"。

　　由于当时政治腐败,时局混乱,陶渊明一直不肯出来做官。刘裕见他是名将之后,勉强将他请出来当了参军,见他实在不情愿在军队,便将他推荐到了彭泽(今江西湖口)当县令。不料才当了八十多天,他就厌恶了官场生活。这天,郡里派了一名督邮耀武扬威地要来县里视察,陶渊明不能忍受,将官服、官印往案几上一扔,生气地说:

"我岂能为五斗米的俸禄而向这种势利小人弯腰屈背!"从此他便辞官回到家乡种地去了。而"不为五斗米折腰"的典故,也传诵了下来。

陶潜在家耕耘写诗,与当地农民同甘苦。他写的诗情真景真意真:"暧暧远人村,依依墟里烟。狗吠深巷中,鸡鸣桑树颠……"《归园田居》多像一幅清静优美的山水画! 他写了许多这样的田园诗,成了著名的田园诗人。他也将自己的理想寄托在文章中,创作出了一篇名传千古的《桃花源记》,描述了一个没有剥削压迫、没有腐败和战争,人们日出而作、日落而息,互相"鸡犬之声相闻、老死不相往来"的纯朴宁静的理想国。人们从此将这个理想国称作"世外桃源"。

以后,江州刺史王弘、檀道济屡次聘请陶渊明出去做官,他都坚决地拒绝了。427 年,陶渊明在贫病交加中去世。

内 容 链 接

北 方 的 政 局

淝水之战后,前秦的元气大伤。原前燕降将慕容垂背叛前秦,建立了后燕。羌族贵族姚苌①杀死了苻坚,夺取了前秦政权,建立了后秦。鲜卑贵族拓跋珪建立了北魏,然后又打败了后燕。北方政局一片混乱。

① 苌(cháng)

127

64 刘裕摆阵

刘裕迎晋安帝在建康复位后，掌握了朝中的实权。他是刘琨的曾孙，但到他父亲手里，早已家道中落。他小时候种地、砍柴、打鱼，备尝生活的艰难，因此也练就了坚定的意志和不屈的性格。

409 年，他乘北方各国相互混战的机会，领兵北伐南燕，之后包围了南燕的都城广固（今山东青州西北），第二年便攻陷广固，俘虏国主慕容超，灭了南燕。这时，原孙恩的农民起义军将领卢循、徐道覆领兵进攻建康，刘裕只好匆忙回师。

416 年，刘裕在平定了南方的动乱后，又亲率水陆大军八万北伐后秦。他将大军分成两路，陆路由将军王镇恶、檀道济率领，沿淮河、泗水一线出击，进攻洛阳；他自己率领水军沿黄河西进。当时的黄河北岸是北魏的领地。北魏主拓跋嗣在河北屯兵十万，监视着晋军。刘裕的水军在黄河中有的被风浪冲到北岸，就常遭到北魏军的击杀。在岸上拉纤的士兵也频频受到骚扰。刘裕决定教训一下北魏军。

他派将军丁旿①带七百勇士、二百辆战车沿河岸摆了个向前突出的半月形军阵，取名"却月阵"，阵内埋伏着数千名弓箭手。北魏军见"却月阵"内兵不太多，便集中了

① 旿（gàn）

128

三万人马猛杀过来。这时阵中一杆白色的旗帜摇动，两千弓箭手冲出来登上战车万箭齐发。敌军虽被射死不少，但人数太多，仍继续冲上前来。正在危急之际，只见旗帜又摇动起来，沿河岸又冲出数千士兵，他们推出的战车上装着强弓利矛。随着震耳的战鼓声，士兵们用大锤敲动机关，无数利矛飞向敌军，每支矛一下子可射杀三四个敌人。魏军大批倒毙，纷纷掉头逃命，从此不敢再攻晋军。

刘裕的军队终于顺利西进，与已经攻下洛阳的王、檀的军队在潼关会师。接着，晋军又一举攻克长安，灭了后秦。

420年，刘裕终于逼晋恭帝退位，自己当了皇帝，并改国号为宋。至此东晋王朝在延续了一百零四年后灭亡了。

内 容 链 接

百 衲 衣

刘裕小时候家里很穷，据说快满周岁时还光着身子躺在被窝里没衣服穿。他的母亲向邻居讨来了些缝衣服剩下的边角料给他拼成了一件小衣服，称为"百衲衣"。后来他当了皇帝，就将这件衣服当做传家宝，命令自己的后代子孙在孩子周岁时都要拿出来穿一下。

唱筹量沙

宋武帝刘裕建立宋朝后，中国便开始进入南北对峙的局面。南面经历了宋、齐、梁、陈四朝；与此同时，北魏先统一了北方，然后又分裂为东魏、西魏；最终又被北齐、北周代替。这就是我国历史上共一百七十年的南北朝时期。

刘裕只做了两年皇帝就死了。他的长子刘义符继位，称少帝。但少帝不争气，在武帝的丧事期间就唱歌奏乐，被辅政大臣徐羡之、谢晦等废掉，另立刘裕的三儿子刘义隆为帝，就是宋文帝。文帝又怪辅政大臣在废立时无辜杀了他的二哥义真，因此又杀了徐羡之和谢晦。

宋朝内部的权力斗争，给北魏以可乘之机。430 年，魏军南下打败了宋将到彦之的军队，占领了黄河以南的大片土地。同年，宋文帝派檀道济率军支援到彦之。

檀道济是宋朝老将，曾随刘裕北伐后秦，以后又协助文帝巩固了政权，立下了大功。这次出征，他的军队沿济水进攻魏军，节节胜利，一直攻到历城（今山东济南）。

此前魏军正在围攻历城。历城守城士兵不到一千人，太守萧承之只好下令大开城门。魏军将军叔孙建以为城内定有伏兵，不敢进城。萧承之终于盼到了檀道济的援军。这是历史上真正的一次空城计。

由于到彦之的军队已撤退到彭城，檀道济孤军深入。叔孙建又派出几股骑兵突然袭击檀军的后路，烧毁和断绝了他的粮草，檀道济只好准备撤军。这时宋军中有个叛逃的士兵将情况告诉了魏军，魏军大队立刻尾随追击。

宋军将士人人惶恐。这时如仓促撤退，可能全军覆没。檀道济便在军队夜间宿营时让管粮的士兵大声唱着计数的筹码称粮食。通明的灯火下只见许多白花花的米粮在过秤。魏军探得，再也不敢追击。天亮后，檀道济自己穿着便服坐在轿子里，带着盔甲整齐的宋军从容撤退。只有那些管粮的士兵心里才知道，他们装在口袋里的"粮食"，实际上下面全是沙子。这就是"唱筹量沙"典故的出处。

檀 道 济

檀道济为宋国立下了大功，却遭到了朝廷的猜忌。436年，宋文帝的兄弟刘义康假传诏书，杀害了檀道济及他的儿子和部将数十人。临刑前，檀道济愤怒地说："你们这是在自己毁坏万里长城啊！""自毁长城"的典故由此流传下来。

66 实话实说

439 年,北魏太武帝拓跋焘让司徒崔浩、中书侍郎高允等编写国史。编写前,太武帝曾指示崔浩,一定要根据事实记载。

崔浩是北魏的三朝元老。早在道武帝拓跋珪刚建立北魏时,崔浩就得到了重用。他为北魏统一北方起到了非常关键的作用。因此,以后的三十年中,魏明元帝、太武帝也都十分器重他。于是崔浩有点忘乎所以了,他利用手中的权力,推荐了不少汉族人士做官,还想帮当时在北魏的一些汉族大姓恢复势力。这样就势必遭到执政的鲜卑贵族的忌恨和警惕。

崔浩主持的国史,对鲜卑族开国前的一些落后、愚昧的习俗,也作了如实的记载。编完后,他的两个手下闵湛和郗标建议将它刻在石碑上。崔浩不听高允的劝告,竟然真的实施,并且将石碑树在了魏都郊外祭天坛的东边。这下子可闯了大祸。鲜卑贵族们见了,乘机纷纷上疏指责国史丑化了拓跋氏的祖先,"暴扬国恶"是崔浩犯上的凭据。

太武帝对一个汉族元老在自己身边掌权,本来也有威胁之感;这次见鲜卑贵族群起而攻之,也就大怒起来,下令严办。

① 焘(tāo)

132

高允这时还是太子的老师。太子对他很尊敬。事发后，太子拓跋晃来不及多说，就拉着高允去太武帝前澄清。太子说："国史的事高允对我说，都是崔浩的主意。请父皇饶他性命。"太武帝听了，便问高允是不是这样。高允却说："不是的。崔浩只是总负责，具体内容是我们几个著作郎写的。"太武帝听罢，说："如此说来，高允的罪比崔浩还严重，怎能饶恕？"

太子连忙又掩饰道："高允刚才还对我那么说的。此刻一定是吓得不知所云了，请父皇原谅他。"

高允听了，却认真地说："太子殿下为了保护我，才这么说的。我很感激。但我不能说谎。刚才说的全是真话。"

太武帝见高允死到临头也如此诚实，倒动了恻隐之心，免了他的死罪。但崔浩还是被满门抄斩了。

内容链接

高允不草诏

太武帝赦免了高允，命他起草诏书将崔浩等参与修史的一百二十人全部灭族。高允不肯下笔。他去见太武帝说："崔浩等是否有其他罪我不知道。如只因修史犯忌，就罪不致死。"太武帝大怒，命武士将高允绑了起来，但冷静下来后，还是放了高允，并免去了除崔浩外的其余人的灭族之刑。

① 恻(cè)

67 孝文帝迁都

崔浩被杀后两年，就是 452 年，魏太武帝被宦官宗爱杀死，他的孙子拓跋濬继位，就是文成帝。接着是献文帝、孝文帝相继登位。孝文帝拓跋宏登位时才五岁，太皇太后冯氏（拓跋濬的皇后）摄政。

冯氏是位十分开明的女改革家。历史上称为"文明太后"。她看到当时在魏国执政的鲜卑贵族用奴隶主的一套方法残酷掠夺百姓，贪污奢侈成风，就利用手中掌握的权力推行了一系列的改革。

第一步，她在魏国的地方官吏中实行了"俸禄制"，就是按规定给官员发薪，但不得随意向百姓掠夺贪污；如官员违反规定贪污满绢一匹者处死。

第二步，发布"均田令"，对十五岁以上的男子给田四十亩，女子二十亩，六十岁以后由政府收回。另外给男丁桑田二十亩，永久耕种。

第三步，实行"三长制"，规定每五家设一邻长，五邻设一里长，五里设一党长。这样便于统计户口，征集赋税和徭役，同时又防止豪强隐瞒户籍，霸占人口。

太皇太后去世后，亲政的孝文帝坚持改革。为了巩固改革成果，他决定将都城从平城（今山西大同）迁到洛阳。当时的许多鲜卑王公贵族竭力反对，孝文帝就假装发布命令要进攻南齐,率领百万大军南下。兵经洛阳时,正遇秋雨连绵,道路泥泞,将士们都不愿继续前进。孝文帝便乘机宣布就在洛阳驻扎下来,并发布了迁都的命令。一些贵族大臣留在平城抗拒迁都,并纠集起来准备政变,被孝文帝察觉后带兵将他们全都消灭了。

接着,孝文帝又在文化方面进行改革。494年,他带头祭祀孔子,下令在洛阳办太学,并采用汉族皇帝的礼乐制度。第二年,又颁布命令将汉语及汉人服装作为全国统一的语言与服饰,禁用鲜卑语、禁穿胡服。

改革和迁都加速了鲜卑民族与汉族的融合,促进了魏国的经济与国力的增强。

内容链接

魏孝文帝改姓

孝文帝实行汉化,将"拓跋"的姓改成了"元",他自己便把拓跋宏的名字改成了元宏。同时还将鲜卑姓氏"步六孤"改姓"陆","贺赖"改姓"贺","贺楼"改成"楼","勿忸"改姓"于"。

68 科学家祖冲之

453 年,南朝的宋文帝被太子刘劭杀死,接着,刘骏起兵杀了刘劭,自立为帝,就是宋孝武帝。479 年,掌握军权的中领军将军萧道成灭了宋朝,建立南齐。

就在南朝的宋、齐时期,出了位了不起的科学家,名叫祖冲之。祖冲之字文远,范阳遒^①(今河北涞水)人,从小熟读儒家经典,精通《庄子》《老子》,但他的最大爱好是天文、历法和数学。他一生做过县令、谒者仆射、长水校尉(禁卫军军官)等小官,由于他为人耿直,不肯趋炎附势,因此官一直做不大。后来,他进了皇家的"华林学省",这是一个专门从事学术研究的部门,他这才如鱼得水,潜心钻研起数学和天文学来。

在数学上,他第一个将圆周率(圆的周长与直径的比例)推算到小数点以后的七位数,算出 π 的值在 3.1415926 与 3.1415927 之间,并与他的儿子祖暅^②一起提出了推算球体体积的公式。这两项成就均比西方早一千年以上,因此后来被称为"祖率"和"祖氏公理"。祖冲之还将他的数学研究成就写成了《缀术》一书。这本书在唐代被当作数学教科书,可惜后来失传了。

在研究数学的同时,祖冲之还长期进行天文观察,在研究和总结前朝历法知识的基础上,重新编制了一套更

① 遒(qiú)
② 暅(gèng)

136

加精确科学的新历。这套新历编成于宋孝武帝大明六年（462），因此取名叫"大明历"。大明历确定的一个回归年（就是从一年的冬至到下一个冬至地球绕太阳一周所需的时间）已精确到365.24281481天，与当代科学实测的误差只有50秒；它测定的月亮环行地球一周的误差只有1秒。

但祖冲之数次请求宋孝武帝公布实施他的"大明历"，却遭到了保守派、皇帝的宠臣戴法兴等人的竭力反对，以致一直未被批准，直到梁朝时在祖暅的力争下才得以颁行。

祖冲之还发明了一种能在水面上日行百里的"千里船"和水力机械"水碓磨"，并且重造了失传的"指南车"。

知识平台

古代的圆周率

我国古代的圆周率一直以所谓周（周长）三径（直径）一为标准。魏晋时刘徽用圆的内接正多边形逐步加倍的方法计算，算到 $\pi = 3.1416$。但要算到祖率小数点后的七位数精度，用现代计算机测算，须得求出正12288边形的边长和24576边形的面积。显然祖冲之用的是别的计算方法，可惜已失传。

69 范缜斥鬼神

南齐的第二代皇帝齐武帝萧赜[1]时期，还出了个无神论学者范缜[2]。

范缜，字子真，南乡舞阴(今河南泌阳西北)人，当时任齐武帝的尚书殿中郎的官职。一天，丞相、竟陵王萧子良突然命他与他的表弟萧琛[3]到北魏去秘密私访考察。虽然出发时没有向他交待具体的考察目的，但范缜心里明白，是要他到北朝去感受那里的佛教气氛。来到北朝，范缜真的被北魏自上而下的礼佛风气震惊了：洛阳城内，皇家佛寺建得金碧辉煌；全国各地，到处都在造佛寺、建佛塔；另外，龙门山和云岗，炳灵寺和麦积山(两处均在甘肃)，都在如火如荼地凿建石窟，不知耗费了多少人力、物力！而更令范缜忧虑的是，礼佛的风气正迅速向南朝蔓延，丞相萧子良便是一个例证。

范缜回到南朝，萧子良在自己的鸡笼山(今南京鸡鸣山)邸[4]园以接风的名义，请了许多信佛的朋友和高僧与他谈佛。不料，范缜却语重心长地对大家说："信神拜佛与古代的靡靡之音一样是亡国之兆，只会给国家和百姓带来灾难！"他的话立刻遭到了神佛信徒们的围攻。萧子良首先发难说："你不信佛家的因果，那么人为什么会有富贵贫贱的区别呢？"

① 赜(zé)
② 缜(zhěn)
③ 琛(chēn)
④ 邸(dǐ)

138

范缜一笑,答道:"这就好比树上的花朵,随风飘落,有的落在尊贵的座席上,比如您;有的掉到茅厕中,就像我。只有机遇,没有因果。"

有一位叫王琰的信徒干脆讥刺道:"啊!照范先生说,他连自己祖先的神灵也不承认了!"

范缜反讥道:"啊,王先生,你为什么不自杀了到自己的祖先那里去呢?"

王琰顿时哑口无言。范缜为了批驳围攻他的人,就写了一篇全文一千八百五十五字的文章,名叫《神灭论》,用问答的形式阐明了自己对物质与精神、生与死、知觉和思维等一系列问题的看法。他指出,精神与物质就像"锋利"与"刀锋"的关系一样,是相互依存,不能脱离的。这种朴素唯物主义的观点无疑是正确的。

内 容 链 接

范缜不"卖论"

萧子良驳不倒范缜,派太子舍人王融去对他说:"如果你放弃观点,可以做中书侍郎。"范缜大笑道:"如果我卖论求官,何止做中书侍郎,早就做尚书令、左右仆射了!"

魏孝文帝以后，宣武帝、孝明帝时国势便衰落下去了。原因是皇室的奢靡和腐败。尤其是515年孝明帝元诩继位时才六岁，由胡太后临朝听政。这位胡太后生活上穷奢极欲，大肆挥霍，而且崇信佛教。她不惜耗巨资在洛阳建造一座全国最大的寺庙——永宁寺，寺塔宝顶用黄金铸成；塔上悬一百二十枚金铎和五千四百枚金铃。她还在全国各地广建寺庙、佛塔，几乎掏空了国库。一些王公贵族又以斗富为荣，为此，高阳王元雍一次宴席花了十万两白银，而河间王元琛花了二十万两。他们用的酒杯、饭碗都是用水晶、玛瑙和白玉雕成，连马槽都是银的。

但在贪污腐败成风的朝政里，也出了个执法严明的官员、御史中尉郦道元。御史中尉是国家最高的监察执法官。郦道元一上任便不顾胡太后的干预，坚决镇压了在京城无恶不作的汝南王元悦的亲信丘念。荆州贪官污吏横行，当地两任刺史束手无策，郦道元一去，立刻斩杀赃官数十人，当地百姓称他郦青天。

郦道元更大的成就是，他通过对全国河流、水利的长期考察研究，为后人留下了一部不朽的地理名著《水经注》。

《水经注》是一部以对《水经》一书作注的形式写成的

书。《水经》相传是汉代人桑钦所著，它只简略地记述了全国河流的状况。郦道元对《水经》中记述的河流，或重新核实资料，或实地进行考察。他不畏艰险和长途跋涉，遍寻河流源头，跟踪河流走势，考查流域的风土人情，对每条河流的出处、特点、风景，甚至民间传说，用详尽生动的语言记述下来，写得十分生动、逼真、传神；使这部著作不但具有水利科学的价值，而且具有很高的文学价值。例如书中关于"三峡"的描述，自古以来一直被当作写景的范文，甚至还被收入了当代的中学语文课本中。

《水经注》全书共有四十卷，记录了全国南北各地的河流一千二百多条。它比《水经》原文的文字多出二十倍以上。

人物聚焦

郦　道　元

郦道元（约 472—527），字善长，范阳涿县（今河北涿州）人。由于得罪了当朝权贵、汝南王元悦，元悦故意向胡太后推荐他为关右大使，派往雍州督察有叛乱动向的刺史萧宝夤，后被萧宝夤杀害。

① 夤（yín）

北魏时期，还有个著名的农业专家贾思勰。他是益都（今山东青州）人，从小跟随父母在家里种地，对各类农作物非常熟悉，甚至很有感情。小时候除了认真读书外，他还喜欢钻研农业技术，观察和研究农作物的生长。尤其是当他成年后读书应试，当上了高阳郡（今河北保定、清苑、高阳一带）太守以后，更认识到发展农业生产对百姓安居乐业，甚至国家的安危盛衰都有重要的作用。他于是一面有意识地收集自古以来有关农业知识的书籍和文献资料一百五十余种，一面利用自己的职务之便下乡考察农业、畜牧业。

当时正是魏孝文帝在魏国实施改革以后，政局相对稳定；改革又促使本来以畜牧业为主的鲜卑等游牧民族与以耕作农业为主的汉族互相融合，使农业和畜牧业互相渗透补充，并且开创了新兴的养殖业。这一切，促使当时的农牧业生产出现了繁荣的局面。贾思勰便在这种形势的鼓舞下，决心全面地总结北方人民的农牧业生产经验，撰写一部较为完备的农业知识技术的百科全书。他将这本书取名为《齐民要术》。

为了写好这部书，贾思勰遍访河北、山东等黄河中下游的广大地区，与当地百姓切磋研究农牧业技术。比如

① 勰（xié）

一次他在山东一个地方见到春耕时农民故意抛荒一些土地，一询问，才知道这是为了养田休耕。于是，他就留下来与当地老农仔细探讨，提出了改休耕为轮作的更加合理的耕作方法。他还在民间广泛收集治疗"鸡瘟"、鱼病和灭蝗、植树等的各种方法。历经十年(534—544)，终于完成了这部分十卷九十二篇共十一万字的重要著作。

《齐民要求》的内容从农作物和蔬菜瓜果的种植、病虫害的防治到树木的栽培、用途，从野生植物的利用到家禽家畜和鱼类、蚕的饲养，甚至农副产品的加工制作，包括制酱造醋，样样俱全。其中光记载粟的品种，就有八十六种，兽医的药方也有四十八种。

内容链接

《齐民要术》中的"种榆"篇

这篇内容建议人们，生了孩子后种二十株榆树；待孩子再结婚时，一棵榆树可做三根车轴，每根车轴值三匹绢，可得一百八十匹绢，婚事的开销便全够了。

72 《文心雕龙》和《昭明文选》

南齐王朝自武帝萧赜以后的几代皇帝都荒淫无能，只顾自相残杀夺权。502年，齐高帝萧道成的族弟、雍州刺史萧衍起兵杀进建康，逼齐和帝萧宝融让位，建立梁朝，他就是梁武帝。

梁武帝曾与北魏打了几年仗，双方互有胜负。后来，北魏内部发生纷争，无力南顾，于是梁朝也有了一段相对平静的时期。

一天早上，梁朝的丞相沈约坐着轿子去上朝，突然被一个衣衫不整的中年人拦住，向他递上了一部书稿。退朝后沈约回家翻看那稿子，看着看着，不由得拍案叫绝起来。他立刻命令手下将那送稿的人请到丞相府来相见。

送稿的人姓刘名勰。这部书稿名叫《文心雕龙》，是一部文学批评著作，分上、下编共十卷，对我国古代的文学作品作了大胆而恳切的评价，指出文学作品既要有"风骨"（充实的内容），又要有"文采"（完美的形式和语言），提倡作者应该"为情造文"，而不是"为文造情"，还提出了评论作品的六条标准，指出了文学创作必须具备的素养。

刘勰出身贫寒，但好学不倦，而且为了文学事业，立志终身不结婚。他在三十三岁时写成了这部大作，却压在案头十多年，无人赏识，不得已才自己跑到京城建康拦轿献书。

丞相沈约又将《文心雕龙》推荐给了当朝太子萧统。萧统在当时是位不可多得的开明皇太子。他为人宽厚仁慈，同情百姓疾苦，而且爱好文学，在他身边聚集了南朝许多文学家和有识之士。他读了《文心雕龙》后，也大加赞赏，立刻派人将刘勰请到了他的东宫里。

此刻，太子萧统正组织了全国的名流、学者编纂^①一部名叫《文选》的巨著，它要包括从春秋、战国时代开始直至当朝的所有内容、形式上有价值的文学著作，工程十分浩繁，已编了三年，快竣工了。萧统认为《文心雕龙》的内容形式并重的批评标准完全符合他的观点，因此也请刘勰参加了《文选》最后的定稿工作。

522年，共三十卷的《文选》编纂完成。因太子萧统又称"昭明太子"，所以《文选》又叫《昭明文选》。它在我国文学史上占有重要地位。

人物聚焦

刘　勰

刘勰字彦和，东莞莒^②（今山东莒县）人，从小跟随佛教学者僧祐在寺庙里学习和生活。太子萧统病死后，他看不惯官场的势利争夺，仍回到自己以前生活的定林寺削发为僧。

① 纂（zuǎn）
② 莒（jǔ）

73 梁武帝出家

梁武帝的东宫太子萧统从小熟读经书，蒙受儒家思想的熏陶；他的东宫不藏珠宝，却有藏书三万多卷；他奉公廉洁，体恤民间疾苦，经常亲自出去访贫问苦，救济百姓，因此深受百姓和朝中官员的信任和尊敬。可是一些贪官污吏却将他视为眼中钉。就在《昭明文选》编辑完工的这一年，他们指使一个叫鲍邈的小宦官在东宫院内的一棵大柏树下，埋了一只蜡鹅，然后就诬指太子企图结党营私、诅咒皇帝早死。

梁武帝大怒，要废掉萧统太子的地位。后来虽然在许多大臣的力保下赦免了太子，但从此父子俩便疏远了，而太子也因此忧郁而死。

梁武帝本来就十分迷信佛教。他曾为了范缜的《神灭论》而与他进行过多次辩论。当了皇帝后，他更在南朝大造庙宇、佛塔。因此，后人有"南朝四百八十寺"的诗句。其中在建康造的一座供皇帝诵经拜佛用的同泰寺，更加规模宏大，富丽之极。当时全国的僧尼有二百余万人。昭明太子萧统被诬陷而死以后，梁武帝消极遁世的思想越加严重起来，经常无心打理朝政，只顾去同泰寺斋戒念佛，参加法会。

① 邈(miǎo)

到了 527 年，梁武帝干脆正式到同泰寺舍身出家，当起和尚来了。当然他的理由是十分冠冕堂皇的——舍身礼佛,为民祈福!但皇帝一走,朝中便乱了套,太子萧纲对重大事情拿不定主意,于是大臣们便集体去同泰寺恳求皇帝还俗。三天以后,大伙总算同心协力将这位皇帝和尚劝了回去。

过了两年,即529年,皇帝的和尚瘾又犯了,他又跑到了同泰寺吃斋念佛去了。大臣们照例又去苦劝请回。但这回他说必须按寺院规矩替他出钱赎身。皇帝老子的身价可不一般!大臣们凑了足足一亿钱给寺里才将梁武帝赎了回去。过了十八年后的547年,他又故伎重演,大臣们无奈,又用比上次加倍的钱将他赎回!

这么多的钱喂饱了寺院,可羊毛出在羊身上,老百姓被官府盘剥,日子更加难过了。于是,梁朝的乱局也便接着开始了。

内 容 链 接

梁朝官吏的腐败

有人检举梁武帝的六弟临川王萧宏私藏军械。梁武帝装作去他府中喝酒,酒后一定要到他的后房看看。临川王吓得脸都白了。但皇帝看到的是临川王贪污来的三十多间屋子的钱共有三亿,却没有军械,于是便轻松地说:"阿六,你真会过日子啊!"

74 侯景乱梁

534年，北魏大将高欢驱逐魏孝武帝，另立孝静帝，建立东魏；第二年，北魏另一大将宇文泰杀了逃到他那儿的孝武帝，另立文帝，称西魏。东西魏不停地互相攻击。高欢的将军侯景在高欢死后叛变东魏投向西魏。但西魏的宇文泰也不信任侯景，侯景这条变色龙就去投靠梁朝。

笃信佛教的梁武帝不听多数大臣的劝告，接纳并信任侯景，封他为河南王、大将军，并派贞阳侯萧渊明带兵北上接应。结果梁军被东魏军截击，萧渊明被俘，侯景的军队也被东魏军在颍川（今河南许昌）击溃，几乎全军覆没。狼狈不堪的侯景只率剩下的八百名士兵逃到南朝控制的寿阳（今山西寿阳），骗开了城门，将该城占为己有。

但梁武帝仍不觉悟，竟按侯景的要求不断地给他运去大批的粮食、布匹、武器，让他在寿阳大力扩充军事实力。为了试探梁武帝对他的真实态度，侯景又派人假冒东魏的使者向梁武帝提出要用萧渊明换他。梁武帝不辨真伪，就回信说，只要"贞阳旦至，侯景夕返"。于是侯景又决心反梁。

侯景派使者秘密联络梁朝的左卫将军萧正德，答应推翻梁武帝后拥立他为皇帝。萧正德是武帝的侄儿，小时候曾过继给武帝，梦想当太子，后来武帝生了长子萧统后又将他还了回去。为此,他有取而代之的野心。

548 年,侯景终于起兵,一直攻到长江北岸。蒙在鼓里的梁武帝竟派萧正德为平北将军,负责保卫京城及长江一线防务。于是萧正德正好用梁朝的大兵船将侯景的叛军运过江去,直抵建康。

十月底,叛军包围了建康的内城台城。守城将军羊侃带领军民顽强抵抗:叛军放火烧门,他们派勇士翻城出去扑火;叛军劈门,他们在门上开洞将他们射死;敌军用木驴攻城,他们用热油、火把击退;叛军筑垒射箭,他们也筑台对垒。羊侃指挥军民死守了四个多月,天天盼着援军到来。但各路援军行动迟缓,又缺乏统一指挥,终究未能冲破对建康的包围。第二年三月,台城终于被攻破。

551 年,侯景称帝,但四个月后就被梁朝将军陈霸先和王僧辩起兵消灭。

人物聚焦

羊 侃

羊侃字祖忻,泰山梁甫(今山东泰安东南)人,从小熟读兵法,文武兼备,与太子萧纶指挥守城,英勇机智。侯景将他儿子羊鹫押到城下,逼羊侃投降。羊侃自己拿箭要射儿子,使侯景束手无策。侯景后来称帝,不久兵败逃至沪渎(今上海市西),被羊侃的另一儿子羊鹍刺杀。

① 侃(kǎn)
② 鹫(zhuó)
③ 鹍(kūn)

75 陈后主误国

侯景死后，南方的梁朝又经历了几年的混乱局面。557 年，梁朝将军陈霸先在建康称帝，建立了陈朝。他就是陈武帝。到 583 年后主陈叔宝继位时，陈朝已是第五任皇帝执政了。

陈朝的几任皇帝，执政的时间都不长，而且他们几乎都忙于争权夺利和个人享受。尤其是到了陈后主时，更是不问国家大事，只顾个人逍遥享乐，成了一个真正游手好闲的皇帝。

陈后主可以算得上是一位诗人和音乐家。他在建康继续建造豪华的殿宇楼阁，整天在里面喝酒吟诗；选拔上千美丽的宫女唱歌、跳舞、奏乐。他写的《玉树后庭花》等宫廷艳词，常配了曲子让宫女们演唱，被后人称为"亡国之音"。

大臣傅縡①上奏章劝陈后主改变这种状况，多为国家着想，他竟下令把傅縡杀了。

陈后主沉湎酒色，专宠两位美人——张贵妃和孔贵嫔。最后，连国家政事也全听张贵妃支配，竟由她颁圣旨废了原沈皇后所生的太子陈胤，立自己生的儿子陈深为太子。国家的政事被弄得颠三倒四，乱七八糟，终于给北方的杨坚找到了南侵的机会。

① 縡(zài)

此时的北方,北周的皇帝周静帝已被他的外公杨坚夺走了皇位,建立了隋朝,称为隋文帝。隋文帝在北方推行了一系列的改革,实行让百姓休养生息、从长期的战乱中恢复经济的政策,经过八年的努力,终于使隋朝成了雄踞北方的强国。

588年,隋文帝派他的次子晋王杨广率军五十万分八路南下伐陈。消息传到建康,陈后主竟哈哈大笑说:"金陵虎踞龙盘,王气在此,隋军能拿我怎样?"张贵妃也说:"我们有长江天堑,隋军能飞渡吗?"于是陈后主根本不做准备,仍旧与妃子们饮酒赋诗,得意忘形。

同年,隋军将军韩擒虎、贺若弼率军渡过长江,直逼建康,陈后主才匆忙组织陈军抵抗,但为时已晚。陈军不战自溃,韩擒虎率军冲入宫中,躲在枯井中的陈叔宝及张贵妃被从井中拖出来做了俘虏。陈朝灭亡。

知识平台

南 北 朝 始 末

我国历史上的南北朝从420年宋武帝取代东晋建立宋朝起,到589年隋朝灭掉陈朝止,共经历了南朝的宋、齐、梁、陈,及北朝的北魏、东魏、西魏、北齐、北周,共一百七十年。

① 隋(suí)

下篇

隋·唐·五代

1　杨坚夺权

　　中国历史上的南北朝分裂局面，延续了一百五十多年。577年，北周武帝宇文邕灭掉北齐，统一了北方。到了第二年，周武帝病死，他的儿子宇文赟①继位，就是周宣帝。

　　宣帝是个不学无术的暴君。登位后他下令杀了一大批有实力的皇室成员和朝廷大臣，将军权交给了自己的岳父杨坚，自己则在后宫中过起了荒淫无耻的生活。这样过了一年以后，宣帝又突发奇想，宣布将帝位传给刚满八岁的儿子宇文阐，自己当"太上皇"。这样一来，他就可以名正言顺地尽情在后宫享乐，不管朝政了。这位八岁的小皇帝就是周静帝。

　　580年，年仅二十二岁的太上皇宣帝就死了。九岁的静帝当然管不了事，他封杨坚为丞相，兼上柱国、大司马，执掌军政大权。杨坚大权在手，野心也随之膨胀起来。一日，他对自己的妻子独孤氏说："你看，我现在上面只有小皇帝一人了，上天会保佑我吗？"独孤氏回答说："这是大势所趋，你已骑虎难下！"于是杨坚便着手准备夺权。

　　要篡夺皇位，杨坚面临的最大障碍是宣帝的五个叔王：赵王、陈王、越王、代王、滕王。杨坚以静帝的名义召他们进京，说是商议宣帝的葬礼。五王进京后很快便觉

① 赟(yūn)

154

察了杨坚的动向,于是赵王宇文招请杨坚到他府中赴宴,想乘机设埋伏刺杀他。不料杨坚带着自己的心腹将军杨弘、元胄①一同前去。席上,宇文招拔剑准备动手,杨弘立刻警惕地出剑上前挡住;宇文招只好一剑砍向桌上的一只大西瓜,装作切瓜招待客人。见情况凶险,杨、元两将不由分说拉着杨坚立刻离开了赵王府。

杨坚回到丞相府,马上以图谋造反的名义连夜派兵将赵、越、陈三王的住地团团围住,将他们的家属、亲信统统杀死。另外二王不久也被寻了个理由逼他们自杀了之。

清除了五王,杨坚又派兵十万,平定了以相州(今河南安阳南)总管尉迟迥②为首的北周各路反抗力量;接着又将原周皇室的宇文氏宗族全都搜捕到京城,命他们统统自尽。581年,杨坚终于导演了一场禅让帝位的戏剧,命静帝将皇位让给了自己。

杨坚登上了皇帝的宝座,建立了隋朝,他就是隋文帝。

内容链接

隋朝名字的由来

杨坚的父亲杨忠是北周的大将军,被封为随国公。杨忠死后,杨坚继承了随国公的爵位。杨坚登基时,想将国号叫"随"。但太史中大夫庚季才说"随"字中间的"辶"是"走"的意思,不吉利,建议去掉,于是便新造了个字,成了"隋"。

① 胄(zhòu)
② 尉(yù)
　 迟(chí)

155

2 冼夫人深明大义

　　隋文帝在用武力灭掉南方的陈朝后,岭南少数民族地区还没有统一。这时,有位名叫冼夫人的越族首领深明大义,反对岭南地区的部族割据,并用自己的实际行动推动了民族统一,使那里的部族最终归附了隋朝。

　　冼夫人是高凉(今广东阳江西)人,她出身于统治部落有十余万户的越族首领世家。她从小就聪明好学,姑娘时便通达明理,善于管理部族、用兵打仗,后来嫁给了南梁的高凉太守冯宝为妻。南梁发生侯景之乱时,高州刺使李迁仕突然派人召冯宝前去。上级宣召,作为下级的冯宝没有多作考虑,就准备动身。但政治目光十分敏锐的冼夫人却看出了李迁仕企图挟持冯宝,利用冼夫人的岭南部族的力量与梁朝作对,冼夫人于是坚决制止了冯宝前往。没过几天,李迁仕果然打出了造反的旗号。正当李迁仕与官军在高州城激战时,冼夫人亲自率领一千人马,挑着猪羊酒菜,乘夜悄悄来到高州城下,对李迁仕说是前来支援和劳军;李迁仕毫不怀疑,开了城门。冼夫人的人马一拥而上,很快占领了高州城,平息了叛乱。

　　到了陈朝时,广州刺史欧阳纥扣押了冼夫人九岁的儿子冯仆,逼她一同造反。但冼夫人坚定地回答:"我决不为了保全小儿而负国家!"她再一次发兵与陈朝官军一

① 冼(xiǎn)
② 纥(hé)

156

起打败了欧阳纥。

隋灭陈后，奉命招抚岭南的隋军总管韦洸慑于冼夫人在当地的威望和实力，只将军队驻扎在边境上不敢贸然进兵。冼夫人经过冷静仔细的考虑后，终于顾全大局率领当地数千个酋长一起归顺，将韦洸迎进了广州。但韦洸进入广州后，番禺人王仲宣等少数部族首领仍旧不服，他们兴兵包围了广州城。冼夫人派孙子冯暄带兵前去救援韦洸。不料冯暄故意缓军不发。冼夫人果断地又派另一个孙子冯盎前去，将冯暄投入监牢，发兵打败了王仲宣的叛军。

在一次次有关民族大义的关键时刻，冼夫人都亲自运筹帷幄，调兵遣将，站在国家统一的立场上行动，维持了岭南的稳定和人民的安宁，同时也在那里享有崇高的威望。隋文帝也因此追封她的丈夫冯宝为广州总管、谯国公；册封她为谯国夫人。

人物聚焦

冼 夫 人

冼夫人是岭南俚族（百越的一支）人，只知道她姓冼，不知名字（有说名珍）。因为她被隋文帝封为谯国夫人，所以称为"冼夫人"。

① 谯(qiáo)

3 赵绰公正执法

隋文帝杨坚是中国历史上少有的节俭皇帝。他反对宫廷的豪华奢侈，严禁官吏的贪污腐败。他规定自己吃的御膳每餐只能有一个肉类荤菜，自己寝宫内的帐幔①也是布的，并且不准摆放金玉器皿。为了维护国家安定，他下令减轻徭役与赋税，严惩贪官污吏。他甚至还故意从中央派出人到各地去，给一些地方官送钱物贿赂。如果有人真的接受，就立刻将他们逮捕处死。这种做法有效地遏制了腐败，但有时又显得过于严厉和随心所欲。有的官员犯了错，他常会下令在大殿上当众用杖棍打死，或立刻拉出去杀头，弄得许多官员上朝时就感到害怕与恐惧，但谁也不敢出面阻止。不过其中也有一人例外，他就是当时主管司法的大理寺少卿赵绰。

一次，文帝得知京城里有人还在拿早已被废掉的钱兑换新币，就下令将兑钱的人立刻杀头。赵绰对文帝说："犯这种罪的按法律只需杖责，不能处死。"文帝见自己的意见被驳回，就威胁说："我是天子，你想蚍蜉②撼大树吗？"赵绰说："不，我不想动摇大树，才要请陛下按法律办事。"文帝没法，只好一甩袖子退了朝。

大理寺有个叫辛亶③的官员听信传言穿红裤子辟邪，文帝知道了，认为执法官员搞迷信，要赵绰处死他。赵绰

① 幔（màn）
② 蚍（pí）
　 蜉（fú）
③ 亶（dǎn）

158

认为辛亶犯的不是死罪，不肯执行。文帝大怒，下令将赵绰拉下去砍头。赵绰被绑赴刑场，正要被砍头时，文帝派人去问他有什么话要说。赵绰仍从容地回答："陛下可以杀我，但我不能不公正执法。"文帝被感动了，下令放了赵绰，还派人慰问并赏赐他。

有一个名叫来旷的官员告赵绰办案徇私舞弊。文帝派人调查证明纯属诬告。文帝就将此案交赵绰自己审理，并内定了死罪。但赵绰仍认为来旷不应判死罪，要去见文帝申辩。文帝气得不见他；他就谎称有要事上奏，结果见了文帝仍然是为来旷说情，同时还为自己欺骗了皇帝而请罪。文帝被他弄得哭笑不得，只好准奏。

知识平台

刑部·大理寺

刑部是古代国家掌管法律、刑狱事务的官署。从隋朝开皇三年(583)起，刑部主持官员称尚书，副职称侍郎。

大理寺是古代国家的中央审判机关，即最高法庭。主持官员称卿，副职称少卿。

4 隋炀帝修大运河

隋文帝杨坚提倡节俭、反对贪污、减轻赋税的做法使隋王朝巩固和强盛起来，但恰恰在节俭问题上，他一不小心，犯了个不可挽回的大错。原来，被他定为太子的长子杨勇喜欢摆阔气、讲排场，文帝很不满，为了劝诫他，就把自己穿过的旧衣服赐给他，并对他说："历代帝王，凡生活奢侈的，没有一个能长久。"但杨勇觉得生活是小节，仍我行我素。这时文帝的二儿子杨广见机会来了，便装作节俭谦恭，拼命讨文帝的欢心。于是文帝便下令废了杨勇，立杨广为太子。

杨广当了太子后，立刻搜集党羽，扩充权力，与朝中的实权派、宰相杨素勾结，四年以后（604），他乘文帝病重之机，阴谋害死了他，登上了皇帝的宝座。他就是隋炀帝。紧接着，为了巩固自己的地位，炀帝立刻以"反叛"的名义杀害了哥哥杨勇及兄弟杨谅。

掌握实权后，隋炀帝在他在位的短短十三年内，做了好几件震动全国的大事：他动用二百多万民工在洛阳建立豪华的都城，取名东都，供自己享乐。征集百多万人修筑长城及挖掘数千公里的壕沟，作为防备北方突厥人侵犯、护卫东都洛阳的屏障。调集百万以上大军，三次东征高丽（今朝鲜）。而其中规模最大、影响最深远的，则是修建了贯通我国南北的水路通道大运河。

大运河从涿郡（今北京）到余杭（今浙江杭州），全长五千里，从605年到610年，分四段完成。第一段从洛阳到盱眙①，沟通黄河与淮河，称通济渠。第二段疏浚春秋战国时已开掘的邗沟，沟通淮河与长江。第三段从洛阳到涿郡，叫永济渠。第四段连通长江与钱塘江，称江南河。开凿大运河用了六年多时间，总共动用了三四百万民工。据唐朝人写的《开河记》中说，其中约有二百五十万人死在了工地上。炀帝的暴政可见一斑。

隋炀帝开凿大运河的目的，是为了从都城洛阳可以舒服地坐船到江都（今江苏扬州）游玩。然而，它的建成，在客观上，对沟通我国南北交通，繁荣经济起到了极其重要的作用；同时它也与长城一样，成了中华民族创造的伟大历史奇迹。

内 容 链 接

隋炀帝游江都

取道大运河，隋炀帝三次游江都。第一次游江都，庞大的船队有上万艘，在河上绵延二百里。炀帝和皇后乘坐的龙船有四层楼高，宫室上百间；宫妃、贵族、官员的彩船几千条；警卫军和物资供应船只也有几千条；给船队拉纤的民夫就有八万人。从长安到江都，沿运河建行宫四十余处。

① 盱（xū）
盱（yí）

161

5 李春建赵州桥

　　隋炀帝开凿大运河的巨大工程,是依靠从全国各地强制征集来的数百万民工肩挑、人担手工挖掘成的。为了保证开凿的进度,还派了许多军人和监工不分昼夜在工地上巡视监督,民工稍有懈怠,便会遭鞭打、酷刑甚至杀头。不知有多少人倒毙在烈日下、泥水中……

　　开凿通济渠的河工总管名叫麻叔谋,他是一个大胡子,因此河工们背后叫他"麻胡"。麻胡生性凶暴而贪婪,他不但常常克扣河工们可怜的一点点口粮,而且还向下属搜刮勒索。一天,他属下的一个名叫张松的监工军官忍无可忍,就悄悄带了一个叫李春的石匠逃离了工地。张松带着李春从陈留(今河南开封)逃到了他的老家赵州(今河北赵县)。赵州城南五里有条河名叫洨河,河水很湍急,当地的百姓在河上架过几次木桥,都被山洪冲垮了。于是张松便请李春设法在洨河上造一座石桥。李春爽快地答应了。

　　李春是当时有名的石匠,他的造桥技术特别高超。接受任务后,他仔细勘测了洨河的水流和河床地质,绘好了图纸,并且在附近的山上选好了石料场。于是,在张松的带领下,赵州的百姓数千人便自动参加了造桥工程。因为这是造福当地的好事,因此民工们不需监工,干劲都

① 饕(tāo)
　餮(tiè)

很足,不到半年时间,一座规模宏伟的石拱桥便像彩虹一样横跨在洨河上了。

这座桥全部用坚固的石块砌成,接缝严密整齐,造型美观,又完全符合力学原理。它没有桥墩,只用单孔石拱横跨于河上;但在河中央的大拱洞上方两侧,又各砌有两个小拱洞;这样一方面可减轻桥的自重,另一方面又可以在山洪下来河水暴涨时帮助泄洪,使桥梁免被冲垮。另外,桥的两侧还雕刻着栩栩如生的蛟龙、饕餮等图案,使这座大石桥具有很高的艺术性。

这座桥是我国历史上最早的石拱桥。它历经了一千四百多年的风雨沧桑,依然屹立在洨河上。它比欧洲历史上出现的同类桥梁早了整整七百年。

知识平台

麻　胡

我国北方地区的农村里,至今还流传着一句大人唬小孩的俗语——每当小孩哭闹时,大人就说,"别哭别哭,'麻胡'来了!"好似说"狼来了"一样。这"麻胡",指的就是隋炀帝时修运河的那个监工头目麻叔谋。

6　杨玄感起兵

　　隋炀帝横征暴敛，又穷兵黩武，修宫室、开运河、征高丽，终于弄得民不聊生，各地纷纷暴发了农民起义。与此同时，炀帝强烈的猜忌心又使他的上层政权产生了严重的裂痕。曾全力帮他害死太子杨勇及父亲文帝，夺得了皇位的杨素，此时位高权重。炀帝就想除掉他，但又苦于找不到借口。606 年，炀帝的太子杨昭突然死了。宫中纷纷传说就是炀帝私下让人在杨素与杨昭喝酒时，在一个酒杯中放了毒，不巧端酒的侍女弄错了，结果毒死了太子。不久，杨素就忧愤成疾，病倒了。炀帝召见给杨素看病的御医问："杨素什么时候能死？"杨素知道后，便拒绝服药而死。

　　杨素的儿子杨玄感是当时的礼部尚书。他与父亲杨素一样很有文韬武略。表面上他十分顺从炀帝，实际上早就在悄悄准备，伺机为父亲报仇。613 年，炀帝决定第二次亲征高丽。杨玄感认为时机已经成熟——炀帝在上一年亲率百多万大军征高丽，几乎是全军覆没；此次再度劳师，后方已十分空虚。此时，杨玄感正在后方黎阳（今河南浚县）为前线押运粮草。他一面秘密派人将跟随炀帝在前线的兄弟杨玄纵、杨万硕召回；一面与密友李密商议起事方案。李密当时给他出了上中下三策；上策是带兵直上辽东，堵住炀帝征高丽的大军，让他腹背受敌；中策是进军关中，夺取长安作为根据地；下策是就近攻下东都洛阳，但万一久攻不下，炀帝的大军赶回，便十分危险。

杨玄感急功近利，竟采用了下策。于是他率领押粮的军队，并号召运粮的民工、船工一同打起了反隋的旗帜。杨玄感对参加反隋的将士们说："我作为隋朝大官，已够富贵，今天不顾杀头灭族的危险带领大家起来，只是为了拯救黎民百姓。"他的号召得到了将士和百姓的积极响应，队伍一下子发展到十几万人。只可惜李密的预言最后被证实——洛阳城防坚固，久攻未下；而炀帝得报后又立刻回兵，终于将杨玄感的军队击败。

内容链接

杨玄感兵败董杜原

杨玄感攻不下洛阳，李密让他立刻领兵西去关中。但在途经弘农（今河南灵宝）时他仍不听李密劝告，坚持攻城，结果耽误了时间，被隋军主力赶上，被迫在潼关附近的董杜原与隋军决战，兵败自杀。

李密和瓦岗军

　　杨玄感虽然失败了,但反隋的烽火已经点燃,隋王朝已处于风雨飘摇之中。曾经跟随杨玄感起兵的李密,事变失败后被俘,在押送途中,他施计灌醉了押送的禁军逃脱,历经曲折,终于来到了东郡(今河南滑县),听说那里的瓦岗寨聚集了一万多起义军,便投靠了寨主翟让。

　　李密字玄邃①,父亲李宽被隋朝封为蒲山郡公,他年轻时曾在炀帝的禁军中当过左亲侍的小官。炀帝嫌他又小又黑,瞧不起他,将他辞退了。但他并不气馁,专心读书钻研。一次,他把一套《汉书》挂在牛角上,自己捧着其中一册,正坐在牛背上认真地看着。正巧当时的宰相杨素坐车经过,见了很受感动,将他带到了自己的家中,让自己的儿子杨玄感与他成了朋友。李密来到瓦岗寨后,协助翟让整顿了瓦岗军,并且说服附近的农民起义军归附了瓦岗寨。

　　瓦岗寨的力量壮大后,李密就说服翟让领兵攻打附近的重镇荥阳②(今河南郑州)。炀帝得报后,派隋军大将、镇压农民起义军的老手张须陀带兵前往。翟让曾两次在张须陀手下吃过败仗,因此想撤兵退回瓦岗寨,但李密抓住张须陀骄兵必败的弱点,说服了翟让,终于设埋伏全歼了张须陀的官军。

① 邃(suì)
② 荥(xíng)

166

接着,李密又带领瓦岗军拿下了隋朝的大粮库兴洛仓(在今河南巩县),并且开仓将大批粮食分给了附近的穷苦百姓。从此,瓦岗军声名大振,队伍也迅速壮大。翟让见李密在军中的威信越来越高,便主动将瓦岗寨的领导权让给了他。

李密统帅瓦岗军后,向全国发出了讨伐隋炀帝的檄文,领兵进逼东都洛阳。此刻瓦岗军有三十多万人马,声势浩大。然而这时瓦岗军内部却发生了事变。翟让的部下不服李密,私下议论要夺回权力;于是李密设计杀了翟让和他的亲信。不久,炀帝派王世充率大军与瓦岗军决战;经过血战,瓦岗军终于打垮了王世充军。618年,炀帝在江都被自己的禁军杀死。战败后的王世充又投靠在洛阳宣布继位的隋王杨侗,继续与瓦岗军为敌。内部的分裂削弱了瓦岗军的士气和力量,在河南偃师一战,瓦岗军大败,李密只得去投靠正在关中起兵的李渊。同年底,李密被李渊的唐军杀死。

故事中的成语

罄 竹 难 书

李密让他的书记官祖君彦写的声讨隋炀帝的檄文中历数他的罪状说:"罄南山之竹,书罪未穷;决东海之波,流恶难尽。""罄"就是用尽的意思。"罄竹难书"的成语就是从这里来的。

① 罄(qìng)

8 唐国公造反

李渊出身于北周的贵族世家。他的祖父李虎因帮助宇文泰建立了北周，被封为唐国公。又由于隋炀帝的母亲、隋文帝的独孤皇后是李渊的姨母，因此在隋朝时李家仍继承了唐国公的封号，李渊也被重用。当反隋的战火烧遍全国时，李渊正任太原留守。当时他的处境十分被动，既要对付北边突厥人的侵犯，又要奉命镇压当地的农民起义军，而且即使在两处作战中胜了，炀帝也可能猜忌他。因为炀帝那时莫名其妙地听信谣言，说有李姓的人要夺他的江山。为此，他已找借口杀了朝中的大官李浑。于是，李渊的二儿子李世民劝他干脆加入造反的行列。李渊开始吓得不许儿子再说，但经过激烈的思想斗争，终于同意了李世民的建议。

李渊立刻冒用炀帝的名义招募士兵，并且广为搜罗人才。李世民的两个好友，晋阳宫副监裴寂和晋阳县令刘文静也积极出谋划策。很快，他们就募集到了几万人。这时，炀帝派驻太原监视李渊的两个副留守王威和高君雅起了疑心，刚想有所行动，被李渊先下手抓起来杀了。617年，李渊正式以大将军名义传檄起事，并任命长子李建成统领左军，次子李世民统领右军，亲率三万人马向隋王朝的西都长安挺进。与此同时，还派刘文静带厚礼赴突厥请他们出兵支援。

李渊军进至霍邑（今山西霍州市），采用李世民的计策，将霍邑守将宋老生诱出城外，打了个漂亮的伏击战，杀死宋老生，攻破了西进的第一道屏障。接着，李渊又在黄河西岸义军的配合下，避开扼守东岸的屈突通的隋军主力，绕道渡过黄河，并打开永丰仓（今陕西华阴东），将粮食分给穷人。这时，出使突厥的刘文静带了突厥援军和战马赶来；李世民的姐姐也在长安附近招募了一批兵士前来汇合。加上沿途归附和加入的队伍，李渊军已有二十余万人。这年冬，他们终于攻克了长安。

攻下长安后，李渊认为时机尚未成熟，便名义上立炀帝的孙子杨侑①为傀儡皇帝，让皇帝封自己为唐王，并任大丞相、大都督；长子李建成为唐王世子；次子李世民为京兆尹、秦国公。

内容链接

隋炀帝之死

618年，荒淫无耻的炀帝正在江都宫中尽情享乐，以宇文化及、司马德戡为首的骁果（禁军）将领发动兵变，活捉了炀帝，并用丝巾将他勒死。隋朝灭亡。

① 侑（yòu）

9 李世民出征

　　隋炀帝死后，李渊见时机成熟，便于618年在长安正式称帝，建国号为唐。这就是唐朝的开始。但唐王朝只拥有关中的土地，而全国各地的割据势力也纷纷宣布称帝建国：比如王世充在洛阳建立郑国，宇文化及在魏州（今河南安阳）建立许国，还有窦建德的夏、薛举的西秦、李轨的凉、萧铣①的梁、李子通的吴、刘黑闼②的汉、辅公祐③的宋，等等。要统一天下，唐王朝面临艰巨的任务。

　　这年，李渊让李世民领兵首先迎战直接威胁唐后背的西秦军队，经过苦战，到年底终于全歼西秦军二十余万，巩固了后方。第二年，李世民又兵渡黄河，以断绝敌军粮道的办法战胜了北部的强敌刘武周的军队，并收降了对方的大将尉迟敬德。

　　620年，李世民又挥师中原，包围了王世充的据点洛阳。正在攻城战斗激烈的时候，占据河北的窦建德率三十万大军南援王世充。这时唐军中的一些将领主张撤军回长安，避免与窦建德交锋。但李世民分析了形势，决心坚持攻城。而他自己则只挑选了三千精骑兵北上虎牢关（今河南荥阳汜水镇）堵截窦建德。李世民在虎牢关坚守不出。窦建德见唐军人数太少，十分轻敌，在几次攻关不下后，让疲劳的大军扎营休整。李世民瞄准时机率精骑

① 铣（xiǎn）
② 闼（tà）
③ 祐（shí）

170

兵直捣窦建德大营。在混战中俘虏了受伤的窦建德，彻底击溃了他的大军。王世充见状，吓得只好开城投降。

窦建德的部下刘黑闼继续与唐军对抗。622年，李世民率军一面截断敌方的粮道，同时又引洺水突然灌冲刘军阵地，终于击败了他。刘黑闼逃亡到突厥，以后又引突厥兵南侵，最终被李建成、李元吉领兵剿灭。

其他的一些割据势力，有的在互相争战中被灭，有的因内部斗争而向唐朝投降，也有的被唐军最后扫荡平定。总之，到623年，李渊的唐王朝终于统一了全国。而在这场统一战争中，秦王李世民起到了关键性的作用，立下了大功，但这也为唐王朝内部的权力斗争埋下了伏笔。

知识平台

隋炀帝名号的由来

李渊称帝后，立长子李建成为太子，次子李世民为秦王，另一儿子李元吉为齐王，同时给隋王朝的皇帝杨广谥号为"炀"。"谥"是古代给已死帝王的封号。"谥法"中规定，凡违背天意、暴虐百姓的皇帝，就给予"炀"的谥号。这就是所谓的"恶谥"。

① 洺(míng)

10 玄武门事变

几乎与隋朝初年一样，李渊建立唐王朝以后，也立即遇到了继承人问题。李渊共有儿子二十二人，其中与皇后窦氏共生了四个儿子。他们依次是李建成、李世民、李玄霸、李元吉。李玄霸很早就病死了，因此皇位的继承权之争，便在剩下的三人中展开了。

按照封建社会的嫡长子继承法，应该立李建成为太子。但唐朝的建国过程中，数李世民的功劳最大。从当时坚持主张造隋朝的反，到给父亲出谋划策、并亲自领兵东征北讨，李世民为唐王朝的建立立下了巨大的功勋。为此，李渊也曾考虑过破例立李世民为太子，但李世民拒绝了。

李建成当了太子后，由于害怕李世民的实力和威望将来会威胁到他的权力，因此联合了弟弟李元吉，排挤、打击甚至企图除掉李世民。他们买通李渊的几个妃子，在李渊面前诬陷李世民，还将李世民请到太子府中喝酒，在酒中下毒企图毒死他。李世民中毒后被太医抢救过来，他们又企图收买李世民的主要文人、武将如房玄龄、杜如晦以及尉迟恭、秦琼等。

以上种种企图失败后，他们又设想了一个计策，准备乘李渊下令李元吉带兵出征突厥时，请求皇帝将李世民部下的尉迟恭、秦琼、程咬金等几名主将和他的精兵调拨给元吉指挥，并且在昆明池埋下伏兵，想等李世民前来为元吉出征饯行时击杀他。

东宫集团的这一阴谋被他们内部一个名叫王胜的密^①报告了李世民。李世民便与谋士房玄龄、杜如晦^②，以及他的妻舅长孙无忌、将军尉迟恭等商定了反击计策：李世民当即去向父亲告状，诉说太子企图谋害他。李渊将信将疑，下令第二天早朝时兄弟三人在朝堂上对质。李建成得知阴谋败露，决定先入皇宫逼迫李渊表态。第二天清早，当李建成、李元吉骑马来到玄武门准备进宫时，李世民带领早已埋伏在玄武门的尉迟恭等将士杀死了太子李建成和齐王李元吉。这是626年发生的事，历史上称为"玄武门事变"。三天后，李渊宣布立李世民为太子。两个月后，唐高祖李渊干脆宣布自己退位当太上皇，由李世民正式继位当皇帝。登基的李世民就是唐太宗。

内容链接

事 变 经 过

李建成、李元吉早晨骑马来到玄武门前，发现情况有异，刚想返回，李世民骑马出门喊住他们。李元吉举起弓箭向李世民连射三箭未中，李世民举弓一箭射死了李建成。李元吉想逃走，被尉迟恭射杀。闻讯赶来的东宫卫队与秦王府卫队作战，被尉迟恭等击退。尉迟恭领兵闯入宫中，向李渊报告，李渊不得不接受事实。

① 胜（zhì）
② 晦（huì）

11 贞观之治

　　唐太宗登基后，定年号为"贞观"。虽然国家已经统一，但他面临的却是因连年战乱而田园荒芜、百姓穷困、国力衰弱的局面。在这种状况下，如何治理国家呢？唐太宗召集大臣们商议。

　　大臣封德彝^①认为，自夏、商、周直至汉、晋以来，人心越来越坏，更何况大乱刚结束，国家难治，因此建议采用严厉的律法。谏议大夫魏征与他针锋相对，说："大乱以后，人心思安；只要能以宽容的政策让百姓安居乐业，国家容易治理。"唐太宗认真思考这个问题，想得晚上都睡不着觉。他认识到，当年隋炀帝面临的状况，与自己目前惊人地相似。但炀帝只顾自己享乐，不顾百姓死活，因此弄得亡国身死。于是他决定反其道而行之，采用魏征的意见。

　　方针既定，唐太宗实行了一系列政策：颁布了均田制和租庸调法，减轻赋税徭役，将闲置的土地分给农民，奖励开荒与生产，大力兴修水利，促进人口增长，并提倡官员勤俭廉洁，严惩贪官污吏。这些政策实行三四年后，国家便很快变得富足、强盛起来，社会风气也随之好转，各地出现了夜不闭户的好景象。

　　与此同时，唐太宗又吸取隋炀帝听不进不同意见、独

① 彝（yí）

断专行、将国家政权弄得离心离德的历史教训,在人才的使用上,他采取了不讲关系亲疏、不计前嫌、只讲能力、虚心接受批评建议的方针。原太子李建成手下的许多人才,他照样使用。李建成的谋士、太子洗马魏征,当时竭力为建成出谋划策,劝他对李世民先下手。玄武门事变后,唐太宗任命他为谏议大夫,对他信任有加。有一次,太宗问魏征:"要怎样做才是开明的君主?"魏征回答说:"君所以明,兼听也。所以暗,偏信也。"这就是后来成语"兼听则明,偏听则暗"的出处。唐太宗听了很高兴,说:"我明白了。君王好比玉石,好的臣子就是玉匠。玉石要靠玉匠的雕琢才能成为美玉。"

唐太宗采用了魏征等许多正直而有见地的大臣的意见和建议,将国家治理得蒸蒸日上。因此,他在位的二十三年,在历史上称为"贞观之治"。

内 容 链 接

唐太宗评魏征

643年魏征去世。唐太宗感慨地说:"用铜做镜子,可以使衣服穿整齐;用历史做镜子,可以弄清朝代兴亡的原因;用人做镜子,可以明白做事情的对错。魏征死了,我失去了一面照见自己的好镜子。"并且下令将魏征陪葬在为自己事先建好的陵墓昭陵旁。

12　大将军李靖

　　唐太宗不但在国内让百姓安居乐业、发展生产,对待边疆的各民族也采取以和为主的方针,尽量避免战争。但是,这种政策是建立在富国强兵的基础上的,并不是一味的迁就和退让。李渊刚起兵时,为了壮大自己的力量,曾屈尊向北方的东突厥称臣借兵。626年玄武门事变后,唐太宗刚登基,东突厥的颉①利可汗认为有机可乘,即刻领兵十万,直抵渭水边,离京城长安不到四十里。朝内大臣十分惊慌。太宗镇定地带了部分禁军来到渭水岸边,只带六名随从与颉利对话,痛斥他背信弃义。颉利见太宗如此镇定,不敢进兵,只好退去。

　　接受此教训,太宗加紧在长安训练军队,并任命当时有名的军事家、曾协助他南征北战、平定南方的将军李靖为兵部尚书。629年冬天,乘突厥发生内讧,唐太宗派李靖率十万大军兵分六路北征。第二年,李靖只带三千精骑兵,乘颉利可汗不备,突然冒着严寒夜袭他的大本营定襄(今内蒙古呼和浩特南)。颉利猝不及防,领兵逃往阴山。唐军继续追击。颉利采用缓兵之计,派使者向唐太宗要求谈判。唐太宗一面派使者与颉利和谈,一边让李靖见机行事。

　　李靖为了不给颉利喘息的机会,与将军李勣②一起率

① 颉(xié)
② 勣(jì)
③ 碛(qì)

一万精骑兵继续追击,并且派先锋苏定方带领二百名轻骑兵在大雾中探路。雾散时,苏定方发现他们竟摸到了颉利的大帐前。苏定方当机立断,率领二百骑兵突然杀入,颉利不知虚实,不敢抵抗,领兵逃往阴山北面的碛口(在今内蒙古二连浩特西南)。不料此刻碛口已被李靖的大军堵住。突厥军大部分被包围俘虏,颉利也在逃跑途中被抓获。

唐太宗采取了十分开明的政策。他释放了颉利,并且将十几万突厥俘虏进行了安置,在突厥的属地设置了都督府,委派原突厥的酋长负责管理。从此北方边境的安全问题得到了解决。接着,唐太宗又派李靖率军打败了西北的吐谷浑,灭了高昌,攻克了焉耆、龟兹,其他西域各国自动归附。唐朝在西域建立了安西都护府。这些民族称唐太宗为"天可汗"。

人物聚焦

李　靖

　　李靖,名药师,长安三原(今陕西三原东北)人,是隋朝名将韩擒虎的外甥,精通兵法,著有《李卫公兵法》一书,被唐太宗封为卫国公。唐高祖李渊认为他领兵打仗的水平在古代的韩信、白起、卫青、霍去病等名将之上。

① 吐(tǔ)
　谷(yù)
　浑(hún)
② 龟(qiū)

13 文成公主和亲

唐太宗在对突厥用兵的同时，对吐蕃（今青藏高原一带）则采取了友好的和亲政策。吐蕃是藏族人聚居的地方。他们的头领藏王称为赞普。640年，吐蕃赞普松赞干布派他的宰相禄东赞带了厚礼来到长安向唐朝求婚，表示要与大唐建立友好关系。为了维护西部疆域的安宁，唐太宗决定接受吐蕃王的请求。但是，唐太宗自己的二十多个女儿中，没有一个肯远嫁吐蕃。唐太宗很无奈，他对大臣们叹息道："唉，她们不懂，一桩婚姻可抵得上十万大军呢！"这话传到了太宗的族弟、江夏王李道宗女儿的耳朵里。这位聪明美丽又深明大义的姑娘表示愿意去。于是，唐太宗封她为文成公主，让她去吐蕃和亲。

641年，长安百姓万人空巷，为和亲的队伍送行。唐太宗为文成公主准备了丰厚的嫁妆。除了金玉珠宝、锦绣绸缎外，还有许多图书和吐蕃没有的中原物产以及谷物、药材的种子，其中包括产丝的蚕种。此外，随行人员中还有许多各行各业的工匠。太宗还派出御林军三千人，任命礼部尚书、江夏王李道宗为特使护送文成公主赴吐蕃。

和亲队伍沿途受到了当地居民的热情欢迎。文成公主也让随行人员将养蚕、纺织、谷物种植与酿酒、水利技

① 蕃(bō)

178

术等传授给他们。在甘肃省的青海湖一带,至今还传诵着许多关于文成公主的故事,人们还为公主树了石像。藏王松赞干布亲率迎亲队伍前来迎接。两支队伍在柏海(今青海札陵湖)相遇。松赞干布在柏海与文成公主举行了隆重的婚礼。然后,双方的工匠和士兵在雪山高原上开辟道路,大队随后,一直来到吐蕃的首府逻些(今西藏拉萨)。

逻些城的藏族人几乎倾城出动,夹道欢迎来自中原大唐的文成公主。松赞干布还特地下令在逻些东南的雅鲁藏布江边上为公主造了座新城,城内一切仿照唐朝的格局和生活方式,以抚慰公主的思乡之情。文成公主也将中原的文化与技术悉心传授给藏民,为汉藏民族的文化交流与融合立下了不朽的功劳。

知识平台

文成公主三难禄东赞

传说文成公主为了了解吐蕃人的情况,出了三道难题考前来提亲的吐蕃宰相禄东赞。第一道是要他用丝线穿过一颗大珠内弯弯曲曲的洞孔。第二是要他对一根两头一样粗细的树木分出根、梢。第三是要他从数百名女子中找出公主本人。禄东赞让一只大蚂蚁拖着丝线通过了珠孔;将木头放到河里,指出下沉的一头是根部;最后,从女子中找出了最美丽大方的文成公主。

14 玄奘取经

　　玄奘原名陈祎,洛州缑氏(今河南偃师)人。他从小喜欢佛学,十三岁时在洛阳净土寺出家。玄奘是他出家后的法名。他潜心钻研佛理,遍访全国的名寺,年纪轻轻便成了当时的名僧。但是,越钻研,他越觉得当时的汉文佛经由于版本、派系的不同而互相矛盾,甚至混淆不清。为此,他决心去佛教的发源地天竺求取真经。

　　天竺在大唐的西南边疆之外,路途遥远,语言不通,当时朝廷又严禁居民出境。但这些困难并未阻挡住玄奘的决心。他先认真学通了梵文(天竺文字),又辞掉了长安庄严寺方丈的职位,于629年出发,从玉门关附近的瓜州偷渡出境,只身穿越茫茫沙漠和崇山峻岭,历尽劫难,经过三年艰苦卓绝的跋涉,终于来到天竺。

　　当时的天竺有许许多多独立的王国。玄奘遍游天竺各国,向那里的高僧学习佛教经典。在天竺最大的寺庙——摩揭陀国的那烂陀寺,玄奘拜该寺住持戒贤法师为师,学习了整整五年,终于学通了佛经的经义。玄奘的名声在天竺也越来越响。羯若鞠阇国的戒日王在自己的首都曲女城(今印度北方邦的卡瑙季)举行佛学演讲会,天竺十八国的国王和三千多名高僧到会听讲。玄奘在大会上讲经说法倾倒了所有在场的听众,三千僧人没有一

① 缑(gōu)

180

个能提问题驳倒他,从而赢得了天竺国王们的尊重。

这次大会之后,戒日王派兵护送玄奘回国。645年,就在文成公主赴吐蕃后四年,玄奘回到长安,受到了唐太宗和长安民众的热烈欢迎。

玄奘从天竺带回经卷六百五十多部。回到长安后,他又组织僧人专心翻译这些佛经,并按唐太宗的要求,在弟子辩机的协助下撰写了《大唐西域记》一书,详细记述了他这次历时十七年、行程五万余里、亲历一百一十个国家的地理历史概况和风土人情。

玄奘天竺取经的故事,后来被明朝的作家吴承恩经过艺术加工,写成了《西游记》一书。

内 容 链 接

天　竺

天竺,又名身毒,就是现在的印度。"印度"的译名,就是玄奘取经回国后翻译佛经时开始采用的。

15 唐太宗教子

唐太宗李世民是一位比较开明的皇帝。由于他能虚心听从魏征等许多大臣的意见和建议，取得了贞观之治的大好局面。与此同时，他也在教育自己的子女、处理皇位的继承问题上，采取了较为明智的方法。

唐太宗登基后，先立他和长孙皇后的长子李承乾为太子。但李承乾长大后日渐显出他的劣根性。他喜欢出游打猎，喜欢女色，不肯努力学习，而且听不进老师的教诲，甚至发展到派刺客去刺杀敢于劝告他的老师。唐太宗为了挽救他，特地派了他最信任的老臣魏征去当他的老师教导他。然而，李承乾仍我行我素，毫无改过自新之意。

唐太宗见李承乾不争气，就将希望寄托到他和长孙皇后的第二个儿子、魏王李泰身上。李泰便也乘机顺竿爬，一面讨好太宗一面设立学馆，招揽人才。李承乾眼看太子地位不保，便决定孤注一掷。他召集党羽，企图发动政变，逼宫抢权。不料阴谋败露，被太宗废掉了太子地位。这下子，李泰以为自己稳操胜券了，便对朝内的许多大臣傲慢无礼起来。结果，在太宗征求立新太子的意见时，包括李泰的舅舅长孙无忌在内的大臣们几乎全都反对李泰。大家推荐了太宗与长孙皇后生的小儿子、晋王李治。因为李治性格温和、处事比较稳重。

太宗正在犹豫,李泰迫不及待地去向父亲表白说:如果让他当太子,他继位后可以杀了自己的儿子,将来再把皇位让给李治。太宗一听,觉得他言不由衷,如果真的让他得了皇位,另外两个儿子肯定性命不保。于是下决心立李治为太子。

立了李治后,太宗无论做什么事,常常将他带在自己的身边言传身教。吃饭时,告诉他每粒粮食来之不易;乘马时,教他要爱惜马力。还有一次乘船,太宗对李治说:"你看这水,它既能承载着船向前,也能将船打翻。"说完,怕刚满十六岁的李治不懂,又补充道:"老百姓就像这水,而我们君王,就像这条船啊!"

李治牢记了父亲的这些话。649 年,太宗病逝,他继位后的第一件事,就是宣布停止征辽的战争,让国内的百姓松了一口气。

故事中的成语

水能载舟,亦能覆舟

上面讲到的唐太宗在乘船时对太子李治讲的那一番话,原话就是:"水能载舟,亦能覆舟。"这句话以后便成了统治者常用的一句成语。

16　药王孙思邈

"药王"孙思邈的名字,在唐太宗、唐高宗时代,京城长安的人无论是王公大臣还是普通百姓,几乎是无人不知,无人不敬。"药王"这个称号,也是他出手治好了唐太宗久治不愈的心口疼毛病以后,由皇帝亲自封给他的。

孙思邈是京兆华原(今陕西铜川耀州)人,出生于581年。他从小聪明好学,用心钻研诸子百家的学问,尤其喜爱老子、庄子。但由于体弱多病,又改为钻研医学。他认真刻苦地阅读与总结前人留下的医学著作和临床经验,广泛搜罗民间的医方验方,同时在家乡附近的太白山一带上山采药,为百姓治病,很快便声名鹊起。

他医术高明。一次在行医途中见一队人抬着棺材出殡,他忽然发现棺材底下滴出鲜红的血,判断里面的人可能还有救,就让家属当场打开棺材抢救。结果真的救活了一位难产的孕妇,连她腹内的小生命也平安降生了。关于他治病的故事还有很多。民间甚至还流传着他给龙和老虎治病的传说呢。

孙思邈的名气越来越大,隋朝的皇帝几次想召他到京城去当御医或做官,但他都坚决拒绝了。他隐居在家乡,一边行医,一面潜心整理和撰写医学著作。他曾在私下里对人说:"现在不是我出山的时候,等五十年以后天下太平了，我才会出去救世济人。"就这样，他终于完成了一部我国医学史上的巨著《千金要方》。这部巨著共分三十卷，收列医方五千三百多个，对内科、外科、五官科，以及妇科、小儿科和传染病的诊断、治疗，均作了详细论述。同时，还介绍了疾病预防、养生、食疗、针灸、药物学方面的丰富知识。该书将小儿科、妇科提出单独成科诊治，以及将脏病和腑病分开归类的理论，在医学上有很大的独创性。

正如孙思邈预料，五十年后社会发展到了唐初的开明盛世。他也真的应唐太宗、唐高宗两代皇帝之请到京城长安去了。但是他仍然只管行医，不参与官场政治。682年孙思邈病逝，享年102岁。他去世前一年，又完成了另一部医学著作《千金翼方》。

知识平台

药 王 山

今陕西省铜川耀州东面有药王山，山上有药王庙，庙内供孙思邈塑像。当地人民以此来缅怀这位唐代伟大的医学大师。

17　女皇帝武则天

　　唐高宗李治是一位十分懦弱的皇帝，因此权力便逐渐落到善于使用权术的皇后武则天手里。

　　武则天原是唐太宗后宫中的一名才人（皇帝后宫嫔妃的一种称号），因为长得十分妩媚动人，晚年的唐太宗十分喜欢，给她取名叫"媚娘"。但在太宗临终前，当时民间有一种传说，讲唐朝三世以后皇位会落到一个姓武的女子手里。迷信的唐太宗就留下遗嘱，命武则天到长安的感业寺去当尼姑。唐高宗李治继位两年后，慕武则天的美色，又将她从尼姑庵中接了出来，当了昭仪（也是嫔妃的一种称号）。

　　武则天重回宫中以后，就施展她的本领，排挤了高宗原先的宠妃萧良娣，并且还设计让皇帝废掉了原先的王皇后，自己取而代之。由于高宗体弱多病，上朝时常常犯头疼病，晕晕乎乎的，于是武则天便与高宗一道上朝处理政务，只是在自己的座位前挂一道帘子。这就是所谓的垂帘听政。就这样，朝中的大事，实际上便逐渐由武则天决定了。

　　武则天大权到手，便一步步地将原先忠于唐王室的元老如宰相长孙无忌，大臣褚遂良、韩瑗等一个个找碴子迫害致死，然后又将死心塌地听从她指挥的许敬宗、李义府等人提拔起来。接着,她又让许敬宗出面上表请高宗废掉原先的太子李忠,改立武则天亲生的大儿子李弘为太子。

出于维护李唐王朝的目的,大臣上官仪密奏高宗,提议废黜武则天。高宗也觉得武则天越来越专横,不能忍受,便让上官仪起草诏书。不料事情被武则天得知,她立刻冲入宫中,逼高宗处死了上官仪。从此武则天自称"天后",独揽了朝中大权,高宗反而成了摆设。

683年,高宗病死。武则天便更加放手地培植亲信,打击反对她的势力,在平息了两支企图维持李唐王朝权力、反对她夺权的军队的反叛以后,终于于690年导演了一场由几万人上表劝她当皇帝的闹剧,正式宣布登位称帝,国号为周。她也就成了我国历史上第一位女皇帝。

内容链接

武则天夺宫

654年,武则天将自己刚出生才几个月还在襁褓中的女儿掐死,然后嫁祸于王皇后。高宗不明真相,便废了王皇后,改立武则天为皇后。武则天当了皇后后,又将被打入冷宫的王皇后和高宗的宠妃萧氏秘密杀害。

18 骆宾王写《讨武曌檄》

首先起兵反对武则天的是将军徐敬业。他是唐朝开国功臣徐世勣的孙子。徐世勣从参加瓦岗寨义军到投奔李世民，为大唐的开基立下了大功；甚至在武则天当皇后的问题上，他也帮了大忙，因此被封为英国公。徐敬业继承了祖上的爵位，但对武则天专权十分不满。684 年，他在扬州领兵十万讨武。出兵前，他向全军将士和全国各地发布了一篇声讨武则天的檄文——《讨武曌檄》。

这篇檄文一一列举了武则天的罪行，有理有据，写得情文并茂，且十分有气势。檄文结尾的两句话："试看今日之域中，竟是谁家之天下！"已成了千古警句。当时连武则天读了这篇檄文也说："这样的人才没有为朝廷所用，实在是宰相的失职。"而这篇檄文的作者，就是骆宾王。他是唐初著名的文学家，文学史上有名的初唐四杰之一。

骆宾王七岁时就写出了著名的咏鹅诗："鹅鹅鹅，曲项向天歌。白毛浮绿水，红掌拨清波。"成年后，他才华横溢，写了名噪一时的长诗《帝京篇》，还随薛仁贵的征西军出征，写过不少"边塞诗"；但他的仕途不顺，先在军队中当过幕府（参谋、秘书一类的官员），后调到长安任主簿，接着又调任侍御史（谏官）。就在这时，被人诬陷他在任

① 曌（zhào）

188

长安主簿时受贿,被捕入狱。在狱中,他怀着悲愤的心情写下了《在狱咏蝉》一诗,表达了对武则天统治的政治状况极度不满和自己的理想信念。

骆宾王入狱后的第二年,唐高宗因改年号而实行大赦,骆宾王被释放出狱。出狱后他曾被派遣随军西征突厥,回来后又做过浙江临海县丞,终因对时局不满很快辞了职。四年后徐敬业起兵,他就加入了进去。但徐敬业的军队根本敌不过武则天派去镇压的三十万大军,只三个月徐敬业便兵败被杀了。从此骆宾王也不知去向,有的说已死于乱军中,有的说他出家当了和尚,甚至以后的小说《镜花缘》中说他逃到了海外,并且还有许多奇遇呢。

徐敬业以后,还有越王李贞、琅琊王李冲起兵讨武,也都被武则天派兵镇压了。

知识平台

初 唐 四 杰

王勃、卢照邻、杨炯、骆宾王被称为"初唐四杰"。杜甫在《戏为六绝句·其二》中这样评价他们:"王杨卢骆当时体,轻薄文章哂未休。尔曹身与名俱灭,不废江河万古流!"

19 李贤苦吟《黄台瓜辞》

　　武则天一共与高宗生过四个儿子两个女儿。四个儿子依次为李弘、李贤、李显、李旦。大女儿被她亲手掐死了,小女儿封为太平公主。当时李弘为太子,李贤封为沛王,李显为英王,李旦为豫王。

　　675年的一天,太子李弘在宫中的路上偶遇原高宗的宠妃萧氏的两个女儿义阳公主和宣城公主,见她们一副落魄憔悴的样子,心有不忍,就去告诉了父亲高宗。这时那两位公主年龄已经三十开外了,仍未出嫁。高宗也动了恻隐之心,就让李弘张罗,将两人嫁出宫去,让她们的后半生有个着落。不料此事却触怒了武后,李弘不久便在东宫暴病而死。

　　李弘死后,武则天让高宗立李贤为太子。李贤很能干,每当高宗和武则天去东都洛阳时,便在京都长安代理政务,将公事处理得井井有条。他还组织人注释《后汉书》,献给了高宗。高宗很高兴,不料武则天却犯疑李贤是故意向高宗暗示后汉时期外戚专权的政治教训的,因此又让人替李贤捏造了个企图谋反的罪名,将他贬为平民并驱逐到了巴州(今四川巴中)。

　　683年高宗去世后,武则天让自己的第三个儿子李哲(即李显)继位当了个傀儡皇帝。但李哲只当了两个月皇帝,因为一些小事不听母亲的,就又被废为庐陵王,而皇冠就落到了武则天最小的儿子李旦头上。李旦就是睿宗。他亲眼看到了三个哥哥的遭遇,因此自己便住到别殿里,根本不过问政事,一切全由太后处置。于是武则天便堂而皇之地坐殿理政,连座前的珠帘也取消了。半年后,她干脆把年号改为"天后光宅",实际上把睿宗也废了。

身在巴州被监控中的李贤,在寂寞悲愤中写了一首名叫《黄台瓜辞》的诗,流露了对母亲的不满情绪。不料该诗被人密报给武则天,武则天便立刻派左金吾将军丘神勣到巴州逼令李贤自杀身亡。

内容链接

黄 台 瓜 辞

李贤写的《黄台瓜辞》,内容是这样的:"种瓜黄台下,瓜熟子离离。一摘使瓜好,再摘使瓜稀。三摘犹为可,四摘抱蔓归。"李贤将自己兄弟四人比作了四只瓜,讽喻母亲将四人全都除掉后,她就什么也没有了。

20 王勃写《滕王阁序》

　　王勃字子安，绛州龙门（今山西河津）人，649 年出生于一个书香门第家庭，六岁就能写文章，十五岁时便被右相刘祥道向朝廷推荐为朝散郎（一种七品以上的闲官）。接着他为高宗去泰山封禅写了《宸游东岳颂》，为洛阳建造乾元殿写了《乾元殿颂》，因此他便出了名，被沛王李贤招到府中当了一名专管编写历史的"修撰"。一次，他参加沛王与英王李显的斗鸡游戏，写了一篇《檄英王鸡文》，文章写得很有趣，却被高宗认为不务正业，被下令赶出了沛王府。

　　此后，王勃到处游山玩水，又写了不少诗歌与文章。一次，有个人犯了罪藏到了他家里，他怕受到连累，竟将此人杀了，结果事发后被判了死刑。虽然不久遇朝廷大赦被释放，但他父亲却受到牵连，被贬为交趾（今越南北部）令。

　　676 年，他去交趾探望父亲。农历九月初九重阳节这天，他坐船来到洪州（今江西南昌），上岸后听人说洪州都督阎伯屿当日在滕王阁组织诗文大会，便赶去看热闹。他径直走进会场，见里面早已宾朋满座，而且大家都在议论，说今日阎都督的女婿吴子章已准备好了佳作，大家等着他写出来欣赏吧。果然不久，各人的坐席前便摆上了酒席,阎都督向大家宣布要为刚刚新修缮的滕王阁写诗作序,并且由下人取来了文房四宝。众人一个个都假装客气推辞。待笔砚传到王勃面前时,他却毫不客气地提笔就写。人们一下子全都向他投去了惊讶的目光。阎都督竟气得退到了大厅边上的小屋里去,只是派了个记室去观察那个年轻人究竟能写些什么。

　　不久,记室前来报告说那人写的头两句是"南昌故郡,洪都新府"。阎都督摇头苦笑说:"平平。"来回传了几次,待记室传来了"落霞与孤鹜齐飞,秋水共长天一色"两句时,阎都督拍案而起:"好!这是天才之笔!"他立刻赶出去,与那青年人见面,一问,才知道他原来就是大名鼎鼎的王勃呀!阎都督下令重新设宴招待王勃,并备了礼物亲自送他上路。不料,王勃在赴交趾途中,船过南海时失足落水,虽被救起,却因受惊并发心脏病而死。死时年仅二十七岁。

知识平台

滕　王　阁

　　滕王阁在南昌章江门外的赣江边,是唐高祖李渊最小的儿子滕王李元婴修建的,因此名滕王阁。滕王阁饱经沧桑,历史上屡毁屡建达二十八次之多。今滕王阁重建于1985年,仿宋风格,登阁而上,可畅观赣江景色。

21 告密者的下场

　　武则天虽然派重兵镇压了徐敬业等人的反抗,但对大批的唐朝宗室、官员,仍旧很不放心。于是她想出了一个绝招——号召人们告密,检举反叛者。她下令在京城长安和东都洛阳的城门前放置铜匦,就是一种像信箱似的铜匣子,供人投放告密信件。她还起用了一批酷吏,如来俊臣、周兴、索元礼等人,替她审讯被告密者。

　　来俊臣原是个赌徒和惯偷,他因盗窃罪被关进了和州(今安徽和县)监狱。越王李贞起兵造反后,他便乘机上书武则天,声称自己是因为要告密李贞谋反而被关的。于是武则天就下令赦他出狱,让他当上了侍御史。这批酷吏很快组织了一支由地痞流氓集合而成的告密队伍。他们常常分批在不同地点以同样的罪名告一名皇室贵族或官员,把假戏弄得像真的一样,不由得武则天不信。

　　与此同时,他们在审讯犯人时又发明了各种各样的酷刑,如果不承认谋反,就活活将他折磨至死。大将军张虔勖①、范云仙,不肯招供,一个被乱刀砍死,一个被割去舌头。酷吏们常常在审讯时先让犯人参观他们发明的花样翻新的刑具,什么"凤凰晒翅"、"驴驹拔橛"、"玉女登梯"、"仙人献果",等等,据说用来锁人的枷,就有十来种,每种都可以将人枷得求生不能、求死不得。因此当时只要被

① 匦(guǐ)
② 勖(xù)

告密而落到这些酷吏手中的人，往往全都乖乖地承认"罪行"，很少有人敢喊冤辩解的。一时间，他们将唐王朝的宗室成员和大臣数千人送上了断头台，千余个家庭家破人亡。连宰相狄仁杰也差点被害死。

朝廷上下被搞得人人自危，但酷吏们仍不罢手。来俊臣又组织人编写了一部《告密罗织经》，以传授告密诬陷人的秘诀。最后，他竟诬告起武则天的儿子李旦、女儿太平公主、侄子武三思等谋反来了，终于激起了这些人的联合反击。他被武则天下令斩首。行刑后，他的尸体被愤怒的人群砸得稀巴烂。而另一个酷吏周兴，也落得个"请君入瓮"的下场。

故事中的成语

请 君 入 瓮

一日，周兴在来俊臣家喝酒。来俊臣不动声色地问周兴："有个犯人不肯招供怎么办？"周兴说："用个大瓮，将犯人装进去，外面点火烧，他就招了。"来俊臣就让人烧红了一个大瓮，然后对周兴说："请你进去吧，现在有人告你谋反！"周兴只好叩头招供。周兴后被判流放，在途中被仇家所杀。

22　贤相狄仁杰

　　在来俊臣等一伙酷吏将朝政搞得一片恐怖的时候，当时的宰相狄仁杰却以自己的智慧，巧妙地与他们进行斗争，并且取得了胜利。

　　狄仁杰字怀英，并州太原（今山西太原）人，年轻时就以勇敢聪明又充满爱心而著称。唐高宗时他先出任大理寺丞，一年中审理案件一万多，没有一件冤案，从此他以执法公正在京城出了名。武卫大将军权善才误砍了唐太宗昭陵上的一棵柏树，高宗下令杀他，狄仁杰据理力争保全了他的性命。高宗出巡时地方官要调集大量民工筑御道，被他坚决制止。

　　他在出任宁州、豫州、魏州刺史时，为地方千方百计办实事好事，受到了当地百姓的一致赞扬。尤其是在当豫州刺史时，正遇越王李贞兵变失败，受牵连者有数千人都被判斩首。狄仁杰硬是不顾个人安危向武则天上书将他们免除了死刑。与此同时，他还严辞斥责了前来平叛的宰相张光辅纵军骚扰百姓。张光辅回京后打了小报告，让武则天将他贬了官。不久，武则天查明了真相，将狄仁杰调回京城当了宰相。武则天问他："你想不想知道是谁打了你的小报告？"狄仁杰说："若陛下认为我有错，我就改；若认为无错，是我的幸运。我不想知道谁讲了我坏话。"武则天听了十分佩服。

　　狄仁杰当了宰相后,来俊臣诬告他谋反,企图严刑逼供。狄仁杰假装招供认罪,将申辩诉状偷偷缝在要拆洗的被子里,让儿子带出监狱送到武则天那里。武则天亲自干预,终于释放了他。

　　武则天想立她的侄子武承嗣做太子继承皇位。狄仁杰对她说:"姑侄和母子关系亲疏不一样。将来陛下千秋万岁后,只有儿子才会在太庙中向母亲供奉香火;没有听说侄子会供奉姑母的。"他力劝武则天将她的儿子庐陵王李显召回,立为太子。与此同时,又向武则天竭力推荐张柬之做了宰相,为李唐王朝的复辟埋下了伏笔。

人物聚焦

武承嗣和武三思

　　武则天有两个同父异母的哥哥武元庆和武元爽。他们当初曾虐待过武则天母女,因此武氏掌权后又借故逼死了他们。但后来为了与李唐家族争权,武则天又重用了武元庆的儿子武三思和武元爽的儿子武承嗣。在武氏决定立李显为太子后,武承嗣憋气病死了。

23 无字碑

作为一个女皇帝,武则天也像许多男性皇帝在后宫有许多嫔妃那样,养了几个男宠供她享乐。这些人也叫"面首"。他们仗着与女皇帝亲近的关系,在宫中作威作福,甚至还纵容他们的仆人家奴和亲属,在社会上胡作非为。更为严重的是,在武则天晚年病重期间,面首张昌宗、张易之等勾结在一起,封锁了女皇帝与大臣们的联系,连太子和宰相都无法与女皇帝见面,大臣的奏章都由他们处理决定。实际上朝政几乎被面首们控制了。

宰相张柬之看到这样情形,私下联合了大臣崔玄晔、桓彦范、敬晖、袁恕己等,组织御林军发动了一场政变。他们率士兵冲进武则天居住的迎仙宫,当场杀了围在女皇帝身边的张昌宗、张易之,逼武则天将皇位让给了太子李显,恢复了李唐王朝。这是 705 年年初发生的事。因为二十一年前李显当过两个月的皇帝,所以这次事件历史上称作中宗复位。

这年年底武则天病死,终年八十二岁。临死前她留下遗嘱,将自己称为"则天大圣皇后",葬在乾陵唐高宗的旁边,并且特地关照在自己墓前立一块无字碑,对自己一生的功过不作任何表述,任由后人评说。

如今,我们站在历史的角度客观地看,武则天这位中国历史上唯一的女皇帝,除了她曾经用残暴的手段获取和维护自己的权力之外,的确也做了不少有益的事情。

首先她特别注意选拔人才,将科举考试正式定为一年一次;而且还亲自出题,开创了对进士进行殿试的先例。她任用官员不论出身,狄仁杰、宋璟、姚崇等当时十分有名望的大臣,都是她亲手提拔起来的。正是由于这些人才,才将国家治理得繁荣昌盛,国力强大。

其次,她维护了国家的统一与安定。692年收复了高宗时被吐蕃占去的安西四镇,697年击败了骚扰北部边境的契丹;702年又在庭州(今新疆吉木萨尔北破城子)设置北庭都护府,巩固了西北边防,等等。

知识平台

昭陵与乾陵

昭陵是唐太宗的陵墓,在陕西礼泉县东北的九嵕山上。乾陵是唐高宗的陵墓,在陕西乾县的梁山上。乾陵前有歌颂高宗功德的"述圣纪碑"。碑文是武则天写的。在该碑的对面,立着一块没有文字的碑,这就是武则天的"无字碑"。

① 嵕(zōng)

24　韦后干政

　　唐中宗李显比他的父亲唐高宗更加懦弱无能。当年武则天掌政时,他被贬为庐陵王住在房州(今湖北房县),有一次听说朝廷有使者前来,他以为是母亲送赐死令来了,吓得就要自杀。还是他的妻子韦氏竭力劝住了他,说:"人生祸福难料,待使者来了再说吧!"在危难时,韦氏的确是他的精神支柱,与他共渡了难关。为此,李显当时就对妻子许下了诺言:"将来我如能重见天日,任凭你所为。"如今他真的复位当了皇帝,倒的确实践起自己的诺言,让当了皇后的韦氏为所欲为起来。

　　韦氏要效法她的婆婆武则天当女皇。于是她开始网罗自己的势力。当时通过政变复位的中宗,对武三思为首的武氏集团是手下留情的。武三思被封为德静王和司空,仍掌有很大的权力。韦氏曾将自己最宠爱的女儿安乐公主嫁给了武三思的儿子武崇训,把武三思拉为自己的同党。与此同时,她又勾结朝中专门为中宗起草诏书命令的上官婉儿,与女儿一起渐渐控制了朝政。他们要任免或处罚大臣,常常只要由上官婉儿起草诏书,安乐公主用手遮住内容,只让中宗签名盖印。而糊涂皇帝见了,也只是笑笑照办。

　　就这样,他们经过周密策划,终于合伙将当年扶中宗复位的五位大功臣张柬之、崔玄暐、敬晖、桓彦范、袁恕己，以图谋不轨的莫须有罪名，先流放岭南，然后再逐一害死。接着，又想逼非韦氏所生的太子李重俊让位（韦氏所生的儿子李重润已被武则天杀害），由安乐公主当"皇太女"。为此，他们合伙欺凌侮辱太子。李重俊忍无可忍，便匆匆调集三百御林军发动政变，冲进武府杀了武三思、武崇训父子，但被中宗出面瓦解了政变军队。李重俊被杀。

从此韦后当女皇的障碍便只剩下了中宗自己了。710年，韦后与女儿安乐公主密谋，在中宗爱吃的饼中放了毒药将他毒死。于是，他们表面上立中宗的幼子李重茂为少帝，实际上由韦氏临朝听政。她的皇帝梦快要做成了。

人物聚焦

上 官 婉 儿

上官婉儿是唐高宗时西台侍郎上官仪的孙女。上官仪因反对武则天被杀，上官婉儿被送入宫中为奴。因她聪明有学问，被武则天封为女官，代她起草诏书。中宗看中上官婉儿有才，又将她收为嫔妃，仍让她起草诏令。

　　韦后听政后，立刻意识到还有两股势力阻碍着她通向皇帝的宝座。那就是以高宗的小儿子相王李旦为首的李唐王室势力以及武则天的小女儿太平公主。于是，由安乐公主一手提拔起来的宰相宗楚客与韦后的侄子韦温会同安乐公主，又一起秘密策划害死小皇帝李重茂，再诛杀李旦和太平公主。

　　没有不透风的墙。韦氏集团的密谋被李旦的第三个儿子李隆基知道了。李隆基曾被封为临淄王，担任过潞州（今山西长治）别驾①的官，这时他正好人在京师。他立刻去联络了"万骑"（御林军的一种）内的葛福顺、陈玄礼等几名将领，又找来太平公主一起商议对策。太平公主坚决支持先发制人。她派自己的儿子薛崇简率人马直接参与。"万骑"的一位将领提出是否要将事情预先告知相王。李隆基说："不告诉。事败了不要连累他；事成了是他的福气。否则，他如果反对，不就要坏了我们的大事？"

　　于是，就在韦后集团毒死中宗的当月，李隆基便动手了。他先让葛福顺率心腹到御林营将正在熟睡的"万骑"统领、韦后的兄弟韦播一刀杀了。由于平时韦播对"万骑"将士十分凶暴，因此其余御林军将士都表示愿意听从葛福顺调遣。于是，李隆基指挥人马同时进攻皇宫的三

① 潞（lù）

座城门——玄德门、白兽门和玄武门。三座城门很快就
被攻破。韦后、安乐公主、上官婉儿，以及宰相宗楚客等
一批韦氏党羽，全部被杀，连他们的家族老小都死于
非命。

这就是历史上所称的"李隆基肃宫"。李隆基的政变
终于又以血与火的手段保持了李唐王朝的权力。只是当
时韦后还没正式称帝，名义上还有一个小皇帝李重茂。
他毕竟也是李唐王室人员，李隆基不好出面废了他。于
是，太平公主就乘少帝上朝时，干脆上去半扶半拽地将他
拉了下来，说："这个座位应该让给相王了！"

于是大臣们一致向李旦叩头朝贺，唐睿宗也就半推
半就地登上了皇位。

太 平 公 主

太平公主是武则天的小女儿，备受武则天宠
爱。在参与李隆基的肃宫政变后，为了与李隆基争
权，反对哥哥睿宗立李隆基为太子，主张立长子李
成器，因此在李隆基继位后被逼自杀。

26 救时宰相姚崇

　　唐睿宗李旦只当了一年多的皇帝。712 年,他就将帝位让给了儿子李隆基。他就是唐玄宗。玄宗是从腥风血雨的宫廷斗争中杀出来的,因此他冷静地总结了前朝的政治得失,任用了姚崇作为宰相,决心励精图治。

　　姚崇字元之,陕州硖石(今河南三门峡)人,在武则天、中宗、睿宗朝中都做过大官,政治经验十分丰富。玄宗一当上皇帝,就点他为相。他向玄宗提出了十大条件:即废除酷刑,停止边境战争,不许宦官、外戚干政,惩治贪污受贿、买官鬻爵①,停止建造寺庙,尊重臣子,让谏官、大臣畅所欲言等等。玄宗全部诚恳答应,并且将朝中大事放手交给姚崇去办。

　　715 年,山东发生严重蝗灾。因为当时人迷信,将蝗虫当作“天虫”,只是焚香点烛求天虫飞走,不敢捕杀。汴州(今河南开封)刺史倪若水还向皇帝上表说蝗虫不能灭杀,只能靠积仁德来驱除。玄宗也被弄糊涂了,急得不行。姚崇便向玄宗表示,不能迁就传统的迷信习惯。不杀死蝗虫,庄稼绝收,百姓就要饿死。百姓的性命应该比虫子的性命更重要。并且表示如因灭蝗出了乱子,由他承担责任。

　　于是,姚崇便从长安派出许多捕蝗使,去山东指导和

① 鬻(yù)

204

监督灭蝗。他让百姓们挖沟堆草诱来蝗虫，然后堆上干柴点火焚烧。他还特地写信给倪若水说："你既认为行仁德可以消灾，那蝗虫一定不去你汴州。如那里仍闹蝗灾，唯你是问！"倪若水害怕了，只好也下令灭蝗。光他一州，就捕杀了蝗虫十四万石。

蝗灾终于扑灭了。山东人民逃过了一场大灾难。大家都十分感激姚崇。姚崇按照他上任时给玄宗提出的十点原则办事，处理公务既大刀阔斧又灵活实际。他在任仅四年，就将国家治理得蒸蒸日上，为玄宗时期开元盛世的形成奠定了良好的基础。有一次，姚崇与徐瀚聊天。他问徐瀚："我与管仲、晏子相比如何？"徐瀚说："你似乎还不能与这两人比，但可以称得上是位'救时宰相'。"

人物聚焦

姚崇的晚年

姚崇由于政绩辉煌，深受玄宗恩宠。每次与玄宗见面，皇帝都要起立迎送。遇大雨，玄宗甚至会用自己坐的御轿去接他。由于他的威望越来越高，在他担任宰相四年后，玄宗终于利用有人弹劾他儿子的机会，让他告老还乡了。

① 瀚（huàn）

27　耿直不阿的宋璟

宋璟,邢州南和(今河北南和)人。716 年接替姚崇担任宰相。他性格刚直,执法公正,不避权贵,赏罚分明。

武则天时期,他担任御史中丞,女皇的男宠张昌宗犯了法,和他共同负责审理此案的吏部侍郎韦承庆因碍于武则天的面子想饶了他,但宋璟不同意,坚决要判他入狱。武则天没办法,想釜底抽薪,派宋璟到外地办差。不料武则天派了三件差,宋璟拒绝了三次。武则天无奈,只好将张昌宗交与他审判。但审讯尚未结束,武则天就派宦官宣旨赦免了张昌宗。宋璟气得当场骂道:"我应该早点敲碎这个小子的脑袋!"

宋璟还建议玄宗恢复了唐太宗时实行的开明政治:大臣奏事,必须有谏官、史官在场监督和记录,纠正武则天时的诬告密报之风。就是玄宗有过失,他也毫不留情。因此玄宗赐给他一双金筷作为表彰。

宋璟注重人才,知人善任。当时的括州员外司马、仪州司马很有才略,但性格粗犷古怪,他就将二人分别调到民风慓悍的渝、硖②二州当刺史;有个叫元行冲的,开始觉得他有才能,让他做了大理寺卿,但在具体工作时却发现不称职,就调他去做谏官性质的散骑常侍,换执法公正果断的李朝隐接任。

① 硖(xiá)

对于拍马屁的人，他毫不留情面。有个叫范知睿的写了一篇《良宰论》吹捧他。宋璟在文章上批道："有能耐可去参加科举，阿谀①之道行不通。"

他还严于律己，提倡朴实作风。他在当宰相前曾任广州刺史，离任时广州官民为他立了一块"遗爱碑"。他借此机会向玄宗建议说："其实我在广州没有什么特别的政绩。他们这样做只是看我升官了来拍我马屁。因此我建议从我开始，革除给官员立碑摆功的风气。"唐玄宗就下了诏书，从此在全国禁止给官员立碑。

宋璟继续推行了姚崇的政治改革，使全国的经济进一步繁荣发展，形成了开元盛世的局面。

知识平台

年号和庙号

古代皇帝给自己当政时的纪年起的名号叫年号。比如李隆基就用了"先天"、"开元"、"天宝"三个年号。庙号是指皇帝死后在太庙立室奉祀时的名号。李隆基的庙号叫"玄宗"，谥号是"至道大圣大明孝皇帝"。因此他也被称为"唐玄宗"和"唐明皇"。

① 阿(ē)
  谀(yú)

28　唐玄宗的戏班子

　　唐玄宗以姚崇、宋璟等人为相,实行开明政治,使唐朝开元年间形成了历史上有名的"开元盛世"。正如大诗人杜甫的诗句所述:"忆昔开元全盛日,小邑犹藏万家室。稻米流脂粟米白,公私仓廪俱丰实。九州道路无豺狼,远行不劳吉日出。"经济的繁荣和社会的安定也带来了文化的繁荣。再加上玄宗本人也是个多才多艺的皇帝,尤其喜欢音乐、歌舞和戏剧,于是,这几门艺术便很快发展起来。

　　皇室的音乐歌舞,原来分成两类,归太常寺管。一类是在祭祀天地宗庙时用的,一类是供皇帝和贵族大臣们欣赏娱乐的。玄宗却特地另外招募了一批乐工、宫女及戏剧演员,据说共有三百人以上,将他们集中在宫中的一处大院落里进行排练演出。玄宗自己当导演进行指挥,有时还亲自击鼓或担任戏里的角色参加演出。因为在台上台下不便称他"陛下",他就让大家叫他"老郎",这样,人们私下里便叫他"老郎神"。这处院落里长满了梨树,有"梨园"之称,于是这些跟随玄宗进行歌舞戏曲演出的演员便被叫作"梨园子弟"。

　　由于玄宗起用了一批有才能的大臣替他处理日常的政务,因此他常常整天沉湎在梨园里。他调集了当时享名全国的诗人如李白、贺知章等替他写诗编撰节目,让著名的民间歌唱家李龟年、舞蹈家公孙大娘来唱歌教舞。传说当年梨园高手李龟年唱起歌来,美妙的声音可以绕梁三日,使听者如醉似痴。公孙大娘的剑舞,更是"一舞剑气动四方",她的舞姿曾激发了著名的草书圣手张旭的创作灵感。而由唐玄宗亲自编排、由杨贵妃领舞的《霓裳羽衣舞》,更是轰动一时,名扬千古。

据说有一次玄宗在勤政楼设宴,规模很大,赴宴者有大小百官贵族近千人。席上人多嘈杂,闹闹哄哄,玄宗就下令高力士去把宫女许和子叫来。这位梨园子弟站到楼上一唱歌,全场就立刻肃静了下来。

知识平台

梨园子弟

由于唐玄宗李隆基在后宫的梨园里经常教演音乐舞蹈和戏剧,以后人们便将"梨园"同戏剧联系在一起,将戏班、剧团称为"梨园",将戏剧演员称为"梨园子弟"。

29　旗亭比诗

　　唐朝是我国历史上诗歌创作大繁荣和取得艺术成就最高的时期。光在《全唐诗》中记载流传下来的,就有四万八千余首,诗人两千五百余人。除了李白、杜甫、白居易这样的大诗人以及前面讲到过的初唐四杰卢照邻、王勃、杨炯、骆宾王之外,孟浩然、贺知章、岑参、王维、高适、王之涣、王昌龄,都是大家耳熟能详的名诗人。他们为我们留下了大量脍炙人口①的诗歌。王昌龄、王之涣、高适三人在旗亭比诗的故事,就生动地显现了当时诗歌流传广泛、影响深远的情景。

　　那是一个寒冷的冬日,王昌龄三人相约到长安街上的一个名叫旗亭的酒铺里去喝酒御寒。酒铺里有两名贵族带了几个歌女正在喝酒唱歌。王昌龄就对高适、王之涣说:"我们三人写的诗常常分不出高下。今天来听听这些歌女唱歌,到散席为止,看她们唱到谁的诗最多,谁就是胜者。"三人拍手称好,一致同意。

　　只听邻桌上的第一名歌女开唱:"闺中少妇不知愁,春日凝妆上翠楼……"是王昌龄的《闺怨》。王昌龄就笑眯眯地在身边的墙上用筷子划了一道印记,举杯喝了口酒。接着第二名歌女起身唱:"……莫愁前路无知己,天下谁人不识君?"这是高适的《别董大》。高适也在墙上划

① 脍(kuài)
炙(zhì)

了一道,喝了口酒。刚巧第三位歌女唱的又是王昌龄的诗。王昌龄又划了一道,得意地对王之涣说:"兄台运气不好,恐怕今天拔不了头筹了。"王之涣低头喝了口酒,笑笑没吱声。等对面桌上一位最漂亮的歌女站起来时,他说:"你们听好,她一定唱我的诗!"

果然,这位歌女轻启红唇:"白日依山尽,黄河入海流……"是王之涣的《登鹳雀楼》。"黄河远上白云间,一片孤城万仞山。羌笛何须怨杨柳,春风不度玉门关。"这是他的《凉州词》。接着,她又唱了首《宴词》,还是王之涣的。

美妙动人的歌声使三人情不自禁地哈哈大笑起来。王之涣在墙上连划了三道。对面桌上的客人过来询问他们笑什么?掌柜的认识三位诗人,连忙出来介绍:"这三位就是你们唱的诗的作者啊!"客人和歌女们连忙上去与三位诗人见面,并邀他们一起入席。

知识平台

高适写《别董大》

董大是一位琴师,高适的朋友。董大离开长安时,高适去送行,只因身上没有分文,无法请朋友喝酒,只好作《别董大》诗二首。第一首:"千里黄云白日曛,北风吹雁雪纷纷。莫愁前路无知己,天下谁人不识君!"第二首:"六翮飘飖私自怜,一离京洛十余年。丈夫贫贱应未足,今日相逢无酒钱。"

30 刘知几和他的《史通》

初唐时出了一位著名的史学家刘知几。他是彭城（今江苏徐州）人，从小喜欢写诗赋词，和他哥哥刘知柔都是当时有名的诗人。武则天称帝时，他不到二十岁就考中了进士。695年，他利用当时朝廷规定九品以上官员可以对政府的政策发表意见的机会，上书指出当时告密成风和滥用刑罚，使小人得志升官发财，而正直的人不敢说真话；官员太多太滥而人浮于事。他还写了一首《思慎赋》，对此现象进行讽刺。他的这些举动在当时是十分危险而需要勇气的。而这一切，正是一个能够正视现实的史学家所要求具有的气质和素质。

701年，他真的被任命为史官，负责编修国史。从此以后的近二十年间，虽然从武则天周朝到中宗、睿宗、玄宗，他的官职不断变化，但修史的工作一直没有间歇过。他对这项工作始终认真负责，一丝不苟。他认为，史学家必须具备三长，即"史才、史学、史识"。"才"是指史学家的天赋与才能；"学"是指历史知识和学问；"识"是指敢于真实地记录历史的胆识。然而，具备了这"三长"的刘知几却在工作中阻力重重。当时，由于官方重视修史工作，结果派了许多大臣当"监修"。刘知几的头上就有中书侍郎萧至忠、兵部尚书宗楚客、中书令杨再思等五个监修。

五个上司各持己见莫衷一是,弄得下面的人无所适从。而坚持秉笔直书的刘知几便不断遭到监修大员的批评指责。刘知几忍无可忍,给监修们写了一封辞职信,指出了修史工作中存在权力分散、资料不齐、人情干扰、是非不分等问题。宗楚客见了大发雷霆,还是萧至忠坚持将他挽留了下来。

刘知几见修史工作干扰重重,便转而潜心在业余撰写他构思已久的一部专门的史学研究著作《史通》。《史通》共分二十卷四十九篇,它系统地总结比较了在此之前的各种史书的类别和体裁,并且在史书撰写的材料选择、语言运用以及史书的编纂机构、官员设置等方面,都作了系统的论述,是一部具有开创性的史学理论巨著,被后人誉为史学界的奇书。

人物聚焦

刘知几的晚年

唐玄宗时,刘知几仍然负责修史。721年因受儿子刘贶犯法连累,被贬到安州(今湖北安陆),病死任上,享年六十一岁。玄宗读到他的《史通》后,大受感动,追封他为工部尚书,谥号为"文"。

① 贶(kuàng)

31 李林甫口蜜腹剑

　　唐玄宗在一批能臣、贤臣的协助下,励精图治,使天下得到了繁荣和安定。但经过了长期的理政以后,已经年过五十,他对政务日渐感到厌倦,一心想把它交给一位能干可靠的大臣,自己去享清福。734 年,他终于物色到了一个名叫李林甫的人,决定提拔他担任宰相。

　　李林甫是一个外面圆滑内心狡诈的人。他表面上待人一团和气,笑口常开,做事又似乎件件按章程办理,毫不苟且,但在私下里却使出浑身解数,结交宫内的宦官、后妃们,让他们在皇帝面前讲他的好话,同时又能刺探到皇帝的爱好和想法。这样,他办的事情,几乎样样都能称玄宗的心。玄宗当时专宠后宫的武惠妃。李林甫就与武惠妃串通,诬告不是她生的太子李瑛和玄宗的另外两个儿子鄂王李瑶、光王李琚图谋不轨,玄宗将三人废为庶人。当时的宰相张九龄上书阻止,使玄宗大为不悦。接着张九龄又坚持说李林甫不学无术,不能为宰相。

　　李林甫为了对付张九龄,就提名大字都不识几个的边关将领牛仙客当宰相。玄宗同张九龄商量,当然又遭到张九龄的否决。于是玄宗大怒说:"难道什么事都要听你的?"就立刻任命李、牛当了宰相,不久便撤了张九龄的职。

李林甫掌权后便立刻施展出各种阴谋手段,排斥残害异己,网罗死心塌地追随他的党羽。玄宗废了太子李瑛后,没有按李林甫的提议立武惠妃的儿子李瑁,而是立了忠王李亨为太子。于是李林甫就让御史中丞杨慎矜诬告太子妃的哥哥、大臣韦坚,让玄宗将韦坚赐死,废了太子妃。然后,他又找个借口将杨慎矜杀了灭口。大臣严挺之因支持张九龄被贬,玄宗想召他来复职。李林甫假意要他向玄宗写信请求进京看病,说可以乘机帮他说情,背后却对玄宗说此人有病不能任用了。

李林甫就这样对人嘴上甜似蜜,腹中藏刀剑,弄得朝中大臣一个个噤若寒蝉,谁也不敢说话了。因此,他被当时的人们称为"口蜜腹剑"的宰相。而唐朝的政治,也从此走下坡路了。

人物聚焦

李林甫的下场

李林甫当宰相后,曾威胁谏官们说:"见过仪仗队里的马吗?吃的是上等的料,但要是乱叫,就立刻让它去拉车耕田。你们也不要随便说三道四!"但他当了十九年宰相后,仍被杨国忠气死,死后被抄家。

32 杨贵妃得宠

　　唐玄宗一头扎在后宫中享福去了。他宠爱上了美女杨玉环。杨玉环父亲早死，幼年由叔父杨玄珪收养。她从小聪明伶俐，能歌善舞，又精熟音律。十七岁时被选为寿王李瑁的妃子。六年后在玄宗做五十五岁生日时，杨玉环随寿王去向皇帝拜寿，被皇帝看中。宦官头子高力士就给玄宗出主意，名义上将杨玉环送到皇家的道观太真宫去出家当女道士，实际上让她住进了华清宫做了玄宗的情人。

　　虽然两人年龄相差三十多岁，但玄宗也喜爱音乐歌舞、多才多艺，杨玉环算是遇上了知音，两人很快便相爱得难解难分。正如诗人白居易在《长恨歌》里所描述的"春宵苦短日高起，从此君王不早朝。"他们花前月下，谱曲歌舞，饮酒赋诗，山盟海誓："在天愿作比翼鸟，在地愿为连理枝。"常常是皇帝作曲，杨玉环唱歌配舞。有时老皇帝也击着鼓一同唱起来。被后世广为人知的《霓裳羽衣曲》和舞蹈，就是他们这样共同创作的。

　　六年后，玄宗将左卫中郎将韦诏训的女儿册封给儿子李瑁当妃子，正式摘去杨玉环"女道士"的帽子，封她为自己的"贵妃"。当时，玄宗后宫中没有皇后，因此杨贵妃实际上获得了皇后的地位。

封为贵妃以后，玄宗对杨玉环更加宠爱有加。她的任何要求和愿望，玄宗都会设法满足。据记载，当时后宫中光为杨贵妃一人织绣绸缎衣饰的女工就有七百多人。各地官员为了讨好而给杨贵妃送来的奇珍异宝，多得不计其数。杨玉环喜欢吃荔枝，玄宗下令南海郡用"连驿"的方式用快马接力运送，从南海到长安几千里，那荔枝送到时还是新鲜的。

一人得道，鸡犬升天。杨玉环的亲属也全都升了官。父亲追赠齐国公，母亲封凉国夫人，叔父杨玄珪拜光禄寺卿，堂兄杨铦①授鸿胪卿，杨锜②任侍御史。连杨玉环的远房堂兄杨国忠，也从巴蜀地方赶到京城做了官，以后平步青云，竟代替李林甫当了宰相。

杨玉环如此得宠，使当时的人们发出了"不重生男重生女"的感叹。

内容链接

杨贵妃的姐姐

杨贵妃有三个姐姐，分别被玄宗封为韩国夫人、虢国夫人和秦国夫人。三个人全都才貌出众，深受玄宗喜爱。她们可以自由在宫中出入，谁也不敢阻拦。

① 铦（xiān）
② 锜（qí）

33　诗仙李白

　　玄宗和杨贵妃爱好音乐歌舞，因此常命翰林院里的文人去给他们的曲谱作诗填词。这些文人称为"翰林供奉"。一次，任秘书少监的老诗人贺知章向玄宗推荐了一位当时的名诗人李白去宫中做诗。

　　李白字太白，他本是李唐王室旁支的后裔，出生于碎叶（今吉尔吉斯斯坦北部），幼时随家迁居巴西（今四川阆中）青莲乡，从小聪慧好学，性格豪放，喜欢饮酒赋诗，还会剑术，自称青莲居士。贺知章读到了他的长诗《蜀道难》后，惊叹他是"被贬谪下凡的仙人"。因此人们又称他为"诗仙"。

　　李白接到玄宗的诏书时，正在长安的酒店里喝得酩酊大醉。宦官们七手八脚将他扶进后宫的御花园。那里，玄宗正带着杨贵妃，在宦官头子高力士和大臣杨国忠的陪同下赏牡丹。李白乘醉要高力士为他脱掉脚上的靴子，要杨国忠为他磨墨，然后提笔一挥而就，写下了著名的三首《清平调》。才气横溢的诗句使玄宗和贵妃都很满意。玄宗给了李白很高的礼遇，李白进宫时，玄宗亲自起身迎接，还为他亲手调制羹汤，让他起草外交诏书。

　　但狂放傲慢的性格使李白得罪了朝中的权贵。高力士向杨贵妃挑拨说，李白在《清平调》中将她与汉朝的美女赵飞燕相比,是在有意讽刺她。因为赵飞燕是个放荡的女人,而且最后是自杀的。从此,杨贵妃就在皇帝跟前处处贬低李白,使玄宗逐渐疏远了他。

李白是有远大的政治抱负的。见玄宗长期只把他当作作诗消遣的摆设,便只好辞职离京游历去了。就这样,他的足迹踏遍了黄河上下、长江南北,与当时的名诗人贺知章、杜甫、高适以及书法家张旭等倾心交往,饮酒赋诗,歌颂大自然及祖国山河的壮丽,抒发自己的感怀,写出了许多流传千古、脍炙人口的神奇、瑰丽又气势磅礴的诗篇,如《将进酒》、《静夜思》、《朝发白帝城》、《蜀道难》,等等,成为我国文学史上最伟大的浪漫主义诗人。

内容链接

李白的晚年

李白离开长安十年后,唐朝爆发安史之乱。李白参加了玄宗第十六子永王璘的军队。不料永王与唐肃宗发生权力之争。永王兵败,李白被判流放。遇赦后他往来于宣城与金陵之间,因生活窘迫,不得已投奔在当涂(今安徽当涂)做县令的族叔李阳冰,最后病死在他的家中,死时六十二岁。后人为了怀念他,编了个他在安徽采石矶醉后捉月,落水而亡的故事。

① 磅(páng)
礴(bó)

34　诗圣杜甫

与李白同时代，还有一位伟大的现实主义诗人杜甫。杜甫字子美，巩县（今河南巩义市）人，比李白小十一岁。744年，杜甫在洛阳遇到了刚刚愤而离开京城长安的李白。两人成了好友。但两年后两人两度分手，从此就未能再见面。别后杜甫回长安参加科举，想施展自己的政治抱负，不料宰相李林甫妒贤嫉能，科场在他的把持下居然将这年的考生全部封杀，一个也不取。为了理想信念的实现，也为了养家糊口，杜甫在长安苦苦奋斗十年，最终只挣得了个"京兆兵曹参军"（负责抓捕京城盗贼等治安的官）。

但这十年中，杜甫对当时的社会有了深切的了解。他看到了玄宗和杨贵妃等皇家贵族的奢靡生活，写了长诗《丽人行》予以鞭笞，也亲身体验了下层百姓的悲惨境遇，而他自己的小儿子就饿死在了自己的老家。于是他发出了"朱门酒肉臭，路有冻死骨"的愤怒呐喊（《自京赴奉先县咏怀五百字》）。还写了长诗《兵车行》，对统治者的穷兵黩武进行了批评。

安史之乱发生后，出于爱国热情，他弃家历经千辛万苦去投奔唐肃宗。但由于向肃宗直谏，触怒了皇帝，又被贬到华州（今陕西渭南市华州）。那里正闹饥荒，无法生存，他只好辞官到秦州(今甘肃天水),与当地的平民一起靠打柴和采野果为生。这段时间他亲眼目睹了战乱中百姓遭遇的苦难,写下了有名的"三吏"、"三别"(即《潼关吏》、《石壕吏》、《新安吏》和《新婚别》、《垂老别》、《无家别》)。

接着,杜甫又流落到成都,在成都西部的浣花溪畔盖了几间茅屋安家。这就是后人所称的杜甫"草堂"。杜甫在这里相对安定地居住了近六个年头,生活虽然依旧贫困,但他仍然念念不忘广大穷苦百姓的安危。他写的《茅屋为秋风所破歌》,呼吁即使自己被冻死,也要让百姓们过上安定富足的日子(大庇天下寒士俱欢颜)。他为后人留下了一千四百多首诗歌。这些作品手法纯熟,体裁多样,绝大多数都体现了诗人对穷苦百姓的深深的同情与热爱,体现了他的宽广胸怀和人道主义精神。他因此被后人誉为"诗圣"。

杜甫晚年是悲惨的。离开成都后投靠亲朋无着,于770年在漂泊途中病死在一条小船上。

知识平台

《饮中八仙歌》

"饮中八仙"是:李白、贺知章、李适之、李琎、崔宗之、张旭、焦遂、苏晋。杜甫为八人每人写诗一首,寥寥数笔,生动地刻画了他们的特点。其中写李白的诗为:"李白斗酒诗百篇,长安市上酒家眠。天子呼来不上船,自称臣是酒中仙。"这些诗表达了杜甫与友人的深厚情谊。

"草圣"张旭

　　唐代诗歌创作成就巨大,书法艺术也高度繁荣。当时的许多著名文人和大臣,都把书法当做一门纯艺术的学问来对待。连皇帝唐太宗、唐玄宗也十分重视书法。有名的大臣魏征,便是一位很有成就的书法家。但论在书法艺术上有突破性贡献的,就要数擅长草书的书法家张旭了。

　　张旭是吴郡(今江苏苏州)人,知识渊博,性格狂放不羁。他从小酷爱书法,又肯下功夫潜心钻研,平时常仔细观察大自然里的一切,包括日月星辰的运行,花鸟虫鱼的生息,雷电风云的变幻,他都会将它们与书法艺术联系起来。据说,有一次他与几个朋友去观看一位著名的民间舞蹈家公孙大娘的剑舞,从她变幻莫测的剑法和婀娜多姿的舞姿里,突然感悟到了生活中的形体美和动态美与书法艺术的联系,悟出了草书运笔的真谛,于是他终于成为狂草大师,其草书与李白的诗歌、裴旻的剑舞并称"三绝"。

　　张旭喜欢喝酒,常常能从酒中找到书法的灵感。每当他喝得酩酊大醉后,就像发了狂似地在屋子里来回奔走,还手舞足蹈地边走边喊,待灵感来了便提笔一挥而就;有时甚至还会将头发在墨池里蘸饱,然后甩发书写。

① 羁(jī)
② 酩(mǐng)
　酊(dǐng)

他与李白等一批文人意气相投,喜欢一同在酒肆中边喝酒边切磋诗歌与书法艺术,常常喝得不醉不归。因此他被杜甫列为"酒中八仙"之一。杜甫在《饮中八仙歌》里是这样描写张旭的:"张旭三杯草圣传,脱帽露顶王公前,挥毫落纸如云烟。"

张旭的草书艺术可以说达到了登峰造极的地步,因而有"草圣"之称。当时的另一位书法大家颜真卿曾数次专程去向他学习笔法。而稍晚一些时候,又出了一位十分刻苦的书法家怀素,他又通过颜真卿学到了张旭的"笔法十二意",成了与张旭齐名的"狂草"大家。

内 容 链 接

张　　旭

张旭字伯高,玄宗开元年间任常熟(今江苏常熟)县尉时,有位老人故意为一点小事多次告状让他判决。张旭没有生气,在弄明白老人实际是为了多得几份自己的书法时,便与他交了朋友。老人见张旭诚恳待人,便将祖传的墨宝借给了张旭,张旭的书法从此更上一层楼。

张旭传世的草书有《肚痛帖》、《古诗四帖》等。

36 "画圣"吴道子

　　唐代的绘画艺术十分繁荣。许多文人,既会做诗,也善绘画。比如著名的诗人王维,便被宋代的大文豪苏轼称为"诗中有画,画中有诗"的作家。唐代的画家,姓名能留传至今的,就有四百多位,而其中最有代表性的,就是吴道子了。

　　吴道子小时候就失去双亲,是个孤儿,过着半饥半饱的生活,但他却心怀大志。他的知识几乎都是靠自学得来的。少年时羡慕和崇拜当时的名诗人贺知章和书法家张旭,曾只身赴洛阳拜两人为师,但由于穷得连吃饭都成问题,不得已只能半途而废。回到家乡阳翟①(今河南禹州)后,就跟随一位在民间从事画工的邻居学画。他聪颖灵慧,又刻苦好学,老画工将毕生的绘画技巧都传授给了他,使他打下了坚实的绘画基础。

　　吴道子传承了民间画工的绘画技术,又学习南北朝时南梁的大画家张僧繇的技法风格,开始给各类寺庙画宗教人物画。他先后在洛阳、长安画过佛教、道教壁画三百余间。他的画笔迹洗练遒劲有气势,人物生动有立体感,常常一气呵成而又不失分寸。他画梁柱、刀剑、佛光,从不用圆规矩尺,也能一笔挥就。他画人物的衣饰,只用焦墨勾线,再略加些淡彩色,将线条画成兰叶或莼菜状,

① 繇(yáo)

使它们具有流动飘逸感。因此后人有"吴带当风"的说法。

　　唐玄宗得知吴道子的名气后，将他召到宫内当了宫廷画师。一日，玄宗想念过去他游历过的蜀中嘉陵江景色，便要吴道子到那里去将嘉陵景色画下带回来。吴道子到了目的地后，只管游山玩水却未画一笔。回到长安后，他才当着玄宗的面，铺开画纸，只用了一天的时间便挥就了一幅《嘉陵山水图》。嘉陵江两岸三百里山山水水，栩栩如生，全都呈现在眼前，令对艺术十分挑剔的玄宗皇帝也佩服得不得了。因此，吴道子又得了个"画圣"的称号。

人物聚焦

唐朝的著名画家

　　唐朝的画家除吴道子、王维外，李思训、李昭道父子也是著名的山水画家，现存有《江帆楼阁图》（李思训）、《明皇幸蜀图》（李昭道）等。还有一批擅长画动物花鸟的画家，例如：戴嵩善画牛，韩干善画马，薛稷画鹤，边鸾画花鸟，等等。

37 "茶圣"陆羽

　　唐代也是饮食文化发展的高峰时期。饮酒、品茶十分时尚。以大诗人"酒仙"李白为首的"饮中八仙"，在上流社会闻名遐迩；而另一位以饮茶、品茶出名的隐士陆羽，则被后来的普通百姓奉为"茶神"，给他塑了陶像，供在煮茶的水灶上，表示对他的敬仰。

　　陆羽字鸿渐，复州竟陵（今湖北天门）人。他是个孤儿，刚出生不久被父母丢弃在一处河滩上，被附近一座庙宇的和尚抱去养大。到了稍为懂事的时候，和尚师父便教他读古代的经书。据说一次当师父给他讲解《孝经》时，小陆羽忽然问："如果一个人没有父母，也没有兄弟姐妹，他去孝敬谁呢？"说得老和尚张口结舌，恼怒之下，便罚他去扫厕所。

　　但小陆羽坚持独立思考和认真学习。他常常乘着放牛的间歇读书自学，用竹片在牛背上划着练字。一次，他放牛时因读不太懂张衡的一篇《南都赋》，坐在地上发呆，被师父看见，用鞭子狠抽了一顿。陆羽不怪挨打，怪自己读书没有长进，便哭着出走云游去了。唐玄宗天宝年间，他随一些戏班子到全国各地演出，了解了许多风土人情。他性格刚直，疾恶如仇，又十分重信义，因此对官场的腐败、虚伪十分厌恶。他喜欢烹茶品茶，这时已很有名气。

当时的御史大夫李季卿召他去煮茶,他虽去了,回来后又十分懊恼,觉得不应该去附和这样的人,毁了饮茶的高雅,于是写了《毁茶论》自责。就是唐玄宗下诏让他去给太子当老师,他也坚决拒绝。

760年起,他隐居在苕溪①(今浙江吴兴),自称"桑苎②翁",专门研究茶的采制和饮法,写出了一部我国茶文化的经典著作《茶经》。

《茶经》有上、中、下三篇,分别对饮茶的起源、茶树的栽培、茶叶的采摘制作以及烹茶的水和工具的选择和饮茶的方法等等,都作了精辟详尽的论述。《新唐书》说,从此天下人才懂得了饮茶。也就是说,《茶经》将"饮茶"提升到了"品茶"的高度,使它具有了文化的内涵。因此后人誉他为"茶仙",尊他为"茶圣",祀为"茶神"。

内 容 链 接

陆羽的名字和茶的来历

陆羽从小被弃,不知自己的姓氏,长大后他占卜得了个"渐"卦,卦辞是"鸿渐于陆","鸿"是大雁,所以他就给自己起名叫"陆羽"。

《茶经》中指出"茶"是从神农氏尝百草发现它能解毒而当药煮了饮用开始的。

① 苕(tiáo)
② 苎(zhù)

38　张遂制定新历法

　　唐代的经济繁荣带来了科学的发达。张遂在天文学方面成就，尤其突出。

　　张遂是魏州昌乐（今河南南乐）人。他的曾祖父张公谨是唐初的开国功臣，因此从小有优裕的学习条件博览群书。但他在读通了儒家经典后却没有去考科举走仕途，而是将精力投注于天文学研究。

　　他读书过目不忘，且有极好的悟性。据说年轻时曾去长安向当时有名的大学问家尹崇求教。他向尹崇借了汉代扬雄的《太玄经》带回去读。没几天，他去还书，还将自己写的两篇有关文章《大衍玄图》和《义决》交给尹崇看，与他探讨《太玄经》的深奥含义。尹崇大为惊讶，因为《太玄经》是深奥难懂的书，他自己读了几年也未全懂。于是，尹崇认为他是奇才，到处向人推荐，张遂因此名声大振。

　　当时正是武则天执政时期，权势显赫的武三思慕名想结交他。他怕惹祸，便上嵩山出了家，拜嵩山高僧普寂为师，取法名为"一行"，钻研佛法并继续天文学研究。以后唐睿宗登位后下诏召见他，他又避往当阳山（湖北）、天台山（浙江）学佛。直到唐玄宗开元盛世形成后，他才应召来到长安。玄宗给了他极高的礼遇，让他住进宫内的光太殿,以"帝师"相待,向他请教治国之道,并请他主持制定新历法。

一行利用皇家为他提供的条件,完成了好几件天文学上的大事。首先,他奉旨新编了一部名叫《开元大衍历经》的新历,该历修订了原来的旧历《麟德历》的许多错讹,以太阳、月亮、五大行星的轨道分布来精确地编定年、月、日、时辰,及日食、月食的预测。其次是与梁令瓒合作制成了观察日、月运行的黄道游仪,用此仪器精确地测定了150多颗恒星的位置。第三是在政府的支持下,在全国从南到北设了十二个观测点,进行了大规模的测量,在世界上第一次较精确地测算出了地球的经线——子午线的长度。其四,续写了他的祖父张大素所著《后魏书》中未完成的《天文志》部分。

一行还参与了佛教密宗最高经典《大日经》的翻译,著有《大日经疏》十四卷,创立了中国的密宗教义。他在天文学和佛学方面都作出了重大贡献。

知识平台

地球子午线的长度

现代科学测定的子午线长度为每度 110.6 公里;一行当时测得的数据为每度三百五十一里八十步,即 129.22 公里。

39　鉴真和尚东渡

　　繁荣强盛的唐朝使东瀛岛国日本十分羡慕,于是不断派出遣唐使团到中国来学习。使团里的留学人员有的学习唐朝的建筑、医学等科学技术,有的学习诗文、音律、雕塑、绘画等文学艺术,也有的专门来中国学习佛教经典。与此同时,他们还请唐朝派专家学者赴日本讲学。鉴真和尚就是专门被聘去传授佛教文化的佛学大师。

　　鉴真本姓淳于,江阳(今江苏扬州)人,生于688年,十四岁时在扬州大云寺出家,鉴真是他的法名。二十岁起他去洛阳、长安云游,向那里的几位佛学名师学习佛教经典,二十七岁回扬州,先后做龙兴寺、大明寺住持,在两寺开讲佛经,成了南方有名的高僧。

　　742年,日本的第九次遣唐使团派荣睿、普照两僧人专程去扬州请鉴真赴日本传授佛学。第二年,鉴真就带着弟子道航等人与荣睿一起乘船出发,不料他们遭人诬告说是与海盗有联系,结果被官军没收了船只。以后他们又三次自备船只出航,但均遇风浪或触礁事故,船只被毁,人被渔民救回。748年,他们又驾船从扬州出发经舟山出海,不料又遇大风,将他们吹到了海南岛。鉴真一行登岸后在海南岛住了一年,以后又辗转两年从陆路返回扬州。不幸的是,由于路途辛劳炎热,鉴真得了眼病双目失明了,荣睿也病死途中。

　　鉴真虽然十数年间历尽艰辛磨难,但他仍然不改东渡决心。753年,已六十六岁高龄的鉴真法师又随第十一次日本遣唐使团的船只东渡。这次出发,事先由唐朝的中央政府派了秘书监卫尉少卿晁衡到扬州协调,因此能顺利成行,并且安全到达了日本九州岛。

　　日本人民热烈欢迎鉴真一行的到来。天皇特地在奈良为他开设了一座寺庙——唐招提寺,让他和同去的弟子在那里向日本的僧人传授戒法和讲解佛经。天皇还下诏授鉴真以"传灯大法师"的名号。鉴真还将唐朝的医学知识和书法、建筑等艺术带到日本,为中日两国的文化交流作出了巨大贡献。为此,日本人民在唐招提寺建造了鉴真塑像,称他为"盲圣"和"日本文化的恩人"。

人物聚焦

晁　　衡

　　晁衡是日本遣唐使团的留唐学生,原名阿倍仲麻吕,学成后留在长安做官,很有学问,与李白是好朋友。他为中日文化交流作出了很大贡献。

40　安禄山造反

　　原本比较开明的唐玄宗在任用了李林甫为宰相后，沉湎于声色歌舞，逐渐变得腐败昏庸了。李林甫为了排挤朝中的能干大臣，向玄宗推荐了胡人出身的边关将领安禄山。

　　安禄山是营州柳城（今辽宁朝阳）人，善于钻营拍马，年轻时投靠幽州（今北京）节度使张守珪，做了他的养子，当上了军官。后来，他在作战中违反军纪吃了败仗，被送往长安处理。当时的大臣张九龄主张按军令处死他，但玄宗听信了李林甫的话，不但免了他的死罪，反而提拔重用了他。

　　安禄山是个矮胖子。他的肚子奇大。一次玄宗与他开玩笑，问："你的肚子这么大，里面都有些什么？"安禄山就装出一脸的认真相，拍拍肚子说："这里面装的可全是对陛下的忠心啊！"哄得皇帝高兴，安禄山乘机向玄宗和杨贵妃大献殷勤，甚至还厚着脸皮认杨贵妃做了干妈。于是安禄山的地位青云直上，玄宗在长安为他造了王府，并且封他做了平卢、范阳、河东三镇节度使。这样，安禄山便手握重兵，控制了唐朝辽阔的北方地区。

　　安禄山看到皇帝糊涂，唐朝近百年来又没有经历过战争，京城附近戒备松弛，兵力空虚，因此便秘密准备夺取天下。他以范阳(治所在今北京附近)为大本营,在那里筑了一道"雄武城",里面储备了大量的武器、粮草、马匹,还从胡人(北方的少数民族总称)中收编了八千名精兵作为他的敢死队,称为"假子",还组织起了一个谋士和武将班子,例如谋士高尚、严庄,将领史思明、蔡希德、崔乾祐等,一同策划叛乱。

安禄山的一举一动引起了朝廷中许多人的警惕和忧虑。太子李亨早就看不惯安禄山一面装疯卖傻一面飞扬跋扈①的丑恶行为;这时接替李林甫当宰相的杨国忠也因与安禄山在皇帝面前争宠而与他产生了很大的矛盾。他们都向玄宗提醒,安禄山可能造反。但是玄宗完全不信安禄山有异心。就在玄宗和朝廷毫无准备的情况下,755年安禄山终于出动十五万大军,从范阳南下,举起了造反的旗帜。

内容链接

干儿子安禄山

安禄山做了杨贵妃的干儿子后,有一次安禄山生日,杨贵妃就命人用锦缎把大胖子安禄山连头带脑包了起来,意思是搞成一个襁褓似的,装进大轿子里叫宫女抬着玩,说是给贵妃的"婴儿"过"三朝"(古代风俗,在结婚、生孩子后第三天举行庆祝活动)。

① 跋(bá)
扈(hù)

233

41　颜杲卿骂贼

　　安禄山突然起兵造反，黄河以北的许多州府猝不及防，大多被他攻下或投降。接着，叛军又迅速渡过黄河，与仓促领兵前去应战的唐军将领封常清在洛阳附近的虎牢关激战。封常清的军队是临时在洛阳征集起来的，而安禄山的军队则训练有素，十分凶悍，因此两军虽经苦战，但政府军还是被打败了。封常清只好收拾残兵，与前来支援的副元帅高仙芝的军队汇合，退守潼关。

　　安禄山马上占领了洛阳。正当他准备集中兵力进攻潼关的时候，黄河北岸的常山（今河北正定）太守颜杲卿乘叛军后方空虚之际，树起了反抗叛军的大旗。

　　颜杲卿是安禄山一手提拔起来的地方官。但在大是大非面前，他的立场非常坚定。在安禄山刚一宣布起兵造反时，他就立刻着手悄悄招募壮士，储备武器，准备抵抗。但安禄山进军迅速，待叛军来到常山时，他只来得及召集了一千人左右，无法正面抵抗安禄山的军队。于是颜杲卿只好与他的副手、长史袁履谦策划，假意投降了叛军。

　　不久，颜杲卿的堂弟、平原（今山东平原）太守颜真卿起兵抗叛。颜杲卿见时机已到，便立刻响应。他用计假传安禄山的命令，灌醉了井陉关（今河北井陉）的叛军守

① 杲(gǎo)

234

将,将他当场杀死,并占领了关隘。接着又派人劝导河北各郡官员反正。一时间,黄河以北的二十四个郡,有十七个郡响应脱离了安禄山。安禄山见后方不稳,连忙派大将史思明、蔡希德率大军围攻常山。颜杲卿才起兵八天,在常山的力量有限,他向太原的官军紧急求救,但太原守将拒绝出兵。颜杲卿和常山军民苦守了四天,常山城终于被攻破,他和袁履谦被俘。

史思明在常山杀害了一万多军民。颜杲卿和袁履谦被押解到洛阳。这时(756年)安禄山刚在洛阳黄袍加身,称大燕皇帝。他盛气凌人地责问颜杲卿:"是我提拔了你,你为什么要叛变我?"颜杲卿义正词严地反问:"国家让你做了三镇节度使,你为什么要反叛?"说罢,对安禄山痛骂不已。安禄山恼羞成怒,下令割下他的舌头,用酷刑将他折磨至死。袁履谦也骂不绝口,直到被害为止。

人物聚焦

封常清、高仙芝

封常清原是安西节度使。安禄山反叛时他主动向玄宗请求去洛阳募兵抗敌。高仙芝是高句丽人,被玄宗封为平叛副元帅。两人在寡不敌众的形势下退守潼关的策略是正确的。但玄宗却听信谗言,以作战不力的罪名冤杀了两人,改派哥舒翰守潼关。

42　杨国忠误国

　　颜杲卿抗击安禄山叛军的斗争很快失败了。但这场斗争也牵制了叛军，为唐朝中央政府紧急调动各地的兵力争取到了时间。这时，山东的颜真卿和雍丘（今河南杞县）的张巡都在坚守，朔方（今宁夏灵武西南）节度使郭子仪及河东节度使李光弼的联军收复了黄河北岸的许多地区，且很快又夺回了常山郡，将安禄山的后路掐断了；安禄山只好挥军西进潼关。但唐军守关的是久经沙场的老将哥舒翰。潼关易守难攻，他下令军队据险死守，不主动迎战。这样，安禄山的主将崔乾祐率叛军主力猛攻半年之久，却一直无法攻破。

　　安禄山见形势对他不利，心中恐慌，正想撤兵退守范阳，不料杨国忠却轻而易举地为叛军打开了潼关的大门。

　　杨国忠是武则天的面首张易之的外甥。和张易之一样，他是个不学无术、只会喝酒赌博的地痞。因为他的堂妹杨贵妃的裙带关系，他青云直上。这个善于见风使舵，又能说会道的家伙，先与奸相李林甫合谋加害团结在太子李亨周围的一批官员，以后又与李林甫争权，夺取了宰相的位子。他掌握了朝政大权后，奢侈腐败，卖官鬻爵①，残害忠良。他两次兴兵南征，都遭惨败，将近二十万士兵置于死地，但却向玄宗谎报战功，吹嘘胜利。因此朝内正

① 鬻（yù）

直的大臣和百姓，都对他恨之入骨。安禄山起兵造反的借口，就是"清君侧"，讨伐杨国忠。

再说哥舒翰牢牢扼守着潼关，每天晚上让关西的烽火台都点起烟火，向长安报告潼关安全的讯息。长安人因此称这烽火为"平安火"。

然而这"平安火"却使杨国忠害怕起来。因为他以前曾诬陷过哥舒翰，现在哥舒翰手握重兵，他的手下还有人主张除掉杨国忠，消除安禄山叛乱的借口。于是杨国忠便鼓动玄宗，说现在平叛形势大好，要他下令哥舒翰出关与叛军决战。哥舒翰上表陈说，郭子仪等也支持他坚守，但昏聩的玄宗轻信杨国忠，接连派使者命令出兵。哥舒翰只好含泪领兵出了潼关。大军刚到灵宝（今河南灵宝），便中了埋伏，几乎全军覆没。叛军西进长安的大门终于被打开了。

人物聚焦

哥舒翰的结局

哥舒翰在灵宝兵败被俘，投降了安禄山，后被安禄山的儿子安庆绪杀害。

43　马嵬驿兵变

潼关失守，长安军民晚上见不到"平安火"，城中大乱。玄宗召杨国忠等大臣商议，大臣们既无办法也不敢多言。杨国忠提出放弃长安逃到蜀中(今四川)避难。可是年已七十二岁的皇帝玄宗不甘心，他提出要御驾亲征。这可吓坏了杨国忠。杨国忠不是担心老皇帝的安危，而是因为皇帝亲征，太子就要在长安监国。但以前他曾恃权数次迫害过太子李亨和他周围的人，如果他们兄妹落到李亨手里，就死无葬身之地了。于是他马上去找杨贵妃姐妹，让她们又哭又闹加以阻止。事态紧急，长安城里也没什么兵可出征了，玄宗只得接受杨国忠的安排，于756年的一个晚上，带上杨贵妃姐妹及一些皇族人员，和杨国忠等少数几个大官，由龙武大将军陈玄礼率领二千多禁卫军，悄悄从皇宫的西门出逃了。

天下着雨。逃难队伍拖拖拉拉走了一天，才来到长安西面四十里的咸阳。没想到事先派出打前站的宦官携带银两逃跑了。队伍又冷又饿，摸黑宿营。还是当地的百姓给他们送了些粗粮淡饭给皇帝、皇族们填了下肚子。第二天继续出发。大队又走了一天，来到一个名叫马嵬①驿(在今陕西兴平西)的地方。窄小的驿舍只够皇帝和眷属、官员住宿，禁军们只好在雨中露营。大家又冷又饿又

① 嵬(wéi)

238

疲劳,纷纷咒骂杨国忠误国害民,情绪极不稳定。将军陈玄礼见了,与太子李亨秘密商议,取得李亨默许后发动了兵变——他让士兵们杀死了杨国忠,并包围了玄宗的住所,要求处决杨贵妃。玄宗舍不得,辩解说:"贵妃在深宫中,不知杨国忠谋反的事。"但士兵们群情激愤,不肯散去。见形势危急,宦官头子高力士出来劝道:"娘娘是无罪。但她是杨国忠的妹妹,将士们不会放心!"玄宗无可奈何,只好一挥手让高力士去处置。

高力士向杨贵妃宣读了皇帝的命令。杨贵妃提出临死前让她拜一次佛,与皇帝诀别。玄宗心酸地在佛堂里与她见过最后一面后,杨贵妃被高力士带到佛堂前的梨树下,自缢身亡,结束了她三十八年的人生。

内 容 链 接

杨贵妃三姐妹的结局

杨贵妃的三个姐妹韩国夫人、虢国夫人和秦国夫人,此时也在马嵬驿中。兵变时,韩、秦两人当场被士兵杀死。虢国夫人却和杨国忠的老婆偷偷逃了出去,她们逃到了陈仓(今陕西宝鸡),终于被陈仓县令捉住杀掉。

① 虢(guó)

44　张巡守孤城

马嵬驿事变后，玄宗逃往成都，而太子李亨则北上灵武(今宁夏灵武西南)，主持全国的平叛，并宣布继位。他就是唐肃宗。由于长安失守，郭子仪只好撤到灵武，李光弼退守太原。本来收复的河北土地又陷落了，而在黄河南边的雍丘(今河南杞县)，将军张巡却仍在艰难地守卫着这座孤城。

张巡原是真源(今河南鹿邑)县令。安禄山叛军南下时，他的上级、谯郡太守杨万石已投降安禄山，命他带一千人马去迎接叛军。张巡却乘机用这支队伍袭取了已投降的雍丘城。雍丘县令令狐潮率叛军四万多人前来攻打。张巡组织雍丘军民进行了可歌可泣的保卫战。城内的箭用完了，张巡叫守城士兵晚上将一千多个草人挂在城墙上；叛军以为是城内士兵要出城反击，拼命射箭，张巡就得了几十万支箭。几天后，张巡在夜间派五百敢死队缒城而下。叛军以为是城内故技重演，就不再射箭。结果五百勇士突袭敌营，将令狐潮杀得大败。长安失守后，城内有六名将领失去信心，主张投降。张巡将他们全部斩首，与全城军民誓死抵抗到底。

张巡以几千人抵御叛军四万余，坚持了近一年。这时，叛军又进攻附近的睢阳(今河南商丘)。睢阳太守许

① 缒(zhuì)

240

远向张巡求援。睢阳是江淮屏障，地位更加重要。张巡就决定放弃雍丘，向睢阳转移。随张巡转移的兵马，只有三千左右，途中在宁陵（今河南宁陵）与叛军杨朝宗的军队打了一仗，张巡与手下的雷万春、南霁云两位大将各率兵奋力冲杀，竟杀死叛军一万多，终于顺利进入睢阳。

叛将尹子奇率领十三万兵马围住了睢阳。睢阳保卫战打得更加惨烈。张巡与许远紧密合作，在开始的十六天里，就杀死叛军两万余人，俘虏叛将六十余名，连尹子奇的一只眼睛也被南霁云射瞎了。叛军不得不撤退。

尹子奇养好伤后又带数万大军前来围攻。睢阳城被围得弹尽粮绝，城内连茶叶、纸张、树皮，甚至老鼠、麻雀都吃光了，只剩下四百来人，仍无一人叛逃。最后城破，所有守城将士几乎全部牺牲。

内 容 链 接

南霁云借兵

张巡曾派将军南霁云到临淮（今江苏盱眙）借兵。唐将贺兰进明假意设宴招待却不肯发救兵。南霁云拔刀砍掉自己的一节手指愤然离去。待河南节度使张镐带兵赶来时，睢阳城已陷落三日。但正因睢阳的坚守，江淮地区才免遭沦陷。

① 霁（jì）

45　雷海青摔琵琶

潼关失守、长安陷落，当了皇帝不久的安禄山高兴得要在洛阳宫苑的凝碧池畔举行盛大的庆功宴。为了摆出皇帝的气派，除了他的大燕朝臣外，他还命令从长安城里掳来的唐朝旧臣也来参加。宴会上，自然要有乐工奏乐来增加喜庆气氛。他知道，玄宗皇帝是个音律专家，唐朝宫廷的宴会上每次都有"梨园子弟"们组成的庞大的乐队出场演奏，所以他又让筹备宴会的宦官从唐宫的俘虏队里搜寻梨园子弟。寻来寻去，当时有名的李龟年、张野狐等著名乐手都不见踪影，只找到了一个名叫雷海青的琵琶手。

雷海青被叫到了宴会上。宦官在他面前放了一个凳子，取来一只大琵琶，让他坐下，然后跪下请示："陛下，让他奏什么乐曲？"

安禄山以前在长安的皇宫里经常听乐工弹奏玄宗作的《霓裳羽衣曲》，看杨贵妃和着曲子翩翩起舞，于是他就命令雷海青也奏一曲《霓裳羽衣曲》。

雷海青将琵琶抱在胸前，用愤怒的目光向安禄山和宴会上的宾客扫了一眼，突然大哭起来。他边哭边站起身来，用右手使劲在琵琶的弦上一划，只听咯嘣嘣几声，几根弦一下子折断了。安禄山和宴会上的人全都愣住了。待缓过神来，安禄山一拍面前的桌案，瞪着眼睛大声喝问："不识抬举的家伙，你想干什么？"

雷海青也圆睁双目，大声对安禄山说："你这个胡贼，朝廷让你做了那么大的官，你不知报恩，还要造反作乱，你才是不识抬举！"说罢，他举起手中的琵琶往地上狠狠摔去，那琵琶被摔得粉碎。

安禄山气得嗷嗷乱叫。他命令身边的卫士："来呀！快替我将他拉出去砍了！"卫兵们赶忙扑上来，七手八脚地按住雷海青将他往外拖。雷海青边挣扎边回头继续骂："你这个杀人放火无恶不作的叛贼，一定不会有好下场的！"

雷海青终于被残酷地杀害了。但安禄山的庆功宴也不欢而散。

人物聚焦

王　维

著名诗人王维是唐朝的给事中（官名），在长安沦陷时被掳到洛阳，也参加了安禄山的这次庆功宴。他目睹了雷海青摔琵琶的义举，自己心中感到十分愧疚，回去写了一首诗："万户伤心生野烟，百官何日再朝天？秋槐叶落空宫里，凝碧池头奏管弦。"肃宗平定安史之乱后，追究当时"附逆"的官员，王维因有了此诗而幸免。

46 安禄山之死

安禄山当了皇帝的第二年(757年),他想到了要像历代帝王一样立个太子。这时他的大儿子安庆绪已经快三十岁了,在叛乱中帮他东征西伐立下了不少功劳,可是安禄山此刻正宠着刚刚弄到手的年轻漂亮的段夫人。段夫人也给他生了个儿子,取名安庆恩,刚满周岁。经不起年轻夫人的枕头风,安禄山竟想立一周岁的安庆恩为太子。这可让大儿子安庆绪气红了眼。

安禄山的脾气十分暴躁。虽然拿下了东西两京(洛阳和长安),但肃宗在灵武继位后,唐朝廷又有了抗叛的指挥中心,全国各地的政府军纷纷集合到肃宗的旗帜下,战争的形势又朝对叛军不利的方向发展。因此安禄山急得眼疾发作,背上长了个大脓疱,心情也更加恶劣,常常拿身边的大臣和宦官出气。就连他的主要谋臣严庄也要遭他无故打骂,贴身宦官李猪儿更是三天两头遭他拳打脚踢。

正是新春佳节,安禄山眼睛不好,不能看戏,在接受百官朝贺后便与后宫的嫔妃们喝酒,酒后宦官李猪儿扶他回寝宫休息,一不小心在宫门槛上绊了一下,安禄山便举手打了李猪儿两个耳光,并且威胁说:"该死的阉猪,我早晚宰了你!"服侍安禄山睡下后,安庆绪就悄悄将李猪儿叫进了密室,与事先已等候在那里的严庄一起策划了一场事变。

这天半夜里,李猪儿忽然到宫门外迎接大臣严庄和安庆绪进宫,说是皇上紧急宣召。来到安禄山的寝宫,严庄、安庆绪在门口警戒,李猪儿进去拔出尖刀对准正在熟睡的安禄山的胸口便是一刀。安禄山痛得本能地蹦起来大喊"李猪儿,李猪儿!"李猪儿趁势再一刀结果了他的性命。

第二天早上,严庄和安庆绪出面向前来上早朝的大臣们宣布皇帝病重,并由长子安庆绪继承皇位。安庆绪在顺利接收禁军和政权后,就宣布老皇帝驾崩了。当然,他也不会忘记找个理由杀了他的继母段氏及刚刚满周岁的小兄弟安庆恩。

人 物 聚 焦

反复无常的史思明

安庆绪是个昏庸无能的人,夺取皇位后大权掌握在大臣严庄手中。严庄企图夺取安禄山的大将史思明的军权,史思明干脆投降了唐朝,肃宗封他为"归义王"。但不久,当唐军围歼安庆绪时,他又再次叛变,出兵帮助安庆绪攻打唐军。

47 李泌出山

　　唐肃宗初到灵武时，跟随他的官员没有几个，虽然郭子仪带回五万兵马前来保驾，但一切建制尚未正规，如何组织全国的抗叛力量，肃宗李亨心中没有底。这时他想到了自己当太子时的好朋友李泌，便立即派人去请他出山。

　　李泌字长源，出生于官宦家庭，从小博学多才，尤其精通《易经》，但他长大后不参加科举，也不愿做官。有一次他给唐玄宗上书提出了一些政见，玄宗十分欣赏，就将他介绍到太子府中。太子李亨与他一见如故，成了亲密伙伴。有一次，他因看不惯杨国忠的狐假虎威，写了一首讽刺诗，杨国忠就找借口将他赶出了太子府。李泌趁机躲到颍阳（今河南登封西）隐居学道去了。这会儿见李亨和国家处于危急时刻，便应召来到了灵武。

　　李泌替肃宗客观地分析了形势，援引古代许多帝王成败的教训，要他树立信心，放开胸襟，将全国一切反对叛乱的力量组织起来，孤立叛军。肃宗十分尊重李泌，对他几乎是言听计从。两人不分君臣，经常同进同出，甚至同吃同睡。当时战争频繁，各地送来的文书很多，肃宗几乎都让李泌独自去处理，只有非常重大的事情才一块商量。肃宗要任命李泌当宰相，李泌坚决推辞，说："做天子的朋友难道不比宰相更可贵吗?"肃宗没法,只好强行宣布他为元帅府"行军长史"(军师)。

当时,肃宗宣布了长子李豫为太子,同时又任命另一儿子建宁王李倓为兵马元帅。李泌就向肃宗指出要吸取唐太宗、玄宗的教训,军权与皇位继承人不能分开。肃宗终于听从了李泌的意见。肃宗在当太子时曾受李林甫的迫害,他对李泌说:"待收复长安后一定要将李林甫挫骨扬灰。"李泌却劝道:"陛下不必与死人计较。当前的大敌是叛乱者。如他们知道陛下心胸不宽、有仇必报,还有谁敢来投降?"肃宗立刻醒悟,采取了许多优待投降叛军将领的政策。

李泌在朝中的地位引起了另外两股实力派——宦官李辅国和张皇后的猜忌,他们合起来企图谋害他。太子李豫将情况暗中告诉了李泌。李泌重又辞别肃宗,上衡山隐居去了。

内 容 链 接

李泌三度出山

李泌隐居后,762年唐肃宗去世。受过李泌帮助的唐代宗李豫继位。代宗又把他请出山,并硬逼他还俗做官,当了翰林学士,但后来又被宰相排挤了出去。779年唐德宗继位后再将他请回,终于当了宰相,终年62岁。

48 肃宗借兵

757 年,肃宗将朝廷迁到长安西面约三百里的凤翔(今陕西凤翔),并决定不惜一切代价收复长安。为了筹集兵马,肃宗命太子李豫为兵马大元帅、郭子仪为副元帅,调集了朔方(今宁夏灵武西)和唐朝驻守西域的军队,还派郭子仪的部将仆固怀恩出使回纥借兵。回纥的葛勒可汗派太子叶护率四千精骑兵开赴凤翔。肃宗让太子李豫与叶护结为兄弟。就这样,唐军共调集了十五万人,与长安城中的十万叛军展开了一场决战。

两军在长安西边沣水边的香积寺对阵。叛军将领李归仁先出阵挑战,唐军前军将领李嗣业领兵应战。李归仁佯败,待李嗣业率兵追击时突然率主力反击,并在唐军的后方设了伏兵。李嗣业见叛军主力杀回,自己的唐军抵敌不住,纷纷溃退,便干脆脱掉身上的盔甲,向身边的将士们大叫:"现在不拼,大家就没有生路了!"说罢挥舞大刀像猛虎一样杀入敌阵。唐军士卒纷纷跟上。与此同时,叶护的回纥骑兵也突然冲入阵中,像秋风扫落叶般杀向叛军。这时郭子仪一面命令仆固怀恩率精锐突袭身后叛军的伏兵,一面率自己的中军奋勇上前。战场上杀声震天,李归仁的叛军支持不住,被唐军杀死六万余人,全线溃败。唐军乘势收复了西京长安。

① 嗣(sì)

唐肃宗在向回纥借兵时，双方曾订下协议，收复长安、洛阳后，土地百姓归唐朝，金银财帛和子女归回纥。现在攻下了长安城，叶护就要下令回纥兵进城抢掠。兵马元帅李豫只好在叶护马前下跪，求他待攻克了洛阳后再践约，否则怕洛阳的百姓会死守。就这样，长安百姓算是逃过了一劫。

紧接着，郭子仪又率唐军东进攻克了潼关，与洛阳叛军十五万人在陕州（今河南三门峡）对峙。郭子仪让回纥兵埋伏在敌军背后，自己率军与叛军正面交战。正面战场正在渐渐不支时，勇悍的回纥兵从后路突袭。叛军一见回纥兵，大叫"回纥来了！"纷纷败逃。安庆绪率残兵向黄河北岸逃去。洛阳收复。李豫和郭子仪向洛阳父老募集了一万匹绢，送给叶护，以阻止回纥兵劫城。但五年后洛阳城又失守，全城百姓仍未逃掉被回纥军大肆劫掠的命运。

回　纥

回纥是唐朝西北边境的游牧民族。744年由怀仁可汗建立汗国。葛勒可汗是怀仁之子。在帮助肃宗收复长安、洛阳后，肃宗封葛勒之子叶护为"忠义王"。

49　李光弼平叛

　　李光弼是契丹人，他的父亲李楷洛是契丹族酋长，在武则天时为唐朝打败吐蕃立过大功。安史之乱后，郭子仪推荐李光弼当了河东节度使，一直与叛军作战，取得了许多战绩。唐肃宗继位后，将他与郭子仪并列为宰相。在史思明十万叛军进攻太原时，他以不足一万人的兵力坚守。他发明了巨大的抛石车击退了敌军的集群攻击；叛军在城外搭高楼进攻，他让士兵挖地道使敌楼坍塌①。最后他又以诈降击垮了叛军，消灭叛军七万人，太原城岿②然不动。

　　在长安洛阳两京收复后，肃宗发动了唐廷九个节度使共六十万兵力围攻撤到邺城（今河北临漳一带）的安庆绪叛军。结果由于肃宗任命一个不懂军事的宦官鱼朝恩做总指挥，使唐军顾此失彼，没有成功。鱼朝恩将失败的责任推到郭子仪身上。郭子仪被撤职，李光弼代替郭子仪成了"天下兵马副元帅"，退守洛阳。

　　759年，叛军主将史思明发动政变，杀了安庆绪，自称"大燕皇帝"。史思明率叛军进攻洛阳。此刻唐军新败，实力远不及叛军。李光弼及时作出决策，有秩序地撤出洛阳，将一座空城留给叛军，自己退守洛阳附近的重镇河阳（今河南孟州西）。史思明领兵围住了河阳，为了炫耀

① 坍（tān）
　　塌（tā）
② 岿（kuī）

250

自己的实力，消磨唐军的守城意志，故意将一千多匹膘肥体壮的战马放到河阳城外的河滩上悠闲地吃草洗澡。李光弼将计就计，选了一批刚生了小马驹的母马，放出去将叛军的公马全都带到了河阳城内。史思明造了几条大火船，点燃后想开上去燃毁唐军的浮桥。李光弼命士兵在长竹篙头上包了铁皮，将敌军的火船顶住，使火船自己烧毁。

史思明无计可施，只好强攻。李光弼要将士们听他号令与叛军决一死战，并激励大家说："如果战败，我会与你们一同死在城下！"唐军士气大振，经过一场恶战，终于将叛军击退。

李光弼在河阳与叛军相持了一年多。肃宗听信鱼朝恩的意见在条件不成熟的情况下，强令他攻打洛阳，结果唐军打了败仗。但这时叛军内部发生了内讧，史思明被他的大儿子史朝义所杀。叛军从此一蹶不振了。

内 容 链 接

"安史之乱"的结束

762 年，唐军与回纥联军攻进洛阳。史朝义狼狈逃走。次年，他看到众叛亲离，走投无路，终于在石头城（今河北唐山东北）附近的温泉栅树林中上吊自杀。七年多的"安史之乱"到此结束。

50　郭子仪单骑退敌

安史之乱结束的前一年(762)，唐肃宗病死，他的儿子李豫继位，就是唐代宗。从肃宗晚期到代宗，朝中大权落到了宦官鱼朝恩和程元振手里。朝廷中抗叛保国的主要功臣李光弼、郭子仪都遭排挤。李光弼被贬为临淮(今江苏盱眙)节度使，郭子仪被剥夺了兵权赋闲在家。第二年，西部边境的吐蕃纠集西域的吐谷浑、党项、氐、羌等部族的军队共二十万攻了进来，西边各郡接连失守，代宗急忙逃往陕州，长安陷落。

这时代宗才又想到了李光弼和郭子仪。但李光弼远水救不了近火。代宗只好紧急任命郭子仪为副元帅组织抗敌。郭子仪这时手头上没有一兵一卒，只好召集了自己的随从二十人赶到咸阳，打出"郭"字帅旗招兵。那些被吐蕃军打散的唐军和郭子仪的旧部纷纷前来投奔，节度使白孝德也出兵响应，郭子仪才拼凑了一支军队。幸赖郭子仪名声大，一听说"郭令公"又复出了，吐蕃带兵的将领摸不清底细，便在长安城内抢掠一番后撤了出去。

两年以后，吐蕃军又联合回纥再度进逼长安。这次回纥与吐蕃联合进攻是由唐朝的守边将领仆固怀恩引起的。仆固怀恩原是郭子仪的部将，因为害怕唐廷对他的猜忌才干脆投降了回纥。此刻，只有郭子仪的不到一万兵力在长安北面的泾阳扼守，形势十分危急。郭子仪决定亲自去回纥军的大营，会见回纥军元帅药葛罗，分化敌人。郭子仪的部将们，包括他的儿子郭晞，都坚决不同意他去冒险。但郭子仪毫不犹豫，只带了五名随从便出发了。

来到回纥军大营前，当药葛罗认清真是郭子仪亲自来了，不由得大吃一惊，因为他是听仆固怀恩说郭子仪已被唐廷害死了才敢前来进攻的。药葛罗马上恭敬地向郭子仪行礼，并且接他进大帐谈判。郭子仪乘机晓以大义，让他们继续与唐朝和好。药葛罗立即答应反戈与唐军一同对付吐蕃。这时仆固怀恩刚刚病死，他的手下听说真的是六十九岁的郭令公老将军还在，便全都出来向他下拜。吐蕃军听说回纥已与唐军联合，连夜拔营撤走了。就这样，郭子仪单人独骑，又为国家消弭了一场大灾难。

人物聚焦

仆 固 怀 恩

仆固怀恩曾为平定安史之乱立下过大功。他曾受肃宗和郭子仪派遣去回纥借兵。唐代宗又将他的女儿作为公主嫁给回纥的牟羽可汗。他为缓和唐与回纥的关系起过重大作用。

51

唐代宗的财神爷

　　唐代宗虽然暂时解除了边境之患,但是安史之乱给唐朝经济的破坏是巨大的。当时国内劳动力大量减少,土地荒芜,连地处富饶的关中平原上的首都长安都闹起了粮荒。而如果不能解决都城的粮食供应,则人心不能安定,政权也无法巩固。由于朝内有能力的官员大都被宦官李辅国排挤出去了,唐代宗苦思冥想,最后选中了一个名叫刘晏的人。

　　刘晏字士安,曹州(今山东菏泽)人。他八岁就会作诗词,被唐玄宗视为神童。年纪轻轻便当了夏县(今山西夏县)、温县(今河南温县)县令,将当地的经济治理得特别有条理,受到百姓的赞扬。安史之乱时为唐肃宗建立了从南方到关中的物资运输线。这回,代宗提拔他为御史大夫、河南江淮转运使,将国家的赋税、铸钱、盐铁等经济命脉大权都交给了他管理。

　　刘晏上任后,首先着手解决将江南的粮食运往关中的问题。当时南北大运河许多河段都已淤塞。他不避千辛万苦逐段考察,并组织力量重新开凿整治,疏通了河道;针对运粮船只经过长江、淮河、汴河、黄河、渭水等不同水系,由于水位落差大、水流缓急不同而经常造成翻船的问题,他提出了在各大水系分设粮站、分段运输的安排。而且在中转时，又倡导用麻袋分装代替散装，这样就杜绝了运输过程中多达三分之一、足有上百万斛粮食的损耗。

刘晏在疏通南北漕运的同时，注意兴修各条水系的水利以发展农业；同时鼓励人口的增长，对盐、铁、铸钱等涉及国家经济命脉和人民生活的行业，实行国家控制和专卖，打击了奸商的投机和暴利行为，减轻了人民的负担；刘晏还派了大量"巡院官"驻在各地，及时向他报告那里的经济情况和市场变化，由政府出面互通有无，平衡物价，调节市场。

由于刘晏采取了这些措施，政府的税收显著增长，从每年的四百万缗很快增加到一千万缗。唐代宗终于渡过了安史之乱后的经济大萧条，解决了安定边境的年费。因此，当时的官员和百姓，都称刘晏是代宗的财神爷。

人物聚焦

刘晏的命运

刘晏一心为国家理财，自己生活俭朴，没用一个奴婢。但唐德宗当皇帝后，却听信别人诬陷，说他与朱泚叛乱有关，将他杀害了。

① 缗(mín)

255

52

段秀实以笏击贼

　　抗击吐蕃军进攻长安时，出兵援助郭子仪的邠州^①（今陕西彬县）节度使白孝德有个朋友叫段秀实。其实，这次出兵的决心，也是段秀实帮白孝德下的。

　　郭子仪驱逐吐蕃军、收复长安后，为了加强长安附近的防御，派自己的儿子郭晞^②带兵到邠州协助白孝德加强边防。但郭晞仗着自己父亲在军中的威望，十分傲慢，他的军队在邠州胡作非为，他不加约束，也不许白孝德干预。碍于郭子仪的情面，白孝德心中着急又无可奈何。段秀实知道后便放下自己泾州（今甘肃泾川北）刺史的事务，跑到邠州主动当了邠州的都虞侯（判官）。

　　一天，郭晞军中的十七名士兵在酒铺闹事，他们砸烂了酒具，刺伤了酒店主人。段秀实就带了节度使衙门的兵去将十七人统统捉住，当场斩首示众。郭晞的部下得讯，集合队伍要去进攻节度使衙署，白孝德急坏了。段秀实却不慌不忙地去见郭晞，对他说："你难道想毁了你父亲的一世英名吗？"郭晞听了吓得汗流浃背，当下严厉约束了手下士兵，并向段秀实下拜致谢。

　　779 年，代宗去世，太子李适即位，就是唐德宗。德宗任命段秀实为司农卿（掌管国家粮食、仓储的官）。段秀实自己先到长安后，嘱咐家属在进京的路上经过岐州（今

① 邠(bīn)
② 晞(xī)

陕西凤翔)时,如岐州节度使朱泚赠送礼物,决不可收。结果,朱泚真的硬是赠送了三百匹大绫,家属实在推辞不掉,带进了长安。段秀实大光其火,不许家属将大绫带回家里,让他们拿到司农寺,将礼物绑在了衙门的房梁上。

783年,朱泚果然拥兵造反,占领了长安,自称秦帝。唐德宗吓得从后花园逃走,到了奉天(今陕西乾县)避难。朱泚想到自己以前曾贿赂过段秀实,便派人将他请来,想让他当官。段秀实却当着朱泚的面骂道:"你这个恶贼,我早就看出你不是好东西!你休想让我跟你一同造反!"说罢将手中上朝用的笏板向朱泚头上掷去,将朱泚的前额击得鲜血直流。

朱泚的部下见状,冲上去将段秀实杀害了。后来,朱泚在段秀实管辖的司农寺房梁上,发现了许多绫绢。他仔细一看,竟正是自己以前送给段秀实的那三百匹大绫。朱泚既惭愧又感叹。

知识平台

《打金枝》

郭子仪家教很严。他的儿子郭暧的妻子是唐代宗的女儿升平公主。一次,小夫妻吵嘴,郭暧说了句"皇帝没什么稀奇,我父亲还不想当呢。"公主将此话报告了皇帝。代宗没在意,郭子仪却将儿子狠打了四十大板。后人将这故事编成了剧本《打金枝》。

① 泚(cǐ)
② 笏(hù)

257

53 颜真卿坚贞不屈

朱泚造反的诱因是淮西节度使李希烈叛乱。泾原节度使姚令言带兵前去平叛时途经长安，士兵们因为对政府歧视他们、仅供给他们吃粗粮不满，发生了兵变。姚令言就请出了他的老上级朱泚当了叛军首领。

兵变发生前，唐德宗召集大臣商讨对付李希烈叛乱的办法。宰相卢杞为了排挤朝内德高望重的老臣颜真卿，向皇帝建议派颜真卿赴许州（今河南许昌）去劝说李希烈。明知是卢杞阴谋让他去送死，七十六岁高龄的颜真卿还是毫不犹豫地上路了。

颜真卿是京兆万年（今陕西西安）人，字清臣。唐玄宗时进士，当过监察御史。因为正直不阿，受到杨国忠的排挤，被贬为平原（今山东平原）太守。他在平原为百姓平反了许多冤案，恰逢天降及时雨，百姓们就称他为"御史雨"。安禄山叛乱前，他已看出端倪，在平原修筑城池，储备武器粮食，暗中招募壮丁。安史之乱一爆发，各地城池毫无准备，纷纷陷落，只有平原城巍然屹立。他联合堂兄颜杲卿，树起抗叛旗帜，组成二十万大军，他当了联军主帅。安史之乱中，他始终战斗在抗叛战场，为捍卫唐朝政权立了大功。肃宗、代宗、德宗各朝，他在朝中都秉公直言，得罪了如李辅国、元载、杨炎、卢杞等一任又一任宰相权臣,反复被贬出京城又被召回。

　　颜真卿一到许州,李希烈让他的部下在大堂上摆下枪林刀丛威胁他。颜真卿毫无惧色,还义正词严地指责李希烈的叛国行为,劝他及时改邪归正。李希烈又用设宴款待、利诱他当叛方的宰相,全被他坚决拒绝。李希烈无奈,关了他近一年,还用活埋、火烧等威胁他。颜真卿坚贞不屈,为自己写好了墓志铭和祭文,最后大骂逆贼、慷慨赴死。

　　颜真卿还是一位大书法家。他的字体雄健挺拔、刚直有力,被书法界称为"颜体",与他刚强、正直的性格十分相似。他的书法在唐朝产生了巨大的影响。他以后的柳公权,就是继承了他的艺术成就而成为中唐时期的又一书法大家的。

知识平台

《颜氏家训》和"颜鲁公"

　　颜真卿的五世祖颜之推,写过一本专门讲治家和家庭人员修养的名著《颜氏家训》。不用说,颜真卿刚正不阿的品格深受《颜氏家训》的影响。

　　颜真卿曾被唐代宗封为鲁郡公,因此后人称他为"颜鲁公"。

54 浑瑊和李晟

朱泚控制长安后，就联络一批对唐廷不满的官员和藩镇（地方上的割据势力），领兵进攻唐德宗的避难地奉天。朱泚将长安和奉天城外的民房拆掉，让军队造了许多高高的楼车攻城。守卫奉天的只有一些跟随德宗匆忙出逃的禁军，人数不多，情况非常危急。但禁军将领浑瑊是郭子仪手下久经沙场的将军，他组织奉天军民沉着应战。他一面让大家点着松脂火把去烧毁木制的楼车，同时动员人力在城内紧急向外挖掘地道，让已架起的楼车倒塌下来，然后放火焚烧。乘攻城叛军混乱时，他又突然开城出击。就这样一直牢牢地坚守着奉天城。

一个多月后，朔方节度使李怀光和右神策都将军李晟①领兵来援，终于把朱泚赶回了长安。德宗正组织收复长安，不料李怀光暗中投靠了朱泚，企图劫持德宗。德宗得讯后赶忙逃到梁州（今陕西汉中）去了。于是只剩了浑瑊守奉天，而李晟则受到了朱泚、李怀光两支大军的前后夹攻。李晟一面激励将士们英勇作战，一面设法瓦解李怀光的军队，因为李怀光的这支朔方军本来大多是郭子仪的部下。果然，经过李晟的劝慰，李怀光的许多将士纷纷倒戈跑到了李晟的队伍里。李怀光只好逃往河中去了。

---

① 晟（shèng）

接着,李晟又率兵进攻长安。朱泚的叛军人数虽不少,但只图眼前的利益,他们在城内抢到了不少财物,再不肯拼死作战。李晟命自己的军队集中攻击守卫皇宫的叛军主力,并且不许军队在街上抢掠骚扰百姓。于是,长安百姓纷纷迎接官军。朱泚的叛军很快被打败投降了,朱泚带了部分亲兵逃出长安。但他逃到哪里也不能落脚,最后被自己的部下杀死。李怀光,还有那个淮西节度使李希烈,都兵败身死。

唐德宗将一批藩镇的叛乱暂时平定了,但是安史之乱后中央政府日益衰弱,无法从根本上抑制藩镇割据的局面。而唐政权内部,由于皇帝害怕功臣们的权力太大威胁自己,就拼命宠信给自己当奴才的宦官。结果,宦官的权力越来越大。

知识平台

节度使和藩镇

唐玄宗时,开始在一些边境地区如幽州、朔方、河东、河西等地设立节度使,将那里的军、政权力统一集中起来,通称"藩镇"。节度使们在平定安史之乱中逐渐拥兵自重各霸一方,形成了唐朝中期特有的"藩镇割据"的局面。

55 扰民的"宫市"

宦官掌握宫中的实权,开始于唐玄宗时期的高力士。但他还只限于在皇帝碰到重大疑难问题时替他出出主意,或者在皇族、大臣之间替皇帝传话和协调。到了肃宗和代宗时期,宦官李辅国由于在安史之乱和皇室争权中为两代皇帝出了大力,因此权重一时。李辅国甚至直言不讳地对唐代宗说:"大家(指代宗)只管在宫中享福好了,外面的事老奴都会处理。"后来代宗忍无可忍,终于雇杀手将他除掉了。但是除掉了李辅国,代宗又宠信宦官程元振和鱼朝恩,让他们排挤郭子仪,剥夺了他的兵权,以致造成了吐蕃、回纥等入侵的边境危机。到了唐德宗,老毛病不改,他不但让宦官掌握禁军,并且还容忍、放纵他们到宫外去横行不法,巧取豪夺,以致长安郊区的上好农田和大庄园半数都为宦官所有。更有甚者,宦官们还利用一种名为"宫市"的制度,到长安街市上大肆搜刮。

所谓宫市,名义上类似于现在的"政府采购"。宦官们打着为皇宫里采办货物的名义,至街市上强买强卖,往往只出货物原价的十分之一。如果货主不肯,就会遭拘捕或鞭打。得了货物,还要让货主送进宫去。而经过宫门时,又要被禁卫勒索"进门奉"。这样,货主的财物往往被白抢了去,还要挨打受气。因此,平时热闹的街市上,只要一听说宫中的宦官来了，做买卖的立刻四散逃走。当时的大诗人白居易写的《卖炭翁》，就生动地记述了"宫市"扰民的具体情景：一位两鬓苍苍的老人驾着牛车冒着严寒进城去卖炭，为的是全家人的"衣食"，可是宫中的宦官上去只将"半匹红绡一丈绫"挂到他的牛头上，就将他千余斤的一车炭拉去了，容不得他说半个不字。

还有一些专门给皇帝养狗、捕鸟的宦官，被称为"五坊小使"，他们也上街勒索：常常把网在店门口一张，顾客不能进去，店主就只好出钱求他开恩撤网。或者将一筐蛇往铺子里一放，说是寄存，铺子老板便只好出钱央求他将蛇取走。

宦官们胡作非为，弄得百姓不得安宁，朝臣也有向皇帝进谏的，但德宗自己却是受惠者，因此常常装聋作哑，听之任之。

知识平台

五 坊 小 使

"五坊"是指宫中的雕坊、鹘（一种捕小雀的鸟）坊、鹞坊、鹰坊、狗坊。"五坊小使"就是指替皇帝养这五种宠物的宦官。

① 鹘(hú)

56 永贞革新

唐德宗晚年,除了怂恿宦官利用"宫市"等方式掠夺扰民外,还依仗一批围在他身边善于逢迎拍马的旧官僚,如宰相卢杞等,变着法子搜刮钱财补充国库。他下诏命令有钱千万缗以上的商人,要将超过千万的部分统统上交以充军费,又下令向普通百姓征收"间架税"和"除陌税"。间架税就是百姓的房屋每两架为一间,每间按质量好坏收税。除陌税就是买卖的交易税,从百分之二增加到百分之七。这些做法,弄得百姓怨声载道;朝廷内部,东宫太子李诵周围的一些有识人士,对此也忧心忡忡。

李诵身边有两个智囊人物王叔文和王伾。他们的职务是"太子侍读",就是陪太子读书的。他们常常一边与太子下棋一边商量国事。一次谈到"宫市"的扰民问题,李诵忍不住对身边的官员们说:"待我继位后,一定要好好整治这些宦官。"王叔文马上悄悄提醒他:"现在不要议论皇上做的任何事情,小心有人去打小报告,那时你就说不清楚了。"李诵听罢吓出一身冷汗。他觉得王叔文的确是自己政治上的好帮手,便将他当成了心腹。

王叔文在暗中替太子物色了一批有政治远见、有革新精神的人才,如韦执谊、韩泰、柳宗元、刘禹锡等。805年,唐德宗病死,太子李诵继位,就是唐顺宗。

① 伾(pī)

264

唐顺宗继位前，突然中风，言语不清了。但他当了皇帝后，还是坚决地任用了王叔文等人，让他们主持朝政，进行了一场政治改革。王叔文他们废除了"宫市"，解散了"五坊"，取消了苛捐杂税，收缴了地方的财政、人事大权。因为顺宗的年号是"永贞"，因此这场改革历史上被称为"永贞革新"。

　　"永贞革新"虽然受到百姓的欢迎，但遭到了以掌握禁军权力的宦官头子俱文珍等旧势力的反抗。在王叔文派人去接管神策军（禁军）时，俱文珍指使神策军将领拒绝服从命令。由于触怒了守旧的老臣和宦官们，不久，当了仅八个月的顺宗皇帝被迫退位了。继位的唐宪宗李纯在宦官和旧官僚的操纵下，将王叔文、王伾等革新派人员全都贬官逐出了京城。于是这场改革只实行了一百四十六天便夭折了。

内 容 链 接

"二王八司马事件"

　　805 年，唐宪宗将韦执谊、韩泰、韩晔、柳宗元、刘禹锡、陈谏、凌准、程异等八个永贞革新派官员贬为司马（州、县的低级官员），将王叔文、王伾杀害。历史上称为"二王八司马事件"。

57 柳宗元遭贬

　　"永贞革新"后被贬的"八司马"中,柳宗元和刘禹锡两人是当时有名的文学家。柳宗元以散文出名,而刘禹锡的诗写得特别好。

　　柳宗元名子厚,河东解(今山西运城解州)人。他的父亲柳镇,当过朝廷的侍御史。他自己从小聪明绝顶,特别喜爱古代的诗文。二十二岁考中进士时,他的父亲已经在长安非常出名了,唐德宗先后授予他校书郎、监察御史等职务。

　　唐顺宗继位后,柳宗元成为王叔文改革集团的核心人物,改革失败后被宪宗贬为永州司马。永州在当时是个十分偏远和荒僻的地方。柳宗元带着老母亲,雇一辆马车,整整走了三个月才到达。州司马只是皇帝为了安置被贬出去的京官而设的一个闲差。州官(刺史)既不肯重用他,也不敢得罪他,就将他晾在一边不问不闻。报到后柳宗元连个住处都没有,全家只好暂住到一座破庙里。但贫苦的生活和仕途失意并没有使他消极沉沦,他乘机亲近大自然,接触底层百姓的生活。这时他写了著名的散文《永州八记》,用充满激情的文字抒写了大自然的雄奇美丽和原始情趣,为我国的游记散文提供了典范性的佳作。他还在自己的传世名篇《捕蛇者说》中,用一个捕蛇人的悲惨境遇,揭露了统治者对劳动人民穷凶极恶的剥削压迫,为百姓发出了"苛政猛于虎"的呐喊。

后来,柳宗元在永州一处名叫愚溪的地方自建了一座草屋,才算有了安居的地方。他在这座草屋里住了十年,创作了许多散文,还去附近的绿天庵里欣赏和揣摩本朝前辈书法家怀素留下的狂草石碑,陶冶自己的情操。

815年,柳宗元和刘禹锡等被贬的八司马终于遇赦回到长安。但不久又因刘禹锡的"桃花诗"得罪了朝中的权贵,柳宗元又被贬为柳州(今广西柳州)刺史。柳州有一种风俗,就是当地的债主都要借债人用儿女作抵押,还不起时儿女要去给债主当奴婢。柳宗元到任后,立刻下令废除了这条规矩,还自己拿出钱来为那些已经当了奴婢的人赎身。因此柳州人民十分感念他。在他死后,为他立了碑,盖了庙。

柳宗元死于柳州任上,年仅四十七岁。

江　雪

千山鸟飞绝,万径人踪灭。

孤舟蓑笠翁,独钓寒江雪。

柳宗元的这首不朽名篇表达了他被贬永州时的孤寂、凄凉、伤感而又旷达的心境。

58 刘禹锡写"桃花诗"

　　"八司马"中的刘禹锡,被唐宪宗贬为郎州(今湖南常德)司马。当时郎州是非常落后的地方。刘禹锡为了排遣寂寞,走到民间,为当地特有的傩①戏编写歌词。傩戏是当地民间拜巫祭神时演出的一种风俗歌舞。刘禹锡仿楚辞的骚体写成的歌词,艺术性和音乐性极强,当地百姓十分喜爱并广为传唱。

　　十年后宪宗将八司马召回京城,刘禹锡也回到了长安。一天,他与柳宗元一起去长安崇业坊的玄都观游玩。正是阳春三月,观里桃花盛开,游人很多,刘禹锡想到原先整他们的那些人现在一个个高官厚禄,对他们逢迎拍马的人也都成了新贵,心中很是感慨不平,便触景生情写了首《戏赠看花诸君子》的诗:

　　　　紫陌红尘拂面来,无人不道看花回。
　　　　玄都观里桃千树,尽是刘郎去后栽。

　　这首诗很快便传了出去。极力反对革新的宰相杜元衡等权贵,马上又到宪宗那里去告状,说刘禹锡写这首诗是发泄对他的处分的不满情绪,宪宗就又下诏将他贬为播州(今贵州遵义)刺史。当时的播州荒无人烟,山路崎岖。刘禹锡还有个八十多岁的老母,根本经不起如此长途颠簸。于是大臣裴度为他向宪宗求情。柳宗元也受此事牵连被贬为

① 傩(nuó)

268

柳州(今广西柳州)刺史。他就向皇帝请求与刘禹锡对换。宪宗被两人的情义打动了,将刘禹锡改任为连州(今广东连州)刺史。以后,刘禹锡又被调任过夔州①(今重庆奉节)、和州(今安徽和县)刺史,在外被流放十四年后,828年他才有机会重回京师,被任命为主客郎中(负责外交事务的官员)。这时他又去玄都观游玩,却发现那里已经一片荒芜,连一支桃树也没有了。于是他有感而发,写了《再游玄都观》一诗:

> 百亩庭中半是苔,桃花净尽菜花开。
> 种桃道士归何处? 前度刘郎今又来!

这首诗表现了刘禹锡坚持自己的革新主张,不肯屈从于权贵的品格。他与当时的另一位大诗人白居易十分投合,成为莫逆之交,经常写诗唱和,表达心志。他的诗句"沉舟侧畔千帆过,病树前头万木春"、"雪里高山头白早,海中仙果子生迟"被白居易称为"神妙之句"。

人物聚焦

刘 禹 锡

刘禹锡(772—842),字梦得,洛阳人,唐德宗贞元九年(793)进士,官至"太子宾客",是唐中期著名的政治家和诗人。除积极参加永贞革新外,还著有《天论》等哲学论著,宣扬朴素唯物主义。他的诗歌流传下来有八百余首。竹枝词"杨柳青青江水平,闻郎江上唱歌声;东边日出西边雨,道是无晴却有晴"至今脍炙人口。

① 夔(kuí)

59 白居易写诗

　　白居易字乐天,祖籍太原(今山西太原),出生于世代做官的家庭,从小受到很好的教育。他五六岁时就会写诗,九岁时就通音律。十五六岁时,拿着自己写的文章去京城向当时的文坛泰斗顾况请教。顾况平时待人十分傲慢,尤其看不起年轻人。可当他看了白居易的文章后,却亲自赶到门口去迎接,并且说:"我终于看到文坛有了继承人了!"

　　在顾况的推荐下,白居易很快在长安出了名。白居易二十六岁中了进士,被唐德宗任命为校书郎。唐宪宗继位后,他当了翰林学士、左拾遗等官,白居易便决心为国家、为百姓出力,劝皇帝不要过分重用宦官,更不能让他们掌握军队带兵打仗。他建议皇帝取消"宫市",控制宫廷开支,减免地方赋税,禁止地方官以进贡为名搜刮百姓。他毫不留情地弹劾不法官员,为受宦官诬陷的正直官员如元稹等人辩护。与此同时,他创作了《卖炭翁》、《秦中吟》、《新乐府》等一系列诗篇,揭露宦官和朝中的黑暗势力,为贫苦的百姓们呼吁。他还和意气相投的诗人刘禹锡、元稹等互相赠诗作文,尽管两人在朝中备受排挤打击,仍与他们结为好友。

　　白居易这样做,引起了宦官和权贵的忌恨,也使皇帝不悦。此时朝中发生了一件大事，宰相武元衡被刺身死。此事背景十分复杂，但白居易仍然上书坚决要求严惩凶手。宦官和权贵们乘机指责白居易越权，宪宗就以此为借口将他贬为江州（今江西九江）司马。经过这场变故，白居易看清了官场的黑暗，也更加了解了民间的疾苦。他以满腔的同情用诗歌叙述了一位歌女的悲惨身世，写成了著名的长诗《琵琶行》，发出了"同为天涯沦落人，相逢何必曾相识"的感叹。

白居易经历了唐宪宗、穆宗、敬宗、文宗、武宗、宣宗六朝，前后担任过从中央的刑部尚书到地方的杭州刺史等许多官职，但此后他把主要精力放在了诗歌创作上。他一生创作了两千八百多首诗。他的诗歌，大都关心人民的疾苦，因此深受普通群众的欢迎。他的描写唐玄宗与杨贵妃爱情的长诗《长恨歌》，至今仍是脍炙人口的名诗。

内容链接

白居易见顾况

传说白居易初次见顾况时，顾况对他说："你叫白居易，可长安的米价太贵，你要白住在这里恐怕不容易呢！"待他读到"离离原上草，一岁一枯荣；野火烧不尽，春风吹又生"的诗时，马上改口说："能写出这样的文句来，你在长安就容易呆得下来了。"

60　真宰相裴度

　　白居易因宰相武元衡被刺事件上书发表意见而被贬江州。武元衡原是王叔文、柳宗元等革新派的反对者。但他当了宰相后，和大臣裴度等竭力主张镇压淮西节度使吴元济等藩镇的割据叛乱，维护中央政府的统一，因此许多藩镇都仇恨他。淄青节度使李师道一面派兵偷袭了裴度的家乡河阴，焚烧了那里的国家粮仓，一面策划在京城行刺武元衡。

　　815 年的一天清晨，武元衡刚出长安靖安坊东门自己的家，骑马去宫中上早朝，突然从暗处射来密集的箭雨。随从有的被射倒，有的吓得抱头而逃，武元衡身中数箭，骑在马上只跑了十几步便被截住砍下了脑袋。此时，御史中丞裴度也在上朝途中遭到袭击。他的仆人王义用身体保护主人，被砍掉了右胳膊。碰巧裴度这天患感冒，戴了一顶帽子，因此刺客在他头上连砍三刀，却没有致命。他跌跌撞撞逃了几步，摔倒在旁边的水沟里，才保住了性命。

　　事发后，宪宗下令全城搜查，但一无所获。许多大臣害怕得都不敢上朝了。宪宗不得不派禁卫军护送。朝中的一些大臣被吓破了胆，纷纷要求皇帝不要再发兵征讨，并惩办裴度，与藩镇们讲和。这时，只有兵部侍郎许孟容在朝上力排众议,慷慨激昂地说:"宰相居然横尸路边,这是朝廷的奇耻大辱。我看应当任命裴度为宰相,追查刺客,揪出背后的乱臣贼子!"白居易也坚决支持许孟容。唐宪宗最终总算稳住了阵脚,派禁军保卫裴度的住宅,并且表态说:"朕不能罢裴度的官。否则就中了奸人之计!"于是裴度伤愈后便被任命为宰相。

这时,唐朝廷的兵力、财力都已捉襟①见肘②,与吴元济的战争处于胶着状态。裴度在这关键时刻,向唐宪宗提出亲自领兵到前线去平叛,并且对皇帝立下了生死誓言:"灭得了叛贼,则回来朝拜陛下;否则就战死在疆场!"

裴度在前线代表皇帝抚慰将士,撤掉了宪宗派去监军的宦官,提高了官军的战斗力,在将军李愬③等的帮助下,终于平叛成功。

内 容 链 接

裴 度 惩 宦 官

裴度不但平叛有功,还多次出面惩罚了胡作非为的宦官。"五坊小使"杨朝汶将勒索来的钱在外放高利贷,受他敲诈和刑讯逼债者多达千余人。裴度不顾宪宗百般庇护,坚持将他处死。

① 襟(jīn)
② 肘(zhǒu)
③ 愬(sù)

61 李愬雪夜取蔡州

　　李愬是名将李晟的儿子，但此时他的职务却是文官——金紫光禄大夫。眼见前去蔡州（淮西节度使吴元济首府，今河南汝南）平叛的官军将领一个个吃败仗，李愬忍不住向宪宗请战。宪宗和宰相裴度都同意了，任命他为唐邓节度使，让他前去唐州（今河南唐河）领兵。

　　李愬到了唐州，根本不抓战备，反而对部下说："我是个文官，只是来安抚大家，带兵打仗可不是我的事。"这话传到蔡州的吴元济耳朵里，他觉得李愬懦弱，就放松了戒备。而李愬也真的只管看望伤病的士兵，安抚唐州百姓，甚至对那些在淮西军中当兵的人的家属也给予很好的照顾。如果有两军在前线交火时被抓回的俘虏或间谍，他也不杀不侮辱，愿走愿留都随他们自己决定。就这样，他得到了自己军队的拥护，而叛军里的一些唐州人也偷偷反正过来。这时，朝廷给他派来了两千精骑兵，他才开始悄悄练兵，严肃军纪。

　　过了些日子，他设计了一次伏击战，将叛军的一名勇将丁士良活捉了回来。李愬亲自替他解下绑绳，好言相劝。丁士良受到感动，投降了，并且给他出主意协助他拿下了蔡州的西部屏障文城栅，招降了守将陈光洽和吴秀琳。吴秀琳又献计火烧叛军地区内的麦子，将淮西军的

274

猛将李祐引出擒获。李愬照例又用诚心使李祐归降。但李祐以前在阵上杀过不少官军将士，因此官军内许多人纷纷要求杀掉他，并且传言他是叛军奸细。为了保护李祐，李愬只好表面上派人将他押送进京，私下里向宪宗说明情况。宪宗按李愬的意见重新又将李祐派回军中。李愬组织了一支三千人的敢死队，让李祐当领队。

李祐感激李愬，提出了从西边长途突袭蔡州城的建议。因为此刻叛军的主力正在北线与另一支官军作战。一个大风雪的夜晚，李愬的军队在崎岖的山路上急行军七十多里，出其不意地来到蔡州城下。李祐的敢死队登城时，叛军根本没有发觉。待官军打开城门、攻入城内，包围了吴元济的府第时，吴元济还没睡醒呢。

叛乱的藩镇领袖吴元济束手就擒，其他藩镇纷纷重新向唐政权效忠。

内容链接

李愬的智慧

李愬在雪夜攻城时，为了掩盖军队行动的声响，让士兵将城下的几处池塘里圈养的鹅鸭赶得嘎嘎乱叫；摸掉守城门的敌军后，让更夫依然敲着平安无事的梆子，使官军在悄无声息中占领了蔡州。

宰相裴度与将军李愬平定了淮西节度使吴元济的叛乱后，唐宪宗命刑部侍郎韩愈写《平淮西碑》。韩愈在碑文中着力强调了裴度的指挥功劳，引起李愬的不满。宪宗就下令将碑磨平，请人重写。

韩愈字退之，河南河阳（今河南孟州）人，祖籍昌黎（今河北昌黎），孤儿出身，刻苦学习成才。考中进士做官时正是唐德宗晚年，他立刻向皇帝上千言书斥责宦官的"宫市"，被德宗贬到连州当县令。宪宗时被召回京城，但仍因经常发表正直的意见而在朝中不断遭到排挤。当他被贬为"国子博士"（太学里的教师）时，利用给太学生讲学的机会写了著名的散文《进学解》，引经据典劝学生勤奋学习，不要只图眼前功利，连宪宗读了都大受感动。

宪宗晚年，迷信佛教，想求长生不老。819 年，宪宗大张旗鼓地将原本在凤翔法门寺塔内的佛骨（释迦牟尼佛祖的一节指骨）迎到长安宫内供奉礼拜，韩愈上表劝阻。他在表文中说，古代尧舜等圣贤不信佛教，照样活到百岁以上。佛教是异域传来的东西，不应劳民伤财地去崇拜。宪宗大怒，要将他处以极刑。多亏宰相裴度和崔群说情，才将韩愈贬为潮州（今广东潮州）刺史。

韩愈到了潮州，发现那里河水中有鳄鱼出没，为害人畜。但百姓们又迷信鳄鱼为神，不敢动它。于是韩愈将计就计，写了一篇《祭鳄鱼文》，杀了猪羊，亲自来到河边祭鳄鱼。那祭文实际上是历数鳄鱼的罪行，命令它们在受祭后的三至七日内必须迁徙到大海中去，否则就要用强弓毒箭射杀。据说祭罢数天后，当地的鳄鱼真的不见了。这是当地百姓对韩愈敢于为民除害的颂扬，实际上恐怕是韩愈真的组织人力将鳄鱼除掉了。

以后，韩愈又被召回了中央，在唐穆宗时升任为吏部侍郎。但他的主要成绩，却表现在文学上。他与柳宗元一起提倡"古文运动"，写了大量有名的散文，如《原道》、《原毁》、《师说》、《杂说》，等等，成为唐朝最有名的散文大家。后来的文学史还将他推为"唐宋八大家"之首。

824 年韩愈去世，终年 57 岁。

知识平台

古 文 运 动

韩愈、柳宗元提倡古文运动，他们反对从南北朝到唐朝当时盛行的写文章只重形式上堆砌辞藻、讲求工整对仗而不重内容的浮华风气，主张学习古人朴实、明白、生动的文风，并不是复古主义。

63 宦官立皇帝

唐宪宗晚年,想长生不死,服金丹弄得脾气暴躁,常常鞭打服侍他的宦官出气。最后他竟被宦官们害死,对外却说是服丹过多而亡。宪宗死后,以王守澄为首的宦官让他的第三个儿子李恒继位,就是唐穆宗。李恒也喜欢服仙丹,做了五年皇帝三十岁时就死了。他十五岁的儿子李湛继位,就是唐敬宗。一代不如一代的敬宗,只做了三年皇帝便在喝醉酒后又被宦官们弄死了。王守澄立敬宗的兄弟李昂为皇帝,就是唐文宗。

唐文宗倒是想有所作为的。他在宫内提倡节俭,释放了三千多宫女,裁减多余官员一千多名,并且开始亲自上朝理政。但他遇到的第一个大障碍便是宦官。他找大臣们谈话,发现翰林学士宋申锡和吏部侍郎王璠坚决反对宦官,于是便拜宋申锡为宰相,与他们两人策划解决宦官问题。不料王璠不慎泄露了计谋,王守澄竟让他控制的神策军(禁卫军的一种)逮捕了宋申锡。

文宗急得患了口风病,不能说话。王守澄推荐行军司马郑注治好了他的病。从此郑注成了文宗的亲信。郑注又将李训引荐给文宗。郑、李两人得知文宗想除去宦官,便向文宗表示愿意赴汤蹈火。于是,文宗任命李训为宰相,郑注为凤翔节度使,准备内外配合对付宦官。

李训第一步让文宗出面，任命与王守澄不和的宦官仇士良接替他掌握了神策军，接着又将王守澄赐死。第二步，他们又让禁军将领韩约向皇帝报告说，在他们后院的石榴树上发现了甘露。文宗便带着仇士良等宦官前去察看。宦官们到了禁军后院，发现韩约神色慌张、满头是汗。仇士良警惕起来，仔细观察，见禁军大厅的幕后藏着全副武装的伏兵，连忙退到文宗跟前，让宦官们将文宗拖进轿内抬起就走。李训命令伏兵追击，但文宗为了保命喝退了追兵。

逃回内宫后，仇士良立刻调动他的神策军展开了大屠杀。李训、郑注、韩约等全都被杀，长安城内官员七百余人被害。这次事件历史上叫做"甘露事变"。

知识平台

甘　露

传说天上降下的一种甜美的露水。古人认为这是千年难遇的吉兆。

① 仇（qiú）
士（shì）
良（liáng）

64 朋党之争

　　唐宪宗以后宦官所以能为所欲为,还有一个重要原因是朝中官员结成派别互相倾轧,给了宦官们可乘之机。

　　808 年,唐宪宗举行科举考试。牛僧孺、李宗闵、皇甫湜①等在答卷中抨击朝政,主张改革,符合宪宗的想法,因此主考官选中了他们。但宰相李吉甫因三人对他主持的工作非议而心怀不满,硬向宪宗说是考官有徇私行为。于是三人的名次被取消。

　　李吉甫的儿子名叫李德裕,他靠着父亲的权力当了翰林学士,十分看不起靠科举考试升上来的官吏。唐德宗时,李宗闵在朝廷任中书舍人。李德裕就联合一批朝臣弹劾李宗闵,说他在科举考试时有接受考生请托之嫌,将他赶出了朝廷。但德宗重视科举,不久又召回李宗闵让他主持考试。李宗闵通过考试为德宗选拔了一批有用的人才,德宗让他做了兵部尚书。

　　李宗闵得势后,与宰相李逢吉联合,将李德裕贬到浙江做官,将牛僧孺调入京城。这样,朝中便形成了以牛、李为代表的靠科举当官的一派和以李德裕为首的官僚出身的一派。两派从此你争我夺地斗个没完。

　　唐文宗时,李宗闵投靠宦官,与牛僧孺一同当了宰相,又将李德裕贬到四川当了西川节度使。李德裕在西

① 湜(shí)

川从吐蕃手中收复了一个州，主张乘胜进击；牛僧孺却劝文宗与吐蕃讲和，命令李德裕将收复的土地还给吐蕃。此事引起了全国舆论的指责。唐文宗将李德裕调回当了宰相。于是"牛党"成员全部被赶出了中央政府。

"甘露"事件前，李德裕与郑注、李训不合作，又被赶出朝廷，"牛党"李宗闵回来当了宰相。

唐文宗死后，宦官仇士良立文宗的兄弟李炎当皇帝，就是唐武宗。唐武宗又召回李德裕当宰相，李德裕又对"牛党"进行大报复，将他们全都放逐到了边远的蛮荒之地。846年，宦官们让武宗的叔父李忱继位，就是唐宣宗。宣宗一上台，又立刻将李德裕贬到崖州（今海南三亚），召"牛党"入京掌权。不久李德裕、牛僧孺、李宗闵相继老死，这场延续了四十多年的朋党之争才算结束。

知识平台

唐武宗毁佛

　　唐武宗与前面几任皇帝一样想长生不老，迷恋于道家的修炼。他听信道士赵归真、邓元起的意见，下令取缔佛教，独尊道教，共在全国毁寺庙四万多所，强令还俗僧尼二十六万人，没收寺庙田产数千万顷。

65 黄巢起义

　　唐宣宗以后的懿宗、僖宗，政权都由宦官们掌握着，皇帝自己只顾吃喝玩乐。朝中的官员所关心的，除了讨好宦官、互相倾轧外，就是贪污腐败，为自己捞好处。而地方上的藩镇则当起了土皇帝，拼命剥削压榨百姓。再加上连年灾荒，百姓们的日子实在没法过了。

　　懿宗登位才三个月，浙东农民裘甫就发动了起义。义军一下子发展到三万人，坚持了八个月。过了八年，八百多名被派往桂林的徐州士兵受不了带兵军官的虐待，他们推举庞勋为首领举行了兵变，杀回老家徐州。一路上队伍竟扩展到二十万人。

　　这两次起义虽然都被镇压了下去，但七年以后，874年，濮州（今山东鄄城一带）私盐贩子王仙芝又率领几千农民起义，自称"天补平均大将军"。冤句（今山东菏泽西南）的盐贩头领黄巢闻讯，组织了几千人赶去与王仙芝汇合。于是起义队伍很快扩展到几万人，连续攻下许多州县，威胁洛阳。刚满十二岁的小皇帝唐僖宗束手无策，宦官头子田令孜使出了招降手段。起义军首领王仙芝想答应去朝廷做官，遭到大多数义军将领的愤怒斥责，黄巢当场挥拳将他打得头破血流。王仙芝不得不取消了投降打算，但也就此与黄巢分兵两路各自为战了。不久，王仙芝在湖北黄梅兵败被杀。

黄巢自称为"冲天大将军"，他领导的义军避开官军主力，进行了行程上万里的长途南征，越过长江一直打到浙江、福建、广东，然后再回师北上，经湖南、湖北、安徽直取洛阳，最后又攻陷潼关，拿下长安，逼得唐王室再次逃往四川。

黄巢的起义大军开进长安时，受到了长安百姓的热情欢迎。但他急于在长安封官称帝（国号大齐），没有及时追击西逃的僖宗政府，也没有在原先攻下的州府留兵防守。于是，唐朝政府军卷土重来，又调来了西北沙陀族李克用的雇佣军，并且策反了义军大将朱温。在这两支军队的夹攻下，义军不得不退出长安，在中原一带作战。

884年，在起义十年后，黄巢在泰山下的狼虎谷地方被官军包围，兵败自杀。

内容链接

黄巢的《菊花》诗

黄巢年轻时曾赴长安考科举，落第后写了一首抒发他宏大志向的《菊花》（又名《不第后赋菊》）诗：

待到秋来九月八，我花开后百花杀。

冲天香阵透长安，满城尽带黄金甲。

66 朱温灭唐

　　朱温是宋州砀山①(今安徽砀山)人,父亲早死,兄弟三人随母亲给人家当佣人。寄人篱下的生活使他染上了流氓无赖习气和狡诈的性格。投奔黄巢义军后,他由于作战勇敢,受到重用,当了将军。义军攻克长安后,黄巢任命他为同州(今陕西大荔)防御使,负责守卫长安的东南方。这时逃亡在四川的唐僖宗组织各地的官军围攻长安,在形势危急的关键时刻,朱温叛变投降。唐僖宗得悉,高兴万分,说:"真是天助我也!"

　　由于朱温的叛变,义军不得不撤出长安。僖宗封朱温为汴州(今河南开封)刺史、宣武军节度使。接着,朱温便按唐僖宗的命令,与李克用的军队联合,一同追剿黄巢的起义军。当他们的联军在河南击败了义军后,朱温又耍阴谋,在自己的老巢汴州宴请李克用时,企图放火烧死他。李克用侥幸逃脱,从此双方争战不断。与此同时,朱温又同中原的其他割据势力不断混战。混战中他军事进攻与欺诈手段并用,使自己的实力逐渐壮大。

　　888年,唐僖宗病死,他的兄弟李晔②继位,就是唐昭宗。901年,昭宗和宰相崔胤③企图从宦官手中夺回权力,结果反被宦官头目韩全诲挟持到了凤翔。朱温乘机领兵包围凤翔。凤翔节度使李茂贞被围得粮尽援绝,只得交

① 砀(dàng)
② 晔(yè)
③ 胤(yìn)

284

出唐昭宗。朱温控制了唐昭宗，将他带回长安，并且将长安城里的大小宦官八百多人统统杀死。从此，宦官专权的日子终于结束了，但唐政权也已名存实亡。

904年，朱温又下令将昭宗和唐朝的大小官员统统迁往洛阳；连长安的百姓也一同迁去。他命令军队将长安城内的房屋、宫殿统统拆毁，木材丢入黄河水运到洛阳。长安百姓又遭一次大劫难，在扶老携幼的迁徙中大家痛骂叛贼朱温。

这年，朱温杀了昭宗，立昭宗的儿子、十三岁的李柷①为帝，即唐哀帝。同时将大批李唐皇室人员和大臣一起杀掉。又过了三年，即907年，朱温终于踢开李柷自己称帝，定都汴州，国号为梁，史称后梁，朱温即后梁太祖。中国历史上的唐王朝就此结束。

人物聚焦

朱 温 改 名

朱温在投降唐朝后，唐僖宗赐给他一个名字，叫"朱全忠"。但朱全忠不忠，二十年后他杀死了唐昭宗、唐哀帝。称帝后，朱温又改名叫"朱晃"，想让他的前途一直"明晃晃"下去。不料，最后他又被自己的儿子杀死。

① 柷（zhù）

67 吴越王钱镠

朱温称帝后,镇海、镇东(均在今浙江)两军节度使的钱镠马上宣布向他称臣,承认了他的梁朝政权。朱温非常高兴,就封钱镠为吴越王。

钱镠字具美,浙江临安(今浙江临安北)人,年轻时是个地方无赖,不务正业,因为穷无生计,便跟随黑道上的朋友贩私盐,后来投奔了浙西守军将领董昌,被董昌任命为军队的都指挥使(相当于统领)。由于作战中有勇有谋,曾以少量兵力保住了临安免受黄巢军队的占领,因此深受董昌的器重。但在董昌宣布称帝时,他却协助唐朝政权消灭了他。唐昭宗任命他为镇海、镇东两镇节度使。

钱镠得势后便在首府临安大建宫室,炫耀自己衣锦还乡的气派;出入时车马仪仗,十分豪华。可他的父亲却远远地躲避他,钱镠追问父亲是什么原因。其父说:"我家世世代代都以种田、打鱼为生。你现在得势,只图一时风光,不晓得正三面受敌。我怕全家因此而遭祸。"

钱镠听罢,大吃一惊,连忙哭着向老父认错。从此,他一面设法与中原的后梁、后唐等皇朝小心翼翼地保持臣属关系,一面利用得到的暂时安定的局面发展农业,兴修水利,使百姓能生活安定。他见钱塘江常因海潮决堤或海水倒灌而破坏农田,便发动民众在沿江修筑了石堤

① 镠(liú)

和闸门。为了时时保持警惕,他平时睡觉用一根圆木作枕头。如果睡得太死,头会顺圆木滑下,便能使自己惊醒。

钱镠不但自己保持警惕,也不许属下的人松弛。他常常自己便服出城巡查,对军队的守城防卫要求十分严格。一次他自己回城晚了,城门已按时关闭,随他怎么说明守城军士就是不肯打开城门。第二天回城后,他公开表扬和奖赏了他们。

由于钱镠的谨慎小心,使他的吴越政权在五代你争我夺的乱世中站稳了脚跟。932年,他病死后,第七子钱瓘继位;941年、947年几度新主继位,均保持了吴越国的稳定。直到978年,吴越国才被宋太宗统一归并为宋朝版图。

内容链接

五代时的南方割据王朝

五代时的南方割据王朝共有九个,分别是:杨行密的吴、徐知诰的南唐、王建的前蜀、孟知祥的后蜀、马殷的楚、王审知的闽、高季兴的荆南(又称南平)、刘岩的南汉和钱镠的吴越,再加上北方刘崇的北汉,共称十国。

① 瓘(guàn)

68　王建哭唐

朱温称帝后，许多地方藩镇向他祝贺称臣。但也有
不服的，如当时的河东节度使、晋王李克用，西川节度使、
蜀王王建等。

王建字光图，许州舞阳（今河南舞阳）人，家里十分穷
困。他在家中排行第八，年轻时是出名的无赖，专干偷鸡
摸狗的勾当，因此当地人给他起了个绰号叫"贼王八"。
后来在家乡混不下去了，便去投了军。因为他作战勇敢，
又有谋略，不久便被提拔为一名低级军官。黄巢军攻陷
长安后，他在负责保护僖宗逃往蜀中的军队里，因此有机
会进了禁军队伍，并且被僖宗的宦官头子田令孜看中收
做干儿子，并当上了神策军（禁军之一）的将领。以后，田
令孜到蜀中当西川节度使陈敬瑄的监军，王建也随之去
了蜀中。在那里，他收编了一些部族武装，组织了自己的
军队，并且利用手腕逐步吞并了东川顾彦晖和西川陈敬
瑄两个藩镇的地盘，统一了蜀州，自任西川节度使。

朱温当了梁太祖，王建的心也痒了起来，想像三国时
的刘备那样在蜀地称帝。他先派使者去劝晋王李克用称
帝，以试探他的态度。不料李克用坚决拒绝，表示要永远
当唐朝的臣子。王建碰了鼻子，就干脆让自己的谋士韦
庄策划。韦庄是个老谋深算的文人，他一面召集当时避

难到川蜀的一批文臣,为王建准备登基的仪仗、制度和玉玺、龙袍等具体事务,一面假意代表王建召集王府的文武要员征求意见。众官员当然是一片赞成之声;不料成都刺史冯涓却提出这样做会被人说是背弃唐朝,不忠不义。为了平息冯涓的担心,韦庄居然想出了一个妙法——建议王建在登基之前向唐朝皇帝哭吊三天。于是一场"哭唐"的大戏便开演了。

907年的一天,秋高气爽,成都东郊的一个地方搭起了大棚,周围有手持刀枪的士兵守卫着。早晨,王建身穿孝服,率领一大批官员和被押来的许多百姓,朝着东北方向放开喉咙号啕大哭起来;哭声从早到晚,此起彼伏,一直闹了三天才收场。接着,王建便在一片"万岁"声中登上了皇帝的宝座。这就是"前蜀",也是"十国"中的第一国。

韦　庄

韦庄和他的高祖父韦应物,都是唐朝著名的诗人。韦庄在洛阳时写的长诗《秦妇吟》非常出名。他在策划王建登基时已年近七十岁,王建还让他当了前蜀的宰相。

69 潞州之战

李克用不肯称帝，是为了在道义上孤立朱温。朱温仗着兵力优势，于907年派大将康怀贞领兵十万进攻梁、晋交界处的晋军要塞潞州（今山西长治）。潞州守将是李克用的侄子李嗣昭。城内守军只有一万，但粮草充足，因此李嗣昭采取坚守战略。梁军久攻不下，损失惨重。朱温于是改派大将李思安代替康怀贞统兵。李思安命梁军在潞州城外筑起了两道土城，内城围住潞州，外城挡住援兵，称为"夹寨"。梁军的兵力全布置在夹寨内，企图困死城内守军。

李克用派大将周德威带晋兵前去救援潞州。周德威不救潞州也不攻夹寨，只让晋兵不断袭扰梁军的粮道，使梁军骄傲轻敌又疲惫不堪。

正在这时，李克用在太原病死了。他的儿子李存勖继承了王位。朱温见潞州攻了近一年仍未拿下，又撤下李思安改命刘知俊为大将继续进攻。而周德威却带着晋军后撤了十里宣布为李克用服丧。于是梁军就更加不把晋军放在眼里了。岂料年轻的李存勖刚登上王位便立刻亲自领兵直扑潞州，趁着大雾，他与周德威、李嗣源等大将兵分几路突袭夹寨土墙里的梁兵。梁军猝不及防，溃不成军。晋军击退梁军来到潞州城下，城内的李嗣昭还不敢相信呢。朱温得悉夹寨被攻破，惊得目瞪口呆，感叹说："有了李亚子(李存勖的小名)这样的儿子，李克用虽死犹生。我的几个儿子只是猪狗而已!"

果然，双方经过近三年的较量，李存勖将梁军打得大败；而朱温的两个儿子真如猪狗：二儿子朱友珪杀了父亲，抢得皇位。六个月后，三儿子朱又贞又杀了朱友珪，将皇袍披到了自己身上。趁梁朝内乱之机，923年，李存勖的大军终于攻下汴州，灭了后梁。李存勖也披上了皇袍，定都洛阳，就是唐庄宗，国号仍是大唐(为与前面的唐朝区别，史称后唐)。

人 物 聚 焦

李 克 用

李克用是我国西北部的沙陀族人。他的祖上原在陇西(今甘肃)，复姓"朱耶"，一直是沙陀族的酋长。李克用的父亲朱耶赤心曾任唐朝的朔州(今山西朔州)刺史，唐懿宗赐他姓李，因此改名叫李国昌。李克用是李国昌的第三个儿子，从小以勇敢闻名。他十三岁时曾用一支箭射下两只大雁，号称"飞虎"。

70　开明的唐明宗

唐庄宗李存勖有个癖好，就是喜欢演戏。他当了皇帝后，陪他演戏的一班伶人（戏子）便一个个得宠了。在舞台上，他自称"李天下"，演出时还真的进入角色呢。一次，伶人敬新磨和他对白，问道："你是谁?"李存勖答："俺是李天下，李天下!"不料敬新磨竟然上去就搧了他两个耳刮，还斥责道："你胡说! 当今大唐只有一个皇帝李天下，你怎敢喊出两个来?"李存勖听了，直夸他打得好，居然还回宫大大赏赐了他。就这样，伶人景进、郭门高、周匝等一个个恃宠在朝中掌起了大权，就连他们的朋友，只要向皇帝推荐，也能轻易地当个刺史什么的。这样，真正为后唐出生入死立了大功的将领功臣们便都寒了心。

不仅如此，唐庄宗还在洛阳宫里大修宫室，大量搜集宫女和宦官，并且猜忌起一批开国功臣来了。大将军郭崇韬刚为他带兵平定了前蜀，李存勖却听从刘皇后和宦官们的谗言，还未班师就将他害死了，弄得在外带兵的将领们人人自危。魏州（今河北大名）的将士终于发动了兵变，唐庄宗就派将军李嗣源领兵前去平叛。

李嗣源是李克用的养子，曾随李克用南征北战。李克用曾被朱温困在上源驿，危急时刻，就是李嗣源拼死救出了他。首先攻入汴州灭掉后梁的，也是李嗣源。但正

因为如此，他的处境也不妙：唐庄宗虽然命他去平叛，但
又在暗中派人监视着他。李嗣源到达魏州城下，他的士
兵也发生哗变，要求他与魏州将士联合起来一同造反。
于是，李嗣源便率这两支军队攻克了汴京，各地将领纷纷
响应。洛阳的后唐皇宫里顿时乱作一团，唐庄宗在混乱
中被乱兵杀死。926年，李嗣源在洛阳登帝位，就是唐明
宗。唐明宗虽然没什么文化，连字也不认得几个，但他接
受李存勖的教训，采取了一系列十分开明的措施：他放出
了宫中的上千名宫女，诛杀了一大批控制朝政的宦官和
伶人，严厉惩办了一批贪官污吏，救济灾民，减轻农民的
赋税徭役，健全了法制，又为被冤杀的前朝功臣平了反。
没有多久，后唐社会就出现了小康的局面。

唐明宗成了五代乱世中一位难得的开明君主。

内容链接

唐庄宗之死

庄宗宠信伶人。他让伶人郭从谦指挥自己亲
自挑选的一批勇士，组成一支禁卫军，称作"从马
直"。李嗣源发动兵变时，郭从谦率从马直士兵冲
进皇宫，用箭射死了庄宗。

71 阿保机兴契丹

唐朝末年，中国北方的少数民族契丹逐渐强大起来了。

据说契丹族原是鲜卑族的一个分支，生活在我国辽河流域。传说他们是由一个骑白马的勇士和一位驾牛车的女子在潢水（今内蒙古西拉木伦河）相遇结为夫妻，生了八个儿子，就形成了八个部落。八个部落每隔三年便推选一位酋长当王。到了906年，耶律阿保机被推选为王。

阿保机是个有抱负的部族首领。他在带领自己的游牧部族骑兵掠夺与他们南边近邻的幽州（今北京地区）等地时，将掳到的汉人安置下来，让自己的部族人向汉人学习农业耕作，并且还在居住地建立了城堡，取名叫"龙化州"，又称"汉城"（今内蒙古昭乌达盟）；在炭山（今河北张北）建立"羊城"，作为贸易基地。他发展农牧业、手工业，训练军队，广张领土，征服了西边的党项部族及东边的室韦族。为了让所统的八个部族以后不再与他争夺王位，他在汉城的盐池旁召集八大酋长赴宴，席间设伏兵将他们全部杀死。从此，契丹的八部全由阿保机控制了。

阿保机有五个兄弟，他们对哥哥违反三年一选首领的制度长期当王这事不满，于是五兄弟策划了几次叛乱。

由于事先得到了消息，阿保机派兵镇压了叛乱，但他原谅了五兄弟，并没有杀他们，而是让他们对天发誓认错悔过。

911年，原唐朝的幽州节度使刘仁恭的儿子刘守光在幽州称帝，国号"燕"。后唐主李存勖派兵攻燕。刘守光派自己的部下韩延徽出使契丹借兵。阿保机拒绝借兵，并扣留了韩延徽。韩延徽不肯投降，被阿保机罚做喂马的奴隶。阿保机的妻子述律平目光远大，她说服了丈夫，让他像中国古代周文王请姜子牙那样，恭恭敬敬地将韩延徽请出来协助他们治理部落。韩延徽被他们的诚意感动，便教他们按汉人的社会制度制订法律、文字、官职，训练军队，正式建立了中央集权统治，并在汉城的北面建造皇宫，称为"上京"；阿保机称为契丹皇帝，自称"天皇帝"，述律平称"地皇后"。

知识平台

契丹的姓名

契丹人本无姓。契丹王耶律阿保机，"耶律"原是他们部族首领大帐坐落的地名，后来便做了姓。皇后述律平是回纥人的后裔，"述律"是姓，"平"是名字，她的小名叫"月理朵"，后来取用汉人的"萧"姓，因此历史上又称她为"萧平"、"萧太后"。

萧太后断臂

耶律阿保机的妻子述律平足智多谋，在阿保机兴契丹的过程中发挥了重要作用。早年阿保机率军西征党项时，契丹东边的室韦族突然乘虚来攻王都。留守的述律平亲自披甲上马，开城迎战，一鼓作气将室韦人击退二十里。从此她被契丹人称为"女英雄"。

阿保机与述律平共生了三个儿子。长子耶律倍，长得文弱，他对汉人的文化入了迷。二儿子耶律德光善于领兵打仗，智勇双全。三子耶律李胡则为人粗鲁冲动。阿保机称皇后，在韩延徽的建议下，学汉人体制，立长子耶律倍为太子，称为"人皇王"。但妻子述律平认为长子只是个沉溺中原文化的儒生，将来不能担任统治国家的大任，因此她一心想让次子耶律德光继承皇位。

926年，耶律阿保机率军灭了契丹东北方的渤海国（今牡丹江上游一带），在那里建立了东丹国，任命皇太子耶律倍为东丹王。阿保机这样做的目的是为了巩固长子的地位，因为他喜欢耶律倍学习中原文化的主张。当年在讨论契丹人的信仰时，许多大臣都主张信佛，但耶律倍提出尊奉中原的孔子为神。阿保机就支持他，下令在皇都建了孔庙。

然而在阿保机领兵从东丹返回皇都上京的路上，东丹有两个府反叛,皇后述律平乘机秘密嘱咐二儿子耶律德光以带兵平叛的名义,率军回过头去夺取了东丹的权力。阿保机气得病倒了,未回到皇都便咽了气。述律平为他在祖州(今内蒙古林西)修了陵墓。在阿保机的灵柩下葬的这天,述律平对阿保机生前信任的几十个大臣说:"你们全都替我到地下去侍奉皇帝吧。"说完突然让侍卫将他们全部杀死了。待杀到一个名叫赵思温的大臣时,他大叫:"皇后自己为什么不去侍奉皇帝?"

述律平自觉理亏,愣了一下,她猛地抓过侍卫手中的大刀,一刀砍下了自己的右臂说:"我只是暂时丢不下国事,先让这条手臂去陪他吧。"在场的其他官员再也不敢说什么了。于是她宣布由二儿子耶律德光继承皇位,自己当皇太后。

人物聚焦

耶　律　倍

皇太子耶律倍被兄弟耶律德光夺去了权力,软禁在东丹国内。五年后的930年,他乘小船从海上逃到了中原的后唐。临走时,耶律倍在海边立了块木牌,牌上写了四句诗:"小山压大山,大山全无力。羞见故乡人,从此投外国!"以后在石敬瑭借契丹兵进攻后唐时被杀。

73 李从珂哭退官军

　　契丹皇太子耶律倍从海上南逃到后唐,唐明宗接纳了他,对他以礼相待,并且赐他姓李。从此他改名为李赞华,在中原定居了下来。

　　933年,唐明宗病重。他的大儿子李从荣害怕父亲传位给三儿子李从厚,调集了一千多人马,企图入宫抢夺皇位,结果被临终前的明宗派禁卫军镇压了下去,李从荣被杀。不久,唐明宗也病死了,李从厚继位,就是唐闵帝。唐闵帝生性软弱,优柔寡断,朝中的大权落到了大臣朱弘昭、冯赟手里。这两个人是靠扶助李从厚登基而获得权力的,他们害怕的是真正有威望的两个在外带兵的实力人物——凤翔节度使李从珂和河东节度使石敬瑭。

　　李从珂是唐明宗的养子,一直跟随明宗李嗣源出生入死;在李嗣源早年穷困潦倒时,李从珂曾在外面拾马粪卖钱给他养家,因此明宗一直特别信任李从珂。在平息李从荣反叛后,明宗曾表示要召回李从珂将皇位传给他。正因为如此,李从厚继位后对他特别顾忌。934年,他们先杀死了掌握部分禁军权力的李从珂的儿子李重吉,接着便下诏调任李从珂为河东节度使,石敬瑭为成德节度使。李从珂知道这是剥夺他军权、架空他的手段,因此拒绝调动。朝廷就派出大军,由长安守将王思同率领,包围了凤翔。

凤翔城规模小，城墙低矮不易防守，朝廷的军队在数量上又占着优势，因此很快被攻破了多处。正在危急的当口，李从珂急中生智，竟朝着正在攻城的官军大哭起来。他边哭边数说自己和先帝明宗的感情，揭露朝中奸臣当道、诬陷忠良……哭着，哭着，突然听到攻城队伍中一位将军高呼："潞王（李从珂被唐明宗封为潞王）是忠臣，大家停止进攻！"官军们一看，原来是威信很高的老将杨思权，就齐声响应："愿听杨将军指挥！"

就这样，攻城的官军倒戈，主将王思同逃走。李从珂将两支军队合并，一路横扫长安、潼关，攻下洛阳。唐闵帝才做了四个月皇帝便被赶下了台。李从珂登基做了皇帝，就是唐末帝。

人物聚焦

唐　闵　帝

唐闵帝李从厚，在李从珂的军队攻进洛阳时，从北宫门逃出，投靠卫州刺史王弘赟。王弘赟接唐末帝命令让他喝毒酒自尽。闵帝不肯，被用绳子勒死。死时二十一岁。

74 "儿皇帝"石敬瑭

　　唐末帝李从珂夺得皇位后，最大的对手是拥有实力的河东节度使石敬瑭。李从珂一次在自己的生日宴会上喝醉了酒，对石敬瑭的妻子吐露了真言："你不会帮石郎一起造反吧？"石敬瑭的妻子是唐明宗的三女儿。事后，李从珂自觉失言，想稳住石敬瑭，就封她为"晋国长公主"。

　　石敬瑭对李从珂也早有警觉。他一面在自己的老巢太原城内装病，一面又让自己的两个儿子和心腹在朝中暗中打探消息，掌握皇帝的动向。与此同时，还以防御北边的契丹为名，加紧向朝廷要武器、粮饷，增强自己的实力。不到半年，李从珂下令将石敬瑭调离太原，去郓州（今山东东平西北）任天平军节度使。石敬瑭终于与唐末帝摊牌了——他干脆上书说，你只是明帝的养子，不应该当皇帝，应当将帝位让给明帝的儿子许王李从益。末帝大怒，下令杀了还在京城的石敬瑭的两个儿子，并命建雄节度使张敬达率兵三万围住了太原。

　　石敬瑭召集部下商议对策。掌书记（专管起草文书的官员）桑维翰让他屈尊向契丹讨救兵。石敬瑭便命桑维翰起草文书。石敬瑭居然在文书中答应：如契丹出兵协助打败唐军，石敬瑭向契丹王称臣、称子，并割让雁门

① 郓（yùn）

关以北的燕云十六州（今河北、山西北部）。大将刘知远劝阻道："向契丹借兵，向他称臣，再给点金银财物就足够了；称子、割地会留下后患，将来后悔就来不及了！"但石敬瑭只挥挥手说："顾眼前事要紧，管不得将来了。"于是便让桑维翰立刻出使契丹。

契丹皇帝耶律德光早就想南侵中原了，见桑维翰给出了这么好的借兵条件，便爽快地答应了。936年，耶律德光率骑兵五万，与石敬瑭从太原城中派出的刘知远的军队前后夹击，一举击溃了后唐军队。石敬瑭果真向耶律德光磕头称臣，并认了这个比他小十一岁的契丹皇帝作父亲，割让了燕云十六州土地；另外还答应每年向契丹交纳绢帛三十万匹。而耶律德光则顺水推舟，册封石敬瑭为中原皇帝，国号为晋，历史上称为后晋。

接着，石敬瑭又带兵南下，攻下了洛阳。唐末帝在宫中自焚而死。石敬瑭便将后晋都城迁到了汴州。

内 容 链 接

汴 州

朱温定都汴州，建立后梁，因此又称汴梁、汴京。后晋在此建都后，又称东京开封府。

75 周世宗出征

　　石敬瑭当了六年的"儿皇帝"，受尽了契丹人的侮辱。942 年，石敬瑭病死，他的养子石重贵继位后，只向契丹称孙，不肯称臣，于是耶律德光带兵进攻后晋。经过几年的交战，契丹终于攻陷汴京，后晋灭亡。947 年，耶律德光在汴京宣布将契丹国号改为"辽"，他就是辽太宗。但由于辽军四处劫掠百姓，中原人民奋起抗击辽军，耶律德光只在汴京待了三个月便率军北撤，并在北撤途中病死。耶律德光的哥哥耶律倍的儿子耶律阮夺得了帝位，就是辽世宗。

　　后晋灭亡后，石敬瑭的大将刘知远在太原称帝，并定都在辽军撤出后的汴京，国号汉，历史上称为后汉。刘知远只当了几个月的皇帝就死了，后汉大将郭威从刘知远的儿子、后汉隐帝手中夺取了帝位，建立后周，称为周太祖。这时，刘知远的兄弟刘崇在太原另立政权，与后周对抗，就是北汉。

　　954 年，周太祖病死。他的儿子都已被后汉隐帝杀害，就将皇位传给了自己的养子柴荣，就是周世宗。周世宗是个很有作为的君主。他刚即位，北汉的刘崇想乘他立足未稳，勾结契丹，称耶律阮为"叔皇帝"，向他借兵进攻北周。周世宗坚决不听朝内一批老臣的意见，坚持亲自带兵迎击北汉和契丹的联军。两军在高平(今山西高平)展开激战。周世宗与猛将赵匡胤和张永德等领兵奋勇冲杀,在力量对比极为不利的形势下将北汉军打得溃不成军。

　　击退了强敌后,周世宗又实行了一系列安民富国的政策,降低税收,兴修水利,实行均田制,很快恢复了战争创伤。接着他又着手削弱了藩镇的军权,建立了由中央控制的强大军队;接连进行了三次"亲征",攻下了南唐的十四个州,收复了西部的秦、凤、成、阶(今陕西、甘肃)四州,又出兵从契丹手里夺回了大片失地。正当他雄心勃勃准备完成统一大业时,959年他得病死了,年仅三十九岁。周世宗七岁的儿子柴宗训继承了帝位,就是周恭帝。第二年,大将赵匡胤在陈桥发动兵变,后周就灭亡了。

内 容 链 接

五 代 十 国

　　从907年朱温灭唐建立后梁至960年后周灭亡,共计五十四年,其间我国北方前后更替产生了梁、唐、晋、汉、周五个朝代。为与以前的同名朝代相区别,历史上将它们称为后梁、后唐、后晋、后汉、后周。与南方的九国及北方的北汉,史称"五代十国"。

目　录

上篇　宋·元·明

1. 赵匡胤陈桥兵变 ………………………… 2

2. 宋太祖宴席夺权 ………………………… 4

3. 李后主吟诗亡国 ………………………… 6

4. 宋太祖与赵普 …………………………… 8

5. 烛影斧声 ………………………………… 10

6. 杨业抗辽军 ……………………………… 12

7. 澶州议和 ………………………………… 14

8. 元昊建西夏 ……………………………… 16

9. 欧阳修革新诗文 ………………………… 18

10. 常胜将军狄青 …………………………… 20

11. 包拯严格执法 …………………………… 22

12. 王安石变法 ……………………………… 24

13. 司马光编《资治通鉴》 ………………… 26

14. 大文学家苏轼 …………………………… 28

15. 沈括写《梦溪笔谈》 …………………… 30

16. 张择端的《清明上河图》……………………… 32

17. 方腊、宋江起义 ………………… 34

18. 阿骨打建金朝 ………………………… 36

19. 李纲守京城 ……………………………… 38

20. 太学生陈东 ……………………………… 40

21. 靖康之耻 ………………………………… 42

22. 宗泽坚持抗战 ………………………… 44

23. 韩世忠抗金兵 ………………………… 46

24. 岳飞尽忠报国 ………………………… 48

25. 秦桧害岳飞 ……………………………… 50

26. 女词人李清照 ………………………… 52

27. 虞允文退敌 …………………………… 54

28. 爱国诗人陆游 ………………………… 56

29. 将军词人辛弃疾 ……………………… 58

30. 理学家朱熹 ……………………………… 60

31. 成吉思汗西征 ………………………… 62

32. 忽必烈建元朝 ………………………… 64

33. "人生自古谁无死" …………………… 66

34. 天文、水利学家郭守敬 …………… 68

35. 马可·波罗游中国 …………………… 70

36. 纺织家黄道婆 ………………………… 72

37. 《窦娥冤》和《西厢记》 ……………… 74

38. 元朝的艺术家 ………………………… 76

39. 红巾军起义 ……………………………… 78

40. 放牛娃造反 ……………………………… 80

41. 鄱阳湖大战 ·································· 82

42.《水浒传》和《三国演义》 ·················· 84

43. 刘伯温求雨 ·································· 86

44."狡兔死,走狗烹" ·························· 88

45. 朱棣夺皇位 ·································· 90

46. 郑和下西洋 ·································· 92

47. 解缙编《永乐大典》 ······················ 94

48. 明仁宗施仁政 ······························ 96

49. 苏州知府况钟 ······························ 98

50. 土木堡之变 ································· 100

51. 于谦守北京 ································· 102

52."要留清白在人间" ······················· 104

53. 中山狼故事的来历 ························· 106

54. 思想家王阳明 ····························· 108

55. 奸臣严嵩 ··································· 110

56. 海瑞骂皇帝 ································· 112

57. 戚继光平倭寇 ····························· 114

58. 山阴才子徐文长 ··························· 116

59. 吴承恩写《西游记》 ······················ 118

60. 李时珍著《本草纲目》 ···················· 120

61. 政治家张居正 ····························· 122

62. 汤显祖和他的《牡丹亭》 ·················· 124

63. 李贽遭谗言 ································· 126

64. 努尔哈赤建后金 ··························· 128

65. 萨尔浒之战 ································· 130

66. 东林党斗太监 ·········· 132

67. 徐光启和他的《农政全书》 ········ 134

68. 宋应星和他的《天工开物》 ········ 136

69. 徐霞客写游记 ·········· 138

70. 袁崇焕战宁远 ·········· 140

71. 皇太极的反间计 ········· 142

72. 李自成起义 ··········· 144

73. 卢象昇血战清军 ········· 146

74. 张献忠假投降 ·········· 148

75. 崇祯帝吊死煤山 ········· 150

下篇 清·近代

1. 吴三桂引清兵入关 ········ 154

2. 弘光帝醉生梦死 ········· 156

3. 史可法扬州殉难 ········· 158

4. 清军嘉定三屠 ·········· 160

5. 夏完淳宁死不屈 ········· 162

6. 李定国西南抗清 ········· 164

7. 郑成功收复台湾 ········· 166

8. 退隐山林的读书人 ········ 168

9. 康熙囚鳌拜 ··········· 170

10. 康熙平三藩 ·········· 172

11. 雅克萨之战 ·········· 174

12. 讨伐噶尔丹 ·········· 176

13.《长生殿》与《桃花扇》 ······ 178

14. 蒲松龄写《聊斋志异》 ······ 180

15. 陈梦雷编《古今图书集成》 ······ 182

16. 年羹尧定青海 ······ 184

17. 清朝的文字狱 ······ 186

18. 改土归流与摊丁入亩 ······ 188

19. 土尔扈特万里归宗 ······ 190

20. 乾隆下江南 ······ 192

21. 纪晓岚修《四库全书》 ······ 194

22. 吴敬梓写《儒林外史》 ······ 196

23. 曹雪芹著《红楼梦》 ······ 198

24. 郑板桥和"扬州八怪" ······ 200

25. 和珅跌倒，嘉庆吃饱 ······ 202

26. 白莲教起义 ······ 204

27. 林则徐禁烟 ······ 206

28. 第一次鸦片战争 ······ 208

29. 三元里百姓抗英 ······ 210

30. 葛云飞死守定海 ······ 212

31. 陈化成血战吴淞 ······ 214

32. 龚自珍写求雨诗 ······ 216

33. 洪秀全金田起义 ······ 218

34. 小刀会上海起义 ······ 220

35. 天京之变 ······ 222

36. 火烧圆明园 ······ 224

37. 辛酉政变 ······ 226

38. 石达开兵败大渡河 ·················· 228

39. 陈玉成和李秀成 ·················· 230

40. 太平军与捻军 ·················· 232

41. 李鸿章办洋务 ·················· 234

42. 火烧望海楼 ·················· 236

43. 左宗棠收复新疆 ·················· 238

44. 光绪继位 ·················· 240

45. 马加理事件 ·················· 242

46. 黑旗军抗法 ·················· 244

47. 刘铭传守台湾 ·················· 246

48. 镇南关大捷 ·················· 248

49. 甲午海战 ·················· 250

50.《马关条约》 ·················· 252

51. 公车上书 ·················· 254

52. 百日维新 ·················· 256

53. 戊戌政变 ·················· 258

54. 实业救国 ·················· 260

55. 严复译《天演论》 ·················· 262

56. 黄遵宪和李伯元 ·················· 264

57. 甲骨上的文字 ·················· 266

58. 列强瓜分中国 ·················· 268

59. 租界与"门户开放" ·················· 270

60. 义和团运动 ·················· 272

61. 八国联军入侵北京 ·················· 274

62. 末代皇帝登基 ·················· 276

63. 孙中山建立同盟会 ·· 278

64. 康有为当保皇派 ·· 280

65.《革命军》与《苏报》案 ·· 282

66. 陈天华投海救国 ·· 284

67. 女侠秋瑾 ·· 286

68. 广州起义 ·· 288

69. 保路运动 ·· 290

70. 武昌起义 ·· 292

71. 孙中山就任大总统 ·· 294

72. 清帝退位 ·· 296

73. 袁世凯当皇帝 ·· 298

74. 护国军讨袁 ·· 300

75.《新青年》与五四运动 ·· 302

附录:《中华五千年》大事年表 ···································· 305

上篇

宋·元·明

1 赵匡胤陈桥兵变

959年，周世宗病逝。临终前，他命范质、王溥、魏仁浦三个宰相辅佐七岁的儿子周恭帝继位。但后周的禁军大权掌握在殿前都点检赵匡胤手里。

赵匡胤出身于武将家庭，曾跟随周太祖郭威和周世宗南征北战，为后周立下了许多战功，军队里也有一大批军官团结在他的周围。他们互相结拜，称"义社十兄弟"，赵匡胤是他们的大哥。这些人手中握有兵权，因此，恭帝登位不久，京城里便出现了都点检要当皇帝的传闻。一些富户怕有动乱，甚至开始携家出逃。

这年，镇、定二州（今河北正定、定州）送来紧急边报说北汉联合契丹前来进攻。三位辅政宰相就商量命赵匡胤带兵前去抵御。第二年的农历正月初一，赵匡胤领兵出发。大军在初三晚上开到京城东京开封府（俗称汴京）东北四十里的陈桥驿驻扎下来。

这天晚上，赵匡胤喝了点酒，早早地睡下了。可他的兄弟赵匡义和谋士赵普周围，却正聚集了一批将士在激烈地议论。大伙说："皇帝这么小，现在去拼死作战将来谁承认我们的功劳？不如请都点检出来当皇帝！"这正中赵匡义和赵普下怀。于是两人顺水推舟，立即派人去通知赵匡胤的义社兄弟、留守汴京的将军石守信和王审琦

① 胤(yìn)

做准备。第二天天色微明,赵匡胤还未起床,众人就上去将一件龙袍披到了他的身上,然后一齐跪下三呼万岁。赵匡胤假装推辞,众人已将他拥上马背,军队立即拔营向汴京开去。于是,赵匡胤便在马背上与众军士约定:回去后不得侵犯皇帝母子和朝中大臣,不许掠夺百姓和国家府库。将士们齐声答应。于是大军顺利回师京城。三位辅政大臣见木已成舟,在旁边军士的刀剑威胁下,只好向赵匡胤下拜服从。而赵匡胤这时却还挤出几滴眼泪对三人说:"我被六军逼迫成如此,真是有负天地啊!"

就这样,赵匡胤与百官来到崇元殿,让人宣读了事先准备好的禅位诏书,宣布周恭帝将皇位让给他。从此,后周灭亡,五代结束。另一个朝代宋朝开始了。赵匡胤就是宋太祖。

内容链接

赵匡胤事先知道兵变吗

赵匡胤领兵出征前,曾问家里人:"外面正传说汹汹(指传说都点检要当皇帝、许多富人纷纷出逃的事),你们怎么办?"他姐姐操起擀面杖就要揍他,说:"大丈夫敢作敢当,别来吓唬我们!"说明他的家人已心知肚明。《宋史》说赵匡胤事先一无所知,只是为他作掩饰。

2 宋太祖宴席夺权

宋太祖赵匡胤建立宋朝以后,在地方上手握重兵的李筠和李重进两人分别起兵反抗。太祖亲率军队讨伐,费了九牛二虎之力才得以平定。虽然暂时稳定了局面;但是赵匡胤心里还是不踏实,联想到五代短短几十年间不停的帝王朝代更替,多数是朝中手握兵权的大将所为,他就与自己的心腹赵普商讨应对的办法。

赵普告诉他,应当设法削弱将军们的权力,而且建议从眼前的禁军将领入手。可马步军都指挥使石守信、殿前都指挥使王审琦,都是太祖的亲信,因此他说:"他们是我的义社兄弟,怎么会叛变我?"赵普说:"他们是不会叛变。可万一部下要造反,他们又控制不住,怎么办?"赵匡胤想到了自己的经历,便立刻领悟了。

961年的一天晚上,赵匡胤将石守信、王审琦等一批禁军将领请到宫中喝酒。酒过几巡,他让侍候的太监们回避,然后对大家说:"没有你们,就没有我的今天。但当皇帝也很难啊,我常常愁得连觉也睡不着。"石守信等连忙问为什么?太祖说:"这还不是明摆着的嘛,谁不想当皇帝呀!"石守信等人吓得酒都醒了,慌忙跪下回答:"陛下为什么要这样说?现在天下已定,谁还敢怀有异心!"

太祖说:"你们没有异心,但你们手下要是有人将黄袍披到你身上,你就是不想,也办不到啊。"

众将军听了,吓得流着眼泪连连向太祖叩头:"臣等实在愚笨,还请陛下指条生路。"

太祖便说:"人生苦短。你们不如交出兵权,到地方去当官,为子孙多留些家财,自己也好好享乐。我再与你们结成儿女亲家,大家两不猜忌,这样不是很好吗?"

众将第二天连忙都向皇帝托病提出辞去军职。太祖一概批准,解除了他们的兵权,将他们派到地方去当没有实权的节度使。为了履行诺言,太祖也真的将自己的两位公主嫁给了石守信和王审琦的儿子。

这就是历史上所说的宋太祖杯酒释兵权。

内容链接

收缴地方兵权

宋太祖收缴了中央禁军将领的兵权后,又将掌握地方军权的藩镇召到京城,对他们说:"你们都是国家元老,一直让你们在外辛劳,我过意不去。"于是也收了他们的兵权和财权。这样,宋太祖将中央和地方的军权全都握在了自己的手里,他的统治巩固了。

3 李后主吟诗亡国

宋太祖巩固了政权后，就和宰相赵普商量统一中国的方略。由于北面的北汉与军力强大的辽国结成了同盟，赵普建议先易后难，先出兵解决南方的几个分裂王朝。963年，宋太祖派大将慕容延钊①领兵灭了荆南；两年后又派王全斌、刘光义出师灭了后蜀；971年又灭了南汉。这时剩下的南唐就处在宋军的三面包围之中了。

南唐是当时的江南大国，经济比较繁荣，但皇帝李煜②却一直坐享太平，整日在宫中与宫女饮酒赋诗，与僧道诵经念佛，他以为有长江天险作屏障，宋军是不可能一下子飞过江来夺取他的首都金陵（今江苏南京）的。因此，他除了每年给宋朝送去大批金银绸缎等财物表示友好外，就不作戒备。哪知这时宋朝已派人测量了采石矶（今安徽当涂西北）附近的长江，迅速建起浮桥，宋军大举渡江南下了。

宋太祖在进军的同时，又派使者召李煜去开封。李煜害怕了，主动去掉了自己的国号，改称自己为"江南国主"，并派能言善辩的大学士徐铉③去开封求宋太祖罢兵。徐铉拜见宋太祖后恳求说："李煜一直像儿子对待父亲一样恭敬地侍奉宋朝，没有任何过失，陛下师出无名。"

宋太祖说："既然是父子，就不能分为两家。"

① 钊（zhāo）
② 煜（yù）
③ 铉（xuàn）
④ 俶（chù）

徐铉还要分辩，太祖拔剑怒斥道："你不要多说了。江南是没有罪过，但我睡觉的床边，还能允许有别人打呼噜吗?!"此话的原文是："卧榻之侧，岂容他人酣睡!"这句话从此成了精彩的成语。

宋军终于攻下了金陵。宋军大将曹彬命令入城军队不准烧杀抢掠，金陵百姓度过了一劫。

南唐皇帝李煜投降，被押解到汴京。宋太祖封他为"违命侯"，实际上将他软禁了起来。

978年，南方最后一个独立王国吴越王钱俶奉诏到开封朝见宋太宗，表示完全臣服宋朝。这样，宋朝经过十三年的努力，终于全部消灭了中国南方的割据势力，实现了国家的局部统一。

人物聚焦

"问君能有几多愁"

李煜在汴京过着囚禁生活。他回首往事，愁绪满腔，写了一首叫《虞美人》的词：

春花秋月何时了，往事知多少？小楼昨夜又东风，故国不堪回首月明中。雕楼玉砌应犹在，只是朱颜改。问君能有几多愁，恰似一江春水向东流。

宋太宗见了，认为他仍心怀怨忿，便用一杯毒酒将他毒死了。

4 宋太祖与赵普

　　早在替周世宗进攻南唐时，赵普就来到了赵匡胤的军队中。一次赵匡胤要处死一批在滁州①（今安徽滁州）抓到的盗贼，赵普说这些人大都是当地没有生计的百姓，因此竭力劝赵匡胤放了他们。这件事使赵匡胤在当地很得人心，从此赵普便成了赵匡胤的知心朋友和谋士。

　　陈桥驿兵变，赵普是主要策划者。赵匡胤当了皇帝后，"杯酒释兵权"，逐步削弱和剥夺地方藩镇节度使的权力，将原先归节度使控制的州、府、县的行政权、军权、财权统统直接归由中央政府任命的文职官员掌握，并且设置通判一职以监督地方官吏，这些加强中央集权统治的方针政策，几乎都是由赵普谋划的。赵普为宋太祖登上皇位和稳定政局立下了大功。于是，宋太祖在964年，即他当上皇帝的第五年，便踢开了原后周留下的范质等三个宰相，正式任命赵普一人独当宰相职务达十年之久。

　　宋太祖接受五代时的教训，尽量抑制武将的权力，使用文人做高官，连掌握军事的枢密院长官也由文人担任。他还强调要宰相赵普等官员多读书，接受古代帝王的经验教训；还在太庙立了一块"誓碑"，规定以后新天子继位都要前来祭读。"誓碑"上的一条主要内容就是："不得杀士大夫和上书言事者。"

① 滁(chú)

8

赵普当了宰相,凭着皇帝对他的器重和信任,的确经常对太祖直言进谏,甚至毫不退让妥协。为了提拔一个官员,他三次上书;太祖撕了他的奏章,他捡起来粘好了再奏,一直坚持到同意为止。

太祖提倡节俭,对贪官特别痛恨。一次太祖去赵普家,正好碰上南越王钱俶派人给赵普家送去十坛"海产"。太祖打开一看,竟是十坛金子。赵普连忙解释说自己事先不知道。但太祖由此感觉出宰相的权力太大,于是下令将相权分成了"中书"和"枢密院"两府,前者管文职,后者管军事,并且又在前者的长官中书令下设副职参知政事,后者的长官枢密使下设枢密副使,以分散权力,互相制约。

973年,赵普终于被罢免了宰相职务。

内容链接

坐 而 论 道

宋以前宰相与皇帝商量事情,是可以坐着边喝茶边谈的。这就是古代所说的"坐而论道"。但宋太祖为了让赵普当宰相,就故意在原宰相范质等人前来议事时不设座位。从此开始,宰相向皇帝汇报事情时就只站不坐了。

5 烛影斧声

976年，宋太祖赵匡胤五十岁，正当壮年，精力还很充沛。他数次出巡，还到西京洛阳视察。而京城东京开封府里的事，在他出巡期间，就由晋王、开封府尹赵光义（即赵匡义）掌握了。

赵光义是宋太祖的大兄弟，比他小十二岁，他也是陈桥兵变的主要策划者之一，因此赵匡胤登上帝位后，他就当上了京城的最高行政长官开封府尹。十数年来，赵光义在这个职位上搜罗了大批文武人才，在京城培植了他的巨大势力，这就不可避免地会与朝中另一个实权人物赵普发生矛盾。为此，赵普曾向太祖提醒过：按照前朝后周的经验，周世宗柴荣就是以晋王、开封府尹的地位取得帝位的，因此要早立太子。这时太祖的大儿子赵德昭已经二十六岁，小儿子德芳也已满十八岁。然而太祖似乎无动于衷，就连宋皇后要他立太子、定下继承人，太祖也未表态。

这年的十一月十三日，天气突然变冷，天降大雪。晚上，太祖将兄弟赵光义叫到寝宫喝酒。旁边服侍的太监、宫女都被支走了，只剩下几名小太监守在宫外。大约到了三更时分，这时殿外的积雪已经很厚，天气十分寒冷，小太监们瑟缩在宫门外，突然听到宫内有响动，从门缝向里看,只见烛影摇曳下,晋王赵光义站起身来像是谦让退避的样子,而太祖则手拿桌上磨墨用的玉斧"嚓"地一声扔到了地上,大声对赵光义说:"好做,好做!"

又过了一会儿,赵光义退出寝宫踏雪回府去了。小太监进去服侍太祖睡下。太祖很快就鼾声如雷。到四更左右,小太监再去宫内想看看太祖酒后有什么需要,却突然发现皇帝已经断气了。他们赶快向太监头目(内侍都知)王继恩报告。

听到响动,一直等待着还未睡觉的宋皇后来了,她命王继恩赶快去召皇子赵德芳进宫来。可宋皇后等到的,却是王继恩叫来的晋王赵光义。

这时,王继恩向宋皇后宣布,遵太后遗嘱,皇位由晋王继承。宋皇后见大势已定,只好哭着求赵光义说:"我们母子性命,全托付给官家(对皇帝的称呼)了。"赵光义便安慰说:"不要担心,我们共保富贵!"

就这样,赵光义登位做了皇帝,就是宋太宗。

内容链接

千古疑案

宋太祖究竟是怎么死的?是喝酒过多猝死,还是被赵光义害死的,成了千古疑案。但从史实看,太祖迟迟未立继承人,兄弟赵光义在酒中下毒抢权的可能性更大些。

6 杨业抗辽军

宋太宗登基后，一心想完成宋太祖的未竟事业——灭掉北汉，完全统一中国。979年，太宗亲率大军分四路进攻太原，北汉国主刘继元战败投降，北汉的大将杨业也随刘继元归顺了宋朝。

宋太宗攻陷太原后，又乘胜挥军伐辽，准备一举收复后晋时石敬瑭割让给辽国的燕云十六州。但是宋军因连续作战十分疲劳，在高梁河（今北京西直门外）遭到惨败。宋太宗在杨业的护卫下乘驴车逃脱才避免了被俘的命运。第二年，辽国出动十万大军向宋朝报复。辽军攻到了雁门关，逼近代州（今山西代县）。代州刺使杨业当时只有一两万人，但他沉着应战：与儿子杨延玉各带数千骑兵悄悄绕过雁门关，从敌后突袭；辽军不知虚实，慌忙溃退，损失惨重。从此，辽人听到杨业的名字就害怕，称他为"杨无敌"。

986年，辽景宗病死，他十二岁的儿子圣宗继位，圣宗的母亲萧太后摄政。宋太宗认为机会来了，又出动宋军主力分中、西、东三路攻辽。西路军在主将潘美、副将杨业的率领下出雁门关，连克四州，但由于萧太后和辽圣宗亲率大军驰援，将东路宋军主力在岐沟关（今河北涞水东）击败，宋太宗便命令西路军掩护已占领的四个州的居民迁撤到内地。这时中、东路军已经撤走，只剩下了西路军孤军面对辽军主力。在敌强我弱的形势下，杨业建议避免与辽军主力决战，保护四州居民分批轮番撤退。但监军王侁硬要杨业在雁门关前与辽军正面作战，还阴阳怪气地说："杨无敌怎么怕起辽军来了？是不是有别的名堂?"

主将潘美也只在边上冷笑不说话。

杨业气炸了肺，说："我不是自己怕死，而是担心将士们白白送命。既然监军这么说，我立即出击就是了!"临行，他又流着泪对潘美说："前面陈家谷地势险要，请将军派一支伏兵在那里接应。"潘美点头答应了。

杨业与儿子杨延玉带兵向前与辽军苦战一整天，被辽军团团围困。杨延玉战死，士兵们也多半阵亡；杨业浑身是伤，带领最后几十个士兵杀出重围，来到陈家谷，接应的宋军却一个也没有。这时辽军追兵赶到，杨业与辽军拼死血战。最后他的坐骑被射倒，不幸被俘。但他坚贞不屈，绝食三天而死。

内 容 链 接

杨 家 将

杨业共有儿子七人，除杨延玉随父战死外，还有杨延朗（即杨延昭）、延浦、延训、延壤、延贵、延彬六人。杨延朗和儿子杨文广曾领兵镇守边关，多次打败辽军。

① 侁(shēn)

7 澶州议和

997年，宋太宗病死，太子赵恒继位，就是宋真宗。由于太宗时两次大规模征辽都以失败告终，接着又发生了四川的王小波起义，使继位的宋真宗和身边的大臣都产生了恐辽心理。而辽国却在萧太后的领导下日益强盛起来，并不断派军队骚扰宋朝的北部边境。

1004年，萧太后与辽圣宗率二十万大军南下，兵临澶州（今河南濮阳），直逼宋朝的都城开封。真宗和朝内大臣惊慌失措。参知政事王钦若建议迁都金陵（今江苏南京），参知政事陈尧叟主张去成都避难。真宗问宰相寇准是否同意迁都？寇准说："请将出这种主意的人斩首，用他的人头祭旗誓师出兵北伐。否则人心崩溃，天下不保！"真宗见宰相态度如此坚决，便决定御驾亲征。

真宗率军从开封出发北上，行到半路上，又动摇起来。寇准对真宗说："现在军队只可以向前，不可以后退一寸。否则军心将土崩瓦解，敌军乘机攻来，那时想逃往金陵也不可能了！"指挥军队的殿前都指挥使高琼也说："我同意寇相的意见。我军将士大多是北方人，如果南迁，他们不愿离开故乡，军队就要出乱子。"真宗这才打消了南逃的念头，继续北上。

① 澶（chán）

澶州城横跨在黄河两岸。真宗抵达后将自己的行宫设在南岸。寇准坚持要他渡河到北岸前线的城楼上劳军。宋军将士见皇帝来到，欢声雷动，士气大振，第一仗就用伏兵射死了辽军先锋大将萧挞兰。为了稳住真宗的情绪，寇准天天在北城楼上饮酒聊天，一副若无其事的样子。住在南城行宫中的真宗派人探知后，才放宽了心。

萧太后见折了大将，又一下子攻不下澶州，就派使者与宋真宗谈判。真宗派曹利用为谈判代表，临行前嘱咐他只要辽军退兵，可答应给他们银绢一万。但寇准单独叫住他说："如超过三十万，回来我要你脑袋。"谈判成功后，曹利用回营尚未来得及向真宗汇报，下面误传成了"三百万"。真宗正在吃饭，听了以后说："太多了，但换个太平也好。"待知道实际上是银十万两、绢二十万匹时，不由得大松了一口气，直夸曹利用有功。

从此，宋、辽之间的边境结束了近百年的战争，取得了相当长时间的和平与安宁。

人物聚焦

萧 太 后

萧太后名绰，小字燕燕，是辽国丞相萧思温的女儿，辽景宗耶律贤的皇后。景宗死后，她辅佐年仅十二岁的儿子、辽圣宗耶律隆绪，称承天皇后，在辽国实行革新，使辽的国力大增。她与辽建国初期的萧太后述律平不是一个人。

8 元昊建西夏

澶州议和使宋朝与北边的辽国达成了妥协,但西边的党项族日渐强盛起来,又不断与宋朝发生边境摩擦。1038 年,党项族首领李元昊称帝建立大夏国。因为它地处宋朝的西北,因此历史上称为西夏。

1040 年,李元昊率领西夏大军进攻宋朝的边境重镇延州(今陕西延安),大败延州守将范雍。这时宋真宗已死,他的儿子宋仁宗急忙派韩琦和范仲淹前去抵抗。

范仲淹研究了当时边境的情况,认为西夏是游牧部落,骑兵强悍但经济实力差;宋朝的军队数量上占优势但缺少统一指挥。因此决定用固守的策略,加强军队的训练与调度,组织军民边生产边筑城防御。西夏军几次侵犯他防守的延州,都被狠狠击退。因此西夏人称他为"小范老子腹中自有数万甲兵"。而宋朝边境居民则说:"军中有一范,西贼闻之吓破胆。"范仲淹还主动与西夏军进行接触谈判,缓解军事压力。

但韩琦却主张出击。1041 年,元昊率十万大军进攻渭州(今甘肃平凉)。韩琦派大将任福率军迎击。西夏军诈败,将宋军诱至好水川(今宁夏隆德西北)伏击。任福战死,宋军几乎全军覆没。宋仁宗将韩琦和范仲淹同时撤回降职。撤范仲淹的理由是:不经过皇上同意,擅自与

① 昊(hào)

敌人谈判。

第二年,元昊又兴兵进犯宋朝边境,将前去迎战的宋军包围在定川砦(今宁夏固原西北)全部歼灭,宋军有十四员大将全部战死。面对战场上极其不利的形势,仁宗皇帝只好恢复韩琦和范仲淹的职务,重新派他们出镇边境,并且全面接受了范仲淹以防御为主的对付西夏的战略方针。从此,宋朝的西北边防才得到了较大的巩固。

元昊在对宋朝发动的战争中并没有捞到太多的好处,反而大量损耗了国内的人力、财力。而且因为战争,宋朝中断了边境交易,使他们失去了丝绸、茶叶、粮食等生活必需品,再加上辽国对它的威胁日益加重,因此元昊派使者与宋朝议和。宋仁宗求之不得,于是双方于公元1044 年停战议和。

知识平台

"先天下之忧而忧"

范仲淹是苏州吴县(今苏州)人,从小死了父亲,家境贫苦,靠苦读当官后,一生廉洁奉公。他不但是宋朝的大军事家,还是大政治家和文学家。他的散文《岳阳楼记》中的两句话"先天下之忧而忧,后天下之乐而乐"一直为后人所传诵。

① 砦(zhài)

9　欧阳修革新诗文

　　宋朝的西部边境相对安定以后，范仲淹又向仁宗提出了改革官吏考核提拔制度、减轻百姓赋税和奖励生产等十条建议。不料这些建议触犯了以宰相吕夷简为首的一批朝中贵族大臣的利益，他们联合起来对范仲淹大肆攻击。连一个名叫高若讷的谏官也帮着他们说范仲淹是吕夷简提拔的，现在竟不尊重他，是忘恩负义。这时负责管理皇家图书馆的欧阳修却不顾一切站出来主持公道，给高若讷写了一封有名的《与高司谏书》，痛斥他身为谏官却不辨是非、诽谤忠臣。于是那些人又纷纷攻击欧阳修与范仲淹结成"朋党"（即小团体）。软弱无能的仁宗就将范仲淹、欧阳修都贬到外地做官去了。

　　欧阳修四岁时死了父亲，传说他母亲只能用荻秆在泥地上教他写字。这就是有名的"画荻教子"的故事。由于欧阳修从小刻苦努力，博览群书，又有自己的创见，因此二十二岁时赴京考进士，连得两个第一名。他的文才很快在京城传了开来，成为当时有名的文学家。

　　欧阳修十分推崇唐朝韩愈的文章，赞成他关于文章不应过分讲究形式上的浮华，而应学习古代人注重简洁明了地表达思想内容的主张，因此他也像韩愈一样提倡"古文运动"，推动诗文革新。他在被贬到安徽滁州当官时写的《醉翁亭记》，就是实践他诗文革新主张的名篇，一直被后人作为游记散文的典范。里面的名句"醉翁之意不在酒"，后来变成了人人皆知的成语。

由于欧阳修在文学界的名望，宋仁宗不得不几次将他召回京城，当过翰林学士和谏官。但欧阳修仍旧不怕得罪权贵，敢于直言，揭露贪官污吏，因此又数次被贬。1057年，欧阳修当上了礼部贡举，就是国家考试的主考官。他认为这是改革文风、选拔人才的好机会，于是下令只选文章有支持政治革新内容、文字朴实顺畅的考生，而那些写内容空洞、只讲形式、华而不实的文章的人一概不取。

就这样，欧阳修为国家选拔了一大批人才，如王安石、苏轼等，以后都成了历史上有名的政治家或文学家。

知识平台

唐宋八大家

中国文学史上将唐朝和宋朝八位最有名的散文家称为"唐宋八大家"。他们是：唐朝的韩愈、柳宗元，宋朝的欧阳修、王安石、苏洵、苏轼、苏辙、曾巩。

10 常胜将军狄青

除了范仲淹，在北宋与西夏的战争中，还有一位从下层士兵出身的常胜将军，他就是狄青。

狄青是汾州西河（今山西汾阳）人，开始时只是北宋都城汴京禁军中的一名普通士兵。由于他善于骑射，艺高胆大，被选拔出来当了一名小军官去西北前线与西夏军队作战。出战时，狄青披散着头发，头戴一个铜面具，总是勇猛地冲杀在最前面，所向无敌。西夏军队与他接触几次以后，听到狄青的名字就害怕，称他为"狄天使"。

范仲淹听说前线宋军中有这样一位勇将，就特地召见他，与他谈话，鼓励他多读些书，告诉他要当一名好将军光凭个人的勇敢是不够的。狄青谦虚地听从了范仲淹的教诲，从此作战之余钻研《春秋左传》及其他兵书，在与西夏军的二十多次战斗中，没有打过败仗。

同西夏的战争结束后，宋仁宗升任他为枢密副使。宋朝的规矩，为了防止士兵在战场上逃跑，脸上都刺上印记的。狄青脸上也有。回到京城做官后，仁宗要他将脸上的印记去掉。可狄青却说："让它留着，可以让士兵们知道自己也有努力上进的机会。"为此，仁宗十分赞赏和器重他。

这时，宋朝南部边境广源州（今越南广渊）的酋长侬智高领兵反宋,占领了邕州(今广西南宁),接着又连下附近十几州,当地的宋军守将没有一个能抵挡得住。仁宗十分着急,狄青便主动请战。

1052年,仁宗任命狄青为宣抚使,统率岭南军队前去平定。第二年农历正月,狄青来到昆仑关(今广西宾阳西南)前,先斩了不听号令擅自出战的几名将军,整顿了军纪;然后假装元宵放假休军十天,却突然于第二天率大军直扑昆仑关。开战时狄青自己率军冲杀在最前面,岭南的地方军将领见状,纷纷领兵跟上,终于将侬智高军打败。侬智高逃到大理后死在了那里。

平定侬智高叛乱后,狄青被仁宗任命为最高军事长官枢密使。

人物聚焦

狄　青

狄青当上了枢密使,掌握了国家的兵权。因为他是士兵出身当了大官的,因此他出门时常常有许多士兵欢呼跟随。许多妒忌他的大臣乘机向仁宗奏请罢免他。1056年狄青终于被排挤到陈州当了个地方官,半年后抑郁而死。

① 邕(yōng)

11 包拯严格执法

宋仁宗时,范仲淹、富弼、欧阳修等主张改革的官员都先后遭到了权贵的诬陷和打击,很多正直的大臣不敢讲话了。这时却出现了一个不怕权势、敢于秉公执法的清官包拯。

包拯字希仁,庐州合肥(今安徽合肥)人,从小刻苦读书,考中进士后立志做一个清官、好官。他最初当天长县(今安徽天长)知县时,有一农户报案,说他的耕牛被人割去了舌头。包拯不动声色,让他将耕牛杀了卖肉。当时的法律是不准私宰耕牛的。果然不久,那人的邻居就来告发他私宰耕牛,包拯于是就破了这个因邻里纠纷而割牛舌报复的案件。包拯善于断案的名声也从此传了出去。

后来包拯调到京城做官。他的顶头上司王拱宸告诉他是宰相吕夷简提拔了他,要他去礼谢吕夷简,包拯气得离京就走。吕夷简怕事情闹大,只得派人将他追回。回京后他为了支持范仲淹的新政,向范仲淹提了几条忠肯的改革建议,范仲淹将他提拔当了监察御史。

范仲淹新政失败后,贪官污吏横行。京东西路转运使王逵命令下属将麦子高价折成货币收取赋税,弄得交不起税的百姓纷纷逃亡。而王逵却反而向朝廷诬告不肯执行他命令的陈州知府任师中。王拱宸派包拯前去调查，企图包庇王逵。包拯到陈州后在百姓中私访，弄清情况后，不顾王拱宸的阻挠，七次上书弹劾王逵，终于将王逵撤了职。

仁宗的宠妃张贵妃的伯父张尧佐没什么本事，却靠张贵妃的关系当上了三司使的大官，掌管全国的财权。包拯与王举正、唐介等谏官联合向仁宗进行了五次台谏（就是当面提意见），使仁宗不得不采纳。张贵妃还在仁宗面前啰唆，仁宗说："你只知道你伯父，不知道还有谏官包拯呢！"

1056年，包拯任开封府知府。这里是京都，也是皇亲贵戚集中的地方，他更加严厉执法。一次他府内一个司理参军审案时收受了贿赂，包拯立刻将他当堂重打二十棍，从严惩处。京城一些达官贵族在惠民河边修建花园亭台，堵塞了河道。包拯下令全部拆毁，一处不留。包拯因此在民间留下了一个铁面无私的清官形象。

内 容 链 接

清 官 包 拯

包拯当官，两袖清风。他的舅舅犯了法，照样当堂杖责判罪。端州（今广东肇庆）出有名的端砚，他在那里当知府时，一块也不取。临终时，他还留下遗嘱："后代子孙贪污的，不许葬入包氏祖坟！"

12 王安石变法

宋仁宗死后，因为没有儿子，他选定的继子英宗即位。但英宗只做了三年多皇帝又死了，他的儿子赵顼①继位，就是宋神宗。

宋神宗接手的，实际上是一个烂摊子：全国的官员仅宋仁宗时就比真宗时增加了近一倍；军队从宋太祖时的三十多万增加至一百二十五万，却连连被西夏和契丹打败。官吏贪污成风，弄得国家财源枯竭，民不聊生。加之当时朝内一些老臣由于范仲淹革新失败，都失去信心，已安于现状了。刚满二十岁的神宗血气方刚，决心采取措施，改变国家面貌。1068年，神宗召见当时在国内名声很大的王安石到京城议政。

王安石，字介甫，抚州临川（今江西临川）人。他从小熟读经书，有政治抱负。他的文学才能很早就受到欧阳修的赏识。二十岁考中进士后在扬州、常州、鄞州②（今浙江宁波）、江宁府（今江苏南京）等地做过二十多年地方官，仁宗时也在京城当过管理国家财政的度支判官，有丰富的从政经验。见神宗决心改革，他便提出了一系列重大的改革建议。神宗皇帝十分赞同，于1069年任命他为参知政事（副宰相），并为他专门设立了一个领导改革的机构——条例司。次年，升任他为同中书门下平章事（宰

① 顼（xū）
② 鄞（yín）

24

相）。王安石于是领导条例司经皇帝批准制定了均输法、青苗法、免役法、农田水利法、方田均税法、市易法、保甲法等一系列改革措施,向全国颁布实行。

这些新法,是王安石领导的改革派们经过充分调查研究,针对当时的弊端而进行的大刀阔斧的改革,目的是为了抑制官僚地主和王公贵族的剥削,改善百姓的生活状况,增加国家的财政收入,富国强兵。但新法的实施,大大触犯了贵族地主阶层的利益,上至太后、皇后,京城的大臣官僚,下至地方的富户地主,都纷纷出来反对。他们指责王安石的改革"不怕天变、不听舆论、不遵从祖宗的规矩"。王安石坚决驳斥了这些议论,但神宗却犹豫起来;再加上这时正巧发生了一些天灾;而原先支持王安石改革的官员,也有一些投机动摇起来。1074 年,神宗下令停止实行新法,王安石愤而辞职,出知江宁府,离相位而去。

第二年,神宗又将王安石召回,恢复了他的相位,继续推行新法。但不久天上有彗星出现,保守势力又借机攻击新法,神宗又害怕起来,王安石只好再次辞职。1086年,他在忧郁中病死于江宁府。

内 容 链 接

新法被废除

宋神宗死后,十岁的宋哲宗继位。摄政的高太后任命反对变法的司马光当宰相,王安石推行的新法被全面废除。

13　司马光编《资治通鉴》

　　在反对王安石变法的大臣中，司马光是个十分重要的代表人物。宋神宗刚登基与大臣们议论改革时，他与王安石的观点就针锋相对：司马光提出全国的财力是有限的，皇帝要带头节俭。王安石却说主要应该是"开源"，在不加百姓赋税的情况下广开财源。神宗当时就采取了王安石的观点。后来改革实施，司马光一再上书神宗阻挠反对，还直接写信给王安石攻击新法，但这都未能改变神宗和王安石改革的决心。于是司马光就只好辞官去洛阳写他尚未完成的历史专著《资治通鉴》去了。

　　司马光是陕州夏县（今山西夏县）人，从小聪明好学。七岁时，见一小伙伴玩耍时掉在一个很深的大水缸里，他就机智地用石块砸破水缸救出了他。从此，"司马光破缸"的故事使他出了名。

　　司马光二十岁考中进士，做了几任地方官，同时他立志编一部简单明了的史书，供皇帝和大臣们阅读和借鉴历史上的经验教训。他先编了从战国到秦的一段，取名叫《通志》，献给了宋英宗。宋英宗让他成立一个专门的编书班子。宋神宗继位后，也肯定了他的工作，让他继续编下去，并且给他这部书起名叫《资治通鉴》。

　　宋仁宗见司马光竭力攻击改革，便同意了他辞职写书的请求。从此，司马光全心全力地整理和研究了大量的历史资料，对材料进行了认真的比较、剪裁和考证，用编年史的形式，经过十几年的艰苦努力，终于编写完成了这部历史巨著。它从公元前403年韩、赵、魏三家分晋写起，一直写到959年五代后周世宗显德六年为止，共写了我国一千三百六十二年的历史。全书共分二百九十四卷、三百多万字。它史料翔实，文笔简洁生动，具有很高的史学价值。

为了完成这部历史巨著，司马光付出了巨大的劳动和心血。他搜集的资料和写的草稿，整整堆满了两间大屋子；在写完这部书稿时，他已经齿落眼花、筋疲力尽了。没想到，这时神宗病逝，又给了他一次最后从政的机会。

知识平台

《资治通鉴》的书名

"资治"是"帮助治理"的意思。"鉴"就是"借鉴"、"儆戒"、"接受教训"的意思。"资治通鉴"合起来就是"借鉴历史经验教训，帮助治理国家"的意思。

14　大文学家苏轼

　　苏轼是宋朝的大文学家。他写的诗、词、散文,在我国文学史上占有重要的地位。他和其父苏洵、兄弟苏辙三人,都被后人列入"唐宋八大家"之中。

　　苏轼是眉山(今四川眉山)人。1056年,二十一岁的苏轼和弟弟苏辙在父亲苏洵的带领下到汴京赶考,主考官欧阳修看了他的卷子拍案叫好,结果他们兄弟俩一同考上进士。事后,欧阳修还对朋友梅尧臣说:"这个年轻人将来的文章一定了不得。我们应当给他让开一条道,让他出一头地。"这就是"出人头地"成语的来历。

　　但由于苏轼认为王安石的变法操之过急,两次上书神宗表示反对,因此便被贬到外地去做官。他曾在徐州、杭州、湖州、惠州、儋州等地做过地方官。每到一处,他都关心当地百姓的疾苦,为地方做好事。例如,当黄河决堤威胁徐州城时,他日夜守在护城堤上与徐州军民一同挡住了洪水;他在杭州时带领民众疏浚了西湖,筑了有名的苏堤。

　　他还有开阔的胸怀,不管身处顺境逆境,在各地当官时都创作出了大量风格豪放、文采斐然的诗、词和文章。例如,他描写西湖的诗:"水光潋滟晴方好,山色空濛雨亦奇。欲把西湖比西子,淡妆浓抹总相宜。"写庐山的《题西林壁》："横看成岭侧成峰，远近高低各不同，不识庐山真面目，只缘身在此山中。"还有词《水调歌头》："明月几时有，把酒问青天……"这些诗词都是我国古代诗词中的杰出篇目。尤其是当他被人诬陷差点被判死刑，后来经神宗赦免被流放黄州(今湖北黄冈)期间，写出的千古名篇散文《赤壁赋》和词《念奴娇·赤壁怀古》，抒发出自己高远的胸襟和志向，表现出了他伟大的艺术天赋。

苏轼不光是一个大文学家，还是有名的书法家、画家、医学家，甚至还是一位美食家。他的书法被后人列入历代书法大家的行列，称为"颜(真卿)、柳(公权)、欧(阳询)、苏(轼)"。就连民间喜欢的红烧肉——东坡肉，也传说是他发明的呢。

知识平台

"苏东坡"的来历

1080 年，苏轼被贬官到黄州，名义上是当个"黄州团练副使"的小官，实际上是被流放软禁起来。他全家在那里，生活极其困难。朋友马正卿见了，在黄州东山坡帮他要了一块地，让他全家在那里耕种自给。他就自称"东坡居士"。后人便叫他"苏东坡"。

15 沈括写《梦溪笔谈》

　　在积极支持王安石的官员中,有一个名叫沈括的,他以自己的实际行动支持变法。为了实行新法中的《农田水利法》,他于 1072 年奉王安石之命负责治理汴水。他沿汴水进行了仔细的测量,并在总结民间治水经验的基础上,提出了"分层筑堰法",终于完成了这项艰巨的水利工程。接着,他又奉命视察了江浙地区,因地制宜地整修了那里的农田水利。尽管数次受到排挤打击,但他始终不改对新法的支持。

　　沈括是杭州钱塘人,因为父亲沈周在京城和不少地方当过官,因此他跟随父亲长了不少见识,自己考上进士做官后,也为造福百姓做了不少实事。后来宋神宗将他召入京城当了观测天象的司天监,他又利用自己丰富的天文知识修订成了新历法《奉元历》,改进了浑仪、浮漏、景表三种天文仪器,还计算出了北极星的正确位置。

　　1075 年,沈括又被宋神宗派往辽国进行边界谈判。他用翔实的地理知识驳斥了辽国的土地要求,赢得了谈判的胜利。回来时,他还将自己调查了解到的辽国的山川地理画成了一部《使契丹图抄》。神宗对他的出使非常满意,升任他为翰林学士。

　　不久,他又被王安石推荐当了负责全国财政的三司使。变法失败后，他被贬官到过许多地方。借此机会，他从南方到北方进行了地理调查和考察，于1088年编制成了我国第一部大型地图集《天下州县图》。

五十八岁以后，沈括辞官到润州（今江苏镇江）的梦溪园隐居，集中了七八年的精力写成了一部科学巨著《梦溪笔谈》。这部书的内容几乎包罗万象，有天文、历法、地理、医学、文学、历史、艺术和各类科学技术知识。尤其值得一提的是，该书详细记录下了我国的四大发明之一——老工匠毕昇发明的活字印刷技术。书中还记述了在我国陕北的延州地区地下有一种黑色的"脂水"，可以用来燃烧和制成油烟墨，并预言这种东西将来必定会"大行于世"，而且他给这种东西起名叫"石油"。"石油"这个名称，由此而来。这是世界上最早发现石油及其用途的记载。

知识平台

活 字 印 刷

《梦溪笔谈》记载了毕昇的活字印刷技术：钱塘老工匠毕昇用泥坯刻字烧结，然后按内容排在一铁盘里；盘内空隙用蜡油、草灰等填充，然后加热；让融化的蜡将字坯铸成一体。在字坯上刷上墨便可用纸印刷。

16 张择端的《清明上河图》

　　王安石的改革虽然最终失败了,但改革也在一定程度上推动了北宋农业经济和科技的发展以及文学艺术的繁荣。当时除出现了像沈括那样的科学家,像欧阳修、王安石、苏轼、曾巩等文学家外,还涌现了一批有名的画家,如擅长山水画的范宽,擅长民间生活和风俗画的张择端,善于将诗、文与画画结合起来创造意境的"文人画派"文同、苏轼等。他们都为后世中国画的发展,产生了很大的影响。尤其是张择端画的《清明上河图》,打破了以前人物画主要画宗教和贵族生活题材的传统,开始注重描写普通市民阶层的生活。

　　张择端是东武(今山东诸城)人,字正道,年轻时从山东老家到汴京学习绘画,并进了北宋的皇家画院。但他不愿意像别的画家那样只关起门来学习和临摹前人的名作,而是喜欢来到汴京繁华、热闹的街市上去观察市民的生活和写生。通过长时间的熟悉生活,他终于完成了一幅规模巨大的汴京街市生活画卷——《清明上河图》。

　　这幅画卷长达 528.7 厘米,高 24.8 厘米,全景式地描绘了清明节汴京东门内外的热闹繁荣景象。它是一幅长卷,共分三个部分:第一部分是城郊的景色,第二部分是汴河和河上的桥,第三部分是城内的街市。画家运用写实的手法,细致、生动、逼真地描绘了当时的人物和场景。画面上五百多个人物个个惟妙惟肖,他们中有官吏、读书人,也有农民、商人、摊贩、船夫,甚至还有江湖医生、算命先生及和尚、道士……他们有的驾车,有的挑担,有的闲逛;还有五花八门的菜园、店铺、作坊、酒楼、茶馆,一片熙熙攘攘、热闹忙碌的景象。尤其是汴河上的那座拱形大桥上,更是有行色匆匆的行人、有凭栏远眺的游客、有摆摊叫卖的小贩;骑马的和驮着东西的小毛驴要上桥,与一顶正要下桥的小轿要相撞了,边上的人神色惊慌……桥下则有大船要过,船夫有的下桅杆,有的撑篙,场面十分紧张、繁忙。

这是一幅具有极高的历史和艺术价值的现实主义杰作。

故事中的成语

"胸有成竹"

北宋画家文同善于画墨竹。他向别人介绍画竹的经验时说:"画竹,必先得成竹于胸中。"就是说要画好竹子,一定要先在心中想好竹子的样子。以后,人们就用"胸有成竹"来表示做事情事先要考虑成熟、有把握。

17 方腊、宋江起义

　　1100年，宋哲宗病死。由于哲宗没有儿子，宋神宗的儿子端王赵佶①继位，就是宋徽宗。徽宗擅长书画，喜欢音乐歌舞，生活上追求享受；但在政治观念上，他是主张改革的。他特别宠信童贯、蔡京等几个投机取巧的官员。童贯、蔡京等乘机将朝内的主要大臣全都打成反对改革的所谓"元祐奸党"，还让徽宗将这批人的名字亲笔写下，刻碑立在朝廷的端礼厅外。从神宗到哲宗时的主要大臣如宰相司马光、文彦博以及苏轼等一百二十余人的名字都上了碑。这些人死去的被剥夺封号，活着的被贬出京城。

　　童贯、蔡京控制了朝政大权后，又打着改革的旗号在全国加紧搜刮剥削；为了讨好皇帝，他们还派一个名叫朱勔②的官员在苏州、杭州设立"苏杭应奉局"，到百姓中强行征集奇花异石、珍禽异兽、山珍海味，运往京城，名叫"花石纲"。征收花石纲的官吏士兵乘机敲诈勒索，百姓们被弄得家破人亡；再加上连年灾荒，许多地方便发生了农民起义。

　　1120年，安徽歙③州青溪县帮源峒的箍桶匠方腊，带领当地一批被"花石纲"和旱灾逼得没有活路的农民揭竿起义。方腊利用当地的摩尼教团结民众，打出"杀朱勔、反

① 佶(jí)
② 勔(miǎn)
③ 歙(shè)

34

贪官"的旗号,得到了许多穷苦百姓的响应。起义军很快发展到数万人,数月内就攻下了歙州、杭州等许多州县。

这时,在山东郓州^①(今山东东平)梁山县,以宋江为首的三十六人也率领当地百姓起义。他们以梁山县内的一处大湖泊——梁山泊为根据地,组织义军数千人在山东、河北和苏北一带与官军作战,劫富济贫,形成了很大的声势。

宋徽宗和朝廷十分惊慌,他们对起义军采取了两手策略:一面派军队镇压,一面招安诱降。宋江的起义军在海州(今江苏连云港)被知州张叔夜的官军打败,接受了招安,并奉朝廷的命令去杭州镇压方腊的义军。方腊坚决不愿受招安,与官军展开激战。结果由于他的大将洪载接受招安叛变,义军战败。方腊退守老家帮源峒^②,又因叛徒出卖被俘,最后被押往汴京杀害。

明代作家施耐庵的《水浒传》,虽然是以宋江在梁山泊起义的事迹写成的,但它的内容大多是艺术创作,而不是历史事实。

知识平台

花 石 纲

当时在大运河上运输的官家船只都分组管理,每组为一纲。运粮的叫"粮纲";运盐的叫"盐纲";运送朱勔在民间搜刮来的奇花异石的,就叫"花石纲"。

① 郓(yùn)
② 峒(dòng)

18 阿骨打建金朝

宋徽宗的统治正经受着农民起义冲击的时候,中国北方有个处于奴隶制时期的女真族却正在兴起。女真族一直生活在东北的黑龙江、混同江(即今松花江)边,以狩猎捕鱼为生,长期受着辽国的控制与压迫。

1112 年春天,按照女真人的风俗,他们要在混同江畔用从江中捕捞到的第一批鱼举行"头鱼宴",以庆祝一年日子的平安富足。这一年的头鱼宴,因为辽国的皇帝耶律延禧正好巡游到此,因此也来参加。耶律延禧称"天祚帝",他几杯酒下肚,就命令女真族的各路酋长为他跳舞助兴。酋长们不敢违抗,都舞了一番,唯独代表完颜部落的青年阿骨打不肯跳。阿骨打是完颜部落酋长乌雅束的兄弟,他是代表生病的哥哥前来参加头鱼宴的。

辽国皇帝对阿骨打的傲慢无礼大为恼火,下决心要派兵杀死他。可是,还未等辽国动手,阿骨打在兄长病故、接任酋长后,便立刻带领自己部落的两千多名战士攻击辽国,并且取得了很大的胜利。1115 年,阿骨打用武力统一了女真各部落,正式称帝,建都会宁(今黑龙江阿城南),国号大金。他被称为金太祖。

辽国的天祚帝见阿骨打不肯继续臣服他,自己建国独立,便亲自率领十万辽军进攻金国。两军正在激战

① 祚(zuò)
② 酋(qiú)

时,辽国发生兵变,天祚帝不得不回兵平叛,金兵乘机追袭,大获全胜。从此,辽国便在内忧外患下衰弱下去了。

这时,辽国有个投降到宋朝的官员叫赵良嗣,他去见宋徽宗,建议宋朝联合金国夹击辽国,乘机收复原先被辽国占去的燕云十六州。宋徽宗与童贯、蔡京商议,认为是大好机会,就派使者从海上赶赴金朝,与金太祖订立了盟约,约定共同出兵,灭辽后宋朝将原来每年给辽国的金银送给金国。1122 年,金兵按约攻下了辽国的中京(今内蒙宁城西)和西京(今山西大同),而宋朝的童贯带领的十五万宋军,却在进攻燕京(今北京)时吃了大败仗,不得不答应金朝每年给一百万贯"燕京代税钱",请金朝代为攻下燕京。

第二年,金太祖病死,他的兄弟完颜晟当皇帝,就是金太宗。两年后,金太宗终于灭了辽国。

内 容 链 接

"海东青"事件

女真族严寒的临海地方出产一种大珍珠,取自于一种破冰食蚌而将珍珠吞进嗉囊里的天鹅。当地有一种鹰叫"海东青",能捕捉天鹅。为了获取这种珍珠,辽国每年派"银牌使者"去向女真人索要"海东青"。使者每晚要女真年轻女子陪寝,激起了女真人的愤怒。阿骨打乘机号召女真人反辽。

① 晟(shèng)

19 李纲守京城

1125 年金太宗灭掉辽国以后，看准宋朝政权腐败无能，就在当年兵分两路南侵。他命完颜杲为金军统帅，西路由完颜宗翰（粘罕）率领攻太原，东路由完颜宗望（斡里不）率领攻燕京。

当时，宋徽宗的亲信童贯正在太原，他吓得赶紧逃回了汴京；而燕京守将郭药师，也弃城投降。金兵逼近汴京，整天沉湎于享乐中的徽宗吓得没了主意。这时宋军参议官宇文虚中建议他向全国发"罪己诏"，废除"花石纲"，挽回人心。给事中吴敏提议任用太常少卿李纲出来主持守城。徽宗只好任命李纲为兵部侍郎；其他几条也全都照办了。在李纲的建议下，徽宗下诏传位给太子赵桓，就是宋钦宗。徽宗则带着童贯、蔡京等宠臣逃往镇江避难去了。

钦宗继位后，出于朝臣和百姓的强烈要求，只好下令惩办了童贯、蔡京、王黼①、朱勔②、梁师成、李彦等六个主要的误国奸臣，但对抗金他仍然没有信心，竟听信宰相白时中和李邦彦的意见准备逃跑。

正当李纲忙于布置京城的军事防御的时候，一天清晨，李纲忽然发现载着皇帝和皇族的车队在禁军的护卫下正要出城。李纲立刻上前拦住了车队，他大声问禁军

① 黼（fǔ）
② 勔（miǎn）

38

将士:"你们都愿意跟皇上撤退吗?"将士们齐声回答:"我们愿意留下死守!"李纲就哭着对钦宗说:"城池坚固,军民齐心,是可以守住的。如果陛下南走,禁军将士的家属还在这里,他们要是半途逃散,金兵追来,那时就真的不安全了。"

钦宗一听害怕了,只好同意留下。李纲立刻宣布"皇帝决心留守京城。如再有人敢说逃跑的,斩!"城内军民士气大振。

三天后,完颜宗望派几十艘小船满载火种企图火攻宣泽门。李纲派两千名敢死队下城用长钩拖住敌船,又投石砸沉了它们。夜间,李纲又派兵出城夜袭金营,烧毁了他们的攻城物资,杀死许多金兵。完颜宗望见汴京守卫严密,就同意与宋朝谈判。宋钦宗和宰相李邦彦求之不得,立刻派李棁为特使去金营谈判议和。

内 容 链 接

议 和 条 件

金将完颜宗望提出的议和条件是:宋朝向金国赔款金五百万两,银五千万两,牛马各一万匹,绸缎五百万匹;割让太原、中山、河间三镇,并要亲王、宰相各一人到金营作人质,宋朝皇帝尊金太祖为伯父。

① 棁(zhuō)

20 太学生陈东

李纲坚决反对丧权辱国的议和条件。这时,全国各地勤王的二十万援军也陆续赶到汴京周围。其中有山西著名老将钟师道和率领泾原、秦凤两路兵马的姚平仲,他们也反对议和。李纲提出由他统一指挥军队,但钦宗和李邦彦却不让他指挥城外的军队。结果姚平仲单独夜袭金营,由于走漏了消息而遭到伏击,打了败仗。金将完颜宗望责问钦宗,并乘机要求罢免李纲。钦宗便真的免去了李纲、钟师道的兵权,命令守城的士兵不许抵抗。

这一消息激起了京城百姓的极大愤慨。太学生陈东连夜在烛光下写好了请愿书,不顾国子祭酒(国子监的主管官)反锁大门、不许学生出去闹事的禁令,第二天清早带同学翻墙而出,到皇宫宣德门外请愿。陆续前来声援的军民达数万人。情绪激昂的群众将宫门外的登闻鼓敲得震天响,惩办卖国奸贼、要求李纲钟师道复职的呼声惊天动地。李邦彦正好入朝经过,被群众揪打得头破血流;钦宗派去敷衍的太监,被愤怒的人群当场打死。

这时开封府尹带领几百名士兵赶来,将陈东团团围住,指责他聚众闹事,胁迫皇上。陈东大声反驳说:"我们以忠义要求朝廷,总比奸臣要挟天子卖国好!"有人怕他出危险,劝他赶快离开。他大义凛然地说:"如果能换得国家和百姓的安宁,今天就让我一人的人头落地吧!"

钦宗害怕事情闹大,只好下旨恢复李纲和钟师道的职务,并让他们出面安抚群众。当李纲和钟师道出现在宣德门前时,群情激昂,大家高呼"万岁!"

李纲乘城内军民抗金士气空前高涨之机,重新组织了防御,宣布了守城纪律和杀敌立功的奖励办法。完颜宗望又发动了数次攻城,都被同仇敌忾的军民狠狠击退。他见攻城不下、宋朝的援军越来越多,自己已处于夹击之中,就未等宋朝的赔款交足,便率军撤走了。

人物聚焦

陈东的命运

陈东字少阳,丹阳(今江苏丹阳)人,耿直忠义,充满爱国热情,他曾四次带领学生向朝廷上书请愿。因此朝廷对他十分害怕,一直派人对他进行监视。事后,又企图用官位笼络他,被他严辞拒绝。宋高宗继位后,终于找借口杀害了陈东。

21 靖康之耻

1126 年金兵一撤出汴京，钦宗和李邦彦、张邦昌等投降派就以为天下太平了。徽宗也回到了京城，又一起过起了荒淫奢靡的生活。他们嫌主战派不停地备战碍手碍脚，就把原先正在指挥西路太原方面防务的老将军钟师道撤了，又将负责京城防务的李纲支出去接替钟师道。可是钦宗只拨给李纲一万二千兵马；李纲要的一百万贯军饷也只给二十万；李纲不得已在河阳（今河南孟州）自己招兵买马，钦宗却又命令他解散。而太原前线其他军队的指挥权，钦宗也不放给李纲。待李纲吃了败仗，就将他贬到了夔州（今重庆奉节）。连各地自发赶来汴京支援的宋军，也被遣散回去了。

不料仅过了七个月，金兵又卷土重来。西路的完颜宗翰攻下太原后抢渡黄河直扑汴京，东路的完颜宗望也重抵汴京。闰十一月，两支金兵汇合并开始大规模地攻城。这时昏庸的钦宗才想到了要召回李纲和各地勤王军队，却哪里还来得及！

早在一个多月前太原刚陷落时，钦宗还一心求和，派康王赵构为割地请和使前往完颜宗翰军营乞和。赵构经过磁州（今河北磁县）时，被守将宗泽劝阻留下，没有北上。这时，钦宗只好派人拿了蜡书去找赵构，任命他为天

① 夔（kuí）

下兵马大元帅,要他赶快组织援兵救援汴京。

　　但这些都已远水救不了近火。当时汴京城内尚有守城军士二十万,在冬日寒风中冻得发抖,钦宗却仍舍不得动用国库的布帛,而是相信一个叫郭京的骗子,企图让他用撒豆成兵的法术退敌。但郭京的七千多"神豆兵"一出城便被金兵杀散,他自己也乘机逃之夭夭了。汴京城终于被攻破。

　　1127年一月,钦宗正式到金营投降。但金将宗翰、宗望非常狡猾,他们仍放回钦宗,命令他出面在全城搜刮财物、女子,然后才把徽、钦二宗囚禁起来。五月,他们终于押着两个皇帝及其大臣、皇族、宫女和俘获的京城工匠、女子共十万余人,以及金一千万锭、银两千万锭,帛一千万匹、马一万匹和皇宫内的其他宝物、图书等等凯旋班师。京城的宫殿和近郊的百姓房屋,则被劫掠焚烧一空。

内容链接

靖康之耻

　　徽、钦二帝被押到金国后,当作俘虏被剥去衣服在金人宗庙前行献俘礼,金朝皇帝封徽宗为"昏德公",钦宗为"重昏侯"。两帝受尽侮辱,分别于1135年和1156年死在了那里。由于宋钦宗的年号是"靖康",因此中国历史上称此事件为"靖康之耻"。

22　宗泽坚持抗战

宋徽宗、宋钦宗被金人俘虏,历史上的北宋王朝(共延续了一百六十七年)到此结束。1127 年,康王赵构在南京应天府(今河南商丘)继位,就是宋高宗。历史上的南宋时期从此开始。

高宗上台后,不得不任命李纲为宰相,以稳定局面,但他实际上却宠信黄潜善和汪伯彦两个投降派。李纲请高宗组织黄河两岸军民收复失地,而黄、汪却撺掇高宗决定南逃。李纲愤而辞职。陈东等太学生再度请愿要求罢免黄、汪,让李纲复出,却被高宗残酷杀害。南宋小朝廷终于南逃扬州。

金兵乘虚分三路南侵。中原地区的军民,在将军宗泽的组织领导下,坚持抗金。高宗南逃时,任命宗泽为东京留守。可那时汴京已被金兵洗劫一空,盗匪出没,秩序混乱。宗泽马上派军队肃清土匪,安定局面,并且组织百姓恢复生产和防御设施。紧接着,他又派出代表,四处联络各地自发组织起来的抗金义军。他自己亲自渡过黄河,去找义军首领王善,以一片诚心说服他将七十万义军归自己统一指挥。他还联络了王再兴、李贵、王大郎、杨进以及赵邦杰、马扩、王彦等一大批义军,组成了声势浩大的抗金队伍,在黄河沿线十六个县设立了二十四个据点,并训练了一批水师。针对金兵的骑兵优势,他还在李纲的建议下制造了一千多辆战车。

两河的义军在宗泽的统一指挥下打击金兵,取得了许多胜利。金将兀术的金兵主力,在汴京附近被宗泽打败。金兵将士对宗泽十分敬畏,称他为"宗爷爷"。

面对抗金的大好形势,宗泽接连向高宗上了二十四道奏章请求他北上主持抗金。但奏章全部被黄潜善、汪伯彦扣压了下来。不仅如此,朝内支持他抗金的李纲被罢免后,他制定的所有抗金措施和命令全被撤销。眼见恢复中原的良机被白白断送,老将军宗泽忧愤成疾而死。临终前的弥留之际,他还在呼喊着:"渡河,渡河……"

宗泽死后,中原地区又重新被金兵占领了。

内 容 链 接

泥 马 渡 康 王

1129 年,金将完颜宗翰带兵奔袭扬州,只顾寻欢作乐毫无准备的高宗只带了少数几人仓皇渡过长江逃到镇江。后来民间就创作出了赵构孤身一人落荒而逃骑在一匹泥马背上渡过江去的说法。

23 韩世忠抗金兵

　　宋高宗和一批亲信从扬州逃过长江到达镇江后,不久又来到杭州。他们仍不接受山河破碎的教训,过着奢侈腐朽的生活,而对金国,仍一味屈膝求和。当时的诗人林升曾写诗这样讽刺他们:

　　　　山外青山楼外楼,西湖歌舞几时休。
　　　　暖风熏得游人醉,直把杭州作汴州。

　　然而金朝却并不可怜他们,1129 年金太宗又派四太子完颜宗弼(又称兀术)领兵大举南侵。金兵渡过长江占领建康直逼杭州。宋高宗坐船逃亡到海上,但江南的宋军和百姓却自发组织义军不断截击金兵。兀术因战线拉得过长,便让自己的士兵大肆劫掠一番后引兵北撤。

　　1130 年,金兵撤至长江南岸的镇江。这时,宋军大将韩世忠率军在长江上堵住了金兵的退路。当时兀术的金兵有十万,而韩世宗只有八千士兵,但宋军抗击入侵者的士气极高。韩世忠在智勇双全的夫人梁红玉的协助下,首先在镇江附近金山上的龙王庙,打了个漂亮的伏击战,差一点就将兀术活捉。接着,他又利用宋军熟悉地理、善于水战的优势,在江面上与金兵进行决战。梁红玉亲自

① 兀(wù)
　　术(zhú)

46

披挂上阵,在战船上擂响战鼓指挥作战,吸引金军主力。韩世宗乘机率水师主力杀入,金兵被打得晕头转向,溃不成军。兀术的女婿龙虎大王落水被俘。兀术率军狼狈逃入江边的港汊黄天荡中。不料,黄天荡是死港,出口又被韩世宗牢牢堵住。

走投无路的兀术顿时失去了一向趾高气扬的威风,只得低声下气地派使者向韩世忠请求放行,还答应将所有掳掠来的财物、宝马全部献出。韩世宗根本不为所动,继续围困黄天荡达四十八天。正准备将十万金兵困死消灭,不料当地出了汉奸,向兀术指出可挖通从黄天荡通向建康的老鹳河旧河道出逃。于是兀术下令士兵一夜间开挖了三十里河道,领兵逃出绝境。

兀术率领败兵刚刚来到建康南面的牛头山,突然又遇到了宋将岳飞的袭击。疲惫不堪的金兵被岳飞的军队打得七零八落,损失惨重。岳飞乘胜追击,收复了建康城。

"绍兴"和"临安"

宋高宗被金兵追击,逃到海上待了四个多月,才在越州上岸。为了讨吉利,他将越州改为绍兴,有"绍祚中兴"的意思,并将年号也改成"绍兴"。第二年又迁回杭州。为了表示这里也是临时的,将来要恢复中原,因此又将杭州称为"临安"。

① 鹳(guàn)

24 岳飞尽忠报国

　　岳飞出生于相州汤阴(今河南汤阴)一个农民家庭,虽然他小时候因遭水灾家境十分贫苦,但在贤惠的母亲教育下,岳飞从小学习兵法,苦练武艺,决心报效国家。母亲还将"尽忠报国"四个字,刺在了岳飞的背上。

　　金兵占领汴京,掳去徽、钦二帝的时候,岳飞毅然投军,凭着一腔报国热血,与金兵奋勇拼杀,并且主动投奔了坚决抗金的老将军宗泽。一次,宗泽要他学习兵法中的《阵图》。岳飞却说,打仗时要视战场千变万化的实际情况决定对策,不能墨守古人排定的布阵方法。宗泽听了,不由得连连点头,认为他将来一定会成为一个好将军。

　　岳飞果然按自己的方法训练军队:他治军纪律严明,要求士兵"冻死不拆屋、饿死不掳掠";平时训练一丝不苟,对将士的生活疾苦又关怀备至。因此,他领导的岳家军深受百姓拥护,又有极强的战斗力。

　　岳飞的军队在1130年收复建康后,又接连为朝廷立下了许多战功:他帮助高宗镇压了钟相、杨幺①领导的农民起义,又纵横驰骋,击溃了金国在中原地区扶植的伪政权刘豫的齐军,沉重地打击了支援齐军的金兵。高宗封他为节度使。这时,岳飞满怀激情地写下了著名的词《满江

① 幺(yāo)

48

红》，并上表向宋高宗要求北上收复中原。

然而，高宗却在奸臣秦桧的迷惑下，不但对岳飞、韩世忠等将军的北伐请求置之不理，反而于1139年答应了金国的议和条件：南宋向金国称臣，每年进贡银二十五万两、绢二十五万匹；金国则归还河南等地及已死徽宗的灵柩。

1140年，金朝又撕毁和约，大举向南宋进攻。岳飞立刻率军迎战，在汴京附近的郾城、朱仙镇一带与兀术的金兵决战。兀术使用了他的法宝"铁浮图"。这是身披铁甲的士兵骑在三匹连在一起的马上冲锋的作战阵列。据说从未被打败过。岳飞却教步兵用砍刀专砍马腿，砍伤一匹，一列"铁浮图"便瘫痪了。就这样，"铁浮图"阵列被破。岳飞又派儿子岳云一马当先，追杀敌人；岳家军奋勇向前，各路义军纷纷配合，将十几万金兵彻底击溃。金军统帅兀术哀叹"撼山易，撼岳家军难"，逃入汴梁再也不敢出来。

内容链接

十二道金牌

正当岳家军大胜金兵，黄河两岸人民庆祝胜利、准备继续北伐时，高宗和宰相秦桧向岳飞连发十二道金牌，下令班师。岳飞含泪撤军，刚刚收复的大片中原土地重新又被金兵占领。大好的抗金形势再次丧失。

25　秦桧害岳飞

　　秦桧在靖康之变时，是钦宗的御史中正。徽、钦二帝被俘，他随同北上，屈膝投降了金国，投靠在金将挞懒手下。1130年，他随挞懒南侵的军队到达楚州（今江苏淮安）后，突然带着妻子王氏和大批财物来到越州，当时宋高宗正在越州避难。秦桧声称是杀了金兵的看守逃出来投奔南宋的。朝内的许多官员却怀疑他是金国派来的奸细。但高宗对他深信不疑，很快将他从参知政事一直提拔到副宰相、宰相。而秦桧则果然一直建议高宗与金国议和，南北分治，甚至还事先替高宗起草好了向金国的乞和信。

　　1140年岳飞在河南郾城、朱仙镇取得大捷后，秦桧让高宗将岳飞紧急召回；接着又将抗金将领韩世忠和岳飞两人召回京城临安当枢密使和枢密副使，实际上剥夺了他们对军队的直接指挥权。

　　瓦解了南宋军队以后，秦桧就迫不及待地和金朝议和。1141年在临安与金朝使者签订了又一个卖国协议：规定除了继续大量进贡金银绸帛外，又将金宋边界向南推进到了淮河。这就是所谓的"绍兴和议"。

　　金军统帅兀术对绍兴和议仍不满足，他致信秦桧，提出必须杀死岳飞。于是秦桧就立即策划了一系列陷害阴谋。他首先唆使自己的亲信、谏议大夫万俟卨上书弹劾岳飞，他们的同党也跟着起哄，弄得岳飞愤然辞职。接着他们又收买了岳飞的部将王贵，让他出面告发说岳飞对撤去他的职务不满，指使儿子岳云和部将张宪企图带兵谋反。他们便立刻逮捕了张宪，对他严刑拷打逼供，但张宪宁死不屈。无奈之下，他们又逮捕了岳飞父子，由御史中丞何铸审问岳飞。岳飞脱去上衣，露出背上母亲刺的"尽忠报国"四字给他看。这位秦桧的同党也被感动了，去向秦桧说情。秦桧又改让死党万俟卨审问。万俟卨用尽酷刑，岳飞只说了"天日昭昭"四字，再也没话了。

老将韩世忠和朝廷内许多正直官员纷纷为岳飞辩护，但高宗仍无动于衷。韩世宗气得当面责问秦桧："说岳飞谋反有证据吗？"这个奸臣竟说"莫须有"。"莫须有"一词从此成了没有任何理由就陷害人的成语。

1142 年，一代名将岳飞被秦桧用御赐毒酒害死在狱中，这年他才三十九岁。

内容链接

岳 坟

高宗死后，岳飞得到平反。人们在杭州西湖边的栖霞岭上为他修了坟和庙，造了塑像，塑像上面有岳飞生前写的"还我河山"四个大字；坟前，有秦桧夫妇及陷害岳飞的张俊、万俟卨等人的跪像。

① 万（mò）
　俟（qí）
　卨（xiè）

26 女词人李清照

　　金兵南侵烧杀抢掠，南宋小朝廷只顾搜刮钱财卖国求和，广大百姓陷入了兵连祸结的苦难之中。在1127年金兵攻陷汴京、宋高宗率群臣南逃的队伍里，有一位当时著名的才女、词人李清照，也和丈夫赵明诚一起带着许多文物书籍艰难地跋涉着。

　　李清照是济南章丘（今山东章丘）人，出身于书香门第，父亲曾是苏轼的主要门生，母亲是当时宰相王珪①的女儿。她从小才华出众，善于观察事物，后来回忆起自己少女时代的生活，写出了脍炙人口的词《如梦令》："常忆溪亭日暮，沉醉不知归路。兴尽晚回舟，误入藕花深处。争渡争渡，惊起一滩鸥鹭。"

　　与赵明诚结婚后，两人一面收集古代文物金石，一面吟诗作画，过得十分幸福。以至在丈夫出外时，李清照思念情切，写出了名词《醉花阴》，其中"帘卷西风，人比黄花瘦"的名句，一直传诵至今。

　　在与丈夫南逃避难过程中，夫妻俩一生收集的文物字画被洗劫一空。不过，对这她没有在意，但面对着国破家亡的局面，她不由得发出了"生当作人杰，死亦为鬼雄。至今思项羽，不肯过江东"的感叹。在这首诗中，李清照用赞美项羽不肯回江东忍辱偷安的态度，来批评南宋朝

① 珪(guī)

52

廷一味南逃的软弱投降的行径。

1129年，赵明诚在应召去建康时得病而亡。李清照悲痛欲绝，写了长歌《声声慢》：

寻寻觅觅，冷冷清清，凄凄惨惨戚戚。乍暖还寒时候，最难将息。三杯两盏淡酒，怎敌他晚来风急。雁过也，正伤心，却是旧时相识。满地黄花堆积，憔悴损，如今有谁堪摘？守着窗儿，独自怎生得黑？梧桐更兼细雨，到黄昏，点点滴滴。这次第，怎一个愁字了得？

李清照从此便在这样的凄风苦雨、无边愁绪中不断颠沛流离，尝尽了人间的苦楚；与此同时，也创作出了许多感情真挚、艺术性很高的诗词、散文和书法、绘画作品，成为我国文学艺术史上的一位不可多得的女作家。

人物聚焦

李清照的晚年生活

晚年，流落异乡、孤独寂寞的李清照被迫嫁给了一个叫张汝舟的南宋官员。张汝舟是个喜欢在官场上逢迎拍马的卑鄙小人，为了升官，硬逼李清照献出书画，还常侮辱打骂妻子。李清照忍无可忍，坚决与他离婚。从此独自过着隐居生活，不知行踪去向。

27 虞允文退敌

"绍兴和议"后，宋金双方平静了一段时间。但金朝内部也不断地发生争权斗争。1135年金太宗死后，阿骨打的孙子完颜亶夺得了皇位，就是金熙宗。1149年，金朝贵族、海陵王完颜亮发动政变杀死了金熙宗，自己称帝。1154年，他将金国都城从上京迁到燕京，穷兵黩武，开始积极准备对南宋开战。1161年，完颜亮终于兵分四路南下了。

完颜亮出兵时题诗一首："万里车书一混同，江南岂有别疆封。提兵百万西湖侧，立马吴山第一峰。"表示要像秦始皇"车同轨、书同文"一样统一天下。但是这样的豪言壮语只表明了他的夜郎自大，他派出的荆襄、川陕和海上三路军队全都吃了败仗，只有自己亲自率领的一路杀奔淮南。

淮南宋军将领王权临阵脱逃，致使金兵顺利抵达长江北岸。宋高宗又想逃跑，被朝内大臣劝住，勉强组织长江防御。他任命李显忠接替王权赴采石矶抵御金兵，并让中书舍人（中央政府的文职官员）虞允文以参谋的身份先去慰劳安抚军队。虞允文赶到采石矶时，王权已走，李显忠未到，军队群龙无首，散坐在路边发呆。而对岸的完颜亮已在江边搭起了指挥台，聚集了大批战船，准备渡江了。

虞允文见形势危急,立刻召集军队,用皇帝的名义向全体将士宣布了立功奖赏命令,并负起了布防指挥的职责。同来的助手悄悄劝他:"皇帝只叫你慰劳军队,没有指挥作战的责任,不要插手这个烂摊子吧。"虞允文愤然叱责道:"国家正处于危险中,我能退避吗?"他立刻组织宋军的舰船分路布防。

虞允文刚布置完毕,北岸的完颜亮亲自挥动红旗指挥金兵渡江了。刹那间金兵战船直奔南岸,虞允文指挥宋军大舰船发射霹雳炮拦截,小的海鳅船以尖铁船头撞沉敌船,少数登岸的金兵也被岸上的宋军包围,敌军损失惨重。这时,虞允文又组织刚从江北前线逃回的宋军打着旗号装成援军擂鼓助威。完颜亮害怕了,只好挥动黄旗退兵。夜间,金兵偷渡,虞允文又指挥早已埋伏好的水军前后夹击,将金军的大批战船烧毁。金兵南侵的计划终于以失败告终。

内容链接

完颜亮之死

正当完颜亮指挥金军在采石矶渡江时,金朝东京留守完颜雍在燕京夺权称帝,就是金世宗。完颜亮从采石矶移兵瓜洲企图再渡江时,被部下所杀。宋、金重新议和。

28 爱国诗人陆游

就在虞允文于采石矶打退金兵的第二年，1162年，宋高宗赵构将帝位让给了他的养子赵昚①，就是宋孝宗。年轻的孝宗一面给岳飞平反冤案，一面任用主战派张浚②任枢密使领兵北伐。这次北伐的诏书是由枢密院编修陆游起草的。

陆游是越州山阴（今浙江绍兴）人，他幼年和少年时经历了金兵南侵、全家逃难的国破家亡的痛苦生活，因此从小就在心中根植了爱国主义的思想。青年时到临安考科举，考了第一却被秦桧的孙子秦埙③抢去了名次，自己反受迫害，从此他对卖国贼十分痛恨。

秦桧死后，陆游才有机会出头做官。张浚北伐失败后，陆游受牵连被免职回老家，但他仍不忘关心国家命运，写了许多忧国忧民的诗歌。十年后，他又被朝廷任命到川、陕的军队中担任职务。他曾随军队出没于汉中地区的抗金前线，考察敌军的部署，体验战士的生活，向自己的上级提出了许多抗金的作战方案。虽然它们都未被采用，但是他将自己杀敌的豪情壮志和爱国情怀倾注于笔端，又创作了大批豪迈奔放的诗歌。

1174年，南宋另一位诗人范成大任四川安抚使，陆游在他手下当参议官。两人意趣相投，陆游更是以诗酒为友，

① 昚（shèn）
② 浚（jùn）
③ 埙（xūn）

56

尽情地抒发自己壮志难酬的苦闷和爱国激情。虽然身边的许多官员指摘他放浪形骸,不拘礼法,但他仍旧我行我素,干脆称自己为"放翁"。因此,后人又称他为陆放翁。

以后,从宋孝宗到宋光宗、宋宁宗时,他又在江西、浙江和首都临安做过官,但由于他始终主张北伐收复失地,为投降派不容,终于被排挤出官场。晚年,他长期在山阴老家闲居。但是直到1210年临终时,已经八十五岁高龄的陆游仍然念念不忘收复失去的祖国河山。他在遗嘱诗《示儿》中写道:

死去元知万事空,但悲不见九州同。
王师北定中原日,家祭无忘告乃翁!

陆游是我国历史上伟大的爱国主义诗人。他留下《剑南诗稿》八十五卷,总共有诗词九千三百多首,成为我国历史上诗歌创作数量最多的诗人之一。

知识平台

诗人范成大

范成大是南宋著名诗人、坚决主张抗金的政治家。吴郡(今江苏苏州)人,曾出使金国坚决抗争。他的诗歌同情人民疾苦。如《四时田园杂兴》中的"童孙未解供耕织,也傍桑阴学种瓜"、"笑歌声里轻雷动,一夜连枷到天明"、"无力买田聊种水,近来湖面亦收租"等名句,一直为民间传诵。

29 将军词人辛弃疾

　　几乎与陆游同时代,南宋还有一位杰出的爱国主义文学家,他就是被人们称为"将军词人"的辛弃疾。

　　辛弃疾是历城(今山东济南)人。他出生时,家乡已经在金朝的统治之下。辛弃疾从小父母早亡,受祖父辛赞的教育,不忘自己是宋朝的百姓。他发奋苦读,才华出众,就是在被金朝选拔赴燕京考试的过程中,也不忘观察地形,了解金朝的情况,为将来能有机会复国作准备。

　　在完颜亮率领金兵南侵时,济南府的农民耿京发动反金起义。辛弃疾立刻响应,到耿京的军队里当了掌书记(文书),掌管着耿京的大印。一天,一个义军头领义端忽然偷了他保管的大印逃往金朝。辛弃疾发觉后立即单人独骑追击,终于在半路上截住并杀死了叛徒,夺回了大印。

　　采石矶大战后,金朝政权对本来在他们控制之下的山东地区的义军采取了镇压与招抚的两手政策。耿京的军队受到巨大压力。辛弃疾便代表耿京去临安与南宋取得联系。在从临安返回的路上,经过海州(今江苏连云港)的时候,海州将领王世隆告诉他,耿京已被义军队伍内的叛徒张安国杀害;张安国带部分队伍投降金朝,已被封为济州(今山东巨野)知州。辛弃疾听后怒不可遏,立刻向王世隆借了50名精壮士兵直奔济州。在张安国还没来得及弄清他们的意图时，辛弃疾已冲上去一把揪住叛徒，命自己的士兵将他绑到了马上。接着他又向吓呆了的张安国部下宣布宋朝大军随后就到，要大家随他一起回去抗金，几万济州士兵齐声响应。

从此辛弃疾威名远扬。南宋政权让他先后在江西、湖南、福建、浙江等地以及京城任职，但由于他坚决主张北伐，因此屡次遭到投降派的排挤而被免职。

抗敌复国的壮志难酬，使辛弃疾十分苦闷和悲愤。他创作了一大批激昂慷慨、气势磅礴又充满激情的爱国主义诗词。如《破阵子》一词就形象地反映了他的心声：

> 醉里挑灯看剑，梦回吹角连营。八百里分麾下炙，五十弦翻塞外声，沙场秋点兵。　马作的卢飞快，弓如霹雳弦惊。了却君王天下事，赢得生前身后名，可怜白发生！

人物聚焦

辛　稼　轩

辛弃疾在信州（今江西上饶）当官时，于城北造了一座房子，取名"稼轩"，因此后人又称他为"辛稼轩"。1207年辛弃疾去世，享年六十八岁。

30 理学家朱熹

　　宋孝宗即位后倾向北伐收复失地,因此朝中主战派的力量开始增强。孝宗曾任用过主战的张浚、虞允文、王淮等大臣,让他们理财、备战,但由于朝内的主和派拼命地拖后腿,数次北伐失利,因此使一些原先主张抗战的知识分子失去了信心,转而去研究学问了。其中的代表人物就是朱熹。

　　朱熹字元晦,徽州婺源①(今江西婺源)人,宋高宗时进士。在孝宗、光宗、宁宗时做过几任地方官,但他将自己的主要精力放在研究儒学和教育上。他先后在江西庐山的白鹿洞书院和潭州(今湖南长沙)的岳麓书院招收学生,宣传他的哲学思想。

　　汉武帝时,"独尊儒术",开始将古代孔子、孟子等思想家的以"仁"为核心的理论作为国家的正统思想。到了北宋,又有一批思想家将儒家学说与社会上流行的道家、佛家思想融合,提出了一种新的儒家学说,这就是所谓的"理学"。这种学说以北宋的程颢②、程颐为代表。朱熹则是将二程的哲学观点又全面发展到了一个新的高度。因此后人将他们的学说并称为"程朱理学"。

　　"理学"的中心思想是说,在茫茫的宇宙之中,存在一种先天的"理",又称"太极"或"道",它是世间的一切事物

① 婺(wù)
② 颢(hào)

（包括社会现象和自然现象）的主宰，因此又称为"天理"。有了"理"才会生"气"，气是具体事物的形态。朱熹强调"天理"和"人欲"的对立，要求人们放弃私欲去服从天理。他吸收当时的科学成果，对自然界某些演化现象作了有益的探讨。

由于朱熹的理学思想本质上是为了巩固封建统治的内部结构的，因此被宋以后的元、明、清封建统治者奉为正统的经典，得到了很大的尊崇与发展。

知识平台

"四书"的由来

朱熹著有《朱子语类》、《周易本义》、《朱文公文集》、《四书章句集注》等书。

《四书章句集注》是朱熹把古代《礼记》中的《大学》、《中庸》与《论语》、《孟子》合编并加以注释而成的。从此，这部书被奉为儒家经典，称为"四书"。

31 成吉思汗西征

　　南宋在宋孝宗以后的三十多年里，又换了两任皇帝——宋光宗和宋宁宗。这时，时间已到了十三世纪初，我国北方蒙古大草原上原先分散着的一些奴隶制氏族部落，被乞颜部落的孛儿只斤氏一个叫铁木真的贵族统一起来，建立了蒙古汗国。蒙古语"汗"就是皇帝。铁木真被各部族公推为"大汗"，蒙语就叫"成吉思汗"。

　　成吉思汗建国后，颁布法令，统一使用蒙古文字，建立了较为完整的政治组织，并组建了强大的骑兵。原先草原各部都是臣服金朝的，但成吉思汗将前来催讨贡赋的金朝官员赶了出去，并于1211年率领蒙古军队大举进攻金朝。

　　这时金朝内部因为矛盾、腐败而分裂得很厉害，金兵连连吃败仗。蒙古军在不到三年的时间内，横扫了金朝统治的黄河两岸地区，占领了中京（今北京），迫使金宣宗向蒙古纳贡求和。

　　接着，成吉思汗派了一个大规模的商队去西边的花刺子模（在今乌兹别克斯坦、哈萨克斯坦一带），准备用珠宝和药材换回粮食和马匹，继续与金国作战。不料商队被劫杀，接着派去交涉的使者又被杀害。成吉思汗大怒，于是决定亲率蒙古大军西征。

要西征，必须先消灭夹在蒙古与花剌子模中间的西辽。1218年，成吉思汗派大将哲别率军两万出征，当年便完成了使命。扫清了道路后，成吉思汗于第二年亲率二十万蒙古大军，直扑花剌子模。经过激战，花剌子模国王摩诃末突围逃走，蒙古军队攻进花国的都城不花剌，进行了无情的劫掠和大屠杀。紧接着，成吉思汗又乘胜指挥蒙古骑兵纵横驰骋，翻越欧亚大陆的界山太和岭（即外高加索山），占领了山前的阿塞拜疆、第比利斯，又攻下了山后的钦察草原，抵达了俄罗斯的领土。另一支蒙古军队则打到了伊朗北部。1223年，成吉思汗才班师东归。这时，蒙古帝国步入了全盛时期。1227年，由于西征时西夏国不肯发兵支援，成吉思汗又率军攻灭西夏。但就在攻进西夏都城的时候，他得病死在了军中。

内容链接

金 国 灭 亡

成吉思汗临终前告诫他的儿子窝阔台："可以向宋朝借路攻打金朝。"窝阔台继位后，按照父亲的意思真的联合宋朝攻下了金朝的京城开封，金哀宗自杀，金朝灭亡。这时，宋宁宗已于1224年病死。继位的宋理宗不听一些有远见的大臣的忠告，配合蒙古灭金后，宋朝就唇亡齿寒了。

32 忽必烈建元朝

1229 年,窝阔台当了蒙古大汗以后,采用了辽族人耶律楚材的一系列建议,让习惯于过掳掠游牧生活的蒙古人停止靠掠夺取得财富,而是改用征税的方法统治被他们征服的地区。就这样,蒙古的经济实力得到了加强,被占领区的人民也有了相对安宁的生活。接着,耶律楚材又帮助蒙古可汗按封建体制建立起了中央集权的政治制度。十二年后,窝阔台病死;他的儿子贵由继位三年后又死;1251 年由成吉思汗的小儿子拖雷的儿子蒙哥当了大汗。这时,蒙古民族已经完成了从游牧部族向封建帝国的转变。蒙哥要灭掉南宋的战争也打响了。

1253 年,蒙哥派他的兄弟忽必烈远征云南,灭了大理国。1258 年,蒙哥兵分三路攻宋。他自己亲率一路进攻合州(今重庆合川区);忽必烈一路攻鄂州(今湖北武昌);大将兀良合台攻潭州(今湖南长沙)。

不料蒙哥在合州东面的钓鱼城被宋军重伤而死。围困鄂州的忽必烈得到蒙哥的死讯,正要撤军回去,昏庸误国的南宋宰相贾似道竟然暗中向忽必烈答应割地、进贡求和。忽必烈正中下怀,领兵北撤争夺帝位去了。

1260 年,忽必烈夺得了蒙古大汗的位置。但是他的兄弟阿里不哥不服,在漠北也成立了一个政权,自称蒙古大汗。双方互不承认，于是又发生了四年的战争。最终忽必烈打败了阿里不哥，使蒙古重归统一。

掌稳了蒙古贵族政权的忽必烈，决心实行"汉法"，重用汉族知识分子，让他们向蒙古贵族讲解汉族文化中的封建伦理道德和儒家文化思想，让蒙古贵族也学习和接受所谓"修身、齐家、治国、平天下"的治国之道。1264 年，忽必烈定都燕京（今北京），称为大都。按照中原汉人的官制设立中央机构。1271 年改国号为元，他自己便是元世祖。

忽必烈是中国历史上一位有作为的封建帝王、一位了不起的少数民族政治家和军事家，为中华民族的融合起了推动作用。

知识平台

忽必烈和他的元朝

忽必烈在位三十五年，1294 年病逝时，正好满八十岁。

蒙古国的国号定为"元"，是取《易经》中"大哉乾元"的意思。《易经》里"乾"是天，"元"是第一。

33 "人生自古谁无死"

忽必烈建立元朝后,派兵围攻湖北襄阳,要求贾似道兑现几年前在鄂州答应的求和条件。但当年贾似道根本没有将求和的实情告诉宋理宗,理宗还以为他打了大胜仗,奖赏了他。因此,宋理宗死后,继位的度宗赵禥^①又尊他为"太师"。贾似道继续封锁元军进攻的消息,只顾自己在豪华别墅^②里找美女享乐,斗蟋蟀^③玩。直到 1273 年元军二十万大军在丞相伯颜的带领下大举南下,很快全线越过长江时,贾似道才慌张起来。

第二年,宋度宗病死,年仅四岁的恭帝赵㬎^④继位,谢太后执政。朝内大臣强烈要求惩处误国奸臣贾似道,谢太后才下诏罢了他的官,并号召各地派兵保卫临安。

但这时的南宋已被昏聩的皇帝和奸臣弄成了一盘散沙,领兵前来临安勤王的,只有赣州(今江西赣州)知州文天祥和鄂州(今湖北武汉)守将张世杰。文天祥和张世杰决定在江浙地区坚守,但宰相陈宜中和谢太后却被吓破了胆,派文天祥去伯颜营中谈判求和。正当文天祥与伯颜据理力争时,谢太后竟另派人正式向伯颜投降了。

1276 年,伯颜的元军占领临安,谢太后、恭帝和文天祥被扣住押往大都(今北京)。途经镇江时,文天祥伺机逃脱。听说张世杰在福州立赵㬎九岁的哥哥赵昰^⑤为帝,

① 禥(qí)
② 墅(shù)
③ 蟋(xī)
　蟀(shuài)
④ 㬎(xiǎn)
⑤ 昰(shì)

66

就赶到那里重新举起抗元大旗。他在南剑州(今福建南平)组建军队,在江西收复赣州、会昌、吉州,但转战到广东潮州时被元军打败俘虏。元将张弘范将文天祥送到元军舰船上押往崖山(今广东江门市),企图让他劝降仍在崖山苦守的张世杰投降。舰队在经过珠江口外的零丁洋海域时,文天祥想到自己为保卫国家而一生艰苦的努力如今尽付东流,于是怀着悲愤的心情写下了流芳百世的《过零丁洋》诗:

> 辛苦遭逢起一经,干戈寥落四周星。
> 山河破碎风飘絮,身世浮沉雨打萍。
> 惶恐滩头说惶恐,零丁洋里叹零丁。
> 人生自古谁无死? 留取丹心照汗青!

文天祥以这首诗愤然拒绝了张弘范要他诱降张世杰的阴谋,被押往大都关了三年,又坚决拒绝了忽必烈的亲自劝降,于 1283 年被杀害。他在狱中还留下了著名的《正气歌》,抒发了这位抗元英雄为国为民的浩然正气。

人物聚焦

张世杰守崖山

在文天祥坚持抗战的同时,由于小皇帝赵㬎在海上逃跑时被吓死,张世杰又拥立赵㬎的弟弟赵昺①为帝逃到崖山。1279 年,张世杰集中宋军战船一千艘与元军决战。宋军战败,张世杰战死,南宋灭亡。

① 昺(bǐng)

34　天文、水利学家郭守敬

　　元世祖忽必烈统一中国以后，任用了许多有学问、有实干精神的汉人官员。其中最有名的便是刘秉忠和郭守敬。刘秉忠帮助忽必烈制定国家制度和政策，仿照唐、宋时的规矩确定朝中的礼仪和官员职务的分工，实行了官员的俸禄制度，使元朝的统治正规化；而郭守敬则为忽必烈兴水利、定历法，为元朝的农业经济发展作出了重大贡献。

　　郭守敬是邢州（今河北邢台）人，受祖父郭荣的影响，从小开始就在天文、数学和水利工程方面积累了丰富的知识。早在 1262 年，忽必烈统一北方后，就召见了郭守敬，向他询问整治水利的意见。郭守敬向他提出了六条具体建议，忽必烈便任命他为元朝的修河官。郭守敬一面指挥各地疏浚淤塞的河流，筑渠道，建水坝，治理水患，灌溉农田；同时又经过仔细考察，向忽必烈提出了疏通隋炀帝时开挖的南北大运河，开凿从元朝京城大都到通州（今北京通州）的通惠河，以贯通从大都到南方的水路运输的计划。这项工程进行了三十多年，终于于 1293 年完工。

　　1276 年，忽必烈下令设立太史院修订历法。当时负责太史院的是郭守敬的同学王恂。王恂知道郭守敬精通天文,就经朝廷批准将郭守敬调入太史院共同主持修订新历法的工作。

要修订历法必须要有精确的天文数据,而数据的取得又需要精确的测量。郭守敬首先在古代的计时器漏壶的基础上制作出了更为精确的"宝山漏";改造了前朝留下的已经破损的"浑天仪",将它变成了既观察简便、精度又大为提高的"简仪",对天体、星球的位置变化进行了比前朝更为精确的计算,测定了黄道与赤道的交角,还从南海(今西沙群岛)至北海(西伯利亚)设立了二十七个观测点,测定了大量数据,终于于1280年制定出了新历法《授时历》。《授时历》将一年的时间精确到365天5小时49分12秒,比今天用现代化仪器测量出来的地球绕太阳一周的时间只差26秒,比世界上的公历计时早了三百多年。

知识平台

通 惠 河

通惠河从今北京西北昌平县的凤凰山白浮泉起,循西山山麓至昆明湖,然后向东流入城内积水潭(什刹海),再向东至通州高丽庄,入白河,接通南北大运河。全长一百六十里,共有闸门二十座。

35 马可·波罗游中国

十三世纪中国的元朝,是当时世界上最强盛的国家。它凭着火药的发明,以强大的军事实力扩展了横跨欧亚大陆的广阔领土;凭着指南针的发明,拥有了庞大的航海船队;凭着纺织、丝绸和造纸的技术,拥有繁荣发达的经济实力。这一切,吸引着世界上许多国家和地区的使节、商人和旅游探险者前来。其中,就有马可·波罗和他的父亲、叔叔三人。

他们是欧洲的威尼斯人。威尼斯位于地中海的亚得里亚海湾西岸。1254 年,商人尼古拉·波罗和马菲奥·波罗兄弟俩从家乡出发,穿过地中海、黑海,然后在亚洲登陆,跨越帕米尔高原,花了七年时间,行程万里,来到当时已属于蒙古钦察汗国的原花剌子模的首府不花城;在那里住了几年以后,他们又随汗国派往朝廷的使者沿河西走廊的丝绸之路继续往东走,终于在 1265 年到达上都(今内蒙古多伦西北),见到了蒙古大汗忽必烈。

尼古拉兄弟向忽必烈介绍了有关欧洲国家的风土人情和宗教情况。忽必烈很有兴趣,便写了一封信请他们带回去交给罗马教皇。

经过三年的跋涉,尼古拉兄弟在离家整整十五年后回到了自己的家乡威尼斯。这时,尼古拉离开家乡后才出生的儿子马可·波罗也十五岁了。1271年,尼古拉兄弟带上马可·波罗重新出发。他们先到地中海东岸的阿迦城向罗马教皇递交了忽必烈的信,从教皇那里拿到了回信,然后又用四年时间赶到了上都,朝见了已经称帝的元世祖忽必烈。马可·波罗这时已在一路上学会了汉语和蒙古语,知识丰富,博闻强记,人又机灵,元世祖对这位二十多岁的欧洲青年十分喜欢,以后,又将他从上都带到了元朝的首都大都(今北京),准许他参加皇宫的宴会,和皇帝一起出去打猎,让他在大都和中国各地尽情游玩参观。马可·波罗因此畅游了中国的云南、四川、陕西、甘肃、江苏、浙江、福建、湖北等许多地方,据说元世祖还让他在扬州当过官,去漠北观摩过元军的平叛战争。

1292年,元世祖命马可·波罗以及他的父亲、叔父从海路护送元朝的阔阔真公主往伊尔汗国和亲。他们在完成了护送任务后,于1295年回到了威尼斯。

内容链接

《马可·波罗行记》

马可·波罗回国后,于1298年参加威尼斯与热那亚的海战被俘。在狱中,他向狱友、比萨人鲁思梯谦讲述了自己在中国的见闻。鲁思梯谦将它们记录下来,写成了四卷《东方见闻录》,又叫《马可·波罗行记》。此书对当时的欧洲人了解中国起到了巨大的作用。

36 纺织家黄道婆

1294 年,已经八十岁的元世祖忽必烈病逝,他的孙子铁穆耳继位,就是元成宗。

一天,铁穆耳在皇后那里看到了一条十分漂亮特别的被子。它的被面和被里不像丝绸那样光滑闪亮轻薄,而是非常柔软厚实有质感,盖起来要比丝绸的暖和好多;而且色泽鲜艳,图案形象十分生动。他就问这被子是从哪里来的,谁做的? 皇后说这是江南松江府(今上海松江)的贡品,据说是当地的一个叫黄道婆的妇女用棉花纺织而成的。

黄道婆是松江府乌泥泾镇(今上海徐汇区华泾镇)人,南宋末年元军南侵时,当时年仅十四岁的她随父亲逃难到了海南的崖州(今海南三亚)。两年后父亲病故,黄道婆孤身一人被卖作奴婢,长期在当地的黎族土司家做工,一生没有结婚成家。但她是个十分聪明好学的人,在崖州的近四十年的生涯中,她向当地的黎族人学会了用木棉纺纱织布的精湛技能。在五十三岁那年,由于思念家乡,她终于搭船回到了松江的老家。

当时的江浙地区,农民已经普遍引进栽种棉花了,但纺纱织布技术仍旧十分落后。黄道婆将海南黎族人纺织木棉的技术应用到棉花的纺织上来,对当地的棉纺工具进行了一系列技术改造。她先发明了一种搅车,用脚踏驱动两根相对滚动的轧棍来脱去棉籽获得皮棉;然后将当地原先仅用短弓手拨细弦弹棉花的方法,改成了用身背长弓粗弦、用锤子击弦弹棉花,这样就大大提高了弹棉的速度和质量。她还将单锭脚踏纺车改成了双锭手摇纺车。在织布、染色等方面,她也有不少发明创造。

黄道婆将自己的革新全都毫无保留地传授给当地的百姓,使这些较为先进的棉纺技术很快在江南甚至全国推广开来,大大促进了元朝经济的发展。

黄道婆的名声越来越大。元成宗为了让自己的宫廷中有更多更好的棉纺织品,居然下了一道诏书,要松江府将她送进大都去专门为皇家织造布帛。但当手持诏书的官员来到乌泥泾时,黄道婆已经去世了。

内 容 链 接

黄道婆深受乌泥泾百姓的爱戴。她虽然没有子女,孤身一人,但死后当地人民全都赶来送葬,还建了一座祠堂纪念她。这座祠堂就叫"黄婆祠"。

37 《窦娥冤》和《西厢记》

　　元朝初期由于国家的统一和国土的辽阔,经济和军事实力得到了相当的发展,但是蒙古贵族统治集团也奢侈腐败起来。他们不光对全国百姓实行十分严酷的经济剥削,在政治上还将全国的人分成了四个等级区别对待。第一等是蒙古人,在统治宝塔的最上层,地位最高。第二等是西夏等西域各族人,称为色目人。第三等是淮河以北的汉人,也包括原金朝统治过的女真和契丹人。第四等是南人,即长江以南的南宋百姓,他们的政治地位最低。

　　由于大量的读书人是被元统治者歧视的汉人和南人,压在社会的最底层,当时元朝皇帝又下旨全国统一使用白话,不许用深奥的古文,因此许多文人就纷纷用民间流行的语言和曲调填写起一种类似词的作品,称为小令或小调,几个小调联在一起,就叫合调或套子。许多套子合起来,便发展成了杂剧。

　　杂剧是可供舞台演出的戏剧。元朝涌现了许多著名的杂剧作家,例如关汉卿、王实甫、白朴、马致远、郑光祖等。他们的杂剧有的揭露社会的腐败和冤假错案;有的描写民间真挚的爱情;有的利用历史故事讽喻现实,发泄对社会现实的不满。其中以关汉卿的《窦娥冤》和王实甫的《西厢记》最为出名。

《窦娥冤》写楚州一个被卖作童养媳的年轻妇女窦娥，不幸死了丈夫，地方上的无赖张驴儿企图霸占她。窦娥宁死不从，张驴儿勾结贪官桃杌诬陷她害死人命，屈打成招将她判了死刑。窦娥在临刑时发誓让六月天下雪、楚州大旱三年。后来，窦娥的冤案在她失散多年的父亲考中科举当了官后才得以平反。

《西厢记》则是叙述张生和崔莺莺一对青年男女冲破一系列的曲折阻挠后终成眷属的执着的爱情故事。

《窦娥冤》深刻地反映了元朝的社会现实，而《西厢记》则以冲破封建传统束缚的思想以及文字的精练、细腻、优美见长。它们是我国的代表剧作，在我国戏剧史上占有重要的地位。

知识平台

元 曲 四 大 家

中国文学史上的元曲四大家是关汉卿、郑光祖、白朴、马致远。他们的代表作是：关汉卿的《窦娥冤》、郑光祖的《倩女离魂》、白朴的《墙头马上》、马致远的《汉宫秋》。

① 杌(wù)

38 元朝的艺术家

　　元朝的一些汉族文人由于不愿意与蒙古族统治者合作，纷纷退隐山林，寄情于山水之间，投身到文学艺术的创作中去了。因此，元朝除了涌现出一大批优秀的杂剧作家外，还出现了不少在书法、绘画等艺术领域有很大造诣的人才。其中赵孟頫和黄公望就是他们之中的两个代表人物。

　　赵孟頫是宋太祖赵匡胤的第十一世孙。他字子昂，号松雪道人，出生于湖州（今浙江吴兴）。他的书法学习和继承了王羲之的风格，无论行书、楷书，还是草书、隶书，都有很高的造诣。元世祖忽必烈曾慕名派使者到江南去请他进京。元仁宗更是十分喜爱他的书法作品，专门让人用玉轴装裱起来盖上御印收藏。据说还有印度僧人专程来中国求赵孟頫的字带回去珍藏。

　　赵孟頫还善于将写字的笔法融入绘画之中，创造性地丰富了绘画技巧，既善工笔细描，又能奔放写意，从而使他的画能表现出深刻的意境和内涵，成为元代画坛的巨匠。

　　黄公望，原姓陆名坚，八九岁时父母双亡，被永嘉（今浙江温州）一个名叫黄乐的人收养为义子。当时黄乐已经高龄，他没有儿子，见小陆坚眉清目秀，不禁感叹道：

① 頫（fǔ）

76

"我黄公望子久矣!"于是便将他改名叫黄公望,字子久。

黄公望聪明好学。四十岁左右随浙江廉访使徐琰去大都做官,不料遭人陷害入狱。四十七岁出狱后隐居江苏常熟,经常云游四方,饱览大自然风光,并决心用画笔将它们画下来。他又用了二十多年时间,在浙江的虞山、杭州、富春江一带观察、写生,到七十九岁时,才下决心画一幅富春江一带的山水全景图。这幅《富春山居图》,他用了整整七年的时间才完成。它长636.9厘米,宽33厘米,将富春江两岸的初秋景色——那里的峰峦、山石、飞泉,树林、村落、亭台,渔舟、小桥、江水,全都栩栩如生地囊括其中,被后人称为"画中的兰亭"。

元代还有吴镇、倪瓒、王蒙、王冕、钱选、任仁发等一大批画家,他们的画在中国画的历史上都有一定的影响。

内容链接

《富春山居图》的命运

清朝初年,这幅画传至江苏宜兴人吴洪裕手中。吴临死时竟要家人将它烧化,好让他带到阴间去。画刚点燃,吴洪裕咽气了。他的侄子吴静庵将它从火中抢出,但画已被烧断成两截。现前段藏浙江博物馆,后段在"台北故宫博物院"。

① 瓒(zàn)

39 红巾军起义

　　元朝自忽必烈开始共传了十一个皇帝，到元顺帝妥欢帖木儿时，蒙古贵族已十分贪暴腐败。当时百姓见官要交拜见钱，打官司要交公事钱，逢年过节要交节礼钱；再加上天灾和瘟疫，老百姓简直没法活了。

　　1351 年，元朝政府下令大规模修理黄河。被强行征集起来的数十万民工在蒙古军队的皮鞭下顶烈日、冒严寒没日没夜地干活，民工中的怨愤情绪达到了极点。这时，永年（今河北永年东南）人韩山童和颍州（今安徽阜阳）人刘福通便在河工中秘密宣传白莲教，并偷偷在河道内预先埋下了一个刻了字的石人，然后就在河工中传播民谣说："石人一只眼，挑动黄河天下反！"不久，河工们果然挖到了那具一只眼的石人。于是，相信白莲教的人越来越多了。

　　韩山童和刘福通见时机成熟，就在这年夏天在白鹿庄（在今安徽颍上）秘密筹备起义。因消息走漏，白鹿庄被围，韩山童被杀害，刘福通逃脱后立刻组织教徒提前起义。由于起义军以头裹红巾为标志，因此称为"红巾军"。

　　刘福通的红巾军得到了中原广大穷苦百姓的热烈响应，不到半个月，便发展到十万人。他们很快攻下了颍州和淮河岸边的战略要地朱皋镇。同时，反元起义的烽火也燃遍了全国。徐州的李二、蕲水（今湖北浠水）的徐寿辉、濠州（今安徽凤阳）的郭子兴、高邮（今江苏高邮）的张士诚都纷纷起兵。元朝统治者着了慌。一支全都由色目人组成的称为"阿速军"的精锐的骑兵，被调来进攻红巾军。但在红巾军的勇猛冲杀下，阿速军嘴里喊着"阿卜，阿卜（快逃的意思）"，迅速败下阵来。

红巾军越战越强。1355年，刘福通在亳州（今安徽亳州）拥立韩山童的儿子韩林儿为帝，国号"大宋"，并指挥起义军分三路北伐。以毛贵为首的东路义军从山东、河北一直打到了大都城下。刘福通自己也率军攻下了汴梁。但他忙于在汴梁建都，三路义军缺乏统一指挥，结果被各个击破、先后失败。最后，汴梁也被攻破，刘福通带着韩林儿逃到安丰（今安徽寿县）。

正在这时，张士诚叛变起义军投降了元军，围攻安丰。刘福通向屯兵江南的朱元璋求援。但等朱元璋率军赶到时，安丰已被攻破，刘福通也已战死了。

知识平台

白 莲 教

白莲教原是一个民间的佛教派别，崇拜佛教中的阿弥陀佛，宣传弥勒佛将降临人间，为百姓解脱苦难，带来光明，因此又称"明教"。韩山童和刘福通便利用它的教义团结百姓，组织反元起义。

① 蕲（qí）

79

40 放牛娃造反

　　朱元璋是濠州钟离（今安徽凤阳）人，出生在一个贫苦的农民家庭。家里有弟兄四人，他最小，父母给他起的名字叫朱兴宗。由于他是农历八月初八出生的，因此又叫他"重八"。重八从小在家割草放牛，到了1344年他十七岁时，家乡突遭旱灾、蝗灾和瘟疫，父母、大哥全都病死了，家里一贫如洗，重八只好求邻居刘继祖施舍了一块山坡地，埋葬了亲人，然后到附近南山上的皇觉寺当了和尚。

　　然而不久，和尚也没饭吃了，朱重八就随师兄们一起出去托钵化缘。三年多的时间里，他像叫花子一样，走遍了安徽、河南、山东的许多城市和乡村，尝够了人间的冷暖和艰辛，也增长了不少阅历。当他回到皇觉寺时，红巾军起义爆发了。朱重八栖身的皇觉寺被前来镇压起义的元军烧毁，他只好去投奔当时已经占领了濠州城的义军首领郭子兴。

　　郭子兴也是白莲教的成员，他和徐州的李二（又称芝麻李）同时起兵响应刘福通，因此他们也是红巾军的一支。朱重八进濠州城时，曾被守城卫兵当作奸细绑去见了郭子兴。郭子兴见他相貌、谈吐不凡，让他在自己的卫队里当了一名"十夫长"（可以指挥十个人的小头目）。由于重八办事机敏、作战勇敢,很快受到了郭子兴的赏识。郭子兴亲自给他起名叫朱元璋,字国瑞,并且将自己的养女马氏许配给了他。

不久,郭子兴病死,朱元璋取得了这支队伍的领导权。他掌权以后,马上整顿军纪,广招人才,加紧训练,很快使这支军队强大了起来。正当刘福通的红巾军与元军在中原地区激战的时候,他又避开元军主力,独立向江南地区发展,打下了元军的江南重镇集庆(今江苏南京),在那里建立了牢固的根据地,并将集庆改名为应天府。

正在这时,朱元璋接到了刘福通的求援信。他立刻率军从应天府赶往安丰,打败了张士诚的部下吕珍围攻安丰的军队,并将韩林儿安置在滁州(今安徽滁州)。

人物聚焦

"小明王"韩林儿

白莲教又叫明教,因此教主韩林儿称帝后又叫"小明王"。名义上,朱元璋的军队也归小明王领导。但朱元璋在江南站稳脚跟后,便于1366年指使部下在迎接小明王到应天府时,凿沉了他的坐船,将他溺死于滁水与长江的汇合处瓜步(今江苏六合)。

41 鄱阳湖大战

朱元璋在应天府建立了自己的根据地，并且在李善长、刘基、朱升等一批谋士的建议下，采用了"高筑墙、广积粮、缓称王"的策略，加强战备，发展经济，迅速巩固和加强了自己的实力。这时在他周围，占据长江下游的张士诚和上游的陈友谅都已称王。尤其是陈友谅，一心企图联合张士诚两面夹攻，消灭朱元璋。就在朱元璋率军赶到安丰救出小明王后刚回到应天府，1363年四月，陈友谅便出动了六十万大军，顺长江而下，进入鄱阳湖，然后沿赣江上行，包围了洪都（今江西南昌）。

这时朱元璋的兵力远不如陈友谅，而且分散在各地。好在朱元璋的侄子朱文正组织洪都军民浴血死守，坚持了整整八十六天，终于使朱元璋调集二十万军队赶往鄱阳湖。陈友谅也从洪都撤围进入湖中迎战。于是两军在鄱阳湖里的康郎山水域进行了一场生死大决战。

陈友谅的军队是朱军的三倍，巨大的战船连在一起像一座座小山，号称"撞倒山"、"塞断江"，每船有士兵两三千人，一律漆成红色。朱元璋的战船相对小许多，船体一律白色；但它们每十几条船为一组，共有几十组战船，在湖中机动灵活，由朱元璋统一指挥。战斗开始后，湖中刀光剑影，杀声震天。红白双方在水面上激战三天，湖水都被染成了红色。红军船大炮多，居高临下；白方渐渐招架不住。朱元璋的指挥船都差点被俘，幸亏被大将常遇春赶来救出。

到了第三天晚上，湖面突刮东北大风，朱元璋下令火攻，派大将丁普郎率敢死队驾火船直冲陈军大船。风助火势，陈军联结在一起的大船无法脱开，将士纷纷跳水逃命。朱元璋乘势率军进攻，大获全胜。陈军损失五万多人，投降的不计其数。陈友谅想率败军退入长江，湖口已被封锁，最后他自己也在突围时被箭矢射死。

消灭了陈友谅，朱元璋实力大增。不久，他又出兵消灭了东边的张士诚。1367年，他派大将徐达、常遇春率兵北伐，第二年八月，攻下了元朝的都城大都。而在这年的正月，朱元璋已经在应天府登上了皇帝的宝座，定国号为"明"。

人物聚焦

陈 友 谅

陈友谅原是红巾军将领徐寿辉的部下。徐寿辉占领了两湖以后宣布称帝，国号"天完"，意思是在"大元"上面加天头将它罩住。可是螳螂捕蝉，黄雀在后，不久他就被陈友谅用铁锤突袭砸死；陈友谅取而代之，将国号改为"汉"。

42 《水浒传》和《三国演义》

　　1365 年,朱元璋派大将徐达、常遇春领兵东讨张士诚,两年后终于将张士诚困死于平江城(今江苏苏州)。

　　张士诚原是个私盐贩子,很讲江湖义气。当他在平江府站住脚跟后,曾让自己的兄弟张士德遍招江南名士。张士德知道在自己的家乡高邮白驹场(在今江苏大丰境内)有个很有学问的人,名叫施耐庵,中过元朝的进士,但不愿做官在家闲居。他便让自己的部将、也是同乡的卞元亨前去聘请。但卞元亨去了三次,施耐庵不光没出来,反而举家迁走了。

　　后来,张士德战死,张士诚安于享乐、不思作为,卞元亨就脱离了他。一天,卞元亨在去濠州访友的路上,忽然巧遇了施耐庵的一名老仆人,于是就随老仆人一起去拜访施耐庵——原来,施耐庵避居在淮安的一处山林中。

　　乱世中旧友重逢,两人不胜感慨。施耐庵告诉卞元亨,他既反对元朝的暴政,也看不惯当前的豪强混战。战争兴亡,给百姓带来了无尽的灾难;但官逼民反,没有出路的百姓不得不上山为寇、举旗造反……他虽然隐居山林,但仍在思考这些问题。说着他就从桌上拿起一叠手稿给朋友看:"我正在将我们这里民间流传的梁山泊三十六条好汉落草聚义、劫富济贫的故事写一部书,替穷苦百姓找找出路……"

卞元亨接过一看，见书稿封皮上写着"忠义水浒传"五个大字，夜间秉烛就读了一个通宵，不禁拍案叫好。但这只是上半部，卞元亨对书中宋江等人物的命运十分关切，便问朋友讨下半部看。施耐庵告诉他下半部正由他的学生罗贯中在誊清整理。

第二天上午，卞元亨便在施耐庵的茅屋中见到了罗贯中。三人喝酒聊天，纵论天下大事。罗贯中说，他正在研究汉朝末年魏、蜀、吴三国从分裂到统一的历史，得出的结论是：天下大势，分久必合，合久必分。他想以此规律为主线写一部有关三国的历史小说，书名就叫《三国志通俗演义》。卞元亨和施耐庵对这位年轻人的计划十分赞赏，鼓励他一定将它写出来。

卞元亨告辞后，施耐庵和罗贯中继续辛勤笔耕，中国文学史上的这两部伟大小说，就在山林茅舍里诞生了。

人物聚焦

施耐庵和罗贯中出生在哪里？

施耐庵、罗贯中两人的籍贯历史上说法不一。有的说施、罗都是浙江钱塘人。有的说施是苏州人，后来迁居淮安。有的说罗是山西太原人或山东、江西人等。罗贯中还著有《隋唐志传》、《三遂平妖传》、《残唐五代史演传》等书。也有说《水浒传》是罗贯中写的。

43 刘伯温求雨

　　朱元璋从参加起义到最后统一天下,除了得力于当初随他一同起兵的徐达、常遇春、汤和等以及以后归附他的许多武将外,还因为他注意吸收一大批文人学士进入他的决策和参谋班子。他们之中有名的有李善长、朱升、宋濂、章溢、刘基等,而刘基更是其中的关键人物。

　　刘基字伯温,青田(今浙江青田)人,是当地一位很有学问的隐士。朱元璋领兵打到浙江时,慕名将他请到军营中请教,与他进行了彻夜长谈。当时朱元璋刚占领集庆,刘基就给他分析了形势,要他不要急于称王,让小明王和刘福通去正面对付元军;浙江的方国珍势力薄弱,江苏的张士诚胸无大志,都不足为虑;因此只需集中力量对付西边的陈友谅。

　　果然,不久陈友谅便兵临应天城下。朱元璋有些着慌,准备主动撤出应天。刘伯温又设计让朱元璋军中管粮草的将军康茂才前去诈降,用伏兵在应天城郊打败了陈友谅。从此,朱元璋特别器重刘伯温,称他为自己军中的诸葛亮。

　　朱元璋在鄱阳湖消灭了陈友谅以后,脱下了"缓称王"的伪装,在应天府建立了完整的国家政体,以皇帝自居了。他接着放弃过去的宽容策略,开始实行严厉的铁腕统治。一些投机分子也乘机逢迎拍马，陷害别人，于是应天监狱里人满为患。正巧这时江南大旱，朱元璋着了急，便找朝中分管天文、历法的太史令刘基商量求雨办法。

刘基乘机对朱元璋说："天不下雨是因为应天牢狱中有冤案。"朱元璋便让刘基去牢中清查。结果，还真的查出了不少冤假错案。朱元璋立刻下令给他们平了反。说来也凑巧，这时天就下了场透雨，旱情解除了。

朱元璋正式登基后便大封功臣，比如封李善长为韩国公，徐达为信国公，常遇春为鄂国公。朱元璋也要给刘基封"公"，刘基却坚决推辞，只接受了一个"诚意伯"的三等爵位。四年以后，刘基干脆利用妻子在家病死的机会，以奔丧的名义回到老家，再也不出来做官了。

人物聚焦

刘伯温的晚年

刘伯温于 1371 年还乡隐居。因为他曾反对过朱元璋任用胡惟庸为宰相，说他好比一匹烈马，会把车子拉垮。因此胡惟庸于公元 1375 年乘刘伯温被召至京师时，用毒药毒死了他。

刘伯温晚年写过一篇预测未来的《烧饼歌》，在民间广泛传播。

44 "狡兔死，走狗烹"

朱元璋当了皇帝，就是明太祖。他虽然对协助他取得政权的文官武将们大封官爵，但高处不胜寒，他非常害怕这些功臣权力过大，会觊觎他的皇位。于是他成立了一个专门负责监视大臣活动的机构，名叫"锦衣卫"，让机构中的人直接向他告密。

1379年，就是朱元璋登上皇位的第十二个年头，有人告发当时执掌朝政大权的左丞相胡惟庸在四年前用毒药毒死了刘伯温，而且知道这件事的还有右丞相汪广洋。朱元璋先讯问汪广洋，汪广洋不承认，就被赐死了。胡惟庸感到要大祸临头，便着手准备政变。

胡惟庸原是江西地方上的一个小县官，后来靠巴结和贿赂明朝的开国丞相李善长一步步爬上了朝廷的高位。获取权位以后，他得意忘形，独断专行，贪污受贿，甚至公然私吞占城国（在今越南南方）的贡品，假传圣旨向日本国王借兵企图刺杀朱元璋。第二年正月，朱元璋正式得到胡惟庸谋反的密报，便立刻出动锦衣卫和御林军逮捕了他，并以谋反罪诛杀了与胡惟庸有联系的大批官员和他们的家属，共计约一万五千多人。

胡惟庸的案子还牵连到了李善长。李善长是明太祖的开国功臣，被封为韩国公，而且曾被赐予免死铁券。胡惟庸案案发的十年以后，朱元璋又痛下杀手，以"知情不报、参与谋反"罪杀了李善长一家七十余口，而且又株连了一万五千多人被杀。

1393年，大将军蓝玉被锦衣卫揭发谋反被杀，案件又牵连蓝玉一家及各种关系人物共一万五千多人被害。

明太祖到了晚年，害怕谋反已经到了草木皆兵的程度。被他拜为大将军的，一共只有三人，除蓝玉外，另两位是徐达、冯胜。传说徐达是背上长了恶疮，而朱元璋偏要赐此病禁吃的鹅肉给他吃，于是他疮毒发作而死了。冯胜则是莫名其妙地便被处死了。因此，后人说明太祖滥杀功臣，是学古代的独裁者"飞鸟尽，良弓藏；狡兔死，走狗烹"。

内容链接

马皇后救宋濂

明太祖的皇后马氏待人比较宽厚。当朱元璋因胡惟庸案牵连到太子的老师宋濂而要杀他时，马皇后不吃不喝，坚持免他死罪。朱元璋没法，只得改判充军。但宋濂仍死在充军途中。

45 朱棣夺皇位

1398 年，明太祖朱元璋病逝。由于他原先立的太子朱标已先他病死，因此他生前又立朱标的儿子朱允炆为皇太孙。朱允炆继位，国号"建文"，历史上称为明惠帝或建文帝。

明太祖在世时，几乎把有实力和兵权的大臣杀尽了。他将军权分别交给自己亲生的二十四个儿子，将他们一一分封为王，领兵镇守全国各地。朱元璋以为这样朱家的天下可以高枕无忧了。哪知他的那些儿子、建文帝的叔叔们却心中不甘，一个个动起造反夺权的念头来。

实力最强、雄心最大的是朱元璋的四儿子、镇守北平（今北京）的燕王朱棣。他从小随父亲带兵征战，既懂军事，又会笼络人心。父亲没死时，他就在北平招募勇士、打造武器，为将来作准备了。

太祖死后，建文帝在大臣黄子澄和齐泰的策划下，开始收缴他的叔父们的兵权。他先用突袭的方法派人夺取了周王朱橚、岷王朱楩、湘王朱柏、齐王朱榑、代王朱桂等五王的权力，将他们统统废为庶人，同时又在北平周围部署兵力，在燕王府内安插密探，对燕王进行监视。

燕王朱棣为了争取时间，麻痹朝廷，一面让亲信加紧准备起事，一面自己装起疯来。他竟然自己跑到北平的

① 炆（wén）
② 橚（sù）
③ 楩（pián）
④ 榑（fú）

90

大街上满地打滚抢食,还在大热天抱着棉被喊冷。但朝廷并不相信他真有疯病,反而密令北平左布政使张昺和都指挥使谢贵以宣读圣旨的名义带兵去燕王府抓捕他。不料具体执行抓捕任务的将军张信反戈,向朱棣事先密告了消息。于是朱棣乘机设埋伏在自己的府中将张昺、谢贵捕杀,并宣布起兵"靖难",意思是皇帝被坏人左右,他要起兵去清君侧。

建文帝派大将李景隆率兵五十万前去平定,大军曾一度包围了北平。但燕王的军队全力反击,将李景隆的军队击退至德州、济南;以后又在安徽、河南等地与政府军激战。双方打了近三年,最后,朱棣干脆冒险孤军深入,绕过朝廷军队坚守的城池,直扑南京。由于朝廷的守城将军李景隆开城投降,南京陷落。这时宫中起火,太监报告说皇帝和后妃点火自焚了。

燕王朱棣终于夺得了皇位。他就是明成祖。

知识平台

南京、北京

1368 年,朱元璋在应天府称帝,年号洪武,将应天府改名为南京。1402 年,燕王朱棣攻克南京夺取皇位,年号永乐。1421 年,明成祖迁都北京。第二年,将北平改名为北京。

46 郑和下西洋

　　明成祖登基后,有一块心病一直令他寝食不安。当初攻进南京城时,得报后宫起火,但大火中的遗体都已烧成焦炭,根本无法辨认,因此不能确认他的侄儿、建文帝朱允炆是否在内。后来,民间果然有不少谣传:有的说建文帝化装逃出,出家当了和尚;有的说他逃到了海外。

　　由于明初经济的发展和指南针的应用,当时的航海技术已经具有相当的水平。因此,明成祖决定组织一支庞大的船队,出海去搜寻建文帝的下落,同时也与海外国家进行通商贸易。1405 年船队组成:其中有长四十四丈四尺(约合 142.08 米)、宽十八丈(约合 57.6 米)的大船六十二艘,其他中小船只二百多艘,船队有士兵、水手、医生、技工、翻译等共二万七千多人。明成祖还选定了他的贴身太监郑和作为船队的统领和外交使臣。

　　郑和是云南昆阳州(今云南昆明晋宁区)人,本姓马,小名三保,出生于一个回族家庭,信奉伊斯兰教。1382 年朱元璋派兵征云南时,十二岁的马三保被作为俘虏带回送给燕王,在燕王府当了小太监。以后他跟随朱棣征战,出生入死,深得信任。朱棣当了皇帝后,亲自为他另赐姓名叫郑和。

　　郑和的船队于组成的当年从长江口的刘家港(在今

江苏太仓市浏河与长江的汇合处)出发,经福建沿海扬帆远航。他们首先到达占城国(今越南归仁),然后又到爪哇、旧港(今印度尼西亚苏门答腊东南岸),穿越马六甲海峡到达锡兰及印度洋西海岸。每到一处,郑和都代表明朝与当地国家交换文书,互通友好,并将带去的大批货物与他们进行公平交易,一路上受到了热情的接待和欢迎。只是在经过旧港附近的马六甲海峡时,与一批海盗遭遇。郑和果断地命令船队出击,将横行于海上的海盗头目陈祖义擒获,并彻底端掉了他们的老窝。郑和的第一次远航经过了三年零九个月,顺利回国。

以后,明成祖又派郑和出海五次。在其中一次出海途经锡兰岛时,当地国王将船队骗进港,然后出动五万人围攻抢劫。郑和机智地派奇兵突袭他们的首都,将国王俘虏押解回国。除此之外,郑和的使团一直与所到之国的人民和平友好交往。

明成祖死后,1430年郑和还奉明宣宗朱瞻基之命进行了第七次远航。他的船队一直越过印度洋到达伊朗南海岸和非洲东海岸,创造了世界航海史上的奇迹。

知识平台

小 统 计

郑和七次下西洋,共到过三十多个沿海国家,用中国的茶叶、瓷器、绸缎、花布等换回了珍珠、玛瑙、珊瑚、檀香、椰子、槟榔、长颈鹿等海外物品。如今在印尼爪哇就有"三宝垄市",还有"三宝庙"和郑和塑像。

① 爪(zhǎo)
哇(wā)
② 槟(bīn)
榔(láng)

47　解缙编《永乐大典》

　　明成祖派郑和出洋，虽然没有找到建文帝的下落，但沟通了与海外许多国家的关系；另外，他又让翰林学士解缙负责编了一部中国历史上规模最大的类书《永乐大典》。

　　解缙是当时有名的才子。明太祖朱元璋十分喜欢他，曾声称他与解缙"情同父子"。解缙性格正直，曾向朱元璋进《万言书》，指出他朝令夕改、刑法太严、赏罚不公、用人不当，"天下皆以陛下的喜怒为生杀"等一大堆缺点，弄得朱元璋很不高兴，就叫他回家继续读书。明成祖从侄子手中夺得皇位后，杀了一大批不服从他的文人，为了替自己作掩饰，他向解缙交待了一项任务：将天下古今的各类书籍，从经史百家到天文、地理、农桑、技艺、医卜、僧道等，分类编纂成便于查阅的一部大类书。

　　解缙接旨后，调集了一百四十六名读书人分头工作，于 1404 年初步完工，书名叫《文献大成》。成祖看后，嫌搜集的资料不够完善，又派他的亲信、太子少师姚广孝和刑部侍郎刘季篪协助重新编写。这次，共动员了各地的文人、儒生以及国子监的学员共三千余人参加编辑和抄写，到 1407 年完成，共编了二万二千九百三十七卷，装订成一万一千零九十五册，共三亿七千多万字。

① 解（xiè）
　缙（jìn）
② 篪（chí）

94

成祖为这部巨著写了序言,并改用自己的年号作为书名,亲笔题了"永乐大典"四个字。这部书后来随明朝迁都而运往北京,收藏到宫中的"文楼"里。但由于当时成祖忙于领兵与北方的鞑靼①、瓦剌②打仗,没有下令将它们刻印下来,而只是手抄了两部。而其中的一部,在明朝末年就已经失散;另一部一直完整地保存到了清朝末年,却又不幸遭到了八国联军的火烧与抢劫。至今只剩下了少数几百册,它们大部分还分散在世界许多国家的图书馆里。

解缙虽然编书立了功,但由于敢于直言,坚持要求成祖立长子朱高炽为太子,因而得罪了也想当太子的皇子朱高煦,被朱高煦诬陷入狱,最终被锦衣卫活埋在雪中冻死。

人物聚焦

解缙对对子

解缙字大绅,吉水(今江西吉水)人,从小才思敏捷。相传他年轻时,有个秀才写了一副对联想嘲弄他:"牛跑驴跑跑不过马,鸡飞鸭飞飞不过鹰。"他当即还敬道:"墙上芦苇,头重脚轻根底浅;山间竹笋,嘴尖皮厚腹中空。"

① 鞑(dá)靼(dá)
② 瓦(wǎ)剌(là)

48 明仁宗施仁政

明成祖好大喜功,除了航海和编书外,他又大规模营建北京城,并接连六次率大军远征北方,耗尽了国家的财力民力。与此同时,他又在国内实行严酷的统治。光在他夺得皇位时,便一下子杀了原支持建文帝的大臣和他们的亲属、朋友几万人,弄得监狱里人满为患。1424 年,明成祖终于病死在北征回师途中。太子朱高炽继位,就是明仁宗。

明仁宗是个很开明仁慈的皇帝。他在当太子时,就十分注意关心百姓的疾苦。朱元璋在位时就很喜欢他,为了锻炼他的能力,朱元璋有时让他帮助批阅奏章。他就常常把各地报告灾情的奏章优先呈报。明成祖时,一次他受命从南京赴北京视察建都情况,路过山东邹县时,见许多百姓在路边挖野菜、采草籽。他一询问,原来是遭了旱灾,大家采集这些东西回去充饥。朱高炽便跟着百姓来到村里,快到中午了,却家家不见炊烟,只见老人、孩子面黄肌瘦,村中一片冷落破败,连树叶都被采光了。他难过得落下了眼泪,让手下人将山东布政使段民找来,命令他立刻打开官仓放粮赈济灾民。段民还有些犹豫,朱高炽说:"快去办! 一切责任我自会向皇上承担。"

他登基后,立即打开监狱,释放了一大批成祖时被锦衣卫无辜关押的大臣,同时宣布平反各类冤狱,包括建文帝案的株连人员,将充军到各地的他们的家属招回,并发还家产。解缙的妻子儿女,也在这时得到了解脱。接着,仁宗又下令追回郑和正在远航的船队,召回赴交趾采办珍珠、赴西域购买马匹的使臣,暂停宫中的采购,以减少经济支出,恢复民生。

在办完上面的几件事以后,仁宗又下诏废除宫刑等酷刑,规定一切罪犯都要按法律审判,不得法外施刑,不得制造冤案假案,取消诽谤罪名,除谋反罪外,一律不搞连坐。

他还撤掉了不肯认真执行给灾区百姓免税命令的老臣、户部尚书郭资,直接派使者到各地调查民间疾苦,先后开仓救济了山东、安徽、浙江、河南等省二十二个县的灾民,并一再告诫派出去的官员:"恤民宁可厚些,不能跟百姓锱铢计较。"

可惜仁宗只当了十个月的皇帝便病死了。他的儿子朱瞻基即位,就是明宣宗。宣宗继续仁宗的开明政策,历史上将这两朝称为"仁宣之治"。

知识平台

永 乐 迁 都

明成祖朱棣在当燕王的二十年里,一直将北京作为根据地。登基后,为了加强对北方的控制,1407年他下令征集全国二十多万工匠和上百万军民,调集大量物资开始营建北京的皇宫和宫城,于1420年建成,并于第二年正式迁都北京。

49 苏州知府况钟

明宣宗当了皇帝后,大刀阔斧地整治腐败。他改组了朝中负责督察官吏的都察院,撤了它的头儿、左都御史刘观的职;连他自己原先的东宫旧属陈山也被撤掉了尚书的职务。原因是这两人都有受贿劣迹。

接着,他又让各大臣推荐德才兼备的人才,予以破格提拔。1430年,根据推荐,宣宗任命了苏州等九郡的新知府。临行前,宣宗接见了他们,给他们每人一道敕书①(皇帝的授权书),让他们可以对违法乱纪的行为直接处置。

新任的苏州知府名叫况钟。他是江西靖安人,并没有考过科举,是从当衙门里办事的小书吏开始一步步升为京城的礼部郎中的。由于他办事公正廉洁又十分能干,因此这次也被推荐了上来。况钟到苏州上任后,先是让衙门里的官员一切照旧处理公事,他毫不干预,自己只是从旁观察,仔细地到各地了解情况。

苏州府原是张士诚的属地,下辖有常熟、吴县、昆山、太仓、嘉定、吴江六县和崇明岛。这里原先土地肥沃,经济发达,但朱元璋对张士诚的属地采用了惩罚性的税收政策,从这里每年抽走的田税竟达全国的十分之一。再加上豪强、官府的额外盘剥,使这块富庶之地的百姓也纷纷向外逃亡。况钟弄清情况后,向宣宗奏请减免了当地

① 敕(chì)

98

百姓大半的租税，使这一地区的经济又恢复和繁荣了起来。

接着，况钟开始召集衙门的官员和百姓代表公开审理案子。他一下子在公堂上公布了前些日子仔细察访取得的证据，当堂平反了几起冤案，下令将衙门里几名贪污受贿的经办官吏立刻处死，并且宣布了衙门的纪律。从此苏州衙门的风气大变。

不久，有两名宫中的太监以奉旨来苏州采买鸟儿为名到处敲诈勒索；他们嫌官府照顾不周，居然将苏州府通判赵忱捆绑了起来。况钟得报后，毫不留情地下令逮捕了他们，还将他们拉到大街上游街示众，然后押往北京交皇帝处置。宣宗惩治了两个不法太监，还夸况钟办事有魄力。

况钟还在苏州府培养人才，兴修水利，救济灾民，在任十三年深得当地百姓爱戴，被人们称为"况青天"。

人物聚焦

朱高煦造反

宣宗的二叔朱高煦想像朱棣一样起兵从侄儿手中夺取皇位，结果被宣宗带兵俘虏，关在宫中的逍遥城。一天，宣宗去看他，他突然伸脚将宣宗钩倒。宣宗就让人将他扣在铜缸内，外面用炭火将他烤死了。

50　土木堡之变

　　1435 年,当了十年皇帝的明宣宗病死,他九岁的儿子朱祁镇继位,就是明英宗。

　　英宗当皇帝的开头几年,由太皇太后张氏(就是仁宗的皇后)及几位大臣辅政。张氏过世后,英宗虽然亲政了,但他只热衷于在后宫与嫔妃们行乐,朝政大权全交给了他的心腹太监王振处理。

　　王振原是蔚州(今河北蔚县)地方的一个泼皮无赖,因为犯了罪,想逃避刑罚,便使自己阉割后进宫当了太监。他先在东宫服侍小太子。小太子年幼顽皮,他就把过去学来的各种无赖本领一一展示出来,哄小太子玩耍,弄得小太子与他形影不离。朱祁镇坐上皇位后,就让他当了司礼监的头目。

　　司礼监是主管宫中事务的二十四监中最重要的机构,专门替皇帝管理奏章。皇帝对奏章的批复与命令,也由司礼监的太监记录下来并负责传达。因此,王振实际上控制了朝中的军政大权。大臣们称他"王先生",都想巴结他,看他的眼色行事。于是王振便在朝中大肆贪污受贿、卖官鬻爵、结党营私,将仁、宣二宗的中兴局面彻底毁掉了。

　　1449 年,北方蒙古族的瓦剌部族酋长也先领兵侵犯

① 蔚(yù)
　　州(zhōu)
② 阉(yān)
③ 也(miē)

100

大同（今山西大同）。王振不顾兵部尚书邝埜和兵部侍郎于谦的竭力劝阻，竟让英宗率五十万大军亲征。年刚二十三岁的英宗只觉得出去打仗威风好玩，便毫不犹豫地披挂出发了。

其实，这场战争是王振一手造成的。因为他的家乡在大同附近，他让人在边境上与瓦剌走私，用铁制兵器（刀、枪、箭、镞等）换蒙古的马匹来内地高价出售。在走私交易中，双方产生了矛盾，便招来了瓦剌的进攻。而他提供的铁器，却正好武装了瓦剌军队。

明军由于仓促集结，军粮供应不上，又遇连日大雨，前锋在大同附近与瓦剌军一接触便被打得大败。王振害怕了，下令退兵，但又让大军绕道到他的家乡，将他家的大批财产装了一千多辆小车随军押回京城。结果，撤退的明军因此耽误了时间，被瓦剌军队追上，包围在土木堡（今河北怀来）地区。明军断水缺粮，突围中兵部尚书邝埜等许多高级将领战死，英宗被俘。五十万大军损失大半。

内 容 链 接

王 振 的 下 场

在土木堡突围战中，战场上一片混乱。吓傻了的王振和英宗坐在山坡上发呆。这时禁军将领樊忠赶到，他举起大铜锤，一锤杀死了祸国殃民的王振，然后与包围上来的瓦剌军血战而死。英宗最终被俘。

① 邝（kuàng）埜（yě）

101

51 于谦守北京

　　土木堡大败的消息传到北京，明皇室内外一片惊慌。皇太后只好临时宣布由英宗的兄弟郕王朱祁钰监国（代替皇帝处理政务）。朱祁钰召集群臣上朝议事。学士徐珵主张将首都南迁，逃避瓦剌军的锋芒。兵部侍郎于谦坚决反对。他对朱祁钰说："我们怎能忘记宋朝的靖康之耻？说南逃的人应该斩首！"大臣们大都支持于谦，主张坚守北京，并纷纷要求立刻追查王振的责任，抄他的家。

　　正在大家议论纷纷、吵吵嚷嚷的时候，在大殿值班的王振的亲信、锦衣卫指挥使马顺气势汹汹地上前吆喝道："王先生已经死在前线了，你们还吵什么！都给我滚回去！"这下可激怒了满朝文武，大家一拥而上，拳脚相加，竟将他活活打死了。朱祁钰吓得想逃进后宫。于谦将他拦住，劝他下令抄没了王振家产，将他的死党逮捕处死。大臣们这才各归其位。

　　于谦又与太后商量，为了杜绝瓦剌的要挟，干脆让郕王正式继承皇位。于是朱祁钰登基，就是明代宗，尊英宗为太上皇。接着，代宗任命于谦为兵部尚书，由他负责指挥京城的防卫。

　　于谦上任后，立刻下令急调全国各地的军队前来保卫京师，同时整顿京城防务，收容从土木堡败回的官兵，

① 郕（chéng）
② 钰（yù）
③ 珵（chéng）

102

让代宗释放了原被关在监狱中的大将石亨、杨洪,委任他们领兵御敌。

不久,也先果然挟持了英宗,率瓦剌军前来进攻北京了。大将石亨主张固守等待援军。但于谦为了增强大家抗敌保国的信心,打击敌人的气焰,毅然决定亲自领兵出德胜门迎击瓦剌军主力,同时派兵出京城其他各门外扎营御敌。迎战前,于谦干脆下令关闭各处城门,鼓励士兵与敌军拼死一战;同时颁布军令:不论将军士兵,临阵退却、逃跑者,一律处死!

这时从河北、山东、辽东各地赶来的援军已达二十多万,明军士气大振。也先的瓦剌军在德胜门外首先被于谦设下的伏兵打败;接着,崇文门、宣武门、西直门外的明军也在援军的配合下重创敌军。瓦剌军进攻了五天五夜,损失惨重,只好带着英宗撤了回去。

故事中的成语

两 袖 清 风

于谦还是个大清官。他当山西巡抚时一次要进京办事,手下的人劝他带些绢帕、蘑菇之类的山西特产去送给王振。他就写了一首《入京》诗:"绢帕蘑菇与线香,本资民用反为殃。清风两袖朝天去,免得闾阎话短长。"古代人穿的是宽袍大袖,东西可以藏在袖内;"清风两袖",意为两袖中只有清风,一无所有,以表明自己的清廉之志。于谦没有送礼,王振真的找借口将他打入了死牢,关了很久才释放。而"两袖清风"这句成语,也从此传了开来。

52 "要留清白在人间"

　　于谦领导的北京保卫战,取得了辉煌的胜利;又由于立了新皇帝,使瓦剌利用俘获的英宗要挟敲诈的企图无法得逞。瓦剌酋长也先于是先以送还英宗为诱饵,企图乘机攻占大同,被大同守将郭登拒之城外;接着,又派使者与明朝政府谈判送还条件,也被置之不理。也先见继续扣留英宗已没有什么意义,就于1453年,在扣押了英宗整整四年以后,将他放了回来。

　　代宗虽然不得不接受被放回的英宗,但又生怕自己的皇位被夺去,因此便将这位太上皇安置到了紫禁城南端孤独的南宫里居住,让他与外界几乎隔绝了起来,连一些大臣在新年及英宗生日时要去拜贺也不允许。

　　1456年,才二十九岁的代宗忽然得了重病。朝中的几个大臣便在暗中活动起来,企图在皇位继承问题上投机赌一把。这其中为首的,便是保卫北京时被于谦建议从狱中放出来领兵的石亨。因为作战有功,他被封为武清侯、镇朔大将军。石亨私下联络了监军太监曹吉祥、都督张轨①和副都御史徐有贞,秘密策划制造一场让英宗复位的政变。这个徐有贞,就是先前曾建议迁都的学士徐珵;因为出过那样的馊主意,没有面子,才改了名。

　　就在第二年的一天夜里,这伙人带了一千多名士兵,

① 轨(yuè)

104

悄悄将英宗从南宫接出，骗开了宫中的长安门，让他来到奉先殿，坐上了龙椅，并且敲响了早朝的大钟。百官以为久病的代宗要上朝了，走进大殿，立刻被政变的士兵包围；在石亨、徐有贞等人的胁迫下，不得不向英宗磕头，承认他是皇帝。

英宗复辟后，便将代宗废为郕王。不久，郕王便死了。徐有贞、石亨、曹吉祥等如愿以偿都升了大官。于谦等一批原先拥立代宗的大臣纷纷被捕下狱。英宗因于谦保卫北京的功劳和威望，不敢贸然下令杀他。但徐有贞还记着当年于谦曾训斥他"谁主张南迁该斩首"的仇，对英宗说："不杀于谦，今日之变便师出无名。"于是，给于谦按了个"企图勾结外蕃"的莫须有罪名，将他杀害了。

内 容 链 接

于 谦 墓

于谦被杀时，北京全城百姓痛哭失声。抄他家时，除了书，什么财物都没有。死后，他的女婿将他葬在杭州西湖边离岳坟不远的青山上。他的诗《石灰吟》就是这位好官、清官的人格写照：

千锤万击出深山，烈火焚烧若等闲。

粉身碎骨浑不怕，要留清白在人间。

53 中山狼故事的来历

　　1464 年，明英宗朱祁镇病死，太子朱见深继位，就是明宪宗。宪宗给土木堡事变中的于谦等功臣平反恢复了名誉。他当了二十三年较为太平的皇帝，于 1487 年病逝。他的儿子朱祐樘继位，为明孝宗。孝宗当了十八年皇帝，死后由太子朱厚照接位，称明武宗。

　　武宗十五岁登基，只喜欢尽情玩乐，不愿多管政事，朝政大权便全都落到了平时陪他玩耍的八个太监手中。他们乘机用皇帝的名义假传圣旨，贪赃枉法，无恶不作。朝中的官员和京城的百姓一听到他们的名字就害怕，称他们为"八虎"。"八虎"中为首的太监名叫刘瑾。

　　一些大臣实在看不过去了，联名给武宗上书要求惩办"八虎"。"八虎"得悉后去武宗跟前又哭又闹，武宗干脆将他们统统升了官，而刘瑾则正式当上了司礼监太监，直接负责替皇帝起草和宣读圣旨、诏书了。

　　刘瑾大权在握，常常以接旨的名义让朝臣们在大殿外罚跪晒太阳，以示他的威风。上书弹劾他的大臣有的被免职，有的被杀害；起草弹劾书的户部官员李梦阳则被关进了锦衣卫的死牢中。

　　李梦阳是当时有名的才子。眼看自己已羊入虎口没有活路了，他思前想后，在一张纸条上写了"对山救我"四

① 樘（chēng）

106

个字,请前来探监的朋友带了出去。

对山是当时的另一名才子、翰林修撰康海的字,与李梦阳是文友。刘瑾与康海是同乡,为了笼络人心,曾数次亲自拜访康海,想请他出山,都被康海拒绝了。这次康海见朋友有难,毅然决定委曲求全,进了刘府,并且将李梦阳从牢里保了出来。

两年后的 1510 年,将军杨一清乘受命统帅军队平定宁夏的安化王朱寘鐇①叛乱的机会,与监军太监张永密谋,由张永出面向武宗告发刘瑾企图篡权谋反。武宗这才亲领禁军抄了刘瑾的家,处死了他,并惩办了他的党羽。康海也受到牵连被免职遣送还乡。当时的官场和文人都谴责康海,说他卖身投靠刘瑾。而李梦阳此刻却得到平反起用,当了江西提学副使。但他却并没有出来为康海辩白一句。这件事后来被替李梦阳送字条的那个朋友讲了出来。有个叫马中锡的御史得知后,便写了故事《中山狼传》,用东郭先生救狼的寓言来谴责李梦阳忘恩无义。后来,康海又根据这个故事写了著名的杂剧《中山狼》。

知识平台

十 三 陵

明朝共有十六位皇帝。除太祖朱元璋和建文帝朱允炆葬在南京外,还有就是代宗朱祁钰,英宗夺位后,毁其所建帝陵,以亲王礼把他改葬到了北京西山。其他十三个皇帝,都葬在北京北郊昌平的天寿山,就是今天的明十三陵。

① 寘(zhì)
鐇(fán)

思想家王阳明

　　就在刘瑾等"八虎"不可一世、拼命迫害反对、弹劾他们的官员的时候，兵部主事王守仁却敢捋虎须，向武宗上书要求释放被刘瑾关押迫害的人。昏庸的武宗当然不会主持公道，反而下令将他当朝打了四十棍，发配到贵州龙场驿去当驿丞（在驿站负责接待过往客人的小官）。

　　王守仁，字伯安，浙江余姚人。他父亲王华担任过礼部侍郎、南京礼部尚书。王守仁从小既读书又练武，十五岁时就去考察长城，饱览国家的山川形势，胸怀大志。二十七岁考中进士，在京城做官不久便被发配了。

　　王守仁带着棍伤上路，没想到刘瑾又派锦衣卫追杀过来，要对他斩草除根。幸亏他的朋友抢先一步快马追上告知，他才仿效伍子胥的办法在钱塘江边丢下衣帽鞋子和一首"遗诗"，伪装自杀，躲过了一劫。以后，他在武夷山中隐藏了两年多，才去了龙场驿。

　　龙场驿是贵州十分荒僻的苗民居住的山区，王守仁在那里教苗民建木屋、识字，同时又潜心研究学问。在此之前他已对南宋的理学大师朱熹的"天理说"进行过深入的研究，用朱熹的"格物致知"（只要对事物仔细研究思考，就会获得知识，悟出道理）理论，对着庭院中的竹子冥思苦想了整整三天，却一无所获。为此，他又去钻研佛

　　① 捋(lǚ)

家、道家的理论，也未得到结果。在这艰苦荒寂之处他继续潜心思考，就像释迦牟尼悟出佛道一样，在一个宁静的月夜，他终于想通了——原来，宇宙世间的道理（真理）并不像朱熹讲的那么玄虚，它就在人自己的心中！于是他提出了"心学"，认为人心中本来就有善的和正确的念头（良知）；只要纠正和去除心中的不善，而发扬善的一面（致良知），并且"知行合一"（理论和实践统一），就能达到圣人的修养境界。

王守仁的这种理论进一步发展了儒家思想，它从主观唯心主义思想出发，提倡独立思考和知行合一，是有积极意义的，对以后的思想和文化艺术领域产生了重要的影响。

王守仁还是个军事家，他领兵替朝廷平定了宁王朱宸濠在江西的叛乱，还镇压过农民起义和少数民族的反抗。

内容链接

阳 明 先 生

刘瑾被杀后，王守仁重新出山，他先在贵阳书院讲学，以后又回老家在绍兴阳明洞研究学问和讲学，因此又称"阳明先生"。他的学问汇编成了《大学问》《传习录》两书。

① 释（shì）
迦（jiā）
牟（móu）
尼（ní）

55 奸臣严嵩

明武宗没有儿子,也没有兄弟,他死后将皇位传给了他叔父兴献王朱祐杬的长子朱厚熜,年号"嘉靖",死后的庙号为"世宗"。

明世宗比武宗更加荒唐。他不但荒淫无耻,还迷恋道教,一心跟着道士求仙炼丹,企图长生不老。他还将道场搬进了乾清宫,使皇宫大殿内整日红烛高烧、香烟缭绕,让道士仗剑画符作法,弄得乌烟瘴气。于是道士邵元节、陶仲文成了他的亲信和朝中的一品大员;朝政大权,统统交给了一个专门逢迎拍马、会给他写做道场时的祭文(称"青词")的奸臣严嵩。

严嵩当了朝中首辅(相当于宰相)后,与儿子严世蕃一起,贪赃枉法,结党营私,强抢民女,陷害忠良,无恶不作。他得宠后,首先就设法陷害当初推荐他进京做官的尚书夏言,接着又贿赂世宗身边的道士陶仲文,将弹劾他罪行或对他不满的一大批官员如大学士翟銮,山东巡按御史叶经,御史谢瑜、陈绍,给事中王爆、沈良材、陈垲,山西巡抚童汉臣等,以诽谤罪或贬官免职,或让锦衣卫拷打致死。

这时,明朝北部边境的鞑靼(蒙古族一部)可汗俺答不断领兵骚扰北方各州。严嵩不但不让明军反击,还鼓动手下在边境开设"马市"与鞑靼交易谋利,致使鞑靼以

① 杬(yuán)
② 熜(cōng)
③ 嵩(sōng)
④ 銮(luán)
⑤ 垲(kǎi)

110

交易为名不断进入中原掳掠,陕西、山西、宁夏、河北、辽东各地百姓饱受俺答骑兵的蹂躏①。兵部侍郎曾铣②联合陕西、宁夏总兵在黄河河套地区大败鞑靼兵,俘获了许多战利品。这时恰巧宫中失火,严嵩竟说是因为曾铣用兵引起的。昏聩的世宗居然将曾铣斩首。

俺答得寸进尺,领兵掳掠到北京城郊。世宗让严嵩的干儿子仇鸾③统兵抵敌。严嵩竟对仇鸾说:"在京城附近打了败仗无法隐瞒,你不要与鞑靼冲突。"于是仇鸾的十几万明军对入侵之敌不发一箭。仇鸾反而私下派人去贿赂俺答,任由他掳掠,只要不打自己就行。

兵部车驾司员外郎杨继盛向世宗上奏揭发仇鸾,弹劾严嵩,指出严嵩的"十大罪、五大奸"。世宗竟将奏折交给严嵩处理。严嵩让锦衣卫用严刑残酷折磨杨继盛,夹断了他的十指和胫骨。杨继盛仍不屈不挠,被世宗下旨杀害。

严嵩在朝中掌权二十一年,将明朝推向了衰败的边缘。

内容链接

严嵩父子的下场

1562 年,道士蓝道行用扶乩④(占卦)的方式告诉世宗严嵩是奸臣,大学士徐阶、御史邹应龙乘机向世宗揭发严嵩父子。世宗罢了严嵩的官,逮捕了严世蕃。三年后严世蕃被杀,从严府中抄出黄金三万多两,白银三百多万两,其他珍宝无数。严嵩被逐出家门饿死。

① 蹂(róu)
  躏(lìn)
② 铣(xiǎn)
③ 仇(qiú)
  鸾(luán)
④ 乩(jī)

杨继盛被严嵩害死后，蓟辽总督王忬十分同情他，就让自己在京的儿子王世贞为他治丧安葬。严嵩因此对王忬怀恨在心，故意在鞑靼兵侵犯辽东时朝令夕改，让王忬无所适从，结果打了败仗。于是他又指使自己的亲信、都御史鄢懋①卿出面诬陷王忬故意放纵敌人，让世宗将他杀害了。

为了酬劳鄢懋卿，严嵩让他总管全国的盐政。这是个极大的肥差。鄢懋卿上任后便带着豪华的仪仗以及妻妾使女，到全国各地巡察盐务。每到一处，当地官员都要大张旗鼓地接待，用大把银子贿赂他。可是当他来到浙江淳安时，前来迎接他的却是两个穿着破旧的人；而其中一人自称就是淳安知县海瑞。鄢懋卿责问他：“既是知县，为何不坐轿，不穿件像样的官服？真是有失体统！”海瑞回答说：“本县民穷，下官不忍心扰民，还请大人原谅！”将鄢懋卿噎②了回去。接着海瑞又将他们一行接到县衙中，不用仆役，自己和妻子亲自招待，却只有粗茶淡饭，气得鄢懋卿及其家属第二天立刻离开了淳安。

又有一次，严嵩的部下、浙江总督胡宗宪的儿子到淳安，嫌招待不周，竟然吊打接待的官员。海瑞立刻下令将他拿下，并写信通知胡宗宪，说有人冒充您的公子在外胡

① 懋（mào）
② 噎（yē）

112

作非为。弄得胡宗宪哭笑不得，只好自认倒霉。

海瑞在淳安办事廉明公正，爱护百姓，当地百姓称他为"海青天"。但严嵩和鄢懋卿对他怀恨在心，终于借故撤了他的职。直到严嵩倒台后，他才被调到京城任户部主事。

海瑞在京城的官职虽然不大，但他对世宗的荒唐行为更加了解和不能容忍了。于是，他干脆安排好了后事，写好了遗嘱，还给自己买好了一口棺材，然后给世宗上了一道奏章，痛快淋漓地数落道："陛下沉溺求仙学道，耗尽民脂民膏，滥杀无辜官员，弄得官吏贪暴，民不聊生。现在教陛下长生不老的道士自己也死了，陛下还不觉悟？……"

世宗气得立刻下令将他抓了起来。幸好不久世宗就病死了。海瑞出狱后受命巡抚江南，他微服私访，严惩江南的豪强恶霸与贪官污吏，还带领百姓疏浚了吴淞江、白茆河。他一生廉洁奉公，深受百姓爱戴，去世时家中连办丧事的钱都拿不出，还是同僚们凑了钱才将他安葬的。

人物聚焦

海瑞的出身

海瑞字刚峰，海南琼山（今海南海口）人，从小丧父，随母长大，家境贫困，因此同情穷人。二十多岁中举人后当县学学官时，就废除了学生给老师送礼的习俗，还认为学校不是衙门，教师不应给上级官员下跪。

① 茆（máo）

113

57　戚继光平倭寇

　　明朝初期，我国东南沿海常有一批日本海盗和我国当地的地痞流氓勾结起来，上岸结伙抢劫，沿海百姓称他们为"倭寇"。明世宗时，由于严嵩等奸臣当道，皇帝昏庸，海防空虚，倭寇的侵扰越来越严重。他们常常成群结伙，头上装饰着银角彩带，涂了油彩，像一群恶魔一样杀人越货，奸淫掳掠，焚烧村镇。

　　这些亡命之徒有相当的战斗力，大都使用双刀，刀法精熟。还用一种大弓，可将弓鞘立在地上发射，力量很大。许多明军官兵常常见了倭寇便闻风而逃。而糊涂的嘉靖皇帝居然派严嵩的干儿子赵文华去浙江海边向海神祭告，求海神平息倭寇的骚乱。为了证明祭告的效果，赵文华竟将兵部侍郎张经在浙江沿海消灭倭寇两千多人的一次大胜仗，冒充为自己的功劳上报朝廷，而反将立了大功的张经等几位将军以冒功罪杀害了。

　　这样一来，倭寇更加猖獗起来。浙江总督胡宗宪只好请求朝廷调山东将领戚继光来浙江领兵抗倭。戚继光到任后，在当地的矿工和农民中招募了一批吃尽倭寇苦头的壮丁，训练出了一支三千人的精锐军队，人们称为"戚家军"。这支队伍纪律严明，有极高的士气和素质，戚继光还针对倭寇的武器和作战特点，着重训练战士们的水上、水田作战能力，并设计出了"鸳鸯阵"、"雁列阵"等战法。

"鸳鸯阵"是以每十二人为一小队。小队中最前一人为队长，次二人在前面用盾牌挡箭，再次二人用一种以长毛竹连枝带尖削成的名叫"狼筅①"的武器横抄持短刀的敌军，后四人持长枪杀向敌人；再后二人持短兵器负责掩护，最后一人为火兵。这种小队可在沼泽地各自为战；几百小队合起来便是一支可统一调度的大军。正规陆战时，"鸳鸯阵"又可变为"雁列阵"与敌人正面对峙。

戚继光作战时还身先士卒，他的弓箭百发百中，常常一开战便将指挥的倭寇先一箭射死了。因此戚家军很快在江苏、浙江、福建、广东沿海横扫倭寇，所向无敌。戚继光又与另外两名抗倭将军谭纶、俞大猷②密切配合，从1555年到1565年，经过十年的浴血奋战，终于平定了东南沿海的倭寇。

人物聚焦

戚 继 光

戚继光字元敬，山东登州（今山东蓬莱）人，从小跟随父亲读书、习武；父亲死后承袭了登州指挥金事的军职；曾调北京东北守卫蓟门卫，参加过抗击鞑靼、保卫北京的战斗；以后又调回山东。他立志保卫国家海防，曾写诗说："封侯非我意，但愿海波平。"

① 筅（xiǎn）
② 猷（yóu）

58 山阴才子徐文长

在明朝抗倭斗争中，还有一位书生，也立下了很大功劳。他就是山阴(今浙江绍兴)才子徐文长。

徐文长名渭，出生后一百多天，父亲便去世了；生母因为是父亲的小妾，被逐出了家门，因此他是随父亲的正房苗氏长大的。独特的身世养成了徐文长敏感和特立独行的性格。他又天资聪明，在当时的乡里被称为神童。这位神童文思敏捷，才气过人，但由于他与封建礼教格格不入，因此考科举屡屡落榜。倒是浙江总督胡宗宪听说了他的才名，将他招到了自己的府中。

这时，倭寇在浙江沿海活动十分猖獗。一次，一群倭寇被一位名叫姚长子的农民领进了一片四面环水的沼泽地，绍兴总兵俞大猷带兵包围了他们。但困兽犹斗，官兵一下子无法歼灭他们。徐文长便化装成农民，驾小船前去侦察，并故意放出几条空船，让倭寇乘船突围，在突围途中，设埋伏全歼了他们。接着，徐文长又写文章歌颂了为此次战斗牺牲了自己生命的那位农民姚长子。

当时浙江沿海有徐海、陈东、汪直等三股较大的倭寇势力。徐文长就替胡宗宪设计，善待汪直的家属，诱降了他。接着，又派人离间徐海与陈东的关系，让他们互相攻击火并，最后将他们分头消灭。胡宗宪当浙江总督时，他给嘉靖皇帝的奏章也都是由徐文长代笔写的。胡宗宪因此曾受到皇帝的赞赏。

以后作为严嵩同党，胡宗宪与严嵩一起倒台了。徐文长便回到家乡，过着狂放不羁的生活。他从此与庸俗腐败的官场不再来往，只是隐居在家里读书、画画、写作。他将自己的住处命名为"青藤书屋"，创作了许多书画作品，还写了中国戏剧史上几部有名的剧本如《歌代啸》、《雌木兰替父从军》等。《歌代啸》以荒诞剧的形式批判嘲弄当时社会的黑暗腐败。后来的成语"偷工减料"、"只许州官放火，不许百姓点灯"，就出自他的这个剧本故事。《雌木兰替父从军》则是在历史上《木兰辞》被第一次改编成剧本。他创作的剧本，后来都收入他的杂剧集子《四声猿》中。

在当地，还流传着许多有关徐文长反对封建礼教、惩治贪官污吏、为穷苦百姓做好事的故事。这是人民对他的纪念与肯定。

内容链接

吴中四才子

在当时的苏州，还有四个十分有名的才子。他们与徐文长一样，反对以朱熹为代表的封建理学的束缚，各自在书法、绘画、诗歌等创作中张扬个性，取得了巨大的艺术成就，被称为"吴中四才子"，他们是：唐寅（伯虎）、文征明、祝允明、徐祯卿。

59 吴承恩写《西游记》

　　明世宗时期,除了前面讲到的山阴才子徐文长、吴中四才子外,在江苏淮安府山阳县(今江苏射阳),也出了一位才子,他的名字叫吴承恩,字汝忠。他创作的长篇神话小说《西游记》,与明初施耐庵的《水浒传》和罗贯中的《三国演义》,被统称为"才子书";再加上以后清朝曹雪芹的《红楼梦》,便组成了我国文学史上四部不朽的古典小说名著。

　　吴承恩的父亲是个绸布商人。吴承恩从小聪明好学,个性幽默,又喜欢猎奇,跟着父亲走南闯北经商,见多识广,熟悉了各地的风俗人情,也搜集到了不少民间传说和故事。但他的这些特长对科举考试却毫无用处,每次赴考都名落孙山。直到三十八岁时,他才被淮安府选为贡生,送到南京国子监读书;读完后在浙江长兴县当了个县丞(县长助理)。

　　长兴知县是个十分粗俗的贪官,只知道对上拍马、对下欺压、对百姓盘剥,自命清高又有远大抱负的吴承恩无法忍受势利恶浊的官场生活,没过多久,便于 1552 年辞官而去。他操起了父亲的旧业,与一个朋友合伙做布匹生意。不料没做几笔生意,一次在浙江黄岩的一条山道上遇到了倭寇,布匹货物被抢劫一空,合伙的朋友也被倭寇杀害,自己钻进了树丛里才捡回了一条性命。

吴承恩丢了经商的资本,但幸好祖上还留下几亩薄田,于是他就当起了农民,农忙时耕种收割,农闲时边读书边整理以前游历各地所积累的资料。由于自己的亲身经历,他对朝廷、官场的腐败黑暗及对倭寇给百姓带来的灾难深恶痛绝,同时也对戚继光等廉洁奉公、忠肝义胆的抗倭英雄寄予很大的希望与崇敬。因此,他便想写一部小说,寄托自己的这些情怀。

基于这种想法,他在读到了唐朝玄奘的《大唐西域记》,以及后人创作的《大唐三藏取经诗话》,还有元末明初的几位杂剧作家根据唐玄奘去天竺取经故事写的《西游记》剧本等书籍资料后,就灵机顿开,将黑暗的社会现实搬到天廷,将贪官污吏比作妖魔鬼怪,构思了一部神话中的英雄与妖魔鬼怪斗争的长篇小说。这就是我们今天读到的《西游记》。

知识平台

《四游记》

吴承恩写出《西游记》不久,明人将吴元泰写的《东游记》,余象斗编的《南游记》、《北游记》与杨志和将吴承恩的《西游记》压缩编成的《西游记》,集合成一部描写佛、道两教的神怪故事的书,取名《四游记》。

60 李时珍著《本草纲目》

　　明世宗喜欢学道炼丹，祈求长生不老，弄得许多王公贵族也跟着炼丹学道。封于武昌的楚王朱英㷡就是其中之一。一天，楚王的儿子得了一种喘病，严重时还要抽风，楚王让他吃了许多道士炼的金丹都不管用，急得没法，才让人去找来一位民间医生试试。不料这位民间医生来到王府，只用了一剂中药就将王子的病彻底治好了。这位民间医生就是李时珍。

　　李时珍字东璧，号濒湖，生于 1518 年，蕲州（今湖北蕲春）人。他家世代行医，父亲李言闻是当时的名医，著有《医学八脉法》、《人参传》等医书。李时珍从小跟随父亲行医采药，耳濡目染，对医学和药物学产生了浓厚的兴趣。虽然父亲希望他在科举入仕的道路上有所作为，但他只中了个秀才，便再无进取，父亲没办法，也就只好由他潜心钻研他所喜爱的医学了。

　　李时珍一面跟随父亲学习临床治病，一面熟读和研究古代医学典籍，除了《黄帝内经》、《伤寒杂病论》等经典医书外，他还研读了汉代的《神农本草》、南朝的《本草经集》、唐朝的《新修本草》和宋代的《证类本草》等药学书籍。他发现这些"本草"书里药物的分类杂乱，品种不全，而且有的药物互相重复、矛盾，甚至在药性、药理、毒性的

① 㷡（xiān）

记载上有明显的错误。因此，他很想对中草药重新研究、考察，整理分类，编出一部新的"本草"来。但这是一个巨大的工程，靠一个人的力量是难以完成的。为此，他向楚王请求派人力协助。但楚王一心扑在炼丹上，没有答应他的要求，不过总算给他写了封信，推荐他到京城去当了御医。

李时珍趁在京城当御医的机会，用一年左右的时间仔细研究了御药房里的所有药物和书籍，然后毅然辞去职务，回到家乡一边行医积累资金，一边与儿子和两名助手轮流周游全国各地，前后用了整整二十七年时间，行程数千里，向数以千计的老农、矿工、猎户、渔夫、樵夫、和尚、道士、药工及民间郎中求教，参考了八百多部古代医书，经三次修改补充，终于完成了我国药学史上的辉煌巨著《本草纲目》。

知识平台

《本草纲目》

《本草纲目》全书共一百九十多万字，收录药物一千八百九十二种，刊载药方一万一千零九十六个，插图一千一百十幅。其中由李时珍新增加的药物有三百七十四种。

61　政治家张居正

　　1556年，明世宗终于因丹药吃得太多死了。他的第三子裕王朱载垕①继位，就是明穆宗。穆宗只当了六年皇帝又死了，太子朱翊钧即位，就是明神宗。

　　明神宗才十岁，按照穆宗遗诏由三位大臣联合辅政。这三个大臣是首辅（宰相）高拱、大学士张居正和高仪。高拱与负责起草诏书的司礼监太监冯保有矛盾，就与张居正、高仪商量想除掉冯保。张居正利用这个机会，将消息透露给了冯保，让冯保先发制人，请两宫太后下诏罢免了高拱。不久高仪又病死了，张居正便独揽了朝政。

　　张居正字叔大，号太岳，江陵（今湖北江陵）人，明世宗时进士，当过穆宗的老师和礼部尚书，现在大权在握，他就仿照古代周公辅佐成王的办法，认真教育小皇帝。他亲自编写了一本有图有文的《帝鉴图说》，专门讲解古代帝王们治理国家的得失。例如，他向神宗讲秦始皇用强大的军队统一了天下却因失去人心而又失了天下；讲明君应该重视粮食等百姓的生计问题而不是金银珠宝；讲汉朝的将军周亚夫细柳营治军的故事，说明训练军队、严明军纪的重要性。这种生动而又结合实际的教育使小皇帝十分信任和佩服他，尊他为"太师"、"张先生"。有时张居正十分严厉，小皇帝读错一个字音，他都要当着许多

① 垕（hòu）

122

臣子的面大声纠正，毫不含糊，弄得小皇帝对他十分敬畏，因此对他作出的各项决定也都无不言听计从。

具备了这样的条件，张居正便开始了大胆而切实有效的政治改革。他重用治军有方的将军戚继光、谭纶、王崇古等，巩固了北方的边防，并与鞑靼实行了和平"互市"（互相通商贸易）。国内采取一系列措施，惩治贪污腐败，任用贤能的人才，兴修水利，治理了长期泛滥的黄河和淮河；还实行"一条鞭法"，清查丈量了全国的土地，将赋税劳役合并起来按田亩多少统一折合成银两征收。这样做，比较有效地抑制了地主豪强隐瞒土地、偷逃税款的行为，也减轻了百姓的负担，促进了生产的发展。因此，在他执政的近十年间，挽回了明朝的腐败衰弱趋势，使明朝的国力有所增强。1582 年，张居正病死。

人物聚焦

张居正死后

张居正以铁腕推行改革，引起了不少人的忌恨。在他死后，朝中一些大臣纷纷向神宗上书攻击他。神宗也感到自己被张居正压抑太久了，于是便以"专权乱政"的罪名剥夺了他的爵位，抄了他的家。张居正的大儿子被逼自杀，他的部下也有的被革职，有的被流放。

62 汤显祖和他的《牡丹亭》

　　张居正权重一时时，许多有名的文人都去投靠他，当他的门生。当时临川（在今江西抚州）有个才子名叫汤显祖，1583 年考中了进士，在陪都南京当太常寺博士、礼部主事。张居正很想把他招揽到自己的门下。但汤显祖却坚决谢绝了。他对朋友说，我是一根直直的硬木，不会迎风弯曲。

　　张居正死后，神宗取消了他的"一条鞭法"等许多改革措施，各地的贪官污吏又横行起来。他们与朝中的高官相勾结，甚至连救灾的钱粮都会变着法子装进自己的私囊。汤显祖实在看不下去，于 1591 年越级向皇帝写了一道奏章，揭发这些官员的腐败行为，并明确弹劾大学士申时行。明神宗却认为他以下犯上，乱发表意见，将他贬到广东雷州半岛的徐闻县去了。

　　两年后，他又被调回浙江遂昌当知县。虽然他办事公正廉明，为遂昌百姓做了许多好事，但由于始终不愿向上面的权贵卑躬屈膝、同流合污，五年后又被免官回乡了。从此，他就在家乡临川的香楠峰下盖了所院落，取名叫"玉茗堂"，在那里专心从事他的戏曲创作了。

　　汤显祖出身于书香门第，家中有丰富的藏书。他从小聪明好学，五岁时就会对对子，十二岁就能写诗。他的伯父是个戏曲爱好者,在伯父的影响下,汤显祖从小就对戏曲情有独钟。在经历了官场的种种挫折后,他对当时腐朽黑暗的社会现实有了相当深刻的认识,对一味维护封建统治的儒家学说产生了抵触和叛逆情绪;他在一位名叫达观的高僧的影响下,接受了佛家和道家的出世思想。在近十八年的创作生涯中,他写出了《牡丹亭》(又名《还魂记》)、《紫钗记》、《南柯记》、《邯郸记》、《紫箫记》等五部戏曲名著。这些作品几乎都以虚幻的梦境作为故事的结构,对当时的封建礼教和黑暗的现实政治进行了无情的暴露和批判。其中的前四种作品,人称"玉茗堂四梦"。"四梦"中的《牡丹亭》与元代王实甫的《西厢记》齐名,被戏剧界誉为"双璧",代表了我国古典戏剧作品的最高成就。

内 容 链 接

《牡丹亭》的故事

《牡丹亭》讲的是南安太守杜宝的女儿杜丽娘在梦中爱上一位名叫柳梦梅的书生,结果相思而死。而广州岭南真有一位书生叫柳梦梅,他上京赶考路经南安时在梅花庵里拾得了杜丽娘的自画像,从而与她的鬼魂相爱,最后掘墓开棺,冲破杜宝的重重阻挠,与还魂的杜丽娘结为夫妻。

63 李贽遭谗言

　　与汤显祖同时，还有一位反对儒家学说、离经叛道的知识分子李贽，字卓吾。他是泉州晋江（今福建泉州）人，生于公元 1527 年。考中举人后，曾任河南共城教谕、南京国子监博士。

　　李贽在给学生们讲经学时，公开告诉大家：孔子不是什么圣人，现在的理学先生们说什么事情都要照孔子的话去做，是十分荒谬的。试想如果真的这样，那么孔子以前的人怎样生活呢？李贽主张，人天生便有人格，有良知。人人都可以经过努力，发挥自己的良知良能，达到完美的境界，成为圣人。因此，他特别尊重海瑞那样的清官，敬佩戚继光、俞大猷等抗倭保国的名将。他后来任南京刑部侍郎时，写诗为被判刑的盗贼们说话，认为他们大都是被官府逼迫才铤而走险的。

　　明神宗万历年间，他当了云南姚安知府。但他不愿像其他官员那样趁机捞取钱财，而是只靠微薄的俸银过日子，竟使留在京郊的三个女儿因灾荒而饿死了两人。后来，他因剃了光头在府堂上坐堂问案，遭巡抚斥责，干脆丢下官印辞职不干了。他来到湖北黄安，住到了朋友耿定理家中，办了一个"天窝书院"，不给孩子们讲经学，只让他们识字做游戏，让他们自由发挥天性。耿定理的哥哥耿定向是一个儒家学说的卫道士，看不惯这一切，常常与李贽发生冲突。耿定理去世后，李贽靠一批朋友的资助，在湖北麻城龙湖边的青山上建了一座寺院，取名"芝佛院"。李贽住到这个寺院后，专志著述。

在这座清静幽美的寺院里，李贽写出了《藏书》、《焚书》、《史观评要》等著名的理论著作，还招收女弟子，宣扬男女平等。与此同时，他又以公开信的形式与道学家耿定向等人论战，将他们的假道学批驳得体无完肤。

那些假道学者们把李贽的思想视为洪水猛兽。他们不光从理论上攻击他，还捏造事实，诬陷他"勾引女子入寺院、伤风败俗"。他们怂恿流氓放火烧掉了芝佛院，以后又将避居在北京郊区朋友家里的李贽逮捕审判。1602年，年已七十六岁的李贽在狱中愤然自杀。

知识平台

《焚书》、《藏书》的意思

李贽将自己的著作取名《焚书》、《藏书》，是说有些人肯定反对这两部书，时刻想将它们焚烧掉；但他自己坚信，只要有人将它们"藏之名山"，将来一定会被人理解的。

64 努尔哈赤建后金

　　明神宗当了四十八年皇帝，是明朝皇帝中在位最长的一个。他荒淫昏庸，嗜酒如命，贪财好色，还经常使性子发脾气。神宗由于特别宠爱郑贵妃，想让郑贵妃生的儿子朱常洵代替长子朱常洛当皇太子，受到许多大臣的反对，他就干脆耍赖长期不上朝。当时有一位名叫雒于仁的官员，冒着杀头危险写了一篇题为《酒色财气四箴》的文章送给神宗。"箴"就是箴言、忠告。神宗看了大怒，但不敢严办雒于仁，就让大理寺将他免职赶走了事。

　　明朝的政治乱糟糟，东北的女真部落却在崛起。这时的女真部落共有三支：建州女真、海西女真和野人女真。明朝政府在那里设立了叫做卫所的行政机构进行管辖。在建州卫的建州女真部落内部，这时为了争夺地盘，互相残杀起来：土伦城酋长尼堪外兰联合明军攻击古勒城酋长阿台。在作战中，阿台的丈人塔克世和塔克世的父亲被杀害了。此刻，塔克世的儿子爱新觉罗·努尔哈赤正在明军建州总兵李成梁部下当一名军官。

　　努尔哈赤从小聪明勇敢又有机谋，他精通汉语，熟读《水浒》、《三国》等汉语名著，有统一女真族的雄心。见祖父、父亲被杀，他十分愤怒，脱离明军回到自己的部落组织了一批年轻的勇士去攻打土伦城的尼堪外兰。土伦城

① 雒（luò）

128

被攻破后,明军为了搞平衡,杀了尼堪外兰,并任命努尔哈赤为建州左卫都指挥使。

努尔哈赤的势力就此强大起来,他连续吞并了建州女真的其他几个部落。这引起了海西女真和野人女真部落的恐慌。他们和蒙古部落联合起来,号称共九个部落三万人马,在海西女真首领叶赫的带领下,兵分三路进攻努尔哈赤。努尔哈赤将精兵埋伏在叶赫一路前进的山路上,杀了叶赫一个措手不及。打败了叶赫,其他两路不攻自破。努尔哈赤乘胜领兵统一了女真各部。

接着,努尔哈赤在女真族中实行了大胆的改革,组建了八旗军,开矿炼铁,制造兵器,种植粮食,创建满文。1616 年,努尔哈赤在赫图阿拉(今辽宁新宾)称汗,建立金国。这就是历史上的后金。

知识平台

八 旗 军

努尔哈赤将女真人编成了正黄、正白、正红、正蓝、镶黄、镶白、镶红、镶蓝共八个旗,每旗七千五百人,旗下又设牛录(队),每牛录三百人,战时打仗,平时回家种田打猎。因此,女真军队便称为"八旗军"。

65 萨尔浒之战

努尔哈赤建立后金后，训练八旗军，发展生产，又经两年的努力，终于决定向明朝开战了。1618年，努尔哈赤以替祖父、父亲报仇为借口，宣布对明朝有"七大恨"，首先向镇守抚顺的明军开刀。

努尔哈赤先将部分士兵化装成做生意的百姓，混进抚顺城内，然后领兵攻城。抚顺守将李永芳刚下令关闭城门抵抗，混进城内的后金士兵突然占领并打开了城门。八旗军一拥而入，很快占领了抚顺。李永芳被迫投降。

明神宗得到消息，大吃一惊，连忙命令兵部右侍郎杨镐为辽东经略，从各地调集十万大军前去围剿。1619年，杨镐将十万明军分成四路：第一路由山海关总兵杜松领兵从沈阳出发，第二路由辽东总兵李如柏率领，第三路由开原、铁岭总兵马林指挥，第四路的将军是辽阳总兵刘綎。四路人马分东、南、北、中向后金首府赫图阿拉分进合击。

努尔哈赤共有八旗军六万人。他事先已经派密探掌握了明军的进攻方案，于是决定仍然用对付叶赫的九部落联军的方法，集中力量攻击对方的主力。他先让八旗兵主动撤出了抚顺，引诱明军中路主力杜松领兵冒进。杜松领三万多明军长驱直入，来到萨尔浒（今辽宁抚顺

① 綎（tíng）

130

东）。当时天下大雪，萨尔浒前面的浑河河水很浅。杜松就下令冒雪渡河。可是当明军渡河不到一半时，河水突然暴涨，将明军截成了两部分。原来，这是努尔哈赤故意事先截断了河水，现在又放水分隔明军的。于是他率八旗军主力全歼了还在萨尔浒尚未过河的明军，然后又渡河追击，将杜松的军队消灭了。

杨镐得报中路主力覆灭，慌忙下令其他三路撤退。但第四路刘綎的军队已深入敌境，未接到撤退命令。努尔哈赤让被俘的明军假扮成杜松的信使，诱骗刘綎率军闯进了后金军的伏击圈，使刘綎的军队也几乎被全歼。刘綎奋力作战，直到兵尽力竭，自杀身亡。

萨尔浒附近明军与后金军的这场大战，总共只有五天，但十万明军战死将领三百多人，损失士兵四万五千多人。明军从此一蹶不振。努尔哈赤又乘势占领了辽阳、沈阳等地。

知识平台

沈阳·盛京

1625 年，努尔哈赤将后金首都从赫图阿拉迁到沈阳，并把沈阳改名为盛京。

1620 年，明神宗病死。他的长子朱常洛即位，就是明光宗。但他只当了几个月的皇帝又死了，他的儿子朱由校登位，就是明熹宗。

明神宗时，一批坚持反对神宗不让长子朱常洛当太子的官员被神宗罢官。其中就有吏部官员顾宪成。顾宪成回到老家无锡（今江苏），在郊区的东林书院讲学。由于他学问渊博，又敢于批评朝政，当时许多文人前来听讲，甚至有不少官员也弃官投奔到他这里来。这就自然形成了一股志同道合的势力，被称为"东林党"。

光宗即位后，东林党人得到了重用。但熹宗当上皇帝时，宠信一个十分阴险狡猾的太监魏忠贤。魏忠贤原是河间府肃宁县（今河北肃宁）的一名赌徒，目不识丁，因输多了钱才自我阉割当了太监。他先巴结上了熹宗的乳母奉圣夫人。当时年刚十六岁的熹宗十分信任乳母，于是便让魏忠贤当了司礼监太监。

魏忠贤得宠后很快便蒙蔽控制了小皇帝熹宗，笼络了一批死党，控制了锦衣卫的东厂（特务机构），并且在宫内另外组织了由他直接掌握的一万多人的"内操兵"。他们为所欲为，无恶不作。人们称之为阉党。阉党遍布朝野，有所谓的"五虎"、"五彪"、"十孩儿"、"十狗"、"五十孙"等许多爪牙。

这样东林党与阉党不可避免地在朝中发生了冲突。1624年，御史杨涟等向熹宗上书揭发魏忠贤"二十四大罪状"。可糊涂的熹宗只顾在宫中玩自己爱好的木匠活，让魏忠贤全权处理。于是，魏忠贤肆无忌惮地罗织罪名，逮捕了杨涟、左光斗、魏大中等朝中六位著名的东林党人，将他们用铁钉钉、烙铁烫、麻袋压等各种酷刑，在一个月左右的时间内全部折磨致死，同时还在全国各地搜捕、迫害东林党人。

1626年，魏忠贤让南京巡抚毛一鹭配合东厂派兵捉拿已退职在苏州的同情东林党的官员周顺昌。苏州上万市民上街围攻毛一鹭，保护周顺昌，与官军展开搏斗，吓得毛一鹭躲到厕所里才逃得性命。事后，魏忠贤重新派军队镇压。领导这次暴动的颜佩韦、马杰、沈扬、杨念如、周文元等五人英勇就义。但从此以后，阉党也不敢再到各地乱抓人了。

内容链接

魏忠贤建生祠

阉党为了拍魏忠贤的马屁，称他为"九千岁"，还在全国各地替魏忠贤建祠堂。按中国民间风俗，祠堂本来是奉祭死人的；阉党们建祠堂供奉活着的魏忠贤的塑像，因此叫"生祠"。

① 鹭(lù)

67 徐光启和他的《农政全书》

　　就在顾宪成在无锡办东林书院的时候,上海地方有个叫徐光启的读书人也十分同情和拥护东林党人的主张,关心国家的安危。但他注重的是学习西洋的科学技术,用它们来实现富国强兵。

　　1597 年,徐光启上南京参加乡试时,认识了意大利传教士利玛窦。利玛窦是奉天主教罗马教廷的派遣来中国传教的。为了取得中国人的信任,方便传教,他在中国知识分子中广交朋友,传播西方的科学技术知识。徐光启对这些知识非常有兴趣,他认真学习英文和意大利文,还受洗加入了天主教,想跟利玛窦学习更多的知识。可惜他考中举人后不得不回上海,而利玛窦去了北京。

　　七年后,徐光启赴北京参加会试,考中了进士,在翰林院当见习(官名庶吉士)。这是个闲差,他就到处设法打听利玛窦,最后终于在一所秘密教堂里找到了他。从此,两人成了好朋友。徐光启认真地向利玛窦学习西方的天文、数学、测量、武器制造等科技知识;两人还合作将欧几里得的《几何原理》翻译成了中文。这是中国历史上第一本翻译过来的西方教科书。其中"几何"、"三角"、"正弦"、"余弦"等数学概念名词,都是徐光启首先使用并一直在数学教学中沿用至今。同时,他们还合译了好几

① 窦(dòu)

本水利和测量方面的书。

以后，徐光启在神宗、光宗、熹宗、思宗时期当过御史、侍郎、尚书、内阁大学士等官职，还与另一位传教士龙华民合作编过一部历法书——《崇祯历》。但在朝中，由于他耿直的性格和务实的作风，始终受到官场的排挤。尤其是当明军在萨尔浒大败后，他曾主动向神宗请求去通州练兵，不料朝廷的各个部门都已腐败透顶，兵员粮饷都无法凑齐，他只得辞职作罢。

官场上连连碰壁的徐光启，晚年回到家乡专心从事农业技术研究，他在田间亲自劳动、实验，用自己辛勤的汗水和心血写成了一部伟大的农业技术著作《农政全书》。该书对我国当时的农业耕作技术，包括土壤、农具、水利、肥料、育种、病虫害防治，甚至果树嫁接、养蚕和畜牧业等，都作了详尽的介绍，可以说是一部完整的农业百科全书。

知识平台

东林书院里的对联

在顾宪成讲学的东林书院里，贴着一副对联：

风声、雨声、读书声，声声入耳；

家事、国事、天下事，事事关心。

这可以说就是东林党人的政治口号。

68 宋应星和他的《天工开物》

如果说徐光启的《农政全书》是明朝的农业百科全书，那么，几乎与他同时，宋应星著的《天工开物》则是一部工业百科全书。

宋应星于 1587 年出生于奉新（今江西奉新）。他的祖上一直是当官的。曾祖父曾当过明朝的工部尚书，管理朝廷的重大工程。因此，宋应星从小读书很多，知识丰富，兴趣广泛，对文学、医学、天文学和自然科学全面涉猎。由于曾祖父管理过国家的工程事务，家中的有关书籍和资料很多。宋应星空闲时就找出来认真研读，并逐渐养成了对平日生活中见到的各种前人的发明和创造进行观察和思考的习惯。

但按当时的传统观念，读书人参加科举考试、升官发财才算有出息，做具体技术工作是被人看不起的。宋应星也想走仕途之路，但他中了举人后，连续五次上京会试都名落孙山。科考的碰壁并没有使他灰心丧气，反而使他看清了当时政治的腐败和官场的黑暗，尤其是魏忠贤等阉党的专权暴虐更使他认识到死读儒家书籍、空讲道学的虚伪与无用，从而也增强了他研究具体的生产、生活技能从而实现富民强国的决心和信心。

从此，宋应星断绝了参加科举考试做官的念头，只在江西老家的分宜县谋了个县学教谕的小官以养家糊口。他开始利用空余时间广泛收集资料、外出考察学习,悉心研究各类工业、手工业和农业技术,包括矿物开采,金属冶炼,造纸纺织,兵器、车船制造,以及农业耕作、养蚕缫丝技术等,然后将它们的生产制作、工艺流程等详细记载下来,还画成图谱,并且加以分类,以编纂成一部前无古人的书籍。

为了编好这部书,宋应星走遍了全国各地。他参考了北宋沈括的《梦溪笔谈》等前人的技术文献,到各地的作坊和工场向打铁、造纸、纺织、印染等工匠师傅们虚心学习和讨教,还吸收了当时刚传入中国的西方兵器制造技术等,终于在1636年完成了他的这部共十八卷、插图一万多幅的技术巨著《天工开物》。

县 学 教 谕

明朝县府内的一个官职,分管县内的文庙祭祀和教育,相当于现在的县文化、教育局长。

① 纂(zuǎn)

69 徐霞客写游记

　　除宋应星和徐光启外，还有一位江阴（今江苏江阴）人徐霞客，也淡泊功名，钟情徜徉于山水之间，孜孜不倦地探索大自然的奥秘，写出了著名的《徐霞客游记》一书。

　　徐霞客本名徐弘祖，霞客是别号。他生于 1586 年。受父亲的影响，他从小就喜欢游历和阅读历史、地理和各种传奇。由于母亲是无锡人，他常去无锡外公家游玩。外公家住无锡东门外，边上便是当时闻名全国的东林书院。他因为常去书院听顾宪成兄弟讲课，结识了不少东林党人。看到正直的东林党人受压迫，他就决心放弃仕途，踏遍祖国的千山万水，当一名旅行家。

　　徐霞客从二十二岁开始，直到五十六岁去世，几乎都是在旅行中度过的，足迹遍及全国。每到一处，他不是简单的游历和猎奇，而是仔细搜集当地的有关历史、地理知识以及民间传说，然后进行实地的考察。对考察地的地理位置、水文、地貌、珍稀动植物等，都做了详细的记录。他常常顶风冒雪，忍饥挨饿，在悬崖上凿洞攀登，在丛林里与毒蛇、虎豹对峙，甚至还和小偷、强盗周旋。

　　经过数十年的跋涉，徐霞客取得了丰硕的收获：他弄清了长江的源头，纠正了古书《禹贡》中认为它源于岷江的说法，而指出长江的真正源头是金沙江。在云南的腾冲,他发现了温泉,指出了那里曾经发生过火山爆发。在广西桂林一带,他最早发现了千姿百态的岩溶洞和钟乳石。在湖南茶陵县的深山里,当地人传说有个麻叶洞,洞里有妖怪。但徐霞客偏要去探个究竟。带路的向导吓得逃走了,他硬是独自举着火把进到洞底,发现了洞里的石林奇境……

徐霞客过世后,他的考察记录在清兵入关时散失了许多,剩下的由他的儿子徐寄收集整理,刊刻成《徐霞客游记》一书。它不但是我国古代的一部宝贵的地理著作,也是一部优秀的文学著作。

知识平台

明朝科技四巨著

《本草纲目》、《农政全书》、《天工开物》、《徐霞客游记》被称为明朝科技四巨著。

70 袁崇焕战宁远

明军在萨尔浒被后金打败后，节节败退，陆续丢失了沈阳、辽阳等辽东重镇。明熹宗不得不起用作战经验丰富的老将熊廷弼去负责辽东防务。但魏忠贤的党羽、辽东巡抚王化贞却抓着军权不放，使熊廷弼手中无兵，无法抵御后金兵的进攻。1622年，努尔哈赤率军攻陷广宁（今辽宁北镇），王化贞在熊廷弼的救援下才逃得性命。可阉党却借机诬陷熊廷弼贿赂东林党人，糊涂的熹宗下令将他处死了。

广宁失守后，辽东形势危急。熹宗正在一筹莫展时，兵部主事袁崇焕主动请缨，要求派他去守辽东。熹宗下令拨给他二十万军饷，由他指挥关外的明军抵抗后金。袁崇焕受命后，连续骑马四昼夜，奔赴宁远（今辽宁兴城）附近的前屯卫考察形势，组织防御。不久，他便在兵部尚书孙承宗的支持下进驻宁远城，在那里加固城墙、修筑炮台、储备粮食、训练士兵、收容救济难民，将宁远建成了牢固的军事要塞。与此同时，他又请孙承宗派兵配合，收复了锦州、松山、杏山、大凌河等军事重镇，组成了关外的新防线。

辽东的防御形势刚有改观，阉党却又找借口将支持袁崇焕的孙承宗撤了职，换了他们的死党高第指挥辽东军事。高第一上任,就下令关外明军统统撤至山海关内。1625年,除宁远外的其他辽东据点的明军全都仓皇撤离,几十万石粮食和大量军事物资被丢弃,随迁的百姓大批在路上饿死、冻死、累死。只有袁崇焕抗命坚决不撤离宁远。他咬破手指,书写血书,决心与宁远共存亡。他让城外居民搬进城内,烧毁城外房屋,对敌军实行坚壁清野;又在城内肃清奸细,严密组织,团结鼓励军民誓死守城。

第二年,努尔哈赤果然亲率十三万大军扑向孤立无援的宁远城。他们在城四面同时发起猛烈的进攻。守城的明军只有一万多人,但大家在袁崇焕的指挥下同仇敌忾,奋勇反击;城内的百姓也全都上城助战。激战中,明军的火炮发挥了巨大威力,杀伤了大批后金军。第二天,努尔哈赤亲自上阵督战,也被炮火击中,身受重伤,后金军只好撤退。宁远大捷是明军第一次对后金军取得的重大胜利。

人物聚焦

努尔哈赤

1626年,努尔哈赤在宁远中炮受伤,回到盛京后不久便伤重而死,葬于福陵(今沈阳东陵)。他的第八子皇太极夺得大可汗位,定年号为天聪。

71 皇太极的反间计

　　1627 年，刚登上后金大汗位的皇太极就又率兵向辽东进攻。他计划先围锦州，后攻宁远。袁崇焕看清了皇太极的意图，亲自坐镇宁远，只派部分军队援助锦州。不出所料，援军尚未出发，皇太极已从锦州撤围来攻宁远了。由于袁崇焕早有准备，后金军损失严重。皇太极的堂兄弟、大将济尔哈朗等受伤，不得不退走。明军又一次取得了大捷。但魏忠贤却指使阉党攻击袁崇焕援助锦州迟缓不力，让熹宗将他撤了职。

　　这一年，熹宗死了。由于他没有儿子，他的兄弟朱由检继位，就是明思宗，年号崇祯。崇祯皇帝早已看出了阉党专权的危害，决心除掉他们。他先对魏忠贤一伙假装信任，统统加官晋爵。四个月后，突然下旨将魏忠贤贬到凤阳去给朱元璋的祖陵当看守。魏忠贤自知末日已到，在半路上上吊自杀。他的死党大都遭到惩办。崇祯帝还平反了左光斗、杨涟等东林党人的冤狱，任命袁崇焕为兵部尚书，兼管山东、河北、辽东军事。

　　袁崇焕上任后，在辽东训练军队，实行屯田，加强宁远、锦州、山海关一线的防务。皇太极见东线无机可乘，便于 1629 年绕道长城的喜峰口入关，攻陷河北的遵化，直抵北京。这一着出乎袁崇焕的意料，他立刻率重兵从山海关昼夜兼程赶赴北京,几乎与后金军同时到达北京城下,立刻与敌军展开了激战,终于及时地保住了京城。

很快,明军的各路援军陆续赶到了。皇太极见偷袭的计划已无法实施,便实施了一条反间计:他将在城外俘获的两个明朝太监关在一间屋子里,故意在隔壁让两个后金将军议论,说大汗就要撤兵了,因为他已与明朝的袁将军私下里秘密讲和了。接着,又故意叫看守离开,让两个太监逃了出去。两名太监逃回城里就将情况报告给了明思宗。思宗不分青红皂白,就将袁崇焕抓了起来。

不久,后金军果然撤退了。明思宗就真的以"通敌"的罪名将劳苦功高的一代名将袁崇焕用凌迟的酷刑杀害了。猜疑、好杀的皇帝自毁长城,明朝的统治也走上了末路。

知识平台

"满清"的由来

1636 年,后金可汗皇太极在盛京(今辽宁沈阳)正式称帝,年号崇德。为了缓和汉人对后金国的不满和反感,又将女真族改称满洲族,将国号金改为清。皇太极便是清太宗。

72 李自成起义

　　明朝政权在辽东与后金作战需要巨额军费,于是在田赋以外又向全国百姓增收"辽饷"。这辽饷在崇祯初年已达每年六百多万两,再加上其他苛捐杂税和连年灾荒,弄得普通百姓已经没有活路,各地便纷纷爆发了起义。

　　陕西米脂县有个农民的儿子李自成,小时候曾给地主放羊,长大后去银川当了一名驿卒(驿站里负责骑马送公文的士兵)。1630 年,为了节省开支,政府取消了银川驿站,李自成失业回到家乡。他家曾向本地的恶霸艾同知借过一笔高利贷。因到期还不出,艾同知派打手将李自成绑在大街上的太阳底下暴晒示众。他的一些驿卒朋友闻讯,将他救走,一起去投奔了当地的农民起义军。但这支义军的头目在明军的重重围剿下投降了。李自成便率不愿投降的队伍渡过黄河投奔了他的舅舅高迎祥领导的农民军。高迎祥自称"闯王"。他任命李自成为第八队的"闯将"。

　　1634 年,高迎祥联合其他起义军近二十万人,在山西、陕西、甘肃、宁夏、河北等地与官军作战。明思宗也调集数十万官军进行围剿。为了掩护其他义军突围,李自成的三万多人被困在车箱峡(今陕西安康附近)陷入绝境。不得已,李自成决定假装向明军统帅陈奇瑜缴械投降。在被押送回乡的路上,他们又突然取出身上暗藏的短兵器杀了押送的"安抚官",重新举起了义旗。接着,李自成又与义军大部队在荥阳(今河南荥阳)汇合。

明思宗派洪承畴代替陈奇瑜再调大军合围;义军十三家、七十二营计达二十余万人,他们的首领在荥阳召开大会,商讨对策。李自成提出了兵分五路突围的战略被大家接受。他与高迎祥、张献忠率一路人马向东突袭明朝皇帝的老家安徽凤阳。他们掘掉了皇帝的祖坟,气得崇祯帝将凤阳巡抚砍了脑袋。

接着高迎祥、李自成又杀回陕西。但在盩厔(今陕西周至)的山谷里,中了官军埋伏,高迎祥受伤被俘牺牲;李自成突围,继续率领义军在陕、甘、川一带活动。1638年春天,李自成的军队又在潼关附近中了官军的埋伏,几乎全军覆没。他只带了刘宗敏、李过等十八骑杀出重围,进入商洛山(在今陕西东南)中隐藏了起来。

内容链接

"李闯王"名号的由来

李自成讲义气,作战勇敢有谋略,"闯王"高迎祥牺牲后,大家拥推李自成继为"闯王",统率起义军;从此,他便被称作"李闯王"。

① 荥(xíng)
② 盩(zhōu)
屋(zhì)

73 卢象昇血战清军

　　明军正在拼命围剿李自成等农民起义军的时候,清太宗于1638年又派亲王多尔衮、岳托为大将,率大军分左右两路越过青山口长城,直逼北京郊区的卢沟桥、良乡等地。

　　明朝廷内陷入了恐慌。明思宗紧急抽调能打仗的宣府大同总督卢象昇来京,并与大臣们商议。兵部尚书杨嗣昌和监军太监高起潜主张与清军谈判议和,卢象昇坚决主张抗战。明思宗则在两种意见之间徘徊。他一面升卢象昇为尚书,赐他尚方宝剑,让他总督各路援军,一面又让杨嗣昌派周元忠为谈判代表到清营谈判议和条件。卢象昇憋不住了,责问杨嗣昌:"敌人已兵临城下,难道你不觉得与人订立城下之盟是一种耻辱吗?"

　　杨嗣昌被他责问得恼羞成怒,愤愤地道:"那你用尚方宝剑来砍我的头好了!"

　　双方不欢而散。最后明思宗来了个折衷,让杨嗣昌、高起潜统领山海关、宁远等各地来的援军,而由卢象昇指挥他从宣府大同带来的不到二万人的山西兵。双方的争吵、部署尚未结束,清军已攻上来了。卢象昇带兵首先接战,由于杨嗣昌、高起潜的军队不配合,而且又缺乏军粮,战士们衣着单薄,又冷又饿,初战失利。杨嗣昌乘机在明

① 衮(gǔn)

146

思宗面前攻击卢象昇指挥不力，明思宗便下旨革去了他的尚书衔。卢象昇只好带着自己饥寒交迫的士兵继续与清军作战。有人劝他休整一下，征集些士兵再战。卢象昇说："军情紧急，朝廷又有人监视着我，来不及了。"于是他率领着最后剩下的五千人马，与大家誓师道："我们报国尽忠，只怕不死，不怕不生！"说完，就领兵开赴巨鹿，与刚到那里的清军主力决战。几万清军的精锐骑兵很快将卢象昇的五千士兵团团围困了起来。但卢象昇带着他的将军虎大威、杨国柱与清军血战，战士们也个个以一当十，拼命厮杀。战鼓声、喊杀声在巨鹿响了整整一昼夜，五千人几乎全部战死。卢象昇身中四箭三刀，仍旧奋勇杀死清军几十人，直至最后倒下。

而此刻，高起潜的明军驻在离巨鹿战场不到五十里的鸡泽，卢象昇派人去求援，他却始终按兵不动，坐看着清军全歼卢象昇的军队后又从德州渡过黄河，攻陷济南，大肆劫掠一番后才退出关外。

内 容 链 接

松 锦 大 战

1641 年，清军又进攻锦州。明思宗派蓟辽总督洪承畴带兵十三万救援。洪承畴在松山被围，兵败后投降。从此明朝山海关外的土地全部被清军占领。

74 张献忠假投降

就在李自成潼关兵败、遁入商洛山区的时候,号称"八大王"的张献忠和别号曹操的罗汝才等另外几支义军也遭到了政府军的四面围攻。他们采取了迂回生存的策略——与陕、甘五省总督熊文灿谈判,接受招降。张献忠在谷城(今湖北谷城)盖了几百间草屋,买了一些土地,像模像样地种起了田。而他十万人的队伍,则没有被改编或解散,只是让他们留在原地当农民或小贩。张献忠让他们仍旧保留着军队的组织编制,听从他的指挥,而且反倒是还可以向朝廷按时领取一部分粮饷。

一年多以后的 1639 年,张献忠乘清军又一次入侵京师以及卢象昇战死的有利时机,与罗汝才等几支原已归降的义军重新起义。明思宗一怒之下,将原先招降义军的总督熊文灿处死,另派兵部尚书杨嗣昌率十万大军赴襄阳围剿。杨嗣昌抵抗清军不积极,对付义军却十分卖力。他采用"十面围困"而又"网开一面"的战略,派大将左良玉等人对义军四面围攻,但将西路通往四川的方向让开。他认为四川是远离中原的山区,将义军赶进去后堵住往东的出口,然后可以关门捕杀。

左良玉等率明军主力按杨嗣昌的意图将义军追逼进了四川,并且于次年在玛瑙山(在今四川万源)将张献忠的队伍合围打败。张献忠的十六名义军将领被杀,他的妻妾也全被俘虏,只有他自己与剩下的一千多人突了围。

明军大胜后,以为义军的残余在四川已不可能有大作为,左良玉便将官军撤回陕西监视。不料不到一年工夫,张献忠和罗汝才又在四川组织起一支巨大的义军队伍。他们利用四川辽阔的地域和有利的地形,在那里纵横驰骋,将四川巡抚邵捷春的官兵打得一败涂地。杨嗣昌不得不于1640年亲征,不久官军与义军在开县决战。官军将领刘士杰战死,大将猛如虎逃跑。张献忠乘胜率军东进,急行军数百里突袭襄阳,活捉了襄王朱翊铭和贵阳王朱常法。张献忠将两王斩首,把从他们家中抄出的财物分散给了襄阳百姓。

1643年,张献忠攻占了武昌,并将武昌改名天授府,自称"大西王"。

人物聚焦

杨嗣昌的结局

张献忠占领襄阳、杀了襄王后,杨嗣昌自知无法向皇帝交待,于1641年在荆州绝食自杀。

75 崇祯帝吊死煤山

　　张献忠在湖北谷城重举义旗之时，河南正遇大旱和蝗灾。明朝政府不光不救济灾民，反而又要地方官吏强征"辽饷"和"剿饷"。灾民吃尽了树皮草根，甚至发展到了人吃人的地步，实在没法活了，揭竿起义的队伍又一次风起云涌。隐藏在商洛山区的李自成乘机杀了出来，饥民们纷纷去投奔他，他的队伍又壮大起来了。这时，河南有两个读书人来投奔李自成，他们就是杞县的李岩和卢氏县的牛金星。

　　李岩家原是当地的财主，他同情百姓，将自家的粮食拿出来救济灾民，得到百姓的拥护。可地方官却诬陷他收买人心，煽动饥民造反，将他抓了起来。忍无可忍的百姓冲进县衙门，打开监牢，将李岩救了出来。李岩没有办法，只好随暴动的百姓一起投奔了李自成。由于李岩是有文化的读书人，李自成很看重他，请他当了参谋。李岩就劝李自成整顿军纪，不许军队烧杀抢掠；还针对农民的需求，提出了"均田免赋"的口号。他为李自成编了一首童谣，让人们广为传唱："盼闯王，迎闯王，闯王来了不纳粮！"就这样一个朴素的政治口号，获得了千千万万贫苦农民的拥护。从此，李自成的队伍迅速扩展壮大起来，在与官军的作战中节节胜利。

1641年，李自成率军攻克洛阳，杀死了福王朱常洵，将王府的粮食、财物分给饥民。占领洛阳后，李自成在李岩、牛金星的辅助下，改变了过去的游击作风，开始注意建立根据地。1643年，李自成又率军攻破潼关，占领了西安。1644年，他在西安建立了政权，国号"大顺"，年号"永昌"，并改西安为"西京"。接着，便率领百万义军渡过黄河，攻克太原，兵分两路浩浩荡荡地向北京进军。不久进居庸关，包围了北京城。

明思宗急得像热锅上的蚂蚁，他要朝内的大臣想办法，可这些平时只会拍马屁的人到这时谁也拿不出主意；而有用的军事人才如袁崇焕、卢象昇、洪承畴等，有的被他杀了，有的战死或投降了。于是，他只得一面下"罪己诏"检讨，一面向百姓和王公大臣们征集粮饷组织守城。可百姓无钱，王公大臣们又舍不得出钱。他叫天不应，呼地不灵，眼看着城外的明军三大营全部向李自成投降。得知义军终于攻进城内，走投无路的明思宗只好与贴身太监王承恩一起，到皇宫后面的万岁山（又名煤山，就是现在的景山）上寿皇亭旁的一棵老槐树上吊死了。

知识平台

明 朝 的 结 束

明朝从1368年朱元璋称帝建国到1644年朱由检吊死在煤山上为止，共统治了二百七十七年，传了十六位皇帝。如算上以后的南明政权，则共计三百一十五年历史。

下篇

清·近代

1 吴三桂引清兵入关

　　1644 年四月，李自成的农民起义军以摧枯拉朽之势占领了北京，推翻了明王朝。但面对眼前的巨大胜利，李自成却滋生了骄傲情绪与轻敌思想。刚进城，秩序尚未稳定，政权尚未巩固，他却让义军忙于占领明朝王公贵族和官僚大臣们的王府，抄收他们的财物，用严刑"追赃"，逼迫他们交出藏匿的财产。这种做法虽然痛快，但不分青红皂白，伤害了朝廷中的一些原本廉洁清正的官员，使义军陷于孤立，而军队中的腐败和轻敌思想也由此滋长起来。

　　李自成自己本是头戴笠帽、身穿青布衣服进城的。进了皇宫大殿，他就把主要精力放到了如何登基做皇帝的事上了。而他的大将刘宗敏，更是热衷于"缴赃"，竟抄了京营提督吴襄的家，将吴襄的儿子吴三桂的爱妾陈圆圆占为己有。

　　吴三桂此时是明朝的辽东总兵，他手下有四万多精兵镇守着宁远。有人提醒李自成，他才强令吴襄给吴三桂写信，要他向农民军投降。吴三桂在北京被攻破前本已接到明思宗的命令率军从宁远撤到了山海关，准备回师保卫北京。接到父亲的信后，他就带兵从山海关出发来到了丰润县（今河北唐山市丰润区），准备向义军投降。但此刻他突然得到家产被抄、爱妾被抢的消息，为此非常

① 匿（nì）

愤怒,于是又回军山海关,并且作出了一个改变中国历史命运的决定——派使者去锦州向清军统帅多尔衮投降,并请求共同进攻农民军。

就在李自成攻陷北京的前一年,清太宗皇太极病死。他六岁的儿子福临继位,年号顺治,就是历史上的清世祖。福临的叔父多尔衮和郑亲王济尔哈朗摄政。此刻,在锦州的多尔衮当然不会放过这一天赐良机,立刻率十万清军南下直抵山海关。

李自成见吴三桂不肯归降,亲率二十万大军进攻山海关。吴三桂仗着清军撑腰,开城与义军激战。当义军将吴三桂的军队团团围住准备歼灭时,埋伏在阵后的大批清军突然杀出。义军腹背受敌,阵脚大乱,不得不败退。

李自成率败军退回北京,于 1644 年六月三日匆匆宣布登位称帝,第二天便主动撤出北京退往西安。六月五日,多尔衮率清军进入北京。随后他又把顺治帝接到北京,并将北京定为首都,从此开始了清王朝在中国的统治。

人物聚焦

吴三桂和陈圆圆

吴三桂,字长白,祖籍高邮(今江苏高邮),后全家迁入辽东。他出身武举,靠父亲任京营提督的势力,当了辽东总兵,被明思宗封为平西伯。陈圆圆是吴三桂用重金从苏州买得的著名歌妓,深受他宠爱。

2　弘光帝醉生梦死

李自成退往西安时,起义军内部发生了分裂。牛金星出于妒忌,进谗言挑拨李自成杀了他的得力助手李岩。还有部分军官带队伍投降了清军。1645年,清军将领多铎、阿济格和吴三桂率重兵攻破了潼关。李自成只得又放弃西安率军退往湖北襄阳,接着转战湖北东南各州县。最后在湖北九宫山为乡团所困,李自成遇害。

1646年,多尔衮任命肃亲王豪格(皇太极的长子)为靖远大将军,带兵去四川征讨张献忠。

张献忠于公元1644年初离开武昌率军进入四川,同年在成都建立了大西国。但张献忠守卫川北的将领刘进忠原是明朝的川军统领,见清军已进至汉中,就带兵投降了豪格,然后又引清军越过剑阁险道长驱直入四川。张献忠却还蒙在鼓里,待得到警报,匆忙领兵在川北的盐亭县与西充之间的凤凰山与清军接战。作战中,张献忠中箭而死。

这时,在明朝的陪都南京,得知北京沦陷,一批大臣急忙商议,准备拥立一个新皇帝。南京兵部尚书史可法、户部尚书商弘图①等正直的官员,主张立明思宗的叔叔、潞王朱常淓。可是阉党余孽阮大铖②却在暗中勾结兵部侍郎、凤阳总督马士英,联络了在南京周围握有兵权的黄得

① 淓(fāng)
② 铖(chéng)

156

功、刘良佐、高杰、刘泽清四镇总兵,坚持拥立思宗的堂兄、福王朱由崧为帝。为了顾全大局,应付清军即将南侵的危险局面,史可法等只好妥协同意。1644年,朱由崧称帝,年号弘光。

但朱由崧贪财、好色、酗酒,是个地地道道的昏君。他又是个戏迷,上台后不考虑加强防务保卫江山,却热衷于在南京造戏院、选美女,过醉生梦死的腐朽生活。他重用马士英、阮大铖等一批贪官污吏,镇压群众,迫害和排挤主张抗清的大臣。史可法只好自请离开南京,到扬州前线去当督师统率军队,准备抗击清军。

内 容 链 接

李自成错杀李岩

李自成撤至陕西时,他的主要谋士李岩向他建议由自己去河南再组建一支义军,开辟新战线。而牛金星为了争权,竟诬蔑李岩企图独立,在送行的宴会上设计将李岩和他的弟弟李侔杀死了。义军大将刘宗敏愤而率军离去,而牛金星自己却投降了清军。义军从此一蹶不振。

① 崧(sōng)

3　史可法扬州殉难

史可法来到扬州,面临的却是四镇总兵各行其是、相互不服甚至互相攻杀的局面。史可法耐心细致地做他们的工作,晓以民族大义,找高杰、黄得功等促膝谈心,最后使四镇总兵都服从了他的调配重新布防。

刚布置好长江防线,多尔衮派使者向史可法送来了招降书。史可法复信严辞斥责了多尔衮,坚决拒绝投降。多尔衮便派豫亲王多铎领兵南下。史可法也派高杰领兵前往河南准备阻击清军。不料明军睢州(今河南睢县)总兵许定国竟在迎接高军的宴会上灌醉了高杰等将领,将他们杀害后投奔了清军。接着,贪生怕死的明军将领徐州总兵李成栋也投降了,为清军南下打开了门户。

战局危急之际,弘光朝内部镇守武昌的将军左良玉率军顺长江而下,声称要去南京讨伐阮大铖、马士英。弘光帝紧急命令史可法和镇守淮安的刘泽清撤军回师保卫南京。史可法明知一撤兵长江防线将全面崩溃,但又不得不领兵过江。刚过江,就得知左良玉已在前进途中病死在九江,于是他又赶紧领兵奔回扬州。此时,多铎的清军也已逼近扬州城下了。

史可法与扬州主事何刚、知府任民育立刻组织扬州军民守城,并向南京和长江防线的各镇要求派兵援助。

① 睢(suī)

158

因为扬州一失，南京便危在旦夕了。但是没有一处援兵前来。

史可法与扬州军民誓死守城。他与大家同甘共苦，白天忙碌在守城第一线，晚上才秉烛处理公务。一天晚上，他工作至深夜，不知不觉间睡着了。天亮时知府任民育来到府衙，为了让他多睡会儿，就吩咐打更的重复打一次五更。不料这时史可法突然醒来，发觉打的更次不对，要追查失职。任民育连忙含泪向他解释，史可法也默默地流下了热泪。史可法还给老母和妻儿写了诀别信，表达了与扬州共存亡的决心。

1645年，多铎在几次劝降不成后，率清军猛烈攻城。史可法率领军民拼死抵抗。最后终因寡不敌众，清军用大炮轰开了城墙，蜂拥而入。史可法准备拔刀自刎，被部将抱住，最后被清军抓住。多铎用高官厚禄诱降，史可法坚贞不屈，三天后被杀害。

内容链接

扬 州 十 日

清军攻破扬州后，在扬州大肆屠杀了十天以示报复，死亡人数达数十万，这就是历史上所讲的"扬州十日"。以后，史可法的养子史德威在扬州遍寻义父的遗体，由于天热，大批被杀者的尸体都已腐烂无法辨认，他就将史可法穿过的衣服葬在了扬州城外的梅花岭上，如今扬州梅花岭上的史可法衣冠冢和史公祠，已成为后人拜谒、瞻仰的胜地。

4 清军嘉定三屠

　　扬州失守后,南京弘光政权的大臣吓得纷纷逃走。弘光帝逃到了太平(今安徽当涂)。但好景不长,多铎就占领了南京,并派清军攻下了太平,俘虏了弘光帝。1645年,江南的第一个南明政权灭亡了。

　　清军继续南下。为了彻底征服江南人民,他们下了一道剃发令,强迫百姓剃掉头上前半部分的头发,将后半部分的头发编成一条辫子。他们限令百姓必须在十日内剃发,宣称"留头不留发,留发不留头!"

　　这种做法更增加了江南人民的抵触情绪,纷纷组织起来,进行武装抵抗。

　　这时清军从南京往东,攻占了常州、无锡、江阴。新委任的江阴知县方亨刚在县内贴出限期剃发的布告,群情激愤的民众就自发冲进县衙打死了他,并推选原江阴主簿(管文书的官)陈明遇和典史(管刑狱的官)阎应元主持抗清斗争。江阴人民自发组织壮丁守城,坚持了八十一天,打退了明朝降将刘良佐、李成栋率领的清军的无数次进攻,杀伤了清军官兵六七万人。城破后,清军实施大屠杀,全城军民十七万二千多人被残酷杀害,全城只有老小五十三人幸存。

　　几乎与江阴同时,嘉定民众也组织起义军,赶走了清军委任的知县张维熙,推举开明绅士侯峒曾、黄淳耀出来领导抗清斗争。侯峒曾在明朝当过南京兵部主事,因不满马士英、阮大铖乱政而辞职还乡;黄淳耀是崇祯末年进士,两人决心带领嘉定人民保卫家乡。为了壮大力量,他们又请出了在民众中享有威望的唐全昌、张锡眉、龚用图、马元周、夏云蛟等五人一同出面组织守城。七人紧密合作,整编队伍、修筑城墙、打造兵器、储备粮食,在城楼树起了"嘉定恢剿义师"的大旗。

李成栋率领清军向嘉定进攻。侯峒曾在嘉定城外的罗店等地设埋伏打败了他们。1645年六月,清军派重兵包围了嘉定,七月初四城破。清军屠城三天,杀死数万百姓。但等清军一走,嘉定百姓又重新占领县城。清军返回再行屠城,嘉定人民再次举旗抗清。以后,清军又一次屠城报复。嘉定被三次屠城,全城百姓几乎被杀光。这就是历史上所说的"嘉定三屠"。

内容链接

叶 池

叶池是侯峒曾家门前的池塘。嘉定城破时,侯峒曾指挥义军与清军巷战。最后,义军要保护他突围,他说:"我受嘉定父老重托,应该与城共存亡!"说完便带着儿子侯元演、侯元洁跳入叶池殉难。从此,叶池便成了嘉定百姓纪念抗清英雄的一处纪念地和名胜。

5 夏完淳宁死不屈

　　嘉定百姓在侯峒曾等人的带领下浴血抗击清军的时候，嘉定西南的松江百姓曾派出援兵去支援嘉定。带领松江百姓抗清的是几位读书人，他们是夏允彝和他十五岁的儿子夏完淳，还有夏完淳的岳父钱旃①和他的老师陈子龙。

　　夏允彝在松江百姓中的威望很高。清军几次派人请他出来做官，他都坚决拒绝。不仅如此，他还派人去秘密联络明朝的吴淞总兵吴志葵②。吴志葵是他的学生，答应带领手下的士兵参加抗清。夏允彝的儿子夏完淳当时刚刚完婚，也义无反顾地随军参加了战斗。他们先进攻苏州，前队已攻进了城里，但由于吴志葵指挥犹豫，后续部队未跟上，被清军打败了。接着，义军退入松江城，清军又来围攻，夏允彝等便突围隐蔽到乡下。

　　清军在乡下疯狂搜捕。夏允彝给儿子写下了遗书，要他坚持抗清到底；为了麻痹清军，自己投河自尽。夏完淳悄悄变卖了家产，将它们送给太湖的抗清义军作为军饷。

　　这时，夏完淳得悉明朝的官员张国维、张煌言在绍兴拥立鲁王朱以海，便给鲁王写了奏章表示支持。鲁王封他为中书舍人，并正式委派他到太湖义军中参谋军事。

① 旃（zhān）
② 彝（yí）

162

1646年,太湖义军在叛徒出卖下失败。夏完淳又与老师陈子龙一起再次在松江策划起义。他们说服了清军委任的松江提督吴胜兆,举起了反清大旗,占领了松江城。不幸的是起义很快又失败了。陈子龙被俘牺牲,夏完淳也因叛徒告密而被抓住押解到了南京。

清朝派往南京总督江南军事的官员,就是早先在辽东松山战役中投降清军的明朝蓟辽总督洪承畴。洪承畴劝夏完淳说:"你小小年纪,一定是不懂事、听人挑唆才造反的。只要你肯归顺大清,以后前途无量。"

夏完淳故意假装不认识他:"你听说过我朝的洪亨九(洪承畴的字)先生吗?他在当年松山保卫战中英勇作战,为国殉职。作为晚辈,我应该向他学习,怎能贪生怕死当叛徒呢?"

洪承畴被他说得满脸通红,呆若木鸡。1647年,十七岁的少年英雄夏完淳在南京被杀害。

内 容 链 接

隆 武 帝

1645年,鲁王在绍兴建立南明政权的同时,唐王朱聿键在福州称帝,就是隆武帝。两方争权不肯合作,最终都被清军分头消灭。

① 蓟(jì)

6 李定国西南抗清

1646年鲁王、唐王两个南明政权覆灭了，接着广西巡抚瞿式耜等明朝官员又拥立桂王朱由榔在广东肇庆称帝，年号永历。不久，清军占领广州，永历帝逃往广西。1647年，瞿式耜与明将焦琏在桂林、何腾蛟在全州大败清军。南明军乘势反攻，进驻湖南，抗清形势一度大为改观。连早已降清、成了清军进攻南方马前卒的李成栋，见攻不下桂林，也率军反正了。但由于南明军内部不团结，不能互相配合作战，终于在1649年被各个击破；瞿式耜、何腾蛟相继战败牺牲。

永历政权正在岌岌可危的时候，原张献忠的大西军余部、农民军领袖孙可望、李定国等加入了永历帝的抗清队伍。1651年，孙可望派兵进驻了永历帝所在地南宁，逼迫永历帝封他为秦王，控制了永历朝廷。但李定国一心抗清。他在云南训练了一支有大象作前队的精兵，从云南领兵进入广西，包围了桂林。清军守卫桂林的主帅孔有德拼命抵抗，但敌不过李定国的大象军的猛烈攻城，孔有德额头中箭，城破后投火自焚。

桂林大捷后，李定国又乘胜带兵攻入湖南，拿下了永州、衡阳、长沙等重镇。清军将领尼堪率十万大军反攻长沙。李定国见敌众我寡，主动撤出长沙，却在路上埋下了

① 耜（sì）
② 榔（láng）

164

伏兵,将前来追击的尼堪当场击毙。

　　李定国的节节胜利引起了孙可望的妒忌。他以永历帝的名义召李定国去沅州会面,想乘机杀害他。永历帝暗中派人通知了李定国。李定国没有上当,并于1656年突然派兵将永历帝护送到昆明保护了起来。孙可望恼羞成怒,带兵十四万进攻云南。结果他的军队在与李定国军遭遇时纷纷倒戈。孙可望兵败逃往长沙向清军统帅洪承畴投降,并出卖了南明军在云南的布防情报。

　　1658年,洪承畴调集吴三桂、卓布泰、多尼的清军分三路进攻昆明。李定国也兵分三路迎击;战败后他保护永历帝退到永昌(今云南保山)。第二年,清军进攻永昌,永历帝逃往缅甸。李定国在磨盘山再一次重创清军。1661年底,吴三桂带十万清军进入缅甸,逼迫缅甸交出了永历帝,将他带回昆明,并于第二年将他勒死。南明政权到此全部灭亡。

人物聚焦

李 定 国

　　李定国一直率军在云南边境和缅甸转战,一面打击清军,一面想寻找机会接回永历帝。1662年,这位抗清英雄在云南边境勐腊去世。他临死时的遗嘱是:"决不投降!"

① 勐(měng)

7 郑成功收复台湾

　　南明隆武朝时掌握兵权的武将郑芝龙有个儿子郑森，字大木，从小聪明好学，被史可法英勇抗清的精神感动，立志报国。隆武帝很喜欢他的志向，赐他明朝的"国姓"朱，并希望在他手中能将大明中兴复国成功，因此将他的名字改成"朱成功"。

　　但他的父亲郑芝龙却率军投降了清军，致使隆武王朝覆灭。郑成功坚决与父亲断绝关系，与叔父郑芝豹以及部分将士到厦门及广东南澳岛等地招募了几万兵马，打出了"背父救国"的旗帜继续抗清。

　　郑成功既有军事才能，又有政治远见。他在福建沿海训练了一支很有战斗力的水师，联合鲁王方面的抗清将领张煌言，率十七万人马从水路溯长江而上一直攻到南京，不幸中了清军中的明军降将的假投降计，作战失利后才又撤回厦门。

　　这时清军在浙江、福建沿海驱赶百姓搞隔离带，企图封锁困死郑成功的军队。郑成功审时度势，决定去台湾建立据点长期抗清。但台湾已在1624年被荷兰殖民者占领。于是郑成功决定用武力赶走荷兰人，收复台湾。

　　1661年，郑成功亲自率领数百艘战船以及士兵两万五千人从金门岛出发，直抵台湾南部的鹿耳门港。因为事先已从在荷兰人那里当翻译的何廷斌那里获得了荷军的情报,因此郑成功的船队绕过荷兰人堵塞了的主航道,乘涨潮悄悄地进港并突然登陆,包围了殖民军在台南的据点赤嵌城。荷军四艘战舰前来救援,郑成功的几十艘木制战船将荷军的主力舰"赫克脱"号团团围住,用猛烈的炮火将它击沉,其余的敌舰狼狈逃走。郑成功又按当地居民的指点,切断了通往赤嵌城内的水源,迫使城堡内的殖民军缴械投降。

接着,郑家军又包围了荷军的另一据点台湾城(今台湾东平),将他们围困了九个月。其间,郑成功的水军还击退了殖民军从爪哇派来的增援舰队。1662年初,荷兰殖民军总督揆一不得不到郑成功的军营内签字投降,并带领余下的侵略军撤出了台湾。

郑成功从殖民者手中收复了台湾,为中华民族立了大功。

内容链接

台 湾 回 归

郑成功收复台湾后,下令在台湾屯田发展生产,准备长期抗清复明。但当年他就病死了,他的儿子郑经掌管台湾。1683年,郑经的儿子郑克塽降清,台湾与大陆统一。

① 塽(shuǎng)

8 退隐山林的读书人

　　清朝统治者在军事上将全国各地的反抗镇压下去了。但是，一些原来积极参加过抗清斗争的读书人，在武装反抗失败后，仍不向清统治者屈服，也不愿出来做官，而是退隐山林，著书立说，聚徒讲学，宣扬民族意识，反对封建专制。实际上，他们仍在思想上进行着抵制和反抗清朝统治的斗争。他们之中，以号称清初三先生的顾炎武、黄宗羲、王夫之为代表。

　　顾炎武是江苏昆山人，号亭林先生。清军占领他家乡时，他的养母绝食而死。他牢记养母的遗嘱，投奔鲁王参加抗清斗争。鲁王失败后他浪迹天涯，十次拜谒明朝皇陵，最后隐居乡间著书立说，指出一个朝代、国家可以更替灭亡，但民族习惯和意识不应该被改变和忘记。为此，他提出了"天下兴亡，匹夫有责"的口号，要人们不要屈从于民族压迫。

　　黄宗羲是浙江余姚人，号梨洲先生。他的父亲原是东林党人，被阉党杀害。明朝灭亡后，他曾在浙江四明山区组织义军抗清，失败后隐居乡间，拒绝清廷征召，一边写作一边讲学。他写书记载百姓抗清事迹，总结南明失败教训，严厉批判封建专制制度。他指出上古时代的尧、舜等君主不为一己的私利，是替天下人兴利除害的公仆；

而后来的君王却将天下之利全归自己，将天下之害全加到百姓头上。

王夫之是湖南衡阳人，号船山先生。清军南下时他在衡山起兵抗击，投奔桂王的永历政权。后来看到永历政权内部倾轧，赌气回到家乡。他拒绝剃发，曾隐居到瑶族人中。后来又来到家乡附近的石船山著书立说，批判封建专制统治的腐败，宣扬民族主义，鼓吹政治改革，成了清初有名的哲学家。

1650 年，清政权的摄政王多尔衮去世，顺治帝亲政。为了笼络这些"傲慢"的知识分子，顺治帝在皇太后的支持下，下令制止了清朝王公贵族的圈地行为，并于 1652 年孔子诞辰那天，亲自举行了规模浩大的"祭孔典礼"；接着又恢复了明朝的科举考试制度，让汉族人与蒙古族、满族人同样具有参加考试和做官的机会。顺治帝的这些开明措施，对缓和民族矛盾、巩固清王朝的统治起到了巨大的促进作用。

知识平台

和 尚 画 家

退隐山林的读书人中，还有一批画家。他们中有的干脆出家当了和尚，用绘画作为保持民族气节的方式，在艺术上取得了极高的造诣。他们之中的"八大山人"朱耷、石涛最为出名。

① 耷(dā)

9 康熙囚鳌拜

1661 年,顺治帝病死,他八岁的儿子玄烨继位,年号康熙。

由于康熙帝年幼,按照顺治帝的遗嘱,由索尼、苏克萨哈、遏必隆、鳌拜四大臣辅政。四人中索尼资格最老,他是正黄旗出身,有扶持顺治帝登位的功劳。但他年纪大了,事事退让。而鳌拜则正好相反,他是镶黄旗人,仗着镇压李自成、张献忠等农民起义军的战功,飞扬跋扈,政治野心和权力欲望极大。为了笼络满清贵族,他竟怂恿他们继续早已被顺治帝禁止了的圈地活动;为了扩充自己的势力,他又借口多尔衮时期曾袒护正白旗,要正白旗贵族将圈到的土地与镶黄旗交换。这样一来,顺治时刚刚稳定下来的社会秩序又被搅乱了。被圈走了土地的汉人又重新流离失所;而清朝贵族内部,也产生了极大的矛盾。

苏克萨哈是正白旗人,他对鳌拜的换地行为当然不满意。鳌拜就假传圣旨,将不肯执行换地命令的正白旗户部官员苏纳海等人杀了。1667 年,年满十四岁的康熙帝亲政。这年索尼病死了,苏克萨哈提出辞去辅政大臣职务,请求去看守先帝陵墓。鳌拜自己不想交出大权,却反咬一口,他联合同党,诬告苏克萨哈对皇帝亲政有怨恨

① 烨(yè)
② 遏(è)
③ 鳌(áo)

170

之心,硬要判苏克萨哈死刑。康熙帝不同意,鳌拜就在朝堂上揎拳捋臂,大吵大嚷,硬是逼迫皇帝下旨杀了苏克萨哈一家。

年轻的康熙帝早已看出了鳌拜的政治野心,开始时由于自己的地位未稳,只好一味忍让。但他悄悄地挑选了上百名满洲贵族少年,以帮助他练武的名义,对他们进行严格的格斗擒拿训练,同时不断派人监视和探听鳌拜的动向。

1669年,鳌拜托病不上朝,在家中策划谋害皇帝的夺权阴谋。康熙帝假装毫无防范,亲自上他家中探望慰问;第二天,康熙召鳌拜进宫议事。鳌拜大摇大摆地走进内宫,不料,皇帝身边的那群少年武士突然一拥而上,将鳌拜掀翻在地,结结实实地把他捆绑了起来。

康熙帝将鳌拜关进了大牢,又让大臣们揭发他的罪行,不可一世的鳌拜不得不乖乖地服罪。康熙帝决定对鳌拜从轻发落,只革去了他的所有官职。鳌拜最终死在了大牢里。

内容链接

顺治帝和董鄂妃

顺治帝六岁登基时,多尔衮硬将自己妻子家的亲属博尔济吉特氏给他配婚。顺治亲政后却与大他四岁的董鄂妃真诚相爱。董鄂妃二十七岁时不幸病故。顺治帝悲伤过度,四个月后也去世了。死时才二十三岁。

10 康熙平三藩

　　年轻的康熙帝刚解决了鳌拜的专权，一场更大的考验便接踵而来了。

　　当年引清兵入关的吴三桂，充当了替清王朝镇压农民起义的急先锋，接着又领兵消灭了南明永历王朝的抵抗，被封为平西王，驻防云南。还有两个明朝的降清将领耿仲明和尚可喜，因为同样原因被封为靖南王和平南王，分别驻防福建和广东。这三个藩王几乎控制了长江以南的全部中国领土，他们仗着兵权在手，在当地胡作非为，连清朝政府都不放在眼里。

　　吴三桂控制了云南、贵州两省，那里的税收、开矿、官吏任命，都由他决定；他甚至还在云南私自铸钱，招兵买马，扩建军队。耿仲明死后，他的儿子耿继茂、孙子耿精忠相继承袭靖南王爵位。他们在福建与外国商人走私，私收盐税，中饱私囊。尚可喜在广州横征暴敛、杀人取乐，更加无法无天。康熙决心对他们采取行动。

　　1673年，尚可喜向皇帝提出将爵位让给儿子尚之信，自己回辽东老家养老。康熙帝批准了他回家养老的请求，却乘机撤销了平南王的职位。尚之信立刻与吴三桂和耿精忠私下联络，商量对付办法。吴三桂便与耿精忠商量好，也向皇帝假装请求撤藩，进行试探。康熙帝干脆顺水推舟,也批准了他们的请求。

于是,吴三桂终于按捺不住,联络另外两王,一齐起兵造反。清朝廷内部对于处理三藩造反问题形成了两派意见。一派以大臣明珠为首,主张坚决撤藩平叛;另一派则认为三藩力量强大,应该杀了明珠等主战派,向三藩妥协,甚至可以以长江为界,让他们自治独立。康熙帝坚决支持了撤藩派,并亲自调兵遣将部署平叛。

为了分化反叛力量,康熙帝先下诏停撤福建、广东两藩,集中兵力打击吴三桂。1676 年,耿精忠、尚可喜终于在战败后投降了。1678 年,军事上节节失利的吴三桂在湖南衡阳称帝,但不到半年他就病死了。他的孙子吴世璠退回昆明又坚持了三年。1681 年,清军攻陷昆明,吴世璠自杀。

康熙帝终于平定了三藩,巩固了清政府的统治地位。

内 容 链 接

朱 三 太 子

吴三桂起兵造反时,为了欺骗百姓,谎称明思宗临死前曾将一个三岁的太子托付给他。这时,他就推出了一个三十多岁的青年,说这就是"朱三太子",扬言他造反是为了恢复明朝。

① 璠(fán)

雅克萨之战

　　在康熙帝平定三藩的紧张时刻,中国东北的黑龙江流域正遭受俄国哥萨克人的侵扰。趁清朝无暇顾及的机会,狂妄的俄国沙皇彼得大帝竟派一名叫尼古拉的使者到北京,对康熙帝说:"好像太阳照耀天上的星星一样,世界上任何国家的君主都要受沙皇的保护。清国也应每年向沙皇陛下纳贡。"康熙帝觉得这位使臣夜郎自大得可笑,下令将他轰了出去,不予理睬。但沙皇却认为清朝软弱可欺,派兵占领了黑龙江附近的尼布楚和雅克萨等地,并在那里修筑了城堡。

　　三藩叛乱平息后,康熙帝立刻将注意力转到了东北。他一面派使者与俄方交涉,一面亲自去东北视察和了解情况。接着又派将军郎坦以捕鹿为名到雅克萨附近侦察敌情,描绘军事地图。随后,又派将军萨布索等在瑷珲①等地建立据点,带领官兵屯田开荒,积存粮食;一面又派人打造战船,疏浚河道,建立驿站,完善交通、通讯。一切准备就绪后,康熙终于在1685年下令对雅克萨发动进攻。

　　这年五月,将军彭春、郎坦和萨布索共率清军一万八千人分水陆两路进军,包围了雅克萨。俄军守将土尔布津负隅顽抗。清军一面用大炮猛烈轰击,一面在城外堆积柴草,实行火攻。俄军死伤惨重,最后只好扯白旗投

① 瑷(ài)
　　珲(huī)

降。清军让他们撤了回去,拆毁了雅克萨城回瑷珲。

只过了两个月,俄军又回雅克萨重新修筑了城堡,带队的仍是那个土尔布津。康熙得报,派萨布索率军再度进攻雅克萨。清军将俄军围困了三个月,守城俄军被消灭大半,只剩下一百多人。沙皇只好派使者到北京请求讲和。康熙帝这才下令放走了剩下的俄军。

1689年,清政府派大臣索额图与俄方代表、陆军大将戈洛文在尼布楚谈判,正式签订了中俄《尼布楚议界条约》。条约规定,中俄以格尔必齐河、额尔古纳河和外兴安岭为边界,边界以南包括雅克萨在内的俄军据点全部拆除,尼布楚以西才是俄国领土。

《尼布楚议界条约》打击了沙皇俄国的侵略气焰,是清政府外交上的一大胜利。

内容链接

谈 判 经 过

谈判在尼布楚前的帐篷中进行。双方争论激烈。戈洛文说他们已经占领雅克萨等地很久了。索额图说我们在元朝时还占领过俄罗斯呢!戈洛文威胁中止谈判,说沙皇已派兵前来。索额图干脆将他带去的一万清军在尼布楚布阵。俄方害怕了,又要求谈判,终于签订了协议。

12　讨伐噶尔丹

　　沙皇俄国在我国东北边境的扩张野心被抑制住了，但它并不甘心，又去挑动在新疆的准噶尔蒙古人与清朝闹分裂和对抗。

　　当时的蒙古族人分成三大部分，他们分别居住在蒙古大沙漠的南北和新疆北部。大漠以南的称漠南蒙古，北面的称漠北蒙古，新疆北部的称漠西蒙古。漠西蒙古中，在今伊犁河谷一带有一支叫准噶尔的蒙古部落，他们的首领噶尔丹野心很大。他不但征服了漠西蒙古的其他部落，还与俄国勾结，用俄国的火枪、火炮等武装自己，出兵攻击漠北蒙古，并声称要"饮马黄河"。

　　数十万漠北蒙古人被迫迁往漠南，并请求清朝保护。康熙帝将他们安置在科尔沁草原，派使者责令噶尔丹立即罢兵，归还侵占的漠北土地。噶尔丹不但不听，反而于1690年再向漠南进攻，深入到内蒙古的乌珠穆沁旗，还截击清军，抢去大批辎重。噶尔丹认为清朝软弱可欺，竟继续率军南侵，一直攻到离北京只有七百里的乌兰布通。

　　清廷大为震动。大部分大臣主张放弃蒙古，赶快与噶尔丹妥协。但大将费扬古主张坚决迎战。康熙帝支持费扬古，下令御驾亲征。他任命裕亲王福全为抚远大将军，迎击噶尔丹，自己率军压阵指挥。噶尔丹在乌兰布通

① 噶(gá)

摆下了"骆驼阵",将万匹骆驼绑住四脚卧在地上,在驼背上架起箱垛蒙上湿毡作工事,让士兵躲在后面放枪射箭。清军用大炮轰击骆驼阵,骆驼吓得挣脱捆绑逃跑。清军骑兵乘势发起冲锋,将噶尔丹军打垮,噶尔丹逃到漠北。

康熙帝没有穷追,而是约噶尔丹前来谈判结盟。但噶尔丹继续投靠俄国,声称已借到俄国的鸟枪兵六万,要踏平漠南。1696年,康熙帝第二次亲征,指挥清军分中、东、西三路进击。康熙亲率的中路军在达克鲁伦河与敌军遭遇。噶尔丹见是清军主力,不敢交战,向西撤退时正好被费扬古的西路军截住决战,噶尔丹的主力几乎全军覆没。

噶尔丹狼狈西逃,不料老巢伊犁已被他的侄子策妄阿拉布坦占领,不让他进城。第二年春天,康熙再次亲征,决心肃清噶尔丹余部。噶尔丹走投无路,服毒身亡。清朝委任策妄阿拉布坦治理准噶尔。

内容链接

康熙定西藏

策妄阿拉布坦与噶尔丹一样是个野心家。他也勾结俄国不断扩张。1716年,他派兵占领了西藏。1720年,康熙帝派远征军收复西藏,护送达赖七世到拉萨,并派驻藏大臣,代表中央政府同达赖、班禅共同管理西藏。

13 《长生殿》与《桃花扇》

康熙帝除了平定三藩、反击俄国入侵、平定准噶尔和安定西藏外,还把注意力放到了安定百姓生活方面。他在自己住的宫殿大柱上,写着"三藩、河务、漕运"六个大字。"河务"和"漕运",就是指治理黄河和疏通大运河的南北运输线。他从国库拨出巨款,任命大臣靳辅和水利专家陈潢负责治理黄河。

经过八年努力,黄河的治理和大运河的疏浚工程取得了很大的成绩,大大促进了中原地区经济的发展以及南北的物资交流。康熙帝很高兴,两次视察治河工地,并借机六次南巡。他还多次颁布了鼓励生产、奖励人口繁衍、减免赋税的政策,拨款赈济灾民,使当时的社会逐步进入了安定和繁荣的局面。

百姓生活水平提高了,他们对文化艺术的需求也大为增加。尤其是在戏剧方面,出现了空前繁荣的局面。当时以洪昇、孔尚任两位戏剧家的作品最为出名。

洪昇,浙江钱塘(今浙江杭州)人,他写的剧本《长生殿》轰动了当时的戏剧舞台。《长生殿》写的是唐玄宗与杨贵妃的爱情故事。故事讲美丽多情的宫女杨玉环为唐玄宗宠爱,被册立为贵妃。定情的那天晚上,玄宗赐给杨贵妃一只装有一双金钗的钿盒(嵌宝石的首饰盒子)。月中嫦娥也将《霓裳羽衣曲》从梦中传授给了她。七月七日贵妃生日时，她在骊山长生殿和着《霓裳羽衣曲》的节奏跳舞，并与唐玄宗于月下定情，订下了山盟海誓。但好景不长，安禄山叛乱后杨贵妃在马嵬驿被缢死。叛乱平息后玄宗回到长安，苦思杨贵妃，请邛崃道士上天觅到了杨贵妃的魂魄；杨贵妃让道士将金钗的一只、钿盒的一半带给了玄宗，并约定农历八月十五在月宫让金钗成双、钿盒重合再相见。两人的深情感动了玉帝，终于允许他们在天上重为夫妇。

孔尚任是山东曲阜人，孔子的第六十四代孙。他的剧本《桃花扇》讲的是南明弘光朝时的故事。书生侯方域爱上了秦淮名妓李香君。阉党阮大铖想用金钱收买侯方域，被深明大义的侯、李拒绝。阮大铖投靠弘光帝，当了大官，他乘机迫害侯方域，将李香君抢入宫中。清军南下，侯、李逃难途中在栖霞山相遇，为了民族大义，两人抛弃儿女私情而出家。

两个剧本除了写爱情外，都寓寄着深刻的历史教训。

知识平台

《雨霖铃》

相传唐玄宗赐死杨贵妃后，在逃往四川的蜀道途中，风声、雨声、马铃声十分凄惨，他就作了这支曲牌。后人用此曲牌填过大量的词。柳永的词《雨霖铃》是其中非常著名的一首。

① 嵬(wéi)
② 邛(qióng)
③ 铖(chéng)

179

蒲松龄写《聊斋志异》

在封建专制统治下，经济的繁荣常常又催生着腐败。清朝政府将明朝的科举制度继承下来，目的是为了选拔官吏和人才，但腐败又使科举的考场成了文人投机取巧、贿赂取官的阶梯。而一些有才华的读书人，却被拒之门外。小说家蒲松龄就是这样的读书人。

蒲松龄是山东淄川（今山东淄博）蒲家庄人。他的家境并不富裕，但相信"学而优则仕"，一心想通过科举考试取得功名。不料，到十九岁才得了个秀才，以后不知参加了多少次的考试，以至两鬓苍苍，仍然连个举人都没有考上。

蒲松龄是个清贫而又正直的文人。他坚持参加考试，但又决不去科场走路子、行贿赂。科考的路子走不通，为了谋生，他就只好出去流浪，到外地给当官的做幕客，给人家起草文书、管理档案，或者当教书先生。这些工作使他接触了社会下层的普通百姓和各种各样的人物，既增长了见识，也看到了官场的黑暗腐败和百姓的疾苦，认识到了经济繁荣、歌舞升平的现象背后存在着十分深刻的社会矛盾。他决定把这些内容写出来，但顾虑到清朝统治者的政治压力，于是便采用了一种特殊的艺术形式——以狐仙鬼怪作为作品的主角，围绕它们来展开故事情节。就这样，他日积月累，写成了他的短篇小说集《聊斋志异》。

为了积累创作素材，蒲松龄不遗余力地从邻居、同事、朋友那里收集关于狐精鬼怪的故事。传说他曾在自己的家门口摆了一个茶摊，用供人歇脚喝茶来换取故事。他将收集起来的这些离奇古怪的故事加以整理，用超现实主义的手法，重新创作成一个个精练、生动而又奇妙的短篇佳作。书中揭露贪官的凶恶残暴，讽刺科举考试的腐败，控诉封建婚姻制度的不合理，鞭笞化成美女的害人恶鬼，歌颂追求恋爱和个性自由的青年男女，颂扬人世间的真、善、美。正因为如此，蒲松龄的这部浸透了他毕生心血的作品具有非常深刻的社会意义和独特的艺术魅力。

知识平台

蒲松龄和他的作品

蒲松龄，生于1640年，死于1715年，终年七十五岁。他字留仙、剑臣，号柳泉居士、聊斋先生。《聊斋志异》共有四百八十八个短篇，被译成二十多种外国文字，在文学史上有很高的地位。他的作品还有《聊斋文集》、《聊斋诗集》和《聊斋俚曲》以及许多关于农业、医药方面的通俗读物。

15　陈梦雷编《古今图书集成》

早在三藩叛乱的时候，朝廷有个翰林编修陈梦雷，他回福建老家探亲时，被在福建起兵叛乱的耿精忠扣留，要他效忠叛军。陈梦雷不愿意，便私下与当时也在福建的朋友李光地密商，将叛军在福建的部署情况密藏在蜡丸内，由李光地送往北京。清军据此顺利地击败了叛军，耿精忠投降。为此，李光地受到了康熙帝的重用，青云直上，但他却完全隐瞒了陈梦雷的功劳，致使陈梦雷反被以通敌罪流放到沈阳二十多年。

1698 年，康熙帝出巡沈阳时，读到了陈梦雷所写的诗，看中了他的文才，才赦免了他，将他召到京城，让他做了三皇子胤祉①的侍读老师。胤祉喜欢读书研究学问，见陈梦雷学识渊博，便让他带领自己府中的一批文人，广搜文籍，编一套名叫《古今图书汇编》的丛书。陈梦雷带领一群文人夜以继日，辛勤工作了八年多时间，终于编就了共有一万卷的这套图书。书稿分六编三十二典共六千一百零九部。康熙帝非常欣赏这部书，亲笔为陈梦雷题了"松高枝叶茂，鹤老羽毛新"赞扬他。

书稿正进行到工程浩繁的校勘阶段时，1722 年，康熙帝病死了，他的第四子胤禛②继承了帝位，他就是雍正皇帝。康熙帝共有儿子二十多个，众皇子分成几派，对皇位

① 胤(yìn)
② 禛(zhēn)

的争夺十分激烈。康熙帝曾两次立二儿子胤礽①为太子，又两次亲手废了他。最后，胤禛在他的舅舅、京师步兵统领隆科多和大将军年羹②尧的支持下，获得了胜利。他为了巩固自己的皇位，立刻对不支持他继位的一批同胞兄弟进行杀戮和迫害，胤祉③也在其中。

1725年，就是雍正帝登基的第三年，他下诏将《古今图书汇编》改名为《古今图书集成》并刻版刊印。又过了三年，雍正便找碴将胤祉的儿子弘晟④交宗人府关了起来，并废掉了胤祉的爵位。与此同时，他又以教唆胤祉干坏事，以曾参与耿精忠叛乱的罪名将陈梦雷充军黑龙江。

陈梦雷已经到了垂暮之年，经受不了黑龙江的充军生涯，终于病死在那里。但他主持编纂的《古今图书集成》，为保留中华民族文化，作出了巨大的贡献。

内 容 链 接

狠 心 的 雍 正

雍正继位后，拼命迫害曾与自己争夺过皇位的兄弟：大哥胤禔⑤、原太子胤礽、十弟胤䄉⑥以及自己的同母兄弟胤禵⑦被关禁；胤禩、胤禟、胤祉被害死。他还将胤禩改名"阿其那"（猪），胤禟改名"塞思黑"（狗）。在曾支持过胤禩的左都御史揆叙、领侍卫内大臣阿灵阿的墓碑上分别刻上"不忠不孝阴险柔佞"、"不臣不弟暴悍贪庸"字样。

① 礽（réng）
② 羹（gēng）
③ 祉（zhǐ）
④ 晟（shèng）
⑤ 禔（tí）
⑥ 䄉（é）
⑦ 禵（tí）
⑧ 禩（sì）
⑨ 禟（táng）

16 年羹尧定青海

　　雍正帝能夺得皇位,靠的是国舅隆科多和大将军年羹尧的大力支持。

　　年羹尧从小喜欢舞枪弄棒,又十分调皮捣蛋。他的父亲年遐龄当过巡抚,也在京城兵部、刑部和工部当过官。为了让儿子读书,他先后聘请了三个老师,都被年羹尧气跑了。后来,其父重金招聘到了一位白发苍苍的老者来教他。这位老人先不理他,只管自己弹琴唱歌。小年羹尧觉得好玩,就表示要学琴,但不久便又不肯学了。老师又自顾在屋内练拳,年羹尧又吵着要学。老人让他与自己先比试一下,结果自以为有武功的年羹尧被看似瘦弱的老师不费大力气就摔倒了。于是年羹尧十分佩服老师,开始在他的指导下读兵书,后来终于成了清军中汉军镶黄旗的一员猛将。

　　1700 年,年羹尧考中了进士,1709 年任四川巡抚,1720 年康熙帝授予他"平西大将军"的大印,让他指挥将军岳钟琪带兵进藏,赶走了侵占西藏的策妄阿拉布坦的准噶尔军,安定了西藏。康熙帝任命年羹尧为"兼理四川、陕西总督"。

　　协助雍正帝继位后,雍正帝让年羹尧代替康熙帝十四子胤禵(雍正登基后将他改名为允禵)当了镇守西北的抚远大将军。第二年,青海的蒙古族首领罗卜藏丹津发动叛乱,雍正帝就让年羹尧带兵前去平叛。

年羹尧率领的清军前队,被叛军引进疏勒河谷的沼泽地里,吃了不小的亏。但他没有怪罪带队的将领,而是命令全军将士每人带了稻草、木板,连夜填进沼泽,乘敌不备,攻了过去。罗卜藏丹津还在营帐里大睡,就被包围了起来。叛军大败,逃进了西宁东北的深山里。年羹尧又命提督岳钟琪率精骑兵五千,日夜兼程,迅速追击。岳钟琪先带领清军隐蔽前进,将叛军设在半途的两道探哨全部俘获,然后又飞速前进,直扑罗卜藏丹津的大本营。叛军根本没料到官军会如此神速地赶来,一时惊慌失措,纷纷四散逃命。罗卜藏丹津扮成女人,逃奔准噶尔去了。他的母亲、妹夫等家属及余部两万多人做了俘虏,八万敌军全部瓦解。

年羹尧平定青海后,雍正帝封他为一等公,加赏双眼花翎。

内 容 链 接

年 羹 尧 之 死

年羹尧为雍正帝立了大功,飞扬跋扈起来。就在他平定青海的第二年,在给雍正帝的奏章中将成语"朝乾夕惕"误写成了"朝乾夕阳"。雍正帝借机以大不敬的罪名先将他革职,接着又赐死。隆科多也以包庇年羹尧的罪名被罢官抄家。

清朝的文字狱

　　雍正帝从众兄弟中夺得帝位后残害同胞兄弟,得到政权后又杀害曾经出力帮他夺权的人,这虽然说明了他的残忍,但也是统治者为了巩固自己特权的必然做法,在历史上是屡见不鲜的。而且,清朝统治者为了维护他们的统治权威,还使用了另一种更加毒辣厉害的手段,那就是大兴"文字狱"。

　　"文字狱"实际上就是找理由给人定"思想罪",用以达到从精神上压制人们对统治者的不满和反抗。这种文字狱在康熙、雍正、乾隆年间特别厉害。

　　康熙帝刚登位不久,浙江湖州有个因病瞎了双眼的文人庄廷钺,因为喜欢历史,家中又有些钱,便出钱买了别人未完成的一部《明史》,雇人将它编完,取名《明史辑略》,将它刻印了出来。不料这事遭仇家检举,说他"私刻逆书"。最终,在书中查出使用了南明的年号和对清朝不敬的语句,康熙帝就下令杀害了庄廷钺一家及参与编刻书籍的人员、甚至包括地方官吏达二百多人。

　　1711年,安徽桐城人、翰林编修戴名世收集明末的逸闻轶事,刻印了一本文集《南山集》,也因用了南明永历帝的年号和一些同情南明口气的语言,被康熙帝下令凌迟处死,受到牵连而被迫害的亲属、朋友达三百多人。

① 钺(lóng)

186

雍正帝继位后,制造文字狱的手段更加荒唐、残忍。翰林院官员徐骏在自己的诗集里有一首很随意的抒情诗,其中有两句"清风不识字,何事乱翻书",雍正帝硬说他是诽谤清朝,杀了他的头。礼部侍郎查嗣庭在江西当考官,他在江西乡试试题中出现了"维"、"止"两字,这本是从"四书五经"中所提取的。可是有人检举硬说其中"维、止"两字就是"雍正"去了头。再加上,他著有《维止录》一书,其中有不少议论朝政内容的,这也被当成有反心的铁证。雍正大怒,并借机打击科场的朋党问题,将查嗣庭关死在狱中,还下令戮尸,杀掉了他的儿子,将其家属充军。

湖南书生曾静佩服明朝遗老吕留良的文章,派学生张熙去吕留良的老家浙江见了他的儿子及学生。接着又写了封长信叫张熙去劝说川陕督军岳钟琪反清。不料岳钟琪表面应付,暗中却向雍正帝告发了。结果已死的吕留良被开棺戮尸,他的儿子和学生被凌迟处死,大批家属和刊刻、私藏吕留良文章的人都被充军。雍正帝还别出心裁,自己编了一部叫《大义觉迷录》的书,替自己辩解,并命令曾静和张熙到浙江和湖南去替他宣讲。但到了乾隆帝继位后,曾、张两人最终仍被杀害。

知识平台

《康熙字典》

康熙帝对读书人恩威并施,一面制造文字狱,一面又组织大批文人编一部字典,其收字四万九千零三十个,是当时规模最大、收字最多的字典,取名《康熙字典》。

① 诽(fěi)
谤(bàng)

18 改土归流与摊丁入亩

　　雍正帝除了对威胁他统治地位的人极端残忍外，在处理国家政务上倒是很勤勉、果断、务实的，生活上也很节俭。他常常处理奏章到深夜，亲自过问各地的赋税、赈灾和兴修水利等民生问题；为了巩固和稳定边疆，他还派他的亲信鄂尔泰去当云南、贵州、广西巡抚，研究处理那里的少数民族问题。

　　鄂尔泰到任后，经过仔细的调查和观察，发现这些地方的苗族、彝族、瑶族等少数民族的土司，表面上都宣布臣服清朝的统治，但实际上他们有独立的军队和监狱，自己向被统治的臣民收税和派各种徭役，对百姓的压迫剥削和奴役十分残暴。他们每年只向清政府上交极少的一点税银，而实际向老百姓收取比这个数字大上百倍的各种捐税。他们可以任意杀人和霸占妇女。如果杀了人，被害者家属还得向土司交一大笔"垫刀银"。更加严重的是，他们根本不把清政府派出的"流官"（因为政府委派官员要按任期调换流动，所以称"流官"）放在眼里，而土司之间还为了各自的利益经常发生械斗甚至战争；一些边境上的土司还会勾结外国侵扰边境。于是鄂尔泰向雍正帝提出了一条"改土归流"的建议，就是取消土司的特权统治，将这些地方统统归朝廷派去的"流官"管理。

雍正帝立刻批准了鄂尔泰的建议。鄂尔泰在实施
"改土归流"政策时，采取了安抚和讨伐相结合的办法。
对于那些愿意主动交出权力的土司，给予一定的土地和
爵位，让他们仍可过优裕的生活；对于那些抗拒改革、用
武力对抗的土司，就坚决派兵征讨。云南的乌蒙土司禄
万钟、镇雄土司陇庆侯、镇源土司刀翰发动叛乱，鄂尔泰
派兵将他们一一剿平，在当地设立州、府，派地方官加以
管理。广西泗城土司岑映宸、贵州长寨的土司也企图抵
制改革，都被革去职务，收缴了他们的土地、印信。其中
态度特别恶劣的，就将他们随同家属一起迁往内地。

　　"改土归流"使当地的少数民族百姓从土司的压迫下
解脱了出来，他们承担的赋税也比以前减轻了不少。由
于政令的统一，地方的秩序也安定起来，人民生活也得到
了改善。

内 容 链 接

摊 丁 入 亩

　　雍正帝在支持鄂尔泰对边疆地区实行"改土归
流"的同时，还在全国将过去向百姓征收的田亩税
和人头税统一到田亩中去一并征收，这就叫"摊丁
入亩"。这个政策对广大地少的穷人是有利的。

① 岑（cén）

　　雍正帝鉴于众皇子为了争夺皇位要进行残酷斗争的教训，采取了一个奇特的办法选择继承人——他将写好了的指定皇位继承人的诏书，密封在盒子中，放在了皇帝平时上朝理政的乾清宫正大光明殿的匾额后面，嘱咐待自己去世后拿出来当众宣读。这样就可以避免众皇子之间长期的结党争夺。

　　1735 年秋天，雍正帝突然中风病故。大臣鄂尔泰、张廷玉打开密盒，取出密旨，宣布由皇四子弘历即皇帝位。第二年改元乾隆，他就是乾隆皇帝。

　　乾隆帝登基后，先释放了被他父亲禁锢的好几位叔叔：允祯、允䄉、允䄉、允禑等，还赦免了受文字狱牵连的查嗣庭等人的家属；接着他又做了好几件大事：扩建圆明园、游江南、修《四库全书》、迎接土尔扈特回归……

　　土尔扈特是一支蒙古人组成的部落。元朝时他们归附成吉思汗，被安置在塔尔巴哈台附近的雅尔一带（在今新疆塔城西北及中亚东部），过着游牧生活。明末清初，他们被准噶尔蒙古族部落驱赶向西，迁移到了额济勒河（今俄罗斯的伏尔加河）下游，在那里的草原上放牧生活。那里当时已属于俄国沙皇的势力范围，沙皇的军队经常对他们进行驱赶和抢掠；为了对他们实行控制，沙皇还派官员命令他们宣誓效忠俄国。

土尔扈特人觉得自己是东方蒙古族人，他们与现今在中原掌权的清朝是近邻，因此不愿臣服俄国，而是派使者走了三年、不远万里赶到北京，向乾隆帝上表进贡，表示对故土的思念和忠诚。乾隆帝十分高兴，也派了使者回访。

1771年初，沙皇下令强征所有土尔扈特十六岁以上的男子当兵，去同土耳其人打仗。土尔扈特部族首领渥巴锡向全族人宣布说："我们不做沙皇的奴隶。我们要回到太阳升起的地方！"于是他率领他的全体蒙古族同胞，带着帐篷和牛羊，冲破俄国军队的层层围追堵截，艰难跋涉，终于在同年秋天到达了新疆伊犁。这时，十七万土尔扈特蒙古人，只剩下七万了。

乾隆帝得悉蒙古族同胞万里回归，非常感动。他立刻下令调集大批牛羊、米麦及皮衣、棉布、毡帐，分发给他们，让他们在伊犁河谷安置下来。

内 容 链 接

乾隆帝接见渥巴锡

1775年，乾隆在热河（今河北承德）避暑山庄接见并宴请土尔扈特可汗渥巴锡，还亲自写了碑文，刻石立碑，作为他们万里归宗的纪念。

20 乾隆下江南

　　乾隆帝登基后，利用国内政局已经稳定、经济得到繁荣发展的机会，对四川、新疆、西藏的少数民族地区采取了征讨与安抚两手并用的策略，先后平定了四川西北大、小金川土司，新疆的准噶尔和南疆的大、小和卓部落头人的反叛，还迎回了土尔扈特的蒙古族同胞，他觉得自己的成就已经很大，可以尽情地享乐一番了。

　　乾隆帝喜欢写诗和书法，也喜欢旅游。他一生写过好几万首诗，虽然其中有一些是别人代写的。康熙帝曾多次南巡，喜欢上了江南的山水，因此在北京西郊原明朝武清侯李伟的清华园旧址上，仿江南风景修建了一座畅春园。后来他将它赐给了儿子雍正帝，更名圆明园。到了乾隆帝，又耗巨资在圆明园的东面新建了长春园和万春园，三园合起来方圆二十余里。但乾隆帝仍不满足，又让意大利画师郎世宁等设计建造了一组中西合璧、规模宏大的楼群，前面还有西洋浮雕和喷泉。

　　但是把各地美景集缩在一起总无法同直接到当地去欣赏相比。于是，乾隆帝又下旨巡游江南。1751年正月，大运河上舳舻相接，旌旗蔽日，一千余艘皇家船只千帆竞发，上万名纤夫、差役服役，大批士兵、官员相随，皇帝南巡的队伍浩浩荡荡地出发了。一路上，扬州、江宁（今江苏南京)、苏州、杭州等地官员,都要建行宫、摆排场、修道路、造景点,挖空心思摆阔露富,装点门面,制造太平盛世景象,以讨皇帝欢心。

乾隆帝一路上尽情饱览江南美景,享受各地的声色歌舞和山珍海味。他在扬州观赏梅林,在江宁登钟山,逛秦淮,在苏州访天平山,在杭州畅游西湖。每到一处,他还要装风雅,作诗助兴,为当地名胜题字,让人们刻碑纪念。同时还不忘访谒那里的历史名胜,比如岳飞、韩世忠、于谦等人的陵墓及大禹陵、孔庙、明太祖陵等;为了笼络人心,他还下令在苏州天平山范仲淹的故居建造一座园林,以表彰他的忠义精神,并亲笔题写了"高义园"三字。

当然,乾隆帝下江南时也不忘视察和关心大运河沿岸的农田水利和民情。但他先后六次下江南的奢靡①排场,实在劳民伤财到了极点。

内 容 链 接

扬州的梅林和白塔

各地官员为了恭迎圣驾,一面勒索、驱赶百姓,一面拼命讨好皇帝。扬州官员听说皇帝爱梅,立刻在平地上移栽成了几十亩的梅林;乾隆帝游大虹园时说了句"可惜这里缺座白塔",在一夜之间便建成了一座白塔。

① 奢(shē)
靡(mí)

21 纪晓岚修《四库全书》

乾隆帝利用清朝当时的国力，先后为巩固疆土发动了十次征战，被称为"十全武功"，同时又尽情享受，修造园林，巡游江南。但他仍不满足，还想在"文治"方面炫耀一番。

乾隆帝是在太平盛世中长大的，从小学习了许多汉族文化，深知汉文化的博大精深；但同时他也十分害怕掌握这些文化的文人对满人的排斥和敌视，将他们视为外族和夷人。因此，他曾毫不留情地用"文字狱"迫害过许多知识分子。所以，他对汉族文化是又爱又怕。那么，究竟有什么办法既能继承和发展这种文化，而又能避免对清朝统治的不利影响呢？

正在这时，安徽一个叫朱筠的官员向皇帝奏请整理古代书籍。乾隆帝忽然得到启发，想如果将全国的书籍统统收集起来，加以整理和鉴别，除掉对清朝不利的内容，然后重新汇编，这不是一举两得吗！于是他立刻任命了一批亲王、大学士担任总裁，让他们组织全国一大批知识分子，按他的要求去做。

1773年，乾隆帝下旨正式成立"四库全书馆"，并按总裁之一刘统勋的推荐，任命大学士纪晓岚和陆锡熊为总纂官（总编辑），开始了编修工作。

① 筠(yún)
② 岚(lán)

194

这是一项规模浩大的工程。当时被请到馆内担任职务的官员和有名望的知识分子有三百六十多人，而校对、抄写人员，则近四千人。从全国收集来的图书大约有二万多种，再加上皇宫内的大量藏书，编辑工作整整进行了十年，到1782年，才大功告成。《四库全书》共收入图书三千四百七十五部七万九千零七十卷。

然而，比收入这套丛书更多的文化典籍，却都被按照乾隆严格的鉴别要求剔除和销毁了。它们之中被留下目录的，就有六千七百六十六部九万三千五百五十六卷，而没有"存目"的更不计其数。这也是一次对我国历史文化的大破坏。

编成的《四库全书》共抄了七套，分别藏于皇宫的文渊阁、圆明园的文源阁、热河（今河北承德）的文津阁、奉天（今辽宁沈阳）的文溯阁、扬州的文汇阁、镇江的文宗阁和杭州的文澜阁。如今，只剩下三套完整的和一套残缺的《四库全书》了。

知识平台

《四库全书》名字的由来

唐朝魏征曾负责校定过皇宫内的图书，并将它按"经、史、子、集"四大类分别收藏在四个库房中。因此，乾隆帝就决定将这套丛书命名为《四库全书》。

22 吴敬梓写《儒林外史》

　　乾隆皇帝为了炫耀"文治"，下令编修《四库全书》；而在民间，则也有一些文人，冲破"文字狱"的重重禁锢，创作出了一些深刻反映当时社会现实生活的文字作品，例如长篇小说《儒林外史》和《红楼梦》。

　　《儒林外史》的作者吴敬梓，是安徽全椒县人，生于1701 年，字敏轩，因为他的书斋取名文木山房，所以又号称"文木先生"。他十三岁时母亲就去世了，跟随在江苏当小官的父亲念书、漫游。二十三岁时，父亲又去世了，他只考了个秀才便不愿再参加考试，而是在朋友的帮助下，在南京定居下来，靠自己种菜、卖文度日，闲来则写诗作文，与朋友们喝酒聊天，过着穷困但又自由闲散的生活。

　　吴敬梓对当时科举制度的腐败和对读书人的为害有着非常深刻的认识，他不但拒绝当时的安徽巡抚推荐他去参加"博学宏词"科的考试，而且还在家里潜心创作一部名叫《儒林外史》的长篇小说，毫不留情地揭露科举制度对读书人造成的种种不幸和腐蚀，批判了文人中争名逐利的种种丑恶行为。

　　"范进中举"是《儒林外史》中讲的一个最为典型的故事：老秀才范进一心想通过考科举这条路升官发财，但一直考到五十多岁,穷得连饭也吃不上了,仍然没考上。一天,他抱了家中一只生蛋的母鸡去集市上卖了换米,却突然有人跑来告诉他已考中了举人。范进一下子高兴得发了疯,结果被杀猪的丈人糊了一嘴的粪才清醒过来。他的母亲也兴奋得痰迷心窍,一命呜呼了。县里的乡绅、富户见范进中举,都纷纷来贿赂他。这个老秀才也开始堕落变坏了。

《儒林外史》中还讲了一个连秀才也没考上的读书人,考到六十多岁,一次偶尔来到省城专门举行科举考试的贡院,触景生情,竟一头撞在考房前的号码板上寻死路。几个生意人可怜他,救起他后凑钱帮他捐了个监生……

这部长篇小说,就用这样一个个浸透着血和泪的故事,讽刺和揭露了封建科举制度的罪恶。

内容链接

乾隆帝的"文字狱"

乾隆时期制造的文字狱比康熙、雍正时还多。浙江举人徐述夔因被老鼠咬坏了衣服,写下了"毁我衣冠真恨事,捣除巢穴在明朝"的句子,结果一家三代被满门抄斩。文人在诗文中凡写到"虏"、"夷"、"胡"字的,统统会招致杀身之祸。

① 夔(kuí)

23　曹雪芹著《红楼梦》

　　《红楼梦》的作者叫曹雪芹。他的祖先曾追随过多尔衮，因此从其曾祖父曹玺①到其祖父曹寅、父亲曹𫖯，前后继任共当了六七十年的江宁织造。这是个油水很足的地方官职，专门负责替皇家在江南地方采办衣料、服装，同时还兼为皇帝提供江南的有关信息情报，因此很受皇帝的重视。康熙帝南巡时，有四次都住在曹家。因此，曹家的声势在康熙时十分显赫。但到了雍正年间，因为曹家在雍正帝与其兄弟争夺皇位的斗争中没有站在雍正帝一边，因此被找岔子抄了家，曹家被迫搬到北京居住。

　　曹雪芹随父亲迁到北京时才十三岁，但一个不可一世的大家族突然衰败的过程给他的印象十分深刻。尤其是父亲死后，家境更加困顿，转而迁到了北京西郊一个小山村的茅舍中。因此，他对封建社会上层的权力斗争、官场腐败以及下层人民受奴役、压迫的情况都有深刻而切身的体验。就是在北京西郊的茅屋中，他开始了长篇小说《红楼梦》的创作。

　　《红楼梦》以贾宝玉和林黛玉一对青年男女的爱情悲剧为线索，写了贾家这个贵族大家庭从兴盛到衰败的过程。贾宝玉和表妹林黛玉意气相投，真诚相爱，向往和追求个性的解放与自由，但由于无法冲破封建礼教的阻挠

① 玺(xǐ)

198

而不能结合。最终林黛玉忧愁病死,贾宝玉出家当了和尚。而享尽了荣华富贵的贾家,也在腐朽没落中忽然遭到了抄家,终于像一座破败的大厦那样轰然倒坍了。

曹雪芹在作品中敏锐地感觉出了盛极一时的中国封建社会已经腐朽没落,即将覆灭,他在作品中对众多生活在下层的婢女、平民充满了同情,这都显示了这部作品所具有的深刻社会意义,其悲剧性的情节更是深深地打动了当时的读者,使得它很快便以手抄本的方式流传了开来。

然而,曹雪芹用了整整十年时间,只将《红楼梦》写到第八十回。1763 年,他就在贫病交加中去世了。后来,一个名叫高鹗的文人,替他续写了四十回,将故事内容补充完整。虽然续写的内容也许不完全符合曹雪芹的原意,但不管怎么说,这部完整的《红楼梦》被后世公认为是我国古代最伟大的长篇小说。

《红楼梦》里的四大家族

《红楼梦》中用一首叫《护官符》的歌谣来概括书中提到的金陵四大官僚贵族的富有:"贾不假,白玉为堂金作马(贾家);阿房宫,三百里,住不下金陵一个史(史家);东海缺少白玉床,龙王请来金陵王(王家);丰年好大雪,珍珠如土金如铁(薛家)。"

① 坍(tān)
② 鹗(è)

24 郑板桥和"扬州八怪"

  乾隆时期的扬州,商业繁荣,风光绮丽,许多文人聚集到这里。他们大都或是不愿与清政权合作走科举当官的道路;或是在官场内不肯与贪官污吏同流合污而辞官或被革职的。这些人从全国各地来到扬州,潜心追求艺术,写诗画画,落拓不羁,过着清贫而又自由的生活。他们同情贫苦的百姓,瞧不起有权势的贪官和奸商,性格孤傲狂放,因而创作的诗画作品也独具"新、奇、怪、傲"的特点,与当时替朝廷歌功颂德的文人作品完全不同,于是被认为是一批"怪才"。当时在扬州就有八个这样的画家,被称为"扬州八怪"。

  "扬州八怪"中最有名的一位,名叫郑燮①,字克柔,号板桥。他是江苏兴化人,幼年时母亲就生病死了,靠奶娘将他扶养成人。他从小学习刻苦努力,但并不喜欢"四书五经"那一套古板的儒家经典,倒是酷爱写字、画画和作诗。只是出于当时社会和家庭的规矩,不得不随大流去应付科举考试。他先后在康熙时考上了秀才,在雍正时考中了举人,又在乾隆时中了进士。

  考中进士后郑板桥出任过山东范县和潍②县知县。但他在办案时同情穷苦的农民,打开官仓救济灾民,因此得罪了上级而被罢官。从此,他便在扬州靠卖字、画为生。

① 燮(xiè)
② 潍(wéi)

他擅长画竹、石、兰花，尤其爱画竹子，以竹子的坚韧、孤傲、高洁来比喻自己。他的《劲竿凌云图》，在一块孤石上画几枝迎风挺立的竹子，显得瘦劲孤高，豪气凌云，是古画中的名作。他还画了一幅风雨中的竹子，在上面题了两句诗："衙斋卧听潇潇竹，疑是民间疾苦声。"他的画展现了他的品格和艺术追求。

郑板桥的字画在当时已非常出名。穷人只用一壶酒一块狗肉便可以得到，但他却常常拒绝大官富商的高价收买。

内容链接

扬州八怪

当时在扬州与郑板桥并称"扬州八怪"的画家是：黄慎、罗聘、李鱓、高翔、金农、李方膺、汪士慎。

① 鱓(shàn)
② 膺(yīng)

和珅跌倒，嘉庆吃饱

1796 年，八十五岁的乾隆帝将皇位传给了第十五子颙琰，自己当太上皇。颙琰登基后，定年号为嘉庆。但实际权力仍然掌握在他的父亲手里。嘉庆帝要做什么决定，都要通过父亲的宠臣和珅去请示太上皇，如果不获同意，就不能实行。这时嘉庆帝已经三十六岁了，但事事还要听从父亲，甚至还要受制于和珅，他心中感到十分窝囊。而和珅，则仗着太上皇的宠爱，独揽朝中大权，根本不把他这个皇帝放在眼里，嘉庆帝对他十分恼恨。

1799 年，太上皇终于病死了。嘉庆帝立刻派心腹秘密调查和珅的劣迹，然后突然派禁卫军包围了和府，抄了他的家。嘉庆帝宣布了和坤贪污专权等二十条罪状，令他自尽。

和珅的确是个大贪官。他原本是满族正红旗人，1769 年以秀才的身份在皇宫内当三等侍卫。由于他聪明伶俐，会察言观色、见风使舵，深得乾隆欢心与信任，很快便飞黄腾达，不出十年工夫，就权倾朝野，一直升到大学士、军机大臣、内务府大臣的高位，独揽全国的军、政和财政大权，还与皇帝攀了儿女亲家（乾隆将和孝公主嫁给了和珅的儿子丰绅殷德）。

① 颙（yóng）
琰（yǎn）

和珅得势后，便欺上瞒下，卖官鬻爵，贪赃枉法，甚至连地方向皇帝送去的贡品和外国向清朝进贡的洋货,他都要在私下里先行过目挑选,将自己喜欢的扣留下来。他在朝廷内外,组成了一个贪官污吏的网络,互相勾结包庇,层层向下盘剥;他自己则在上面坐收渔利,谁也奈何不了他。内阁学士尹壮图向乾隆举报各省的国库银两被贪官们掏空了。乾隆派人追查,和珅就事先让各地官员向商人借银子暂时充入国库。结果尹壮图反而被以"妄言诬告罪"罢了官。御史曹锡宝弹劾和珅的家奴刘全在京城盖超豪华的宅院,和珅让刘全一夜之间拆平豪宅,曹锡宝反被乾隆训斥一顿。

一手遮天的"二皇帝"和珅,终于栽在了嘉庆帝手里。从和府共抄出奇珍异宝、玉器古玩、绫罗绸缎、珊瑚玛瑙、西洋贡品,以及黄金、白银,折合银子八亿多两,是当时清朝十多年国库收入的总和。因此,百姓戏说:"和珅跌倒,嘉庆吃饱。"

人物聚焦

刘　墉

左都御史、东阁大学士刘墉,与和珅对着干,查办了当时的云南巡抚郭一裕、山西布政司蒋洲、西安将军都赉[1],以及苏州布政使和江西巡抚等一批官员。刘墉还参与了《四库全书》的编纂工作,是有名的书法家。

[1] 赉(lài)

26 白莲教起义

乾隆末年,皇帝好大喜功,尽情挥霍;以和珅为首的贪官污吏又拼命盘剥,终于使无法生存的百姓举起了造反大旗。先是西北的回民,贵州、湖南的苗民起义,台湾林爽文领导的农民起义;紧接着又发生了白莲教在全国各地组织的反清起义。

白莲教创建于南宋,原崇奉阿弥陀佛,后转奉弥勒佛。因佛座下有白莲围绕,因此称"白莲教"。它的教义是讲救世明王阿弥陀佛或弥勒佛将降临人世,救百姓出苦海。元朝末年的红巾军打的就是白莲教的旗号。现在,又到了民不聊生的时候,各地白莲教徒纷纷树起了反清复明的旗帜。

1774年,白莲教首领王伦在山东寿张组织起义,义军很快就攻下了寿张、堂邑、柳川、阳谷等县,并包围了临清,乾隆帝派大批军队才将他们镇压下去。第二年,白莲教首领刘松在安徽以替百姓看病为名传教。官府发现后将他逮捕充军到甘肃,以后又处死了他。但他的教徒刘之协、宋之清等到湖北、河南、四川等地继续传教。他们向百姓宣传清朝将要灭亡,明朝就要恢复,百姓们将分得土地,重见天日。

1796年,聂杰人、张正谟在湖北枝江、宜都发动白莲教徒起义,接着襄阳、宜昌、恩施等地的白莲教徒纷纷响应,其中襄阳的一支起义军声势最大。这里的白莲教首领齐林在起义发动前夕,因走漏消息遭官兵突袭而被杀害。齐林的妻子王聪儿接过指挥权,与她的助手姚之富一起,率领起义军从襄阳向北攻入河南、陕西,以后又与四川的白莲教义军汇合,占领大批土地,然后又重入湖北,再进陕西的汉中、宝鸡等地。一路上,他们冲破官军的围追堵截,惩办贪官污吏,为百姓们出气,沉重打击了清政权的封建统治。嘉庆皇帝急得撤换了好几个省的总督巡抚,调集了几十万军队,花费了二亿两白银的军费,战死了提督、总兵、将军好几百名,才于 1804 年将规模巨大的白莲教起义全部镇压下去。

知识平台

天理教起义

　　1813 年,天理教首领李文成率领教徒从河南滑县起义向北进攻;另一首领林清在北京郊区组织教徒秘密潜入皇宫内,联合一部分太监起义。两地的起义虽被镇压,但对清王朝打击很大,清王朝也从此衰败下去了。

27 　林则徐禁烟

　　嘉庆皇帝忙于应付国内各地的起义时，对外关系上又出现了大问题。当时以英国为首的资本主义国家正在实行工业化。他们为了寻找工业原料和倾销工业品的市场，不停地派使者到中国进行试探。可是嘉庆帝夜郎自大，采取了严格的闭关政策，甚至拒绝接见英国使节。英国资产阶级便使用了一招十分恶毒的手法来打开中国国门：他们在印度种植鸦片，加工后从中国东部沿海走私进来。

　　鸦片是一种从罂粟植物的果实中提炼出来的白色粉末，含有麻醉毒素，吸食者虽一时有飘飘欲仙的快感，但很快会上瘾并使人精神萎靡、骨瘦如柴。走私者将大量鸦片偷运进中国，使许多中国商人、官僚甚至士兵都吸食成瘾，弄得这些人倾家荡产、家破人亡；与此同时，中国的大量白银，便纷纷流入走私者的腰包。嘉庆帝看到了这一危机，但没有来得及采取措施，便于 1820 年去世了。他的儿子旻宁①继位，就是道光皇帝。

　　道光时期，鸦片的走私更加猖獗②。到 1835 年，全国吸食鸦片的人已经多达数百万，每年流失白银六千万两以上。当时的湖广总督林则徐十分着急，他在给道光帝的奏章中说："如再不禁鸦片，中国将不会有可以打仗的

① 旻(mín)
② 猖(chāng)
　獗(jué)

206

士兵,也征不到军饷了。"于是道光便任命林则徐为钦差大臣,去广东查禁鸦片。

1839年,林则徐到达广州,采取了大规模的禁烟运动。他下令查封了停泊在黄埔港的外国商船,勒令他们交出私藏在船内的鸦片。走私鸦片的头目、英国人颠地先企图贿赂林则徐,被林则徐严厉拒绝后,又组织走私贩子对林则徐派出的缉私队进行武装挑衅。林则徐派军队追捕他,他躲进了英国商馆,英国驻华商务监督(实际上是驻中国外交代表)义律不肯交出颠地。林则徐又派兵包围了商馆,强行逮捕了颠地。义律不得不让走私贩子交出了藏在商船内的大量鸦片。

林则徐在虎门(今广东东莞西南)海滩公开销毁缴获的鸦片两万零二百八十三箱,计二百三十七万六千二百五十四斤。焚毁鸦片的浓烟在虎门上空整整持续了二十三天。百姓纷纷前来虎门观看销烟,大家无不为林则徐的壮举欢呼雀跃,拍手叫好。

东印度公司

英国人设立在印度,针对东亚各国进行侵略和掠夺的机构。就是它指挥英国商人在印度盂加拉、比哈尔等地利用当地农民种植罂粟,生产鸦片,以高于收购价六至八倍的价钱向中国每年走私三至四万箱(每箱一百斤),掳走了中国数亿两白银。

28 第一次鸦片战争

虎门销烟后,林则徐派清军水师在广州沿海巡逻,只准愿意写下保证书、保证以后不再走私鸦片的外国商船进港。1839 年 8 月至 11 月,英国商务监督义律指使英国军舰多次向清军水师挑衅,广州水师提督关天培的水师狠狠地教训了英国军舰,使他们暂时不敢轻举妄动。

1840 年 6 月,英国政府任命懿律上将为远征军司令,率四十多艘舰船,四千多英国与印度士兵到达中国海面挑衅,中英第一次鸦片战争就此开始。战争之初,英军先封锁了珠江口。但林则徐和关天培早已做好了迎战的准备。海岸的炮火配合水师将英国舰队打得狼狈不堪,根本无法靠岸。

懿律见攻不进广州,便命令舰队北上,一路进攻福建厦门和浙江定海、宁波,封锁了吴淞口;8 月,五艘英国军舰攻到了天津大沽口。道光皇帝害怕了,下令撤了林则徐的职,让直隶总督琦善当钦差大臣去广州与英军谈判。

昏聩①的琦善到广州后,为了讨好洋人,将林则徐调集的兵船裁减掉三分之二,拆除了珠江口的许多防御工事,并于 1841 年 1 月在虎门附近的穿鼻岛与英方签订了《穿鼻草约》,答应割让香港和向英方赔款等条件。道光皇帝认为条约使大清太丢脸了,将琦善革职抄家,另派奕山为

① 聩(kuì)

靖逆将军去广州向英军宣战。这时,由于琦善的破坏,虎门两边的穿鼻岛与大沙角炮台已经被英军毁掉,广州水师提督关天培只能率领四百多名士兵扼守虎门炮台。二月,关天培与士兵们与英军苦战两昼夜,全部壮烈牺牲。英军兵临广州城下。5月,奕山派人求和,与英军订立《广州条约》,规定向英军缴纳600万元"赎城费"。

接着,英军再次北上,占领厦门、镇海,并从吴淞口沿长江西进,占领镇江,抵达南京。道光皇帝慌了,忙派耆英为钦差大臣,会同两江总督牛鉴,向英军新任司令濮鼎查求和。1842年8月29日,在英国军舰"康华丽"号上,中英双方签订了《南京条约》。这是近代史上中国被迫与外国殖民者签订的第一个不平等条约。条约规定了割让香港、赔款白银二千一百万两,开放广州、福州、厦门、宁波、上海等地为通商口岸,关税与英国人共同商定等十三个丧权辱国的条款。

内 容 链 接

林 则 徐

林则徐,字元抚,福建侯官(今福建福州)人,嘉庆时考中进士,曾任御史、盐运使、巡抚等职,在当河东河道总督时成功治理黄河,为官清廉正直。禁烟失败后被充军新疆,仍不忘在那里兴修水利和屯田。1850年去世,享年六十五岁。

29 三元里百姓抗英

鸦片战争爆发后，两广总督奕山吓得龟缩在广州城里，与英国侵略军签订了《广州和约》，向英军赔款六百万两白银。但是侵略者并不满足，他们仍在广州郊区四处烧杀抢掠。

1841年5月，一小队英军窜到广州西北郊的三元里。他们在村子里抢劫财物，侮辱妇女。村民们忍无可忍，在韦绍光等人的带领下，举着锄头、砍刀、扁担痛打了这些英国兵，并且杀死了其中的几个罪大恶极者。

三元里百姓的英勇举动大大地鼓舞了附近村民的抗英情绪。广州北郊一百零三个乡村的代表齐集到三元里北面的牛栏岗，大家经过商量，宣誓成立"平英团"，联合起来打击英国侵略者。代表们一致决定：一村有事，各村支援；鸣锣为号，共同对敌。

驻守在三元里附近四方炮台的英军一千多人，在司令卧乌古的率领下扑向三元里，企图进行报复。平英团首领韦绍光、何玉成、周春等率领乡民一万多人，埋伏在英军进入三元里的必经之路——牛栏岗的树林里。等侵略军耀武扬威地闯进牛栏岗，突然四面树林里锣声齐响，战鼓咚咚，村民们个个手持大刀、长枪、锄头、扁担，呐喊着杀向敌人，与侵略者展开了激烈的肉搏战。这时，正好天降大雨,使得侵略者的火枪受潮无法发挥作用,都成了哑巴。而平英团的百姓,则越战越勇,当场就杀死和俘虏了英国兵二百多人,并将他们包围了整整一天一夜。直到第二天,在四方炮台派出援军的接应下,狼狈不堪的英军才在卧乌古的带领下逃了回去。

牛栏岗大捷的消息大大振奋了广州郊区百姓。附近的佛山、番禺、从化、花县等四百多乡的群众纷纷自发汇集到三元里,一下子聚集了近十万人。大家群情激昂,一致推举韦绍光为首领,打着"平英团"的旗号,浩浩荡荡地包围了四方炮台。炮台里的英军吓得魂不守舍,卧乌古只好偷偷派人去向两广总督奕山求救。奕山派广州知府余保纯前去劝说百姓解围。韦绍光等勒令英军立即滚出炮台,退出珠江口。卧乌古见形势不妙,只好老老实实地接受了平英团的条件,灰溜溜地撤走了。

内 容 链 接

颜伯焘守厦门

英军遭受三元里百姓的打击后,离开珠江口北上,于1841年8月攻打厦门。闽浙总督颜伯焘率清军在鼓浪屿与英军激战,失败后退出厦门,待英军主力继续北上后又收回了厦门。

① 焘(tāo)

30 葛云飞死守定海

英军司令璞鼎查率舰队离开厦门后,于9月中旬抵达浙江的舟山群岛海域。当时浙江的守卫归两江总督裕谦管。裕谦是满族镶黄旗人,他一向佩服林则徐,反对琦善等人的卖国行为。因此他上任后,就立刻上书道光皇帝,要求停止裁减军饷,并增添江、浙沿海的堡垒火炮,加紧训练水师。但道光皇帝却听信军机大臣穆彰阿的投降主张,将他狠狠训斥了一顿。现在英军果然打过来了,裕谦一面组织浙江沿海防务,一面向道光帝建议让奕山派兵进攻占领了香港的英军,这样可以使敌人顾此失彼,陷于被动。

道光帝接受了裕谦的建议,命令奕山出兵。但奕山按兵不动,为自己诡辩,道光帝竟也就不再坚持了。裕谦无奈,只得急调处州镇总兵郑国鸿、寿春镇总兵王锡朋率兵前去协助定海镇总兵葛云飞死守定海。

定海是浙江的海上门户,但三镇的总兵力加在一起,也只有五千余人。由于此前琦善与英军议和,皇帝已下令裁撤了不少沿海的防御力量,现在一时无法补足,因此兵力、火力都不如英军。9月26日,璞鼎查的英军舰队在用舰炮猛轰了一阵以后,就乘势从定海的竹山门登陆。分工守卫竹山门的处州总兵郑国鸿用炮火将英军击退了

① 璞(pú)

下去。但第二天,英军利用汉奸领路,抄水道迂回到寿春总兵王锡朋负责守卫的晓峰岭。经过一场短兵相接的激战,王锡朋中弹阵亡,晓峰岭失守。英军乘机又攻下了竹山门,郑国鸿也牺牲了。

10月1日,定海总兵葛云飞负责守卫的道头街山头,已被英军四面包围。面对黑压压的敌人,葛总兵向部下高呼:"士兵们,以死报国的时候到了!"士兵们立刻呼叫着向敌军冲了上去。葛云飞挥舞着大刀冲在最前面,与英军展开了肉搏战。他一连砍倒了好几个敌人;自己的脸部被削去一半,鲜血直流,仍在奋勇杀敌。最后,敌人的子弹射穿了他的胸膛,他停止了呼吸,但仍然依着山崖傲然屹立着,没有倒下。他的士兵,也几乎全部英勇战死。

裕谦在镇海得到葛云飞和守卫定海的其他将士英勇杀敌、壮烈牺牲的报告,感动得热泪盈眶。他严令浙江提督余步云坚守镇海。但余步云贪生怕死,率军逃往宁波。10月10日,镇海失守。裕谦在镇海城内学宫前的池塘里跳水殉国。

内容链接

黑 水 党

葛云飞的部下徐保乘夜将葛云飞遗体背下山,送回他的老家山阴(今浙江绍兴)安葬。然后他又组织了黑水党,在浙江沿海神出鬼没地打击英军。

31 陈化成血战吴淞

璞鼎查率领的英国海军攻陷浙江沿海的定海、镇海以后，于 1842 年 6 月逼近了长江的出海口——吴淞口。守卫吴淞口的是清军江南提督陈化成。

陈化成是福建同安人，字莲峰。他是军人出身，为人诚恳正直，作战勇敢，又能与士卒同甘苦，深受士兵的拥戴，因此一直升到总兵的职务，五十四岁时当上了福建水师提督。1840 年，裕谦当两江总督时又将他提升为江南提督，让他铸铜炮、造火药、修炮台、训练士兵，在吴淞口设防。裕谦在镇海殉国后，道光帝任命牛鉴为两江总督。可牛鉴是个贪生怕死的昏官。他得悉英军舰队靠近吴淞口，竟找陈化成谈话，要他不要轻易与英军接战，尽量争取与他们和解。

陈化成气得拂袖而去。回到吴淞炮台，他号召士兵们以关天培、葛云飞等坚决抗击英军侵略的英雄为榜样，誓死保卫国家的海防。

吴淞口有两座炮台。两炮台是主炮台，陈化成亲自坐镇扼守。东炮台在吴淞口的东南角，由参将崔吉瑞带兵守卫。6 月 16 日，英军舰队开始向西炮台进攻。陈化成指挥炮手坚决发炮还击。由于双方炮战激烈，炮弹爆炸的烟雾遮挡视线，炮手连发数炮都未中敌舰要害。情况紧急，陈化成上前推开炮手，亲自瞄准射击。"轰隆"一声巨响，炮弹正中敌舰要害。那艘英舰很快在一片火海中沉入海底。西炮台的士兵精神振奋，又连连发炮，击伤了两艘英舰。

这时东炮台的清军也开始开炮还击，双方的炮火越来越猛烈。正在激战的关键时刻，带着卫兵在旁边督战的牛鉴，见一颗炮弹在离他不远处爆炸，吓得惊慌失措，掉头就逃。东炮台的守将崔吉瑞见牛鉴带头逃跑，也与士兵们一哄而散，丢弃了炮台。

英军乘机从东炮台登陆，并且从陆上迂回包围了西炮台。陈化成与西炮台的士兵们一边发炮还击，一边抵挡陆上进攻的英军。不料这时他的参将周世荣也临阵脱逃，而随他坚持抵抗的士兵已所剩无几。陈化成仍亲自操炮发射，不料炮身爆炸，他倒在了血泊中。敌军乘机冲上来，陈化成一跃而起，与英军展开肉搏，最后中弹身亡。阵地上的清军士兵，也高喊着为陈将军报仇的口号，与敌人继续拼搏，直到全部牺牲。

内容链接

牛鉴吃屎

牛鉴一口气逃到镇江，向当地百姓讨吃的。百姓们给了他一碗米饭，饭内包了牛屎。孩子们对他唱儿歌："牛鉴牛鉴是头牛，见了洋人牛屎流；两江总督没饭吃，吃泡牛屎去议和。"

32 龚自珍写求雨诗

　　以英国为首的资本主义国家的鸦片输入和武装侵略,惊醒了一大批知识分子。他们认识到了清朝封建统治的黑暗腐败已到了不可收拾的地步,而且猛然发觉一向夜郎自大的中国封建王朝与西方正在蓬勃兴起的资本主义国家相比,已经落后得太多。于是他们对国家和民族的前途十分担心,产生了一种要求和希望变革的强烈愿望。龚自珍就是他们之中突出的一位。

　　他是浙江杭州人,字瑟①人,号定盒②,道光时进士,当了礼部主事的官。他的学识十分渊博,而且主张学得的知识应该在实际中去应用,反对只是为科举考试而死背经书,认为用这种形式选拔官员是培养一批毫无用处的庸才,主张用改革的方法学习西方的科学和长处,冲破国内的腐朽黑暗势力造成的令人透不过气来的沉闷局面,培养和选拔真正能为国家和民族振兴出力的有用人才。

　　龚自珍还与林则徐、魏源等爱国思想家一起组织了"宣南诗社",呼吁禁烟、救国、救民,坚决支持林则徐赴广东查禁鸦片。林则徐离京时,他写了文章为他送行,提醒他此去除了禁烟要彻底外,还要加强军备、防备内奸和贿赂。

　　林则徐走后不久,主张向英国人妥协的军机大臣穆彰阿在朝廷内独断专行,排斥异己,攻击林则徐。龚自珍

① 瑟(sè)
② 盒(ān)

216

便愤然辞去了礼部主事的官职,起程回浙江老家。

在回家的路上,龚自珍应邀在江苏镇江附近的丹阳书院讲学。正遇当地因大旱举办迎神赛会,龚自珍前去观看。设祭台的道士知道龚自珍的名气,便请他代为写篇求雨祭文。一时间,忧国忧民的情怀又涌上龚自珍的心头,他不由自主地挥毫写下了一首气势磅礴的七绝:

> 九州生气恃风雷,万马齐喑究可哀。
> 我劝天公重抖擞,不拘一格降人才!

龚自珍既是思想家,又是著名的文学家。他创作的诗、文想象丰富,奇特瑰丽,自成一家。比如他在《西郊落花歌》中的"落花不是无情物,化作春泥更护花"的句子,便成了后人传诵的名句。

内容链接

台 湾 大 捷

第一次鸦片战争期间,英军在我国东南沿海猖獗一时,却在台湾遭重创。基隆港军民击伤英舰纳儿布达号,杀死舰上英军二十七人,俘虏一百三十三人。大安港守军捕获英舰安娜号,缴获大炮十门,俘虏英国水兵四十八人,汉奸五人。道光皇帝接报十分兴奋,但签订《南京条约》后,又下令将台湾道尹姚莹、总兵达洪阿革职问罪。

33 洪秀全金田起义

　　1850 年,道光皇帝病死,按他的遗诏立第四子奕詝继位,他就是咸丰帝。就在这年的夏季,洪秀全领导的拜上帝会群众陆续来到广西桂平县金田村集中。他们变卖了家中所有的财产,男女老少一齐前往,将财产交给"圣库",然后按人平均分配使用,并且将男女按军队编制,分开设营。这种做法叫做"团营"。

　　洪秀全是广东花县一个农民的儿子,本想通过科举考试出人头地,但是连续考了四次都名落孙山。鸦片战争后的清朝政府已经腐朽不堪,为了应付巨额的赔款和统治者自己的腐败生活,更是加紧剥削和压榨百姓,再加上连年的灾荒,百姓们反抗的怒火已一触即发。这时,洪秀全刚好从一个英国传教士手中得到了一本宣传基督教的小册子《劝世良言》,他读后受到启发,就宣称自己是上帝之子耶稣的兄弟,受上帝的委托到人间来斩除妖魔,为百姓创造一个太平幸福的世界。于是便与族弟洪仁玕、表弟李敬芳和朋友冯云山一起,宣布成立"拜上帝会"。他们砸了孔子的牌位和庙中的神像,到各地进行传教活动。几年以后,他们在广西山区的矿工、烧炭工、农民中发展了大批教徒,也吸收了杨秀清、萧朝贵、韦昌辉、石达开等一批骨干。

① 詝(zhǔ)
② 耶(yē)
　　稣(sū)

218

到了这年年底，前往金田村"团营"的群众已达一万三千多人。1851年1月11日，洪秀全在金田村正式宣布起义："推翻清妖统治，建立太平天国。"洪秀全封自己为天王，封杨秀清为中军主将，萧朝贵为前军主将，冯云山为后军主将，韦昌辉为右军主将，石达开为左军主将。

　　起义立刻得到群众的热烈响应，义军很快便冲破清军的围堵。1851年9月，义军占领了广西重镇永安（今广西蒙山），在此封王建制，五位主将被封为东、西、南、北、翼五王。然后继续北上，进入湖南、湖北，攻占武昌，接着又沿长江挥师东进，这时太平军已发展到五十多万人。连克九江、安庆后，于1853年3月攻占了南京。洪秀全将南京改名为"天京"，作为太平天国的首都。

内容链接

冯云山、萧朝贵阵亡

　　太平军在进攻桂林的途中，南王冯云山在全州蓑衣渡遭伏击身亡。接着，太平军进入湖南，西王萧朝贵在攻长沙时阵亡。

小刀会上海起义

　　洪秀全领导的太平军建都南京,声势日益壮大时,全国各地的反清起义也如火如荼地开展起来了。例如山东的捻军①起义,广东、广西的天地会建立的昇平天国起义,贵州张秀眉领导的苗民起义等,而其中最为可歌可泣的,又要数上海的小刀会起义了。

　　小刀会原是清朝的反清复明组织"天地会"的一个分支。当时天地会在全国大部分地方都有秘密的组织,就连洪秀全在组织拜上帝会之前,也参加过广东的天地会,金田起义时也得到过天地会的帮助。

　　上海小刀会的领导人名叫刘丽川。他与福建的天地会组织"青巾党"和江西的"边钱会"都在等待时机,准备反清起义。1852 年,上海郊区青浦县发生了小刀会成员周立春领导的农民抗税斗争,青浦县令将周立春逮捕入狱。愤怒的乡民攻占县城,活捉了县令余龙光,救出了周立春。苏州府派兵前去镇压,反被周立春领导的乡民打败,乡民乘势又占领了嘉定城。

　　清政府的上海道台吴健彰为了笼络小刀会,让刘丽川的小刀会成员参加他办的地方武装组织"团练"。刘丽川将计就计,让会员参加团练,得到了许多武器。1853 年9 月 7 日,刘丽川联合周立春,乘这天上海道台和知县去

　① 捻(niǎn)

孔庙参加祭孔典礼的时机，突然发动起义。义军头戴红巾，一举攻下了道台衙门和上海县衙门，活捉了吴健彰，杀死了顽抗的上海县知县袁祖德。当天，刘丽川便在上海城隍庙召开小刀会首领会议，宣布建立大明国。会议推举刘丽川为大元帅，潘起亮为飞虎将军，陈阿林为左元帅。接着，义军又接连攻下了南汇、宝山等县。

上海是重要的海上交通要冲和经济中心。清政府立即派兵前往镇压。在上海的法国、英国侵略军也对义军施加压力。刘丽川一面组织力量抗击，一边派代表前往南京与太平天国联系争取支援。小刀会还给太平军送去了火药等一些急需的军用物资。可惜当时的太平天国领导人已被胜利冲昏了头脑，拒绝了小刀会的联合作战请求。

小刀会孤军作战，不得不退守上海孤城，在坚守了一年多以后，终因粮尽弹绝，在清军和法国军队的联合进攻下失败。

内 容 链 接

小刀会义军突围

1855 年 2 月 17 日，小刀会从上海县城突围，激战中，刘丽川、陈阿林等牺牲，潘起亮率领部分起义军冲出包围，投奔了太平军。另一领导人黄位带领部分突围人员辗转去了台湾。其他突围残部流散各地，继续参加反清斗争。

① 隍（huáng）

35 天京之变

太平军在南京建都后,接着又开始了北伐与西征。五万多太平军由林凤祥、李开芳率领,从 1853 年到 1855 年,转战江苏、安徽、河南、山西、河北、山东,一直打到了天津,但终因孤军深入、缺乏后援而失败。而太平军将领石达开、罗大纲、胡以晃、赖汉英等人领导的西征,则取得了很大的胜利。他们在安徽、湖北、湖南、江西作战,连连得胜。尤其是洞庭湖一战,石达开率领的太平军将曾国藩在湖南训练的湘军打得落花流水,弄得曾国藩跳水自杀未遂。

正当石达开、罗大纲等准备彻底消灭湘军之时,洪秀全突然命令他们回师救援天京。原来清军在南京附近设置了江南与江北两个大营,用重兵包围了天京。石达开出奇兵火烧江南大营,迫使清军主帅向荣、和春、张国梁等先后自杀身亡。江北大营也同时被摧毁。

太平天国消除了清军对天京的威胁,达到了全盛时期。这时,洪秀全、杨秀清等高层领袖产生了骄傲情绪,权力欲望和生活腐败使得内部矛盾激化了起来。天王洪秀全住在深宫里深居简出,身边有一大批类似宫女的女官服侍,过起了皇帝的生活,军政大权落在了东王杨秀清手里。杨秀清居功自恃,竟装作上帝附身,当众斥责洪秀全,要他跪拜受罚,还要与洪秀全一同称"万岁"。洪秀全感到自己的权力受到威胁,密令正在外线作战的石达开、韦昌辉、秦日纲领兵返回天京杀掉杨秀清。

1856年9月,韦昌辉、秦日纲领兵偷袭东王府,杀死了杨秀清及其部下和家属两万余人。石达开闻讯,指责韦昌辉不应滥杀无辜。韦昌辉不但不接受批评,反而企图将石达开也一并杀害。石达开只好只身逃出天京,韦昌辉竟又杀害了石达开全家老小。

石达开忍无可忍,在安庆集合了部下四万人起兵讨伐韦昌辉。这时洪秀全也看清了韦昌辉借机夺权的野心,发动天京的太平军剿灭了韦昌辉,并召石达开回京处理军政事务。但与此同时,洪秀全又让他的两个哥哥洪仁发、洪仁达左右牵制石达开。石达开见自己无法发挥作用,只好忍痛率部下离开天京,另外单独开辟反清战线。从此太平天国走向了下坡路。

内容链接

石达开的告示

石达开离开天京时,向全军发表了一则用五言韵文写的告示,说明了自己出走的原因,让战士们愿留的留在天京,愿走的可跟他走,并表示自己永远忠于反清事业,决不变心。

36 火烧圆明园

清政府正穷于应付太平天国的时候,英、法等资本主义国家趁火打劫,在广州制造了所谓"亚罗"号事件。

"亚罗"号原是一艘中国人的走私船,但船主雇了个英籍船长,并在香港注册登记。1856 年 10 月 8 日,广东水师在船上逮捕了十二名当过海盗的中国船员。英国驻广州领事巴夏礼以此向两广总督叶名琛发出最后通牒,限二十四小时内释放被捕人员。叶名琛下令释放了船员,但英国仍与法国组成了一支五千多人的联军攻占了广州城,并将叶名琛俘虏到印度关押起来。第二次鸦片战争爆发。

1860 年,英、法联军一万八千人北上,8 月攻占了天津大沽炮台,9 月攻入北京东郊的通州。咸丰皇帝派怡亲王载垣前去议和。由于英、法提出的条件太苛刻,和谈失败。咸丰皇帝一面派将军僧格林沁和兵部侍郎胜保领兵抵抗,一面带着皇妃、皇子及主要大臣逃往热河(今河北承德)的避暑山庄。9 月 21 日,清军在通州战败,英、法联军便从东向西绕过了北京东北和北面的安定门和德胜门,包围了北京西北的圆明园,因为他们以为咸丰皇帝还在里面。10 月 6 日,英、法联军攻入圆明园,在里面大肆劫掠,将里面的珍贵文物、《永乐大典》等图书资料和古代字画精品、奇珍异宝抢夺一空，将这座占地五千多亩（约合三百多万平方米）的世界上最大最壮丽的皇家园林破坏殆尽。劫掠后，为了掩盖罪行，他们又放火焚烧，大火整整三天三夜不灭。从此，这座号称"万园之园"的圆明园成了一片废墟。

清政府被英、法联军的暴行吓坏了。留守北京的恭亲王奕䜣连忙打开北京安定门的城门，放侵略军进城。侵略军又在北京城内大肆抢劫了一番以后，才同意与清政府和谈。在 10 月 24、25 日的和谈中，奕䜣根本不敢争辩，答应了侵略者的所有条件，与他们签订了丧权辱国的《北京条约》。条约规定赔偿英、法两国军费白银八百万两，开放天津为通商口岸，割让九龙半岛给英国，准许法国的传教士来中国各地传教，让英国使臣进驻北京等。

至此，中国与英、法资本主义国家的第二次鸦片战争结束。

《中俄瑷珲条约》

乘英、法向中国发动第二次鸦片战争之际，沙皇俄国也出兵我国东北，逼使清政府屈服。1858 年 5 月，黑龙江将军奕山与沙俄西伯利亚总督穆拉维约夫签订了《中俄瑷珲条约》，沙俄割占了我国外兴安岭以南、黑龙江以北六十多万平方公里土地。1860 年 11 月，又掠夺去乌苏里江以东包括库页岛在内的四十多万平方公里土地。

① 䜣(xīn)

225

37 辛酉政变

　　1860 年,英、法联军火烧圆明园,攻入北京城,使逃往热河承德避暑山庄的咸丰皇帝又气又急,一病不起,到第二年就死了,死时三十一岁。按照咸丰皇帝的遗诏,由他唯一的儿子、懿贵妃生的载淳继承皇位。但载淳才六岁,因此遗诏又命随皇帝在热河的户部尚书肃顺和载垣、端华、景寿、穆荫、匡源、杜翰、焦祐瀛等八位大臣辅政。八位大臣随即商定扶小皇帝登位,改年号为"祺祥",尊皇后纽祜禄氏为"母后皇太后",徽号"慈安";懿贵妃为"圣母皇太后",徽号"慈禧"。

　　慈禧太后是个生性阴险狡诈、权力欲望极强的女人。她想学历史上的武则天当女皇帝,于是便秘密派人去与掌握着大部分兵权、留守在北京的恭亲王奕䜣联络。由于咸丰临死前奕䜣不在皇帝身边,因此没有当上辅政大臣。这样,奕䜣便站在了慈禧这一边。他指使兵部侍郎胜保、御史董元淳等向辅政大臣提出让两宫太后(慈安太后和慈禧太后)垂帘听政。这等于要剥夺辅政大臣的权力,当然遭到了肃顺等八大臣的坚决反对。

　　10 月下旬,留在承德的咸丰皇帝的灵柩准备运往北京。慈禧趁机策划了一场夺权阴谋。她提出由肃顺护送灵柩走大路,自己和小皇帝以及其他七位辅政大臣抄小路提早赶回北京,以便可以在北京接灵。考虑到这种做法是合情合理的,肃顺等没有怀疑。慈禧一到北京,便立刻让奕䜣指挥掌握北京兵权的僧格林沁和胜保等人领兵逮捕了随她一同回京的七名辅政大臣,同时派睿亲王仁寿、醇亲王奕譞带兵以迎接先王灵柩为名去抓肃顺。这时肃顺护送灵柩的队伍刚到北京郊外的密云县驿站。仁寿和奕譞假装让肃顺陪他们一同拜叩先王灵柩,突然让士兵逮捕了他。

肃顺被押往北京。慈禧在朝会上向大臣们一把眼泪一把鼻涕地哭诉肃顺等辅政大臣飞扬跋扈、欺侮他们孤儿寡母,并以小皇帝的名义宣判端华、载垣、肃顺死刑,另外五人发配新疆充军。慈禧的政变终于获得成功,从此开始了名义上是她与慈安太后一起垂帘听政,实际上大权全掌握到了她一人手里的时期。因为这一年是农历的辛酉年,因此这场政变历史上称为"辛酉政变"。

人物聚焦

慈 禧 太 后

慈禧太后姓叶赫那拉氏,小名兰儿,十七岁入宫,从宫女、贵人、懿嫔、懿妃一直做到贵妃;当太后时她二十六岁。因为住在皇宫西边的长寿宫,因此又称"西太后"。

① 譞(xuān)

38　石达开兵败大渡河

　　1857年六月,石达开不得已带领二十六万太平军将士离开天京,他先将军队屯驻在安庆(今安徽安庆)。九月,他率军进入江西抚州。这时,天京被清军围困,形势危急,洪秀全不得已派人向石达开求援。石达开立即率军东进,攻入浙江,缓解了清军对天京的压力。但是,对洪秀全和太平天国官员请他返回天京的恳求,他还是拒绝了。

　　此后的两年多时间,他率军转战于浙江、福建、江西、湖南,与曾国藩的湘军作战,取得了许多胜利,军队扩展到三十万。石达开善于率军奔袭,闪击敌人,但没有建立可靠的根据地。曾国藩针对他的特点,实行了堡垒围困和坚壁清野的策略,使其军粮供应不上。石达开便回师广西,想回到家乡发展力量。不料广西的反清革命力量绝大多数已随太平军离开,剩下的也被清政府镇压了,于是石达开只好率军在广西、广东、湖南继续转战。

　　1861年9月,石达开的部将朱衣点和彭大顺突然率领自己的第一军和第二军二十万人脱离队伍经江西返回了天京。石达开失去了大部分兵力,情绪也受到极大打击,直到这年年底,他才将剩下的五六万人马重新整编,第二年由湖北攻入四川,然后再回师贵州,进入云南。这时他的兵力又发展到了十多万。石达开决定再度进兵四川，在那里建立立足点。1863年初，石达开先派部将李复猷、赖裕新各率一路军队由贵州绕道入川；自己亲率主力渡过金沙江入川，目标是攻下成都。不料两路军队，一路中了清军埋伏，全军覆没；一路遇到阻击退回了云南。而他自己的军队开到四川宁远（今四川西昌），也被清军包围了。石达开率军冲出包围，于五月来到大渡河南岸紫打地（今四川石棉县安顺场），想渡河攻取成都，不料河水暴涨，强渡失败，被清军总兵唐友耕的军队和当地土司的部队紧紧围住。

石达开率领太平军战士苦守两个多月，吃完了粮食、野草和战马。为了保住尚剩下的七千名战士的性命，石达开不得不自己赴唐友耕的清军营中投降。唐友耕将他押往成都。6月，四川总督骆秉章残酷地杀害了石达开，并且背信弃义，将投降的太平军也全部杀死。

人物聚焦

杜 文 秀

在石达开转战云南时，还有一支以回民为主的反清起义队伍占领了大理。他们的首领叫杜文秀，自称"总统兵马大元帅"。他的势力很快扩展到云南的西部、南部和东部，吓得云贵总督恒春自杀，好几任清廷派去云南的巡抚、总督不敢到任。自1855年至1872年，杜文秀的起义政权坚持了十八年之久。

39　陈玉成和李秀成

　　太平天国的内讧和石达开的出走,使清军得到了养精蓄锐的机会,太平军在军事上由优势转为劣势。这时指挥太平军的重任落在了英王陈玉成和忠王李秀成两位将领身上。

　　石达开出走后,清军江南提督张国梁便攻下了南京周围的句容、镇江、浦口,占领了郊区的秣陵关、雨花台,重新形成了对天京的包围。陈玉成率太平军英勇出击,在这年秋季夺回合肥、浦口、扬州等地;11月,他又在合肥西南的三河镇巧设埋伏,消灭了曾国藩的得力干将李续宾的绿营兵,逼得李续宾自杀身亡。

　　1861年8月,太平军的据点安庆告急。陈玉成奉命前去救援。他兵分三路与清军激战,但终因清军兵力强大未能解围,驻守安庆的太平军将领叶芸来及一万多名战士全部壮烈牺牲。安庆失守,陈玉成退守合肥,孤军坚守半年。正在这时,原太平军降清将领苗沛霖写密信约陈玉成去他们的防地寿州,表示愿意再次反正。合肥城内已弹尽粮绝,陈玉成只好冒险率四千士兵突围赴寿州,终于中了敌人的奸计。陈玉成被俘。1862年五月十三日,英王陈玉成被杀害。

　　李秀成在配合陈玉成取得三河镇大捷后,为了扭转太平军战略上的不利局面,他只带三千精兵从皖南奔袭浙江,攻下杭州;待包围南京的清军主力调往浙江救援时,他又以迅雷不及掩耳之势回师天京,与英王的军队配合横扫天京周围的清军,踏平清军三百多座营垒,杀死清军主将张国梁、和春。然后,李秀成又乘胜占领常州、无锡、苏州,迫使江苏巡抚徐有壬自杀,两江总督何桂清逃往上海。

1862年1月,李秀成率军进攻上海。驻上海的英、法军队及由美国人华尔纠集一批外国流氓组成的洋枪队联合起来与太平军作战。太平军在浦东高桥以及松江、嘉定、青浦、闵行等地狠狠地打击了洋枪队;这年秋天,华尔在浙江慈溪被太平军打死。

同年9月,李秀成奉命回师救援天京,与曾国藩的兄弟曾国荃的清军在雨花台激战四十六天。天京危急,李秀成劝洪秀全弃城突围。洪秀全竟幻想等上帝领天兵来救援,拒绝出城。1864年6月洪秀全病死;7月清军攻入天京,李秀成在突围中被叛徒出卖,被清军俘虏后杀害。

知识平台

八旗兵·绿营兵

清朝军事组织中由满族人组成的部队叫"八旗兵",旗帜分红、黄、蓝、白及镶红、镶黄、镶蓝、镶白八色;而由汉族人组成的部队旗帜是绿色的,因此叫"绿营兵"。

40　太平军与捻军

　　太平天国政权灭亡后，散在各地的太平军仍然坚持着反清斗争。遵王赖文光和扶王陈得才率领的太平军，这时正从陕西一路转战来到湖北。得到天京失陷的消息，他们便与刚转移到此的捻军首领张宗禹取得联系，实现了两军的合并，以对付正在气势汹汹地扑来的僧格林沁率领的清军主力。

　　捻军本是淮河流域一带的百姓自发组织起来保卫家乡的自卫组织，百姓们称为"捻子"。太平天国革命开始后，清政府草木皆兵，下令各地方官吏严查并捉拿一切民间组织人员（即所谓"会党"），捻子也在被捉拿之列。于是，安徽亳州的捻子首领张乐行，就在1852年发动了反清起义。一时间，安徽、河南及各地的捻子纷纷响应。第二年，他们在亳州雉河集（今安徽涡阳）誓师，公推张乐行为盟主，并宣布与太平军合作。太平天国封张乐行为沃王。

　　张乐行率领捻军与清军将领袁甲三、和春、胜保、僧格林沁等率领的清军周旋于安徽、河南、湖北、江苏各地，浴血战斗了十来个年头，直到1863年，张乐行由于叛徒的出卖在雉河集被俘，被僧格林沁杀害。

　　张乐行被害后，他的侄子张宗禹继续领导捻军作战。

① 雉(zhì)

232

1864年,张宗禹的捻军终于与赖文光的太平军在湖北黄龙岗会师。会师后的义军同仇敌忾,士气大振。他们给尾随过来的僧格林沁的清军迎头痛击。接着,他们与僧格林沁从湖北打到河南,再转战到山东。第二年,赖文光、张宗禹率领的义军骑兵以迅捷的速度奔往曹州(今山东菏泽),将僧格林沁的追兵拖得筋疲力尽。接着,义军在曹州北面的高楼寨设下埋伏,将追来的清军几乎全歼。僧格林沁只身单骑趁夜色逃命,被张宗禹手下的小将张皮绠①截住砍下了脑袋。

慈禧太后得知大将僧格林沁被杀后,大惊失色,急调曾国藩、李鸿章领兵进剿捻军。由于义军只善于运动战而缺乏战略计划,被曾国藩步步为营将捻军分隔在大运河两边。1868年,赖文光的"东捻"在江苏高邮的瓦窑铺失败,他本人被俘牺牲。同年张宗禹率领的"西捻",被左宗棠、李鸿章的清军合围在山东茌平县境内,张宗禹兵败自杀。

至此,捻军的反清斗争共坚持了十六个年头。

人物聚焦

洪 天 贵 福

洪天贵福,初名洪天贵,后加"福"字,是洪秀全长子。洪秀全在天京病死时,李秀成立洪天贵福为幼天王。一个多月后天京失陷,洪天贵福逃往湖州被俘,在南昌被杀。

① 绠(gěng)

41　李鸿章办洋务

在镇压太平军的战争中，英、法等国的洋枪队在上海帮了清军的大忙。这使当时的江苏巡抚李鸿章和清政府中的一些官员开始认识到西方列强坚船利炮的作用。他们改变了过去一味夜郎自大的排外情绪，决心学习西方的技术。这在当时，叫做"办洋务"。

李鸿章聘请了英国人马格里当顾问，先在苏州办起了一家军火工厂——苏州制造局，生产步枪、子弹、雷管和迫击炮。1865年，他升任两江总督，成了江苏、安徽、江西等省的行政总管，并兼管东南沿海与外国的通商事务。借此便利，他又在南京办起了金陵制造局，在上海办了江南机器制造总局，生产洋枪、洋炮和轮船。

与此同时，闽浙总督左宗棠在福建办起了福州船政局。湖广总督张之洞不光办军工厂，还利用外国技术办起了纱厂，兴建矿山、铁路。而慈禧太后怕这些先进工业全都掌握在汉族人手里，就命她的议政大臣奕䜣派满族人、三口通商大臣崇厚建立天津机器局。一时间，办洋务成了风气。

1870年，李鸿章当上了直隶总督兼北洋通商大臣，于是他办起了轮船招商局、开平矿务局、上海织布局、天津电报局等民用企业，大大地发了一笔横财。

1874年后，李鸿章决心筹建中国的海军。清政府批准了他的计划，让他从海关关税中每年提取四百万两银子作为经费。经过十年努力，他向外国购进了几十艘战舰，组成了北洋、南洋、福建三支海军水师。尤其是他直接指挥的北洋水师，力量最强，拥有铁甲舰、巡洋舰等军舰二十二艘，使中国海军成为当时世界居前列的海上力量。

当然西方列强是不会将最好的技术和武器出让给中国的。制造局自制的大炮屡屡爆炸，北洋海军在中日甲午海战中覆没，这便是重要的原因之一。

人物聚焦

李鸿章其人

李鸿章是曾国藩的部下。当年为了对付太平军，曾国藩保举他当了江苏巡抚，并让他在家乡合肥组织了淮军。淮军在围剿太平军和捻军的战斗中立了大功，因此李鸿章受到了慈禧太后的重用，官至文华殿大学士、直隶总督兼北洋大臣。

42 火烧望海楼

　　1870 年的一天，天津城内锣声震天，百姓们热血沸腾，大家纷纷奔向城东门外三叉河口北岸的望海楼，这里开设着一座法国人办的天主教仁慈堂（孤儿院）。愤怒的人群越聚越多，一时情绪失控，放火烧毁了这座仁慈堂。

　　原来，西方各国用炮舰打开了中国的门户以后，除了以贸易为名掠夺中国的资源外，还在中国沿海地区派遣了大批传教士，宣传西方的基督教，对中国人进行思想文化渗透。当时在天津，除了这座法国人办的仁慈堂外，还有英国、美国、俄国、德国等许多国家设立的教堂。这些教堂除了宣传宗教外，大都还开办了仁慈堂，专门收容中国的婴幼儿。这本来是一种慈善事业，但社会上的一些地痞流氓，趁机利用仁慈堂的名义在民间拐骗幼童；也有的仁慈堂管理不善，传出里面有幼儿成批死亡的信息。

　　根据群众的举报，天津的地方官去法国人在望海楼办的这座仁慈堂查问。法国传教士居然放枪威胁，放狗咬人，附近群众闻讯后包围了教堂。法国驻天津领事丰大业带了秘书西蒙去找清政府驻天津的北洋三口通商大臣崇厚责问。崇厚立刻派兵驱散了包围望海楼的群众。但丰大业仍不满意，竟拔枪对着崇厚就放；虽然没有打中，却把崇厚吓得躲进了衙门再也不敢出来。

丰大业仍不解气,提着手枪冲上街头,见迎面赶来的天津知县刘杰,举手又是一枪。刘杰一闪身躲过,子弹打伤了刘杰的跟班高升。

　　天津市民被丰大业的行为震怒了,一拥而上,一阵拳打脚踢,将丰大业和他的秘书打死,并涌到望海楼,于是发生了火烧仁慈堂事件。接着市民们一不做二不休,又烧毁了法国领事馆和四所英国教堂、两所美国教堂,同时还打死了法国传教士、商人十四人,俄国人三人。

　　这就是中国近代史上所称的"天津教案"。

内容链接

清政府的卖国行为

　　事件发生后,法、英、美、俄、德、西班牙、比利时七国联合调兵对清政府施压。清政府派曾国藩出面向各国道歉,赔款白银四十六万两,还杀害了参予此次事件的市民马宏亮等二十人,将天津知府、知县等二十五名官员充军。

43　左宗棠收复新疆

　　就在英、法、美等西方国家利用"天津教案"事件逼迫清政府屈服的时候,俄国乘机策划侵吞中国新疆的阴谋。他们唆使中亚的浩罕国出兵占领了南疆的喀什噶尔(今新疆喀什)等地,建立了一个名叫"哲德沙尔"的汗国,国王就是带兵前来占领喀什噶尔的原浩罕国陆军司令穆罕默德·阿古柏。紧接着,俄国人于1871年干脆出兵直接占领了新疆的伊犁。

　　当时清政府的两个重要大臣曾国藩和李鸿章,面对沙俄如此猖狂的侵略行径无动于衷,认为目前内忧外患严重,新疆地广人稀,是片不毛之地,犯不着与俄国人去争,要争也打不过人家。但此时已从福建调任陕甘总督的左宗棠却不这么认为,他向朝廷写了奏章,主张坚决出兵以武力收复新疆。他在奏章中指出,新疆是国家西北大门,新疆一旦丢失,陕西、甘肃、内蒙古就不安宁,连北京也不能高枕无忧了。更何况这涉及国家与民族的根本利益,哪能轻言放弃呢!

　　左宗棠的奏章得到了朝中以军机大臣文祥为首的大部分大臣的支持。慈禧太后和慈安太后商量后,终于作出了支持左宗棠的决定:任命他为钦差大臣,督办新疆军务。

①喀(kā)
　什(shí)
　噶(gá)
　尔(ěr)

238

1876 年，左宗棠以六十五岁的高龄，亲率大军经河西走廊直奔乌鲁木齐，他决定先拿下北疆再攻南疆。经过两个多月艰难的长途行军，清军包围了乌鲁木齐。大将刘锦堂率主力先在白天佯攻乌市郊外的重要据点古牧地，傍晚撤军后，敌军以为晚上清军不会再来攻打就放松了戒备。刘锦堂则在午夜发动猛攻，一举拿下了该地。据守乌鲁木齐的阿古柏的主将白彦虎吓得弃城逃跑。

　　攻下乌鲁木齐后，左宗棠命令清军乘胜南下，直捣南疆阿古柏的老巢。阿古柏的防线土崩瓦解，走投无路之下，他精神崩溃，痛骂俄国人让他上了大当，最后服毒自杀。他的儿子海克胡拉带着剩下的残部，逃到俄国去了。

内容链接

《中俄伊犁条约》

　　收复乌鲁木齐与南疆后，左宗棠决心收复被俄军占领的伊犁。他带了一口棺材随军出发，表示要与俄军决一死战。两宫太后害怕与俄国开战，命令左宗棠停止进军，另派曾国藩的儿子曾纪泽到俄国谈判。经过激烈的讨价还价，于 1881 年与俄国签订了《中俄伊犁条约》。清政府虽然收回了伊犁，但还是付了大量赔款，还让俄国割走了北疆的大片领土。

44　光绪继位

　　1872 年,同治皇帝已年满十六岁。慈安和慈禧两宫太后垂帘听政已经十一年了。按历朝惯例,该让小皇帝结婚并亲政了。根据慈安太后的提议,同治帝娶了翰林院侍讲崇绮的女儿、十九岁的阿鲁特氏为皇后。第二年,两宫太后撤帘还政。

　　虽然这些事在形式上都做到了,但慈禧并不真的肯将权力交出来。她派亲信的太监紧紧控制着同治帝。同治帝处理事务稍为不合她心意,就会遭到严厉训斥。同治帝心中郁闷气恼,就干脆甩手不管政治,为了解闷,便经常偷偷出宫寻花问柳,结果染上了性病,又不敢说出实情。糊涂的太医竟误诊他得了天花。1875 年,十九岁的同治帝病死了。

　　同治帝在临死前,向军机大臣李鸿藻口授了一份遗诏,指定传位于孚郡王奕譓的儿子、贝勒载澍。可是慈禧从李鸿藻手里拿到了这份遗诏后,将它撕得粉碎,然后下令封锁皇帝已死的消息,召集王公大臣商议皇位继承人。商议时,有人首先提出要立咸丰皇帝的大哥、贝勒奕纬的孙子溥伦,还有人提出恭亲王的长子载澂,慈禧都找各种理由加以否定。王公大臣们见慈禧全都不同意,知道她另有考虑,便都不再吱声。最后,慈禧又假惺惺地等待询

① 澍(shù)
② 溥(pǔ)
③ 澂(chéng)

问了一遍，才提出了自己的人选——咸丰的七弟、醇亲王奕譞的儿子载湉。

慈禧为什么要立载湉呢？因为载湉此时才四岁，而且他的母亲、奕譞的妻子就是慈禧的亲妹妹，醇亲王本人又十分懦弱。由这样的小外甥当皇帝，她当然可以仍旧一手操纵朝政大权了。于是，这个商议立嗣的会议进行了形式上的表决，结果赞成载湉的有十五人，赞成其余两人的合起来才七票。载湉正式继承了皇位。第二年改元"光绪"。他就是光绪皇帝。由于皇帝年幼，两宫太后宣布重新垂帘听政。

慈禧第二次垂帘听政后，还有两块心病。一是慈安太后虽然性格谦让温和，但地位在她前面，总有点碍手碍脚；二是同治帝的皇后阿鲁特氏当时已怀有同治帝的遗腹子。如生下个男孩，那皇位又要有争议。她以狐媚妖惑使同治帝早死的莫须有罪名，逼阿鲁特氏绝食自尽。慈安太后暴崩于 1881 年。从此慈禧的野心终于完全实现。

知识平台

贝　勒

贝勒是满族贵族的封号。排在亲王、郡王后面，属第三等爵号。但在 1636 年后金改国号为清以前，贝勒相当于亲王。

① 湉(tián)

45 马加理事件

　　就在光绪皇帝登基的同一年（1875 年），云南边疆上发生了一起洋人失踪被杀的案件。

　　被杀的外国人名叫马加理，是英国驻华公使威妥玛的翻译，英国人。这一年他奉命从上海出发，经云南赴缅甸，带领一个英属印度的探险队赴中国的云南、贵州、四川等省"考察"。

　　当时印度已沦为英国的殖民地，英属印度控制了缅甸的大部分土地。他们为了打通从缅甸到中国云、贵、川三省的陆上通商道路，决定由英国人柏郎上校率领一支一百多人的探险队进入中国。马加理是奉命前去带路的。

　　马加理经过昆明时，云南巡抚岑毓英曾设宴招待他，驻守中缅边境腾冲的清军头领李珍国对他很是热情。随后，马加理带领探险队从缅甸的八莫出发，十二天后越过边境进入中国。探险队队长柏郎上校第一次进入中国，虽然他的队伍中带了不少荷枪实弹的印度锡克兵和缅甸兵，但还是十分小心。他让马加理先在前面探路，确认安全后再领大队跟上进行考察。

　　得到马加理通知，一路顺利的探险队来到腾冲，却没有按约定在腾冲找到马加理。接着，队伍就遭到当地百姓的包围。柏郎吓得迅速将探险队撤回了缅甸，但马加理却从此失踪了。不久，人们在腾冲附近发现了马加理和与他一同探路的五名中国人的尸体。

英国公使威妥玛立刻向清政府提出严重抗议，清政府派湖广总督李瀚章与英国使馆秘书格维纳前往昆明查办。云南巡抚岑毓英胡乱在当地抓了十一个少数民族村民，导演了一场滑稽的审讯。李瀚章问村民中一个名叫腊都的："是你杀了马加理吗？"因为语言不通，李瀚章事先安排好了翻译。他的翻译却翻成："你叫腊都吗？"腊都当即点了点头。

李瀚章接着问："你怎样杀死马加理的？"他的翻译却问腊都："你在山上砍柴怎样砍法？"腊都就用手当斧子比划成砍的样子。

李瀚章又问："有没有人指使？"翻译却翻成："大人问，你喜不喜欢吃蛇？"腊都拼命摇头。

就这样，腊都等十一个村民被判死刑抵命，清政府再赔款十五万两银子了结。

内容链接

《烟台条约》

李瀚章的戏法终于被英国人拆穿，英军威胁要动武。慈禧太后只好派李鸿章与威妥玛于同年9月在烟台签订《烟台条约》，答应增加赔款，开放中缅边境，并正式让各国在通商口岸划定"租界"。

46 黑旗军抗法

在英、俄等国不断侵略中国的同时，法国殖民者也紧随其后，开始了蚕食中国领土的活动。1871 年，法国人杜布衣在考察了中国云南、广西至越南的河流航道后，建议法国政府出兵威胁越南的阮氏王朝，强占了越南南方的重要城市西贡。两年以后，杜布衣率法国远征军进入越南北部的河内，并企图从河内北上，打通红河航线，侵入我国的广西和云南。

越南的阮氏王朝向清政府求援。可是腐败无能的清朝政府根本无力支援越南。于是阮氏王朝转而向当时驻在中越边境保胜（今老街）的黑旗军将领刘永福求救。

刘永福本名刘义，字渊亭，出生在广东，以后随父亲流亡到广西，年轻时当过农民，做过帮工，十分了解和同情百姓的疾苦，后来加入了广西天地会的反清起义。他们的这支起义军以七星黑旗为战旗，因此又称黑旗军。太平天国起义失败后，刘永福率领黑旗军转移到中越边境，建立了自己的根据地，在那里屯田耕种，积聚力量。接到阮氏王朝的求救信后，刘永福立刻率领黑旗军奔赴河内城外。

法军将领安邺获悉，立刻率领法军冲出城来，企图先发制人。刘永福指挥他的黑旗军先佯装退却，却在两翼埋下伏兵,待法军深入后,两翼伏兵齐出,截断了敌军后路,而退却的中军又立刻回头反击,杀得法军全军覆没,安邺也被打死。

越南王朝乘机向法国妥协,同意将越南变成法国的保护国,但也任命刘永福为副提督驻守越南北部。1883年,法国人又企图派军队沿红河北上进入中国。他们害怕黑旗军阻击,给刘永福送去一百万两银子要他中立,刘永福不为所动。法国又悬赏一万两要捉他,刘永福干脆率黑旗军南下,与越南主张抗法的将领黄佐炎配合,将法军重新赶回河内城里并包围了他们。

法军司令李威业率军冲出城外企图突围。黑旗军将士在河内郊外的纸桥与法军大战。经过三个多小时的激战,黑旗军大获全胜,李威业被击毙。外国侵略者终于尝到了中国民间武装铁拳的滋味。

人物聚焦

刘 永 福

刘永福的黑旗军以后又转战于中越边境,与越南和清朝军队配合打击法军。中法战争后,刘永福率军返回广西。1894年,刘永福率黑旗军赴台湾抗击侵台日军。1911年辛亥革命时,他任独立后的广东民团总长。

① 邺(yè)

47　刘铭传守台湾

　　法国侵略军在越南遭到刘永福黑旗军的重创。他们恼羞成怒,正式向边境的清军开火。清政府在以张之洞为首的一批主战大臣的影响下,下令反击,攻下了法军在越南的好几个据点。法军在越南捞不到便宜,便派海军司令孤拔在福建和台湾海域挑衅。清朝政府急调原直隶提督刘铭传赴台湾防守。

　　刘铭传是安徽合肥人。他为人正直,始终不愿与清政权中的腐败官僚同流合污,正想辞官回家隐居,但见国土沦亡在即,不得已赶赴台湾。他刚上任不到一个月,1884 年 8 月 5 日,法国军舰就开炮击毁了基隆炮台。刘铭传紧急部署了为数不多的驻台清军,作好了迎战准备。8 月 23 日,法国舰队攻击福建马尾船厂,在福建的清军舰艇全部被击毁。三天后,清政府对法国正式宣战。中法战争爆发。

　　10 月 1 日,法国海军从海上登陆,同时进攻基隆和沪尾(今台湾新北)。刘铭传组织清军在基隆重创法军后,下令炸毁基隆的煤井和其他生活设施,转移了可以转移的工业设备,然后集中兵力据守沪尾。因为沪尾是台北的门户,沪尾如果失守,台湾就会失陷。而当时在台湾的清军兵力,远不及法军。法军司令孤拔在攻下基隆后,得意非凡,立刻向沪尾发起猛攻。但攻了七天七夜,沪尾仍然牢牢地控制在清军手中。

10月8日,孤拔再次率法军主力进攻。不料刘铭传早已连夜悄悄在沪尾城外设下了三面埋伏。正当法军耀武扬威地前进时,埋伏的清军突然三面夹击,法军慌成一团,自相践踏,抱头乱窜。连海上的军舰也在慌张中用自己的炮弹击中了自己的军舰。这一仗,陆上的法军被击毙三百余人,逃跑时在海中淹死一百余人,法军惨败。

陆上战败的法军在海上封锁了台湾各港口。刘铭传的军队得不到给养和援兵,军队中又发生瘟疫。刘铭传一面激励士兵们拼死捍卫祖国领土,一面动员台湾民众积极参加保卫领土的战斗。这时全中国也掀起了抗法援台的热潮,各地人民捐款捐物,游行示威,支持刘铭传。刘铭传率领清军一直死守到第二年二月,清朝援军终于赶到。法军被迫撤离基隆、澎湖,台湾军民的抗法战争以胜利告终。

内 容 链 接

关 于 台 湾

1661年,明将郑成功从荷兰殖民者手中收复了台湾。1681年,清政府派施琅率水军攻下了澎湖和台湾。从此,台湾一直在清政府统治之下。

48 镇南关大捷

中法战争爆发后，法军在中国西南边境也同时发起了进攻。清政府一面正式任命刘永福为提督，奖励国库金五万两给黑旗军，让黑旗军继续在越南北部牵制法军；一面任命已经告老退休的老将冯子材为广西关外军务帮办，率军前往抗击法军。

冯子材是广东钦州人，年轻时参加过天地会的反清起义，后来被招安成了清军将领。他作战勇敢，很受士兵爱戴。1862 年任广西提督，1882 年退休，1885 年受命重新领兵上前线时已经六十七岁了。

这时，气焰嚣张的法军已经攻下了越南谅山，直扑中越边境的镇南关（今广西友谊关）。驻守镇南关的广西巡抚潘鼎新贪生怕死，弃关而逃。法军统帅尼哥里得意忘形地在镇南关前竖了一块木牌，上面用中文写着："广西的门户已经不再存在了。"不料到了第二天，他就发现在关上当地百姓写上了更大更醒目的一行字："我们将用法国人的头颅，重建我们的门户！"

冯子材率领清军刚赶到失陷了的镇南关前，就立刻命令士兵在关前东西两座山隘间紧急修筑一道三里多长的土石墙壁，墙外再挖掘一道壕沟。这样就形成了一道阻挡法军前进的防线。接着，他又将自己率领的粤军、湘军、淮军分成三路,守卫东、西山岭和正面长墙,并且鼓励将士们一定要死守住国家的西南大门,决不后退一步!

3月21日,狡猾的法军统帅尼哥里派兵从镇南关西边一百多里外绕道,企图从后面偷袭清军。但冯子材早已料到,派兵在半路上截住了法军,使尼哥里的阴谋未能得逞。二十四日,尼哥里乘清晨的大雾,率法军主力发动猛攻。他们凭借炮火优势攻下了东岭的炮台,并调转炮口,在长墙上轰开了几处缺口,法军乘势一拥而上。千钧一发之际,老将军冯子材带头冲出长墙,高喊:"弟兄们,报效国家的时刻到了!"说着奋不顾身地杀向敌人。清军士兵见了,一齐跃出长墙,与法军展开肉搏。正在这时,关前阵后突然杀声四起,中越两国的百姓也手持武器冲杀上来了。法军立刻溃不成军,四散奔逃。尼哥里身受重伤,法军被歼一千多人。

冯子材率军乘胜追击,又收复了越南的文渊和谅山两地。这就是有名的"镇南关大捷"。

内 容 链 接

《中法新约》

1885年冯子材取得镇南关大捷后,李鸿章却与法国议和,签订了《中法新约》(又称《中法会订越南条约十款》、《天津条约》),同意从越南撤军,解散黑旗军,承认越南为法国的保护国。

49 甲午海战

　　中法战争以后，各资本主义国家竞相加紧对中国的侵略。1894 年 2 月，朝鲜发生东学党起义，朝鲜政府请求清政府派兵镇压。日本乘机也派兵在朝鲜登陆，以后又不断增兵达三万多人。他们逼迫朝鲜废除与中国的附属关系，企图单独控制朝鲜，并以朝鲜为跳板入侵中国。清政府被迫向朝鲜增兵。

　　同年 7 月 25 日，日本海军在朝鲜牙山口外的丰岛海域击沉中国向牙山运送增援军队的英国商船"高升"号。8 月 1 日，清政府对日宣战。中日两国陆军先在朝鲜开战。清军统帅叶志超很快从牙山败退至平壤。9 月 15 日，日军进攻平壤。清军将领左宝贵坚守阵地殉职，叶志超却弃城逃过鸭绿江。9 月 17 日，北洋舰队护送十二营清军在鸭绿江西面的大东沟登陆后，返航途中在黄海海面与事先埋伏在那里的日本舰队遭遇。

　　率领北洋舰队的是清军海军提督（即海军司令）丁汝昌。他立刻率领舰队迎战。当时北洋舰队的军舰共有十艘，日本舰队的军舰共十二艘。从航速、火力等方面比较，日舰稍占优势。丁汝昌率自己的旗舰"定远"号首先迎向日方旗舰"松岛"号，双方展开了激烈的炮战。"定远"号不幸中炮，丁汝昌身受重伤。他命令"致远"号代替他的旗舰继续指挥作战。"致远"号管带（即舰长）邓世昌勇敢地挑起重任，命令"经远"、"济远"两艘主力舰向他靠拢，集中火力攻击日方的主力舰"松岛"号和"吉野"号。不料，"济远"号管带方伯谦拒绝执行命令，率舰逃跑，慌乱中竟撞沉了自己的"扬威"号，致使"致远"、"经远"两舰被敌舰包围。

邓世昌指挥"致远"号奋战，击伤敌方"西京"、"吉野"两舰，但终因寡不敌众，炮弹用尽。"致远"号开足马力，撞向"吉野"号，准备与它同归于尽，不幸在最后时刻被鱼雷击中，全舰官兵壮烈牺牲。"经远"号击伤日舰"赤城"号，在追击途中也中鱼雷沉没。战斗从中午持续到下午五点半，中方"定远"、"镇远"二舰仍坚持苦战，终于迎来了转机，日方舰队在伤痕累累之下，不敢恋战，首先退出了海战，中日之间的一场大海战结束。海战中，中国海军伤亡六百人左右，日本伤亡二百三十九人。因为1894年这一年是中国农历的甲午年，因此这场海战也称"甲午海战"。

内 容 链 接

北洋舰队的覆没

甲午海战后，李鸿章夸大失败，命令北洋舰队躲进威海卫，再不许出海作战。1895年一月，日军乘机从陆上包围了威海卫军港，分水陆两路围攻。舰队中的外国顾问与威海营务处提调牛昶炳相勾结，胁迫丁汝昌投降。丁汝昌拒绝投降并服毒自杀。北洋舰队成了日军的战利品，全军覆没。

50 《马关条约》

　　威海卫失陷、北洋舰队覆没后，慈禧太后只好派李鸿章为全权代表，赴日本议和。1895 年 3 月 19 日，李鸿章与儿子李经方等一百三十余人到达日本马关（今下关），与日方全权代表伊藤博文和陆奥宗光谈判。

　　说是议和谈判，实质上是向日方求和。因此，李鸿章一开始便对伊藤博文低声下气地又是道歉又是致意，并且表示这次是诚心诚意地前来修好讲和的。但伊藤博文却不买他的账，毫不客气地提出了苛刻的条件。李鸿章先请求停战，日军此时已占领了旅顺、大连、营口、威海卫和澎湖，伊藤提出要清朝再交出山海关、大沽口和天津三处让日军占领才可同意停战。而且日军占领之处的军费还要由清朝方面负担。

　　李鸿章被日方的胃口之大实在吓坏了，心想，天津丢了，北京不也保不住了吗？他只好支支吾吾地分辩说："这些地方日军还没有打到呢，怎么也要占据？这……这件事我不敢作主，请给我时间请示皇上。"李鸿章用电报向清政府请示，得到的答复是可不谈停战，直接谈议和条件。

　　正在这时，发生了意外——李鸿章从谈判地点马关的春帆楼乘轿子返回住地的路上被一名日本刺客打了一枪，击中了他的左颧①，当即昏了过去。这一事件受到世界

① 颧(quán)

252

舆论的强烈谴责。日方代表只得表示歉意，并同意临时停战二十一天。

谈判恢复后，日方正式提出了要中国放弃对朝鲜的控制，割让台湾、澎湖及辽东半岛，赔款白银三亿两，开放沿海及内地一大批城市为通商口岸，允许日本人在中国开设工厂、日本轮船在中国内河航行，允许日本享有其他各国在中国取得的所有权利等十一个条款。

李鸿章见条款实在太苛刻，仍以请示皇帝为名拖延，并与日方讨价还价。最后，终于将赔款减少了三分之一。4月13日，日方发出最后通牒①式威胁，说条件已不能再商量，只能回答答允与否。于是，李鸿章向光绪皇帝请示后在第二天便签了字。这便是中国近代史上有名的丧权辱国的中日《马关条约》。

签约时，伊藤博文要求在一个月内完成台湾的交割。李鸿章请求给两个月时间，说："反正台湾已是贵国口中之物，何必太着急。"伊藤说："还没咽下去，饥饿得很呢！"日本人的贪婪相表露无遗。

内 容 链 接

辽 东 问 题

《马关条约》签订后，俄、法、德三国对日本进行军事威胁，并让清政府增加三千万两赔款，逼迫日本退还辽东半岛。三年后，辽东半岛却转到了俄国手中。清政府白白多赔了三千万两白银。

① 牒（dié）

51　公车上书

　　李鸿章与日本签订《马关条约》的消息一传开,立刻遭到全国人民的唾骂。一些有爱国心的大臣和知识分子也认为是丧权辱国,对条约极为不满。尤其是台湾和辽东籍的一些爱国人士,听说自己的家乡要被割让给日本,更是痛哭失声。

　　这时,正好有各省的大批举人集合在北京参加会试。就在条约签订后的第八天,1895 年 4 月 22 日,广东举人康有为和他的学生梁启超联合广东、湖南来京参加会试的举人,到清政府专门负责督察、弹劾、提建议的机构——都察院上书请愿,要求清政府不要批准《马关条约》。

　　康有为是广东南海(今广东广州)人,青年时期就读了不少从西方翻译过来的书籍,并且去当时已被英国人控制的香港考察过,向往西方的资产阶级民主思想和科技成就;对比清朝政权的腐败无能,他深感中国必须仿照西方的办法实行变革才能真正有出路。经过一段时间的考虑,他决定向光绪皇帝上书,提出自己维新变法的一套具体设想。1888 年,他向皇帝写了第一封要求变法的信《上皇帝书》。但这封洋洋五千多字的上书根本没有被送到光绪皇帝手中。

七年以后的这次与众举人上都察院请愿,这是他的第二次上书了。甲午战争和《马关条约》,已使国家处在了被灭亡的边缘,这更证明了变法维新的必要和紧迫。但是,都察院的官僚们只是惧怕众人的压力,才勉强接了上书,按照过去的习惯,他们仍然可能将上书"吃掉",根本不会递交给皇帝的。因此,康有为又与其他各省的举人串联,召集大家在达智桥松筠庵集会商讨一次大规模的请愿行动。康有为与梁启超花一天两夜时间赶写起草了一份一万四千字的《上皇帝书》,提出了不批准条约;迁都陕西或太湖流域,与日本长期作战;练兵、筑铁路、办工业、印钞票、扶助农业、废除科举、办学校培养人才等一系列主张。

　　5月2日,康有为带领十八省一千三百多名举人组成的请愿队伍,浩浩荡荡地开赴都察院,递交了他写好的那份《上皇帝书》。这次请愿,在京城引起了极大的震动。声援他们的群众将街道拥挤得水泄不通。在他们的影响下,一些社会名流、爱国官员也纷纷向都察院上书,反对《马关条约》,支持变法。这次请愿,被称为"公车上书"。

知识平台

为什么叫"公车上书"?

　　汉朝时,被举荐的读书人进京赴考,是由官府备公车接送的。因此后来人将进京赴考的举人称做"公车"。于是举人上书请愿就被叫做"公车上书"。

52 百日维新

康有为率领"公车上书"，将那份万言书递交到了都察院。但都察院的官吏告诉他们，就在今天，皇帝刚刚在条约上盖了印。因此，这份上书就不能再递交给皇上了。

其实，光绪皇帝在条约上盖印是出于慈禧太后和保守派大臣的压力。他本人是不情愿的。这年，他二十五岁，名义上已经亲政，但大权仍然掌握在慈禧太后手中。对于这种状况，年轻的光绪皇帝心中十分不满；对国家面临被各列强瓜分的局面，也十分着急。他的老师翁同龢①，便私下同康有为等一些维新变法人士联络，将康有为关于变法的许多观点转告了皇帝。

这时，康有为等变法人士为了宣传自己的主张，创办了《时务报》、《中外纪闻》等报刊，还组建强学会，在全国各地发起维新运动。当时的一些大臣如张之洞、袁世凯、孙家鼐②，还有张謇、黄遵宪等社会名流，也纷纷或出钱或直接参加强学会，支持变法，翁同龢也参加了强学会。光绪帝在这股浪潮的影响下，逐渐倾向赞成变法。

1898 年 6 月 11 日，光绪帝终于下决心正式发布诏书，宣布变法。五天后，他在颐和园召见康有为，说："朕知现在非变法不可。不变法就要亡国了！"康有为说："既如此，皇上为何一直没有行动？"光绪帝叹口气，低声说：

① 龢（hé）
② 鼐（jiǎn）

"我处处受人牵制……"于是康有为建议光绪帝先从自己有权做到的事开始，并且让他先起用主张维新的人才，然后再慢慢替代那些保守派。

接见后，光绪帝任命康有为为总理衙门行走。职位虽不高，但他负责文书工作，有权向皇帝上报奏章。凭这个职位，康有为向皇帝上了许多奏章，将他的一系列变法内容提供给光绪帝。于是，光绪帝在此后的短短三个月中，颁布了许多命令予以实行。例如设立农工商总局，修铁路、开矿山，实行财政预决算，允许出版、言论自由，开办新式学堂，裁撤无用官员，改革考试制度，奖励科学发明等。但这场改革只从6月11日进行到9月21日，就被慈禧太后为首的保守派镇压下去了，实际上只进行了一百零三天，因此历史上称为"百日维新"。

内 容 链 接

《中俄密约》

就在全国有识之士呼吁变法之时，李鸿章于1896年五月赴俄国以参加沙皇尼古拉二世加冕典礼为名，与俄国签订了《中俄密约》，商定中俄结盟，共同对付日本；并允许俄国人在黑龙江、吉林建造中东铁路直达海参崴。该条约为俄国入侵中国开了方便之门。

53 戊戌政变

碍于当时的形势,慈禧开始并没有直接反对变法。她只对前去请示的光绪皇帝说:"你搞变法只要不违背祖制,我不过问。"但在光绪皇帝公布一系列变法条令时,朝廷中反对变法和支持变法的两派(当时称为"后党"和"帝党")关系便对立起来。终于,嘴上说"不过问"的慈禧,在颐和园召见光绪皇帝,无端指责他偏听偏信,只听他的老师翁同龢的话,并下令免去翁同龢的职务,驱逐回老家养老。接着任命她自己的亲信荣禄为直隶总督兼北洋大臣,掌管北京周围的军队。

后党步步紧逼,帝党也决定出击。1898年9月4日,光绪帝下令将公然抵制变法的礼部尚书怀塔布、许应骙等六人革职,第二天又宣布任命变法派谭嗣同、杨锐等四人为军机章京行走,四品卿衔,参与新政变法。此前,光绪帝还罢免了李鸿章总理衙门大臣的职务。

变法派和光绪帝的行动使保守派恐慌起来,他们纷纷跑到颐和园向慈禧哭诉,并且在暗中策划反扑。经过密商,他们决定让荣禄安排在天津阅兵,在阅兵式上由荣禄发动兵变,逼皇帝向慈禧交出权力。

阅兵阴谋正在紧锣密鼓地策划的时候,光绪帝得到了消息。他赶紧写了份密诏,让杨锐偷偷带出宫去,交给康有为与梁启超。康、梁两人打开密诏，只见上面写着："朕处境危险。维新派同志赶快设法救朕!"康、梁紧急商议，决定去找已经表态支持变法并参加了强学会的袁世凯帮忙。

袁世凯是河南人，投靠淮军受到李鸿章的赏识，当了驻朝鲜通商大臣。甲午战争后受命在天津训练新式陆军，隶属荣禄手下。光绪皇帝曾两次单独召见过他。他也明确表示一定忠于皇帝。9月18日，谭嗣同带着皇帝的密诏夜访袁世凯，要他出面营救皇帝，并说："如果你杀了我，向太后告密，也可以升官发财。"袁世凯表示决不忘恩负义，并约定在阅兵时让皇帝进入他的兵营，然后他可以带兵杀掉荣禄，逼慈禧退位。

9月21日，慈禧发动政变，宣布重新训政，囚禁了光绪皇帝。袁世凯将维新派的计划，报告给了荣禄。荣禄随即向慈禧报告。慈禧随即下令逮捕维新派，并废除了所有的变法条令。康有为、梁启超等闻讯后逃亡国外，谭嗣同、杨锐等六人被杀害，他们的鲜血首先洒在了中国近代史的变法改革道路上。

人物聚焦

珍　妃

光绪帝的三个妃子都是慈禧安插的。但皇后和瑾妃紧跟慈禧；只有珍妃支持光绪改革，两人十分恩爱，因此遭慈禧忌恨。戊戌政变后，慈禧残忍地命人将她推入井中淹死。

54 实业救国

　　在资本主义列强加紧瓜分中国，中华民族处于危亡的关头，还有一批人倡导实业救国。他们决心学习西方的先进技术，在中国创办近代工业，以发展民族经济，最终达到富国强兵利民的目的。他们之中最有代表性的是张之洞和张謇。

　　张之洞作为清朝政府的高级官员，一面坚决主张抵抗外国的侵略，一面加紧创办国家的军事和民用工业。他在当两广总督时，就向朝廷力荐了老将冯子材赴广西抗击法军。与此同时，他在广东开办了水师学堂，购买军舰发展海军，还开办了枪炮厂和造纸、印刷、纺织、制钱等实业。为了贯通南北交通，发展经济和加强国防，他向朝廷提出了修建卢汉铁路（从北京郊区的卢沟桥到武汉）的建议，并让清廷将自己调任湖广总督以便亲自负责修路。为了发展军事工业，他决心创办中国自己的钢铁企业。从1890年起，他前后花了八年多时间，经过许多曲折，才办成了我国第一个钢铁厂——汉阳铁厂。这时，连不可一世的日本都还没有真正意义上的炼钢厂呢。

　　张之洞创办官办工业，张謇则利用民间资本全力以赴地在自己的家乡通州（今江苏南通）办起了纺织业。他千方百计在上海、南京、武汉等地筹集民间资金，在张之

① 謇（jiǎn）

洞的支持帮助下,于1899年在通州建成了大生纱厂。

张謇本是个书生。他十六岁中秀才,三十二岁中举人,甲午战争那年又考中了状元。但丧权辱国的《马关条约》使他惊醒,决心放弃读书做官的道路,实行"实业救国"。书生办实业,他遇到了许许多多的困难和阻力。在上海筹钱时,他曾到处碰壁,最终连吃饭、住宿的钱也没有了,只好在街上摆摊卖字,但是他没有被困难吓倒。工厂办起来以后,机纺的棉纱质量明显优于手纺的,一时销路旺盛。他又着手办起了垦牧公司,建立自己的棉花生产基地,终于使他的纺织厂站住了脚跟。

张謇在扩大了自己的纺织厂和工业资本以后,又着手兴办教育,想以提高国民的文化素质来促使民族工业和经济的发展,投资创办了通州女子师范学校等新式学校。

内 容 链 接

张之洞与维新派

张之洞、张謇等人在进行实业救国的同时,也十分关心国内的政治形势。康有为、梁启超实行变法时,两人都积极支持,并参加了维新派组织的强学会。强学会的开办费一千五百两白银,也是张之洞捐的。

严复译《天演论》

关心国家危亡、民族命运的中国人中,有的试图推动变法改变中国现状,有的实行实业救国,也有的从研究西方的社会政治入手,想将西方先进的思想介绍到中国来,以唤醒国内尚处在封建传统思想束缚下的广大群众。严复就是这样的人。

严复名传初,字又陵,福建侯官(今福建闽侯)人。青年时期就立志富国强兵。当时洋务派办福州船政学堂,他立刻报名当上了第一届的学员,想学好船舶驾驶技术,将来参加海军,保卫国家免遭列强的欺侮。毕业后,他如愿以偿被政府保送去英国海军学校学习。

在学习本专业的同时,严复在英国阅读了达尔文、孟德斯鸠、赫胥黎①等哲人、学者的著作,内心受到极大的震动,使他认识到要挽救中国,不只是学好或引进一些西方的军事技术或先进工业,最根本的问题,是要让国人从一向的盲目自大、糊里糊涂和浑浑噩噩中觉醒过来,看到眼前中国与西方的差距和落后的危险性,然后才能发奋图强,急起直追。于是学成回国后,他虽被安排在北洋水师学堂任总教习,却把自己的主要精力放在了翻译和介绍国外先进的哲学和社会学著作、支持和宣扬维新思想等方面。

① 赫(hè)

中日甲午战争时,他写了《论世变之亟》、《原强》、《救亡决论》等文章抨击日本侵略,反对投降。康有为、梁启超酝酿变法,他积极支持,创办了《国闻报》,参加了强学会。变法失败后,他还不顾特务的监视、盯梢,特地从福建赶到北京菜市口,凭吊在那里被杀害的谭嗣同等六君子。

他对维新派最大的支持,是在百日维新前不久翻译出版了英国生物学家赫胥黎的《天演论》,这部作品宣传了达尔文的生物进化论观点。它指出,自古以来,世界上的一切生物——包括植物和动物,都是在自然选择和生存竞争中不断地发展变化的,"物竞天择"、"适者生存"就是进化的规律。

通过这部作品,严复提醒人们,国家、民族之间也是一种生存竞争。落后就要被淘汰,中国必须改革政治,自立自强,奋起直追。《天演论》向国人敲响了警钟,在当时的思想界和知识分子中产生了巨大的震动和影响;而严复也成为中国近代史上著名的启蒙思想家和翻译家。

知识平台

关于《天演论》

《天演论》是严复的意译。赫胥黎这本书的原名叫《进化学和伦理学》。翻译时严复按中国的实际情况加了许多按语和发挥,将书名也改成了《天演论》,就是"进化论"的意思。

56　黄遵宪和李伯元

　　凡是关心中华民族前途与命运的爱国知识分子，对戊戌政变中慈禧等保守派杀害谭嗣同等维新派志士，都十分悲痛和愤慨。当时著名的诗人和政治家黄遵宪得到消息后，痛哭失声，无限悲愤。他立刻奋笔疾书，写下了悼念烈士的诗歌。

　　黄遵宪字公度，别号人境庐主人，广东嘉应州（今广东梅州）人，光绪时考中举人，但未继续参加科举考试，而是积极支持和参与了维新变法运动。他曾出资与梁启超一起创办《时务报》，参加了强学会，并且受到了光绪皇帝的召见。在召见中，他竭力建议皇帝支持变法，向皇帝介绍西方各国通过变法强大的经验。他还在光绪的老师翁同龢的推荐下，历任清政府驻日本、英国参赞，驻旧金山、新加坡总领事，湖南按察使等职务。变法失败后被撤职还乡，闭门从事诗歌创作。他的诗歌表达了对国家安危和民族前途的强烈责任感。他提倡写诗要"我手写吾口"，就是要表达自己的真实思想。比如，他写的挂在自家墙上的一首诗：

　　　　沉沉酣睡我中华，那知爱国即爱家。

　　　　国民如醒宜今醒，莫待土分裂似瓜！

这首诗体现了他的这种风格。

黄遵宪还特别欣赏他的朋友李伯元写的一部小说《官场现形记》。

李伯元字宝嘉，号南亭亭长，江苏武进（今江苏常州）人，科举考试落第后去上海办报。他先后办过《指南》、《游戏》、《繁华》等报。在《繁华》报上，他连载了自己写的长篇小说《官场现形记》。小说以辛辣的讽刺笔调，写了一群大大小小的官僚，上至大臣巡抚，下至州县小吏，他们打着封建伦理道德的招牌，表面上道貌岸然，骨子里腐败无能，利用手中的权力，见钱眼开。他们贪赃枉法，投靠洋人，出卖国家和民族利益；他们贿赂公行，对上级极尽溜须拍马之能事，对百姓却极端残忍和阴毒。小说将当时官场的黑暗、腐败揭露得淋漓尽致。读后，让人深感这个社会腐朽透顶，不彻底变革已经没有出路。这实际上从另一个角度起到了唤醒民众的作用。

知识平台

谭嗣同的狱中诗

望门投止思张俭，忍死须臾待杜根。

我自横刀向天笑，去留肝胆两昆仑！

变法失败后，谭嗣同让康有为等逃走，自己面对屠刀，决心以血唤醒群众。张俭、杜根都是东汉时人，面对事变，张俭出走，杜根留下。去留者都是肝胆相照。

甲骨上的文字

1899 年,清政府的最高学府和教育机构的负责人(国子监祭酒)王懿荣,听北京的一些古董商传说在河南出产的中药药材"龙骨"上发现有神秘的图案。他本是一位学识丰富的金石学和古文字学专家,因此立刻对此产生了兴趣,于是也托人去弄来了几片。

按照中医药理的说法,龙骨具有消炎、止血和壮骨的功能。实际上,它本是古代动物的化石。中药店经常从药材采集者手里收购这种化石。当时药店从河南安阳附近收购到的一批龙骨,发现上面刻着许多奇形怪状的文字样的图案,但谁也无法分辨它究竟是什么。不过作为药材,他们认定也是龙骨无疑,因此仍然将它归入了龙骨一类的药材里收购使用。

王懿荣按照自己的古文字和历史学知识,对这些龙骨上的文字进行仔细的观察研究。最终,他得出了一个令人大吃一惊的结论:这些神秘的图案是我们中华民族祖先最早创造的文字!三千五百多年前,即大约公元前十四世纪,那时正是我国的商朝时期,由于科学不发达,生产力较低,人们对许多自然现象没有客观的认识,认为风、雨、雷、电、旱、涝等都是天神控制的行为。人们为了预测未来的祸福,祈求神的保护,十分盛行祭祀和占卜。

无论是狩猎、耕种还是出行、打仗，婚嫁、生育还是死人送葬、祭祀供神，都要举行虔诚的占卜仪式，向神请示，卜问吉凶。这些奇形怪状的图案，就是当时的人刻在兽骨上的占卜的内容，也是他们在长期的交流思想的实践中创造的最早文字，我们现在通用的象形汉字的最早的原形。

当时用来刻字占卜的兽骨，最常用的是龟甲，就是乌龟壳，也有牛、羊、猪、鹿等脊椎动物的肩胛骨等。而它们之所以大量地从河南安阳小屯村一带出土，那是因为商朝第二十位王盘庚将国都迁到了这里（当时叫北蒙，也称殷），就是历史上的殷都。殷都在这里存在了二百七十三年，直到商朝被周朝灭亡时才被废弃，因此这地方又称为"殷墟"。

殷墟出土的甲骨文轰动了世界。它是中华文明史上的一个重大发现。

知识平台

甲骨占卜的方法

古人将动物骨头磨光，然后在背面刻上一些道道和小圆点，在正面刻上占卜的文字，然后用火炙烤背面，使正面出现裂纹。占卜者根据裂纹的长短、方向来判定事情的凶吉祸福。

58　列强瓜分中国

　　西方最老牌的资本主义国家英国，于 1840 年对中国发动鸦片战争，并趁机占领了中国领土香港。1842 年，清政府被迫与英国签订《南京条约》，将香港岛割让给英国。从此腐败无能的清政府步步退让，西方资本主义列强便开始了肆无忌惮的对中国领土的瓜分。1860 年，英、法联军火烧圆明园，又与清政府签订了《北京条约》，条约又割让了广东九龙司地方一区（今香港九龙半岛南端）给英国。

　　中日甲午战争后，日本向清政府索要了赔款白银二亿两，并且割让了中国领土台湾、澎湖列岛及辽东半岛。俄、法、德三国看了眼红，出面干预，让清朝政府出三千万两银子赎回了辽东半岛，但三国却以此强迫清朝"报答"。列强们威逼利诱双管齐下，竞相掠夺中国主权。

　　俄国与李鸿章签了《中俄密约》，索要了在中国东北筑铁路的权利，修建了"中东铁路"以及它的支线"南满铁路"，以后又强行租借了旅顺、大连，在那里设立了"关东省"。

　　德国则用海军相威胁，租借了山东的胶州湾，取得了在山东全省筑铁路和开采煤矿的特权，而且把青岛宣布为不纳关税的自由港。更为特殊的是，德国人在胶州湾先于其他国家最早取得了所谓的"领事裁判权"（就是不论外国人还是中国人在当地犯法，都要由他们的法官来审判）。

法国在云南、广西、广东三省抢占了开矿和筑铁路的优先权，割取了云南中缅边境一些城镇作为通商口岸，并控制了海南岛，占领了广州湾。

英国也不甘寂寞，一方面很快插手云南、广西的边境口岸，与法国争夺；同时又占据长江等河流的航行权；接着经过激烈的讨价还价，从日本人手中接管租借了威海卫，并控制了威海湾内的岛屿，将它变成了英国的一个军港。1898 年，英国又借口法国租借广州湾威胁香港的安全，逼迫清政府签订了《展拓香港界址专条》，将《北京条约》割让的九龙半岛南端以外的整个九龙半岛及附近二百多个岛屿（称为新界）全部租借了去，租期九十九年。这次他们霸占的土地，比原先占据的香港土地面积大十几倍。

列强掀起了瓜分中国的狂潮，中国陷入了空前的民族危机。

内容链接

香港回归

香港分香港岛、九龙半岛、新界三部分，其中新界面积最大。经过一个世纪的发展，三者已融为难以分割的一体。九十九年以后的 1997 年 7 月 1 日，中华人民共和国政府正式恢复行使对香港的主权。香港重新回到了祖国的怀抱。

59 租界与"门户开放"

　　列强瓜分中国的另一个花招,那就是在中国的一批大中城市建立"租界"。租界首先是从上海开始的。鸦片战争后的中英《南京条约》和《虎门条约》,规定在中国开放的广州、福州、厦门、宁波、上海五处通商口岸里,英国人可以租赁①土地建房居住。1843年起,英国人就在上海黄浦江畔正式向清政府租借土地筑路、架桥、建房。这里的码头、街道和公共设施,都由英国人管理。这就形成了国中之国的"租界"的雏形。

　　法国人眼红了,在上海的西部也租地成立法租界。德国、日本也紧接着跟进。到1875年,英国人又利用云南发生的马加理案件,胁迫清政府签订了《烟台条约》,正式允许各国在上海、广州、天津、武汉、长沙、重庆等十六个城市设立租界。

　　但是,眼看英、法等老牌资本主义国家和贪婪的日、俄、德竞相瓜分中国领土,要把中国变成完全的殖民地,稍后崛起的美国觉得自己动手晚吃亏了。美国驻上海的第一任领事馆设在了英租界,也遭到了英国人的抗议与排挤。为了保护自身的利益,美国人决定暂时阻止列强将中国迅速殖民地化,提出了"门户开放"的口号。

　　什么叫"门户开放"呢?那就是将各国已经在中国瓜

① 赁(lìn)

270

分的势力范围,只局限在筑路、开矿等特权上,而经商、贸易则不受势力范围的限制,应该向各国平等敞开。这时英国因为正在非洲和南亚拓展殖民地,也感到力量不足,自己在中国长江流域与西南的势力范围也受到贪得无厌的日、俄、德和法国的威胁,因此它就支持美国的门户开放要求,承认了美国在英租界内设领事馆的权力。

1899年9月6日,美国国务卿海约翰和英国外交大臣张伯伦经过协商,由美国出面向德、日、俄、法、意大利等国正式进行交涉。在进行了一系列的讨价还价后,各国终算达成一致,承认了"门户开放"的政策。

内容链接

三门湾事件

1899年2月,意大利驻华公使玛儿蒂诺向清政府发出最后通牒,派海军进行武力威胁,要求割让浙江三门湾。清政府下令浙江巡抚刘树棠抵抗。意大利被迫召回公使,放弃要求。这是清政府当时唯一的一次胜利。

60　义和团运动

　　资本主义列强在瓜分中国的同时，西方的基督教团体派出了许多传教士来中国传教。传教士中也混入一些外国流氓和毒贩，他们蔑视中国文化，与当地的豪绅、地痞相勾结，趁机搜刮民间财产，胡作非为。这些行为引起了当地群众的不满，再加上中国封建传统的排外思想影响，以及中国农民普遍信奉道教、佛教，在信仰上与基督教发生了冲突。当时人们缺乏科学知识，信息闭塞，民间传说洋人茹毛饮血，能摄人魂魄，咒人生死的谣言，于是一些农民就自发组织起了带有宗教、帮会性质的组织"义和拳"。他们头缠红布或黄布，集体练习拳、脚、枪、棒等武艺，聚众拆毁教堂，驱赶传教士。他们的政治口号是"反清复明"。

　　山东巡抚毓贤支持义和拳，他让义和拳首领李来中及徐天吉、朱红灯等将义和拳改编成公开的民团，并改名"义和团"，政治口号也改换成了"扶清灭洋"。

　　慈禧先是害怕义和团力量继续扩大无法控制，派袁世凯为山东巡抚进行残酷镇压。但她没有想到，义和团却从山东转移到天津、北京一带，而且越来越壮大。

　　1900年6月，法国驻天津总领事杜士兰代表法、日、意及奥匈帝国向清政府发出最后通牒，限令清军交出大沽口炮台。第二天，日、俄、法及其他几个国家的军队进攻大沽口。守将罗荣光率清军英勇反击。慈禧在大臣刚毅、载漪的怂恿下，召见义和团首领曹福田，决定联合义和团向所有列强宣战。6月21日，慈禧正式以光绪帝的名义发布宣战诏书。

于是，各地义和团纷纷进入北京，他们与清政府正规军一起，向北京的外国教堂和东交民巷的外国使馆发动进攻。义和团在天津和北京郊区以及东交民巷与外国军队进行了激烈的战斗。义和团战士迷信咒语，以为吞食符咒后可以刀枪不入；他们手中用来作战的武器只有长矛、铁镗、大刀和利剑，没有洋枪、洋炮等新式火器，因此在作战中牺牲巨大，但是强烈的民族感情和排外情绪以及愚昧迷信使他们冒死作战。德国驻华公使克林德、日本使馆书记官杉山彬等，在义和团与清军联合作战中被打死。与此同时，他们使用残暴手段烧杀抢掠也加重了中国人民的灾难。

内 容 链 接

红 灯 照

义和团里有一批十二三至十七八岁的青年女子，着红衣、提红灯，手握红缨枪参战，称"红灯照"，一般妇女的参战队伍称"蓝灯照"，老年妇女的队伍称"黑灯照"。

61　八国联军入侵北京

　　义和团运动使各国公使惊惶失措,纷纷告急求救。1900 年 6 月 9 日,英国公使窦纳乐打电报给驻天津英军海军司令西摩尔,请求紧急派兵救援。当天晚上,西摩尔便组织了英、德、法、俄、日、美、意、奥等八国联军共二千多人从天津坐火车出发,第三天到达廊坊时,义和团拆掉了前面的铁轨,将他们团团围困在车厢里。八国联军死守了五天,才突围往天津方向逃跑。义和团和清军董福祥部又随后追击,杀得他们死伤累累。

　　7 月 14 日,义和团与清军联合攻下了天津。外国军队只死守住了租界。8 月初,各国的援军纷纷在天津登陆。8 月 4 日,一支一万八千多人的新的八国联军重新从天津出发攻向北京。8 月 12 日,他们占领了北京东郊的通州。14 日,八国联军攻进北京。15 日早上,慈禧带着皇族和光绪皇帝,仓皇出张家口逃往西安。

　　八国联军入侵北京后,一面屠杀义和团战士,一面大肆抢劫,凌辱妇女。联军统帅、德国将军瓦德西宣布给侵略军放假三天,实际上就是让他们在北京任意烧杀奸淫掳掠三天。英、法、俄、德、日等国军队各自划分了占领抢劫的区域。来不及逃走的一些清朝官员、皇族也遭了殃。大学士徐桐家被抢,妻妾被奸淫,徐桐上吊自杀。法国人光从一名皇族大臣家就抢到了价值一百万两的财物。慈禧花数千万两白银建造的颐和园，里面的珍宝也被劫掠一空。侵略军还将百姓驱入胡同，进行集体屠杀和侮辱，其暴行令人发指……

慈禧吓坏了，赶紧任命李鸿章为全权大臣，让他与庆亲王奕劻①一同去与八国联军谈判求和。

对于清政府的求和，侵略国各怀鬼胎。俄国趁联军在攻打北京时，派出数万军队越过黑龙江，迅速占领了黑龙江、吉林、奉天（今辽宁）三省。残暴的俄军还在渡江时将数千中国居民赶进江中活活淹死。英、德、日、法等提出惩办祸首，企图除掉慈禧，彻底瓜分中国。俄国由于已占了东北三省，因此假惺惺地从北京撤军，主张无条件议和。而美国则一向主张"门户开放"。经过激烈的讨价还价，最后总算达成了妥协。1901年9月7日，李鸿章、奕劻与八国再加上比利时、西班牙、荷兰，签订了一纸空前的卖国条约《辛丑和约》。

内 容 链 接

《辛丑和约》

条约规定清政府向以上十一国总共赔款本利九亿八千多万两，分三十九年还清。处死主战的大臣、亲王，镇压义和团，拆除大沽炮台，允许在使馆区驻军，道歉，为战死的侵略军立碑，等等。清政府全都一一照办。

① 劻（kuāng）

62 末代皇帝登基

　　辛丑和约签订后四个月，即 1902 年 1 月 8 日，慈禧太后和光绪皇帝回到北京的皇宫。这时，一批死心塌地跟随慈禧的大臣已经不多了：庄亲王载勋，大臣毓贤、英年、赵舒翘、启秀等已按八国联军的要求被处死，李鸿章、荣禄等也相继病死，只剩下阴险狡猾的袁世凯，由于他出卖过维新派，慈禧觉得还可信赖，于是便任命他为北洋大臣兼直隶总督，并且掌握军权。还有一个奕劻，在向八国联军求和中立了功，被任命为首席军机大臣，总理外务部。

　　迫于形势，慈禧下令恢复了当年光绪皇帝采取的一些维新措施，例如取消科举，设立新式学堂，选派学生出国留学，准许满汉通婚，赦免戊戌变法人士等，但是这些小修小补已经无法挽救已经腐朽透顶、日薄西山的清朝封建统治了。她自己也已感到年迈体衰，力不从心。而年仅三十多岁的光绪皇帝，在维新变法失败后，一直过着被囚禁的生活，抑郁成病，此时已经气息奄奄。慈禧不得不运用手中的权力，再亲自选定一个皇位继承人。

　　光绪帝没有生过儿子。他宠爱的珍妃本来已经怀孕，残忍的慈禧却在逃离北京时下令将她推入水井淹死了。现在，她绞尽脑汁，决定故技重演，立光绪帝的同父异母弟、醇亲王载沣与荣禄的女儿生的年仅三岁的儿子

① 毓（yù）
② 沣（fēng）

276

溥仪为皇嗣。载沣深知慈禧的凶残毒辣,知道慈禧的意图后,不但不高兴,反而全家哭成了一团。但载沣哪敢违背太后的懿旨。1908 年 11 月 13 日,慈禧召见载沣及各大臣,宣布载沣为摄政王,溥仪为光绪皇帝的继承人。

第二天,光绪帝病逝。慈禧也在光绪死去的第二天跟着去见上帝了!

1908 年 12 月 2 日,太和殿里举行溥仪的登基典礼。三岁的小皇帝没有见过世面,吓得放声大哭。大臣们匆匆叩头跪拜,山呼万岁;小皇帝却只是啼哭不止。载沣无奈,只好哄他说:"别哭,别哭;快完了,快完了!"中国封建社会的末代皇帝的登基仪式,就在"快完了"的谶言中草草结束。第二年,改元宣统。

内 容 链 接

日 俄 战 争

《辛丑和约》签订后,日本为争夺中国的东三省,与俄国于 1904 年 2 月开战。1905 年 9 月,俄国战败,将旅顺、大连、南满铁路转让给日本。

① 谶(chèn)

63 孙中山建立同盟会

　　清朝政府在资本主义列强面前不断吃败仗,不断割地赔款、出卖主权;但他们在国内却对百姓加紧剥削与压迫,对主张改革的维新派残酷镇压。中国人民对这样腐朽、卖国的封建政权已经完全失去了希望和信心。于是,以孙中山为首的一批先进的知识分子举起了革命的旗帜。

　　孙中山名文,字德明,号逸仙,1866 年出生于广东香山(今广东中山)翠亨村的一个农民家庭,十二岁时在哥哥的帮助下赴夏威夷群岛的檀香山的教会学校读书,以后进入香港西医书院学医,1892 年毕业,在广州、澳门等地一面行医,一面宣传改革政治、振兴中华的政治主张。1894 年中日甲午战争期间,他与同乡好友陆皓东一同赶赴天津,怀着满腔热血向李鸿章上书请求改革,却吃了李鸿章的闭门羹。改良的理想碰壁后,这位受过西方教育的爱国青年终于觉醒,决心推翻清政府,挽救中华民族的危亡。

　　这年秋天,他来到檀香山,在爱国华侨中建立了秘密的革命组织"兴中会"。兴中会的政治纲领是"驱除鞑虏,恢复中国,创立合众政府"。

　　1895 年初,孙中山与陆皓东等在香港成立兴中会总部,并策划于这年的重阳节在广州发动起义。由于香港方面的起义成员未能及时赶到广州,起义失败。陆皓东被捕牺牲,孙中山被迫流亡海外。

　　起义失败后,清政府严令驻外使领馆捉拿孙中山。孙中山由香港辗转日本、美国,经由檀香山来到英国,投奔他当年在香港西医书院念书时的老师、教务长康德黎。不料,他的行踪被清政府驻英使馆发现,设计绑架了他。孙中山被秘密关押了十二天,终于找到机会,把向康德黎的求救信藏在一位英国籍清洁工清扫的煤灰里带了出去。康德黎将使馆绑架事件向报界公布,英国外交部只好出面让清政府的领事馆放人。

　　获释后,孙中山继续在国外开展革命活动。1905 年 7 月,他联合其他几个革命团体的负责人黄兴、宋教仁、陈天华等在日本建立了"同盟会",提出了"驱除鞑虏,恢复中华,建立民国,平均地权"的革命纲领和"三民主义"学说,并与康有为等人的改良、保皇主张展开了激烈的论争。8 月 20 日,同盟会正式推选孙中山为"总理",从此,中国资产阶级民主革命走向了一个新阶段。

内容链接

孙中山名字的来历

　　孙中山在伦敦被绑架获释后,于 1897 年来到日本进行秘密革命活动,他起了个化名叫"中山樵",意思是"中山地方的一名樵夫"。樵夫就是砍柴人,含有以革命推翻清政府的意思。从此,孙中山的名字就被叫开了。

① 檀(tán)

64　康有为当保皇派

　　孙中山在进行资产阶级民主革命的过程中,也对维新派给予了支持和帮助。戊戌政变后,慈禧下令搜捕变法人士,康有为、梁启超等就是在孙中山的安排下才得以逃到日本的。

　　康、梁来到日本后,孙中山曾托自己的朋友宫崎寅藏(日本革命者)、陈少白等人数次做他们的工作,劝说他们参加革命。孙中山自己还直接接见了梁启超。梁启超被孙中山的诚意和革命主张打动,与孙中山建立了很好的友谊。

　　但康有为认为,光绪皇帝是历代帝王中最开明有为的皇帝,只是由于慈禧为首的保守派的阻挠和迫害,才使皇帝创导的变法失败了。因此,他要报皇帝的知遇之恩,要想尽一切办法将光绪皇帝从慈禧等保守势力的控制下拯救出来。而只有恢复了皇帝的权力,在皇帝的号召下进行维新变法,中国才能有希望。因此,他不但拒绝参加革命,还与孙中山针锋相对,在自己创办的报纸和写的文章中攻击革命主张,宣扬自己的保皇救国理论。

　　康有为为首的保皇派,还在行动上实践他们的主张。1899 年,康有为在加拿大成立了"保皇会",又称"保救大清光绪皇帝公司",并且于同年光绪帝生日那天在海外导演了向皇帝叩头跪拜祝寿的闹剧。康有为还派出他的一批弟子，如徐勤、梁启超、梁铁君、陈继征等，分赴世界各地建立他的保皇公司的分公司，在香港、澳门设立了总局。最热闹时，保皇会在全世界华侨中建立了一百六十多个分会，有会员一百多万人。他们还梦想向资本主义列强借兵救国。

康有为在新加坡、梁启超在檀香山搞募款时，孙中山领导的兴中会会员们也为他们慷慨解囊，使他们得到了上百万元的巨款。然而，当康有为自己的信徒唐才常在国内建立"自立军"准备发动反对慈禧的保皇起义时，康有为又不肯将巨款交付起义军使用，致使起义失败。

最后，当慈禧控制的清廷于 1906 年搞所谓的"预备立宪"时，康有为干脆响应慈禧，将自己的保皇会改成了"国民宪政会"，与慈禧穿起连裆裤子，走上了逆历史潮流而动的道路。

内 容 链 接

预 备 立 宪

1905 年，慈禧派载泽等五位大臣出洋考察，回国后，他们向慈禧建议实行"立宪"，就是在保留皇帝的前提下实行议会制。1906 年，慈禧玩弄手法，宣布实行"预备立宪"，预备期为九年（就是再拖九年后才视情况实行立宪）。

65 《革命军》与《苏报》案

　　维新派中,康有为、梁启超成了保皇派,但章太炎却认清形势,走向了革命。戊戌政变后,他剪掉辫子,号召维新人士与清廷决裂;自己一向敬重的老师俞樾①反对革命,他也毅然与他断绝关系。1902 年,他赴日本会见孙中山,并与一批革命党人发起召开了"支那亡国二百四十二年纪念会"。

　　同年底他回上海后,与蔡元培等人组织了"中国教育会",并且在教育会下办起了"爱国学社"和《苏报》,与章士钊一起为《苏报》写文章,驳斥保皇论,宣传革命。1903年,章太炎在《苏报》上发表了《驳康有为论革命书》。文章痛快淋漓地驳斥了保皇观点,斥光绪皇帝是"小丑"。几天以后,《苏报》又登载了他的介绍邹容《革命军》的文章和邹容自己写的《革命军·自序》。于是,便掀起了当时震动中外、在中国革命史上影响极大的《苏报》案。

　　《革命军》是当时年轻的革命党人邹容写的一本唤醒国人起来参加革命的通俗小册子。它用充满激情的文字颂扬革命,指出革命是天然的公理;中国人要摆脱历史形成的愚昧和奴隶性,要争取自由、独立和人权,不可不革命;要推翻清朝封建专制统治,不可不革命;要扫荡外国的侵略和干涉,不可不革命。它响亮地宣告:"中国者,中

① 樾(yuè)

282

国人之中国也！""一个中华共和国,将在革命中诞生！"书前署名"革命军中马前卒"。

《革命军》一书于1903年5月由上海大同书局出版发行。章太炎特地为它写了序言热烈地加以赞扬。书一出版,不胫而走,立刻震动了当时的社会。清政府勾结上海公共租界"工部局",以"侮辱圣上"的罪名逮捕了章太炎、邹容等六人。租界的巡捕房本没有抓到邹容,但邹容见章太炎等革命同志被捕,主动前去投案。在巡捕房门口,他还向围观的群众从容地散发他的《革命军》。

清政府演出了一场在中国的国土上向外国租界当局起诉自己公民的丑剧。虽然他们勾结起来判了章太炎三年、邹容两年的刑,但租界的法庭变成了被告宣传革命、痛斥清政府的讲台。这次事件,彻底暴露了清政府的卖国嘴脸,戳穿了保皇派的谎言,大大地鼓舞了群众的革命热情,唤醒了群众的革命意识。

人物聚焦

邹　容

邹容是四川巴县(今属重庆市区)人,1902年赴日本留学,接受了资产阶级民主革命思想,在日本带头剪掉了监督留学生的清廷官员姚文甫的辫子。1905年4月3日,他在狱中被摧残致死。民国成立时,临时大总统孙中山追赠他为"大将军"。

66 陈天华投海救国

　　邹容的《革命军》为民主革命吹响了号角，另一革命青年陈天华，也写了《警世钟》、《猛回头》等两本通俗小册子，与邹容呼应，为宣传革命擂鼓助威。这三本呼吁中国军民警醒、回头，奋起参加革命的书，一时在群众中广为刊印、传抄，影响极大，成为当时最杰出的革命宣传品。

　　陈天华是湖南新化人，字星台，号思黄，从小家境贫困，靠给人家放牛、卖糖果等维持生活。因此，他对中国百姓的苦难认识很深刻，决心发奋图强，为百姓摆脱苦难、获得解放而奋斗。在亲友的资助下，他于1903年读完中学，赴日本留学。在日本，他结识了邹容等留日学生中的革命者，参加了革命组织"国民教育会"。同年底，他和黄兴受"教育会"的委派，回湖南长沙组织"华兴会"，筹划在1904年慈禧七十岁生日那天，趁湖南的文武官员在长沙举行祝寿活动时引爆炸弹，举行起义。由于机密泄露，清军大肆搜捕，陈天华、黄兴逃往上海，重赴日本。

　　在日本，陈天华与宋教仁、田桐等革命者创办了《二十世纪之支那》月刊，继续宣传革命。这时，孙中山从欧洲来到日本，与陈天华、黄兴等见面商谈后，将他领导的"兴中会"与"华兴会"合并，于1905年成立了统一的革命团体"同盟会"。《二十世纪之支那》也成了会刊。

同盟会的成立使清政府十分惊慌,他们勾结日本政府加紧压制。日本警察先以"妨碍公安"为名查封了《二十世纪之支那》,接着又颁布了《取缔支那留学生规则》,禁止中国留学生参加任何政治活动,还对他们的来往信件进行检查。日本政府的行径激起了在日八千多名中国学生的强烈不满,他们纷纷罢课抗议,但也有人主张忍辱负重和忍耐。陈天华为了唤醒国人,留下了一份《绝命书》,愤然投海自尽。

陈天华在《绝命书》中语重心长,劝留学生对日本放弃幻想,不要空谈救国;要与清朝封建主义彻底决裂;参加革命不要有功利心,要有民族责任心;革命不能光靠少数英雄与会党,要使万众响应……

陈天华的死,给留日学生以巨大的震动与激励。许多革命党人纷纷回国,投身到革命的实践中去。

内容链接

公葬陈天华

1906 年夏天,陈天华的灵柩从日本运回他的湖南家乡。长沙市民万人列队迎接,举行公葬典礼,将这位革命志士葬于岳麓山上。清政府事后将公葬的带头人禹之谟作为"孙文党人"绞死。

67

女侠秋瑾

　　章太炎、邹容等在国内宣传革命时，1905 年孙中山领
导的革命党人在日本正式成立同盟会。接着，同盟会的
许多骨干分子便纷纷回国实践他们的革命主张，策划反
清起义。自称"鉴湖女侠"的秋瑾，也第一批加入了同盟
会，成了同盟会浙江主盟人。1906 年，她与一批同盟会员
一起回国策划反清起义。

　　秋瑾是浙江绍兴人，从小聪明好学，性格豪放。她不
但擅长诗词创作，还能骑马击剑，精熟武艺与兵法。二十
岁时被父亲作主嫁给了湖南人王廷钧。但王廷钧是个吃
喝嫖赌的浪荡子，他在北京捐了个小官。1902 年二十六
岁的秋瑾便随丈夫来到北京。腐败卖国的清廷及不争气
的丈夫使她毅然同封建专制体制与家庭决裂。1904 年夏
天，她变卖了自己的首饰，自费赴日本留学。在日本，她
结识了冯自由、黄兴、徐锡麟、蔡元培等革命党人，投身到
了革命的洪流中。

　　1906 年，秋瑾从日本回国来到上海，她与几位革命党
人在虹口祥庆里租了一所房子，创办了《中国女报》，号召
中国妇女冲破封建束缚，像男子一样起来革命。

　　这时，她的同乡、革命党人徐锡麟也从日本回到浙
江，创办了一所"大通学堂"，以此为秘密据点培训人员，

① 瑾(jǐn)

购买枪械,筹备起义。学校办成后,请秋瑾前去主持,负责发动浙江方面的起义;而他自己则去安徽,打入安徽巡抚恩铭手下,任巡警学堂堂长,准备在安徽起事,互相呼应。

秋瑾发挥她的领导艺术和军事天才,以大通学堂为据点,迅速在浙江的金华、绍兴、丽水、兰溪等地联络布置,组成了八个军的起义队伍,与安徽方面约定在1907年7月6日同时发动起义。不料,由于泄密,徐锡麟仓促提前起义,在巡警学堂的毕业典礼上杀死了安徽巡抚恩铭,但他本人也被捕牺牲了。清军疯狂反扑,浙江的金华、嵊县、武义等几处革命力量遭破坏,秋瑾只好下令取消起义。她从容地遣散了大部分起义骨干和大通学堂学生,销毁了文件,自己与少数几名骨干留下与前来包围的清军血战,最后寡不敌众被捕。

绍兴知府贵福对秋瑾严刑逼供,要她招出同党。秋瑾大义凛然,嘲弄他他说:"同党就是你——贵福!"两天后的黎明时分,秋瑾在绍兴轩亭口英勇就义。

内 容 链 接

风 雨 亭

辛亥革命胜利后,秋瑾遗骸被重葬于杭州西湖西泠桥旁。由于临刑前她提笔写下了"秋风秋雨愁煞人"七个字,所以后人在她的墓对面建了一座"风雨亭",以纪念这位民主革命中的女英雄。当时,孙中山还亲自来这里主持了追悼会。

① 麟(lín)

287

68

广州起义

除秋瑾、徐锡麟外，同盟会的其他人员也纷纷回国发动起义。1907 年，广东的潮州、惠州、钦州先后都发生了革命党人的武装暴动；孙中山还亲自参加了广西镇南关（今友谊关）起义，占领了关隘的炮台。这些起义虽然都因寡不敌众失败了，但在全国已经造成了革命的声势。

接着，孙中山继续在国外为革命募集大量军费，扩大同盟会的实力和影响。1910 年底，他在槟榔屿（在今马来西亚北部）召集同盟会骨干开会，决定在广州发动武装起义，攻占广州后再争取全国响应，进行北伐，最终占领北京，彻底推翻清朝统治。

1911 年初，同盟会在香港成立武装起义的总指挥部"统筹部"，由黄兴任部长，赵声为副部长。他们准备发动广州新军和广东的会党人员一同参加起义，起义队伍由同盟会的骨干组成"敢死队"做先锋。队伍共分十路，分别由黄兴、赵声、莫纪彭、陈炯明等率领，分头向总督衙门、水师提督府、警察署、军械局、电信局等清政府在广州的要害部门攻击。起义日期定在 4 月 13 日。

时间在一点点逼近。广州的街巷里，忽然出现了四十多处"公馆"、"店铺"，人员进进出出，有时还有礼盒、花轿来往，吹吹打打办喜事，热热闹闹送货忙。其实，这些

① 炯（jiǒng）

288

都是为起义设置的秘密据点,正在为训练敢死队员、运送分配武器弹药而忙碌。然而到了4月初,形势急剧变化:先是由于急需的枪械尚未完全运到,指挥部决定将起义时间推迟至4月26日;接着,4月8日发生了驻防广州的满人将军孚琦被刺杀案,两广总督张鸣岐恐慌起来,在广州城中加强了戒备,下令全城戒严。这时,同盟会中的叛徒陈镜波也将起义的时间、部署出卖给了张鸣岐。

黄兴见情况不妙,4月24日通知香港方面的队伍停止前来广州。但这时城中的清军已开始疯狂搜捕革命党人,同时黄兴又获悉清军巡防营的士兵大多支持起义,于是他当机立断,决定于4月27日立刻动手。起义军缩编成四队,向预定目标进攻。黄兴、林时爽、林觉明等攻占了总督衙门。但他们很快又被清军水师提督李准的大批军队包围。作战中,林时爽等敢死队员英勇牺牲,起义队伍被打散,林觉民等人被捕,被捕者后来都被处决。组织者黄兴两截手指被打断,但在混乱中得以逃脱。

广州起义失败了,但烈士们用鲜血为武昌起义铺平了道路。

内 容 链 接

黄花岗七十二烈士

广州起义中战死和被俘后被处死者有名可考的共八十六人。同盟会员潘达微卖掉自家房子买墓地,收殓烈士遗骸七十二具葬于广州红花岗,并把红花岗改名为黄花岗。因此,这次起义又称"黄花岗起义",死难的烈士被称为"黄花岗七十二烈士"。

① 殓(liàn)

69 保路运动

广州起义后不久，1911 年 5 月，清政府宣布将粤汉、川汉两条铁路的路权（修筑及经营权）收归国有。名义上是"国有"，实际上是将路权抵押给英、美、法、德四国，向他们借款六百万英镑用来购买军火，镇压革命。然而，这两条铁路从 1902、1903 年起清政府就让老百姓集资（仅在四川就募集了民间资金一千二百四十万两）开始修建，当时叫做"官督商办"。现在又"收为国有"，等于是从百姓手中明火执仗地抢劫。于是，四川、广东、湖南、湖北的商人、学生以及在这两条铁路上持有股权的股东纷纷起来反对。

川汉铁路的股东代表，在成都召开了紧急会议，成立了"保路同志会"，发表宣言，揭露清政府的"铁路国有"实际上是出卖主权的卖国行径，并且派出代表去各省联络，同时进京请愿。清政府恼羞成怒，派赵尔丰就任四川总督进行镇压。赵尔丰竟然下令军队向请愿群众开枪，一下子在成都便杀害了三十多人。四川的百姓被激怒了。成都及附近的一些县镇举行了罢市、罢课，并号召百姓拒绝向清政府纳粮、交税。

同盟会四川负责人吴玉章、龙鸣剑、王天杰等趁这样的有利形势，8 月在荣县组织起了一支"同志军"，举行武装起义。9月,龙鸣剑、王天杰率同志军千余人誓师向成都进军,打响了四川独立起义的枪声。接着,四川各县纷纷组织武装起义响应,四川的革命成了燎原之势。

四川总督赵尔丰着了慌,赶紧向清政府告急求援。清政府命大臣端方急调驻湖北的清军赶往四川镇压。9月8日,端方率军离开武昌,但他十分惧怕四川的革命军,同时与赵尔丰为了争夺四川总督的位置也各怀鬼胎,因此他一路上拖拖拉拉,并不想很快赶往成都。直到10月13日,他才率军赶到重庆。11月12日,他到达资阳就按兵不动了。这时武昌起义已经成功,端方想率军逃往陕西,被军中的同盟会员、革命党人控制了军权,将他和他的兄弟端锦判处了死刑。这支军队则开拔回武汉,加入了革命军。而四川总督赵尔丰也在11月26日交出印信,四川宣布独立。四川的保路运动给了清政府以沉重打击。

人物聚焦

龙鸣剑、吴玉章

龙鸣剑率起义军在与清军激战中积劳成疾,病死于军中。宜宾百姓万余人为他送葬。

吴玉章8月在荣县领导起义,9月宣布荣县独立,这比武昌起义还早两个月。这是革命党在辛亥革命胜利前唯一的一个起义成功的革命政权。

70 武昌起义

为了镇压四川的保路运动,端方带走了驻武昌的清军主力,给武汉的革命党人举行武装起义创造了条件。

1911年4月广州起义失败后,同盟会的骨干宋教仁、陈其美、谭人凤等在上海组建了"同盟会中部总会总机关",总结了起义失败的经验教训,继续领导全国的革命工作。他们向各省分别派遣了干部。被派往湖北的同盟会干部是居正。根据当时的形势,同盟会总会认为,武汉是长江咽喉,又是南北交通枢纽,而且同盟会的下属组织文学社和共进会在武汉的新军中有很大的影响,因此可以从这里发动起义,然后争取全国响应,挥师北上。于是,居正便与那里的文学社社长蒋翊武、共进会负责人孙武等协商联合,在武昌秘密成立了"革命军临时总司令部",蒋翊武为司令,孙武任参谋长。

同年9月,居正赴上海购买武器并计划请黄兴、宋教仁等来武汉领导起义,蒋翊武、孙武则在武昌积极准备。9月24日,清军第八镇炮队内的几名革命士兵由于受军官的气,一时气愤,拉出大炮准备轰击湖广总督府。总督瑞澂吓破了胆,连忙命令清军第八镇统制(师长)张彪派马队镇压。蒋翊武等见情况紧急,决定在中秋节(10月6日)立刻起义。但同盟会总会因湖南等省尚未准备好,要他们改为 10 月 16 日。不料 10 月 9 日孙武在汉口宝善里制作炸弹时失火被炸药烧伤，目标暴露。瑞澂下令全城戒严。

蒋翊武决定当天起义，并派人通知新军中的南湖炮营，在晚上放炮为号。但由于命令没有送达，炮声未能按时响起，起义尚未发动，而革命指挥部却被清军破获了。蒋翊武被迫逃走。面对万分危急的形势，新军中工程兵第八营里的共进会总代表熊秉坤挺身而出，在 10 月 10 日早上发动了起义。他们又说服了工程营左队队长吴兆麟任"临时总指挥"，统一指挥起义军。

吴兆麟下令切断了清军的通讯，让南湖炮营炮击总督府，自己率起义军猛攻总督衙门。经过一天一夜激战，10 月 11 日清晨，革命军终于攻克了总督府。武昌起义获得了胜利！因为这一年是农历辛亥年，因此这次革命历史上称为"辛亥革命"。

内 容 链 接

黎元洪当都督

武昌起义成功了。原清军新军第二十一混成协统（相当于旅长）黎元洪吓得躲到了床底下。当时直接领导起义的几位革命党人由于自己在军队中的职务都不高，而同盟会的主要领导人又尚未赶到，因此便派人将黎元洪从床底下拉出来当了他们组建的"中华民国军政府鄂军都督府"都督。

71 孙中山就任大总统

　　武昌起义成功的消息震动了全国。云南、贵州、湖南、江西、江苏、陕西、山西等省纷纷宣告独立。与摄政王载沣一起执政的隆裕太后（光绪帝的皇后）焦急万分，情急之下，想起了袁世凯。

　　由于袁世凯手握重兵，清廷担心尾大不掉；同时载沣又认为袁世凯在戊戌政变时出卖了光绪帝，因此他当了摄政王后就将袁世凯削去所有职务，让他回家"养病"去了。现在局势危急，满族的皇亲国戚中又找不出能抵挡革命军的人。载沣无奈，只好同意隆裕太后重新起用袁世凯，任命他为钦差大臣兼湖广总督，统率清军前往湖北镇压起义。

　　狡猾的袁世凯一面乘起义军立足未稳，又缺乏军饷、弹药的时机，让亲信冯国璋率他的北洋军精锐攻下了汉口，使起义军遭受了重大损失；一面又暗中拉拢黎元洪，并派出代表与革命军实行停火谈判。他这样做，同时也是为了向清朝廷施加压力。果然，清朝廷被迫宣布解散原来的皇族内阁，同意由袁世凯担任内阁总理，组织新内阁。

　　1911年圣诞节这一天，孙中山乘船从国外抵达上海。他立刻与宋教仁、黄兴、胡汉民、汪精卫等一批同盟会骨干一起分析局势,研究革命方针,黄兴向他介绍了革命军在武汉与北洋军浴血苦战的情况及为了获得休整机会而与袁世凯达成的停火协议。宋教仁则报告了全国已有十七个省三分之二地区宣布革命独立,提出应该立即组建革命政府,以统一革命步调,争取外国支持并孤立清政府。经商量,大家一致建议由孙中山出任革命政府总统。

12月29日,宣布独立的十七省代表在南京开会,投票选举中华民国中央临时政府大总统。孙中山以十六票当选。1912年元旦,在南京江苏省咨议局大厅举行"中华民国临时大总统就职典礼"。在"共和万岁"、"中华民国万岁"的欢呼声和口号声中,在一百响的礼炮声中,孙中山登上主席台,发表了激动人心的演说后宣誓就职。

从1895年第一次广州起义算起,经过了十六年的浴血奋战,中国的民主革命志士终于在两千多年的封建专制土地上,建立起了第一个共和国政权。

内 容 链 接

中华民国第一任内阁成员

中华民国第一任内阁成员是:内务部总长程德全、司法部总长伍廷芳、外交部总长王宠惠、财政部总长陈锦涛、陆军部总长黄兴、海军部总长黄钟瑛、教育部总长蔡元培、实业部总长张謇、交通部总长汤寿潜。

72 清帝退位

　　孙中山在南京迅速建立革命政权，就任临时大总统。这对处心积虑想窃取革命果实的阴谋家袁世凯打击很大。他气急败坏，立刻指使自己控制的冯国璋、段祺瑞等四十八名北洋军将领通电抵制，不承认孙中山建立的政府，并扬言要血战到底。接着他又去拜会英国公使，向英、美、德、日等国借款扩充他的北洋军。准备就绪后，他就命令北洋军炮击武昌，让江南提督张勋进攻南京，破坏了停火协议。

　　针对袁世凯的武力威胁，孙中山命黄兴率革命军北伐。衣着单薄、武器简陋的北伐军战士渡过长江、英勇出击，张勋的清军被赶出宿州、徐州，逃往济南。但北伐军粮饷、武器匮乏，实在难以继续前进。而黎元洪、谭延闿①等湖北、湖南、广西、福建的混进革命队伍的实力派则乘机观望，不但不肯派兵支援北伐，还制造谣言说孙中山要出卖主权向外国借款中饱私囊。面对极其困难的局面，革命队伍中的汪精卫等提出与袁世凯妥协，争取他支持共和逼皇帝退位。孙中山为了革命的前途着想，顾全大局，同意了这种意见。他主动打电报给袁世凯，表示袁世凯如果能让皇帝退位，支持共和革命，则自己可以辞职而将大总统的职位让给他。

① 阖（kǎi）

袁世凯见自己的目的可以达到，立即导演了一出逼宫的戏。他一面恐吓隆裕太后，说北伐军已经打到济南，海军已经到了烟台，很快就要打到北京了；与此同时，他又让原先反对共和的冯国璋等北洋将军通电支持共和，扬言要带兵杀进北京。此时反对皇帝退位的皇室大臣良弼被炸身亡，隆裕太后被吓得哭哭啼啼，再也不敢驳回袁世凯的任何意见了，只求他尽量照顾她与小皇帝他们孤儿寡母的利益，同意退位。

　　于是，袁世凯便与南京的国民政府在谈定了《关于大清皇帝辞位后的优待条件》后，于1912年2月12日让隆裕太后代表溥仪小皇帝正式下达了退位诏书。中国封建社会的末代皇朝清朝的二百六十八年统治就此宣告结束。

人物聚焦

黄兴（1874—1916）

　　字克强，湖南长沙人，出身于儒家文化传统世家，随时代洪流投身资产阶级民主革命，与孙中山共同创立同盟会，组建国民党，是革命的实干家：他在中国南方多次组织武装起义；策划广州起义并亲率敢死队进攻总督府；武昌起义中任革命军战时总司令；中华民国临时政府成立后任陆军总长；袁世凯背叛革命后又率军讨袁。他在革命斗争中百折不挠，是辛亥革命中仅次于孙中山的领袖人物，可惜英年早逝。

73　袁世凯当皇帝

袁世凯逼隆裕太后下了清帝退位诏书后,孙中山按约定辞去了中华民国临时大总统的职务。袁世凯当上了大总统。为了防止袁世凯获得权力后出卖革命,实行独裁,孙中山与革命党人草拟了《中华民国临时约法》,将总统责任制改为内阁责任制,并交参议院通过后作为对总统权力的约束。但是袁世凯根本没将《临时约法》放在眼里,他先找借口将民国政府从南京迁往北京办公,然后便开始一步步将黄兴等一批革命党人排挤出政府,并且用威胁利诱相结合的手段控制了参议院。

这时,孙中山为了实践自己的诺言,不再干政,而是为在国内修铁路、办实业而在国外奔走。革命党人宋教仁等针对袁世凯的行径,为了将革命力量团结起来,与之进行斗争,于1912年8月筹备成立了以孙中山为理事长的国民党。经过半年多的努力,国民党很快成了全国第一大党,在参议院和众议院均获得了接近半数的席位。袁世凯恐慌起来,竟然采用了卑鄙的暗杀手段。1913年,袁世凯派出的杀手在上海火车站开枪打死了宋教仁。

宋教仁的被刺使孙中山和革命党人彻底认清了袁世凯的真面目。悲愤之余,江西、南京、上海等地的革命党人纷纷宣布独立,进行"二次革命"。但由于他们仓促行事,又未能协调步骤,很快被袁世凯派兵镇压下去了。袁世凯趁机在全国大肆迫害和屠杀国民党员,许多国民党议员被捕入狱。孙中山等国民党的骨干力量重新被迫逃亡日本。

1914年,第一次世界大战爆发。以德、奥为一方的同盟国与以英、俄、法、日等为另一方的协约国为争夺世界殖民利益而开战。日本趁机抢夺了德国原先在中国山东的特权,并派兵占领了青岛。在日本武力威胁下,袁世凯政府与日本签订了丧权辱国、出卖民族利益的《二十一条》,以换取日本对他的权力野心的支持。

袁世凯以为时机已经成熟,便指使他的亲信杨度、段祺瑞、王士珍、梁士诒,还有他的儿子袁克定等紧锣密鼓地组织什么筹安会、请愿团,连妓女们也被动员出来参加游行,鼓噪反对共和,要求君主立宪,请他坐龙廷、当皇帝。为掩人耳目,他还让一千九百九十三名"国民代表"进行国体投票,投票时每人发一个红包,于是全体代表一致拥护"君主立宪"。1915年12月13日,袁世凯终于在北京居仁堂粉墨登场,当上了他梦寐以求的皇帝,并定年号为"洪宪"。

内容链接

《二十一条》

1915年5月9日,袁世凯派外交总长陆徵祥与日本驻华公使日置益签署秘密的卖国条款。《二十一条》内容除承认日本继承德国在山东的一切权益外,还规定将中国旅顺、大连及沿海港口只租借给日本,承认日本在"南满"及东部内蒙古的特权,以及将中国的铁路、矿产开采、军工企业与日本合办,请日本人作军事、政治、财政顾问等。

74 护国军讨袁

　　袁世凯倒行逆施，当了洪宪皇帝。流亡在日本的孙中山立即发表了《讨袁宣言》，革命党人很快重新集结在孙中山周围，成立了"中华革命党"，并组成了"中华革命军"。中华革命军分东南军、东北军、西南军、西北军四个总司令部，分别由革命党领导人陈其美、居正、胡汉民、于右任任总司令，回国赴上海、青岛、广州、陕西组织反袁武装。居正的东北军首先在青岛起事，并很快占领了昌乐、益都、潍县等一大批县城。几乎与此同时，蔡锷的"护国军"也在云南起兵，举起了维护共和革命、讨伐袁世凯独裁专制的大旗。

　　蔡锷字松坡，湖南邵阳人。早年赴日本学习军事，回国后在袁世凯建立的新军中担任军官，思想逐渐倾向革命。武昌起义时，他发动在云南的新军响应，被推选为云南都督。1913年二次革命时他同情革命党人，在暗中给予帮助，因此受到袁世凯的猜疑，令他带家眷进北京，让他担任军事顾问、陆海军统率处办事员、参政院参政等空头职务，实际上对他实行监视和软禁。

　　蔡锷在北京表面上顺从袁世凯，在赞成帝制的请愿书上签名，并且酗酒狎妓，装出一副颓废堕落、不问政治的姿态，暗中却在革命党人黄兴的策划帮助下，秘密联络

① 锷(è)
② 狎(xiá)
　　妓(jì)

300

云南都督唐继尧,在云南准备军事力量讨袁。由于蔡锷的安排极其机密,躲过了袁世凯派的密探特务无数次的跟踪、搜查,始终未露出破绽,就连他的夫人也以为丈夫自甘堕落,愤然离京回了老家。1915 年,蔡锷出其不意,在名妓小凤仙的掩护下离京到天津,然后又化装登上日本商船,途经日本、香港、越南回到昆明。袁世凯气急败坏,一路派人追杀都未成功。1916 年元旦,蔡锷在云南组成护国军,他担任第一军总司令,李烈钧任第二军总司令,并向全国发出讨袁通电,宣布云南独立。

蔡锷的护国军开往四川,沉重地打击了袁世凯的北洋军。南方的广东、广西、贵州、浙江等省纷纷响应。这时,连袁世凯的亲信、北洋军将领冯国璋等也倒戈宣布反对帝制。袁世凯众叛亲离,又气又忧又怕,只得在 1916 年 3 月宣布取消帝制,并从此一病不起;三个月后一命呜呼,死时五十七岁。

内容链接

张 勋 复 辟

袁世凯死后,北洋军阀段祺瑞怂恿一直不肯剪掉辫子、宣布要永远忠于清朝皇帝的将军张勋率五千辫子兵进京赶走了代总统黎元洪,于 1917 年 7 月 1 日在北京抬出宣统皇帝宣布复辟。段祺瑞接着又带兵进京赶走张勋,宣布"再造共和",从此开始了北洋军阀统治。

75 《新青年》与五四运动

　　张勋的复辟闹剧只上演了十二天便收场了。段祺瑞控制北京政权后，实际上实施的还是同袁世凯一样的军阀统治。于是孙中山领导的革命党人再一次为民主、共和投入了战斗。他们决定南下广州，在那里建立武装基地，再进行北伐。因为这次的目标是恢复民国初建时议会通过的宪法《临时约法》，因此称为"护法运动"。

　　孙中山的护法运动得到了南方各省及海军总长程璧光的支持。1917 年 9 月，他在广州成立了护法军政府，召开了国会非常会议，并亲自担任大元帅。护法军虽然在湖南衡山击退了北洋军阀政府的军队，但两广和云、贵的军事首领陆荣廷、唐继尧等也是军阀，为了自己的私利他们在护法军内搞分裂，使护法斗争再次失败。

　　面对不断的挫折，孙中山终于认识到，"军阀不分南北，都是一丘之貉"。这年的 11 月 7 日（俄历 10 月 25 日），俄国的社会主义革命——十月革命取得了胜利。新成立的苏维埃政府宣布取消沙俄在中国的租界和其他特权。这一切又引起了孙中山的兴奋与思考。

　　正在这时，一本名叫《新青年》的杂志问世了。中国的一批先进的知识分子从俄国十月革命的胜利中看到了民主革命的新曙光。杂志的创办者及主编是当时北京大学文科学长陈独秀,他和北大的图书馆馆长李大钊等一起在《新青年》杂志上宣扬科学与民主的新思想,提倡新文化运动,提出了发动劳苦群众参加革命的口号。他们以杂志为基地,开始向中国青年介绍和宣传马克思主义。

1918年底,第一次世界大战结束。中国也是战胜国,然而英、美、法、意、日列强却在巴黎召开的和平会议上宣布将战败国德国在中国山东等地的利益转让给日本,而段祺瑞的军阀政府居然准备签字承认。中国人民终于彻底认清了列强的帝国主义本性和军阀的卖国嘴脸,一场轰轰烈烈的反帝反封建的大风暴终于在中华大地上掀起了。而中国人民的革命,也从此进入了新的时期。

内容链接

五 四 运 动

1919年5月4日,北京大学等十三所大专学校三千多学生在天安门广场集会游行,反对帝国主义瓜分中国,反对北洋政府在巴黎和会上签字;他们还烧毁了参加签订《二十一条》的卖国贼曹汝霖(时任段祺瑞内阁交通兼财政总长)的住宅,痛打了驻日公使章宗祥。北洋军阀派军警镇压并逮捕学生,激起了全国学生大罢课,工人、商人罢工、罢市。北洋政府被迫释放学生,将曹汝霖、章宗祥、陆宗舆等卖国贼撤职。这就是中国近代史上有名的五四运动。

附录：《中华五千年》大事年表

约 4600—4200 年前	传说黄帝、尧、舜、禹时期。
约 4100 年前	夏朝建立。
约 3600 年前	商朝建立。
约 3300 年前	盘庚迁都到殷。
约 3000 年前	武王伐纣，西周建立。
公元前 841 年	共伯和代行执政。中国历史开始纪年。
公元前 771 年	周幽王被杀，西周结束。
公元前 770 年	周平王东迁洛邑，东周、春秋时期开始。
公元前 685 年	齐桓公即位，任管仲为相。
公元前 684 年	鲁军在长勺击败齐军。
公元前 666 年	骊姬乱晋。
公元前 664 年	齐伐山戎救燕。
公元前 660 年	鲁庆父之乱。
公元前 656 年	齐桓公伐楚。
公元前 638 年	宋、楚泓水之战。
公元前 636 年	秦穆公发兵送重耳回国，立为晋文公。
公元前 632 年	晋、楚城濮之战。
公元前 627 年	郑商人弦高智退秦军。
公元前 606 年	楚庄王问鼎于周。
公元前 597 年	晋、楚邲之战。楚庄王称霸。

公元前 522 年	楚伍子胥逃亡吴国。
公元前 506 年	吴王阖闾拜孙武为将，伐楚。
公元前 500 年	齐、鲁夹谷会盟。孔子相鲁。
公元前 496 年	吴伐越，吴败，阖闾死，夫差继位。
公元前 475 年	战国时期开始。
公元前 473 年	越王勾践灭吴。
公元前 453 年	韩、赵、魏三分晋国。
公元前 356 年	秦国任商鞅为左庶长，实行变法。
公元前 341 年	齐田忌、孙膑败魏庞涓于马陵。
公元前 307 年	赵武灵王实行胡服骑射。
公元前 284 年	乐毅率五国军队伐齐，破临淄。
公元前 283 年	蔺相如完璧归赵。
公元前 279 年	齐田单用火牛阵败燕军于即墨。
公元前 278 年	屈原投汨罗江自尽。
公元前 270 年	范雎入秦，向秦献远交近攻计。
公元前 260 年	秦将白起大败赵括军于长平，坑杀赵降兵四十五万。
公元前 257 年	信陵君无忌、春申君黄歇救赵。
公元前 256 年	秦灭东周。
公元前 227 年	荆轲刺秦王。
公元前 230—221 年	秦灭六国。
公元前 221 年	秦王嬴政称始皇帝。
公元前 213 年	秦始皇下焚书令。
公元前 212 年	秦始皇坑杀儒生四百六十人于咸阳。
公元前 210 年	秦始皇死。秦二世立。
公元前 209 年	陈胜、吴广起义。刘邦、项梁起兵。
公元前 207 年	项羽大破秦军于巨鹿。

公元前 206 年	刘邦灭秦,被封为汉王。刘邦拜韩信为大将。
公元前 202 年	楚、汉垓下之战。项羽兵败自杀。刘邦称帝,建汉朝。
公元前 200 年	汉高祖被匈奴围困于白登。
公元前 196 年	汉高祖杀韩信、彭越。
公元前 195 年	刘邦死。吕后掌权。
公元前 180 年	吕后死。汉文帝即位。
公元前 154 年	晁错议削藩。吴、楚等七国反。
公元前 138、119 年	张骞两次出使西域。
公元前 134 年	汉武帝用董仲舒策,罢黜百家,独尊儒术。
公元前 119 年	卫青、霍去病大败匈奴。匈奴退至漠北。
公元前 100 年	苏武出使匈奴被扣,十九年后回汉。
公元前 99 年	李陵兵败降匈奴。司马迁受腐刑。
公元前 91 年	汉武帝太子据遭诬,不得已造反被杀。
公元前 87 年	汉武帝死。汉昭帝即位。霍光辅政。
公元前 33 年	匈奴呼韩邪单于至长安迎娶王昭君。
公元 8 年	王莽称帝,国号新。西汉亡。
公元 17—27 年	绿林、赤眉起义。
公元 23 年	刘秀破王莽军于昆阳。新朝亡。
公元 25 年	刘秀称帝建东汉。
公元 57 年	倭奴国王遣使奉汉。中日开始交往。
公元 73 年	班超出使西域。
公元 105 年	蔡伦发明造纸术。
公元 132 年	张衡做候风地动仪。
公元 166—169 年	党锢之祸。李膺、范滂等以结党诽谤朝政罪被杀。
公元 184 年	黄巾起义。

公元 196 年	曹操挟汉献帝迁都许城。
公元 200 年	官渡之战。
公元 208 年	赤壁之战。
公元 214 年	刘备占领益州。
公元 219 年	关羽败走麦城，死。
公元 220 年	曹操死。曹丕建魏。东汉亡。
公元 221 年	刘备称帝建蜀汉。
公元 222 年	彝陵之战，刘备败走白帝城。
公元 225 年	诸葛亮平定南中，七擒孟获。
公元 229 年	孙权称帝，国号吴。
公元 234 年	诸葛亮病死五丈原。
公元 249 年	司马懿杀曹爽、何晏。
公元 260 年	曹髦讨伐司马昭，被杀。
公元 263 年	钟会、邓艾灭蜀。
公元 265 年	司马炎废魏建西晋。魏亡。
公元 280 年	西晋杜预、王濬灭吴。
公元 291—306 年	西晋八王之乱。
公元 301 年	李特带领秦、雍流民起义。
公元 308 年	刘渊称帝，国号大汉。
公元 316 年	刘曜攻破长安，西晋亡。
公元 317 年	司马睿在建康建立东晋。
公元 319 年	石勒建后赵。
公元 353 年	王羲之作《兰亭集序》。
公元 354 年	桓温北伐。
公元 376 年	前秦苻坚统一北方。
公元 383 年	淝水之战。东晋以少胜多，大败前秦。
公元 420 年	刘裕建宋，东晋亡。

公元 439 年	北魏统一北方。南北朝始。
公元 462 年	祖冲之编制《大明历》。
公元 479 年	萧道成灭宋建南齐。
公元 494 年	北魏孝文帝迁都洛阳。
公元 502 年	萧衍建梁朝,南齐亡。
公元 521 年	郦道元写成《水经注》。
公元 534 年	北魏分裂成东魏、西魏。
公元 548—552 年	侯景之乱。
公元 550 年	高洋灭东魏,建北齐。
公元 557 年	陈霸先灭梁建陈朝。宇文觉灭西魏建北周。
公元 581 年	杨坚建立隋朝,北周亡。
公元 589 年	隋灭陈朝,统一中国。
公元 605 年	隋炀帝建东都,开大运河,游江都。
公元 611 年	隋末农民大起义爆发。
公元 617 年	李密瓦岗军占兴洛仓。李渊太原起兵。
公元 618 年	李渊称帝建唐朝。隋亡。
公元 626 年	玄武门之变。唐太宗李世民继位。
公元 629 年	玄奘赴天竺取经。
公元 630 年	李靖破东突厥。
公元 641 年	文成公主赴吐蕃和亲。
公元 649 年	唐太宗死。唐高宗李治继位。
公元 683 年	唐高宗死。武则天听政。
公元 690 年	武则天称帝,国号周。
公元 697 年	武则天任狄仁杰为相。
公元 712 年	唐玄宗即位。
公元 753 年	鉴真和尚东渡日本。
公元 755 年	安禄山造反。

公元 756 年	马嵬驿兵变。唐肃宗即位。
公元 757 年	郭子仪收复长安、洛阳。
公元 762 年	诗人李白去世。
公元 763 年	安史之乱结束。
公元 770 年	诗人杜甫去世。
公元 783 年	朱泚之乱爆发。
公元 805 年	王叔文领导永贞革新。八司马事件。
公元 817 年	李愬夜袭蔡州,平定淮西。
公元 824 年	韩愈去世。
公元 835 年	甘露之变。
公元 846 年	诗人白居易去世。
公元 874 年	王仙芝起义。
公元 880 年	黄巢进长安称帝建大齐。
公元 907 年	朱温废唐建后梁。五代开始。
公元 916 年	契丹耶律阿保机称帝。
公元 923 年	李存勖建后唐,灭后梁。
公元 936 年	石敬瑭割让燕云十六州给契丹,借契丹兵灭后唐,建立后晋。
公元 946 年	契丹灭后晋。
公元 947 年	契丹改国号为辽。刘知远建后汉。
公元 951 年	郭威称帝建后周。刘崇称帝建北汉。
公元 960 年	赵匡胤建北宋。后周亡。五代结束。
公元 975 年	北宋灭南唐,俘南唐主李煜。
公元 986 年	北宋征辽。杨业战死。
公元 1004 年	宋、辽澶渊之盟。
公元 1038 年	元昊称帝建西夏。
公元 1043 年	范仲淹实行新政。

公元 1056 年	包拯任开封府知府。
公元 1069 年	王安石开始变法。
公元 1072 年	欧阳修去世。
公元 1084 年	司马光完成《资治通鉴》。
公元 1115 年	完颜阿骨打建立金朝。
公元 1120 年	方腊起义。
公元 1125 年	金灭辽。
公元 1127 年	金掳徽、钦二宗，北宋亡。宋高宗赵构称帝。南宋开始。
公元 1130 年	韩世忠在黄天荡阻击金兵。
公元 1140 年	岳飞在郾城、朱仙镇大破金兵。
公元 1141 年	宋、金绍兴和议。
公元 1142 年	岳飞被害。
公元 1161 年	虞允文大败金军于采石矶。
公元 1162 年	辛弃疾杀叛徒张安国投宋。
公元 1200 年	朱熹去世。
公元 1206 年	铁木真统一蒙古，号成吉思汗。
公元 1210 年	诗人陆游去世。
公元 1234 年	蒙古灭金。
公元 1271 年	忽必烈称帝建元朝。
公元 1276 年	元军攻占临安。
公元 1279 年	元军攻占崖山，南宋亡。
公元 1283 年	文天祥就义。
公元 1351 年	刘福通、韩山童领导红巾军起义。
公元 1368 年	朱元璋建立明朝。
公元 1402 年	燕王朱棣攻入南京，建文帝下落不明。朱棣即位，为明成祖。

公元 1405—1433 年	郑和七次下西洋。
公元 1407 年	《永乐大典》完成。
公元 1421 年	明成祖迁都北京。
公元 1449 年	土木堡事变,明英宗被俘。于谦保卫北京。
公元 1457 年	英宗复辟。于谦被杀害。
公元 1565 年	戚继光、俞大猷平定倭寇。
公元 1572 年	张居正辅政开始。
公元 1593 年	李时珍去世。
公元 1602 年	李贽自杀。
公元 1616 年	努尔哈赤建立后金。
公元 1619 年	萨尔浒之战。
公元 1625 年	杨涟、左光斗被宦官杀害。
公元 1626 年	苏州市民暴动。宁远之战,袁崇焕大败后金。努尔哈赤重伤而死。
公元 1631 年	李自成投奔高迎祥起义。
公元 1633 年	徐光启去世。
公元 1636 年	宋应星写成《天工开物》。
公元 1636 年	李自成称"闯王"。后金皇太极称帝,国号清。
公元 1641 年	李自成破洛阳。张献忠破襄阳。徐霞客去世。
公元 1644 年	李自成攻进北京。明亡。吴三桂引清兵入关。
公元 1645 年	史可法守扬州。"扬州十日"、"嘉定三屠"惨案。
公元 1647 年	夏完淳就义。
公元 1652 年	李定国桂林击败清军。
公元 1661 年	郑成功收复台湾。
公元 1681 年	康熙平定"三藩"。
公元 1682 年	顾炎武去世。

公元 1685—1686 年	中、俄雅克萨之战。
公元 1689 年	中、俄订立《尼布楚条约》。
公元 1690、1696、1697 年	康熙三征噶尔丹。
公元 1705 年	画家"八大山人"朱耷去世。
公元 1727 年	鄂尔泰推行"改土归流"。
公元 1763 年	曹雪芹去世。
公元 1782 年	《四库全书》编修完成。
公元 1839 年	林则徐在虎门销烟。
公元 1840 年	中、英鸦片战争爆发。
公元 1841 年	龚自珍去世。
公元 1842 年	中、英签订《南京条约》。
公元 1851 年	洪秀全金田起义,建立太平天国。
公元 1856 年	太平天国天京事变,韦昌辉杀杨秀清。第二次鸦片战争爆发。
公元 1858 年	《中俄瑷珲条约》签订。
公元 1860 年	英、法联军火烧圆明园。清政府分别与英、法、俄签订《北京条约》。
公元 1861 年	慈禧、慈安太后垂帘听政。
公元 1863 年	石达开兵败大渡河。
公元 1864 年	天京沦陷。太平天国失败。
公元 1872 年	曾国藩去世。
公元 1878 年	左宗棠收复新疆。
公元 1881 年	《中俄伊犁条约》签订。曾纪泽收回伊犁。
公元 1885 年	冯子材镇南关大败法军。
公元 1894 年	中日甲午战争。
公元 1895 年	清政府与日本签订《马关条约》。太学生请愿(公车上书)。

公元 1898 年	戊戌变法。严复译《天演论》出版。
公元 1899 年	义和团运动爆发。甲骨文被发现。
公元 1900 年	八国联军侵占北京。
公元 1901 年	清政府与列强签订《辛丑条约》。
公元 1903 年	邹容出版《革命军》。上海《苏报》及爱国学社被查封。
公元 1904 年	黄兴等在长沙成立华兴会。
公元 1905 年	孙中山在日本成立同盟会。
公元 1907 年	秋瑾就义。
公元 1911 年	辛亥革命。广州起义。武昌起义。
公元 1912 年	孙中山就任中华民国临时大总统。清帝退位。
公元 1913 年	国民党领导人宋教仁被暗杀。
公元 1915 年	袁世凯称帝，与日本签订卖国的《二十一条》。
公元 1916 年	蔡锷在云南成立"护国军"讨袁。
公元 1917 年	孙中山在广州成立"护法军政府"。张勋复辟。
公元 1919 年	五四运动爆发。